비영리법인(NPO)의
회계와 세무 입문

ACCOUNTING & TAX

제4판

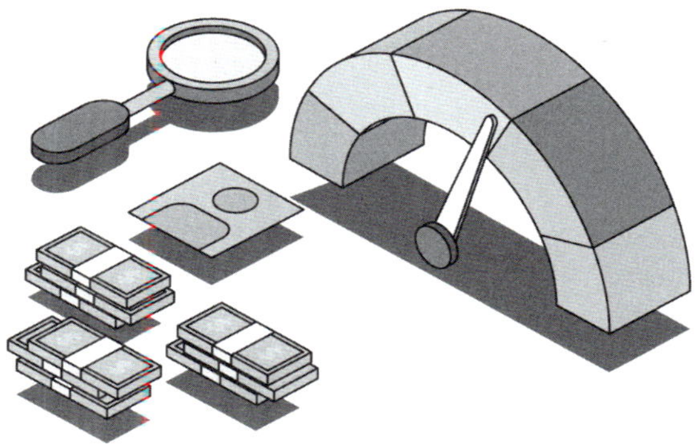

신뢰성 제고와 세무대책을 중심으로

비영리법인(NPO)의 회계와 세무 입문

배원기 · 박재형

신영사

머리말

이 책 제3판은 2019년 2월에 출판되었는데, 4년 동안에도 많은 변화가 있어 제4판을 펴내게 되었다. 비영리회계분야에서 4년 동안의 변화 중 가장 큰 변화는 비영리법인이나 공익법인에 대한 세법 규제가 강화된 것을 들 수 있고, 이에 따라 세법관련 부분을 거의 새로 썼다.

머리말로써 NPO 스스로의 자정노력과 정부의 최소개입이 필요하다는 점을 강조하고 싶다. 우리나라의 기부문화는 1990년대 이후 본격적으로 활성화되었으며, 기부자의 수도 증가하면서 비영리조직들도 함께 성장해왔다. 그러나 많은 노력에도 불구하고 2017년 '어금니 아빠', 2018년 '새희망씨앗', 2020년 '정의기억연대 후원금 논란' 등의 사건이 잇따라 발생하여 기부 포비아(phobia, 공포 · 혐오증)로 확산되는 것이 아니냐는 우려가 커지고 있다. 이런 부정적 사건들이 일부 개인이나 특정조직의 문제임에도 불구하고, 신뢰를 기반으로 활동하는 비영리조직 전반에 대한 불신을 확산시키는 데 영향을 미치고 있어 기부자의 우려가 무관심으로까지 이어질 수 있다. 잊을 만하면 불거지는 후원금 투명성 논란에 기부자들은 '기부금이 제대로 쓰일까'라는 근본적인 의구심을 품게 됐고, 급기야 성난 일부 후원자들은 "내가 낸 기부금을 돌려 달라"며 반환 소송에 나서기도 했다. 그러나 기부자들을 허탈하게 하는 현실에서도 꿋꿋하게 기부를 이어가는 사람들이 있다. 이와 관련하여, 기부문화의 지속과 확산을 위해 투명성과 신뢰성이 높아지도록 NPO의 임직원들 스스로 계속 노력해야 한다.

비영리 섹터의 신뢰도 훼손현상을 영리 섹터의 시장실패와 유사하게 비영리 섹터의 시장실패라고 할 수 있다. 이런 시장실패가 일어나면 사람들은 정부의 개입을 기대하고, 실제로 2017년 미르 · K스포츠재단 사건 및 2020년 정의기억연대 후원금 논란사건 이후 정부는 여러 가지 새로운 규제를 신설하였다. 그러나 정부개입은 시장신호의 작동을 중지하거나 더욱 왜곡하는 형태로 전개되면 안 되고, 시장실패에 대한 정부개입은 왜곡된 시장신호의 오작동을 보정하는 수준에 그쳐야 한다. 그런데 아쉽게도, 각 부처에서 서로 경쟁적으로 규제를 신설하고 있는 것으로 보인다. 특히, 2021년에 정부가 국회에 제출한 공익법인법 전부 개정안은 비영리 섹터 등의 의견을 반영하여 전면 수정해야 한다.

제4판에 새로 추가한 내용은 다음과 같다.

- 제1장 말미에 보론으로, 정부의 공익법인법 전면 개정안의 문제점을 추가함
- 제3장에 영리법인인 주식회사의 내부회계관리제도에 관한 소개를 추가함
- 제3장에 내부감사보고서 샘플을 추가함
- 제3장 말미에 보론으로, 우리나라 실정에 알맞은 외국의 비영리 평가인증기구와 그 평가방법을 추가함
- 제6장에 현물기부와 관련된 내용을 추가함
- 제6장에 보조금사업과 민간위탁사업의 구분을 추가함
- 제8장으로서 제2판에는 있었으나, 제3판에서는 삭제했던 비영리법인의 재정관리를 보완하여 추가함
- 제3판의 비영리법인의 법인세를 '제11장 비영리법인의 법인세'와 '제12장 기부금세제–법인세법 및 소득세법'상의 기부금단체로 나눔
- 제11장에 실무자들이 주의하여야 할 고유목적사업준비금의 회계처리를 추가함
- 제3판의 공익법인과 증여세를 '제13장 기부금세제–공익법인과 증여세'와 '제14장 상증세법상 공익법인의 주식보유 제한 등'으로 나눔
- 제14장 말미에 보론으로, 독일의 재단법인에 관한 내용을 추가함
- 제15장에 소득세와 4대 보험에 관한 내용을 추가함

이 책에서는 우리나라의 비영리법인이나 공익법인의 현황과 문제점 및 개선되어야 할 사항도 많이 다루고 있는데, 이에 관심이 없거나 어렵다고 느끼는 독자는 넘어가고 나중에 읽어보시길 권유한다.

최근 발간된 회계입문에 관한 책을 살펴보면, 회계학을 전공으로 하는 학생을 대상으로 하는 회계입문의 책(회계정보의 작성능력을 배양하기 위한 책)이 있는 반면, 회계 비전공자가 회계정보의 이용자로서 회계기초를 배우는 책으로 나누어져 있다. 이 책은 양자를 모두 대상으로 하여, 회계정보를 작성하지 않고 단순히 회계정보를 이용하는 독자(회계정보이용자)는 제4장 내지 제6장을 읽으면 되고, 회계정보를 작성하고자 하는 초보자(회계정보공급자가 되고자 하는 이)는 제7장도 공

부하라고 권유하고 싶다.

이 책의 내용 중 상당한 부분은 다른 분들의 견해나 연구결과 등을 인용하였거나 참조하였기 때문에, 엄밀한 의미에서는 편저가 맞다. 그러나 꼭 필요한 경우를 제외하고는 인용표시를 하지 않았다는 점에 관하여 널리 양해를 구한다. 또한, 본문에 필자의 사견이 많이 기술되어 있는 점에 관하여도 널리 양해를 구한다.

이 책을 출판하는 데 여러분의 도움이 있었는데, 특히 꼼꼼하게 교정을 보면서 여러 제안을 해 준 조재창 전 신구대학 교수와 정명희 녹색연합 전문위원에게 감사의 말씀을 드린다.

현대사회를 구성하는 세 가지 섹터로 구분할 때, 비영리분야는 제1섹터인 정부분야, 제2섹터인 영리법인분야를 뒤이어 제3섹터를 구성하는 중요한 분야인데, 비영리 · 공익분야가 날로 커가고 있는 우리나라의 현실에서도 이를 뒷받침하는 제도는 시대에 뒤떨어져 있다는 지적을 받고 있다. 비영리분야도 사전규제보다는 사후규제로 전환되는 한편, 투명성이 강조되는 제도로 전환되어야 한다고 생각되는데, NPO의 투명성에 관하여 이 책이 조그마한 도움이 된다면 이보다 더한 영광이 없겠다.

2023년 1월

대표저자 배원기

◉ 일러두기

이 책에서 상속세 및 증여세법은 "상증세법", 상증세법 시행령은 "상증세법령", 공익법인의 설립 · 운영에 관한 법률은 "공익법인법"으로 줄여 표현하였다. 한편, 종전의 법정기부금단체, 지정기부금단체는 2020년에 기부금대상 공익법인(50%한도 기부금단체, 10%한도 기부금단체)으로 명칭이 변경되었다가, 2023년부터 다시 특례기부금단체, 일반기부금단체로 변경될 예정인데, 이 책에서는 세 가지 용어를 혼용해서 사용했다.

차 례

제 1 장
비영리 전반

제 2 장 비영리법인의 설립시 유의점 및 기본재산

제 3 장

비영리법인의 투명성, 내부통제, 지배구조 및 재무정보의 공개

제 4 장

기본적인 회계상식

제 5 장

회계기준의 개념과 종류 –비사업회계를 중심으로

제 6 장

영리기업회계와 비영리회계의 차이 –공익법인회계기준을 중심으로

제 7 장

복식부기법에 의한 재무제표 작성방법과 흐름

제 8 장

비영리법인의 재정관리

제 9 장

비영리법인의 세금 – 전반

제10장
비영리법인의 부가가치세

제11장
비영리법인의 법인세

제12장 기부금세제 －법인세법 및 소득세법

제13장

기부금세제 –공익법인과 증여세

제14장

상증세법상 공익법인의 주식보유 제한 등

제15장 비영리법인의 원천징수 -소득세 및 4대 보험

제16장

비영리법인의 지방세

○ 부록

Chapter

1

비영리 전반

사례 1

2009년 가을, 필자는 일본에서 공부하고 활동하다가 돌아온 어떤 사람을 만난 적이 있다. 그는 요즘 한창 인기가 있는 막걸리와 관련하여, 우리나라와 일본에서 막걸리에 관한 홍보활동을 하는 NPO를 설립하고자 하는데, 어떻게 하면 우리나라에서 NPO를 설립할 수 있느냐에 관하여 필자에게 상담하러 왔었다. 일본에서 활동했던 그가 우리나라에서 NPO를 설립하고자 하는 이유는, 일본에서의 NPO 설립이 일정한 요건만 갖추면 자유스러운 점에 비추어 우리나라에서도 쉽지 않을까라고 생각했던 것 같았다. 그런데 우리나라의 경우 NPO의 설립이 그리 쉽지 않으며, 여러 명이 모여서 막걸리 홍보사업을 할 예정이라면 협동조합, 소득세법상의 공동사업자 또는 영리법인을 만드는 것이 비영리법인이나 NPO를 만드는 것보다 훨씬 간편하다고 설명한 적이 있다.

사례 2

필자의 지인 중 한 분은 20여년 동안 국내 및 국외에서 틈나는 대로 석상을 수집하여, 최근에는 그 수집품이 약 1,000여점에 이른다. 이에 대한 소문을 들은 여러 지방자치단체에서 토지를 제공할 테니 석상에 관한 박물관을 만들어 전시해 달라는 요청을 해와, 어느 지방자치단체로 가면 좋을까 고민을 하기도 한다. 또한, 재단법인 형태로 박물관을 만드는 것이 좋은지, 주식회사 형태의 박물관을 만드는 것이 좋은지에 관하여 필자의 의견을 물어온 적이 있었다. 이에, 공익성을 강조하려면 재단법인의 형태로 만드는 것이 좋고, 정부당국의 지원 및 감독 없이 자유롭게 운영하려고 하면 주식회사 형태가 좋을 것이라고 답변해 주었다.

사례 3

2000년대 중반에 서울대학교의 한 교수가 세계학회의 사무총장으로 선임되었다. 그 자리는 전 세계에서 활동하고 있는 학자들의 모임인 그 학회를 실질적으로 이끌어 가는 핵심자리였다. 그는 각 나라의 회원들로부터 송금되어 오는 회비 수입 및 관련 지출의 처리 등을 위하여 학회의 법인등기를 위해 동분서주했었는데, 교육인적자원부 등 여러 부처에서 서로 자기소관이 아니라는 이유 등으로 법인설립 허가를 해줄 수 없다고 해서, 법인설립을 하지 못했던 사례를 본 적이 있다. 이런 상황은 지금도 변하지 않았다.

우리나라에서 아직까지 사단법인이나 재단법인과 같은 비영리법인의 설립은 무척 까다로운 절차로 진행되며, 주무부장관으로부터 허가를 받아야 한다. 그러나 이 허가의 취득이 그리 쉽지 않아 애를 태우는 경우를 종종 보아왔다. 물론 사단법인이나 재단법인의 설립허가를 받지 않고 '법인격 없는 단체'로 활동하는 것은 제한이 없으나, 법인격이 없는 관계로 여러 가지 활동상의 제약이 있다.

이 장에서는 이해를 돕기 위해 먼저 법인의 개념부터 소개한다. 이어서 비영리법인과 그 유형, 설립절차 등을 살펴보고, 아울러 비영리법인과 영리법인의 차이점 등을 알아본다.

1 법인의 의의와 종류

법인(法人)을 영어로 번역하면 어떤 단어가 가장 적합할까? 이 질문은 필자가 대부분 수업의 첫 강의에서 학생들에게 던지는 질문인데, 대부분 Corporation이라고 답한다. 법인세라는 단어를 Corporation Tax 또는 Corporate Income Tax라고 번역하고 있으니, 외국인들이 알아듣기 쉬운 번역이다.

그런데 우리나라 법에 따른 법인(法人)이라는 말의 뜻을 가장 정확하게 번역한 영어는 'Juridical person(법으로 만든 인간)'이다. Juridical person 외에 legal person, juristic person 또는 artificial person이란 용어도 사용된다.

1) 법인의 의의

법인(法人)이란 자연인, 즉 사람이 아니면서 법률에 의하여 인격이 부여된 단체, 즉 법에 의하여 권리능력이 부여되는 단체를 말하며, 다시 다른 말로 표현하면 '법률상의 권리와 의무의 주체가 되는 단체'를 말한다. 쉬운 말로 설명하면 '사람의 주민등록번호와 똑같은 형태인 13자리 법인등록번호를 가지고 있고, 비록 형태는 없으나 사람에 준하는 권리와 의무를 행사해 법적으로는 엄연히 사람처럼 취급되는 존재', 즉 '법이 만든 사람'을 말한다.

법인제도는 언제부터 만들어 사용되고 있을까? 답은 근대 자본주의가 형성되기 시작한, 약 200년 전이라고 하는 것이 정설이다. 법인제도는, 근대 자본주의 경제발전에 따라 조직적인 활동체, 즉 단체에게 법률상의 인격, 법인격을 부여하여 법률관계의 주체로 만든 것으로, 프랑스 및 독일에서 시작되었다. 참고로 법인제도의 연혁 등에 관심이 있는 독자는 "법인격, 그 참을 수 없는 존재의 가소로움(정준식 저, 마인드 더 갭 퍼블리싱, 2016년 5월 간행)"이란 책을 읽어보시길 권유한다.

2) 법인과 법인격 없는 단체의 구별

법인과 법인격 없는 단체는 어떻게 구별할 수 있을까? 법인격 있는 단체는 어떤 편리한 점이 있는가? 실무적으로는 '법인등기부'가 있는지에 따라 법인인지, 법인격 없는 단체인지가 구분된다. 한편 법인등기부가 없는 단체라도, 일정한 요건을 갖추면 세법상 법인격 있는 단체로 취급될 수 있다. 즉 넓은 의미의 단체는 ① 법인등기부가 있는 법인, ② 법인등기부가 없으나 법인격이 있다고 인정되는 단체, ③ 법인격이 있다고 인정되지 않는 단체(예 반상회, 반창회, 동창회 등, 이를 통상 '임의단체'라고 한다)로 구분된다.

여기서 '국가나 지방자치단체가 법인인지, 그리고 등기부가 있는지?' 하는 의문이 생길 수 있다. 국가나 지방자치단체는 통상 '공법인'에 포함되지 않고 등기부가 없다. 국가나 지방자치단체가 '법인'인지에 관한 학설은 나누어져 있다. 다만, 우리나라 법인세법에서는 국가나 지방자치단체는 법인세 납부의무가 없다는 명문조항이 있다는 점을 부연한다. 법인은 권리능력이 있는 당사자임을 입증하기 위해 법인등기부와 인감증명서만 제시하면 충분함에 비해, 법인등기부가 없는 법인격 있는 단체는 '법인격이 있는 단체=단체로서의 권리능력이 있는 단체'라는 사실을 증명하기 위해 보다 많은 서류나 절차가 필요하다.

이해를 돕기 위해, 두 가지 용어에 관한 설명을 추가한다. '법인격(法人格)'이라는 말은 '권리 · 의무의 주체가 될 수 있는 자격' 또는 '권리의 주체가 될 수 있는 자격'을 말하며 이런 관점에서, '법인격'과 '권리능력'은 같은 개념이다.

'등기(登記)'란 일정한 사항을 널리 일반에게 공시(公示)하기 위해서 공개된 공부(公簿)에 기재하는 행위 또는 그 기재 자체를 말한다. 우리나라에서는 ① 부동산등기, 선박등기, 공장재단등기 등 '권리의 등기',

② 부부재산 계약등기와 같은 '재산귀속의 등기', ③ 상업등기, 법인등기 등 '권리주체의 등기' 등 세 가지로 나누어진다.

일반인들은 회사나 법인의 상업등기부를 접할 기회가 거의 없겠으나, 부동산등기부는 쉽게 보지 않을까 생각된다. 우리나라는 법원 내에 등기소가 있어 사법부가 등기업무를 관할하고 있으나, 미국이나 일본은 법무부나 법무성에서 등기업무를 담당하고 있어 행정부 관할이다. 이처럼 나라별로 관할하는 곳이 다르다는 점도 부연한다.

요즘은 대법원 인터넷 등기소라는 사이트에서 모든 등기사항을 검색하고 열람할 수 있어, 필자가 애용하는 사이트의 하나라는 점도 소개하고 싶다. 다시 전문용어가 나오는데, 법인의 상업등기와 관련해 법인의 설립등기는 법인의 '성립요건'이고, 설립등기 외의 등기는 제3자에게 주장할 수 있는 '대항요건'이다.

3) 법인의 종류

법인은 여러 기준에 의하여 분류될 수 있는데, 요약하면 다음 표와 같다.

구분기준	종 류	내 용
국가공권력의 작용	공법인	국가, 지방공공단체
	사법인	사단법인, 재단법인, 각종 회사
영리성 유무	영리법인	상사회사, 민사회사
	비영리법인	학술, 종교, 자선, 기예, 사교 기타 영리 아닌 사업을 목적으로 하는 사단 또는 재단
존재형태	사단법인	영리법인, 비영리법인
	재단법인	비영리법인

위 표에서 보듯이, 법인은 그 영리성 여부에 따라 영리법인과 비영리법인으로 구분될 수 있다. 대표적인 영리법인의 예로는 상법에 따라 설립된 회사들이 있으며, 우리나라 상법에서는 회사형태를 주식회사, 유한회사, 합자회사, 합명회사의 네 가지로 규정하고 있었는데, 2012년 상법개정으로 유한책임회사(有限責任會社, limited liability company : LLC)라는 새로운 회사종류가 도입되었으며, 이는 미국의 제도를 도입한 것이다.

비영리법인으로 대표적인 것은 민법 규정에 따른 사단법인 또는 재단법인이며,[1] 그 이외에 사립학교법에 의한 학교법인, 기타 특별법에 의하여 설립된 비영리법인 등이 있다.

사단(社團)과 사단법인은 약간 다르다. 사단(社團)이란 '특정한 목적을 위해 두 사람 이상이 결합하여 설립한 단체'를 말하며, 사단법인이란 사단 중에서 정부의 '허가'를 받아 설립등기를 마쳐, '법인등기부가 있는 단체'를 말한다. 그래서 사단은 법인격이 있는 사단법인과 법인격이 없는 사단으로 나뉜다. 주무관청의 허가를 받지 않은 단체, 즉 법인격 없는 사단이 '사단법인'이라는 용어를 사용하는 것은 불법이고, 처벌대상이 된다는 점도 유의할 필요가 있다.

사찰이나 교회는 법인격 있는 단체(사단법인)일까, 아니면 법인격 없는 단체(사단)일까? 필자가 아는 한, 정부(문화체육관광부)의 허가를 받아 법인으로 등기한 사찰이나 교회는 거의 없는 것으로 알고 있다(다만, 최근에 형성된 교단이나 종단은 사단법인으로 등기를 한 곳도 있다). 따라서 우리나라 대부분의 사찰이나 교회는 법률상 '법인격이 없는 사단'에 해당한다. 오래된 사찰이나 교회는 법인격이 없는 단체인데, 사찰이나 교회가 출연하고 정부의 허가를 받은 장학재단이나 사회복지법인은 법인격을 가지고 있다는 점도 부연한다.

2 법인제도의 장점

법인제도를 이용하면, 법률관계를 단순화할 수 있다는 점과 법인의 재산과 구성원의 재산을 구분할 수 있다는 장점이 있다.

예를 들어, 100명의 회원으로 구성된 단체가 사무실을 마련하기 위해서 건물을 임차하고자 할 때, 만약 자연인에게만 권리능력이 인정된다면 100명의 회원 전원이 임대계약의 당사자로 나서야 하고 상대방과

1) 사단(社團)법인은 특정목적을 가진 사람들이 모여 결성한 단체로서 법인격을 가진 단체이며, 재단(財團)법인은 사단이 사람에 의해 구성된 것과 달리 일정한 목적에 바쳐진 재산에 의해 구성된 법인이다. 사단이라는 용어는 일본이 프랑스 및 독일의 민법을 벤치마킹하면서 만든 단어인데, 법률을 배우지 않은 사람들에게는 생소한 단어이며, 대학생들이 만드는 '동아리'도 사단의 한 형태라고 할 수 있다.

의 분쟁시에는 전체 회원이 원고 또는 피고가 되어야 한다. 또한 건물을 매수할 경우에도 전체 회원의 명의로 등기해야 하며, 은행에서 계좌를 개설하더라도 전체 회원의 명의로 해야 하는 등의 불편함이 생길 수 있다. 이러한 단체에 법인격을 부여하여 법인으로 인정하면 자연인과 같이 법인이 단독으로 계약당사자가 될 수 있다.

즉, 단체가 법인이 되면, 구성원과는 별개로 단체 자체에 법인격이 인정되기 때문에 단체와 관련된 법률관계를 단순화시킬 수 있다. 단체가 법인격을 취득하여 법인이 되면, 단체 자체가 자연인과 동일하게 자신의 명의로 계약을 체결하거나 소송에서 원·피고가 될 수 있으며 단체 명의의 부동산등기나 계좌개설 등이 가능하게 되어 법률관계가 단순해지게 된다. 거래상대방의 입장에서도 법인으로 인정된 단체에 대해서는 권리·의무의 주체가 명확해지므로 원활하게 거래를 할 수 있게 되는 장점이 있다.

다른 예로서, 100명의 회원이 회비를 납부하여 조성된 법인의 재산과 각 회원의 개인재산은 엄격히 구분된다. 따라서 법인 명의의 사업으로 벌어들인 재산은 법인의 고유재산이 되며, 법인 명의로 부담한 채무는 법인의 재산으로 변제하여야 한다. 법인이 벌어들인 재산을 회원이 개인적으로 사용하거나 착복하게 되면 횡령죄 또는 배임죄가 성립한다. 법인 명의로 부담한 채무에 대해서 회원은 원칙적으로 변제할 의무가 없다.

법인설립에 의해 단체에 귀속되는 재산과 구성원 각 개인에 귀속되는 재산은 서로 구별된다. 만약 단체에 법인격이 부여되어 있지 않다면 단체의 영역과 구성원 개인의 영역이 명확하지 않으므로, 단체의 구성원은 단체의 공동목적을 위해서 부담하게 된 채무에 대해서도 자신의 재산으로 개인적인 책임을 부담하여야 한다. 그러나 단체가 법인격을 취득하여 법인으로 인정되면, 법인과 구성원의 법인격이 서로 구별되므로, 법인의 재산과 구성원 개인의 재산은 엄격히 분리된다.

3 비영리조직, 비영리단체, 비영리법인, NPO와 NGO의 차이

정부는 조세를 통하여 재정수입을 확보하고 재정지출을 통하여 국민복지를 실현하고자 한다. 그러나 정부 또는 지방자치단체의 역할만으로 사회복지, 교육, 종교, 공중위생, 문화사업 등 다양한 분야에 걸친 공익사업을 충족시키는 것은 많은 한계가 있다. 또한 경제의 규모가 커지고 사회가 다양화되면서 인권 · 환경 · 여성 문제 등 민간단체의 참여가 필수적인 분야가 새롭게 나타나고 있다.

비영리조직은 정부 또는 지방자치단체가 정부지출을 통하여 수행해야 하나 여력이 없거나 행정력이 미치지 못하는 분야에서 국민복지의 기능을 상당 부분 대신해서 수행하는 단체라고 할 수 있다.

비영리조직, 비영리단체, 비영리법인, NPO 또는 NGO라는 말은 거의 유사하다. NPO(Non Profit Organization) 또는 이의 번역용어인 비영리조직이라는 용어는 영리를 추구하지 않는 법인 또는 단체를 포괄하는 의미로 사용되며, 설립취지, 설립주체, 설립방법 등에 따라 다양한 형태로 우리 사회에 존재하고 있다. 우리나라 실정법상 비영리조직은 '비영리법인', '공익법인', '시민단체', '비영리민간단체' 등 다양한 형태로 표현되고 있다.

(1) NPO(비영리조직, 비영리단체)

앞에서 기술했듯이, NPO란 Non Profit Organization 또는 Not for profit Organization이란 말의 약자인데, 주로 미국 세법에서 사용되는 단어로서, 우리말로 번역하면 비영리단체 또는 비영리조직으로 번역될 수 있다.[2] 즉, 사회 각 분야에서 공익 등을 목적으로 설립되어 자발적으로 활동하는 단체를 일컫는 용어이다. 또한 기본적으로 조직이나 기관이 소유주의 이익을 창출하기 위해 존재하지 않는다는 사실을 강조하는 개념으로 사용되는 용어로, 영리를 목적으로 하지 않고 사회 각 분야에서 자발적으로 활동하는 각종 시민단체를 의미한다. 환언하면 사회구성

2) 단체(團體)는 같은 목적을 달성하기 위하여 모인 사람들의 일정한 조직체 또는 여러 사람이 모여서 이루어진 집단이며, 조직(組織)은 특정한 목적을 달성하기 위하여 여러 개체나 요소를 모아서 만든 체계 있는 집단이라고 구분할 수 있다.

원들의 가치관이 점차 다양해짐에 따라 기존의 국가체제가 담당하지 못하는 부분에서 자율적으로 활동하고 있으며 사회서비스기관, 시민단체, 공익재단, 학교, 의료법인, 종교기관, 학술 및 전문가단체, 노동조합, 사업자단체, 사회복지기관, 연구기관 등이 포함된다. 우리나라에서는 NGO(비정부단체)와 거의 같은 용어로 사용되고 있으며, 미국과 일본에서는 비영리단체라는 의미로 NPO가 널리 쓰인다.

한편, NPO를 우리말로 번역할 때 비영리단체라는 말이 더 정확해 보이나, Organization이라는 용어를 '조직'으로 번역해서 비영리조직이라는 말도 통용되고 있는 듯하다. 참고로, 우리나라는 2000년 4월부터 비영리민간단체지원법을 제정하여 법률적으로는 비영리조직보다는 "비영리민간단체"라는 용어가 공식적으로 쓰이고 있는 것으로 생각된다.

(2) NGO

NGO는 Non Governmental Organization의 약자이며, 비정부기구로 번역된다. 즉, 정부기관이나 정부와 관련된 단체가 아니라 순수한 민간조직을 총칭하는 말로, 비(非)정부기구나 비(非)정부단체라 부른다. 반드시 국제활동을 벌이는 단체를 말하는 것은 아니며, 정부운영기관이 아닌 시민단체도 NGO에 해당된다. 1863년 스위스에서 시작된 국제적십자사운동이 효시로, 1970년대 초부터 국제연합이 주관하는 국제회의에 민간단체들이 참가, NGO포럼을 열면서 이 말이 널리 쓰이게 되었다.

NGO는 입법 · 사법 · 행정 · 언론에 이어 "제5부(제5권력)"로 불리며, 정부와 기업에 대응하는 "제3섹터"라는 용어로도 쓰인다. 자율 · 참여 · 연대 등을 주요 이념으로 하며, 활동영역에 따라 인권 · 사회 · 정치 · 환경 · 경제 등의 분야로 나눌 수 있다. 대표적인 NGO로 세계자연보호기금, 그린피스, 국제사면위원회 등이 있다. 국내에서는 1903년 설립된 YMCA와 1913년 안창호 선생이 설립한 흥사단이 NGO의 효시이며, 지난 1999년 10월에는 서울에서 NGO세계대회가 개최되었다.

NPO는 영리를 추구하지 않는 비영리성에 초점을 둔 개념인 데 반하여, NGO는 정부기구가 아닌 비정부성에 초점을 둔 개념이다. 한편, NPO는 주로 미국에서 사용되는 용어임에 비하여, NGO는 UN에서 공식적으로 사용한 개념으로 유럽이나 제3세계 국가에서 보편적으로 사용되고 있다고 한다.

NPO와 NGO는 자발성에 기초한 비정부적 민간단체로서 비정부성, 비영리성, 자발성 등의 특성을 가지는 공통점을 가지고 있다. NPO는 이익을 회원들에게 배분하지 않는 공식조직으로서 조세목적상 공익목적 활동단체로서 조세감면대상이 되는 조직 또는 단체임에 비하여, NGO는 비정부적, 비국가적 조직체로서 자발성을 기초로 하여 비영리를 추구하는 집단이나 조직 또는 결사체 기구나 단체 그리고 운동세력(UN헌장 제71조에 의한 정의)이라는 차이가 있으나, 구체적으로 명확한 차이는 별로 없는 것으로 이해되고 있다.

우리나라에서 NGO란 용어는 통상 시민단체 또는 외국에서 활동하는 비정부단체로 표현되어 NPO에 비하여 정치색을 띠고 있는 단체가 아닐까 생각되기도 한다.

(3) 비영리법인

사전에서의 정의를 살펴보면 '영리를 목적으로 하지 않고 사회 공중을 위한 사업을 하는 법인'이라고 되어 있다. 협의 또는 일반적으로는 민법 제32조에 의하여 주무관청의 허가를 얻어 설립된 법인을 말하며,[3] 그 이외에 사립학교법 · 사회복지사업법 · 의료법 등 학교법인 · 사회복지법인 · 의료법인 등 특별법에 의하여 설립된 법인들을 포함한다.

(4) 비영리조직(비영리단체)과 비영리법인의 차이

비영리조직은 ① 비영리법인이라는 법인격을 가지고 있는 법인과 ② 법인격이 없는 단체를 포함하는 개념임에 비하여, 비영리법인이란 법인격을 가지고 있는 법인만을 의미한다. 즉, 비영리조직이 비영리법인에 비하여 더 큰 개념이다.

한편, '법인격을 가지고 있다'는 말을 다른 말로 표현하면, 앞에서 기술한 대로 관련 법률에 의하여 설립등기절차를 마쳐 법원의 등기부

---

3) 민법 제32조(비영리법인의 설립과 허가) : 학술, 종교, 자선, 기예, 사교 기타 영리 아닌 사업을 목적으로 하는 사단 또는 재단은 주무관청의 허가를 얻어 이를 법인으로 할 수 있다. 한편, 법인세법에서도 '비영리법인'을 정의하고 있는데, 이에 관하여는 47쪽 및 438쪽 참조.

에 등재된 단체를 말한다—이 비유가 꼭 맞는 것은 아니지만, 자연인, 즉 사람이 태어나면 관할관청에 출생신고를 해서 주민등록을 한 것과 비슷하다고 할 수 있다. 흔한 예는 아니지만, 자연인으로서 주민등록절차를 밟지 못해 주민등록이 없는 사람들이 종종 있는 것과 유사하게, 단체 중에서 주무부장관의 허가를 받지 못해 법인등기를 하지 않은 단체나 주무관청의 허가를 받지 않고 활동하고자 하는 단체를 '법인격이 없는 단체'라고 한다(법인의 개념에 대하여는 앞의 설명 참조).

또한, 비영리조직과 비영리법인의 차이는 기업과 회사의 차이로 설명하는 것이 좋을 것 같다. 기업이란 이윤추구를 목적으로 하는 생산경제의 단위체를 말하며, 개인기업과 법인기업(즉, 회사)으로 구분한다(물론 개인기업과 법인기업의 중간단계인 '법인격 없는 동업자 조합[4]'과 같은 형태도 있다). 그리고 회사란 상행위 또는 기타 영리를 목적으로 하여 설립된 사단, 즉 법인기업을 의미한다. 기업이 회사에 비하여 더 넓은 개념인 것과 비영리조직과 비영리법인의 관계가 비슷하다고 할 수 있다.

(5) 공익법인

공익법인이란 말 그대로 공익[5]을 목적으로 운영하는 법인인데, 우리나라 실정법에서는 3개 법률에서 공익법인의 개념을 각각 정의하고 있다.

- 상속세 및 증여세법(이하에서는 "상증세법"이라고 한다)상의 '공익법인 등' : 종교 · 자선 · 학술 기타 공익을 목적으로 하는 사업을 영위하는 법인(상세는 505쪽 참조)
- 공익법인의 설립 · 운영에 관한 법률(이하에서는 "공익법인법"이라고 한다)상의 '공익법인' : 재단법인이나 사단법인으로서 사회 일반의 이익에 이바지하기 위하여 학자금 · 장학금 또는 연구비의 보조나 지급, 학술, 자선에 관한 사업을 목적으로 하는 법인
- 법인세법상의 '공익법인' : 2020년 법인세법의 개정으로 새로 생긴 용어로서, 종전의 지정기부금단체(다만, 이 용어는 2022년 세법개정에

4) 소득세법에서는 이를 '공동사업자'라고 한다.
5) 공익의 개념은 불특정 다수를 위한 공익(公益)과 특정 다수를 위한 공익(共益)으로 나눌 수 있는데, 여기에서 말하는 공익은 전자의 개념이다.

서 2023년부터 다시 특례기부금단체, 일반기부금단체로 변경될 예정이다. 상세는 485쪽 참고)

상증세법상의 공익법인과 법인세법상의 공익법인의 범주가 서로 비슷하고, 공익법인법에 의한 공익법인은 민법상의 비영리법인에 포함되는 개념이다.

4 법인격 없는 단체, 임의단체, 사업자등록번호, 고유번호

(1) 법인격 없는 단체

앞에서도 잠시 설명했지만, 법인 아닌 단체('법인격 없는 단체', '임의단체' 또는 '권리능력 없는 사단과 재단' 등의 용어도 사용됨)란 교회, 종중, 동창회, 친목계, 아파트 입주자 대표회의 또는 사찰 내의 신도회, 교회 내 각종 자치단체(남선교회, 여전도회 등) 등과, 주무관청으로부터 허가를 받지 못했거나 설립등기를 하지 않음으로 인해 현실적으로 법인격을 취득하지 못한 단체를 말한다. 법인 아닌 단체의 유형은 매우 다양해서, 그 법률관계를 하나로 통일해 모범적 법률을 만들기 어렵다는 것이 법률전문가들의 의견이다.

한편 법인 아닌 단체는 세법상 법인으로 취급되는 단체와 그렇지 않은 단체로 구별된다. 국세기본법에서는 법인 아닌 단체(구체적으로는 법인이 아닌 사단, 재단, 그 밖의 단체) 중 세법상 법인으로 인정되는 단체로서, ① 법인으로 의제되는 단체(당연법인 의제단체)와 ② 세무서에 신청을 통하여 법인으로 인정되는 단체(신청에 의한 법인의제 승인단체)의 두 가지 형태를 정하고 있다(세법상 법인으로 인정되지 않는 단체는 거주자로 간주되는데, 상세는 후술한다).

1) 당연법인 의제단체

'당연법인 의제단체'란 ① 주무관청의 허가 또는 인가를 받아 설립되었거나 법령에 따라 주무관청에 등록한 사단, 재단, 그 밖의 단체로서 등기되지 아니한 것 또는 ② 공익을 목적으로 출연(出捐)된 기본재산이 있는 재단으로서 등기되지 아니한 것으로서, 수익[6]을 구성원에게 분배하지 아니하는 단체를 말한다. 즉, 주무관청의 허가를 받았으나 법인설립등기를 마치지 않은 단체, 또는 공익목적의 출연 기본재산이 있는 재단으로서 설립등기를 마치지 아니한 단체를 말한다.

2) 신청에 의한 법인의제 승인단체

'신청에 의한 법인의제 승인단체'란 '당연법인 의제단체' 이외의 단체로서 ① 사단, 재단, 그 밖의 단체의 조직과 운영에 관한 규정(規程)[7]을 가지고 대표자나 관리인을 선임하고 있을 것, ② 사단, 재단, 그 밖의 단체 자신의 계산과 명의로 수익[8]과 재산을 독립적으로 소유·관리할 것, ③ 사단, 재단, 그 밖의 단체의 수익을 구성원에게 분배하지 아니할 것 등 세 가지 요건을 갖춘 단체로, 대표자나 관리인이 관할세무서장에게 신청하여 승인을 받은 단체를 말한다. 대부분의 법인격 없는 단체는 위의 요건을 갖추어 '신청에 의한 법인의제 승인단체'로서 세무서에 고유번호를 신청할 수 있다. 물론, 이 신청 및 승인에 따른 고유번호 부여가 민법규정에 의한 법인격을 부여한 것은 아니다.

위의 당연법인 의제단체와 신청에 의한 법인의제 승인단체는 세법상 비영리법인에 해당하며, 국세에 관한 의무는 그 대표자나 관리인이 이행하여야 한다.

(2) 세법상 법인으로 보지 않는 단체(임의단체)

세법상 법인으로 보지 않는 단체는 '거주자'로 간주되는데(이를 민법상의 '조합'이라 할 수 있으며 이에 관해서는 별도의 글에서 소개한다), 소득세법상 취급에 따라 다시 '하나의 단체로서의 거주자'와 '공동사업자'로 나누어진다.

세법상 법인으로 보지 않는 단체로서 ① 대표자 또는 관리인이 선임되어 있고 ② 이익의 분배방법 및 비율이 정해지지 않은 단체는 '하

6) 법에는 '수익'이라는 용어를 사용하고 있으나, 정확하게는 '이익'이라는 용어를 사용하는 것이 맞다.

7) 회칙이나 정관을 말한다.

8) 이 '수익'이라는 용어도 '수익 및 비용'으로 고쳐야 한다.

나의 단체로서'의 '거주자'로 간주되고, 그 외의 단체는 공동사업을 영위하는 공동사업자로 취급된다(약간 전문적인 이야기이지만, 필자 개인 의견으로서는 법인으로 인정되지 아니하는 단체 중 대표자가 있고 분배비율이 정하여져 있지 아니한 단체를 하나의 거주자로 보아, 소득세를 과세하는 현행 소득세법 규정은 잘못되어 있고, 법인세를 과세하는 단체로 하는 것이 타당하다고 생각한다).

(3) 사업자등록번호 및 고유번호

현재 시행되는 우리나라 국세행정상의 사업자등록번호(비사업자는 사업자등록번호가 아니라 고유번호를 발급받는다) 부여 요령을 소개한다. 세법상 '사업자'란 법인, 개인을 불문하고 **사업**[9]을 영위하는 자를 말하고, 사업개시일부터 20일 내에 관할세무서에 사업자등록 신청을 해서 사업자등록번호라는 것을 부여받는다. 법인이나 단체 중 사업자가 아닌 자, 즉 사업을 영위하지 않는 단체는 세무서에 고유번호 신청을 해서 고유번호를 부여받는다(통상 비영리단체는 세법상의 **사업**을 영위하지 않기 때문에 고유번호를 부여받으며, 임대업 등의 사업을 영위하게 되면 사업자등록번호로 변경해야 한다).

앞에서도 잠시 언급했지만, 세무서로부터 고유번호를 부여받은 것이 민법 또는 기타 특별법에 의하여 법인격을 부여받은 것은 아니고, 단지 세무행정만을 위한 번호이다. 다만, 이 고유번호를 기초로 단체 명의의 은행계좌를 개설할 수 있다.

사업자등록번호나 고유번호는 ×××-××-××××-×의 10자리 숫자로 되어 있다. 첫 번째 세 자리는 일련번호코드로 신규 개업자에게 사용가능한 번호 101-999를 순차적으로 부여한다. 오래전에는 관할지방국세청 및 관할세무서를 판별하는 기능을 가졌으나, 지금은 이 기능이 거의 없어졌다(다만 오래된 사업자는 사업자등록번호를 보고 설립시점에서 어느 세무서 관할지에서 개업했는지 판단할 수 있다).

---

9) 부가가치세법상 사업이란 (영리나 비영리를 불문하고) 독립적으로 재화나 용역을 공급(판매)하는 것을 말한다. 다시 말하면, 재화나 용역을 판매하는 "매출"이 발생하는 영리사업 또는 수익사업을 말하며, 비영리단체들이 일반적으로 수행하는 비영리'사업'과는 다른 개념이다. 한편 비영리단체들도 세법상의 수익사업을 영위하면 세법상의 사업자가 된다.

다음 두 자리는 개인/법인 구분코드이다. 첫째, 개인사업자들의 개인구분 코드는 ① 개인 'VAT과세' 사업자는 01부터 79까지를 순차적으로, ② 개인 'VAT면세' 사업자는 산업구분 없이 90부터 99까지를 순차적으로, ③ 소득세법 제2조 제3항에 해당하는 '법인이 아닌 종교단체'는 89를, ④ 소득세법 제2조 제3항에 해당하는 자로서 '종교단체' 이외의 자(아파트 관리사무소 등) 및 다단계 판매원은 80의 코드를 부여받는다(VAT과세 및 VAT면세는 나중에 부가가치세 제도를 소개할 때 설명한다).

둘째, 법인들은 법인의 성격별로 구분한다. ① 영리법인의 본점은 81, 86, 87, 88, ② 비영리법인의 본점 및 지점(법인격 없는 사단, 재단, 기타 단체 중 법인으로 보는 단체를 포함)은 82, ③ 국가, 지방자치단체, 지방자치단체조합은 83, ④ 외국법인의 본·지점 및 연락사무소는 84, ⑤ 영리법인의 지점은 85의 코드로 분류된다. 그 뒤 4자리 숫자는 VAT과세사업자(일반과세자·간이과세자), VAT면세사업자, 법인사업자별로 등록 또는 지정일자순으로 사용가능한 번호로서, 0001-9999의 숫자가 부여되고, 마지막 한 자리는 전산시스템에 의해 사업자등록번호의 오류 여부를 검증하기 위한 검증번호이다.

5 법인격 없는 단체의 재산 소유권의 개념과 총유

위의 글에서, 세법상 법인격 없는 단체(법인 아닌 단체)에 관한 취급을 살펴보았는데, 이 글에서는 '법인 아닌 사단(이하 비법인사단)'에 관한 민법상 규정을 살펴본다.

'비법인사단'이란 사단으로서의 실체를 가지면서, 주무관청으로부터 허가를 받지 못하였거나 설립등기를 하지 않음으로 인해 현실적으로 법인격을 취득하지 못한 단체를 말하며, 교회, 문중, 학회, 동창회, 친목계, 그리고 등록돼 있지 않은 사찰 등을 말한다.[10]

---

10) 참고로, 우리 민법상 비법인재단이란 개념은 없다. 다만, 현실적으로는 설립중인 재단, 한정승인을 한 상속재산, 상속인 없는 상속재산, 각종 재단저당의 목적이 되는 재단 등과 같이 법인격을 갖추지 못한 재단이 있을 수 있다.

이와 같은 비법인재단의 법률관계는 비법인사단의 법률관계와 유사해, 정관에 의해 내부관계가 결정되고 소송상의 당사자 능력과 부동산등기법상의 등기 능력도 가진다. 다만 비법인재단은 사원(구성원)이 없는 관계로 그 재산 귀속관계는 민법상 '총유(總有)' 규정은 적용되지 우리 민법에서는 비법인사단에 관한 규정으로서 "① 법인이 아닌 사단의 사원이 집합체로서 물건을 소유할 때에는 총유(總有)로 한다. ② 총유(總有)에 관하여는 사단의 정관 기타 계약에 의하는 외에 다음 2조의 규정에 의한다"라는 민법 제275조(물건의 총유)와 그 뒤의 2개 조가 있을 뿐이다. 학설상으로는 이러한 비법인사단에 대하여 법인격을 전제로 한 규정을 제외하고는 사단법인에 관한 규정이 유추·적용될 수 있다는 것이 다수설이다.

비법인사단의 법률관계는 내부관계와 외부관계로 나누어 살펴볼 수 있다. 내부관계는 정관에 의해 정해지고, 단체의 정관에 정함이 없을 때는 전술한 바와 같이 민법상 사단법인 규정이 유추·적용된다. 비법인사단은 대표자 등이 정해져 있으면 소송상 당사자능력과 부동산등기능력이 있다. 그리고 비법인사단의 재산귀속관계는 총유(總有)라는 제도가 적용된다.

여기서 민법상 공유(共有), 합유(合有), 총유(總有)의 개념을 살펴본다. 이 세 가지 법률용어는 단독소유의 상대개념인 공동소유의 형태로서, 세 가지 형태 모두 민법에 규정되어 있다. 이를 간단히 살펴보면 다음과 같다. ① 공유(共有)란 2인 이상이 동일 물건의 소유권을 양적으로 분할하여 소유하는 공동소유의 형태이며, 공유자는 언제든지 목적물을 분할하여 단독소유로 이행할 수 있다. ② 합유(合有)란 각 법률의 규정 또는 계약에 의해 2인 이상이 '조합체'로서 물건을 소유하는 공동 소유 형태로서, 합유자는 전원의 동의 없이 그 지분을 처분하거나 합유물의 분할을 청구할 수 없다. ③ 총유(總有)란 비법인사단 사원(구성원)이 '집합체'로서 물건을 소유하는 공동소유의 형태를 말한다.

총유(總有)는 공동소유 중에서 가장 집단적 색채가 강하다. 주체가 되는 비법인사단은 '조합체'보다 단체적 단일성이 강한 '인적 결합체'로서 그 실체는 법인과 별로 차이가 없고 다만 법인격을 취득하지 못한 단체를 말한다. 법인격 없는 단체가 보유하고 있는 재산의 법률관계는 통상 민법의 총유(總有)의 개념이 적용된다.

민법의 총유(總有)에 관한 규정을 더 살펴보면, 총유물의 관리 및 처분은 사단의 정관과 기타 규약에 정한 바가 없을 때는 사원총회의 결

않고, 비법인재단의 재산은 관리인에게 신탁·양도되었다고 보아야 한다는 것이 다수설이다.

의에 의하고, 각 사원은 정관 기타의 규약에 따라 총유물을 사용·수익할 수 있다. 이 규정을 법인격 없는 단체에 적용해 보면, 그 단체의 정관 또는 기타 규약이 없는 때 회원총회의 결의에 의한다는 의미이다.

한편, 총유(總有)는 단체적인 결합관계를 본체로 하는 것이고 각 사원(구성원)은 이 단체의 일원이므로, 각 사원(구성원)은 그 단체의 구성원인 지위를 취득·상실함에 따라 당연히 목적물의 총유자로서의 권리의무도 취득·상실한다고 규정하고 있다. 이를 다시 법인격 없는 단체에 적용해 보면, 단체의 회원의 자격(지위)을 취득하거나 상실할 경우 그 단체 재산의 총유자로서의 권리의무를 취득하거나 상실한다는 뜻이다.

6 사단과 조합

앞의 글에서 세법상 법인으로 보지 않는 단체는 '거주자'로 간주되며, 이를 민법상 '조합(組合)'이라고 소개했는데, 이하에서는 민법상 조합에 관해 살펴본다. 이는 민법에서 비법인사단으로 인정하는 단체와 그렇지 않은 단체, 즉 조합(단체가 아니라 계약관계)을 구분하는 주제이기도 하다.

조합, 협동조합이라는 말의 뜻을 생각해 본다. 조합 및 협동조합 모두 일본식 한자이다. 같은 한자문화권에서 중국은 行會(조합, 동업조합, 길드(guild), 협회 등에 해당하는 중국어) 또는 工會 등을 사용하는데, 우리나라는 근대화 과정에서 일본의 강제 지배하에서 일본의 영향을 더 많이 받아 일본식 한자를 그대로 쓰게 되었다는 것이 정설이다.

한자의 뜻을 살펴본다. 조합(組合)의 '조(組)'란 본래 실을 땋아 만든 끈을 말한다. 조직(組織)이란 말은 씨실을 나타내는 '조(組)'와 날실을 나타내는 '직(織)'으로 이루어진 데서 그 흔적을 찾아볼 수 있다. 그러던 것이 일본에서 단지 물건만 아니라 사람들이 인위적으로 결합한 사례까지 조(組)의 쓰임이 확대되어(예 1조, 2조, 3조 등), 조합(組合)이라는 말이 태어났다고 한다.

법학을 전공하지 않은 사람들이 평상시 듣고 있는 말과 실제 의미가 다른 법률용어 중 하나가 민법상 '조합(組合)'이라는 말이 아닐까? 여기서 질문 하나. 민법상의 조합은 법인격을 가진 단체일까 아닐까?

정답은 법인격을 가진 단체가 아니라는 것이다. 즉 민법상의 조합은 매매계약과 같이 전형적인 '계약'의 하나로 분류되며, 조합계약은 2인 이상이 서로 출자해서 공동사업을 경영하는 것을 약정함으로써 그 효력이 생긴다는 뜻이다. 조합이라는 용어보다는 소득세법에서 규정하고 있는 '공동사업' 내지 '공동사업자'라는 용어가 현실적으로는 우리에게 친숙한 용어이다.

민법상의 조합과 현실에서 우리가 가끔 보게 되는 노동조합, 소비자협동조합, 생산자협동조합, 농업협동조합, 수산업협동조합, 축산업협동조합, 전국버스공제조합, 중소기업창업투자조합, 건설공제조합, 전문건설공제조합, 지역주택조합, 전기공사공제조합, 산림조합 등과는 무엇이 다를까? 이들 공제조합, 주택조합, 협동조합은 각각의 특별법에 의해 설립돼 법인격이 부여된 조합도 있고, 법인격이 없는 조합도 있어 그 종류가 다양하며, 대부분 법인격이 부여된 조합이 많다.

즉 이 질문은 비법인사단을 포함한 사단과 조합의 차이에 관한 질문이라 할 수도 있는데, 사단과 조합의 구별은 그 실체에 따라 결정되는 것이지, 명칭에 의해 결정되는 것은 아니라는 점에서, 사단과 조합의 구별이 어렵다는 것이다.

여기서 사단과 조합의 차이를 요약해 본다.

사단이란 일정한 목적을 이루기 위해 2인 이상이 모인 독자적 권리주체로서 조합에 비해 단체성이 강하며, 단체성이 강하므로 구성원(사원)의 개성은 중시되지 않는다. 또한 사단은 구성원(사원)과는 독립하여 사단 자체가 별개의 인격으로 통일적인 조직과 기관을 가지고 있으며, 기관의 행위는 단체 자신의 행위가 돼 그 효과는 모두 단체 자체에 귀속한다. 그리고 사단 자체가 법률행위를 하며, 사단의 구성원(사원)은 총회라는 단체의 의사결정방법을 통하여 다수결의 원리에 따라 단체의 운영에 참여할 수 있다. 또 사단의 자산이나 부채는 모두 사단 자체에 귀속되며, 구성원(사원)은 부채에 관하여 유한책임을 진다.

이에 비해, 조합은 2인 이상이 상호 출자하여 공동사업을 경영할 것을 약정함으로 그 효력이 생기는 계약을 말하며, 사단에 비해 단체성이 느슨하고 구성원(조합원)의 개성이 중시되므로 단체성이 약하다. 또한, 구성원(조합원)들의 개성이 나타나기 때문에 법률관계에서 구성원(조합원)들이 드러나고, 조합의 법률관계는 조합원 전원이 해야 하며, 어느

1인이 업무집행자로서 조합업무를 집행할 때 다른 조합원으로부터 위임 및 대리권을 수여받아야 한다.

조합의 의사결정은 업무집행에 있어 의견 일치를 보지 못할 때는 합수성(전원일치)의 원리가 원칙이고, 재산은 모두 각 조합원의 소유이며 합유(合有) 관계에 있다. 부채 역시 조합 재산뿐만 아니라 조합원 각자의 개인 재산을 가지고 책임을 지는 무한책임을 부담해야 한다.

우리 세법상의 미비점도 지적해 본다. 비법인사단은 모두 비영리일까? 아니면 영리 비법인사단도 있을까? 반대로 민법상의 조합(2인 이상이 서로 출자해 공동사업을 경영하는 것을 약정한 계약)은 다시 영리조합과 비영리조합으로 구분될 수 있을까?

앞의 글에서 소개한 것과 같이, 세법에서는 비법인사단으로서 '단체의 수익을 구성원에게 분배하지 아니할 것'이라는 등의 세 가지 요건을 갖춘 단체는 세법상 비영리법인으로 분류하고 있어, 비법인사단은 모두 비영리법인으로 간주하고 있다. 그런데 비법인사단 중에서도 영리 비법인사단이 있을 수 있다. 즉, 영리 비법인사단이란 법인격 없는 사단으로서 수익을 구성원에서 분배하는 단체를 말한다.

현행 세법에서는 세법상 법인으로 취급되는 단체 이외의 다른 단체는 조합(공동사업체)으로 보아 모두 소득세법을 적용하도록 하고 있지만, 단체성이 강한 비법인사단에게는 소득세법이 아니라 법인세법을 적용하는 것이 타당하다고 본다. 이와 유사하게, 민법상 조합 중에도 비영리조합, 즉 수익을 구성원에게 분배하지 않도록 하는 조합의 형태도 존재할 수 있는 것이 아닌가 생각된다.

7 영리법인과 비영리법인의 구분기준

영리법인과 비영리법인의 구분기준은 무엇일까? 영리목적사업을 하면 영리법인이고, 비영리목적사업을 하면 비영리법인일까? 영리목적사업과 비영리목적사업을 동시에 영위하면? 영리목적의 사업과 비영리목적의 사업은 어떻게 구분할까? 무상으로 제공하는 사업은 모두 비영리사업일까? 적자가 나는 사업은 비영리사업일까? 이익이 나더라도 원가에 적은 이익을 가산하여 상품이나 서비스를 판매하는 사업은 비영리사업일까?

대학이나 의료법인이 비영리법인임에도 불구하고 법인세를 내야 하는지 궁금해하는 사람들이 많다. 이는 영리법인과 비영리법인을 구분하는 일반적인 기준과 세법상의 기준이 다르기 때문이다.

(1) 일반적인 기준

먼저, 일반적인 기준으로서 회계학적 측면의 정의를 소개하는데, 미국회계학회(American Accounting Association : AAA)는 다음과 같은 네 가지 특성을 가지고 있는 것을 비영리조직으로 정의하고 있다.

- 계획적 또는 의식적인 이윤추구동기가 없다.
- 개인적으로 지분권을 소유하고 있지 않다.
- 지분권이 매각 또는 교환될 수 없다.
- 자본의 제공자 또는 기증자가 직접적이거나 비례적인 재무적 효익을 요구하지 않는다.

(2) 세법상 영리성의 구분기준

독일에서는 영리목적사업과 비영리목적사업을 구분하는 논의들이 있으나, 우리나라 세법에서는 법인이 얻은 순이익(수익에서 원가와 비용을 차감한 순이익)을 주주 또는 회원(민법상 용어는 社員)에게 배당하는지 여부에 따라 구분된다.

순이익을 주주들에게 배분하면 영리법인(즉 회사)이 되고, 순이익을 회원들에게 환원하지 않으면 비영리법인이다.[11] 즉, 세법에서 사법인(私法人)을 영리법인과 비영리법인으로 구분함에 있어서, 영리성을 가지고 있는가 여부를 판단하는 기준은 그 법인이 영리적인 사업을 하는지 여부를 기준으로 하는 것이 아니라, 그 법인의 사업에서 생긴 이익을 사원(또는 주주)의 이익을 목적으로 하는지 여부를 기준으로 한다. 즉, 법

11) 후술하는 것과 같이, 법인세법 시행령에서 정하고 있는 농협, 수협, 산림조합 등 조합법인은 이익을 조합원에게 배당하는 단체임에도 불구하고, 법인세법상 비영리법인으로 취급하는 예외조항이 있다(439쪽 참조).

인의 사업에서 생긴 이익을 사원에게 분배함으로써 그 구성원의 사익이 도모된다면 그 법인은 영리법인이고 반대로 이익을 사원에게 분배하지 않는다면 비영리법인이다.

위와 같이 세법상 영리성의 구분기준은 이익의 배당여부에 따르지만, 다른 측면으로는 준거법의 차이에서 온다. 즉, 민법 및 이에 준하는 법률에 의하여 설립된 법인은 비영리법인이고, 상법 및 이에 준하는 법률에 의하여 설립된 법인은 영리법인이라 할 수도 있다.

사립학교법에 의한 학교법인, 의료법에 의한 의료법인, 사회복지법에 의한 사회복지법인 등은 그 설립 준거법률에서 법인에 관해 민법의 규정을 준용하도록 하고 있어, 이들도 이익을 구성원(출연자 또는 회원)에게 배당(또는 환원)하지 못하기 때문에 비영리법인으로 분류된다.

개인들이 운영하는 유치원, 사설학원이나 개인병원들은 영리기업일까? 아니면 비영리기업일까? 임차료나 직원들의 급료 등 원가와 경비를 뺀 차익, 즉 수익에서 비용을 차감한 돈(학원사업이나 병원사업을 통해 얻은 이익)은 모두 주인에게 귀속된다는 점에서 영리 개인기업이다(개인기업에는 비영리 개인기업이라는 개념이 없다).

이에 비해, 학교법인이나 의료법인 등 법인 형태의 단체는 그 법인을 설립한 출연자가 그 법인에서 일하면서 급여를 받을 수는 있으나 그 법인이 벌고 남은 순이익을 배당 형태나 기타 어떤 형태로 가져갈 수 없으며, 또한 학교법인이나 의료법인과 같은 비영리법인에는 영리회사의 주식과 유사한 출자지분권이라는 것이 없어 그 지분을 제3자에게 매각할 수도 없다. 실제로는 학교법인이나 의료법인의 실질적 운영권을 양도하는 사례가 있는데, 새로운 이사진이 그 비영리법인에 추가 출연하면서 비영리법인의 운영권을 인수하는 것은 합법적이나, 비영리법인의 운영권 대가를 개인 당사자들간에 주고받는 것은 불법이라는 것이 다수설이다.

8 비영리법인에 관한 민법의 규정과 일본제도와의 비교

우리 민법의 규정과 이웃 일본의 구 민법(1896년에 제정되었다가 2008년에 개정되기 이전의 법률)의 관련 조항을 비교해 본다. 현행 우리 민법 제32

조는 다음과 같이 되어 있다.

"민법 제32조(비영리법인의 설립과 허가) 학술, 종교, 자선, 기예, 사교 기타 영리 아닌 사업을 목적으로 하는 사단 또는 재단은 주무관청의 허가(許可)를 얻어 이를 법인으로 할 수 있다."

이에 비하여, 일본 구 민법 제34조는 "민법 제34조(공익법인의 설립) 제사, 종교, 자선, 학술, 기예 기타 공익에 관한 사단 또는 법인으로서 영리를 목적으로 하지 않는 것은 주무관청의 허가(許可)를 얻어 법인으로 할 수 있다"라고 되어 있다.

두 나라 조문에서 어떤 차이가 있을까? 관찰력이 있는 독자들은 눈치 챘겠지만, 우리 민법은 조문제목을 '비영리법인'으로 한 반면, 일본 민법은 '공익법인'이라고 했었다. 1950년대 말 우리 민법초안을 기초했던 학자들이 일본의 민법 제34조를 거의 그대로 차용하면서, 왜 제목을 비영리법인으로 바꾸었는지에 관한 기록은 찾아볼 수 없으나, 후술하는 바와 같이 일본 민법 제34조나 우리 민법 제32조 모두 문제가 있는 조항이라고 생각된다.

주제가 약간 벗어나지만, 우리나라 민법은 1948년 정부수립 후 1958년에야 만들어졌고, 우리 민법이 제정되어 시행되기 전에 일본 민법을 사용하였으며—이를 의용(依用)민법이라고 한다—1958년에 만들어진 우리 민법은 물권법이나 친족법 이외의 대부분의 규정은 일본 민법전을 거의 그대로 차용했다는 점도 소개한다.

우리 민법의 대부분을 일본 민법에서 차용했다는 점으로 인하여 비교사법계에서 끊이지 않는 논란이 일어나곤 하지만, 선진 법체계를 차용하는 것은 그리 드문 일이 아니고, 의용민법을 통해 이미 판례가 다수 확립된 상황에서 독자적인 법체계를 만드는 일은 상상할 수 없었기 때문에 적어도 일본식 체계를 차용하였다는 사실 하나만으로 우리 민법체계를 깎아내릴 필요는 없다는 것이 상당수 민법학자들의 견해인 것으로 이해한다(일본의 민법도 일본에서 자체적으로 만든 것이 아니라 독일 민법과 프랑스 민법을 계수하여 만든 것이다).

개인적인 경험을 소개하면, 필자가 1970년대 중반 대학시절에 공부하던 때의 교과서는 일본책을 그대로 번역하고도 본인이 직접 저술한 것처럼 표시한 것이 대부분이었다는 것을 나중에 알고, 필자의 세대를 가르쳤던 대부분의 스승들은 일본식 교육을 받았고, 일본 이외의 다른 나라의 지식을 배울 기회가 없었기 대문이 아니었을까라는 생각을 하곤 한다. 또한 일본 시스템이라고 해서 무조건 배척할 것이 아니라, 그들이 우리보다 서양제도를 먼저 도입하면서 얼마나 많이 연구하고 고민했는지도 돌아보았으면 하는 생각도 한다.

다시 여기서 일본의 변천을 잠시 소개한다. 일본의 민법 제34조는 "공익법인"으로 규정되어 있어서 공익을 목적으로 하지 않는 법인도 필요한데, 그런 법인에 대한 조문이 없다는 비판 내지 반성의 움직임이 있었고, 1990년대 중반에 중간법인(中間法人)이라는 제도를 도입했었다. 이 중간법인(中間法人)이란 영리법인도 아니고, 공익법인도 아닌 그 중간형태의 법인으로 이해하면 된다.

그 뒤, 2008년의 공익법인제도의 전면 개혁에 따라 공익법인(공익재단법인, 공익사단법인)과 일반비영리법인(일반재단법인, 일반사단법인)의 두 가지 형태로 나누어졌고, 종전의 중간법인은 2008년 이후 일반비영리법인(일반재단법인, 일반사단법인)으로 변경되었다.

그리고 종전의 허가(許可)제도는 준칙주의(법률이 정하는 일정한 조직을 갖추는 것에 대하여 법인성립을 인정하는 주의, 법에서 정한 요건만 갖추면 법인설립이 자유로운 주의, 우리나라 상법상 회사들의 설립은 준칙주의에 의하고 있음)로 변경되었고, 일정한 요건을 갖춘 공익법인만 공익위원회로부터 공익법인의 인정을 받도록 변경하였다.

또한 각 주무부처별로 공익법인의 설립 및 감독권을 갖고 있는 것을 폐지하여, 총리 산하에 공익위원회 및 각 지방자치단체의 공익위원회로 일원화하였고, 비영리 일반법인에 대한 세제혜택이나 정부감독은 폐지하고, 공익법인만 공익성 준수를 위한 제도를 도입했고, 세제혜택도 부여한다.

여기서 다시 질문 하나! 허가(許可), 인가(認可), 승인(承認), 신고수리 등은 각각 어떻게 다를까? 관심 있는 독자들은 인터넷 등에서 검색하여 찾아보기 바라며, 여기서는 허가(許可)에 대하여만 소개한다. 허가(許可)란 금지된 행위를 주무관청이 풀어주는 행정처분을 말하는데, 특이한 점은 주무관청의 허가는 자유재량에 속하며, 따라서 불허가처분에 대하여 행정소송으로 다툴 수 없다는 점이다.

다시 일본의 사례를 잠시 소개한다. 일본에서도 주무관청에 의한 허가제도 및 주무관청의 통제로 인하여 100여년 동안 공익법인 국가 독점주의로 되었고, 그 결과 민간의 자유로운 공익활동이 제약되었으며, 특히 주무관청과의 유착에 따른 폐해가 많았다는 지적이 많았다.

우리나라는 비영리법인을 설립하고 싶어도 주무관청의 허가를 얻지 못해 비영리법인을 설립하지 못했다는 신문기사가 종종 나오고 있고, 주무관청에 따라 허가의 난이도가 달라 허가취득이 쉬운 주무관청을 찾아다닌다는, 이른바 주무관청 Shopping을 하고 있다는 이야기도 공공연하게 나돈다.

9 비영리법인과 공익법인의 차이

우리나라 민법 제32조의 제목은 "비영리법인의 설립과 허가"로 되어 있는 가운데, 정부(법무부)는 1975년 공익법인법을 제정하였다.[12] 먼저, 왜 1975년에 공익법인법이 제정되었는지 살펴본다. 이를 위해서는 공익법인법이 제정되던 1975년 당시 국회 논의과정을 살펴보는 것이 필요한데, 국회 속기록까지는 찾아보지 못하고 1975년 12월 당시 신문기사를 살펴보았다. 1975년 12월 동아일보 2개 기사 중 일부를 아래와 같이 인용한다(공익법인법은 1975년 12월 9일 정부제안으로 국회에 제출된 후, 1975년 12월 18일 국회를 통과했다).

공익법인설립법안 확정

정부 여당은 9일 일부 문화재단의 탈세 및 부당이득행위와 법인의 기부금 보조금 등으로 개인사업을 자행하는 것을 규제하기 위한 '공익법인의 설립 운영에 관한 법률안'을 확정, 금명간 박찬종 의원, 한태섭 의원 등 이름으로 국회에 제출할 예정이다. (법률전문 6면에) (중략) 전문 20조와 부칙으로 된 이 법안은 지금까지 대기업이 공익법인을 설립하여 방계

---

12) 2016년의 최순실 사태, 2017년의 이른바 어금니 아빠 사건 등으로 비영리법인의 문제점을 해결하기 위하여, 문재인 정부 100대 국정과제 중 하나로 정부의 공익법인법 전부 개정안이 2021년 8월 제출되었으나, 주된 내용은 '시민공익위원회'를 신설하는 것일 뿐, 비영리법인이나 공익법인의 문제점을 해결하지 못한다는 비판을 받고 있다. 이 개정안에 대한 문제점을 읽고 싶은 독자는 이 장의 마지막 글을 읽어 보시길 바란다.

회사 지원책으로 악용해 온 점을 감안, 정관 기재사항을 11개항으로 세분해서 명시하도록 하는 한편, 과실이 없는 재산의 출연이 많았고 저당권 등이 설정되어 있는 부실재산의 출연 등을 지양하기 위해, 법인자산의 부실여부를 당국이 조사하도록 하고, 기본재산 목록을 정관에 규정하도록 하고 있다. (중략) 출연재산의 관리를 강화키 위해, 출연재산의 관리방법과 검사 및 감사대상항목을 정관에 기재하고 기본재산과 보통재산을 엄격히 구분 관리하도록 규정하고 있다. (후략) (동아일보, 1975.12.9)

재벌의 탈세, 재산 유출구 봉쇄, 국회에 제출된 공익법인 설립법안

정부 여당은 상당수 대기업들이 탈세와 부당이득 등을 위해 설립 운영해 온 장학 학술재단 등을 규제하기 위한 '공익법인 설립 운영에 관한 법률안'을 8일 정부 여당 연석회의에서 확정했다. 장영순 국회법사위원장을 비롯하여 한태연, 박찬종 등 법사위의 여당 측 '율사'들이 철저한 보안조치를 취한 가운데 성안한 이 법안은 당초 정부가 제시한 원안보다는 온건한 것으로 조문 수도 40여 개에서 20개 조문으로 줄었고 규제대상 폭도 줄어든 것으로 알려졌다. 11월 30일 현재 비영리법인 총수는 1,323개(이 중 재단법인 483개, 사단법인 840개)인데, 이 중 이 법의 규제를 받게 될 공익법인은 장학금 지급실적이 있는 법인 119개, 연구비의 보조금 지급실적이 있는 법인 92개, 자선목적의 법인 122개, 학술연구목적법인 159개 등 모두 492개 단체이다. 그러나 일부법인이 중복된 사업을 하고 있어, 실제 3백여 개가 규제대상이 될 것으로 알려져 있으며, 이들 법인의 재산총액만도 4백억원이 넘을 것으로 한 관계자는 추정했다. 이 법안은 일부 대기업들이 자신이 설립한 문화재단 등을 방계회사 지원책으로, '위장상속'의 수단으로 악용하는 등 그동안의 적폐(積弊)를 시정한다는 지침 아래 마련되었기 때문에 강경한 규제 내용을 담고 있다. 사실 문화재단의 기본재산으로 편입된 면세된 수익원의 저택을 '이신동체(異身同體)'격인 문화재단에 불과 수만원의 임차료만 내고 출연자 자신이 버젓이 사용하고 있는 사실, 임직원에게 줄 수익금을 일단 '자회사'격인 문화재단에 '기부', 면세혜택을 받은 후, 이를 고스란히 장학금, 학술연구비 등의 명목을 붙여 임직원 또는 그 자녀에게 빼돌려준 사실, 그리고 급료 이외에 상여금, 수당, 특근비, 여비, 교통비, 업무추진비, 복리후생비(중추절 수당, 월동대책비, 중식대, 연월차수당, 업무협의비) 등 갖가지 명목으로 목적사업비에 비해 관리비를 지나치게 많이 지출해온 사실 등은 사회적 책임을 몰각한 이들 문화재단을 규제해야 한다는 여론을 고조시켜 왔음을 부인할 수 없다. (중략) 재산관리를 위하여 기본재산과 보통재산으로 엄격히 구분 관리하도록 하고 담보제공, 장기채 등은 주무관청의 허가를 받도록 하여 (후략)

(동아일보, 1975.12.10)

위 기사를 보면, 1975년 이전에 문화재단 등의 형태를 이용한 대기업들의 탈세나 비영리법인의 비정상적 운영이 많아 이를 규제하고 개선하기 위해 공익법인법을 제정한 것으로 이해된다.

다음 표는 민법과 공익법인법의 주요 차이를 요약한 표이다.

민법상의 비영리법인	공익법인법상의 공익법인
학술, 종교, 자선, 기예, 사교 기타 영리 아닌 사업	사회 일반의 이익에 이바지하기 위하여 학자금·장학금 또는 연구비의 보조나 지급, 학술, 자선(慈善)에 관한 사업
이사에 관한 조항만 있고, 이사회에 관한 조항은 없음	이사회 설치가 의무(제6조)
규정 없음 - 서면결의 가능	이사회 서면결의의 금지(제9조 제2항)
감사는 임의기관	감사는 필수기관
규정 없음 - 임원취임은 주무관청의 승인사항이 아님	임원(이사 및 감사)의 취임은 주무관청의 승인사항 - 임원취임등기는 주무관청의 승인서가 있어야 가능
규정 없음	이사의 과반수는 대한민국 국민(제5조)
규정 없음	이사회를 구성할 때 특별한 관계에 있는 자의 수가 이사 현원의 20%를 초과할 수 없음(제5조 제5항)[13]
규정 없음	주무관청의 승인을 받아 상근 임직원 수를 정함(제5조 제9항)
규정 없음	수익사업을 하려면 주무관청의 승인이 필요(제4조 제3항)
규정 없음	기본재산, 보통재산에 관한 조항이 있음
규정 없음	기본재산 처분은 주무관청의 허가 필요(제11조 제2항)
규정 없음	잔여재산 귀속 제한 - 국가 또는 지방자치단체(제13조)

공익법인법 제1조에 명시하고 있는 그대로 '민법'의 비영리법인 관련 조항을 보완하기 위해 제정되었고, 이 법에 의한 공익(公益)법인은 '재단법인이나 사단법인으로서 사회 일반의 이익에 이바지하기 위해 학자금·장학금 또는 연구비의 보조나 지급, 학술, 자선에 관한 사업을 목적으로 하는 법인'을 말하며,[14] 따라서 민법상의 비영리법인의 범주 안

13) 이 규정은 상증세법상에서 정하고 있는 출연자 또는 그의 특수관계인이 이사 수의 20%를 초과하지 못하게 하거나 해당 공익법인의 임직원으로 취업하는 것을 제한하고 있는 규정과 유사하나 약간 다르다.

에 공익법인법에 의한 공익법인이 포함된다. 한편, 종교, 기예 및 사교를 목적으로 하는 법인은 공익법인법상의 공익법인으로 허가받을 수 없다.

그런데 실무적으로 어떤 장학재단, 학술단체, 자선단체는 민법 제32조에 의하여 설립허가를 받고, 다른 단체들은 공익법인법에 의하여 설립허가를 받아 두 가지 법률의 적용대상의 차이의 구별이 약간 애매모호한 실정이며, 담당 공무원들도 두 법의 차이를 잘 모르고 있는 경우가 가끔 있다.

한편, 앞에서도 잠시 소개했지만 우리나라에는 3개의 공익법인의 개념이 있다. 하나는 위에서 소개한 '공익법인법에 의한 공익법인'이고, 그 밖에 앞에서 간단히 소개한 '상증세법상의 공익법인' 및 '법인세법상의 공익법인'이 있다. 그런데 '공익법인법에 의한 공익법인'은 대부분 '상증세법상의 공익법인'에 포함되는 개념이다.

참고적으로, 취득세나 등록세 등을 규정하고 있는 지방세법에서는 "제사·종교·자선·학술·기예 기타 공익사업을 목적으로 하는 비영리사업자"라는 용어를 사용하고 있어, 법인세법이나 상증세법에 비하여 약간 다른 용어를 사용하고 있다는 점도 소개한다.

여기서 우리나라 비영리단체, 공익법인의 상호 연관관계를 정리해 본다. 비영리단체라는 용어는 비영리법인 및 법인격 없는 비영리단체를 포함하는 의미에서 가장 넓은 범주이고, 그 다음이 비영리법인, 그 다음이 상증세법상의 공익법인, 그 다음이 공익법인법상의 공익법인이다.

마지막 질문, 공익(公益, public interest 또는 public benefit)이란 과연 무엇을 말할까? 이 정의가 어려워서인지, 우리 실정법에는 공익에 관한 구체적인 정의가 없다. 필자가 제자들에게는 공익(公益)과 공익(共益)의 차이에 관하여만 간단히 설명하곤 하는데, 전자는 불특정 다수를 위한 공익, 후자는 특정 다수를 위한 공익이라고 요약된다.

---

14) 우리나라의 공익법인법은 재단법인과 사단법인 모두 규율대상으로 하고 있으나, 실제로는 재단법인을 주된 대상으로 하고 있다. 향후 공익법인법이나 세법 개정에 있어서, 재단법인과 사단법인은 서로 달리 취급할 필요가 있지 않을까 생각된다. 특히, 소규모 사단법인이나 재단법인에 대형 재단법인에 적용할 규제를 그대로 적용하고 있는 것이 아닌가 생각된다.

10 비영리민간단체

비영리민간단체지원법은 비영리민간단체의 자발적인 활동을 보장하고 건전한 민간단체로의 성장을 지원함으로써 비영리민간단체의 공익활동 증진과 민주사회 발전에 기여하고자 2000년 1월 12일에 제정되었고 관할부처는 행정안전부이다.

"비영리민간단체"란 비영리민간단체지원법 제2조에 정의된 대로 '영리가 아닌 공익활동을 수행하는 것을 주된 목적으로 하는 민간단체'로서 다음 각 호의 요건을 갖춘 단체를 말한다.

- 사업의 직접 수혜자가 불특정 다수일 것
- 구성원 상호간에 이익분배를 하지 아니할 것
- 사실상 특정정당 또는 선출직 후보를 지지 · 지원할 것을 주된 목적으로 하거나, 특정종교의 교리전파를 주된 목적으로 설립 · 운영되지 아니할 것
- 상시 구성원수가 100인 이상일 것
- 최근 1년 이상 공익활동실적이 있을 것
- 법인이 아닌 단체일 경우에는 대표자 또는 관리인이 있을 것

비영리민간단체 등록을 원하는 단체는 그의 주된 공익활동을 주관하는 중앙행정기관의 장이나 시 · 도지사에게 등록을 신청한다(법 제4조).

주무부장관 또는 시 · 도지사는 등록된 비영리민간단체의 공익사업 소요경비를 지원할 수 있도록 하고(법 제6조) 국가 또는 지방자치단체는 등록된 비영리민간단체에 대하여 조세감면과 우편요금 보조 등을 할 수 있도록 한다(법 제10조 및 제11조).

「민법」, 「공익법인법」, 「특별법」 모두 비영리법인으로서의 공익사업 유형을 법으로 규정하고 있으면서 설립시 주무관청의 허가를 요건으로 하고 있으나, 비영리민간단체지원법을 적용받는 비영리민간단체는 공익사업의 유형이 별도로 특정화되어 있지 아니하며, 설립시에도 주무관청의 허가가 아닌 등록신청만 하면 된다. 이 비영리민간단체는 정부의 지원을 받는 것이 주목적이라, 민법상의 사단법인, 재단법인, 또는 공익법인도 위의 요건을 갖추어 비영리민간단체로 등록하고 있으며, 그

이외에 법인격을 갖추지 못한 시민단체들이 요건을 갖추어 비영리민간단체로 등록하기도 한다.

11 법인세법상의 비영리법인과 다른 법령상의 비영리유형의 관계

(1) 법인세법상의 비영리법인

법인세법 제1조는 비영리법인을 내국법인(內國法人)과 외국법인(外國法人)으로 구분하면서, 비영리내국법인을 아래와 같이 민법에 의한 법인 등 네 가지 유형으로 정의하고 있다. 법인세법상의 비영리법인의 구체적인 내용은 제11장 1.을 참고하기 바란다(438쪽 참조).

가. 민법 제32조에 따라 설립된 법인
나. 사립학교법이나 그 밖의 특별법에 따라 설립된 법인으로서 민법 제32조에 규정된 목적과 유사한 목적을 가진 법인(단, 그 주주(株主)·사원 또는 출자자(出資者)에게 이익을 배당할 수 있는 법인은 제외)
다. 대통령령이 정하는 조합법인 등
라. 국세기본법 제13조 제4항에 따른 법인으로 보는 단체

(2) 여러 법령에 따른 비영리조직의 요약

다음 그림은 우리나라의 여러 법령에 따른 비영리조직의 범위를 요약하여 표시한 것이다.

우리나라의 여러 법령에 따른 비영리단체의 범위 비교

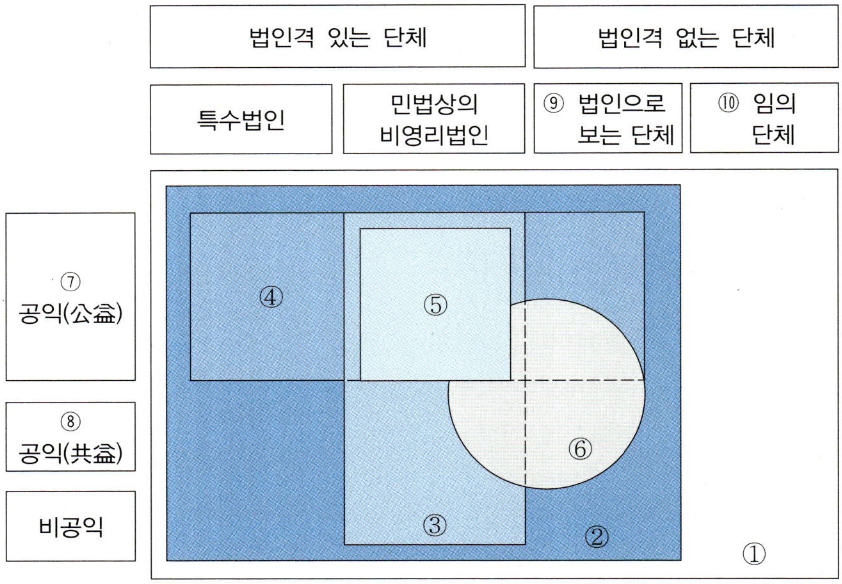

① 광의의 비영리단체
② 법인세법상 비영리법인
③ 민법상 비영리법인
④ 상증세법상 공익법인 등
⑤ 공익법인법상 공익법인
⑥ 비영리 민간단체 지원법상 비영리 민간단체(시민단체 등)
⑦ 불특정 다수를 위한 공익 – 사회복지법인, 학교법인, 의료법인, 종교단체, 공익법인, 비영리법인 등
⑧ 특정 다수를 위한 공익 – 각종 협회 등, 협동조합 등
⑨ 종교단체, 공동주택 관리주체(아파트 관리사무소 또는 입주자 대표회의), 재개발조합 등
⑩ 동창회, 서클, 동아리 등

(출처 : 비영리단체의 바람직한 운영원칙, 배원기, 동아일보사(2020))

12 비영리법인과 법인세

이에 관한 구체적인 내용은 제11장을 참고하기 바라며, 여기서는 간단한 개요만 언급한다.

비영리법인도 법인세를 낼까? 정답은 비영리법인이 법인세법에 열거하고 있는 수익사업[15]에서 순이익(수익에서 원가 및 비용을 차감한 금액)이 생기면, 법인세를 납부할 의무가 있다. 일반적으로 비영리법인은 법인세 납세의무가 없으나, 비영리법인이라고 하더라도 법인세법상의 수익사업을 영위하는 경우, 그 수익사업에서 발생한 소득(수입에서 비용을 차감한 개념)에 대하여는 법인세를 납부할 의무가 있고, 2022년 11월 현재 적용되는 법인세법 기준으로 과세표준이 2억원 이하인 경우 10%, 2억원 초과금에 대하여는 20%(200억원 초과에 대하여는 22%)의 법인세 납세의무가 있으며, 법인세 10%의 지방소득세(종전의 법인세할 주민세) 납부의무도 있다. 비영리법인이 영위하는 법인세 과세대상 수익사업[16]의 예로는 광고, 임대, 의료서비스업, 이자수입 등을 예시할 수 있는데, 구체적으로는 세밀한 검토가 요구되는 경우가 많다.

이와 같이 법인세법에서 비영리법인이 수익사업에서 이익이 생기면 법인세를 납부하도록 한 이유는, 영리법인(회사)과 비영리법인 간의 왜곡을 없애기 위함이다. 즉 비영리법인의 탈을 쓰고 영리사업을 영위할 경우, 영리법인, 즉 회사와 동일한 납세의무를 부여하는 것이 공평하기 때문이다.

1990년까지는 비영리법인의 수익사업에 대한 법인세율이 영리법인 법인세율보다 낮았으나, 1991년부터는 영리법인과 비영리법인에게 같은 세율을 적용한다. 한편, 1995년부터는 비영리법인의 법인세부담을 낮추는 고유목적사업준비금 설정제도가 도입되었다.

그런데 법인세법상 수익사업의 범위가 너무 넓고 판단하기 어려운 사례도 많다는 점을 강조하고 싶다. 예를 들어 비영리단체의 은행예금계좌에서 생긴 이자소득이나 배당소득도 수익사업소득이다(다만, 이런 수동적 수익사업소득에 대해선 법인세를 신고하지 않거나, 간편하게 신고하여 환급받는 제도가 있다).

---

15) 앞에서도 언급했는데, 세법에서는 '수익사업'이라는 용어를 사용하고 있으나, '영리사업'이라는 말이 더 이해하기 쉽고 정확한 용어이다. 일본의 법인세법의 용어를 우리가 그대로 계수하여 사용하고 있는 단어이다. 1950년 미국의 사절단이 일본 정부에 대하여 제시한 Profit making activities를 일본 정부가 수익사업으로 번역하여 사용하고 있는 것을 우리도 그대로 따라 사용하고 있다.

16) 법인세 납세의무가 있는 법인세법상의 수익사업의 개념과 부가가치세 과세대상 재화・용역은 유사하지만, 서로 다른 개념임을 유의할 필요가 있는데, 좀더 자세한 사항은 제10장 및 제11장을 참고하기 바란다.

법인세법상 수익사업 범위를 판단하기 어려운 점이 많다는 점에서, 비영리법인이 어떤 사업을 새로 시작할 때 수익사업에 해당하는지 여부를 세밀하게 살펴보고(453쪽 참조) 전문가의 도움을 받는 것이 필요하다는 점을 강조한다. 오래전 의대 교수들로부터 왜 대학병원이 비영리사업을 하고 있는데 법인세를 내야 하는지 모르겠다는 질문을 자주 받았다. 회계사인 필자를 만났던 의대 교수들은 대부분 병원 행정고위직에 있는 분들인데도 불구하고, 이런 질문을 하곤 한다. 그 이유는 사립학교법이나 의료법에서는 병원사업을 비영리목적사업으로 정하고 있으나, 세법에서는 법인세 과세대상 '수익사업'으로 정하고 있기 때문이다.

또 하나의 사례, 대학병원에서 유료로 운용하는 주차장이나 영안실은 영리사업일까? 아닐까? 오래전 대학병원 주차장 사업이 법인세 과세대상인지, 지방세법상 취득세/재산세 면제대상인지에 관한 소송이 있었는데, 승자는 정부측이었다.

비영리단체에서 카페를 운영하는 것은 법인세 과세대상인 수익사업이며, 부가가치세 사업자로서의 의무도 이행해야 한다.

비영리단체가 주차장을 유료로 운영하면? 식당을 유료로 운용하면? 정답은 카페 사업과 동일하다. 비영리단체가 건물 일부를 임대하는 경우는? 임대사업자로서의 법인세 및 부가가치세 납세의무가 있다(취득세, 등록세, 재산세는 복잡해서 나중에 설명하기로 한다).

이를 조금 자세하게 살펴보면, 비영리법인은 수익사업에서 이익(수익에서 원가나 비용을 뺀 후의 수치)이 있는 경우에 한하여 법인세를 내게 되고, 손실이 나면 법인세 과세소득이 없어서 법인세를 납부하지 않게 된다. 예를 들어, 비영리법인이 주차장/식당을 유료로 운영할 때, 주차장/식당을 운영하여 이익(유료판매수입에서 재료비, 인건비, 기타 경비를 차감한 금액)이 나오지 않는 한, 즉 법인세 과세대상소득이 나오지 않는 한, 법인세 신고는 하여야 하나 법인세 납부세액은 없다.

한편, 부가가치세(VAT)는 주차장/식당의 이익발생 유무에 관계없이, 이용자로부터 받는 이용료 또는 식대의 10%를 VAT로 징수하여 관할세무서에 납부하여야 한다.—부가가치세법에는 '수익사업'이라는 용어를 사용하지 않고, '(VAT)과세사업'인지 또는 '(VAT)면세사업'인지를 판단하게 된다.

조금 어려운 이슈인데, 비영리법인의 목적사업과 법인세법상 비수익사업(즉, 법인세법상의 수익사업이 아닌 사업)은 같을까? 비영리회계나 세무 분야에서 골치 아픈 주제의 하나인데, 정답은 '같지 않다'는 것이다. 위 사례와 같이 의료법인의 목적사업은 의료업인데, 법인세법에서는 의료업을 수익사업으로 정하고 있어, 대표적으로 비영리단체의 목적사업 그 자체가 법인세법상의 수익사업으로 되는 사례이다.

13 출연 또는 기부에 대한 비영리법인의 세금

이 질문에 대한 정답은 조금 까다롭고 이해하기 어렵다는 점부터 밝힌다. 이해하기 쉽게, 먼저 개인이 누구로부터 돈을 받았을 때 어떤 세금을 내야 하는지 살펴본다. 그 받은 돈이 돈을 준 사람에게 노동을 제공하거나 상품을 제공하고 받은 대가라면 소득세 과세대상이고(부가가치 납세의무의 판단은 사업인지 여부를 판단해야 하기 때문에 여기서는 생략한다), 아무 대가 없이 무상으로 받았으면 증여세 과세대상이다. 즉 개인은 소득세나 증여세 중 하나의 세금만 내며, 하나의 소득에 소득세와 증여세가 동시에 부과되지는 않는다. 그런데 법인은 무슨 명목으로 돈을 받는지를 불문하고(예를 들어 무상기부를 받았으면 '무상수증이익'으로 인식된다) 법인세 과세대상이 되고, 수익에서 원가 및 비용을 차감한 순이익이 있으면 법인세를 납부하며, 법인은 증여세 납세의무가 없는 것이 원칙이다.

그러나 이와 같은 원칙이 비영리법인에 그대로 적용되지는 않는다. 즉 비영리법인의 법인세 과세대상 수익사업에서 무상기부를 받았으면, 영리법인과 같이 '무상수증이익'으로 취급되어 수익사업의 원가 및 경비를 차감한 순이익이 생기면 법인세를 납부하게 된다.

한편 비영리법인의 '비수익사업(즉 법인세 과세대상이 아닌 사업)'에서 무상기부를 받으면 법인세는 납부하지 않게 되는데, 정말 아무 세금을 내지 않아도 될까? 정답은 상증세법상 '공익(公益)법인 등'에 해당하는 법인만 증여세가 비과세(정확한 용어로는 '증여세 과세가액불산입')되며, 상증세법상의 공익법인에 해당하지 않는 비영리법인은 무상기부에 대해 증여세 납세의무가 있다.

그런데 실무적으로는 상증세법상 공익법인에 해당하지 않는 비영리법인도 무상기부수익에 대해 증여세를 납부하지 않고 있는 사례도 있으며, 국세청도 증여세를 부과하지 않고 있는 것으로 이해하는데(가끔 과세되는 사례도 있다), 이 점은 우리 세법이나 기타 법령을 개선해야 할 점으로 생각한다(503쪽 참조).

14 공익법인과 공익신탁

공익신탁이란 '종교, 자선, 학술 등 공공의 이익을 목적으로 하는 신탁(새로운 공익신탁법에서는 14가지의 공익사업의 유형을 정하고 있다)'을 말하며, 종전에는 신탁법에 공익신탁에 관한 몇 개 조문이 있었으나 그동안 거의 이용되지 않았다. 그러다가 법무부 주관으로 2014년 3월 18일자로 새로운 공익신탁법이 제정되고, 이 법이 2015년 3월 19일부터 시행되면서 공익신탁에 관한 홍보나 기타 신문기사가 자주 나오고 있다.

먼저 이해를 돕기 위해, 우리가 그래도 친숙하게 알고 있는 재단법인의 제도는 독일 및 프랑스 등의 대륙법계의 제도를 일본을 통하여 도입한 것인 데 반해, 신탁은 영미법계의 산물을 일본을 통하여 도입한 제도라는 점을 강조하고 싶다.

원래 영미법상 신탁(Trust)은 유형과 활용목적이 실로 다양한 제도라서 그 내용을 일률적으로 확정하기 곤란한데, 신탁이란 일반적으로 위탁자(신탁의 설정자)와 수탁자(신탁의 인수자) 간의 특별한 신임관계를 기초로 하여 위탁자가 특정재산을 수탁자에게 이전하거나 기타의 처분을 행하고, 수탁자로 하여금 일정한 자(수익자)의 이익을 위하여 또는 특정한 목적을 위하여 그 재산권을 관리, 처분하게 하는 법률관계를 말하며 통상 신탁계약을 체결한다.

즉, 수익자를 위해 재산을 영위하는 제도로서 보편화되었는데, 이것이 양자의 신임관계에 기초가 있는 관계로 트러스트(trust)라고 부르게 되었다. 한편, 신탁은 중세 영국의 부동산이용제도인 유스(use)에 그 기원을 두고 있고, 중세시대에 귀족이 전쟁에 나가면 가까운 사람들 중 신뢰가 있는 사람(주로 성직자 등)에게 토지 · 건물 · 곡식 등의 자산관리를 맡겼던 것에 연유한다. 그런데 이따금 자산관리를 맡은 이가 재산을 빼돌리거나 돌려주지 않는 문제가 발생하자 위탁자의 재산권을 보호해 주기 위해 관련 규율이 법제화되었고, 미국에서 신탁제도가 본격적으로 발전했다.

우리나라의 신탁법도 원래 일본이 서양제도를 도입한 것을 그대로 도입한 것이다. 공익신탁에 관한 일본과 우리나라의 연혁을 살펴본다. 원래 일본에서도 1916년 신탁법을 만들기 위해 외국실태를 조사한 보고서는 대부분 상사사익신탁(商事私益信託)에 관한 것이었고, 공익신탁 관계는 포함되어 있지 않았으며, 1919년의 행정부의 신탁법 초안에도 공익신탁에 관한 조문은 없었다.

그 후, 입안 무렵인 1920년 8월 법제심의회에서 심의위원 중 한 명이 공익신탁을 마련해야 한다는 주장을 강력히 제기해 그 심의위원회가 만든 '신탁법 요령'에 공익신탁에 관한 수개의 조문이 마련되어 1921년 국회에 제출하기 위한 신탁법 확정안이 되었으며, 이것이 일본에서의 공익신탁의 시작이었고, 우리나라도 같은 조항을 그대로 본떠서 만들었고 이것이 우리나라 공익신탁의 시작이었다.

2014년에 제정되고 2015년에 시행된 새로운 공익신탁법이 제정되기 이전에 공익신탁제도가 거의 소개되지 않고 이용되지 않았던 이유로서, 모범적인 공익신탁 기부모델이 없었고, 기부단체의 자금운용에 대한 불신 등도 거론되지만 그보다는 ① 우리나라에서도 일본과 같이 주로 영업신탁이 보급되었고, ② 대륙법의 직접적인 영향을 받은 재단법인제도가 사회에 친숙하고 널리 알려지고 이용되었기 때문에 영미법계통의 공익신탁이 활용될 여지가 거의 없었으며, ③ 행정당국도 공익신탁에 무관심하여 공익법인과 공익신탁에 모두 허가주의의 원칙이 채택되었음에도 불구하고, 공익신탁에 허가의 절차나 기준 등이 마련되지 않았고, ④ 학계에서도 연구가 거의 이루어지지 않았기 때문이라고 한다. 요컨대, 우리나라의 공익신탁제도가 거의 알려지지 않고 이용되지 않았던 이유는 학계, 정부 등 모두 그 보급 및 발전에 별로 관심을 기울이지 않았기 때문이었다.

새로운 공익신탁법상 공익신탁제도의 주요 내용을 보면, ① 누구나 쉽게 공익신탁을 이용할 수 있도록 공익신탁을 허가제에서 인가제로 바꾸었고, ② 주무관청별의 허가제도를 법무부에서 인가, 관리, 감독을 전담하도록 일원화하였으며, ③ 100억원 이상의 공익신탁은 외부감사를 받도록 하는 공시제도를 도입하였고, ④ 위탁자가 지정한 목적으로 신탁재산을 사용하도록 제한한 점(공익재단의 경우 나중에 설립자의 설립의지와 달리 공익재단의 목적사업을 변경할 수 있는지 여부에 관한 논쟁이 있는데, 공익신탁은 이런 논쟁을 피할 수 있다)을 들 수 있다.

공익신탁의 강점은 재단법인 등의 공익법인 설립에 비해 현격히 줄어드는 관리비용이다. 재단법인 등을 설립하기 위해서는 사무실 임차료나 인건비 등 통상 전체 기금의 5~30% 정도의 운영경비가 필요한데 이 같은 비용을 절감할 수 있다.

또한, 공익신탁은 계약, 유언, 위탁자의 선언에 의해 설정이 가능하며, 공익법인의 설립보다 간편하고 수월하다. 출연재산의 규모 및 활용 등도 위탁자가 결정하며, 한 개인이 큰 규모의 공익신탁을 설정할 수도 있는 반면, 소규모 자금으로도 공익신탁 설립이 가능한데, 모금형 공익신탁의 경우 불특정 다수인의 소규모 출자를 모아서 자산가의 거액 출연과 맞먹는 효과를 거둘 수 있다.

공익신탁과 재단법인제도를 비교해 보면, 재단법인은 주무부장관의 '허가'를 받아야 하며 법인으로 설립되어야 하는데, 재단법인의 사업목적별로 관할주무부장관이 각각 다르고 주무부장관의 '허가'취득이 그리 쉽지 않은 반면, 공익신탁은 개정 공익신탁법에 의하여 주무부장관이 법무부장관으로 일원화되었고, '허가'가 아니라 '인가'로 변경되었으며, 공익신탁의 설정을 위한 법무부장관의 인가여부는 3개월 이내에 결정되도록 하여 공익신탁의 설정이 공익법인의 설립보다 훨씬 수월하게 되었다. 그리고 공익신탁은 '법인'이 아니며, 공익신탁의 재산권은 수탁자 명의로 관리된다.

한편, 공익법인의 설립을 위한 최저 기본재산은 각 주무부처별로 다르게 운영되고 있고 대략 최저 2억원 이상이나, 공익신탁은 소액모집도 가능하도록 되었다. 또한, 재단법인은 기본재산 그 자체의 사용은 금지/제한되고 수익금액을 목적사업에 사용하도록 하고 있는 반면, 공익신탁은 신탁원본도 사용할 수 있다.

공익신탁에서 발생하는 수익에 대해 전액 비과세가 되고 개인이나 법인이 공익신탁으로 출연한 재산은 지정기부금으로 취급되며, 상속재산 중 피상속인 또는 상속인이 일정한 요건을 충족한 공익신탁을 설정하여 출연한 재산은 상속세 과세가액에서 제외되는데, 이런 세무상의 혜택은 상증세법상의 '공익법인'에의 출연(기부)의 경우와 거의 같다.

새로운 공익신탁제도는 도입된 지 얼마 되지 않아 아직 생소한 제도일 수 있으나, 관심을 가지고 적극적으로 활용할 제도라는 점을 강조하고 싶다.

15 사회적 협동조합

2012년 12월 1일부터 협동조합 기본법이 시행되어 새로운 형태의 법인을 설립하여 운영할 수 있게 됨으로써, 2013년에는 협동조합 설립 붐이 있었다. 즉, 종전에는 영리법인과 비영리법인의 두 가지 구분이 있었는데, 협동조합이라는 제도가 새로 도입되면서 영리법인과 비영리법인의 중간에 협동조합이라는 법인단체가 새로 생겼다. 협동조합을 설립하기 위하여는 최소한 5명 이상의 발기인이 필요하다.

협동조합은 다시 일반협동조합과 사회적 협동조합으로 구분되는데, 양자의 차이는 다음과 같다.

구 분	일반협동조합	사회적 협동조합
법인격	법 인	비영리법인
설 립	시도지사 신고	기획재정부 인가
사 업	업종 및 분야 제한 없음	공익사업 40% 이상 수행 • 지역사회 재생, 주민권익 증진 • 취약계층 사회서비스 • 일자리제공 • 공익증진사업 • 국가지자체 위탁사업
법정적립금	잉여금의 10% 이상	잉여금의 30% 이상

한편, 협동조합은 민법상 조합이나 상법상 회사와 비슷해 보이지만 설립목적이나 운영방식 등에서 차이가 있으며, 영리법인인 주식회사와 가장 크게 차이 나는 부분은 운영방식이다. 즉, 주식회사의 의결권(선거권)은 '1주 1표' 방식으로 대주주가 경영을 좌우하지만 협동조합은 출자규모에 관계없이 조합원 모두가 평등하게 1표씩 갖고, '1인 1표' 방식으로 운영된다. 이런 차이는 협동조합의 설립목적과 운영원칙의 특성에서 비롯되는데, 협동조합은 주식회사와 달리 조합원의 경제적 이익과 상호

부조를 목적으로 자발적으로 결성하며 공동의 소유, 민주적 운영 등을 중시하기 때문이다.

배당방식도 다른데, 협동조합은 영리목적이 아니므로 배당규모가 제한되나 주식회사는 주주총회가 정하는 대로 배당할 수 있고 지분율에 따라 배당금액이 달라진다. 즉, 협동조합의 납부출자액에 대한 배당은 출자금의 10%를 초과하지 못하며, 조합의 서비스를 활성화하고자 이용실적을 기준으로 배당하는 금액이 전체 배당액의 50% 이상이다.

한편, 정부는 기존의 영리법인(회사)이나 재단법인 이외의 비영리법인, 즉 사단법인 등이 협동조합으로 전환하는 것을 촉진하기 위하여, 기존의 사업자 또는 법인이 협동조합과 유사한 사업을 영위했다면 협동조합 기본법 시행일(2012년 12월 1일)부터 2년 이내에 일정한 요건과 절차를 거치는 경우 협동조합 기본법상의 협동조합으로 보도록 하는 경과규정을 두고 있었다. 협동조합의 구체적 사항은 한국사회적 기업진흥원이 운영하는 'COOP 협동조합(https://www.coop.go.kr/home/index.do)'이란 사이트에서 볼 수 있다.

16 사회적 기업

우리나라는 2007년 7월부터 사회적기업 육성법이라는 법률을 시행하면서, 고용노동부장관의 인증을 받는 사회적 기업이라는 제도가 도입되었다. 이 법에서는 사회적 기업(Social Enterprise)을 "취약계층에게 사회서비스 또는 일자리를 제공하거나 지역사회에 공헌함으로써 지역주민의 삶의 질을 높이는 등의 사회적 목적을 추구하면서 재화 및 서비스의 생산, 판매 등 영업활동을 하는 기업"이라고 정의하고 있다.

즉, 사회적 기업이란 영리기업의 형태를 취하는 동시에, 사회적 목적을 우선적으로 추구하면서 영업활동을 수행하는 기업 또는 조직을 말한다. 조직형태는 비영리법인, 단체, 조합, 상법상의 회사 등 다양하게 인정되며, 유급근로자를 고용하고, 영업활동을 통한 수입이 노무비(인건비)의 30% 이상일 것을 요구하고 있다.

한편, 우리나라의 사회적 기업의 종류는 아래와 같이 5개형으로 분류되고 있으며, 사회적 기업에 대한 상세한 내용은 한국사회적기업진흥원(http://socialenterprise.or.kr)의 홈페이지를 참고하기 바란다.

- 일자리 제공형 : 조직의 주된 목적이 취약계층에게 일자리를 제공
- 사회서비스 제공형 : 조직의 주된 목적이 취약계층에게 사회서비스를 제공
- 혼합형 : 일자리 제공형+사회서비스 제공형
- 기타형 : 사회적 목적의 실현여부를 고용비율과 사회서비스 제공비율 등으로 판단하기 곤란한 사회적 기업
- 지역사회공헌형 : 지역사회 주민의 삶의 질 향상에 기여

17 비영리조직과 관련된 법률

상기에서 설명된 비영리조직별로 관련 법률을 정리하면 다음과 같다. 앞에서 공공기관은 별도로 설명하지 않았으나, 각주를 참고하기 바란다.

비영리조직의 종류	관련 법률
비영리법인	민법
비영리사단법인	민법
비영리재단법인	민법
공익법인	공익법인법
비영리민간단체	비영리민간단체지원법
특수법인[17]	학교법인－사립학교법
	사회복지법인－사회복지사업법
	의료법인－의료법
	기타(각 근거법, 한국은행－한국은행법, 한국교직원공제회－한국교직원공제회법 등)
상증세법상 공익법인	상증세법
성실공익법인	상증세법
공공기관[18]	공공기관의 운영에 관한 법률
특례기부금단체 (구, 법정기부금단체)	법인세법 및 소득세법
일반기부금단체 (구, 지정기부금단체)	법인세법 및 소득세법
사회적 협동조합	협동조합 기본법

18 비영리사단법인과 주식회사의 차이

비영리법인은 사단법인과 재단법인으로 나뉘는데, 이곳에서는 사단법인 형태의 비영리법인이 영리법인(즉, 회사) 중 주식회사와 어떤 점이 다른지 살펴본다.

(1) 설립시 주무관청의 허가여부

상법상 회사(영리법인)는 일정요건만 갖추면 자유롭게 설립할 수 있는 반면, 현행 법률상 비영리법인은 주무관청의 허가가 있어야 설립이 가능하다. 이와 같은 주무관청의 허가는 행정관청의 자유재량에 속하며, 따라서 불허가처분에 대하여 행정소송으로 다투지 못한다.

한편, 비영리법인은 주무관청에 의한 관리 감독이 행하여져, ① 정관변경, 재단법인의 목적변경, 잔여재산의 처분 등은 허가사항이고, ② 법인설립등기, 사업실적, 사업계획서 및 재산의 변동은 보고사항으로, ③ 법인해산, 청산종결 등은 보고사항으로 되어 있으며, 주무관청이 2~3년 주기로 방문검사를 실사하고, 목적 이외의 사업을 한 때, 설립허가조건에 위반한 때, 기타 공익저해행위를 한 때 허가를 취소할 수 있도록 되어 있다.

(2) 최저자본금 vs 기본재산

과거에는 상법상 주식회사의 최저자본금이 5천만원으로 되어 있었으나,

---

17) 특수법인은 사립학교법, 사회복지사업법, 의료법 등 각종 개별법에 따라 설립된 법인을 말한다. 비영리법인 중에서 민법 제32조의 규정에 의하지 않고 각종 개별법에 근거하여 설립된 법인을 통칭하며, 학교법인, 사회복지법인, 의료법인 기타 개별법에 의하여 법인격이 부여된 각종 조합 및 연합회 등이 이에 해당된다. 또한 이론적으로는 한국은행법, 한국도로공사법, 한국연구재단법 등 특수한 공공목적을 수행하기 위해서 특별법에 의해 설립된 법인도 특수법인의 개념에 포함된다. 이를 법정법인으로 부르기도 한다.

18) 공공기관은 공공기관의 운영에 관한 법률에 의하여 일정한 요건에 따라 매년 지정되는 기관으로서 비영리 또는 영리법인으로 구성되어 있다. 공공기관의 운영에 관한 법률은 공공기관의 자율책임경영체제 확립을 통해 공공기관의 대국민 서비스 증진에 기여할 수 있도록 하기 위하여 공공기관의 범위 설정과 유형구분 및 평가·감독 시스템 등 공공기관의 운영에 관하여 필요한 사항을 정하고 있다.

2009년 5월부터 주식회사의 최저자본금제도는 없어졌다. 비영리법인의 경우에는 상사회사의 자본금과 유사한 개념의 '기본재산[19)]'이라는 것이 있는데, 최저 기본재산을 민법에서 정하고 있지 아니하다. 이에 따라 실무적으로는 비영리법인의 설립허가에 있어서 각 주무관청에서 내부적으로 정한 기준 또는 개별 케이스별로 기본재산을 정하고 있으며, 그 기준을 충족하지 못하는 경우 허가를 내주지 않고 있다.

(3) 임 원

주식회사의 임원은 이사와 감사를 말하는데, 기본적으로는 이사 3명 이상, 감사 1명 이상이어야 한다.

1999년에 상법이 개정되어 자본금이 5억원 미만인 주식회사는 이사를 1명 또는 2명으로 할 수 있도록 하였고, 2009년 상법 개정시 자본금이 10억원 미만일 경우 정관변경을 거쳐 이사는 1인 이상으로 할 수 있게 되었으며, 감사는 두지 않을 수도 있게 되었다. 그리고 이사가 1인인 경우에는 대표이사라는 명칭을 쓸 수 없으며, 이사가 2인인 경우에는 원칙은 각자 대표이나 정관규정을 변경하여 대표이사를 선임할 수도 있으며, 감사를 두지 않는 경우에는 감사의 역할은 주주총회가 하도록 바뀌었다.

이에 비하여 비영리사단법인의 경우, 이사는 반드시 두어야 하는 필수기관인 반면 감사는 사단법인의 정관 또는 총회의 결의로 둘 수도 있고(민법 제66조), 두지 않을 수도 있는 임의기관이며, 이사는 등기사항이나 감사는 등기사항이 아니다.

---

19) 민법 규정에는 '기본재산'이라는 개념은 없고, 공익법인법에 기본재산이라는 용어가 제정되어 있다. 다만, 민법 규정에 따라 설립허가를 받는 비영리법인도 주무관청의 내부지침(재량)에 따라 기본재산과 보통재산이 요구되고 있는 것이 현실이다. 한편, 민법에는 비영리사단법인의 설립등기사항 중 "자산의 총액"이라는 개념만 있으며, 이에 대하여 법원은 다음과 같이 해석하고 있다.

"비영리사단법인을 설립함에 있어, 자산의 총액이라는 것을 등기하여야 하는데, 비영리사단법인이 보유하고 있는 정관상의 기본재산은 물론 기타 부동산, 동산 및 채권 등을 포함하는 적극재산의 총액에서 채무 등의 소극재산을 공제한 순재산액을 의미한다 할 것이다(1998.3.9 등기 3402-194 질의회답)."

그리고 주무관청의 허가서에는 통상 기본재산과 보통재산으로 나누어 기재하여 허가를 받도록 하고 있는데, 이 중에서 기본재산에 상당하는 금액이 영리법인의 자본금과 유사한 개념이라 할 수 있다.

한편, 법률상의 용어는 아니지만 영리법인의 대표는 대표이사라는 용어를 사용하는 반면(대표이사 회장, 대표이사 부회장 또는 대표이사 사장 등), 비영리법인의 경우 대표이사라는 용어는 거의 사용하지 않고, 회장 또는 이사장이라는 용어를 사용하는 것도 차이라고 할 수 있다.

또한, 영리법인의 이사는 금융업 등의 경우 관련 법률에 따라 임원이 될 수 없는 결격사유를 정하고 있는 것 이외에 상법에서 임원의 국적 또는 결격사유에 관한 제한규정은 없다. 한편, 비영리법인의 경우에도 민법에는 임원의 결격사유에 관한 규정이 없으나, 공익법인법과 사회복지법인 등의 경우에는 임원선임과 관련한 결격사유를 규정하고 있다.

(4) 사업연도(회계연도)

영리법인의 경우 정관에서 1년을 초과하지 않는 범위 내에서 사업연도를 정하고 있으며, 우리나라의 많은 회사들이 정부의 회계연도에 맞추어 1월 1일부터 12월 31일까지를 사업연도로 하고 있으나, 3월말, 6월말 또는 9월말을 회계연도 종료일로 하는 경우도 많이 있다.

이에 비하여 비영리법인의 경우, 학교법인을 제외하고 거의 대부분이 정부의 회계연도에 맞추어 1월 1일부터 12월 31일까지를 사업연도로 하고 있다.

(5) 주주(출자자) vs 사원이라는 용어와 의결권 행사

상법상 주식회사의 출자자는 주주라고 하는 반면, 사단법인의 경우에는 민법상 사원이라는 용어를 사용하며, 실무적으로는 회원 등의 용어가 사용된다(참고 : 합자회사나 합명회사의 경우, 지분 출자자를 주주라고 하지 않고 '출자사원' 또는 '무한책임사원'이라는 용어를 사용하기도 하여, 사원이라는 용어가 영리법인에서 사용되기도 한다).

한편, 주식회사의 의결권은 출자지분율에 비례하여, 어느 한 주주가 많은 지분을 가지고 있을 경우 그 지분율에 따라서 의결권을 행사할 수 있는 반면, 비영리사단법인의 경우 사원(회원)은 사원총회에서 1인 1표의 의결권만 인정된다.

(6) 이익의 배당

영리법인은 매 사업연도(회계연도)에 이익이 생기면 주주총회의 결의에 따라 주주에게 배당할 수 있는 반면, 비영리법인은 사원에 대한 이익분배를 할 수 없다. 재단법인의 경우, 출연자라는 개념만 있고 출연자가 출연한 이후 출연재산에 관하여 어떤 권리를 갖는 것이 아니라서 이익의 배당이라는 것이 없다.

(7) 법인세의 납세의무

영리법인은 모든 소득(매 사업연도의 이익)에 대하여 법인세를 납부할 의무가 있는 반면, 비영리법인은 수익사업에서 발생한 소득에 대하여만 법인세를 납부할 의무가 있다. 물론, 영리법인이나 비영리법인이나 결손이 난 경우 법인세를 납부할 의무는 없고, 이월결손금은 향후 수년간의 이익에서 공제할 수 있으며, 법인세율도 영리법인과 비영리법인이 동일하다(다만, 비영리법인은 세무상 고유목적사업준비금이라는 것을 설정하여, 영리법인보다 법인세 부담을 낮게 할 수 있다. 456쪽 참조).

또한, 영리법인은 해산시 청산소득에 관한 법인세를 납부할 의무가 있으나, 비영리법인은 청산소득에 관한 법인세 납세의무가 없는 것도 차이 중의 하나이다.

(8) 부가가치세의 납세의무

부가가치세의 납세의무는 영리법인과 비영리법인으로 구분되는 것이 아니라, 영리법인이나 비영리법인을 불문하고 그 법인이 판매하거나 제공하는 재화나 역무가 부가가치세 과세대상인지 또는 면세인지에 따라 부가가치세 납세의무가 달라진다.

통상적으로 불특정 다수로부터의 기부 또는 후원이나 회원들의 회비납부 등의 재원으로 운영되는 NPO단체들은 공급하는 재화나 역무가 없는 한 부가가치세 납세의무가 없다. 다만 예를 들어, 여유 사무실의 부동산 임대 서비스를 제공하거나, 카페를 만들어 커피나 음료수를 판매하는 것은 부가가치세 과세대상 역무이기 때문에, 재화나 용역을 제공하는 경우 그 재화나 용역이 부가가치세 과세대상인지 여부를 신중하게 판단하여야 한다.

(9) 수증받은 경우의 납세의무

영리법인이 제3자(주주 포함)로부터 수증을 받은 경우 그 수증이익은 당해 영리법인의 소득(매 사업연도의 이익)의 일부로 구성되어 법인세 과세소득이 된다.

이에 반하여, 비영리법인이 수증을 받은 경우 원칙적으로 증여세 납부의무가 있고, 상증세법상의 공익법인에 해당하며 일정요건을 갖춘 경우에 한하여 증여세 과세가액에 산입되지 않는다.

(10) 정관의 변경절차

영리법인의 경우, 주주총회의 특별결의를 거쳐 정관을 변경할 수 있다. 이에 반하여 비영리법인의 경우, 사원총회 또는 이사회에서의 특별결의를 거친 후 관할관청(주무관청)의 허가를 받아야 하는 점이 다른 점이라 할 수 있다.

(11) 지분의 양도가능 여부

영리법인은 주식(또는 지분)을 자유롭게 매매할 수 있다. 이에 반하여 비영리사단법인은 사원의 권리는 양도할 수 없으며,[20] 재단법인의 경우에는 출연자가 지분을 가지고 있지 않기 때문에 지분이라는 개념 자체가 없다.

한편, 실제적으로 학교법인이나 의료법인에 대하여 종종 매매 또는 M&A를 하는 사례들이 있는데, 이 경우 지분을 사고파는 것이 아니라 비영리법인의 이사장 등 이사를 교체하는 형식으로 이루어지며, 금전이 오고 갈 경우에는 지분의 대가로 수수되는 것이 아니라 기부 또는 추가 출연 등 다른 형태로 이루어지는 것으로 이해된다.

---

20) 민법 제56조(사원권의 양도, 상속금지) : 사단법인의 사원의 지위는 양도 또는 상속할 수 없다.

(12) 잔여재산의 분배

영리법인의 경우, 해산결의 후 청산절차를 진행하여 잔여재산이 있는 경우 주주들에게 배분되는 것이 원칙이다. 이에 반하여 비영리법인의 경우, ① 해산한 법인의 재산은 정관으로 지정한 자에게 귀속되며, ② 정관으로 귀속 권리자를 지정하지 아니하거나 이를 지정하는 방법을 정하지 아니한 때에는 이사 또는 청산인은 주무관청의 허가를 얻어 그 법인의 목적에 유사한 목적을 위하여 그 재산을 처분할 수 있고, ③ ② 에 의하여 처분되지 아니한 재산은 국고에 귀속함을 원칙으로 한다(민법 제80조).

19 보론 : 정부의 공익법인법 전면개정안의 문제점[21)]

법무부는 2020년 10월 21일 공익법인법 전면개정에 관한 입법예고를 하였으며, 이 입법예고에 대한 의견제출 기간은 2020년 11월 30일까지였다. 이 글에서는 법무부의 입법예고 및 우리나라 비영리 섹터의 전반적인 문제점을 살펴본다.

(1) 비영리·공익법인 법률 개정 논의 배경

비영리·공익법인 관련 법률의 개정("공익법인 총괄기구 설치")은 비영리·공익법인 섹터가 20년 이상 국회 및 정부에 건의해 온 이슈이고, 문재인 대통령의 100대 공약 중 하나이기도 하다. 이와 관련하여, 법무부는 문재인 정부의 출범과 함께 2017년 9월부터 연구용역, 해외 입법례 수집뿐만 아니라, 법무부 내에 "공익법인 총괄기구 설치를 위한 법률 개정 태스크 포스"를 만들어, 2018년말에는 관련 법령 개정안을 발표하기로 하였었다. 그런데 관련 부처간의 합의 미도출 및 반대의견 등의 사유로, 관련 법령 개정안의 발표는 계속 미루어지고 있었고, 문재인 정부에서의 비영리·공익분야의 개혁은 어려울 것이라는 분위기가 형

21) 이 글은 한반도 선진화재단의 2020년 11월 24일 한선브리프에 기고한 필자의 글을 일부 수정한 것이다.

성되었었다. 그 뒤, 2020년 4월부터의 이른바 정의기억연대 사태로 인하여 이 이슈가 다시 쟁점화되었고, 이에 따라 법무부도 공익법인법 전면개정안을 입법예고한 것으로 보인다.

그런데 뒤에서 다시 언급하겠지만, 이번 법무부의 입법예고안은 관계부처와의 협의도 제대로 되지 않은 법령안이 아닐까?라고 의심될 정도로 심각한 문제가 많다. 그동안 국회에서의 노력도 잠시 소개하면, 박근혜 정부 시절 미르재단·K스포츠재단의 문제가 터진 후, 여야 모두 공익법인법 개정안을 제출했었고, 2020년 5월말 제20대 국회 회기 종료로 관련 법령개정안은 모두 폐기되었다. 그리고 2020년 4월말부터 터진 정의기억연대 사태로, 6월에 개원된 제21대 국회에 제출된 관련 법률 개정안건은 약 28개에 달하며, 가장 종합적인 개정안으로서 법사위원장인 윤호중 의원이 대표로 발의한 공익법인법 전면개정안이 있다.

(2) 법무부의 비영리·공익법인 관련 법률 개정안의 문제점

2020년 10월 21일 발표된 법무부의 공익법인법 전면개정안의 주요 내용은 ① 현행 민법 제32조에 따른 비영리법인의 설립에 관한 각 주무관청의 '허가'제도는 그대로 놔두고, 공익법인 인증을 받으려면 개정 공익법인법에 따라 신설되는 공익위원회의 '인증'을 받아야 한다는 것, ② 이를 위해 법무부 산하에 공익위원회 및 각 지부를 신설한다는 것으로 요약된다.

가장 큰 문제점으로는, 공익법인법만 개정해서는 민법 제32조에 따라 설립된 비영리법인(이하 "민법상 비영리법인")의 문제점을 해결할 수 없다는 점이다. 이번 법무부의 공익법인법 전면개정안이나 지금까지 국회에 제출된 각종 법률 개정안은 주로 공익법인법만을 개정하도록 하고 있는데, 민법을 개정하여 민법상 비영리법인의 문제점을 개혁하는 것이 더 중요하고 급하다. 과거에 문제가 되었던 K스포츠재단·미르재단, 어금니아빠, 새희망씨앗, 정의기억연대·정대협은 공익법인법에 의한 공익법인이 아니라, 민법상 비영리법인이다. 다시 말하지만, 공익법인법만 개정해서는 민법상 비영리법인의 문제점을 해결할 수 없다. 따라서 공익법인법뿐만 아니라, 민법의 법인관련 조항, 행정안전부 소관 비영리민간단체지원법 및 기부금품 모집에 관한 법률의 문제점을 같이 검토하여 종합적으로 개정하여야 한다. 2020년에 일어난 정의기억연대의 횡령 내지 회계부정 사건도 민법상 비영리법인의 대표의 윤리성과 전문성 결여 및 지배·감시구조의 후진성으로 인한 것이다. 따라서 공익법인법뿐만 아니라, 민법의 비영리법인 관련 규정을 개정하면서 비영리법인의 지배구조 개선과 법령위반시의 처벌조항을 신설하는 것이 가장 중요하고 필수적이다.

개정안에서 새로 도입되는 공익인증제도를 살펴보자. 개정안에서 비영리법인의 설립은 현행과 같이 민법 제32조의 규정에 따라 각 주무관청의 '허가'를 받아야 하고, 그 뒤 공익여부의 판정은 공익위원회의 '인증'을 받도록 하고 있다. '인증'이라는 것은 '허가'보다 낮은 수준의 '인가'와 유사한 것이고, 설립보다 공익인증이 더 중요한데, 설립은 '허가'로 하고, 공익판정은 '인증'으로 한다는 것이 거꾸로 된 모순이다. 또한, 법무부의 입법예고가 그대로 입법화되어 시행된다면, 주무관청의 관할 대상인 민법상 비영리법인과 공익위원회 관할 대상인 공익법인의 구분이 애매하여, ① 민법상의 각 주무관청은 공익위원회로 이관될 공익법인의 설립허가를 제대로 해주지 않을 가능성이 있고, ② 공익위원회 관할로 가기 위한 '인가'를 받지 않도록 비영리법인에게 주무관청이 압력을 넣을 가능성이 있으며, ③ 현행 세법상 공익법인과 민법상 비영리법인 간의 세제상의 차이가 없어, 민법상 비영리법인이 공익위원회 인증을 받을 유인요소가 없어 공익위원회가 관할할 공익법인이 거의 없을 것이라는 문제가 예상된다.

법무부안은 2017년 6월 기준으로 공익법인법에 의한 공익법인 3,407개와 사회복지법인 중 공익법인으로 전환유인이 있는 사회복지법인의 일부 등 약 3,500여 개의 법인을 공익위원회 관할로 이관한다는 것이다. 그러나 별도의 법률에 따라 운영되고 있는 학교법인, 의료법인, 사회복지법인 등 이른바 1,775개의 '특수법인'을 제외하고, 민법상 비영리법인 20,414개와 공익법인 3,407개 및 사회복지법인 중 일부 합계 약 25,000개를 공익위원회 관할로 하는 것이 바람직하다. 행안부 관할로 되어 있는 비영리민간단체의 주관부처도 공익위원회로 통합해야 한다. 법무부는 ① 현행 주무관청제를 대치하는 것에 대한 국민적 공감대가 부족하고, ② 비영리법인의 형태가 다양하여 각 비영리법인의 특수성을 고려한 관리·감독이 이루어져야 함을 고려할 때 주무관청제 역시 일견 타당하며, ③ 비영리법인에 대한 관리·감독권까지 모두 이관한다면 이에 따른 실무상 혼선 및 소관부처의 반발가능성 등이 예상되어, 개정안과 같이 제안한다고 하고 있으나, 이는 공익신탁법을 전면개정하여, 공익신탁의 주무관청을 법무부로 집중한 것과 유사한 전형적인 '부처 이기주의'의 발상으로 보인다. 비영리·공익 섹터의 관계자들은 20년 이상 비영리·공익 담당 부처의 통합을 계속 건의해왔다는 점은 전혀 고려하지 않았다.

(3) 공익위원회의 독립성 및 공익법인의 회계투명성 제고

또 하나의 쟁점은 새로 생기는 공익위원회를 어디 소속으로 할 것인지와 공익위원회 위원구성을 어떻게 할 것인지에 관한 것이다. 윤호중 의원이 2020년 6월에 대표발의한 공익법인법 개정안에서는 국무총리실 산하로 제안하고 있는 반면, 법무부안에서는 법무부 산하로 제안하고 있다. 법무부 산하보다는 국무총리 산하 위원회 형태가 바람직하고, 더 바람직한 형태는 국가인권위원회와 같이 입법부, 행정부 및 사법부로부터 독립된 기관으로 만들어 우리나라의 비영리·공익 분야 감독이 정치권으로부터 영향을 받지 않도록 해야 한다. 공익위원회제도를 채택하고 있는 영국이나 일본 등의 경우를 보면, 정치권으로부터 독립되도록 세밀하게 만들어 놓은 것을 볼 수 있다. 한편, 법무부나 행안부 또는 기획재정부의 고위공무원이 공익위원으로 들어가는, 이른바 부처 이기주의는 단연코 배제되어야 한다.

필자의 전공이 회계학인데, 회계학자들의 의견도 충분히 개진되어 회계학 측면에의 비영리·공익법인의 투명성을 제고하는 방안도 도입되어야 한다. 단식부기 방식의 예산·결산서류의 종류가 복식부기 방식의 재무제표(재무제표, 운영성과표 등)로 대체되어야 하고, 특히 1970년대 중반에 일본의 행정명령 형태로 있던 것을 공익법인법에 명문화했던, 기본재산·보통재산제도는 폐지하고 영리회사의 자본금과 유사한 개념인 순자산(순재산)제도가 도입되어야 한다. 1975년 현행 공익법인법을 제정하면서, 당시 일본에서 공익법인제도의 행정지도사항으로 운영하고 있던 기본재산, 보통재산 개념을 공익법인법에 규정하여 현재에 이르고 있고, 사회복지법 등에서도 현행 공익법인법상의 기본재산제도를 원용하고 있으나 이는 시대에 맞지 않는 제도이다. 참고로, 미국의 비영리·공익법인제도에는 기본재산제도가 없으며, 일본은 2006년 공익법인개혁 3법 개정을 통하여 기본재산 개념을 없애고, 재단법인에 한하여 최소 순자산(순재산)의 개념을 도입했다.

마지막으로, 현행 민법상 비영리법인제도의 가장 큰 문제로서, 19세기 유물의 하나인 비영리법인의 설립에 관한 주무관청의 '허가'제도가 아직 남아 있다는 점과 민법상 비영리법인의 지배구조 및 투명성에 관한 조항이 전혀 없다는 점을 다시 한 번 지적한다.

일본은 10년에 걸쳐서 이를 개혁했는데, '빨리빨리'의 특유성을 가지고 있는 우리는 2~3년 내에 관련 법령 모두를 종합적으로 통합하여 개정할 수 있지 않을까 생각한다.

Chapter

2

비영리법인의 설립시 유의점 및 기본재산

1 조직의 존재가치 – 미션과 비전

제2장은 비영리법인의 설립에 관한 내용인데, 비영리법인 설립에 관한 내용을 소개하기 전에, 사명(미션)과 비전에 관하여 공유하고자 한다.

다음은 미국의 모든 비영리조직이 매년 미국 국세청에 제출하는 Form 990 양식의 2페이지의 첫 부분이며, 이 양식에서 조직의 미션을 간단하게 기재하도록 하고 있다. 우리나라 상증세법상 양식이 미국의 Form 990을 참고하여 제정한 것인데, 우리 양식에는 미션을 기재하는 난이 없다. 우리나라 양식에도 아래 양식과 유사하게 조직의 미션을 기재하는 난을 만들어, 일반대중이 그 조직의 미션이 무엇인지, 조직의 목적이 무엇인지를 쉽게 파악하도록 하는 것이 좋겠다는 의견을 제시하는 분들이 많은데, 좋은 의견이라고 생각되어 소개한다.

Form 990 (2017) Page 2

Part III **Statement of Program Service Accomplishments**
Check if Schedule O contains a response or note to any line in this Part III . . . . ☐

1 Briefly describe the organization's mission:

2 Did the organization undertake any significant program services during the year which were not listed on the prior Form 990 or 990-EZ? . . . . ☐ Yes ☐ No
If "Yes," describe these new services on Schedule O.

삼성경제연구소(SERI)에서는 2013년 1월 31일 SERI 경영노트에서 『비영리기관, 드러커[1]에게 길을 묻다』라는 간행물을 펴냈는데, 그 뒤

1) 현대 경영학의 구루(Guru)라고 하는 피터 드러커(1909~2005)의 『비영리단체의 경영』이라는 책에는 다음과 같은 구절이 있음도 소개한다.

- 건전한 조직을 만드는 데 두 가지 기초가 있다. 첫째, 조직에 있는 사람들의 질이며, 둘째, 그들이 수행해야 할 새로운 과제에 철저히 책임을 부과하는 것이다.
- 가장 나쁜 악평을 받아야 할 지도자가 있다면, 그것은 지도자의 지위에서 물러났을 때 그 지도자가 이끌고 왔던 조직을 파멸상태에 놓이게 하는 사람이다.
- 사명감 없이 비영리조직체의 존재가치는 있을 수 없다. 비영리기관은 한 사회와 그 사회 개개인의 삶에 변화를 주기 위해 존재한다고 할 수 있다. 사명감 없는 비영리기관의 존재가치는 결코 있을 수 없다는 사실을 잊어서는 안 된다.
- 비영리조직을 위해서는 네 가지 요건을 들 수 있다. 첫째는 계획, 둘째는 마케팅, 셋째는 사람이며, 마지막이 돈이다.
- 나쁜 소식을 가능한 한 빨리 전해야 한다. 또 나쁜 소식은 110% 과장해서, 좋은 소식은 90%로 축소해서 전하려고 의식적으로 노력해야 한다. 인간인 우리들은 그와 반대로 좋은 소식은 과장해서, 나쁜 소식은 축소해서 이사회에 보고하는 것이 무의식적인 상례이

한국경제신문에 이 간행물을 요약한 기고문이 발표된 것이 있어 먼저 이를 인용한다.

비영리기관, 피터 드러커의 조언 귀 기울일 때

사회적 변화를 선도하고 문제를 해결하는 주체로서 비영리기관(NPO)의 역할과 기능이 부각되고 있다. 탁월한 비영리기관은 기업에 버금가는 경영전략, 리더십, 합리적 시스템을 보유하고 있다. 현대경영학의 기반을 닦은 경영구루 피터 드러커는 저서 『비영리단체의 경영』을 통해 비영리기관도 기업처럼 전략적 경영을 통해 사회발전에 기여해야 한다고 주장했다.

드러커의 '비영리기관 경영론'의 핵심은 달성하고자 하는 목적과 성과를 고려해 계획을 수립하고, 활동을 전개해야 한다는 점이다. 이를 위해 비영리기관 경영자들은 조직의 사명을 정의하고 목적 달성을 위한 전략을 수립하며, 성과를 분석하고 평가해야 한다.

첫째, '사명'을 명확히 하는 것이 비영리기관 경영의 출발점이다. 사명이 중요한 이유는 비영리기관 구성원과 이해관계자들의 합의를 이끌어낼 구심점이 될 수 있기 때문이다. 둘째, 비영리기관의 사명과 목적, 시장선점과 기회포착을 통합하는 '전략'을 수립해야 한다. 셋째론 질적·양적인 '성과'를 비교하고 분석, 평가하는 것이 중요하다.

미국의 비영리 교사양성기관인 TFA는 '이 나라의 모든 청소년이 훌륭한 교육기회를 갖는다'는 것을 사명으로 삼았다. 궁극적인 목적은 소득격차에 따른 교육 불평등을 해소하는 것이다. 이런 사명을 달성하기 위해 학생들의 학습성과를 이끌어낼 수 있는 대학생들을 채용하는 것을 가장 중요한 전략으로 설정했다. 엄격한 채용심사와 교사양성 프로그램 및 교습법 프로세스를 갖췄다. TFA는 이런 노력에 따라 미국 공교육권에 신선한 자극을 주는 성과를 얻었다.

민간 자선단체인 빌 앤드 멜린다 게이츠재단은 '가장 필요한 사람을 위한 기회를 늘리고 형평성을 높인다'는 사명을 설정했다. 사명에 따라 보건의료, 기아근절, 국제개발 등 3대 재단사업을 전세계 빈민층을 대상으로 전개하기로 했다. 게이츠재단은 풍부한 자산을 기반으로 보건의료, 기아 등의 문제 중에서 관심을 덜 받는 분야를 우선적으로 선택, 장기적인 투자로 후원하는 전략을 구사했다. 다른 비영리기관과 가장 차별화되는 특성은 재단사업의 성과를 알리는 홍보활동에 적극적이라는 점이다. 재단사업에 대한 보고서를 발간하고, 각종 회의에 참석하며, 다양한 정책옹호 활동과 캠페인 후원 등을 전개하고 있다.

드러커는 "비영리사업을 시작한 선한 동기를 보람으로 착각하지 않아야 하며, 성과를 낼 의무가 있다"고 강조했다. 비영리기관을 경영하는 경영자와 실무자들은 드러커가 제시한 사명, 전략, 성과의 관점에서 사업을 점검하고 실행하는 자세를 갖춰야 한다. 비영리기관의 사업성과 파급력을 높이기 위해 다양한 매체를 활용하는 커뮤니케이션 활동에도 주력할

다. 무의식중에 행하여지는 그런 오류는 피해야 한다.

필요가 있다. 다양한 홍보기회를 통해 자신의 성과를 이해관계자들과 공유하며, 일반대중의 인식을 변화시키는 데 기여해야 한다. 이는 바람직한 사회적 담론을 만들어 내며 비영리기관의 활동에 대한 신뢰를 쌓는 데 기여할 것이다.

(신미주(삼성경제연구소 수석연구원), 한국경제, 2013.5.9)

위의 글과 같이 모든 단체는 미션과 비전을 명확히 수립하고, 이의 달성을 위하여 모든 노력을 경주하여야 하는데, 비전과 미션은 다음과 같이 정의된다.

1) 미 션

조직의 미션(mission, 사명)이란 조직이 존재하는 목적(purpose)이나 이유, 존재근거, 사명 또는 임무를 말한다. 미션은 50년 내지 100년을 바라보고 설정하게 되는데, 쉽게 바뀌지 않는다. 흔히 야간에 항해하는 배가 바라보는 별빛이나 등대, 또는 나침반 등에 비유된다.

2) 사명선언서

사명은 사명선언서(mission statement)에 나타나는데, 다양한 사람들의 의견을 반영하여 리더가 작성하며, 조직이 실제로 취하여야 할 임무나 사명이 기술되거나 설명되어 있다. 아래는 우리나라 두 군데 비영리단체와 미국의 몇몇 NPO단체들의 사명선언서의 예이다.

- 사회복지공동모금회 : 나눔으로 하나되는 대한민국
- 밀알복지재단 : 기독교 정신을 바탕으로 소외된 이웃과 더불어 살아가는 완전한 사회통합을 이룬다.

- TED : Spreading Ideas.
- Smithsonian : The increase and diffusion of knowledge.
- Public Broadcasting System(PBS) : To create content that educates, informs and inspires.
- Water Charity : Bringing clean, safe drinking water to people in developing countries.

- Amnesty International : To undertake research and action focused on preventing and ending grave abuses of these rights.
- Habitat for Humanity International : Seeking to put God's love into action, Habitat for Humanity brings people together to build homes, communities and hope.

3) 비 전

비전(vision)은 조직의 미션을 달성하기 위한 중장기의 전략목표, 즉 이루고자 하는 미래상을 말한다. 비전은 용어에서도 알 수 있듯이 미션보다는 가시적(vision → visible)으로 설정하고, 통상 목표달성기간은 5년 내지 10년으로 설정한다.

4) 조직의 목적과 목표

미션이 조직의 목적(purpose)이라고 한다면, 비전은 조직의 목표(objective)를 말한다. 조직의 방향 설정의 위계구조는 다음과 같다.

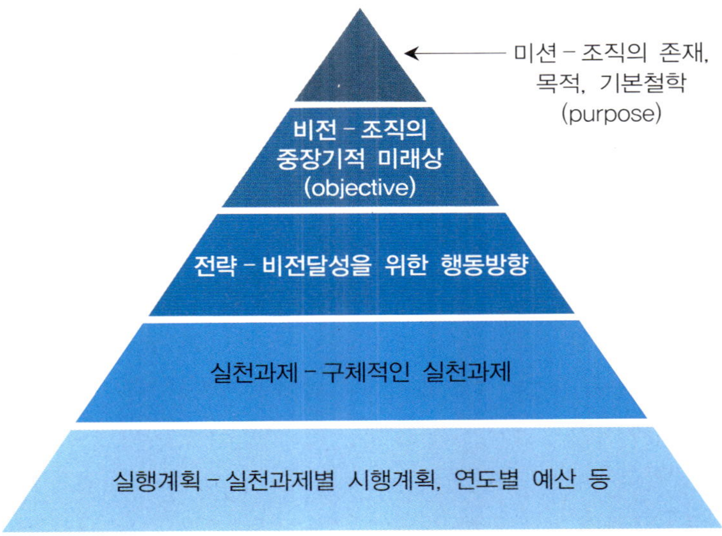

2 비영리법인의 설립에 관한 주무관청

비영리법인의 주무관청은 그 비영리법인의 사업목적 · 내용과 주사무소 소재지에 따라 달라진다. 그런데 비영리법인을 설립하는 데 가장 어려운 문제 중 하나가 주무관청을 제대로 찾는 일이다. 주무관청은 법인의 설립허가취소, 정관의 변경허가, 법인 해산의 신고수리, 그 밖에 법인의 지도와 감독 등을 담당하는 정부기관으로, 비영리법인 설립의 필요성, 목적사업의 실현가능성, 재정적 기초의 확보가능성 등을 검토하여 설립허가에 관한 재량권을 행사할 수 있다. 따라서 비영리법인을 설립하기 위해서는 먼저 비영리법인의 주요 사업목적 및 내용과 일치하는 주무관청을 제대로 찾아 담당 공무원과의 사전협의를 거치는 것이 필수적이다.

비영리법인의 목적사업이 주무관청의 여러 부서 소관 업무에 걸쳐 어느 부처 소관인지 애매한 경우, 또한 하나의 주무관청 내에서도 담당하는 국 또는 팀이 다를 경우, 서로 업무를 떠넘기는 경우가 많아 확정까지 많은 어려움이 생기기도 한다. 따라서 비영리법인의 목적사업과 내용을 결정할 때 주무관청의 소관 업무와의 연관성을 신중하게 고려하여야 한다. 비영리법인의 사업목적 · 내용과 일치하는 주무관청을 찾기 위해서 먼저, 정부조직법 및 각 부 · 처 · 청 직제 및 직제 시행규칙에 따른 기관별 주요 업무를 검토하여야 한다. 법인설립허가의 업무는 행정권한 위임 및 위탁에 관한 규정에 따라 중앙행정기관으로부터 지방자치단체에 이관되어 있는 경우가 많아, 지방자치단체에의 위임여부를 확인하여 지방자치단체를 찾아야 한다.

또한, 법인의 사업목적이 둘 이상인 경우에는 원칙적으로 둘 이상의 주무관청의 허가를 모두 받아야 한다. 그러나 현실적으로 하나의 법인이 둘 이상의 주무관청의 허가와 감독을 받는다는 것은 어려워, 법인 설립시에는 하나의 주된 목적사업을 위주로 사업목적과 내용을 확정하여 관련 주무관청을 찾는 것이 바람직하다. 주사무소 소재지가 하나일 때에는 일반적으로 주사무소 소재지의 시장 또는 도지사가 주무관청이 되며 2개 이상의 서로 다른 지역에 주사무소와 분사무소가 있는 경우 중앙부처 장관이 주무관청이 된다.

법인의 사업목적에 맞는 주무관청을 확인하였다면, 해당 소관부서 비영리법인설립 및 감독에 관한 규칙에 따라 개별적으로 요구하는 구비서류들을 꼼꼼히 갖추는 일이 매우 중요하다. 주무관청의 업무가 지방자치단체에 위임되어 있는 경우 중앙부처와 지자체 간 요구사항이 서로 다르거나 각 부서별로도 통합된 매뉴얼이 없어 부서별 담당 주무관에 따라 요구되는 사항이 다를 수 있다. 따라서 사업목적·내용에 따라 담당 주무관과의 사전 상담을 통한 의견 조율이 반드시 필요하게 되며, 담당 주무관이 요구하는 내용을 계속하기도 하고, 담당 주무관이 바뀌는 경우 다시 조율해야 하는 등 아직까지 법인 설립의 절차와 진행은 까다롭다고 할 수 있다.

3 비영리법인의 설립 및 운영에 관한 주무관청의 허가

(1) 주무관청의 허가주의 제도

상법상 회사(영리법언)는 일정요건만 갖추면 자유롭게 설립할 수 있는 반면, 현행 법률상 비영리법인은 주무관청의 허가가 있어야 설립이 가능하다. 이와 같은 주무관청의 허가는 '행정관청의 자유재량'에 속하며, 따라서 불허가처분에 대하여 행정소송으로 다투지 못한다. 즉, 현행 민법이나 기타 특별법에는 비영리법인의 설립에 관하여 허가주의를 채택하고 있는데, 이는 비영리의 미명하에 부정한 목적으로 비영리법인을 설립하여 이용하는 것을 방지하기 위함이라는 것이 일반적인 견해이다.

한편, 비영리법인은 주무관청에 의한 관리 감독이 행하여져, ① 정관변경, 재단법인의 목적변경, 잔여재산의 처분 등은 허가사항이고, ② 법인설립등기, 사업실적, 사업계획서 및 재산의 변동은 보고사항으로, ③ 법인해산, 청산종결 등은 보고사항으로 되어 있으며, 주무관청이 2~3년 주기로 방문검사를 실사하고, 목적 이외의 사업을 한 때, 설립허가조건에 위반한 때, 기타 공익저해행위를 한 때 허가를 취소할 수 있도록 되어 있다.

(2) 비영리법인의 설립절차

비영리법인의 주요 설립절차는 다음과 같은데 여기에서는 몇 가지 주요 사항만 예시하고, 구체적인 내용은 별도로 살펴본다.

- 설립기획 및 허가가능성의 사전타진
- 정관작성 및 설립자들의 기명날인
- 허가신청서의 작성 및 제출과 주무관청의 허가
- 설립등기 및 주무관청에의 보고

1) 주무관청 확인하기

앞에서도 설명했지만, 주무관청에의 허가신청과 관련하여 우선 정부부처 중 어느 부처의 소관인지를 확인하여야 한다. 예를 들어 보건복지부는 의료법인, 사회복지시설(양로원, 복지관, 고아원), 사회복지관련 단체 등의 업무를 주관하고 있고, 문화체육관광부에서는 종교관련, 문화(유형문화재, 무형문화재 계승관련 단체), 예술 등에 관한 업무를 주관하고 있다. 한편, 행정권한의 위임 및 위탁에 관한 규정에 따라 그 허가권한이 시 또는 도로 위임된 경우 시 또는 도에 설립허가신청서를 제출하게 된다.

2) 주무관청의 허가절차

행정부의 각 부서[2)]는 각각 비영리법인의 설립 및 감독에 관한 규칙을 제정하고(대부분 유사함), 각 부서에 신청된 비영리법인의 설립을 허가하는 절차와 기준을 제정하여 운용하고 있으며, 다음과 같은 기준에 적합한지 여부를 검토하여 허가여부를 결정한다.

- 법인목적과 사업이 실현가능한지 여부
- 목적사업 수행을 위한 재정적 기초가 확립되어 있는지 여부
- 다른 법인과 동일한 명칭이 아닌지 여부

---

2) 행정부 각 부서 이외에 국회 및 법원에서도 소관 비영리법인의 설립허가를 내주고 있다.

비영리법인 설립 '어렵다 어려워'

2000년대 들어 시민의식 성숙으로 인한 비영리법인 설립이 봇물을 이루고 있지만, 부처·지자체·부서별로 각각 다른 규정을 적용해 혼선을 빚고 있다. 현재 비영리법인의 허가권자는 '중앙행정기관의 장' 또는 '행정권한의 위임 및 위탁에 관한 규정'에 따라 중앙행정기관의 장으로부터 권한을 위임받은 시·도지사 또는 교육감이 맡고 있다. 그러나 운영과정에서 부처별, 시·도별, 부서별로 운영과정에서 차이가 발생해 문제로 지적되고 있다.

비영리법인을 설립하기 위한 설립허가신청서, 설립발기인, 정관, 재산목록 및 입증서류 등은 정형화돼 있지만 정관의 주요 기재사항, 법인 운영에 필요한 기본재산 등은 허가권자의 재량사항으로 분류돼 차이점이 발생하고 있기 때문이다. 실제 대전시의 경우 재정기초인 기본재산은 사회복지·여성·경제·일반행정 등의 법인은 5,000만원으로 돼 있는 반면, 체육 관련 법인은 1억원을 기준으로 설립허가를 검토하는 등 주관 부서마다 차이를 보이고 있다. 이 같은 혼선 속에 비영리법인을 설립코자 하는 시민과 단체들은 법인 설립의 어려움을 호소하고 있다. 이처럼 제각기 다른 기준으로 인해 비영리법인 설립허가 신청을 위한 절차와 요건, 구비서류 등에 대한 정확한 정보가 없어, 수차례 담당 부서를 방문하는 일이 빈번하게 발생하고 있는 실정이다. 또 절차상의 착오방지와 시간절약을 위해 법무사에 위탁하는 경우도 잦다. 이 경우 1건당 200만~300만원의 비용을 추가로 부담해야 한다.

이에 따라 비영리법인 설립을 추진하고 있는 시민·단체들을 중심으로 관계 기관에 통일된 처리기준·업무매뉴얼·정보제공을 요구하고 있다. 이들은 중앙정부에 관련 법령 개정을 통해 비영리법인 설립허가의 구체적 기준을 명확하게 규정, 해당 민원인들이 혼란을 겪는 일이 없도록 해 줄 것을 요구하고 있다. 또 부서별로 요구조건이 다른 지자체에는 업무처리기준을 정비, 유형별로 공통된 매뉴얼을 마련, 업무를 처리해야 한다는 주장이다. 이와 함께 공통 매뉴얼 외에도 '정관 표준안' 비치 등을 통해 1회 방문을 통한 1회 처리가 가능토록 조치, 시간·재정적 낭비요인을 해소해야 할 것이라고 강조하고 있다. 아울러 여기저기 부서별로 나눠져 있는 비영리법인 관련 업무를 한 곳에서 모두 처리해야 할 것이라는 지적이다. 지난달 말까지 대전시에는 여성·복지 180개, 문화·체육 183개, 행정·기타 각각 20개씩 모두 443개의 비영리법인이 설립허가를 받았고, 이 중 올해 허가를 받은 비영리법인은 39개에 이르고 있다. (충청일보, 2009.9.21)

4 사단법인과 재단법인의 차이

비영리법인의 설립절차 및 운영방식은 사단법인과 재단법인에 따라 다르기 때문에, 먼저 사단법인과 재단법인이 서로 어떤 점이 다른지 살펴본다.

먼저, 우리나라의 재단법인을 영어로 번역하면 어떤 단어가 가장 적합할까? 가장 많이 사용하는 영어단어가 Foundation이지만, 미국의 Foundation이라는 단어가 우리나라 민법상 '재단법인'의 개념과 일치되는 것은 아니다. 미국의 제도에는 대륙법이나 우리나라와 같은 사단법인과 재단법인의 구분 개념이 없고, Foundation이라는 용어는 세법에서만 사용하고 있는 개념이다. 반면, 유럽국가나 일본은 사단법인과 재단법인을 구별하고 있다.

참고로, 여기서 미국의 비영리단체의 종류를 소개한다. 미국에서 NPO(Non-Profit Organization, 비영리단체)라는 용어를 사용하고 있는 것은 미국 연방세법이며, 이 비영리단체는 ① 각 주의 비영리법인법 또는 회사법의 규정에 따라 설립되고, 각 주 당국에 등록된 비영리법인(미국은 계약법, 회사법 등의 법률이 각 주별로 있음), ② 법인격 없는 사단(대부분의 학회, 전문 자격자 단체, 클럽은 이 형태로 연방 세금 면제를 받고 있음), ③ 신탁(Trust, 이 형식의 Foundation이 많음) 등 세 가지로 구분된다. 한편, 미국 각 주 법령에 따른 비영리단체 설립 형태는 Trust(신탁), Fund(펀드), Union(조합), Endowment(기금), Foundation(재단), Charter(인가단체)뿐만 아니라 Incorporated(지분 · 주식에 제한을 두지 않는 회사)도 많이 있다.

그래서 단체의 명칭만으로는 비영리 또는 영리 단체인지 판단할 수 없는 것이 미국 NPO의 특징의 하나이다. 이런 측면에서, 우리나라에서 최근 비영리단체를 통틀어 NPO라고 부르는 것도, 법인의 설립 근거법령 및 운용 제도가 미국과 크게 다르기 때문에 조심할 필요가 있지 않나 생각된다. 우리나라에서는 비영리단체, 비영리공익단체, 공익단체, 공익법인이라는 용어를 정비해서 사용해야 한다고 생각된다.

위에서 언급하였듯이, Foundation이라는 용어는 미국 연방세법에서 사용하고 있는데, 미국 연방세법에서는 Foundation을 Private Foundation (또는 Independent Foundation, 사적재단, 또는 민간재단, 독립재단), Corporate Foundation(기업재단), Family Foundation(가족재단), Community Foundation (지역재단) 등으로 분류하고 있고, Private Foundation은 다시 Non-operating Private Foundation(비사업 민간재단, 지원재단)과 Operating Private Foundation (사업민간재단)으로 구분된다.

우리나라의 사단법인과 재단법인 제도를 살펴보기 전에, 먼저 그 기원이 되는 독일 제도를 간단히 소개한다. 권리주체로서의 자연인과 법인, 사단법인과 재단법인의 구별은 19세기 독일 민법학의 성과물이라고 한다. 이를 조금 소개한다.

19세기 이전으로 올라가면, 종교개혁 이전에는 교회가 여러 재단의 설립과 운영에 관여하였는데, 16세기부터 군주의 독점적 통치권을 인정하는 절대주의가 보급되기 시작하면서, 교회적·종교적 목적을 위해 바쳐진 재단에 대한 특전에 대한 의문이 생기기 시작했다. 이후 교회와 국가 간의 권력투쟁이 시작됐고, 교회가 관장하던 재단의 쇠락을 초래했다고 한다. 이 과정에서 국가에 몰수된 구교 재단의 재산으로 종교와 관련이 없는 환자간호나 빈민구제 등을 목적으로 새로운 재단이 설립되면서, 통일되기 전 독일의 각 지방단체(연방)는 재단 감독을 위한 행정체계 및 재단에 관한 기본정책을 수립하고자 하면서 사단법인, 재단법인의 개념이 나왔다고 한다.

돌아와서, 우리나라 사단법인과 재단법인 제도에 관해 살펴본다. 다음의 표는 사단법인과 재단법인의 차이를 요약한 것이다. 사단법인이란 "일정한 목적을 위하여 결합한 사람들의 단체에 법인격을 인정한 단체"를 말한다. 사단법인은 다시 영리사단법인과 비영리사단법인으로 나뉘는데, 여기서는 민법의 비영리사단법인을 중심으로 살펴본다.

비영리사단법인은 비영리를 목적으로 수익사업을 해도 좋으나 이익을 사원에게 분배할 수 없고, 현행 법령상으로는 정관을 작성하여 설립에 관한 주무관청의 허가를 얻은 후, 각 사무소의 소재지에서 설립등기를 해야 한다(등기하지 않으면 법인의 설립을 주장할 수 없다). 사단법인

사단법인	재단법인
일정한 목적을 위하여 결합한 사람의 집단	일정한 목적을 위하여 출연한 재산
구성요소인 사원이 필요	사원이 없음
최고 의사결정은 사원총회의 자주적 결정에 의해 이루어짐	출연자의 의사가 존중됨
사원총회, 이사, 감사(임의기관)	이사(이사회), 감사(임의기관)
사원들에 의해서 단체의 설립, 법인의 형태, 조직의 구성 및 정관의 작성과 변경 등에 있어서 폭넓은 자율성 인정	출연자의 의사를 존중하기 위해 정관변경에 많은 제약이 가해지는 등 타율적인 조직체
비영리법인뿐만 아니라 영리를 목적으로 하는 영리법인도 허용	재단법인에는 구성원인 사원이 없으므로 비영리를 목적으로 하는 법인만 인정

의 최고 필수 의사결정기관은 사원총회이며, 이사는 적어도 매년 1회 이상 정기총회, 기타 필요에 따라 특히 총사원 5분의 1 이상의 청구가 있을 때에는 임시총회를 소집하여야 한다.

한편, 법인의 내부적 사무를 집행하고 대외적으로 대표하는 상설 필수기관은 이사이다(민법에서는 사단법인에 몇 명의 이사를 두라는 규정이 없고, 이사회에 관한 규정도 없으나, 우리나라 대부분의 사단법인은 정관상 이사회를 갖도록 하고 있다). 그리고 법인의 재산상태나 이사의 업무집행을 조사·감독하는 감사가 있으나 필수기관은 아니다.[3)]

사단법인의 사원(社員)이라 함은, 그 사단법인에서 근무하는 직원(職員)이 아니라 비영리사단법인의 회원(member)을 말하고, 영리사단법인, 즉 회사의 주주, 출자자 등을 말한다.

이에 비해 재단법인이란 "일정한 목적을 위하여 출연한 재산에 법인격을 인정한 단체(구성원을 갖지 않으면서 그에 바쳐진 재산으로 설립자가 정한 일정목적을 지속적으로 실현해 가는 법인격을 가진 조직)"를 말한다. 재단법인에는 사원(회원, 구성원)이 없고, 설립자가 제정한 정관이 재단법인의 일반적 의사이다. 또한 스스로 의사를 형성·발전시키지 못하므로, 사단법인에 비하여 타율적·고정적 성격을 가진다. 그래서 사단법인과는 달리 사원이나 사원총회는 없고 출연행위(기부행위)에 따라 이사가 의사결정·업무집행·대외대표의 일을 한다(재단법인에 대하여도 민법에서 몇 명의 이사를 두라는 규정이 없고, 이사회에 관한 규정도 없으나, 우리나라 대부분의 재단법인은 정관상 이사회를 갖도록 하고 있다). 재단법인 설립도 비영리를 목적으로 재산을 출연하는 동시에 법인의 근본규칙인 정관을 작성하여 주무관청의 허가를 얻어 설립한다.

사단법인과 재단법인의 차이로는 먼저 의사결정기관의 차이가 있다. 즉 사단법인은 사원총회(회원총회)가 적어도 매년 1회 개최되고 이 사원총회에서 모든 의사결정이 이루어지며, 정관도 사원총회의 결의에 따라 수시로 변경될 수 있다. 반면 재단법인은 회원(구성원)이 없어 사원총회라는 것이 없으며, 설립자의 의사가 반영된 원시정관에 따라 운영되는 것이 원칙이다.

---

3) 이에 비해 공익법인법에 의한 공익법인의 경우 감사는 필수기관이다. 다만 민법규정에 따라 이사는 등기부에 등재되나, 비영리법인이나 공익법인의 감사는 모두 등기부에 등기되지 아니한다.

우리 민법상 재단법인 정관은 변경방법을 정관에 정한 때에 한해 변경할 수 있다고 정하고 있어, 재단법인의 원시정관의 변경이 쉽지 않도록 하고 있으나, 실무에서는 정관에서 정관변경을 정하고 있어, 재단법인 이사회의 결의 및 주무관청의 허가에 의해 변경되고 있는데, 이는 원래의 재단법인의 성격 그 자체에 닻지 않는다고 생각한다.

재단법인에는 사원총회라는 것이 없어, 이사가 최고 의사결정기관이라 할 수 있다. 전술한 바와 같이 민법에서는 이사들로 구성된 이사회에 관한 언급이 없으나, 통상 정관에서 수 명의 이사로 구성된 이사회를 갖도록 하고 있어, 이사회가 재단법인의 최고 의사결정기관이 된다. 그래서 이사를 어떻게 선임하고, 이사회를 어떻게 구성하는지가 재단법인의 운영 및 집행에 핵심이 된다. 특히 재단법인에는 사단법인의 사원총회와 같은 최고 의사결정기관 내지 감독기관이 없다는 점에서, 이사회의 구성원인 이사의 자격이나 품성 등이 매우 중요하다.

한편 민법상의 사단법인과 재단법인은 모두 감사가 임의기관이다. 그런데 실무상 우리나라 사단법인이나 재단법인의 정관상 감사를 두지 않는 사례는 거의 찾아볼 수 없다. 다만, 필자의 경험상 비영리단체의 감사가 과연 이사의 집행을 제대로 감시 감독하는 역할을 하고 있는지는 개선의 여지가 많다고 생각된다.

요즘은 재단법인에서 후원자 또는 수익자 단체를 조직하여, 사단법인과 재단법인의 중간형태 내지 하이브리드(혼성개념)의 법인이 나타나는 사례를 많이 볼 수 있다. 예를 들어, 노무현 기념재단은 재단법인인데, 후원회원이 5만여명에 이르고 있다.

5 비영리법인의 설립허가 기준

비영리법인의 설립허가의 구체적인 기준은 법령으로 규정하지 않고 주무관청 또는 시·도마다 담당 과에서 각각 정하여 허가하고 있고 공개되지 않고 있는 경우도 많다.

아래에서는 비교적 자세한 자료를 공개하고 있는 서울특별시교육청의 교육부소관 비영리법인의 설립허가 기준을 요약한다.

1) 목적사업의 적법성

민법 제32조(비영리법인), 공익법인법 제2조 및 공익법인법 시행령 제2조에서 규정하고 있는 목적사업 범위 내의 사업이어야 한다. 특히, 사단법인의 목적사업 수행이 개별법령에 의하여 인가·허가·등록·신고 등을 받도록 되어 있는 경우에는 반드시 해당 관청의 인가·허가·등록·신고 등을 받은 후 진행하여야 한다. 또한, 목적과 사업은 구체적이고 실현가능해야 하며, 정관상의 목적과 사업은 연계되어야 하고, 사업계획서·수지예산서와 수미일관성을 가지고 연동되어야 한다(목적 ⇒ 사업 ⇒ 사업계획서 ⇒ 수지예산서).

한편, 사업계획서와 수지예산서는 합리적이고 실현가능하도록 작성되어야 한다. 예를 들어, 사단법인은 회비수입을, 재단법인은 출연재산의 운용과실을 재원으로 하여 목적사업을 수행하는 것이 일반적이며, 지원여부가 불투명한 재원은 수입으로 인정되지 않는다.

2) 사업수행능력

목적하는 사업을 수행할 수 있는 충분한 능력이 있고, 재정적 기반이 확립되어 있거나 확립될 수 있어야 한다. 서울시교육청은 기본재산 출연기준을 다음과 같이 공개하고 있다.

구 분	비영리법인		공익법인		비 고
	사단법인	재단법인	사단법인	재단법인	
기본 재산	회원 50명 정도	5억원 이상	1억원 이상	5억원 이상	동산·부동산 불문

3) 비영리사단법인

목적사업의 충분한 수행능력 판단은 과거 1년 이상의 객관적 사업실적이 입증되어야 하며, 허가담당 공무원은 필요시 현지 실태조사 등 사실관계를 조사하여 목적사업 수행능력을 판단한다. 목적사업을 수행할 수 있는 재정적 기반의 확립 여부 판단은 적정한 회원의 확보 여부이다. 목적사업 규모에 비하여 회원이 소규모이거나, 1인당 회비 징수액이 지나치게 과다하거나, 회비가 아닌 확보 여부가 불투명한 기부금을 주된 재원으로 수지예산서를 편성하는 등의 경우, 합리성·타당성을 기준으로 판단한다. 따라서 재정적 기반 확보 여부는 적정한 회원수와 회비에 따르며, 허가담당 공무원이 이를 판단하기 위해서, 법정서류는 아닐지라도 회원명부(연락전화 기재)를 제출받아 무작위 표본추출로 회원 여부와 회비납부 의사를 확인하기도 한다.

4) 공익법인

공익법인은 사회일반의 이익에 무상공여하는 것을 목적으로 하기 때문에 원칙적으로 수혜자의 범위를 제한할 수 없다(공익법인법 시행령 제6조). 다만, 목적사업의 수혜자 범위를 불가피하게 한정하고자 할 때에는 그 한정하고자 하는 내용을 설립취지서, 창립총회 회의록, 정관, 사업계획서 및 수지예산서 등에 구체적으로 명시하여야 한다. 주무관청은 수혜자의 범위를 특히 한정할 필요가 있다고 인정되는 때에는 법인의 소재지를 관할하는 세무서장과 합의한다.

5) 이사 및 감사의 인원

민법상의 비영리법인에는 제한이나 구체적인 정족수가 없으나, 공익법인법에 의한 공익법인의 이사의 수는 5인 내지 15인의 범위 내에서 자연수로 정하고, 감사는 2인으로 정하여야 한다. 또한, 이사 중 특수관계자가 1/5을 초과하지 않아야 하며, 임원(이사 및 감사)은 공익법인법상의 결격사유가 없어야 한다. 그 외에도 공익법인법에서 규정하는 제반 의무사항을 지키도록 계획하고 있는지 여부를 사전에 꼼꼼히 검토하여야 한다.

6 비영리법인의 설립절차

사단법인이나 재단법인에 따라 설립절차가 약간 다를 수 있으나, 비영리법인의 설립절차는 다음과 같다(출처 : 삼일회계법인 삼일 인포마인 사이트).

한편, 비영리법인을 설립함에 있어서 주무관청의 설립허가는 설립을 추진하는 분들이 직접 추진하거나 행정사의 도움을 받고, 설립등기는 법무사, 세무서에의 법인설립신고 또는 고유번호신청은 공인회계사 · 세무사의 도움을 받는 것이 일반적이다. 이하에서는 주된 항목에 관하여 살펴본다.

비영리법인 설립 및 설립 직후 관리절차

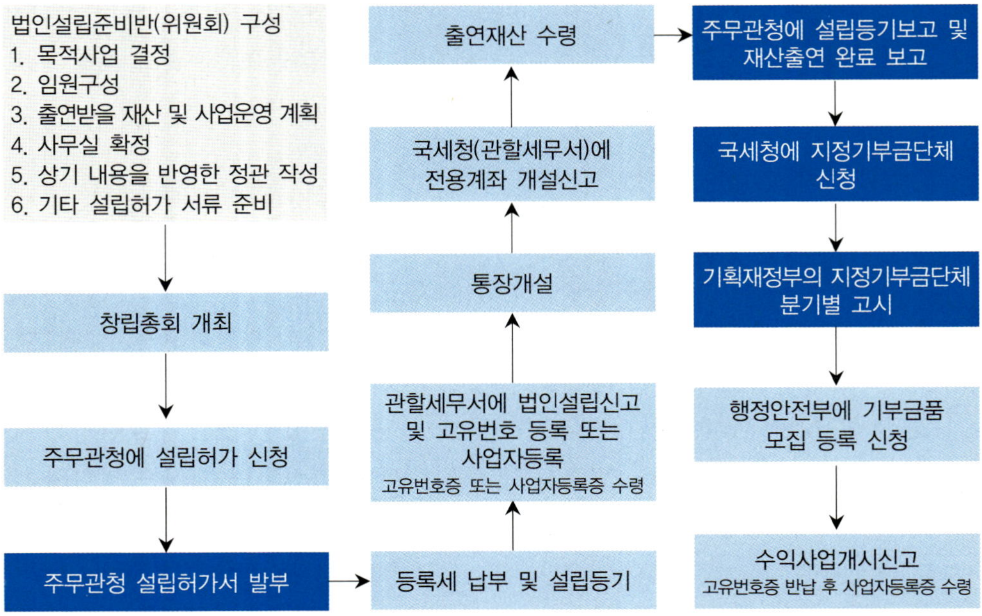

(1) 법인설립 준비사무국 또는 위원회 구성 – 주로 사단법인의 경우

재단법인과 같이, 출연자가 1명 또는 수명에 불과한 경우에는 출연자의 의사에 따라 재단법인의 목적 등 정관을 작성하면 무방하나, 다양한 이해관계자가 있는 사단법인 형태의 비영리법인은, 법인설립준비사무국 또는 법인설립준비위원회를 구성하여 설립 업무를 추진하는 것이 일반적이다. 재단법인 형태에 있어서도, 재단법인 설립사무를 추진하는 실무자를 중심으로 준비사무국으로 활동하는 것이 일반적이다.

이 위원회는 목적사업의 구체화와 인원계획, 설립임원의 구성, 출연받을 재산 확보 또는 회원 및 회비의 확보, 이를 바탕으로 3년간 사업계획 및 수지예산 작성, 법인사무실 확정, 정관(안)의 작성, 기타 설립허가를 위한 제반 서류의 작성 및 세법상 세제혜택 요건 충족을 위한 검토 등의 업무를 수행한다.

(2) 등록면허세 납부 및 법인설립등기

법인설립허가를 받은 자는 허가서가 도달한 날로부터 3주간 내에 소재지 관할법원(등기소)에 설립등기 및 대표자 인감등록을 하여야 한다(민법 제33조, 민법 제49조). 설립시 등기사항은 목적, 명칭, 사무소, 설립허가연월일, 존립시기 및 해산사유, 자산의 총액, 출자방법, 이사의 성명・주소, 이사의 대표권을 제한(이사장만 대표권을 가진다는 취지 등)한 때에는 그 제한 등이 있다. 법인설립등기와 관련하여 필요한 서류는 다음과 같다.

① 등기신청서
② 법인설립허가서
③ 정관(재산목록 포함)
④ 이사 취임승낙서
⑤ 주민등록등(초)본(이사)
⑥ 인감증명서(이사)
⑦ 법인인감신고서
⑧ 공증받은 창립총회회의록
⑨ 등록세영수필확인서

위의 등기서류에 ⑨ 등록세영수필확인서가 포함되는데, 이는 등기전에 법인설립에 따른 등록세를 사전에 납부하여야 하기 때문이다. 이때 법인의 등록세는 다음과 같이 계산된다.

- 등록면허세 : 납입한 출자총액 또는 재산가액의 2/1,000(지방세법 제28조). 단, 대도시 법인설립의 경우에는 3배 할증률을 적용함.
- 지방교육세 : 등록세액의 20%(지방세법 제151조 제1항 제2호)

이때 등기할 '자산의 총액'과 등록면허세의 과세표준에 대하여 논란이 있는데, 구체적인 것은 보론(100쪽 참조)을 참고하기 바란다.

(3) 세무서에 법인설립신고 및 고유번호(또는 사업자등록) 신청

법인설립허가를 받은 자는 설립등기를 한 날로부터 2개월 이내에 소재지 관할세무서에 법인설립신고를 하여야 한다. 또한, 수익사업을 하지 않는 비영리법인은 고유번호를 신청하게 되고, 법인세법상의 수익사업(예 부동산 임대사업 등)을 영위하는 비영리법인은 사업자등록을 신청하게 된다.

세무서 신고시 구비서류는 다음과 같으며, 주된 사무소와 관련된 임대차계약서 또는 사무실 무상사용승낙서가 반드시 필요하다.

① 법인설립신고 및 고유번호신청(또는 사업등록신청)서
② 법인등기부등본
③ 정관
④ 법인설립허가서
⑤ 임대차계약서(또는 사무실 무상사용승낙서)

(4) 은행계좌의 개설

관할세무서로부터 고유번호증 또는 사업자등록증을 교부받은 후, 법인 명의의 은행계좌를 개설할 수 있다.

관할세무서로부터 고유번호증 또는 사업자등록증을 발급받기 전에는, 법인 명의의 은행계좌를 개설할 수 없어, 준비위원회 위원장 개인 명의의 은행계좌 또는 준비위원회 위원장 개인 명의의 은행계좌이나 단체명이 부기(附記)된 개인 명의의 예금계좌를 개설하여 사용하다가, 법인 명의의 예금계좌가 개설된 후, 잔액을 법인 명의의 계좌로 이체하는 방법도 실무상 사용된다. 또한, 이 방법 이외에 주무관청으로부터 법인설립허가를 받기 전에 세무서로부터 고유번호증을 교부받아 단체 명의의 은행계좌를 개설할 수도 있다.

(5) 국세청에 전용계좌 개설신고

종교법인을 제외한 상증세법상 공익법인은, 기부금, 출연금 또는 회비를 받는 경우에는 직접 공익목적사업용 전용계좌(2계좌 이상 가능)를 사용하고 전용계좌신고서를 관할세무서에 제출하여야 한다.[4] 이를 이행하지 않았을 때에는 미사용 금액의 0.5%에 해당하는 가산세를 부과하며, 이 규정을 몰라 가산세 추징을 당한 공익법인이 상당히 많다. 따라서 공익법인은 설립시점뿐만 아니라 은행계좌 개설시점마다 전용계좌 신고를 반드시 해야 하는 점을 유의해야 한다.

(6) 재산출연 완료

법인설립등기가 끝나고 법인 명의의 은행계좌(전용계좌)가 개설되면 지체 없이 출연받을 재산을 법인으로 이전하는 절차를 취하여야 한다. 재단법인의 재산의 출연은 재단법인의 성립요건 중 하나이므로 출연이 이루어지지 않는다면 법인설립허가가 취소될 수 있는 사유에 해당한다.

따라서 출연자가 출연재산을 법인으로 이전하지 않는다면 출연된 재산은 법인의 재산이므로 소유권이전청구소송 등 민사소송을 제기하여야 하며, 주무관청에서 형사 고발할 경우 처벌받을 수 있다. 또한, 법인에서 출연재산의 이전 노력을 게을리할 경우 이사장이 이사취임승인 취소 처분을 받거나, 재산을 이전하지 않아 법인의 목적달성 등이 불가능할 경우 법인설립허가 취소처분을 받을 수 있다.

(7) 주무관청에 설립등기 보고 및 재산출연 완료 보고

비영리법인의 설립허가를 받은 자는 그 허가를 받은 후 지체 없이 출연재산을 법인에 이전하고 1개월 내에 재산이전보고서를, 설립등기를 완료한 날로부터 10일 이내에 등기부등본을 주무관청에 제출하여야 한다.

한편, 공익법인법상의 공익법인의 설립허가를 받은 자는 그 허가를 받은 후 지체 없이 출연재산을 법인에 이전하고 3개월 내에 재산이전보고서를, 설립등기를 완료한 날로부터 7일 이내에 등기부등본을 주무관청에 제출하여야 한다. 또한 출연한 보통재산 중 일부를 설립등기 비용 등으로 사용한 경우에는 증빙자료를 포함하여 제출하여야 한다.

---

4) 2021년부터는 주식을 보유하는 종교법인에 대하여 전용계좌 개설신고의무가 부여되었다.

(8) 관할세무서에 지정기부금단체(일반기부금단체) 신청

일반적으로 비영리법인이 설립된 후, 기부자 또는 출연자가 기부금 소득공제 또는 손금산입 등의 세제혜택을 받기 위하여, 비영리법인이 관할세무서의 추천을 받아 기획재정부장관이 지정하는 지정기부금단체(일반기부금단체)가 되는 것이 일반적인데, 모든 비영리법인이 가능한 것은 아니고, 법인세법 및 소득세법에서 대상 비영리법인과 지정요건 등을 정하고 있다.

지정기부금단체(일반기부금단체) 신청이 되면 매 분기 말일을 전후하여 기획재정부 홈페이지에 지정기부금단체(일반기부금단체) 지정내용이 공고된다. 이때 지정기한을 반드시 확인하여야 하며 공고의 시행일 이전에 지출한 기부금도 시행일이 속하는 연도 내에 지출한 경우에는 법인세법 제24조 제1항에 따른 지정기부금(일반기부금)으로 보도록 하고 있다.

(9) 행정자치부에 기부금품 모집 등록 신청

설립된 비영리법인 또는 단체가 불특정 다수를 대상으로 1천만원 이상의 기부금품을 공개 모집하기 위해서는 기부금품 모집에 관한 법률에 따라 행정자치부에 등록하는 절차가 필요하다.

7 정관 작성시 유의점

정관(定款)은 사단법인이나 재단법인의 조직을 정한 근본규칙을 말하며, 그 근본규칙을 기재한 서면을 정관이라 부르기도 한다. 즉, 정관은 반드시 서면으로 작성하여야 하며, 서면에 기재되지 않은 정관은 정관으로서 성립되지 않는다. 쉽게 말해서 정관은 '우리 법인은 이런 곳이며, 어떻게 운영된다'라고 정리한 서면이며, 다른 말로는, 법인의 운영 목표와 방향을 정해놓은 구성원들 사이의 약속 또는 재단법인 설립자의 설립취지이다. 사단법인이란 사람의 단체이기 때문에 정관의 작성은 2명 이상의 합동적인 행위에 의함을 필요로 하며, 이를 작성한 사원뿐만 아니라 그 후에 가입한 사원이나 사단법인의 기관 등도 구속하는 점에 비추어 보면 그 법적 성질은 계약이 아니라 그 법인의 자치법규로 본다.

재단법인의 근본규칙도 정관이라 한다(이웃 일본에서는 재단법인에 관하여 정관이라는 용어가 아니라 '기부행위'라는 용어를 사용하다가, 정관으로 변경되는 추세인데, 우리나라는 모든 재단법인에 대하여 정관이라는 용어를 사용한다).

정관의 기재사항은 절대적 필수기재사항과 상대적 기재사항, 그리고 임의적 기재사항으로 나누어지는데, 민법 및 공익법인법에서 규정하고 있는 필수기재사항은 아래 표와 같다. 사회복지사업법, 사회적기업육성법, 기타 법령에 따라 정관의 필수기재사항이 각각 다르게 정해져 있기도 하다.

민법상의 사단법인	민법상의 재단법인	공익법인법상의 공익법인
1. 목적	1. 목적	1. 목적
2. 명칭	2. 명칭	2. 명칭
3. 사무소의 소재지	3. 사무소의 소재지	3. 사무소의 소재지
4. 자산에 관한 규정	4. 자산에 관한 규정	4. 설립 당시의 자산의 종류·상태 및 평가액
		5. 자산의 관리방법과 회계에 관한 사항
5. 이사의 임면에 관한 규정	5. 이사의 임면에 관한 규정	6. 이사 및 감사의 정수(定數)·임기 및 그 임면(任免)에 관한 사항
6. 사원자격의 득실에 관한 규정		7. 이사의 결의권 행사 및 대표권에 관한 사항
		8. 정관의 변경에 관한 사항
		9. 공고 및 공고방법에 관한 사항
7. 존립시기나 해산사유를 정하는 때에는 그 시기 또는 사유		10. 존립시기와 해산사유를 정한 경우에는 그 시기와 사유 및 잔여재산의 처리방법
		11. 업무감사와 회계검사에 관한 사항
		12. 사업에 관한 사항
		13. 사단법인인 경우에는 사원 및 사원총회에 관한 사항
		14. 기타공익법인의 운영에 관한 기본적 사항

참고로, 영미에서는 정관의 필요적 기재사항이 매우 간단하여 법인명, 목적, 본점소재지, 이사의 수만을 포함하고 있기 때문에, 우리나라 민법이나 상법에 의한 정관에 기재되는 기타 상세한 사항은 회사규칙(혹은 부속정관이라고도 한다. Bylaws)에 기재되는 것이 일반적이다. 이는 정관의 시행규정이라고도 할 수 있으며 통상 사원총회나 이사회 결의에 의해 제정된다.

비영리법인을 설립하고자 할 때, 참고할 만한 모범정관의 샘플은 인터넷 검색을 통해서도 구할 수 있으며, 주무관청별로 제시하기도 한다. 이하에서는 필자의 경험상 정관을 작성할 때 유의하여야 할 점 몇 가지를 설명한다.

(1) 사단법인의 사원총회를 원만하게 개최하기 위하여는, 회원의 종류를 여러 개로 나누고 정회원만 사원총회에 참석하도록 하는 것이 필요함

사단법인의 형태로 설립된 비영리법인의 운영을 보면, 사원총회와 이사회를 제대로 구분하지 않고 운영되는 사례를 종종 본다. 즉, 이사회를 사원총회라고 혼돈하고 사원총회를 개최하지 않는 사례가 있다. 그런데 이는 사원총회를 적어도 1년에 1회 이상 개최하도록 하고 있는 민법규정을 지키지 않은 것이 된다.

몇 차례 강조했지만, 재단법인의 최고 의사결정기관은 이사회임에 반하여, 사단법인의 최고 의사결정기관은 사원[5]총회이다. 영리단체와 비교하여 보면, 주식회사에서도 사원총회가 존재하는데 상법상 주식회사 형태에서는 주주총회라고 부른다.

먼저, 민법상의 몇 개의 규정을 살펴본다.

- 사단법인의 사무는 정관에서 규정한, 이사 또는 기타 임원에게 위임한 사항 외에는 총회의 결의에 의하여야 한다(민법 제68조).
- 사단법인의 이사는 매년 1회 이상 통상총회를 소집하여야 한다(민법 제69조).
- (임시총회)사단법인의 이사는 필요하다고 인정한 때에는 임시총회

5) 우리 민법에서는 독일이나 일본의 용어를 그대로 번역하여 사원(社員)이라는 말을 사용하고 있으나, 요즘 우리가 쓰는 말로 표현하면 '회원'이 민법상의 사원(社員)에 해당한다.

를 소집할 수 있으며, 총사원의 5분의 1 이상으로부터 회의의 목적사항을 제시하여 청구한 때이는 이사는 임시총회를 소집하여야 한다. 이 정수는 정관규정으로 변경할 수 있다. 사원들이 임시총회 소집을 청구한 후 2주간 니에 이사가 총회소집의 절차를 밟지 아니한 때에는 청구한 사원은 법원의 허가를 얻어 이를 소집할 수 있다(민법 제70조).

- 정관에 다른 규정이 없는 한, 각 사원의 결의권은 평등하며 서면이나 대리인으로 결의권을 행사할 수 있다(제73조).
- 사단법인과 어느 사원과의 관계사항을 의결하는 경우에는 그 사원은 결의권이 없다(제74조).
- 총회의 결의는 민법 또는 정관에 다른 규정이 없으면 사원 과반수의 출석과 출석사원의 결의권의 과반수로써 한다(제75조).
- 총회의 의사에 관하여는 의사록을 작성하여야 하며, 의사록에는 의사의 경과, 요령 및 결과를 기재하고 의장 및 출석한 이사가 기명날인하여 주된 사무소에 비치하여야 한다(제76조).

위와 같은 민법상의 기본적인 의사결정요건을 갖추지 못하는 경우, 예를 들어, 사원총회가 날치기나 정족수 미달 기타 관련규정에 위배된 경우, 이에 이의가 있는 사원(社員)이 민사법원에 사원총회 결의무효 확인의 소를 제기하여 확인받을 수 있기 때문에, 사원총회의 개최에 있어서 개회 정족수 및 의결정족수를 갖출 수 있어야 한다.

통상, 사원(회원)이 많은 단체는 모든 회원들이 1년에 한 번씩 모이기 어렵고, 그럴 경우 사원총회의 정즉수를 맞추기 어렵다. 정족수를 채우기 위하여, 사원(회원)들로부터 위임장을 수령하는 방법이 가장 많이 사용된다.

한편, 사원총회의 원활한 개최 및 운영을 위하여, 여러 종류의 회원제도(예 명예회원, 정회원, 준회원, 후원회원 등)를 두고, 사원총회에는 정회원으로만 구성하도록 하는 방법을 채택하는 사단법인들이 있고, 아래는 이와 관련된 회칙의 예시이다.

제○조(회원의 종류와 자격) 본 회의 회원을 정회원, 준회원, 명예회원, 단체회원으로 구분한다.

1. 정회원 : 당해 연도 정회원 회비를 납부하거나 종신회비를 납부한 사람으로서 본 회의 사업목적에 동의하는 자
2. 준회원 : 정회원으로 활동하던 자로서 당해 연도 정회원 회비를 아직 납부하지 않은 자
3. 명예회원 : 학식과 덕망이 높고 본 회의 발전에 공로가 있는 국내외 인사
4. 단체회원 : 본 회의 활동과 발전을 위해 적극적으로 후원하는 법인 또는 단체

(2) 세무목적상 상증세법의 공익법인은 정관상의 목적사업을 명확하게 규정할 필요가 있음

일반적으로 정관의 제2조 '목적' 조항에서는 당해 법인이 추구하는 사업의 목적을 명시하고 제3조 '사업' 조항에서 제2조의 목적을 달성하기 위하여 구체적으로 어떤 사업을 하려는 것인지를 기재하며, 법인등기부에는 '목적'란만 있어, 등기신청시에는 정관 제2조와 제3조의 기재내용을 통합하여 등기부상 '목적' 항으로 기재하여 등기를 신청하는 것이 관례이다. 또한, 이 목적과 사업은 주무관청의 허가를 받기 위하여 가장 중요한 요건의 하나로서, 설립허가를 신청하기 전에 주무관청의 주무관 등과 협의하여 정하는 것이 일반적이다.

한편, 정관상 목적사업이 구체적으로 무엇인지는 심사숙고해서 명확하게 규정하여야 할 필요가 있다. 세법측면(상증세법)에서, 출연받은 재산을 직접 공익목적사업 등(직접 공익목적사업에 충당하기 위하여 수익용 또는 수익사업용으로 운용하는 경우를 포함한다)에 사용하지 않으면 세법상의 증여세 과세가액불산입 조치를 취소하도록 규정하고 있고, 직접 공익목적사업에 사용하는 것이라는 것은 정관상 고유목적사업에 사용하는 것이라고 규정하고 있는 점을 고려하여야 한다. 국세청 해석에서, 의료법인이 종교단체에 기부한 것에 대하여, 종교법인에 대한 후원이 의료법인의 정관상의 고유목적사업에 기재되지 않았다는 이유로 고유목적사업에 사용한 것으로 볼 수 없다는 사례가 있다. 또한, 지방세법상의 감면 또는 면제혜택을 받기 위해서도, 정관상의 목적사업을 구체적으로 명기하는 것이 필요하다.

(3) 지정기부금단체(일반기부금단체)로서의 요건을 갖추기 위한 정관의 내용

법인세법 또는 소득세법상의 지정기부금단체로서의 요건을 갖추기 위해서는, 다음과 같은 내용이 정관에 기재되어야 한다.

- 무상의 원칙 : 법인은 목적사업으로 제공하는 이익을 원칙적으로 무상으로 한다. 다만 그 실비를 수혜자에게 부담시키는 수익사업에 대해서는 이사회의 심의, 의결을 거쳐 주무관청의 승인을 받아야 한다.
- 수혜평등의 원칙 : 법인의 목적사업으로 제공하는 이익은 특히 그 목적을 한정한 경우를 제외하고는 수혜자의 출생지, 출신학교, 직업, 성별, 연령 기타 사회적 신분에 의하여 부당하게 차별되어서는 아니 된다.
- 잔여재산의 귀속 : 법인이 해산하는 경우 그 잔여재산은 이사회의 의결을 거쳐 ○○장관의 승인을 얻어 국가, 지방자치단체 또는 유사한 목적을 가진 다른 비영리법인에게 기증한다.
- 기부금 모금액 공시 : 법인은 법인의 홈페이지 및 국세청 홈페이지를 통해 연간 기부금 모금액 및 사용실적을 그 다음연도 4월말까지 공개해야 한다.

8 NPO들의 수명

오늘날 많은 NPO들은 자생적으로 생겨나고 또 사라지곤 한다. 그런데 NPO의 수명은 얼마나 될까? 우리나라의 경우 일반 영리법인의 수명에 관한 통계자료가 없지만, 일본이나 미국에서는 영리법인의 평균수명이 30년이라는 통계가 있다. 이와 관련된 글 하나를 소개한다.

일본에서 출간된 『기업에는 수명이 있다』는 제목의 책이 있다. 내용인즉 1868년에 일어났던 무혈혁명으로서의 메이지유신(明治維新) 이래로 일본에 등장하였던 500대 기업의 수명을 조사 보고한 것이다. 그간에 등장하여 한때는 전국 최고의 위세를 떨쳤던 기업들이 세월이 흐르면서 사라져 갔다. 그렇게 사라져 가게 된 사연은 여러 가지였는데 그 평균수명을 조사하였더니 불과 30년밖에 되지 않았다는 것이다.

그런데 그렇게 대기업들의 평균수명이 30년임에도 불구하고 그 기준을 벗어나서 60년, 100년이 넘도록 꿋꿋하게 계속 번영하는 기업들도 있다는 것이다. 그런 기업들이 지니는 공통적인 특징이 있으니 "제때에 이노베이션(Innovation)을 행하는 기업들이었다"고 분석하였다. 호황일 때에 오히려 불황이 올 것을 대비하여 기업조직의 군살을 제거하는 구조조정을 시행하고 불황을 맞을 때에는 다가올 호황에 대비하여 투자를 하는 등의 자기혁신을 철저히 실천한 기업들은 평균수명 30년의 틀에 매이지 않고 살아남아 계속 생존하고 번영을 누려왔다는 것이었다.

이 점에 있어서는 기업경영이나 신앙생활도 마찬가지일 것이다. 기업도 신앙생활도 안일에 젖어 자기혁신이 없으면 흔들리게 마련이다. 그렇게 기초가 흔들리게 되면 끊임없이 변화하는 시대의 흐름에서 낙오될 수밖에 없을 것이다. 자기회개와 자기혁신을 계속하는 마음가짐과 생활방식이야말로 생존을 유지하고 새로운 시대를 맞을 준비의 기본일 것이다.

시대는 바뀌어 가는데 여전히 옛날의 사고방식과 타성에 젖어 있어서는 자신도 미처 모르는 사이에 실패자 혹은 낙오자가 될 것이다. 그러므로 우리는 오늘 하루에도 나 자신에게서 버릴 것을 버리고 고칠 것을 고치며 자기쇄신을 기하는 하루가 되도록 힘써 나가야 할 것이다. (김진홍 목사의 '아침묵상' 중에서, 2008.2.27)

영리기업에서는 어떤 기업들이 오랜 기간 동안 번성할 수 있는지에 관한 연구들이 많은데, 로열 더치 쉘이라는 네덜란드계 기업이 발간한 보고서에서는 장수기업의 네 가지 특징으로 다음과 같은 것을 예시하고 있다.

- 환경변화에 민감할 것—경영환경과의 조화
- 직원 사이의 강한 결속력
- 현장의 판단을 소중히! 권한위임
- 자금조달의 보수성+소박 및 검소

위에서 보듯이 가장 중요한 요인으로 환경변화에 민감할 것을 들고 있는데, 이는 다른 말로 표현하면 주변환경에 대응한 '경쟁력'이라

할 수 있다. 좋은 예가 아닐 수 있으나, 교육분야에서 서울 강남 대치동의 학원들은 날로 번성하는 데 반하여 공교육이 인기가 없는 가장 큰 요인은 변화에 대한 대응력, 경쟁력 유무라고 할 수 있다.

NPO들도 오랫동안 꾸준히 활동하기 위하여는 사회변화에 맞추어 변해야 하는 한편, 자생할 수 있는 경쟁력을 갖추어야 하며, 세대교체 및 후대 리더를 키우는 데 관심을 가져야 한다.

9 보론 : 비영리법인의 출연재산(기본재산과 보통재산)

아래 내용은 입문서로서의 성격을 벗어나지만, 우리나라의 비영리법인 제도의 기본재산 제도에 관한 내용과 문제점 및 개선사항을 소개한다. 우리나라 비영리분야에서 개선되어야 할 점이 한두 가지가 아니지만, 우리나라 비영리회계의 가장 큰 문제점은 기본재산과 보통재산 개념의 '혼선'에서부터 비롯되는 것이 아닐까 생각된다.

필자 주변에 비영리법인의 설립에 관심이 많은 분들이 비영리법인 설립에 최소한 얼마의 '자본금'이 필요한지 물어보는 경우가 있다. 한편, 인터넷에서 비영리법인의 설립에 관한 검색을 해 보면, 비영리법인의 설립에 관한 전문 법무사들도 '자본금'이라는 용어로 비영리법인의 설립을 설명하고 있는데, 비영리법인 · 공익법인에는 '자본금'이라는 개념이 없다. 비전문가들이 비영리법인에 대하여도 자본금이라는 용어를 사용하는 이유는, 자본금이라는 용어가 일반적인 용어라는 점과 비영리법인의 용어들이 익숙하지 않기 때문이 아닌가 생각된다.

자본금이란 영리기업의 소유자 또는 소유자라고 생각되는 자가 사업의 밑천으로 기업에 제공한(출자한) 금액을 말하며, 개인기업은 통상 '출자금'이라고 하고, 주식회사는 '자븐금'이라는 용어를 사용하고 있다. 이들 출자금이나 자본금은 소유자 또는 주주가 기업의 이익에 대하여 배당을 받거나, 그 지분 · 주식을 다른 사람에서 매각하거나 기업을 청산할 때 잔여재산을 분배받을 수 있으며, 기업경영의 의사결정에도 참여할 수 있다. 이에 비하여, 비영리법인 · 공익법인에게 '출연('출자'가 아님)'된 '재산'에 대하여 출연자는 배당이나 잔여재산의 분배를 받을 수 없으며, 비영리법인 · 공익법인의 운영에 출연자의 참여가 법으로 보장되는 것도 아니다.

비영리법인 · 공익법인에서, 영리법인의 자본금이라는 용어와 비슷한 용어는, 민법상의 '출연재산', '자산의 총액' 및 공익법인법상의 '기본재산'이라는 세 가지 용어이다.6)

이를 약간 부연 설명하면서, 민법에서는 출연재산이라는 용어를 사용하고 있는데, 공익법인에서는 출연재산을 다시 '기본재산'(법인의 재정적 기반이 되는 재산, 정관과 법인등기부에 등재되는 재산, 법인의 존립기초가 되는 재산, 비영리 · 공익법인의 목적달성을 위해 계속 유지하고 있어야 하는 재산)과 보통재산으로 구분하고 있어, 영리법인의 자본금과 유사한 용어는 기본재산만을 의미하며, 보통재산은 제외된다고 할 수 있다.7) 그리고 '자산의 총액'8)이라는 용어는 민법상 비영리법인의 필수 등기사항 중의 하나로 열거된 것으로서, 실무적으로는 기본재산의 금액이 자산의 총액으로 등기부에 등재되고 있다.

한편, 민법에서는 기본재산에 관한 규정이 없어 기본재산 처분 자체가 주무관청의 허가대상은 아니나, 법무부 해석에서는 기본재산이 정관의 별지로 구성되어 있는 관계로, 기본재산 변동은 정관의 개정사항이 되어 정관변경절차가 필요하다고 하고 있다. 따라서 기본재산의 처분을 위해서는 주무관청의 허가가 필요하다고 해설하고 있고, 이를 뒷받침하는 판례9)도 있다. 그런데 필자가 본 사례가 그리 많은 것은 아니지만, 교육부나 보건복지부 관할 비영리법인 · 공익법인만 기본재산의 처분 변경에 관하여 까다롭게 사전허가를 요구할 뿐, 다른 주무부서는

6) 기본재산제도는 공익법인법 이외에 사립학교법, 사회복지사업법, 의료법 등에도 규정되어 있는데, 여기서는 공익법인법상의 기본재산에 관하여만 살펴본다.

7) 기본재산이나 보통재산의 개념은 1975년 공익법인법을 제정하면서, 일본의 제도를 참고하여 도입한 것인데, 일본은 2006년 공익법인제도 개혁에서 기본재산 및 보통재산의 개념을 없앴다. 자세한 것은 후술 105쪽 참조.

8) 회계상 '자산총액'이란 재무상태표(대차대조표)의 자산의 총합계를 의미하고 있는 반면, 민법상 비영리법인의 등기요소의 하나인 '자산의 총액'이란 기본재산에만 해당하는 점에서, 민법상의 '자산의 총액'이라는 용어는 '출연기본금' 또는 '기본금' 등의 용어로 변경되어야 하지 않을까? 생각된다.

9) 재단법인의 기본재산의 감소 및 증가와 주무관청의 인가의 여부: 기본재산을 감소시키는 경우는 물론, 이를 증가시키는 경우에도 반드시 그 정관의 기재사항에 변경을 초래한다 할 것이므로, 이 두 경우에는 모두 정관의 변경이라 할 것이고, 따라서 이러한 변경에는 주무부처의 허가를 받아야만 효력이 발생하며 주무부처의 허가가 없으면 무효이다(대법원 1978.7.25 선고, 78다783 판결).

기본재산의 유지에 대한 감독이 거의 없는 것이 아닌가 하고 느껴질 정도로 주무관청별 집행관행이 너무 다르다.

또한, 얼마 전 서울시 관할 사회복지법인에 관하여는 정기예금으로 유지하고 있는 기본재산에 대하여, 정기예금의 만기 도래 후 다시 정기예금을 갱신함에 있어 주무관청의 사전허가를 받아야 한다는 행정지도를 내려, 사회복지법인들이 불편을 호소하는 것을 본 적이 있다. 기본재산을 제대로 관리하지 않은 사회복지법인들이 있었던 관계로 이런 행정지도를 내리지 않았을까 짐작되지만, 조금 지나친 행정관여라 생각된다.

(1) 비영리법인 또는 공익법인 설립시 요구되는 최소 기본재산

실무적으로 비영리법인·공익법인을 설립하고자 주무관청의 허가를 신청함에 있어 요구되는 기본재산은 얼마나 될까? 주무관청에 따라 요구하는 기본재산의 규모가 다르나, 일반적으로 재단법인을 설립하기 위해서는 출연할 기본재산이 5억원 이상 되어야 한다.

앞에서 소개했듯이(82쪽 참조) 서울시교육청 관할 비영리법인의 기본재산의 기준을 보면, 민법에 의한 사단법인은 기본재산이 없어도 되나, 공익법인법에 의한 사단법인은 1억원 이상이며, 재단법인은 민법에 의한 비영리법인 및 공익법인법에 의한 재단법인 모두 5억원 이상으로 정하고 있고, 출연재산의 기준액은 그 수익으로 법인이 목적사업을 원활하게 할 수 있는 최소한의 금액이므로 어떤 경우에도 순수익이 출연재산 기준액에 대한 정기예금 이자소득 이상이 되어야 한다는 기준을 제시하고 있다.

기본재산의 규모는 지방자치단체별로도 다르다. 종교 목적 사단법인의 경우 경기도는 5천만원의 기본재산을 요구하나, 서울은 3억원 이상이다. 그런데 주무관청의 재량에 따라, 기본재산이 10만원 또는 100만원짜리인 재단법인의 형태도 있다.

'기부 또는 갹출'… 경기창조센터 재단법인 설립 '기묘'

[참고] 아래 기사에서 '자본금'이라는 용어는 '기본재산'이라는 용어로, '출자'라는 용어는 '출연'으로 수정되어야 하나 원문 기사 그대로 인용한다.

명색이 대통령 핵심공약인데… 자본금 '10~100만원' 불과

출자자와 관련된 창조센터 관련 담당자들의 말은 엇갈리고, 재단설립 승인권자인 미래창조과학부는 사실상 함구하고 있어 실제 출자자조차 불투명한 상태다.

9일 미래부 등에 따르면 경기, 부산 등 전국 8개 창조경제혁신센터의 운영주체인 (재)창조경제혁신센터의 초기 자본금(기본재산)은 10만~100만원이다. 이 자본금은 각 센터별로 대학교 총장, 은행장, 센터장, 산하기관장 등 개인의 사비 혹은 지자체 예산으로 충당했다.

(재)광주창조경제혁신센터는 광주은행 임원이 100만원을 출자해 설립했다. 이 임원은 최근 광주은행에서 퇴직했고 센터 발기인과 이사직에서 제외됐다. 광주시 관계자는 "이 임원이 기본재산 100만원을 사비로 출자한 후 은행을 퇴직하면서 사실상 100만원을 기부한 셈"이라고 말했다.

(재)경북창조경제혁신센터의 경우 한동대 총장이 100만원을 재산설립 기본재산으로 출자했다. 경북센터는 당초 구미시 예산으로 출자했다가 미래부의 자금 회수지시 후 한동대 총장이 재출자한 것으로 알려졌다. 한 관련기관 관계자는 "지방재정법에 자치단체의 출자근거가 없기 때문에 미래부에서 회수조치를 요구한 것으로 알고 있다"고 말했다.

(재)대구창조경제혁신센터는 대구시 공무원이 갹출해 법인을 설립했다고 센터 관계자는 밝혔지만, 또 다른 센터 관계자는 삼성전자 임원이 100만원 전액을 출자했다고 했다.

(재)경기창조경제혁신센터의 경우 KT 출신 센터장이 10만원을 출자해 설립했다.

(재)대전창조경제혁신센터의 초기자본금은 대전시 출연금 100만원으로 충당됐다. 대전시 관계자는 "대전시가 카이스트 부설기관에 출연한 1억원 중 100만원을 사용해 우회출자했다"면서 "현행법에는 자치단체 출자가 불가능한 것으로 알고 있는데 재단설립 당시 미래부가 출자자 제한을 두지 않았고 그대로 승인해줬다"고 했다.

(재)전북테크노파크는 전북 산하기관인 전북테크노파크 원장이 100만원을 출자해 설립했다.

(재)충북창조경제혁신센터와 (재)부산창조경제혁신센터는 각각 LG출신 센터장과 롯데출신 센터장이 100만원씩을 출자해 설립했다.

이와 관련, 재단법인 분야 전문가 등은 재단법인의 경우 재산가치에 설립·존립 근거를 두고 있어 설립승인시 재산규모를 신중하게 판단해야 하는데도 미래부가 '아니면 말고' 식으로 허술하게 승인한 것 같다고 비판했다.

한 재단법인 전문가는 "재단법인은 사단법인과는 달리 재산규모가 중요한데 개인이 몇푼 출자하는 식으로 승인해 준 것은 납득하기 힘든 일"이라면서 "해당 기업과 정부, 지자체가 출자가 제대로 이뤄지지 않은 이유를 모르겠다"고 했다. 이에 대해 미래부 관계자는 "(재)창조경제혁신센터의 자본금은 각 지방자치단체 국장이 개인 사비로 출자했을 것"이라면서도 "금액은 상징적인 것에 불과해 누가 출자하든 법적인 문제는 없다"고 말했다.

창조경제혁신센터는 2014년 9월 대구창조경제혁신센터(삼성전자)를 시작으로 10월 대전(SK그룹), 11월 전북(효성그룹), 12월 경북(삼성그룹)에 조성됐다. 이어 올해 1월 광주(현대차), 2월 충북(LG그룹), 3월 부산(롯데그룹)과 경기도(KT)에서 각각 출범했다.

(중부일보, 2015.4.10)

(2) 사단법인에 기본재산이 꼭 필요한가?

사단법인이라는 것이 원래 사람들의 모임이고 그 모임에 필요한 자금은 회원(사원)들이 모아 사용하면 되는 것을, 왜 주무관청이 일정규모 이상의 기본재산을 갖춘 경우만 허가를 내주는지에 관하여도 심각하게 고려해 보아야 할 점이다. 전술한 바와 같이, 서울시교육청 관할 민법에 의한 사단법인은 기본재산이 없어도 되나 공익법인법에 의한 사단법인은 1억원 이상의 기본재산이 요구되는데, 이도 과다한 행정지도라고 생각된다.

공익법인의 탈을 쓰고 원래의 공익목적사업을 영위하지 않는 곳을 규제하기 위하여 공익사단법인에게 일정의 기본재산을 가지도록 행정지도 차원에서 요구하는 것으로 이해되나, 이런 공익사단법인은 처벌규정으로 단속할 수 있지 않을까 생각된다.

다행히도, 몇 년 전부터 몇 개 주무관청에서는 사단법인의 설립허가를 함에 있어서, 기본재산의 출연이 없는 사단법인의 설립을 허용하고 있으며, 이런 움직임은 다른 주무관청에도 확대되고 있는 것 같다.

(3) 비영리법인 등기부의 자산총액

앞에서도 설명했듯이 비영리법인의 등기부를 보면 '자산총액'이라는 항목이 있는데, 이는 민법 제49조에서는 법인의 등기사항으로서 아홉 가지 항목을 정하고 있으면서, '제6호 자산의 총액'이라는 문구가 있는 것에 연유한다. 이 '자산총액'에 관하여, '실무자를 위한 비영리 · 공익법인 관리 · 감독 업무 편람'이라는 법무부의 해설책자에서는 다음과 같이 기술하고 있다.

'자산의 총액'이란 정관상의 기본재산은 물론 기타 법인이 보유하는 일체의 적극재산10)의 총액에서 채무 등의 소극재산을 공제한 순재산액을 의미한다. 사단법인은 설립시 자산총액이 전혀 없어도 상관이 없지만, 재단법인에 있어서는 자산총액이 반드시 있어야 하고 이를 등기하여야 한다. 다만 사단법인의 경우에도 자산총액이 0원으로 기재할 수는 있지만, 자산총액을 미정 혹은 공란으로 하여 등기할 수는 없다.

그런데 서울시교육청 '2014 비영리(공익)법인 실무 매뉴얼'을 보면, 등기사항으로서 '자산의 총액(기본재산만 해당)'으로 해설하고 있어, 법무부의 해설과 서로 맞지 않는다. 이런 점에서, 민법상 '자산총액'을 주무부처별로 어떻게 해석·운영하고 있는지를 조사해 전국적으로 통일할 필요가 있다.

한편, 지방세법상 비영리법인의 설립과 납입 또는 출자총액 또는 재산총액의 증가의 등록세 과세표준에 대하여, '납입한 출자총액 또는 재산가액'이라는 문구를 사용하고 있는데, 이 용어도 민법이나 공익법인법에서 '총재산' 및 '기본재산'이라는 용어를 기본금 또는 기본출연금 등으로 변경하게 될 때, 지방세법의 용어도 수정해야 하지 않을까 생각한다. 다만, 실무적으로는, 기본재산금액만 등기부에 등기하는 것이 관례이고, 등록세 및 지방교육세(일반적인 경우는 0.24%, 중과세인 경우는 3배 할증하여 0.72%)도 등기부에 등기된 총자산을 기준으로 부과되고 있는 것으로 이해한다. 혹, 기본재산뿐만 아니라, 보통재산의 금액도 등기부에 등재되면, 지방세 당국은 보통재산가액을 포함한 가액으로 등록세를 부과할 것으로 생각된다. 조세심판원의 지방세 불복사례 결정에서는 '불입한 출자총액'이라는 문구를 '자산총액에서 부채총액을 제외한 순자산가액'으로 보아야 한다는 납세자의 청구는 인용되지 않고, 등기부상의 등록된 자산총액을 기준으로 등록세를 부과하는 것이 타당하다고 하고 있다(조심 2008지0946, 2009.6.15).11)

10) 적극재산이란 회계상의 '자산', 소극재산이란 회계상의 '부채'와 유사한 개념으로, 법무부의 해석은 기본재산과 보통재산 등을 합한 순자산의 금액을 '자산의 총액'으로 보아야 한다는 것이다.

11) 이 건 조세심판은 해당 주무관청이 "'자산의 총액'이란 정관상의 기본재산은 물론 기타

(4) 기본재산과 보통재산의 구성비율

이것도 주무관청 및 각 비영리법인·공익법인의 상황에 따라 다르게 운용되고 있는 점의 하나이다. 어느 주무관청에서는 재단법인의 기본재산과 보통재산의 비율이 7 : 3 정도를 유지하도록 정하고 있는 사례도 있다고 한다. 그런데 보통재산이 과도하게 적립되어 다음 해로 이월되는 경우 주무관청에서 그 일부를 기본재산으로 편입하도록 지시한다. 최근에는 이자율이 낮아져 보통재산으로 목적사업을 영위할 수 없어, 공익법인법을 개정하여, 기본재산을 보통재산으로 전환하여 목적사업에 지출할 수 있도록 하고 있다.

그런데 보통재산을 기본재산으로 변경하면, 비영리법인·공익법인에서는 실질적으로 아무런 재산(자산)의 변동이 없이, 단순히 보통재산을 기본재산으로 변경한 것으로 인하여, 등기부상 '자산총액'이 증가하게 돼, 증가된 기본재산에 대하여 0.24%(중과세 0.72%)의 등록세를 납부해야 한다는 점을 주무관청의 공무원들이 모르고 있는 경우가 종종 있다.

필자가 본 사례에서는, 어느 사회복지법인에 대한 행정감사에서 기본재산에 비해 보통재산이 너무 많다며, 보통재산의 일부를 기본재산으로 편입하라는 감사 지적을 받았다. 그런데 이 지적을 받고 기본재산으로 편입하고자 조사해 보았더니, 0.72%의 등록세 부담액이 너무 크고 이 등록세 납부재원을 마련할 수 없어 지적사항을 취소해 달라고 요청하는 사례가 있었다. 보통재산을 기본재산으로 편입하라는 행정지도도 신중하게 검토해야 하지 않을까 생각된다.

그 이외에 '기본재산은 그 목록과 평가액을 정관에 적어야 하며, 평가액에 변동이 있을 때에는 지체 없이 정관변경절차를 밟아야 한다'는 공익법인법 제11조(재산) 제2항도 실무상 적용이 어렵다는 점을 강조한다. 즉, 공익법인이 기본재산으로 보유하고 있는 재산으로서 토지, 건물 또는 주식이나 채권 등은 그 평가액이 수시로 변동된다고 할 수 있는데, 그 변동이 있을 때마다 지체 없이 정관변경절차를 밟아야 한다는 규정은 실제로 거의 지킬 수 없는 규정 아닐까?

법인이 보유하는 일체의 적극재산 총액에서 채무 등의 소극재산을 공제한 순재산액을 의미한다"는 법무부 해석을 모른 채, 출연재산의 총액에서 부채를 차감하지 않은 금액을 기본재산으로 허가했기 때문에 발생했다고 보인다.

(5) 비영리법인의 재무제표상 자기자본(순자산)의 표시

영리법인, 특히 주식회사의 '자본금'이란 '채권자 보호'의 관점에서 회사의 자산을 사내에 유보시키는 최소한도를 가리키는 것으로, 보통 납입자본금(액면주식이 발행된 경우에는 그 발행액면 주식수에 1주당 액면금액을 곱한 株金總額)을 말하며 재무상태표(대차대조표)상 자본금[12]으로 표시한다.

이 자본금은 일단 회사에 납입된 후, 주주 등이 정당한 거래가 아닌 사유로 인출하는 경우 횡령으로 처벌받으며, 가장납입(假裝納入)한 경우도 처벌받는다. 한편 개인기업은 '자본금'보다는 통상 '출자금(出資金)'이라고 하며, 개인기업의 출자금은 수시 인출 및 수시 출자에 제한이 없다.

목적사업을 수행하기 위한 재단법인의 '기본재산'이란 개념은 채권자 보호를 주된 목적으로 하는 영리법인(회사)의 자본금과 그 목적이 약간 다르다. 그러나 재단법인의 기본재산도 영리법인의 자본금과 유사하게 채권자 보호의 목적도 있다고 할 수 있다. 그럼에도 불구하고, 재단법인의 기본재산은 계속 유지하여야 한다는 점에서, 기본재산에 상응하는 금액은 영리법인의 자본금과 유사하다고 할 수도 있다. 한편 영리법인의 자본금은 회사가 해산할 때 주주에게 반환되는 반면, 재단법인 기본재산은 출연자에게 반환되지 않는 차이도 있다.

이와 관련하여, 우리나라 비영리법인·공익법인의 재무제표에서 자기자본(순자산)을 어떻게 표시하고 있는지 대형 비영리법인의 사례를 살펴본다. 2017년 공익법인회계기준이 제정되기 전에 사회복지법인 월드비전, 굿 네이버스, 세이브 더 칠드런 등은 영리법인의 회계용어인 '자본금'이란 용어를, 사회복지법인 한국사회복지협의회는 '자본금(기금, 기본재산)'이라는 용어를 사용하고 있었다. 이에 반해 사회복지법인 어린이재단은 '기본재산', 재단법인 서울대학교 발전기금은 '자본금(기본재산, 보통재산)'이란 용어를 사용하고 있었고, 재단법인 청년희망재단은 '출연기본금', 사단법인 유니세프나 한국 국제기아대책기구는 '출연금', 대한적십자사는 '기본금'이라는 용어를 사용하고 있었다. 이 외에, 삼성미래기술육성재단은 '기본순자산, 사용제한 순자산', 사회복지법인 한국

12) 납입자본금 이외의 자기자본(자기자본이란 회계상 자산에서 부채를 차감한 금액으로서 '순자산'이라고도 불린다) 금액은 잉여금(자본잉여금 또는 이익잉여금)으로 표시한다.

컴패션은 '영구적 제약이 있는 순자산, 일시적 제약이 있는 순자산, 제약이 없는 순자산'으로 구분표시하고 있다. 심지어 '자본잉여금[13]'이라는 계정과목이 있는 공익법인도 있었다. 다만, 2017년 공익법인회계기준이 제정된 이후, 이 기준에 따라 모두 기본순자산, 보통순자산으로 통일되었다.

한편, 서울시 산하의 세종문화회관은 재단법인의 형태로 설립 운영되고 있는 곳인데, 세종문화회관의 기본재산은 얼마일까? 정답은 1백만원이다(세종문화회관의 등기부를 열람해 보면 세종문화회관의 '자산총액'은 1백만원으로 되어 있다). 그리고 세종문화회관이 발표하고 있는 2016년말 재무상태표(대차대조표)에는 기본재산 1백만원과 보통재산 17억 7천200만원을 합한 17억 7천300만원(정확한 수치는 1,773,001,676원이나, 백만원 단위로 표시했다)을 '자본금'으로 표시하고 있다. 기본재산과 보통재산의 합계를 자본금으로 표시하는 것이 타당할까? 세종문화회관은 등록세를 아끼려고 기본재산을 적게 하고, 보통재산을 많게 했다는 비판이나 지적을 받지 않을까?

(6) 현행 법령상 기본재산과 보통재산의 모순점

1975년 제정된 법률의 문제점을 40여 년 지난 시점에서 지적하는 관계로 정부 실무담당관에게는 미안하기도 하고 겸연쩍기도 하지만, 40여 년 동안 우리나라가 무척 많이 변했다는 점에서 현행 공익법인법의 개선점을 제안하는 것으로 받아들여졌으면 한다. 현행 공익법인법상, 공익법인의 기본재산 개념은 네 가지 항목으로 정의하고 있는데, 항목별 문제점은 다음과 같다.

첫째, 기본재산으로 정의하고 있는 것이 "설립시 기본재산으로 출연한 재산'인데, 이를 보면 공익법인법에서는 사단법인 형태로 공익법인을 운영하는 것을 고려하지 않은 것인지 또는 사단법인도 출연재산이 있어야 하는지 애매하다. 사단법인은 사람들의 모임일 뿐, 출연재산

13) 주식회사의 자본잉여금이란 주식발행초과금액 · 감자차익 · 합병차익 · 자본적 지출에 충당할 국고보조금, 공사부담금, 고정자산에 대하여 발생한 보험차익, 자본보전을 위한 자산수증이익(資産受贈利益), 채무면제이익(債務免除利益), 일시적으로 취득 또는 승계한 자기주식처분이익 등에 의하여 발생하는 잉여금 등 손익거래 · 영업거래가 아닌 자본거래에서 발생한 잉여금을 말한다.

이 반드시 있어야 하는 것은 아니다. 이런 점에서 공익법인법이 대상으로 하고 있는 단체는 재단법인이 아닌가 생각된다. 그런데 그 뒤 공익법인법 실제 운영에서 사단법인에도 기본재산 개념을 적용하고 있는데, 이는 재단법인과 공익법인의 차이를 인식하지 못하는 것에서 기인하는 것이 아닐까?

둘째, 기본재산으로 정의하고 있는 것이 "기부에 의하거나 기타 무상으로 취득한 재산(다만, 기부목적에 비추어 기본재산으로 하기 곤란하여 주무관청의 승인을 얻은 것은 예외로 함)"이다. 1975년 당시에는 기부받은 재산을 공익재단법인과 관련이 있는 회사의 임직원 등을 위하여 함부로 사용하는 것을 방지하기 위해 이런 조항을 만든 것이 아닌가 생각된다. 그러나 요즘은 이 조항의 해석이 가장 문제가 많은 것이 아닌가 생각된다. 소액기부가 많은 사단법인(및 재단법인)인 공익법인은 이 규정으로 인하여, 소액기부를 기본재산으로 전입해야 하는데, 실무적으로는 주무관청과 사전협의를 하여, 2~3개월마다 이사회를 개최하여 기본재산 편입예외 신청을 하고 있는 것으로 이해한다.

필자는 공익법인법에서 기본재산의 개념을 없애야 한다고 생각하는 사람이지만, 이 규정을 존치하고자 할 경우 후술하는 일본의 과거 사례와 같이 '기본재산으로 할 것을 지정하여 기부된 재산'으로 정하는 것이 실무에서 혼돈을 없애지 않을까 생각된다.

회계 및 재정 측면에서의 이 조항의 문제점을 두 가지 관점에서 해석하며 살펴본다. 첫째로 기본재산의 개념을 재산으로 볼 때, 기부 또는 무상으로 취득한 재산은 기부목적에 비추어 주무관청의 승인을 얻어 기본재산으로 하지 않은 것을 제외하고는 모두 기본재산으로 취급하라는 규정으로 해석된다. 그런데 상증세법에서는 출연받은 재산을 3년 이내에 "직접 공익목적사업 등 또는 직접 공익목적사업에 충당하기 위하여 수익용 또는 수익사업용"으로 사용하도록 하고 있어, 공익법인법에서 기부받은 자산을 원칙적으로 기본재산으로 하라는 것과 상증세법상에서 출연(기부)받는 재산을 3년 이내에 사용하라고 하는 것과 서로 맞지 않는다.

오래전 고 박원순 서울시장이 정치에 입문할 당시, 박 시장이 주도적으로 이끌어왔던 희망제작소가 출연(기부)받은 재산을 3년 이내에 사용하지 않고 재단 안에 쌓아둔 것이 법률위반 아닌가 하는 일부 전문가들의 지적이 있었던 것으로 기억한다. 필자가 보기에는 공익법인법과 상증세법상 규정이 서로 충돌하는 것이 아닌가 생각된다. 이에 따라 공익법인법에서도 이 조항을 없애고, 상증세법도 출연재산의 사용에 관하여 보다 명확하게 규정할 필요가 있지 않을까 생각된다.

셋째, 기본재산의 개념을 회계학 측면에서 영리법인의 자본금과 유사한 항목으로 해석할 경우, 기부 또는 무상으로 받은 재산은 주무관청의 승인을 얻어 기본재산으로 편입하지 않는 예외를 제외하고, 회계측면에서 기부금 수익이 아니라, 자본의 증가로 처리해야 한다는 해석으로 귀결된다. 아무튼 이 조항은 회계전문가들 사이에서도 어떻게 해석하고 처리해야 할지 혼돈과 논란이 많은 조항이다. 공익법인법상 기본재산의 세 번째 항목인 "보통재산 중 이사회에서 기본재산으로 편입할 것을 의결한 재산"은 실무상 큰 혼돈은 없으나, 앞에서 소개했듯 보통재산에서 기본재산으로 편입할 경우, 공익법인법의 재산의 증감 없이 단순히 보통재산에서 기본재산으로 변경함으로 인하여 등록세 및 교육세의 부담이 있다.

공익법인법상의 기본재산의 네 번째 항목인 "세계잉여금 중 적립금"이란 규정의 세계잉여금[14]이라는 용어는 단식부기시절 국가재정법상 용어를 차용한 것인데, 굳이 이를 정의할 필요가 있을지 의문이다.

(7) 일본의 사례

일본에서도 기본재산과 보통재산이라는 용어가 있었다. 일본에서는 공익법인 중 재단법인에 대한 주무관청의 지도감독 지침 내부의 허가기준으로서 기본재산이라는 정의가 있었다(일본의 사단법인에는 기본재산 및 보통재산의 개념이 없고, 일본도 각 주무 관청별로 공익법인의 설립을 허가를 내주었지만, 지침은 하나로 통일되어 있었다는 것도 우리나라와 다른 점이다).

구체적으로는, ① 설립 당시의 재산목록 중 기본재산으로 기재된 재산, ② 기본재산으로 할 것을 지정하여 기부된 재산, ③ 이사회에서 운용재산으로부터 기본재산으로 전입할 것을 의결한 재산 등 세 가지를 기본재산으로 취급하고, 이 기본재산은 재단법인 인격의 기초이며,

14) 한 회계연도의 예산을 집행하고 남은 예산과 당초 추계한 예산을 초과하여 징수된 세입을 합한 1회계연도의 세입·세출 결산상의 잉여금

원칙적으로 처분할 수 없고 안전하고 확실하게 유지·관리돼야 한다는 지침이 운영되었었다.

그런데 2008년 공익법인제도 개혁으로 기본재산 개념이 없어졌다. 일본은 재단법인의 기본재산 개념을 없애는 대신, 최저 순재산 개념을 도입하여, 연속해서 2개 사업연도의 순재산이 3백만엔(약 3천만원 정도) 미만인 경우는, 재단법인이 해산되는 것으로 간주하는 규정을 신설했다(재단법인이 3백만엔의 순재산을 유지하지 못하면 해산사유로 정하고 있는 것도 매우 독특해 보인다). 순재산 개념은 복식부기에서 자산에서 부채를 차감한 금액을 말하며, 이는 영리법인의 자기자본의 개념과 유사하다. 요약하면 2008년부터 시행되는 일본의 새로운 제도에서, 일본의 재단법인은 설립시 설립자는 최소한 300만엔 이상의 재산을 갹출(출연)해야 하고, 이를 기본재산으로 할 것인지는 임의이며, 연속 2년간 최소 300만엔의 순재산을 유지하지 못하는 재단법인은 해산된 재단법인으로 간주된다.

일본은 재단법인의 기본재산 개념을 없애는 반면, 공익재단법인에 대하여 '불가결 특정재산'이라는 개념을 새로 도입했다. 이를 조금 상세하게 소개한다. 2008년 일본의 공익법인 개혁에서, 재단법인은 세제혜택 없는 일반재단법인과 세제혜택이 있는 공익재단법인의 두 가지로 나누어졌다. 그리고 일반재단법인은 정관에서 기본재산을 정할 것인지 여부를 재단법인의 판단에 맡기어, 기본재산을 정할 수도 있고, 정하지 아니할 수도 있도록 했다. 한편, 세제혜택을 받는 공익법인 중 '공익목적사업을 수행하기 위해 필수적인 특정재산(이를 '불가결 특정재산'이라고 한다)이 있는 때에는 그 취지 및 그 유지 및 처분의 제한에 대하여 필요한 사항을 정관으로 정하는 것이 필요하다고 하고 있다.

그런데 이 '불가결 특정재산'이란, 예를 들어 특정목적에 따라 수집, 전시되고 새롭게 수집이 어려운 미술품, 역사적·문화적 가치가 있고 재생 불가능한 건축물 등으로 정하고 있어, 공익법인 중에서도 이런 불가결 특정재산이 없는 공익법인은 정관에 기본재산을 정하지 않아도 되는 것으로 변경되었다. 즉, 공익재단법인 중에도 불가결 특정재산이 있는 곳과 그렇지 않은 곳으로 나누어진다.

(8) 미국의 사례

미국도 우리나라의 기본재산제도와 유사하게, 기부원금은 사용하지 못하고, 기부원금의 운용으로 얻은 수익만 목적사업에 사용하게 하는 영구기부재산(Endowment, Permanent Restricted Endowments, 또는 Permanent Fund)이라는 것이 있다. 그런데 이 영구기부재산은 우리나라와 같이 어느 법률에 의하여 강제되는 것이 아니라, 기부자의 의사에 따라 정해진다는 점이고, 이런 점은 미국 이외의 다른 나라도 비슷한 것으로 이해한다.

즉, 미국의 기부유형을 살펴보면, 기부자와의 기부약정(gift instrument)에서 정한 용도에 따라, 기부원금은 사용하지 않고 기부원금에서 발생하는 이자 또는 배당 등의 수익을 목적사업에 사용하도록 하기도 하고, 기부금의 용도지정 없이 수증단체의 결정에 따라 자유롭게 사용하도록 기부하거나, 몇 년 이내에 특정 목적사업에 사용하도록 한정하는 기부 등으로 분류되는데, 이러한 기부유형은 우리나라도 유사하다.

(9) 기본재산의 임의사용

공익법인법 제11조 제2항 ‘기본재산은 그 목록과 평가가액을 정관에 기재하여야 하며, 평가가액에 변동이 있을 때에는 지체 없이 정관변경절차를 밟아야 한다’와 제3항 ‘기본재산을 매도 · 증여 · 임대 · 교환 또는 용도변경을 하거나 담보로 제공하거나 대통령령이 정하는 일정금액 이상을 장기차입하고자 할 때에는 주무관청의 허가를 받아야 한다’는 규정에 관한 몇 가지 질문형태로 시작한다.

첫째, 비영리법인 또는 공익법인의 기본재산은 영구히 목적사업을 수행하기 위하여 보전 · 관리하는 것이 가능할까? 기본재산의 운용의 사례는 아니지만, 필자가 돕고 있는 모 재단법인(1980년 중반에 경제기획원 장관으로부터 허가를 받아 공익법인법규정에 따라 설립된 재단법인)은 약 10여 년 전에 운영재산의 일부를 수익성이 높다는 차이나펀드에 가입하였다가 그 가치가 폭락한 후 원금회복을 기대하다가 몇 년 전 원금회수의 가능성을 기대할 수 없다고 판단하여 그 펀드를 해약, 원금의 50% 정도를 회수한 후, 다른 금융상품에 가입하였다. 우리나라도 1997년 IMF위기(금융 · 외환위기)를 겪은 후, 은행의 정기예금도 원금을 회수하지 못한 사례를 경험한 이래, 원금보전이 100% 보장되는 자산은 없다고 보아야 한다는 데 이의가 없는 듯하다.

둘째, 공익법인인 재단법인 설립에 있어, 출연재산의 종류에 대한 제한이 있을까? 기본재산의 가치는 계속 유지할 수 있을까? 법무부의 온라인 민원서비스 홈페이지의 내용을 보면, 공익법인법에는 출연재산의 종류에 대한 별도 규정이 없어 민법이 적용되며, 민법에서는 출연재산의 종류에 대한 법률상의 제한은 없기 때문에 부동산, 동산의 소유권을 비롯하여 각종 물권뿐 아니라 각종 채권 또는 무체재산권 등과 같은 재산권 등도 모두 출연재산이 될 수 있다고 하고 있다. 필자가 본 사례를 보면, 예금이 가장 많고, 토지, 건물, 상장주식, 비상장주식 또는 차량, 집기비품, 사무실 무상사용권 등도 기본재산으로 허가하고 있다. 그런데 은행 예금 외에 상장주식, 비상장주식도 당초 출연 당시의 가치가 감소하는 사례가 많으며, 특히 비상장주식 발행회사가 도산하여 재단법인의 기본재산 가치가 없어 소멸하는 사례도 가끔 보인다. 또한, 우리나라 실정상 토지의 가치가 하락한 사례는 1997년 IMF위기(금융 · 외환위기) 외에 없었지만, 토지라 해서 출연 당시의 가치를 유지한다고 볼 수 없으며, 건물 등의 유형고정자산도 시간이 경과함에 따라 가치가 감소되고 있다고 보는 것이 상식적이라 할 수 있다.

셋째, 정기예금을 공익법인의 기본재산으로 정하고 있을 때, 기본재산인 이 정기예금으로 유가증권을 구입하여 운용하거나 금융펀드에 가입하여 운용할 수 있을까? 법무부 해설에 따르면, 공익법인이 안정적 기본재산인 정기예금으로 유가증권(채권, 주식)을 구입하거나 금융펀드에 가입하는 것은 기본재산 감소의 위험을 증대시키는 것으로서, '통상적 관리행위'의 범위를 벗어나기 때문에 기본재산인 정기예금을 주식, 채권, 펀드로 변경하여 운용하고자 할 때는 주무관청의 허가를 받아야 한다고 하고 있고, 실무상 거의 허가를 취득할 수 없는 것으로 이해한다. 서울시교육청에서는 주식, 채권 등 원금손실 가능성이 있는 금융상품으로 전환할 경우, 원금손실이 발생하면 이사장 개인의 '기본재산 보전계획서(확약서)'를 첨부하는 경우에 한해 기본재산의 변경(처분)허가를 해 주는 것으로 되어 있다.

일본의 사례

지금은 폐지되었는데, 1996년 제정된 일본의 '공익법인의 설립 허가 및 지도감독 기준 및 운용지침'에서는 '재단법인이 그 기본재산을 주식 및 주식투자신탁, 외화 자산 등으로 운용하는 것은 원칙적으로 적당하지 않다'고 되어 있었다.

또한, 운영재산(우리나라의 보통재산)은 '안전, 확실한 방법으로 운용하는 것이 바람직하고, 일정한 리스크는 있지만 높은 운용수익을 얻을 수 있는 가능성이 있는 방법으로 운용하는 것이 바람직하다'라고 되어 있었다. 그래서 원금이 보장되지 않는 주식이나 주식펀드 또는 외화 자산에는 투자하지 않고 은행예금 내지 국채 등에 투자하였다.

그런데 1990년대 일본의 엔화 예금이나 일본 정부의 국채의 이자율은 연 0.5%도 채 되지 않았다. 이러한 저금리 예금 및 채권의 수익률 문제를 해결할 수 있는 투자상품으로서, 아르헨티나 정부가 엔화로 발행한 높은 이자율의 아르헨티나 국채가 있었다.

그러나 2001년 아르헨티나 정부가 디폴트 선언을 해서 아르헨티나 국채에 투자했던 수많은 공익법인, 농협, 신용조합의 투자원금도 회수하지 못하는 사태가 발생했다. 이 아르헨티나 국채 사건으로 인한 투자손실을 메우기 위해, 공익법인 이사장이 개인 재산을 추가 출연하거나 출연자인 지방자치단체가 이사장 및 이사들을 고발하는 사태가 많이 생겼고, 이를 일본에서는 '아르헨티나 국채충격(스캔들)'이라고 한다.

이 충격으로 국채도 안전하지 않다는 인식이 생겼고, 상당수 일본 공익법인들은 자체적으로 자산운용 규정을 제정하는 등 자산운용 방식을 정비하고 이사회 승인 등의 적법한 절차를 취하도록 하였다. 또 여러 논의를 거쳐 앞의 글에서 소개한 것과 같이, 기본재산 개념을 폐지하고 일정액 이상의 순재산 유지방식으로 전환했으며, 기본재산에 대한 정부 당국의 허가제도는 폐지되었다.

미국의 사례

기부재산의 운용 및 사용과 관련하여, 1972년에 제정되어 미국의 대부분의 주에서 도입되고 있던 UMIFA에서는 기부재산의 시가(市價)가 기부재산의 역사적원가를 하회할 경우, 기부재산의 사용을 금지하고 있었고, 2008년의 리먼 브라더스 사태로 인한 금융위기로 인하여, 주식 및 채권의 시가가 폭락하여, North Carolina Symphony는 약 7백만달러(약 70억원)의 기부재산을 가지고 있었음에도 불구하고, 한 푼도 사용할 수 없는 상태에 달하게 되었다. 이를 해결하기 위하여, North Carolina주는 2006년에 제안된 UPMIFA (Uniform Prudent Management of Institutional Funds Act, 기관기금의 신중관리에 관한 표준법률)를 도입하였다.

UMIFA나 UPMIFA 모두 National Conference of Commissioners on Uniform State Laws(NCCUSL, 표준 주 법률에 관한 전국위원회)에서 제정된 표준법령인데, 2006년에 제안된 UPMIFA는 종전의 UMIFA에 비하여 Prudent(신중)라는 용어가 법령에 추가되면

서, 대폭적인 개정이 있었다.

구체적으로, UPMIFA는 종전의 UMIFA의 기부재산의 역사적원가 한도 개념을 없애고, 기부시점 당시의 기부재산의 구매력의 영속성을 강조하는 신중성을 도입하였으며, 기부재산의 운용의 책임은 그 단체의 이사회의 고유권한임을 명시하였다. UPMIFA에서 새로 도입한 투자의 신중성 원칙의 자세한 소개는 생략하나, 기본 원칙은 "기부약정에 기재된 기부자의 의도에 따라, 기관은 기금이 설립된 용도, 이익, 목적 및 기간에 대해 신중한 결정을 내리면서, 적절하게 기금의 지출 또는 적립을 할 수 있다"라는 것이다. 이에 따라, 종전의 UMIFA와는 달리, 기부재산이 그 기부재산의 역사적원가를 하회할 경우에도 사용이 가능하도록 되었고, 또한 각 州마다 약간씩 다르지만, 과거 3년간의 기부재산의 시가평가액 평균의 7% 이내를 사용할 수 있도록 하고 있다. 또한, 미국 캘리포니아주의 비영리법인에게 적용되는 Corporations Code에서는 '투기를 피하면서, 기금의 안정성과 가능한 수입을 고려하여, 기금의 지속적인 유지'라는 개념이 있었는데, UPMIFA가 도입되면서 이런 개념은 폐지되었다고 한다.

넷째, 공익법인의 정관에 기본재산을 목적사업에 사용할 수 있다는 규정을 넣을 수 있을까? 공익법인의 목적사업 수행비용과 운영경비는 보통재산(기본재산의 수익, 수익사업으로 벌어들인 수입 등)으로 충당해야 하고, 공익법인의 기본재산의 감소를 방지하여 그 목적사업을 원활하게 수행하도록 하는 것이 기본 취지이기 때문에, 정관에 기본재산을 바로 목적사업에 사용할 수 있다는 취지의 규정은 둘 수 없다고 하는 것이 일반적이다. 그리고 이 점이 신탁원금을 목적사업에 사용할 수 있는 공익신탁과 다른 점이다.

다섯째, 공익법인의 기본재산을 보통재산으로 전환할 수 있을까? 원칙적으로는 공익법인의 기본재산을 보통재산으로 변경하는 허가를 받을 수 없었다. 그런데 저금리 상황에서 이자수익의 감소로 장학재단 등이 목적사업을 영위하지 못하는 사태가 발생하자, 기본재산을 헐어서 목적사업을 영위할 필요가 있다는 의견들이 제시돼, 2016년에 공익법인법 및 시행령의 개정을 통해 기본재산의 일부를 보통재산으로 변경하는 허가를 받아 사용할 수 있는 방법이 생겼다. 즉, ① 기본재산의 운용수익이 감소한 경우, ② 기부금 등 무상으로 취득한 재산이 감소한 경우, ③ 회비수입이 감소한 경우, ④ 수익사업의 수익이 감소한 경우나 기타 보통재산이 고갈된 경우, 주무관청의 허가를 받아 기본재산을 보통재산으로 변경(편입)할 수 있다. 다만 이 변경(편입)도 자주 가능한 것은 아니고, 3년에 1회 정도 가능하다.

(10) 기본재산의 가장납입

원래 '가장납입'이란 주식회사의 주식대금의 가장납입을 말하며, 형식적으로는 주식대금이 납입된 형태를 띠고 있지만 실질적으로는 그 납입금이 회사 재산을 구성하지 않고 있는 행위를 말한다.

이 가장납입은 실제 회사의 자본금 확충이 이뤄지지 않기 때문에 자본충실의 원칙에 반하고, '유령회사'가 만들어져 선의의 주주와 채권자의 이익을 부당하게 해칠 염려가 있기 때문에 상법에서는 자본금 가장납입 행위를 하면 5년 이하의 징역이나 1,500만원 이하의 벌금에 처하도록 규정하고 있고, 직접 가장납입을 한 사람은 물론, 그 행위에 응하거나 중개한 자에게도 엄격한 제재가 가해진다. 한편 2011년 개정상법에서 회사설립의 간편화를 위하여 최저자본금제도가 폐지됐고, 10억원 미만의 회사는 은행의 '주금 납입 보관증명서'도 필요 없게 돼, 가장납입죄의 처벌사례는 많지 않다.

그런데 건설업 등 일정규모의 자기자본 요건을 갖추어야 하는 업종은 아직도 가장납입의 사례가 있는 것으로 이해한다. 필자가 직접 본 사례는 아니지만, 재단법인의 설립허가를 받아 기본재산을 출연하여 재단법인을 설립한 후, 그 기본재산을 다시 설립자의 개인용도로 사용하는 사례가 종종 있는 모양이다.

이런 사례가 영리법인 주식대금 가장납입의 사례에 해당할지 또는 횡령에 해당할지는 법률전문가의 판단사항인데, 이런 부정에 대한 방지 내지 처벌규정의 신설도 필요하지 않을까 생각된다.

Chapter

3

비영리법인의 투명성, 내부통제, 지배구조 및 재무정보의 공개

1 비영리단체의 투명성

(1) 투명성이란?

회계투명성이나 기업투명성이라는 용어는 1990년대 중반부터 사용되기 시작했는데, 미국의 비영리단체 평가기관의 하나인 체리티 네비게이터(Charity Navigator)는 비영리단체의 투명성(Transparency)을 '이해관계자 그리고 사회에 관련 자료와 정보를 제공하는 행위'라고 정의하고 있으며, 진정한 의미의 투명성은 단순히 자료와 숫자를 제공하는 것이 아니라 해당 비영리단체가 수행하고 있는 활동을 이해할 수 있는 자료와 정보를 제공하는 것이라고 하고 있다. 또한, 투명성은 비영리단체의 활동을 쉽게 이해할 수 있는 정보를 제공하는 행위뿐만 아니라, 활동과 관련하여 솔직하고 정직한 정보를 제공하는 행위를 말한다.

영리기업의 회계분야에서 논의되었던 회계투명성에 관하여 IMF가 1998년에 회계투명성에 대한 국제적인 합의[1]를 명시한 이후에 등장하는 투명성 개념은 일반적으로 '회계투명성'으로 국한되어 정의되고 있다. 기업의 투명성[2]이 회계적인 투명성만을 포함하는 개념은 아니지만, 회계투명성이 전제되지 않은 기업투명성 확보란 존재할 수 없기 때문에 회계투명성의 확보는 기업투명성의 필요조건이 된다.

다른 말로 회계투명성은 회계정보와 관련하여 정보의 기록과 공개 및 예측성과 관련된 투명성을 말한다. 학자들은 회계투명성이라는 추상적인 개념의 실체에 접근하기 위한 다양한 접근방법을 모색했는데, 기업이 제공하는 투명성 및 책임성과 관련된 정보는 최소한 다음의 요소들을 포함해야 한다는 것을 의미한다.

---

1) Working Group on Transparency and Accountability of IMF, 1998[투명성과 수탁책임(책무성)에 관한 IMF 실무작업반]
투명성이란 기존의 조건, 의사결정 및 행동 등에 대한 정보에의 접근이 가능하고, 가시적이며, 이해가능하도록 만들어가는 과정을 말한다(Transparency refers to a process by which information about existing conditions, decisions and actions is made accessible, visible and understandable).

2) 기업의 투명성이란 협의로는 "기업에 자금을 공급한 외부투자자의 입장에서 기업의 경영현황과 재무적 성과에 대한 정보를 신속하고 정확하게 파악할 수 있는 정도"를 나타내며, 광의로는 "투자자가 정당한 투자수익을 확보할 수 있도록 기업 내부의 지배구조 및 통제장치가 적절히 확보되어 있는 정도"라고 정의된다.

• **적시성**(timeliness) : 중요한 정보는 적절하고 국제적으로 인정된 회계기준에 따라 작성되어 정기적으로 그리고 시의적절하게 공시되어야 한다.

• **완결성**(completeness) : 재무제표이는 관련성 있는 모든 거래를 보고하여야 한다.

• **일관성**(consistency) : 회계정책과 방법들은 일관성 있게 적용되어야 하고, 변동이 있을 때는 그 너용과 효과에 대하여 공시하여야 한다.

• **위험관리**(risk management) : 기업의 위험관리에 대한 경영전략이 공시되어야 한다.

• **감사와 통제과정**(audit and control process) : 기업은 효과적인 내부통제제도를 운용하고 재무제표는 매년 독립된 감사인에 의하여 검토되어야 한다.

참고 | Accountability(책무성)란?

Accountability라는 영어단어의 사전적 정의는 '회사 이사들이 주주들에 대해 갖는 책임', '회계가 갖는 관리 책임', '행정기관이나 공무원 개인이 국민에 대해, 또는 기업이 주주와 고객에 대해 져야 하는 설명 책임' 등으로 되어 있다. 이에 대하여 회계학자들은 이를 '회계보고책임' 또는 '수탁책임'이라는 단어로 번역하여 사용하고 있으나, 비영리분야에서는 '책무성'이라고 번역하여 사용하고 있다. 참고로, 사회복지분야나 교육분야에서도 Acccuntability를 책무성이라고 번역하여 사용하고 있다.

한편, 학자에 따라 견해가 다르기도 하나 비영리분야에서의 책무성을 아래의 다섯 가지 차원으로 나누어 설명한 학자들도 있다. 즉, 책무성은 투명성보다 넓은 개념이라고 할 수 있다.

• 투명(transparency) : 조직의 행동과 성과에 대한 평가를 위한 데이터 및 관련 정보가 공개되었는가?
• 의무(liability) : 조직 및 조직의 책임자들이 긍정적이건 부정적이건 성과에 대한 결과를 감당하고 있는가?
• 통제(controllability) : 주인-대리인(principal-agent)의 관계가 명확하게 정의되어 있는지 그리고 대리인은 주인이 원하는 바를 행하고 있는가?
• 책임(responsibility) : 정관 및 내규, 법률, 규칙 등을 준수하고 있는가?
• 반응(responsiveness) : 이해관계자들의 요구와 기대를 충족시키고 있는가?

(2) 우리나라의 현실

기업의 사회공헌활동과 관련하여 다수의 응답자들은 기업이 공익적 목적으로 조성한 자금을 NPO에 기부해야 한다고 응답하면서도, 동시에 NPO에 기부를 하지 않는 이유로서 그 기관을 믿을 수 없기 때문이라는 이중적 의견을 내고 있다. 조금 오래된 자료이지만, 전국경제인연합회("전경련")는 2007년 11월에 발표한 '기업 기부문화와 활성화 과제' 보고서에서 "기부문화의 지속적 활성화를 위해 NPO들이 투명성과 신뢰성을 확보하려는 노력을 할 필요가 있다"는 의견과 함께 "NPO들이 사회적 책임을 중시하고 기부금 운영내역 등 회계정보를 기부자와 기금제공자에게 투명하게 제공해야 할 것"이라고 하였다. 즉, 전경련이 회원사 154곳을 대상으로 설문조사한 결과에 따르면, 응답자 23.8%가 기부의 가장 큰 애로요인으로 '사업추진 결과에 대한 평가 및 사후관리의 어려움'을 꼽았다. '예산 등 기업 내부의 자원 부족'(22.8%), '비영리단체의 사업추진과정의 투명성 부족'(22.2%), 그리고 18%는 '기부대상 선정의 어려움'을 토로했다.

이런 관점에서 NPO들은 이해관계자들로부터 좋은 평판과 이미지를 구축하여 굳건한 신뢰기반을 쌓지 않으면 후원자들로부터 후원을 제공받는 것이 더 이상 힘들 뿐만 아니라 조직의 존립 자체도 근본적으로 위협받게 된다는 사실을 알 수 있다. 따라서 NPO 활성화의 기본전제는 바로 NPO들이 이해관계자들로부터 좋은 이미지와 평판을 바탕으로 하는 굳건한 신뢰기반을 구축하는 데에서 출발한다고 할 수 있다.

우리나라의 영리기업 경영에 있어서도 오래전부터 윤리경영, 회계투명성 등이 화두로 되어 있는데, NPO의 신뢰도와 투명성을 제고하기 위한 요인으로서 다음과 같은 요소를 들 수 있다.

- NPO대표 및 회계책임자의 윤리의식[3]과 어느 정도의 회계지식, 회계업무가 중요하다는 의식의 확산
- 자의적인 회계처리를 방지하기 위한 결재시스템, 통장관리 및 출

3) 어느 조직이나 최고책임자의 리더십과 의지가 가장 중요하다. 또한, 시스템보다는 사람이 가장 중요하다. 즉, 아무리 좋은 기계나 시스템이 있더라도, 이를 운영 · 관리하는 사람의 능력과 신의성실이 가장 중요하다.

금시스템 등 효율적인 내부통제시스템의 구축
- 건전한 의사결정구조와 상호견제를 위한 지배구조의 구축
- 일반적으로 인정된 회계기준에 의한 회계처리 및 회계정보의 체계적인 공개
- 회계감사
- 외부이해관계자의 감시 및 관계당국의 감사
- 회계 관련 교육의 강화

이와 관련하여 여기서는 먼저 회계와 윤리를 살펴보고, 그 뒤 회계정보이용자의 개념과 내부통제시스템, 내부감사, 관계당국의 감사, 회계감사 등에 관하여 살펴보기로 한다.

2 회계와 윤리

(1) 임직원의 윤리

우리나라의 기업회계는 1997년의 금융 및 외환위기 이후, 거의 혁명적인 수준으로 바뀌었다. 1997년의 금융 및 외환위기의 원인으로 여러 가지를 들 수 있는데, 회계적인 측면에서는 우리나라 기업들의 회계투명성이 낮아 투자가들이 우리나라 기업의 회계보고를 신뢰하지 않았기 때문이라고 보기도 한다.

어떤 분야를 살펴보더라도 가장 근본적이고 또한 가장 중요한 것은 담당하는 사람의 올바른 윤리 내지 가치관이라고 생각된다. 독자들은 전문성(Professionality)과 신의성실(Integrity) 중에서 어느 쪽이 더 중요하다고 생각하는지? 최근에 필자가 돕고 있는 어느 NPO의 담당자는 전문성이 뛰어나지만 신의성실(Integrity)에 문제가 있어, NPO 운영 전체에 심각한 영향을 주는 사례를 보았는데, 윤리 내지 신의성실(Integrity)이 가장 중요하다고 생각한다.

금융 및 외환위기 이후, 계명대학교의 정기숙 교수 등은 금융감독원이 주관한 세계은행(IBRD) 무상자금을 지원받아 2002년에 『회계사상과 회계기준의 발전』이라는 책을 저술했는데, 이 책의 서문에 나와 있

는 회계와 윤리에 관한 부분을 소개한다.

회계와 윤리에 관하여

Luca Pacioli는 15세기 이탈리아 베니스 상인의 상업활동의 기록방법을 그의 저서 'Summa(총람)'에서 다루었다. 이 방법의 기본원리가 복식부기의 원리이며, 오늘날에도 그대로 이용되고 있다. Pacioli는 'Summa'에서 베니스 상인의 기장원리를 다루었지만, 이 원리 못지않게 회계의 윤리적인 측면도 다루고 있다. Pacioli는 '기록이라는 질서가 없는 곳에는 혼란만 있을 뿐이다'라고 말하면서 기장의 중요성을 강조하였다. 중세 이탈리아 상인들은 재산을 성실하고 정직하게 관리하고 기장한다는 의미에서 장부의 앞부분에 '십자가(†)'표시를 하였다. 베니스식 부기를 유럽에 전파한 Ympyn은 정확하지 않은 장부는 '불편과 불안'의 원인이 된다고 말하였다. 17세기 베니스 상인 Moschetti는 부기의 목적은 '마음의 평화와 정신적 안정을 위한 것'이라고 말하였다.

미국 건국 초기의 회계실무자들은 회계를 윤리시스템으로 이해하였다. George Washington을 비롯하여 미국 독립선언문에 서명한 인사의 대부분은 자신의 회계장부를 가지고 있었으며, Rockefeller의 개인 가계부는 오늘날까지 미국 가정주부들에 의해 회자되고 있다.

Max Weber는 프로테스탄트의 윤리와 자본주의 정신은 깊은 관련이 있다고 전제하고, 프로테스탄트의 교리인 '일상생활의 실천(everyday practices)'에는 일상생활의 경제활동을 기록하는 부기의 기장관습이 내재되어 있음을 시사하였으며, 1페니까지도 성실하게 보고하여야 한다고 주장하였다.

(중략)

이상과 같이 구미(歐美)의 부기가 태동할 시기에는 회계의 윤리적인 면이 강조되었으나, 서양의 부기회계가 우리나라에 전래되면서 윤리적인 면이 크게 부각되지 않았다. 이러한 사실은 일본도 마찬가지이다. 개인이 '경제활동을 정직하게 기록해야 한다'는 마음가짐은 무엇보다 중요하다. 모든 회계제도가 완벽하게 갖추어져 있다고 하더라도 부정을 저지르겠다는 생각을 가지고 있다면 경제활동의 올바른 기록은 불가능한 것이다. 회계에서 기본적으로 전제되는 것은 올바르게 기록하고 보고하겠다는 마음가짐이다. 그러나 경제활동이 복잡하고 다양해지면서 올바르게 기장하겠다는 마음만으로는 올바른 기장과 보고가 불가능하다는 사실을 인식하게 되었다. 이러한 문제를 해결하기 위해 기업회계원칙이 제정되었다.

(중략)

우리 경제가 IMF지원과 관리하에 들어간 1997년 12월 3일은 영원히 잊어서는 안 될 경제적 국치일(國恥日)이다. 그날 40여 년 동안 전 국민이 허리띠를 졸라매고, 피땀 흘려 이룩한 '공든 탑'이 일시에 무너지는 참담한 심정을 체험하였다. IMF환란의 원인은 여러 가지가 있겠지만 회계의 윤리성과 투명성에 심각한 문제가 있었기 때문이라는 것은 부정할 수 없는 사실이다. 회계의 윤리성과 투명성이 결여되면 부정부패를 적발하여 척결할 수도 없을 뿐 아니라 부정부패를 '관용' 또는 '용서'라는 미명 아래 용인하는 풍토가 조성되기 때문이다. 어떠한 부정부패도 장부의 변조 없이는 불가능하다. 따라서 장부의 변조는 바로 회계의 윤리성과 투명성의 결여와 직결되는 것이다.

(2) 철저한 정신(Integrity)과 기본을 지키는 태도

필자는 회계사 6년차였던 1983년초부터 1년 3개월 정도 일본에서 회계사로 근무하다가 귀국한 후, 2010년까지 약 26년 동안 우리나라에 진출한 일본계 기업의 세무나 회계 관련 업무를 담당하면서, 일본기업의 본사 또는 한국지사에 근무하는 약 3천명 이상의 일본인들을 만났다. 필자가 만났던 대부분의 일본인들은 성실하고 거짓을 모르는 사람들이었다.

일본인들이나 일본기업들을 상대하면서, 필자는 몇 가지 질문을 가지고 지금도 주변 사람들의 의견을 물어보기도 하고 책도 보곤 하는데, 그 질문이란 첫째, '언제부터 일본이 우리보다 강국이 되었을까?' 둘째, '일본은 크리스천 인구가 1%(백만 명 정도)에 불과한데, 왜 일본인들이 우리나라 사람들보다 전반적으로 더 성실하고 정직할까?', 셋째, '왜 일본은 사색당파가 없고, 우리나라만 사색당파가 있었을까?', 넷째 '조선은 어떤 연유로 패망했을까?' 등인데, 아직 모범답안을 찾는 중이다.

이한우 논어등반학교 교장은 기자출신으로서 오래전 독일에서 1년간 연수를 받던 중, 우리나라와 독일을 비교하면서, 우리가 독일로부터 배워야 할 점으로, '철저한 정신(Integrity ; 이 단어는 우리말로의 번역이 어려운 단어인데, 통상 '성실'로 번역하기도 하나, '철저한 정신'이라고 번역될 수 있다)'과 '기본을 지키는 태도'가 오늘날의 독일 사회를 만들었다는 사실을 깨달았다고 한다. 그 뒤, 그는 조선왕조의 철학이 우리 사회에 어떤 영향을 끼쳤는지에 대한 지식이 부족했다고 생각하여 조선왕조실록을 수차례 정독하였고, 다시 조선왕조실록을 정확하게 이해하기 위하여 논어 등 동양고전을 공부한 후, 지금은 동양고전의 저술 및 강연 활동을 통하여 우리들의 사고방식을 바꾸는 데 노력하고 있다.

화제를 돌려 조선시대의 회계를 살펴보자. 조선 초기의 재정시스템, 내부통제제도나 회계제도는 매우 우수하였다고 한다. 즉, 세종원년에 나라살림의 출납 위조를 방지하기 위해 '감합법'(勘合法)이란 제도를 도입하였는데, 이는 출납책임자의 서명과 인장만을 사용했던 기존 방식에 서류의 좌우를 대조 확인하는 제도라고 한다. 그 뒤, 감합법에 추가하여, '중기'(重記 : 요즘 식으로 말하면 복식부기와 같이, 동일 사항을 두 번 기입하는)제도를 도입하여, 이후 각종 부정부패 행위는 이 중기(重記)제도에 걸려 적발되었다고 한다.

그런데 '조선시대 호남의 회계 문화'라는 책의 저자인 전성호 교수는 다산 정약용의 저서를 인용하면서, 조선이 쇄국정책이나 일본 침략으로 무너진 게 아니라 투명한 내부통제시스템이 제대로 작동하지 않아 경제시스템이 붕괴하여 몰락했다고 주장한다. 즉, 과거시험에 합격한 양반출신 관료들이 이기론이나 주리론 같은 논쟁에 치중하면서, 제도의 세법과 회계를 제대로 배우지 않아, 아전들의 부정부패를 통제하거나 제어하지 못했다고 한다. 다산은 아전들이 국가의 곡식을 가지고 사리사욕을 채우는 것을 회계지식이 없었던 상급 관리들이 제어하지 못해서, 국가재정이 문란해졌고 이것이 조선의 몰락 원인의 하나라고 지적하고 있다고 한다. 이를 보면, 조직의 리더들에게 회계 및 내부통제에 관한 지식이나 통찰력이 얼마나 중요한지 알 수 있다.

회계학의 지식만이 아니라 윤리나 도덕이 더 중요하다. 전성호 교수의 글을 일부 수정해 인용해 본다.

> 인간은 세 가지 신념체계 내지 본성, 즉 이성(Logos), 감성(Pathos) 그리고 도덕성(Ethos)을 가지고 있다. 즉, 인간은 하늘로부터 '감성'이라는 본성을 부여받아 문학이나 음악 등을 통하여 생명을 찬미하는 능력을 가져 다른 짐승과 구별되는 생명체로 존재한다. 다른 한편, 인간은 '이성'으로 계산하고 판단하는 과학이라는 능력을 갖추고 있다. 문제는 '도덕성'이다. 아무리 '감성'이 풍부하고 '이성'이 발달한 인간도 '도덕성'을 갖추고 있지 않으면 타인을 기만하거나, 자기 자신을 속이고 싶은 유혹에 쉽게 빠진다. 회계란 계산한다는 의미를 갖는 '이성'의 작용으로 발달한 과학이면서, 동시에 오류나 부정의 요소를 제거하여 마음의 청결을 유지시킨다는 점에서 '이성'과 '도덕성'이 함께 작용하는 분야이다.

3 회계정보의 이용자와 NPO의 재무회계의 목적

(1) 회계정보의 이용자

회계정보의 이용자를 설명하기 전에, 기업의 발전과 회계정보의 이용자의 관계를 살펴보자.

첫 단계로, 어느 개인이 종업원 없이 혼자 또는 가족 구성원만으로 사업을 하면서 세금도 낼 의무가 없다고 할 경우, 그 사업에 관한 회계정보(재무상태 및 손익상황)는 사업가 자신만 파악하고 있으면 된다.

그 뒤, 사업이 확장되면서 사업자금을 은행 등으로 차입하여 운영할 경우, 사업자뿐만 아니라 은행 등의 채권자들도 그 사업에 대한 회계정보가 필요하게 된다.

다시 그 사업이 확장되어, 주식을 일반투자가들에게 공모하는 경우, 경영자, 채권자뿐만 아니라 소액주주 등의 투자가들도 그 사업에 대한 회계정보가 필요하게 되며, 현대사회의 기업을 둘러싼 이해관계자는 정부, 근로자, 거래처 등의 여러 관계자가 있게 된다.

회계의 목적은 모든 이용관계자에게 동일한 정보를 제공하여 그들이 올바른 의사결정을 하는 데 도움을 주는 것이다. 즉, 기업의 입장에서 보면, 은행 등의 채권자나 투자가들에게는 경영성적이 좋다고 이야기하고 싶은 반면, 세무서나 임금인상을 요구하는 종업원에게는 경영성과가 좋지 않다고 말하고 싶은 것이 인지상정이라 할 수 있다. 그런데 기업이 이해관계자에 따라 서로 다른 회계정보를 제공하는 것(이런 것이 '이중장부'의 하나라고 할 수 있다)이 아니라 모든 이해관계자에게 똑같은 회계정보를 제공하여야 한다는 것이 회계의 기본사명이라 할 수 있다.

아래는 영리기업의 회계정보의 이용자들의 예시인데, 비영리법인 회계정보의 이용자들은 어떤 이들인지 독자들이 스스로 생각해 보시기 바란다.[4] 몇 년 전부터 기업의 사회적 책임을 강조하면서 우리나라에도 자주 사용되는 스테이크홀더(Stakeholder, 기업 · 행정 · NPO 등의 이해와 행동에 직접 · 간접적인 이해관계를 가지는 사람)가 바로 이해관계자이고 회계정보의 이용자라고 할 수 있다.

---

4) 미국의 회계전문가들의 연구에 따르면, 비영리단체의 회계정보의 주된 이용자는 기부자라고 한다.

- **경영자**: 주주로부터 위임받은 사항에 대한 책임과 권한을 가지고 기업의 목표를 달성하기 위하여 다양한 의사결정을 하며, 목표를 수립하고 경영활동을 수행하며 이에 대한 적절한 통제를 하기 위해서는 기업의 외부정보와 내부정보가 필요하다.
- **주주 등의 투자가**: 재무보고서에 나타나 있는 이익정보 등을 이용하여 기업의 경영성과와 미래 이익산출능력을 평가한다. 재무보고서를 통하여 자신들에게 배분될 몫을 예측하고 당해 기업에 대한 투자여부를 결정한다.
- **채권자**: 채권에 대한 원금과 이자의 상환가능성에 관심을 갖고, 기업에 대하여 자금의 상환가능성에 관한 정보를 요구하고 그 정보에 의하여 자금의 회수나 대여 여부에 관한 의사결정을 한다. 이를 위하여 채권자들은 기업의 수익성이나 유동성 및 현금흐름에 관한 정보를 이용한다.
- **근로자**: 기업의 경영성과 중에서 자신들의 몫을 보다 합리적으로 배분받으려고 회사와 협상하며, 보다 타당한 주장을 하기 위하여 기업의 재무상태나 경영성과 등의 회계정보를 필요로 한다.
- **세무당국**: 기업이 부담할 조세부담액을 정확히 산정하여 공평과세를 실현하는 데 필요한 회계정보가 필요하다.
- **정부**: 정부는 국민의 복리증진을 위하여 기업활동을 올바르게 통제해야 하는데, 이를 위해 여러 가지 회계정보를 필요로 한다.
  - 기업이 제공하는 상품의 가격이 합리적으로 결정되도록 유도하여 물가안정에 기여
  - 바람직한 산업육성정책에 따라 퇴출되어야 할 산업과 지원할 산업을 회계정보에 의해 분석하여 분리시킴으로써 경제발전 도모
  - 회계정보를 이용하여 관급공사의 적정가격을 정하고 사업자를 공정하게 선정함으로써 정부예산을 효율적으로 집행
- **소비자**: 소비자들은 상품을 구매할 때 상품의 가격이나 품질, 신용도, 애프터서비스 등에 관심이 있으며, 합리적이고 설득력 있는 주장과 행동을 하기 위해 회계정보 등이 필요하다.
- **기타**: 이 외에도 회계정보를 이용하는 사람들은 무수히 많다. 그중에서도 증권감독원이나 한국거래소는 요건이 갖춰진 신규기업의 주식을 증권시장에 상장시킬 것인가의 여부를 결정한다. 또

한 재무적 부실기업을 판정하여 주식의 거래정지나 기업의 상장 폐지 등에 관한 의사결정을 하게 된다. 이는 경제의 건전성을 확보하고 투자자나 채권자들을 보호하기 위함이다.

한 가지 강조하고 싶은 것은, NPO의 재산 및 재정운용과 회계정보의 투명성 정보에 대한 수요자는 더 이상 관리·감독기관에만 국한되지 않고 불특정 다수인 국민이라는 점이다. 즉, NPO에 지원되는 후원금 내지 정부의 보조금은 정부의 재정수입에서 충당되는 것이고, NPO에 대한 후원금 또는 기부금에 대한 소득세 공제 또는 상속세 및 증여세 비과세(과세가액불산입)도 결국 정부의 재정수입에서 충당되는 것이라고 볼 때, 넓은 의미에서 국민도 NPO의 이해당사자가 되며, 이에 걸맞은 회계정보에 대한 책임성이 NPO에게도 요구되는 것이 최근 경향이라는 것이다.

(2) NPO의 재무회계의 목적

여기서 NPO의 재무회계의 목적을 알아보자. 미국의 회계기준 제정기관인 FASB(Financial Accounting Standard Board : 재무회계기준위원회)에서 발간한 비영리조직의 회계에 관한 개념보고서에서는 비영리조직의 재무보고 목적을 기업회계에서와 마찬가지로 '정보이용자 및 이해관계자가 합리적인 의사결정을 할 수 있도록 유용한 정보를 제공'하는 데 있다고 정의하고 있으며 다음의 네 가지를 들고 있다.

- 자원배분결정에 유용한 정보 제공
- 서비스 및 서비스 제공능력의 평가에 유용한 정보 제공
- 관리자의 수탁책임(Stewardship)[5] 및 성과측정에 유용한 정보 제공
- 경제적 자원, 채무, 순자원 및 그들의 변화에 관한 정보 제공

위의 네 가지 정보가 모두 중요하지만, 우리나라 NPO의 현실에 비추어 가장 중요하다고 생각되는 세 번째 기능에 관하여 부연 설명하면 다음과 같이 요약된다.

5) 관리자가 위탁받은 경제적 자원을 일정기간 동안 효율적으로 관리하고, 그 결과를 충실하게 보고할 책임

재무보고는 현재 또는 잠재적 자원제공자와 기타 자원이용자들이 관리자의 수탁책임과 기타의 성과측면을 평가하는 데 유용한 정보를 제공해야 한다. 비영리조직에서 관리자의 수탁책임은 특히 중요한데 이는 비영리기관 대부분이 스스로의 사업을 통하여 자원을 획득하는 것이 아니고 매기마다 끊임없이 자원제공자로부터 자원을 제공받아야 하며 이것은 관리자가 수탁책임을 훌륭히 수행하였다는 사실을 명백히 보고해야 가능하기 때문이다. 비영리조직의 재무보고는 관리자가 수탁한 자원을 얼마나 효율적으로 운영 및 보존하였으며 과업이 법률, 계약을 준수하여 수행되었는가를 평가할 수 있도록 적절한 정보를 제공하여야 한다.

4 내부통제제도(내부통제시스템)와 내부회계관리제도

내부통제제도(Internal Control System : ICS)란 조직의 목적을 달성하기 위해 채택한 모든 정책과 절차를 말한다.

그리고 이를 약간 부연하여 설명하면, ① 경영정책의 준수를 포함한 사업의 효율적 수행, ② 조직의 자산(예금, 증권 또는 부동산 등) 및 서류의 보호, ③ 부정과 오류의 예방과 적발 및 ④ 정확하고 완전한 회계기록 및 신뢰할 수 있는 재무정보의 적시 작성과 관련된 조직 내부의 제도를 말한다. 아래에서는 내부통제의 목적과 내부통제제도의 구성에 관하여 알아보기로 한다.

(1) 내부통제의 목적

내부통제의 목적은 크게 관리적 통제와 회계적 통제로 나누어지며, 전자는 부정이나 오류가 없이 신속하고 효율적으로 업무를 처리하는 경영능률의 증진과 모든 거래가 정당하게 이루어지도록 하는 경영방침 및 규정의 준수 촉진을 목적으로 하는 통제, 후자는 회계자료의 신뢰성을 확보하고 자산의 안전한 보호를 목적으로 하는 통제를 말하는데, 각각의 예는 다음과 같다.

• 관리적 통제의 예
  – 업무분장을 통해 업무전문화를 추구함
  – 문서화를 통하여 업무를 표준화하고 단순화함
  – 권한과 책임을 명확하게 하기 위해 적절한 승인절차를 설정함
  – 내부감사와 같은 내부검증 절차를 적용하여 이중적인 검토가 이루어지게 함
• 회계적 통제의 예
  – 회계제도를 구비하여 계정분류 등의 정확성을 기함
  – 거래금액의 정확한 평가와 기록을 하도록 대조확인 등 내부검증절차를 설정함
  – 조직이 설정한 승인절차를 준수하도록 함
  – 발생한 거래는 모두 완전하게 기록되도록 일련번호에 의한 문서의 사용 등 체계적인 기록시스템을 갖춤
  – 자산과 서류의 안전한 보호를 위해 물리적 접근을 통제함

(2) 내부통제제도의 구성

내부통제제도는 통제환경과 통제절차로 나뉘는데, 전자는 거시적 측면의 내부통제로서, 내부통제제도와 그 중요성에 대한 경영자의 전반적인 태도, 의식 및 활동 내용을 말하며, 후자는 미시적 측면의 내부통제로서, 특정목적을 달성하기 위하여 회사의 경영자가 구축한 제반 정책이나 절차를 말한다.

통제환경(거시적 내부통제)과 통제절차(미시적 통제절차) 중에서 어느 것이 중요할까? 양쪽 모두 중요하나, 거시적 내부통제가 더 중요하다고 할 수 있으며, 이는 다음과 같은 것을 말한다.

• 이사회 또는 감사 등의 기능
• 최고책임자의 운영철학과 운영방식
• 회사의 조직구조와 권한과 책임의 위임방법
• 내부감사기능, 업무분장 등을 포함한 최고경영자 및 중간관리자의 통제체제
• 외부기관의 규제 등 외부환경의 영향 : 감독기관의 감독의 성격,

강도 등

한편, 조직의 여러 활동(구매, 홍보, 사업 등)별로 개별적인 통제절차를 수립하여 실시하게 됨에 있어서, 각 통제절차는 다음과 같은 다섯 가지 요소를 갖도록 하는 것이 좋다. 물론, 조직의 규모나 인원수에 따라 각자에 알맞은 통제절차를 수립해야 한다.

- 승인(집행에 관한 승인)
- 업무분장
- 문서화
- 자산이나 서류 등에 대한 제한적 접근
- 내부검증

그런데 내부통제시스템을 잘 만들어 운영한다고 하더라도 한계가 있다. 즉, 내부통제제도는 내부통제의 비용과 그로 인해 얻을 수 있는 기대효익을 고려하여 내부통제시스템을 설정하기 때문에, 빈대를 잡기 위해 초가삼간을 태우는 격으로 효과가 적음에도 불구하고 과대한 비용을 들여가면서 내부통제제도를 설정할 수는 없다.

또한, 아무리 잘 설계된 내부통제시스템이라고 하더라도, 담당자의 주의 산만, 판단착오 및 지시의 오해 등 인적 오류의 가능성은 항상 있고, 책임자나 직원이 다른 내부직원 또는 외부의 제3자와 공모하여 내부통제시스템의 절차를 비켜서 부정부패를 일으킬 수도 있으며, 내부통제시스템의 운영책임이 있는 임직원이 권한을 남용하여 내부통제절차를 무시할 가능성이 있음을 항상 유의해야 한다.

(3) 업무분장의 사례

회계사들의 업무 중 하나는 내부통제시스템을 구축하여 효율적으로 운영하는 것인데, 이러한 내부통제시스템을 꼭 전문가의 도움을 받아 수립할 필요는 없다. 조직을 잘 운영하고 부정이나 오류를 사전에 예방하거나 사후에 발견할 수 있도록 대비하는 것은 상식적인 판단으로도 가능하다.

가장 간단한 예로서는 업무분장과 내부검증을 들 수 있다. 그 예로, 한 교회의 사례를 소개한다. 그 교회는 교인수가 약 200여명인 중소규모의 교회로서 설립된 지 거의 30년이 다 되어 가는데, 설립초기부터 회계업무는 장부회계담당(전표 및 장부 기록 및 결산서 작성담당)집사와 현금회계담당(현금의 예금입출금 및 지출담당)집사로 나누어져 있다. 그리고 그 위에 재정부장이 있어, 회계 및 재정보고를 총괄적으로 관장하고 있으며, 매주 주일(일요일)에 들어온 헌금의 계수는 1명이 아니라 2명 이상이 입회하여 실시하고 있다. 이와 같은 시스템은 전문가가 수립한 것이 아니라, 설립초기부터 목사님께서 설정했다고 한다.

한편, 평생을 숫자와 같이 살아온 회계사들의 경우에도 숫자계산에서 종종 잘못 계산하는 경우가 있다. 이와 같이 완전한 사람은 없고, 혹 완전한 사람이라도 가끔 실수를 하기도 하기 때문에, 숫자를 전문적으로 다루는 회계법인 내부에서도 어느 한 사람의 계산만으로 보고서를 발행하지 않고, 다른 회계사가 검증하도록 하는 절차를 취하고 있는데, 가급적 모든 일은 담당자 이외에 다른 사람이 검증하도록 하는 시스템을 만들어 놓는 것이 좋다고 생각된다. 인원이 적어서 다른 사람의 도움을 받기 어려운 경우에는 본인이 작성한 것을 다시 한 번 제3자의 입장에서 검증해 보는 것이 좋다.

임직원 부정의 원인

아래 글은 필자가 2007년 2월에 썼던 칼럼인데, 참고로 소개한다.

*****

지난 1월말 눈길을 끄는 신문기사가 있었는데, 이를 소개하면 다음과 같다.

"삼성전자에서 출세하려면 여자 · 주식 · 골프 · 도박을 조심해라." 최도석 삼성전자 경영지원총괄 사장이 삼성전자 인사에 적용되는 '4대 금기'를 밝혀 눈길을 끌었다. 최 사장은 "능력 및 실적 평가와 더불어 지속적으로 관찰하고 있는 것이 이 네 가지 문제"라고 말했다. 사내외 불륜은 삼성전자 임직원들의 금기 1호. 물론 사내 미혼남녀의 교제는 막지 않는다. 최 사장은 도를 넘어선 도박과 주식투자도 가산탕진은 물론 회사 재산의 횡령 · 유용으로까지 이어질 수 있기 때문에 조심해야 한다고 덧붙였다. 상당한 비용이 드는 골프도 무분별하게 빠져들 경우 비리유혹을 뿌리치기 어려워진다고 설명했다. 삼성전자에서는 부장급 이하의 골프를 원칙적으로 금지하고 있다. 실제 삼성전자에서 감사한 결과 문제가 있는 것으로 지목된 직원의 90%가량이 이 네 가지 사유에 해당한 것으로 전해졌다.

여기서, 임직원 부정의 원인을 살펴보자. 필자의 약 30년에 걸친 회계사생활 동안 경험한 임직원 부정의 원인도 위 기사와 유사한데, 필자 나름대로 네 가지로 요약하면, 술, 이성, 도박 및 빚보증이다.

먼저 술부터 살펴보자. 약 15년 전의 일로, 1년에 10억원의 회사공금을 술값으로 지출한 30대 초반의 경리직원이 있었다. 이 사람의 경우 가정환경이 문제인 것도 있었지만, 회사에서는 얌전한 사람이 매일 저녁 룸살롱에 다니는 등 만원짜리 지폐를 종이비행기처럼 날리면서 회사공금을 유용하여 탕진했다. 즉, 지킬박사와 하이드 같은 사례였다.

이성이 문제인 경우를 살펴보면, 남자들이 부인 이외의 여자를 사귀면서 공금을 횡령하는 경우가 가끔 있지만, 남자들보다는 여자들, 특히 금융기관에 종사하는 여자들이 심각한 사고를 터뜨리는 경우가 많은 것 같다.

주식과 도박을 같이 취급해서 증권종사자들에게 미안하지만, 본인자금에 의한 장기투자가 아닌 일확천금을 노린 주식투자의 경우 도박과 유사한 면이 많다. 아주 오래된 이야기이지만, 고객이 맡겼던 예금을 본인의 주식투자자금으로 잠시 유용했다가 그 주식투자 원금을 회수하지 못해 결국 파면당하고 형사처벌당했던 회계사 때문에, 전도가 유망한 상급회계사가 책임을 지고 사표를 낸 경우도 있었다.

1997년 금융 및 외환위기(속칭 "IMF사태") 이후 다른 사람을 위해 보증을 서는 일이 많이 줄었지만, 친척들을 위하여 빚보증을 섰다가 낭패를 보고 공금을 횡령하는 경우도 많았다. 필자가 보았던 사례로서, 아들의 사업보증을 했다가 아들의 사업이 원만하지 않자 회사공금을 유용한 대기업의 CEO도 있었다.

한편, 위에 더하여 가장 근본적으로는 의식주를 해결할 수 있어야 부정부패가 사라진다. 먹고살 것이 없는 경우, 먹고살기 위하여 남의 것을 훔치기 때문에 이를 방지하기 위해서는 먼저 의식주를 해결할 수 있도록 해 주어야 한다.

(4) 참고 1 : 영리기업의 내부회계관리제도

비영리단체들에게는 아직 내부회계관리제도라는 것이 의무적으로 도입되지 않았으나, 내부통제 기능의 하나로서, 상장기업 및 대규모 비상장 주식회사에 의무적으로 적용되는 재무보고에 관한 내부통제 및 절차제도(우리나라에서의 명칭은 "내부회계관리제도")를 소개한다.

1) 배 경

뒤에서 설명하는 2002년 미국 회계개혁에서, 미국 증권거래소에 주식 등을 상장하는 기업들은 "재무보고에 대한 내부통제 및 절차(internal controls and procedures for financial reporting)"에 대하여 CEO(최고책임자) 및 CFO(최고재무책임자)가 평가한 후 적정한지 여부에 관하여 서명하도록 하고, 다시 이를 외부 회계감사인이 감사하도록 하는 제도를 도입했다.

우리나라는 미국의 '재무보고에 관한 내부통제 및 절차제도'를 "내부회계관리제도"라는 명칭으로, 2006년에 기업구조조정촉진법으로 도입하였다가, 그 뒤 주식회사 등의 외부감사에 관한 법률로 이관하여 시행하고 있다.

2) 내부회계관리제도의 개요

내부회계관리제도란 회사의 재무제표가 일반적으로 인정되는 회계처리기준에 따라 작성 · 공시되었는지 여부에 대한 합리적 확신을 제공하기 위해 설계 · 운영되는 내부통제제도의 일부분으로 회사의 이사회, 경영진 등 모든 조직구성원들에 의해 지속적으로 실행되는 과정을 의미한다.

3) 내부회계관리제도의 구축 및 운영

내부회계관리제도의 구축 및 운영이란 회사의 재무제표 작성 프로세스에 전반적인 영향을 미치는 전사적 수준통제 및 일반통제를 먼저 식별하고, 재무제표상 일정금액 이상의 계정과목에 상당한 영향을 미치는 업무 프로세스하에서의 재무제표 왜곡표시위험을 감소시키는 통제를 구축하여 업무수행과정에서 운영하는 것을 의미한다.

4) 내부회계관리제도의 문서화

내부회계관리제도의 구축과정을 체계적으로 정리하여 조직구성원간에 공유하고 그 이행여부를 평가할 수 있도록 공식화한 것이 내부회계관리제도의 문서화이다.

5) 내부회계관리제도의 평가

구축된 통제가 실제로 재무제표 왜곡표시위험을 감소시키는지를 검토하는 절차를 내부회계관리제도의 평가라 하며, 설계평가와 운영평가로 구분된다. 내부회계관리제도의 효과성 평가과정에서 발견된 미비점들은 그러한 미비점으로 초래될 재무제표 왜곡가능 금액의 크기와 가능성에 따라 단순한 미비점, 유의한 미비점, 중요한 취약점 중 하나로 분류된다.

6) 내부회계관리제도 운영보고서의 작성제출과 공시

내부회계관리제도의 효과성 평가 후 내부회계관리자는 대표이사와 공동으로 서명날인한 운영실태평가보고서를 이사회 및 감사(위원회)에 보고해야 하며, 대표이사는 내부회계관리제도 운영보고서에 서명날인하여 사업보고서에 공시하여야 한다.

7) 외부감사인의 '검토' 또는 '감사'

외부감사에 관한 법률(외감법)의 개정에 따라 2005년부터 상장기업과 자산 1,000억원 이상인 비상장기업은 내부회계관리제도에 대하여 외부감사인의 '검토'를 의무적으로 받고 있었으나, 2018년 신외감법 도입으로 2019년 사업연도부터 자산 2조원 이상인 상장기업부터 순차적으로 "검토의견"이 아니라 "감사의견"을 받는 제도로 강화되었으며, 2023년부터는 전체 상장사로 확대될 예정이며, 소규모 상장회사에 대하여는 연기가 검토되고 있다. 즉, 회계법인(회계감사인)으로부터 재무제표에 대한 회계감사 이외에, 내부회계관리제도의 적정여부에 대한 감사도 받아야 한다.

(5) 참고 2 : 영리기업(주로 상장회사)에 대한 회계개혁

이해를 돕기 위해 미국의 제도 개혁부터 소개한다.

1) 2002년 미국의 회계개혁법–사베인스옥슬리법(Sarbanes–Oxley Act : SOX)

2000년대 초반 엔론, 타이코 인터내셔널, 아델피아, 페레그린 시스템즈, 월드컴과 같은 거대 기업들의 잇달은 회계부정 사건들에 대한 대응으로 2002년에 제정된 법률로서, 정식명칭은 "상장회사 회계 개선과 투자자 보호법(Public Company Accounting Reform and Investor Protection Act of 2002)"이고, 법안 발의자인 상원의원 폴 사베인스(민주당, 메릴랜드)와 하원의원 마이클 옥슬리(공화당, 오하이오)의 이름을 따서 SOX로도 불리는 미국의 회계개혁에 관한 연방법률이다. 1929년 대공황 이후 제정된

1933년의 연방증권법, 1934년의 증권거래법 제정 이래 가장 큰 회계변혁이라고 이야기된다.

이 법률에 따라 신설되거나 강화된 내용은 다음과 같다.

- 최고경영자(CEO)와 최고재무책임자(CFO)에 의한 확인서(Certification) 제출[6)]
- 내부통제에 대한 경영자 보고서(Assertion)와 외부감사인의 감사(Attestation)[7)]
- 상장기업과 경영진에 대한 공시기준의 강화
- 감사위원회(Audit Committee)의 책임 확대
- 회계감사인의 독립성 강화
- 회계감사인(회계법인)을 감독하기 위한 SEC 산하에 독립기구인 회계감독위원회(Public Company Accounting Oversight Board : PCAOB)의 신설
- 내부자 거래의 제한과 증권사기의 방지
- 기업부정에 대한 처벌강화 등

2) 2017년 우리나라의 회계개혁

2013년경 이슈가 되었던 대우건설 및 모뉴엘 등의 회계부정과 2016년

---

6) Section 302 규정에 따라, 최고경영자(CEO)와 최고재무책임자(CFO)는 공시통제 및 절차(disclosure controls and procedures)에 대한 책임을 강조하기 위해, 분기별로 공시통제의 기능 및 효과에 대한 평가를 수행하였다는 개인 인증서명(certify)을 하여야 한다. 경영진은 또한 감사위원회(Audit Committee) 및 외부감사인에게 중요한 통제 결함(significant control deficiencies), 중대한 취약점(material weaknesses) 및 부정행위를 공시하였다는 서약을 하여야 하며, 재무보고에 대한 내부통제 및 절차(internal controls and procedures for financial reporting)에도 서약하여야 한다. 이 서약제도는 미국의 비영리단체들이 미국 국세청에 매년 제출하는 결산서류 공시서류(Form 990)에 단체 대표가 서명하는 것과 유사하다.

7) 우리나라의 내부회계관리제도의 원형으로서, Section 404 규정에 따라, CEO와 CFO는 재무보고에 대한 내부통제 및 절차에 대하여 연도별로 평가하고, 내부통제구조의 적정성에 대하여 인증서명하는 것이 의무화되었고, 회사의 외부감사인은 재무보고에 대한 내부통제 및 절차의 효과성에 관한 경영진의 주장에 대하여 입증(attest)하는 보고서를 재무제표에 대한 회계감사보고서와는 별도로 작성하도록 했다. 미국의 이와 같은 회계개혁은 다른 나라에도 영향을 주어, 앞에서도 언급했지만, 우리나라는 분식회계 사건을 방지하고자, 기업구조조정촉진법에서 내부회계관리제도라는 명칭으로 도입되었다가, 주식회사 등의 외부감사에 관한 법률로 이관되어 시행되고 있다.

일본은 2008년 금융상품거래법 개정을 통하여 상장회사에 대하여 재무보고에 관한 내부통제보고제도를 의무화했으며, 이를 일본판 사베인스옥슬리법 또는 'J-SOX법'이라고 부른다.

경에 드러난 대우조선해양의 분식회계 및 부실회계감사 등 회계부정 사건으로 인하여, 우리나라에서도 미국의 SOX와 버금가는 회계개혁이 '주식회사의 외부감사에 관한 법률'의 전면개정을 통하여 2017년에 이루어졌으며, 통상 이를 '2017년 회계개혁' 또는 '신외감법'이라고 부른다. 이 회계개혁을 통해 도입된 제도는 다음과 같은 것이 있다.

- 대형 유한회사에 대한 외부회계감사제도 신설
- 외부회계감사대상 선정기준에 매출액 기준 도입
- 회계감사 전, 회사의 재무제표제출의무 강화
- 회사의 재무제표 대리작성 요구 등의 금지
- 회사의 내부통제 실효성 강화[8)]
- 대형 비상장회사 및 금융회사의 감사인의 자격 및 선임에 대한 규율 강화
- 상장법인 회계감사인 등록제도 도입
- 회계감사인 선임기한 변경
- 상장법인 등에 대한 주기적 감사인 지정제 도입[9)]
- 표준감사시간 도입
- 감사업무의 품질관리기준 근거 도입 및 회계법인의 감사품질 관리 강화
- 회계부정 관련 제재 강화
- 내부신고자 보호 강화

8) 내부회계관리제도 운영실태 등을 회사의 대표자가 주주총회 등에 직접 보고하도록 하고, '상장법인'에 한해 내부회계관리제도에 대한 인증수준을 현행 '검토'에서 '감사'수준으로 상향조정하였다.

9) 우리나라의 독특한 제도인데, 상장법인과 소유와 경영이 분리되지 않은 자산규모 1천억원 이상의 비상장주식회사는, 이른바 "6+3"이 적용되어, 6년은 기업이 회계감사인을 자유롭게 선임할 수 있으나, 3년은 증권 · 금융당국이 지정한 회계감사인으로부터 회계감사를 받도록 하는 제도가 신설되었다. 이 제도는 그 뒤, 사립학교, 공익법인 등의 회계감사에 관한 제도에도 영향을 미쳐, 자산규모 1천억원 이상의 공익법인은 2022년부터 "4+2"가 적용되어, 4년간은 공익법인이 회계감사인을 자유롭게 선임할 수 있으나, 2년간은 국세청이 지정한 회계감사인으로부터 회계감사를 받도록 되었다.

5 분식회계, 회계부정, 횡령 등

비영리분야 종사자들 중에서 분식회계, 회계부정, 횡령 등에 관하여 혼동하는 분들도 있어서, 이 용어의 개념들을 소개한다.

(1) 분식회계와 회계부정 · 회계사기

분식회계라는 용어는 일본에서 사용되어 우리나라에서도 사용되는 용어이며, 회계부정(accounting fraud)이라는 용어는 미국에서 주로 사용되는 용어인데, 둘 다 비슷한 개념의 용어이다. 분식(粉飾)이란 말은 실제 모습보다 좋게 보이도록 하기 위해 얼굴에 분칠을 한다는 뜻이다.

분식회계란 경영자가 자산이나 이익을 실제보다 부풀리는 방법 등으로 재무제표(결산서)를 엉터리로 만드는 것을 말한다. 다른 말로는 일반적으로 인정되는 회계기준에 따라 재무제표를 작성하지 않는 것을 의미한다. 영어로는 분식이라는 뜻과 비슷한 'window dressing(진열장 장식하기)'이라고 하고 좀더 범죄 성격이 짙은 것은 'accounting fraud(회계부정 또는 회계사기)'라고도 표현하는데, 최근 미국은 대부분 회계부정(accounting fraud)이라는 단어를 사용하고 있다.

분식회계를 하는 이유는 다양한데, 가장 대표적인 것은 적자기업이 은행 등의 대출금회수압박을 피하기 위하여, 흑자로 표시하는 것을 들 수 있다. 반대로 너무 많은 이익을 실현한 기업이 이익을 축소하는 경우도 있다.

사람에 비유하면 기업의 재무제표는 건강진단보고서와 같다고 볼 수 있다. 정상적인 사람의 최고 혈압은 120~130 정도다. 그런데 과거에는 건강상태도 괜찮고 좋은 성적을 내던 어떤 야구선수가 최고 혈압이 250까지 갑자기 높아졌다면 고혈압 때문에 운동선수로서 계속 뛰는데 큰 문제가 생길 것이다. 그러나 그 선수에 대한 건강진단보고서가 왜곡돼 정상적인 혈압을 가진 것으로 보고된다면 아무도 그 사람이 아픈지 모를 것이며 야구단은 거액의 계약금과 연봉을 주고 그 선수와 재계약할지도 모른다. 결국 그 선수에게 투자한 구단은 큰 손해를 보게 된다.

기업의 건강상태를 보여주는 재무제표가 왜곡된다면 이와 비슷한 일이 생길 수 있다. 투자자들이 엉터리 재무제표를 믿고 기업가치를 과대평가하여 비싼 값에 주식을 샀다가 큰 손해를 볼 수 있고, 금융기관은 빌려준 돈을 제대로 회수하지 못하게 되며, 국가 전체적으로는 자원이 효율적으로 배분되지 못해 생산성이 떨어지게 된다.

분식회계는 자산이나 이익을 부풀리고 부채나 손실은 줄이기 위해 여러 가지 수법을 사용하는데, 대표적인 것으로서는 가공매출, 가공자산의 계산, 자산의 이중 삼중 계상, 인정되지 않는 감가상각방법의 변경, 부실자산에 대한 평가손실 미반영, 자산성이 없는 개발비의 무형자산화 등을 들 수 있다.

우리나라의 비영리조직은 주주가 없어 이익을 배당하지 않고, 또한 금융기관 등 제3자로부터 차입하는 경우도 거의 없어 재무제표를 왜곡표시할 유인이나 가능성은 거의 없다. 다만, 비영리조직이 재무제표를 왜곡표시할 가능성이 높은 분야로서는, 공익법인이 일반관리비용, 모금비용을 축소하고, 사업수행비용(고유목적사업비용)으로 표시하고자 하는 경향이 있고, 그 이외에 부정자금의 세탁 등의 부정행위가 있을 수 있다. 또한, 뒤에서 설명하는 부정 또는 횡령 등은 영리나 비영리를 불문하고 어느 조직에서나 생길 수 있는 리스크로서 내부통제기능이 매우 중요하다.

(2) 횡령 등의 부정

횡령이란 국가나 남의 재물을 불법하게 차지하여 가지는 것을 말하는데, 이는 위에서 설명한 회계부정(분식회계)과는 다른 개념이며, 영리기업이나 비영리조직을 불문하고 종종 발생한다.

아래는 미국의 행동경제학자인 댄 애리멀리의 "거짓말하는 착한 사람들 – 우리는 왜 부정행위에 끌리는가"라는 책의 서문에 나오는 케네디예술센터의 사례이다. 비영리단체에도 부정이나 횡령의 리스크는 항상 있으며, 이에 대응하는 내부통제시스템을 갖추어야 한다.

선량한 자원봉사자들이 저지른 범죄

〈미국적인 삶(This American Life)〉이라는 라디오 프로그램은 2011년에 댄 바이스라는 어떤 대학생의 이야기를 방송했다. 이 학생은 워싱턴 D.C.에 있는 '케네디예술센터'에서 이 단체의 선물 매장들에서 판매하는 물품의 재고를 관리하는 일을 했다. 이 단체의 선물 매장들에는 300명이 넘는 자원봉사자들이 일하고 있었는데, 이들은 대부분 연극과 음악을 사랑하는 은퇴자들이었다.

이 단체의 선물 매장들은 일일장터처럼 운영됐다. 금전등록기따위는 없었으며 현금 상자만 있을 뿐이었다. 자원봉사자들은 물품을 팔고 받은 돈을 그 상자에 넣었으며 거스름돈도 거기에 있는 돈으로 바꿔줬다. 케네디예술센터가 운영하는 이 선물 매장들의 매출액은 엄청났다. 한 해에 40만 달러가 넘었다. 그런데 한 가지 문제가 있었다. 그것도 작은 문제도 아니고 큰 문제였다. 그 40만 달러 중 15만 달러 상당의 현금과 물품이 해마다 어디론가 새나갔던 것이다.

선물 매장들을 총괄하는 책임자로 승진한 바이스는 문제의 심각성을 깨닫고 도둑을 잡아야겠다고 마음먹었다. 그는 우선 젊은 직원들을 의심했다. 이들은 현금을 은행에 가져가 예치하는 일을 했다. 바이스는 사설탐정을 고용한 뒤 함정수사를 준비했다. 2월의 어느 날 밤, 바이스와 탐정은 덫을 놓았다. 바이스는 미리 표시해둔 현금을 현금 상자에 넣어두고 자리를 떴다. 그리고 두 사람은 근처에 숨어 용의자가 나타나기를 기다렸다. 마침내 용의자가 나타났고, 두 사람이 이 용의자를 붙잡아 주머니를 확인한 결과, 표시된 지폐 약 60달러가 나왔다.

이렇게 해서 사건은 종결됐다. 정말 그럴까? 천만에. 이후에도 돈과 물품은 계속 사라졌다. 고민 끝에 바이스는 재고관리시스템을 개선했다. 물품마다 가격표를 붙였고, 매장의 자원봉사자들에게 어떤 물품을 얼마에 팔았는지 일일이 판매대장에 기록하게 했다.

이런 조치를 취한 결과는 어땠을까? 당신도 예상했겠지만, 현금과 물품의 좀도둑질은 사라졌다. 도둑은 단 한 사람이 아니었다. 예술을 사랑해 자원봉사를 청한 선한 노인들 다수가 현금 상자에서 돈을 빼내고 매장의 물품을 몰래 빼돌렸던 것이다. 우리 사회의 도덕 수준을 생각하면 슬픈 이야기가 아닐 수 없다. 이를 바이스는 다음과 같이 표현했다.

"사람은 누구나 기회가 닿으면 언제든 다른 사람의 물건을 훔치려 합니다. 사람에게는 나쁜 일을 하지 못하도록 제어해주는 통제장치가 필요합니다."

2017년 '어금니 아빠', 2018년 '새희망씨앗 사건', 2020년 '정의기억연대 후원금 논란'의 사례도 분식회계(회계부정)라기보다는 횡령 등의 부정이라고 할 수 있고, 최근에는 오스템임플란트(2,215억원), 우리은행(697억원), 계양전기(245억원), 대우조선(200억원), 서울 강동구청(115억원),

현대제철(100억원 추정), KB저축은행(94억원), 한국수자원공사(85억원), 김포파주인삼농협(70억원), 모아저축은행(59억원), 경기광주 농협(50억원) 등 상장회사, 금융회사, 지방자치단체, 농협 등 다양한 기업에서 발생하고 있다.

이와 같은 횡령 등의 부정 사건을 방지하기 위해서는, 1차적으로 경영자가 내부통제제도를 철저하게 구축하고 운영하여야 하며, 2차적으로는 내부감사가 견제기능을 내실 있게 하여야 하고, 3차적으로는 외부감사가 회계감사를 적정하게 수행하여야 한다. 특히, 조직 내 부정부패 리스크를 차단하기 위해서는 지속적으로 내부 시스템을 점검하고 확인해야 한다. Business Integrity Society가 제시하는 부정위험징후(red flag)는 다음과 같다.

- 기록이 없는 새로운 업체와의 계약
- 허술한 서류작업
- 직원간 업무 구분이 명확하지 않은 업체
- 납품업체와 긴밀한 관계를 유지하는 인물
- 납품업체 한곳으로부터 물품을 대량으로 구매한 내역
- 불규칙한 회계처리
- 부정부패에 대한 리더십의 무관심
- 직원 라이프스타일 및 행동의 변화
- 특정인물과의 장기간 연락 및 거래
- 상대적으로 높은 제품 가격
- 내부 결재, 보고 절차 무시

파괴적 부정 방지책 "레드 플래그 보이면 휴가 명하라"

-올 들어 30여건… 빈번한 횡령범죄
-부정의 징후 '레드 플래그' 포착하고
-명령휴가제 등 내부통제 수단 써야

극장가의 박스오피스 순위, 음원사이트의 '톱백(Top100)' 순위보다 더 흥미진진한 순위가 등장했다. 국내 기업들의 '횡령 랭킹'이다. 올 초 오스템임플란트를 시작으로 연일 터지고 있는 횡령 사건에 누가 가장 많이 회삿돈을 빼돌렸는지 줄을 세워보는 '웃픈' 상황이 벌어진 거다. 이럴 때일수록 중요한 건 횡령범죄의 재발을 막는 것이다. 기업들이 레드 플래그(red flag)와 횡령 방지책에 주목해야 하는 이유다.

올 초부터 터져 나온 각종 횡령 사건은 우리 사회의 불편한 단면을 보여줬다. 직장인들이 모이는 온라인 커뮤니티에선 '천하제일 횡령대회'란 이름으로 횡령범죄가 발생한 기업과 횡령액수가 적힌 순위표까지 떠돌 지경이다.

■ 횡령사고 발생현황 (단위 : 억원)

순 위	기 업	횡령액	순 위	기 업	횡령액
1	오스템임플란트	2,215	6	강동구청	115
2	우리은행	697	7	현대제철	100
3	휴센텍	259	8	KB저축은행	94
4	계양전기	245	9	한국수자원공사	85
5	농협	120	10	LG유플러스	69

[참고 : 2022년 8월 기준·농협은 지역농협 두 곳 합산]

순위표에서 단연 눈에 띄는 곳은 횡령범죄의 신호탄을 쏘아 올렸던 치과용 임플란트 기업 '오스템임플란트'다. 이 회사의 횡령액은 연간 영업이익의 2배 수준인 2,215억원에 달한다.

오스템임플란트의 뒤를 이어 우리은행이 횡령액 2위란 불명예를 안았다. 우리은행은 지난 4월 직원의 600억원대 횡령이 밝혀진 데 이어 5월 50여억원, 7월 24억원의 추가 피해정황이 드러나면서 총횡령규모만 700억원대에 육박했다.

민간기업뿐만 아니라 공공기관도 횡령순위 '톱텐'에 이름을 올렸다. 하나는 7급 공무원의 공금(115억원) 횡령범죄가 발생한 강동구청, 또 다른 하나는 수년간 85억원의 돈을 빼돌린 직원을 적발한 한국수자원공사다.

이뿐만이 아니다. 올 들어 발생한 30여건의 크고 작은 횡령범죄 중에는 생수(1만6,128병·제주도개발공사), 포켓몬빵 스티커(600장·삼립) 등의 '현물'을 빼돌린 사건도 있다.

수천억원에 달하는 회삿돈부터 이벤트성 굿즈까지 다양한 횡령 사례를 접하니 한 가지 의문이 든다. 우리나라는 지난해 1인당 국민총소득(GNI)이 3만5,000달러를 돌파하고 국내총생산(GDP) 규모에선 세계 10위(1조8,239억 달러)를 차지하며 '선진국' 반열에 올랐다. 그런데도 최근 더 많은 횡령사고가 터진 이유는 무엇일까.

횡령사고가 발생한 기업들을 살펴봐도 급여가 높고 복리후생이 좋은 안정적인 회사가 대다수인데, 아이러니하게도 횡령범죄의 중심엔 내부직원이 있었다. 상식적으론 직장에서 누리던 모든 것을 포기하고 부정(不正)을 저지른다는 걸 선뜻 이해하기 어렵다.

'파괴적 부정'이 이어지는 현재의 상황을 이해하려면 부정을 새로운 관점에서 분석할 필요가 있다. 먼저, 부정의 유형부터 살펴보자. 부정이란 한마디로 사익(私益)을 위해 공익(公益)을 저버리는 행위다. 부정을 유발하는 요인으론 크게 △동기·압박(Incentive·Pressure) △기회(Opportunity) △자기합리화(Rationalization) 등 세 가지를 들 수 있다.

■ 부정을 유발하는 세 가지 요인

요인❶ 동기 · 압박
└ 생계 및 급여 · 승진 둘러싼 과도한 스트레스

요인❷ 기회
└ 취약한 내부통제시스템, 조직 내 비윤리적 관행

요인❸ 자기합리화
└ 업무절차상 문제, 조직문화 핑계로 행동 정당화

첫 번째 동기 · 압박으로 인한 부정은 경제적 어려움이나 급여 · 승진을 둘러싼 과도한 스트레스가 부정의 원인으로 작용한다. 두 번째 기회를 틈탄 부정은 회사의 내부통제가 취약하거나 조직 내 비윤리적 관행이 만연할 때 발생한다. 마지막으로 자기합리화에 따른 부정은 업무절차상의 문제나 조직문화 등을 핑계로 스스로의 행위를 정당화하는 순간 나타난다.

지금과 같은 파괴적 부정의 원인을 해석하려면 부정을 저지를 수 있는 '기회'를 따져봐야 한다. 쉽게 말해, 기업의 허술한 내부통제시스템이 직원들에게 부정을 시도할 기회를 제공한 건 아닌지 되짚어봐야 한다는 얘기다.

부정을 저지르는 직원에겐 반드시 징후가 있다. 이들을 유심히 살펴보면 다른 직원들과는 다른 특징적인 행동을 한다는 것을 알 수 있다. 이를테면 동료들과 업무 공유하기를 꺼린다거나 본인의 업무 프로세스를 가능한 한 숨기는 식이다.

그중에서도 강력한 레드 플래그(red flag · 위험 이전 나타나는 징조)는 따로 있다. 자신의 업무를 다른 동료 직원이 대신하는 걸 극도로 경계하는 것이다. 여기에 해당하는 직원은 대체로 똑같은 업무를 오랫동안 담당하는가 하면 만일의 경우를 대비해 휴가조차 떠나지 않는다. 주변에 이런 직원이 있다면 잠재적 부정행위자일 가능성을 염두에 두고 지켜볼 필요가 있다.

부정은 은밀하면서도 치밀하게 진행된다. 그렇기 때문에 부정을 예방하기 위해서는 그 징후를 포착하는 일이 무엇보다 중요하다. 레드 플래그를 발견했을 때 조직에서 활용할 수 있는 대표적인 내부통제 수단으로는 직무순환시스템, 강제휴가제도 등이 있다.

실제로 올 들어 끊이지 않는 금융권의 횡령사고에 금융감독원은 재발을 방지하기 위한 강력한 대응책을 마련하기로 했는데, 여기엔 은행의 '명령휴가제'를 강화한다는 방침도 포함돼 있다. 명령휴가제는 직원의 위법행위를 예방하기 위해 최소 2일 이상의 강제휴가를 보낸 후 (해당 직원의) 업무수행절차가 적정했는지 점검하는 제도다.

그동안 명령휴가제 대상은 금융사고가 발생할 확률이 높은 '중요 업무'를 수행하는 임직원에 한정돼 있었다. 하지만 우리은행 · 농협 등 금융기관의 횡령범죄가 잇따르자 금감원은 누구에게나 예외 없이 명령휴가제를 적용하는 방안을 검토하고 있다.

사후약방문 격이지만 금융권의 내부통제시스템을 강화할 수 있는 조치가 나왔다는 측면에선 분명 의의가 있다. 물론 일련의 제도와 시스템만으로 모든 문제가 해결되진 않을 거다.

다만, 지금처럼 '천하제일 횡령대회'가 열리고 있는 상황에선 작은 발걸음 하나도 큰 의미가 있다는 걸 잊어선 안 된다. 횡령은 어쩌면 '작은 시스템'의 변화를 통해 막을 수 있을지 모른다.

■ 부정 예방하는 방법

포 착	레드 플래그
1	동료의 업무 대체 극도로 경계
2	오랫동안 똑같은 업무 담당
3	만일 대비해 휴가도 안 떠나

↓

통제책	
1	직무순환시스템
2	강제휴가제도

↓

실제 적용 사례	
1	국내 금융권 명령휴가제 강화 검토

- 최소 2일 이상 강제휴가
- 업무수행 적정성 검토
- 중요 업무 한정 → 예외 없는 적용

(더스쿠프(https://www.thescoop.co.kr), 장대현, 한국컴플라이언스아카데미(주) 대표, 2022.8.12)

6 건전한 의사결정구조와 상호견제를 위한 지배구조의 구축

일반적으로 건전한 의사결정구조와 상호견제 기능을 가진 조직이, 그렇지 못한 조직보다 효율적이고 효과적일 뿐만 아니라 오래 지속되는 조직이라고 한다. 비영리법인의 지배구조란 "비영리법인이 설립된 목적에 합당한 활동을 하는가를 감독하고 이에 관련된 중요한 결정을 내리며, 또한 여러 이해당사자의 관점을 조정하는 구조"라고 정의할 수 있다. 여기서는 지배구조가 무엇인지, 이사회 및 (내부)감사의 기능을 살펴본다.

(1) 지배구조

영리기업의 기업지배구조(Corporate Governance)에 관한 논의는 1997년 IMF 외환위기 이후에 본격화되어 재벌 문제와 관련해 지배주주의 전횡과 독주를 견제하기 위한 시스템 구축 논의로 이어졌고, 제도적으로는 소수 주주권의 강화, 사외이사제도의 법제화, 감사위원회 제도의 도입, 집중투표제의 도입, 회계 및 경영 투명성 강화 등이 추진됐다. 이에 비해 비영리조직(비영리법인)의 지배구조에 관한 학자들의 연구 논의는 계속되고 있으나, 사립학교법 및 사회복지사업법 외에 기본법이라 할 수 있는 민법의 개정을 통한 개편은 아직 없는 편이다.

비영리법인의 운영이나 경영도 기관을 통해 이뤄지고 있다. 기관은 법인의 종류에 따라 일정하지는 않으나 의사결정기관, 업무집행기관, 감독기관의 세 가지 종류가 있고, 일반적으로 이사, 이사회, 감사라는 기관이 있다.

(2) 비영리법인의 집행기관 – 이사(理事)

1) 이사라는 말의 뜻

먼저 이사라는 용어의 기원에 관하여 살펴본다. 우리나라 민법이나 상법에서는 사단법인, 재단법인 및 영리법인인 회사의 집행기관에 대해 모두 이사(理事)라는 용어를 사용하고 있다. 이에 비해 일본에서는 민법상의 비영리공익법인 집행기관은 이사(理事)라는 용어를 영리법인, 즉 회사의 집행기관은 취체역(取締役)이라는 용어를 사용하고 있다(일본은 감사에 관하여도 민법과 상법에서 서로 다른 용어를 사용하고 있다. 즉, 일본 민법에서는 감사(監事)라는 용어를, 일본 상법에서는 감사역(監査役)이라는 용어를 사용하고 있다).

중국에서는 동사(董事)라는 용어를 사용하고 있는데, 동(董)은 '감독하다'라는 뜻이다. 이에 비해 우리나라나 일본의 이사(理事)의 뜻은 '일을 처리하다' 또는 '사무를 보다'라는 뜻이고, 일본 상법상 취체역(取締

役)의 취체(取締)라는 말뜻은 "규칙이나 법령, 명령 따위를 지키도록 통제함" 또는 "단속함(取り締まり)"이다. 필자는 기회가 있을 때마다 왜 일본은 민법과 상법에서 이사(理事), 취체역(取締役), 감사(監事), 감사역(監査役)과 같이 서로 다른 용어를 사용하고 있는지, 일본의 문헌을 찾아보거나 전문가들에게 물어보곤 한다. 그러나 아직 이에 관한 문헌은 찾아볼 수 없었고, 일본의 전문가들 중에서도 명쾌한 답을 가진 이들을 아직 만나보지 못했다.

'Director'라는 영어를 영화업계나 문화계에서는 주로 '감독'이라고 번역하고, 음악계에서는 '지휘자'라고 번역하며, 경영학 분야에서도 'Directing'을 '지휘'라고 번역해 사용하고 있기에, 이 용어가 더 좋은 용어가 아닌가 생각된다. 환언하면 이사(理事)라는 단어는 'Director'의 뜻을 정확하게 나타낸 말이 아니라는 생각이다. 70년 이상 사용했던 용어를 이제 와서 바꾸는 것이 불편하지만, 중국어 '동사(董事)'가 '감독이라는 뜻이 내재되었다'는 점에서 이사(理事) 또는 취체역(取締役)보다 더 충실한 용어로 보인다는 개인 의견을 피력해 본다.

2) 이사회와 이사의 역할

비영리단체의 지배구조를 살펴봄에 있어 가장 먼저 강조해야 하는 것은, 비영리단체의 유형이 너무 다양하여 하나의 통일된 지배구조를 법으로 제시하기 어렵다는 점이다. 즉 영리법인인 회사의 형태는 상법상 5개의 회사 형태(합명회사, 합자회사, 유한회사, 주식회사 및 유한책임회사)만 존재하여, 이들 5개 회사 형태별로 지배구조를 설정하면 충분하다.

그러나 비영리단체는 민법상 사단법인, 재단법인, 공익법인법에 의한 공익법인, 사립학교법에 의한 학교법인, 사회복지법에 의한 사회복지법인, 의료법에 의한 의료법인, 기타 각종 특별법에 의한 법인들, 법인격이 없는 교회 등의 종교단체, 종중, 동창회 등의 친목단체, 로터리클럽 등의 친목 및 봉사단체, 시민단체 등 다양한 단체가 있어, 비영리단체 전체를 아우르는 모범적인 지배구조를 제시하기 어렵다는 것이 중론이다.

우리나라의 비영리단체들 중 사단법인 측면이 강한 단체들은 총회, 이사회 및 감사로 지배구조를 형성하고 있고, 재단법인 성격이 강한 단체들은 총회라는 기관 없이 이사회 및 감사의 2개 기관이 있는 형태로 구별된다. 그런데 사원총회가 이사 및 감사를 선출하는 사단법인 형태보다는 이사회에서 이사 자신이나 감사를 선임하는 재단법인 형태에 지배구조의 문제가 있지 않은가 생각된다. 즉, 우리나라 재단법인의 지배구조에서는 이사회를 감독할 기관이 결여되어 있다고 생각된다(물론, 사단법인 형태에서도 주도권을 가진 사람이 전횡하는 사례가 있다).

또한 법에서 아무리 좋은 지배구조를 만들더라도, 실제 운영에서 법의 취지와 다르게 운영되는 것이 우리나라 실정이라 할 수도 있다. 즉 우리나라 조직문화의 특징 중 하나인 가족주의와 연고주의가 대표적인 영리법인인 주식회사에도 만연돼 있다고 생각하는 이들이 많다. 즉 우리나라 대부분 주식회사의 큰 특징은 가족기업제도이며, 지배주주나 대주주가 존재하면서 자본 다수결의 원칙이 지배하는 주주총회에서 지배주주, 대주주가 이사와 감사의 임면권을 행사하는 한, 이사와 감사에게 공정한 의사결정과 감독권한을 기대하는 것이 처음부터 무리라는 주장이 있다.

또 상장기업의 이사 및 감사도 대부분 신입사원에서부터 출발하여 회사 내부에서 승진한 경우가 대부분이어서, 특정주인이 없는 은행이나 공공기관을 제외한 재벌기업의 대주주 내지 총수의 영향력에서 벗어나기 어려운 것이 현실이기도 하다.

여기서 대주주나 상사에게 고칠 점이 있을 때 지혜롭게 말하고 지적할 수 있는 아랫사람의 자질도 필요하지만, 이를 수용할 수 있는 윗사람 또는 대주주의 자세가 더 중요하다고 생각하는 것은 인지상정인데, 그런 사례가 많지 않은 것이 개선해야 할 점이라 생각한다.

다시 비영리단체로 돌아와 보면, 비영리단체의 효과적 지배구조를 만드는 것은 주식회사보다 더 어렵다. 우선, 비영리단체에는 주주가 없을 뿐 아니라 시장의 자율적인 규율도 거의 존재하지 않고, 이해당사자가 누구인지 애매하며, 비영리단체의 운영책임자가 과연 누구에게 경영책임을 가지는지도 분명하지 않다. 또한 우리나라에서는 비영리단체의 이사라는 봉사직에 대한 인식도 약하고, 이사로서의 독립성과 이사의 역할에 대한 이사 자신들의 인식도 부족하다는 것이 중론이다.

그리고 대부분 비영리단체의 이사회는 명목적으로만 존재하고 있을 뿐, 실질적인 역할을 하지 못하고 있다는 비판도 있는 실정이다. 더 아쉬운 점은 우리나라 법률에서 비영리법인의 이사나 이사회의 역할이나 책임에 대한 명확한 규정이 없다는 점이다. 즉 영리법인인 회사의 이사 및 이사회에 관한 연구나 법규가 상당한 진전이 있는 반면, 비영리법인의 이사나 이사회의 역할과 책임에 관한 규정이 거의 없다.

이런 관점에서, 우리나라 법령상의 비영리법인의 이사의 책임과 역할이 아니라, 다른 나라의 연구나 사례를 소개한다. 아래에서 소개하는 열아홉 가지 항목은 캐나다 학자가 캐나다 비영리단체 이사의 역할에 관해 연구하면서, 캐나다 비영리단체 이해관계자들이 가장 중요하다는 순서대로 정리한 비영리단체의 이사의 역할이다(이 연구를 기초로 우리나라 학자도 이와 유사한 조사 및 연구를 실시한 적이 있고, 필자는 국내 연구를 다시 인용하면서 용어를 일부 수정했다). 비영리단체가 처한 상황이나, 응답자의 생각 또는 입장에 따라 서로 다른 견해를 가질 수 있으나, 우리나라 비영리단체의 이사들도 참고할 만한 항목이 아닌가 생각된다.

① 이해관계자 요망 또는 욕구에 대한 대응책 제시
② 이해관계자에 대한 조직의 대표로서의 역할
③ 조직 목표 및 비전 제시
④ 재정방안 수립
⑤ 직원 및 자원봉사자 처우 대책 수립
⑥ 대외 협력관계 형성
⑦ CEO 및 임원의 활동 평가
⑧ 이사회 자체 활동 평가
⑨ 연간 예산수립 및 감사
⑩ 조직운영 평가
⑪ 기금 모금 활동 수행
⑫ 조직에의 재정적 후원
⑬ 특정 집단이나 개인의 이해관계의 대변
⑭ 당해 비영리단체의 고유프로그램 개발
⑮ 당해 비영리단체의 고유프로그램 전달
⑯ 당해 비영리단체의 고유프로그램 평가
⑰ CEO 및 임원 채용
⑱ 이사회 활동 계획의 수립
⑲ 새로운 이사 충원 및 훈련

3) 비영리법인 이사의 권한위임과 서면결의

비영리법인 또는 공익법인의 이사회 결의방법에 관하여 실무상 부딪치는 몇 가지 이슈를 살펴본다. 이사는 그 권한을 제3자에게 위임할 수 있을까? 또는 서면결의를 할 수 있을까? 필자가 법률전문가는 아니지만, 필자가 아는 한 이는 민법상의 비영리법인인지 또는 공익법인법에 의한 공익법인인지에 따라 다르게 해석된다. 즉, 민법 제62조에서는 '이사는 정관 또는 총회의 결의로 금지하지 아니한 사항에 한하여 타인으로 하여금 특정한 행위를 대리하게 할 수 있다'고 규정하고 있어, 정관 또는 총회의 결의로 금지되지 아니하는 한, 이사의 권한을 제3자에게 위임할 수 있다고 해석해서 이사의 대리참석이 가능하다고 보는 것 같다. 또한, 민법에서는 비영리법인의 이사회를 필수기관으로 규정하고 있지 않아, 이사회는 임의기관이며 서면결의를 금지하는 규정이 없어 정관에서 서면결의를 정하고 있으면 서면결의도 가능하다고 하고 있다.

반면, 공익법인법에 의한 공익법인은 이사회가 필요적 상설기관이고, 같은 법 제9조 제2항은 이사회의 의사는 "서면결의에 의할 수 없다"고 규정하고 있어서, 이사 본인이 직접 서면결의를 하는 것도 금지하는 취지에 비추어 보면, 이사가 대리인의 선임을 통하여 의사를 표시하는 방법으로 결의하는 것은 허용되지 않는 것으로 해석된다(이 점은 사회복지법인이나 학교법인도 마찬가지이다).

여기서 상법상의 회사에 관한 규정과 판례를 살펴본다. 상법상 주식회사의 주주총회의 의결권은 주주가 제3자에게 위임해서 대리인으로 하여금 참석하게 할 수도 있고, 서면에 의한 결의도 가능하다. 다만, 회사의 필수기관인 이사회는 그렇지 않다. 즉 이사회는 주주총회와 달리 원칙적으로 이사 자신이 직접 출석하여야 하며, 대리인에 의한 출석은 인정되지 않고, 대리인이 참석하여 이사회 결의를 하였다면 그 결의는 무효이다(대법원 판례, 80다2441). 이와 같이, 상법 및 공익법인법에서 이사회 결의에 관하여 이사의 이사회 출석을 강제하는 이유는, 이사회로 하여금 충분히 토론을 하면서, 합리적인 합의를 도출하도록 하는 것에 그 목적이 있다고 한다.

위와 같이 민법상의 비영리법인은 민법에서 이사회를 필수기관으로 정하고 있지 않아, 이사회를 필수기관으로 정하고 있는 공익법인법상의 공익법인 또는 상법상의 회사와 차이가 있는 것으로 볼 수 있으나, 실무상 민법상의 비영리법인도 행정지도에 의하여 정관상 이사회 제도를 도입하고 있는 사례가 대부분이기 때문에, 민법에도 이사회에 관한 규정을 신설하고 공익법인법에 의한 이사 권한의 대리행사의 금지, 서면결의 금지를 명문화할 필요가 있지 않을까 생각된다.

또한, 상법에서는, "이사의 전부 또는 일부가 직접 회의에 출석하지 아니하고 모든 이사가 음성을 동시에 송수신하는 원격통신수단에 의하여 결의(이른바, Telephone conference 또는 화상회의)"할 수 있도록 하고 있는데, 비영리법인 또는 공익법인은 대부분 이사가 비상근이라는 점에서, 원격통신수단에 의한 이사회 결의방법을 도입하는 것이 필요하지 않을까 생각된다. 2~3년 전부터 코로나 사태로 인하여 실제 이사회를 개최하는 것이 어렵게 되자, 법률 개정 없이 행정해석으로 화상회의를 통한 이사회 및 총회 개최가 인정되고 있는 추세이다.

4) 비영리법인 이사회 의사록에 이사의 개인인감을 날인해야 하나?

이사회 의사록 작성에 관하여 살펴본다. 사단법인이나 재단법인의 정관상 이사회를 설치하고 이사회를 개최하였다면 그 의사록을 작성하는 것이 통상적이다(또한, 법인등기 신청서류에 의사록을 첨부하는 경우에는 인증을 받아야 하므로 의사록의 작성은 의무적이다). 한편 공익법인법상 공익법인의 이사회 회의록에 기명·날인하는 것을 감사의 직무의 하나로 규정하고 있다. 그런데 정작 공익법인법에서는 이사회 회의록의 작성에 관하여 구체적으로 규정하지 않고 있다.

이에 상법 규정을 준용하여, ① 이사회의 개최 연월일시 및 장소, ② 이사·감사의 출석 상황, 총이사의 수와 출석이사의 수, 총감사의 수와 출석감사의 수, ③ 의안에 관한 질의 및 의견, ④ 결의의 성립과정, ⑤ 결의의 내용 및 ⑥ 반대하는 이사와 그 반대이유를 기재하고, 의사록에는 출석한 이사와 감사가 기명·날인 또는 서명하는 것이 일반적이다.

그리고 이사회 의사록에 날인할 인장에 대하여는 제한이 없으며, 반드시 인감도장이어야 하는 것은 아니라는 것이 다수설이다. 또한, 의장이나 출석한 이사 등 일정한 사람이 장기간 출장 등 상당한 이유로 기명·날인할 수 없을 때, 다른 기명·날인하는 이사들이 의사록에 그 사정을 기재하고 기명·날인하면, 그 기명·날인이 없더라도 유효한 의사록이라고 함이 타당하다고 한다. 상법상의 회사는 원격통신수단에 의한 이사회

결의를 한 경우에는 이사회 내용을 녹음한 후, 이사회 의사록을 작성해 놓았다가, 다음 이사회 때 출석한 이사들로부터 서명 또는 날인을 받는 것이 일반적이다.

2017년 4월경 서울시는 관할 사회복지법인에 대하여, 이사회 의사록에는 이사의 취임승낙서에 첨부한 인감증명서와 동일한 인감을 날인해야 한다는 행정지도를 각 사회복지법인에게 내린 것으로 이해한다(서울시 외의 다른 곳에서는 이런 행정지도가 있다는 이야기를 들어본 적이 없다).

통상 비영리공익법인의 이사회 의사록은 사무국에서 작성한 후, 이사들로부터 도장을 받아 사무국에서 날인하는 것이 일반적인데, 이사회 의사록에의 개인인감 날인을 위해 사무국에 개인인감을 잠시 맡기는 것을 찜찜하게 생각하는 이사들도 있어서, 이사 면전에서 의사록에 개인인감을 날인하게 하고 있는 실정이다. 요즘 은행거래에서도, 본인이 은행에 등록한 도장을 지참하지 않더라도 본인 신분만 확인되면 서명으로 은행거래를 할 수 있는데, 인감날인을 강요하는 것보다는 이사개인의 서명으로도 가능하도록 하는 것이 바람직하다고 생각한다.

한편, 필자가 사외이사로 참가하고 있는 어느 상장회사에서는, 사외이사 본인이 이사회 의사록 날인용 도장을 별도로 제작하고, 인감증명서를 첨부하여 회사에 의사록 날인용 도장을 등록한 후, 이사회 의사록에 그 등록한 도장으로 날인하는, 이른바 '거래인감' 등록제도를 사용하는데, 가능하다면 이런 제도를 도입하라고 권유하고 싶다.

5) 비영리법인(공익법인) 이사의 손해배상책임

법인과 이사의 관계는 민법 제680조에서 정하고 있는 '위임' 관계로 해석되며, "이사는 선량한 관리자의 주의로 그 직무를 행하여야 한다(민법 제61조)"고 규정되어 있고, 이사가 선관주의 의무를 위반하여 사무를 처리함으로써 법인에서 손해가 발생한 때에는 채무불이행에 따른 손해배상책임을 부담하게 된다. 또한, "이사가 그 임무를 해태한 때에는 그 이사는 법인에 대하여 연대하여 손해배상의 책임이 있다(민법 제65조)"고 하고 있어, 다른 이사의 불법행위를 제대로 감독하지 못할 경우, 연대손해배상책임이 있다.

한편, 비영리법인(공익법인)의 이사들은 비상근이고, 보수를 받지 않는 것이 대부분이며, 영리법인과 달리 중요한 재산처분이나 금전적 거래행위가 많지 않아 실제로 책임을 추궁당한 사례는 거의 없는 것으로 이해한다. 그런데 2016년 8월 대법원에서는 재단법인의 비상근 이사에 대하여 손해배상책임이 있다는 판결을 내렸으며(2016.8.18 선고, 2016다 200088, 재단법인 글로벌 네트워크), 그 요지는 다음과 같다.

재단법인 정관에서 일상적인 사무를 처리하기 위하여, 사무총장, 사무국장 등의 명칭으로 상근임원을 따로 두고 있는 경우, 비상근 또는 업무집행을 직접 담당하지 아니하는 이사도 단지 이사회에 상정된 의안에 대하여 찬부의 의사표시를 하는 데 그치지 않고, 상근임원의 전반적인 업무집행을 감시할 의무가 있으므로, 상근임원의 업무집행이 위법하다고 의심할 만한 사유가 있음에도 불구하고 감시의무를 위반하여 방치한 때에는 이로 말미암아 재단법인이 입은 손해에 대하여 배상책임을 면할 수 없다.

이 판례의 원고는 정부이며, 상근집행부의 비리를 발견하지 못한 비상근 이사에게 손해배상책임을 물은 첫 사례이다. 이 판례는 앞으로 비영리법인(공익법인)의 비상근 이사직을 제대로 수행하지 아니할 때 손해배상책임을 물을 수 있다는 것을 시사하는 판례라 할 수 있다. 이 판례로 인하여, 봉사직 또는 명예직인 비영리(공익)법인의 비상근 이사직도 함부로 수락할 성격이 아니라는 점을 인식하게 될 것 같다.

여기서 다시 영리회사에 관한 상법규정을 살펴보면, 주식회사의 이사의 책임에 관하여 2011년 상법개정에서, “회사는 정관으로 정하는 바에 따라 제399조에 따른 이사의 책임을 이사가 그 행위를 한 날 이전 최근 1년간의 보수액(상여금과 주식매수선택권의 행사로 인한 이익 등을 포함한다)의 6배(사외이사의 경우는 3배)를 초과하는 금액에 대하여 면제할 수 있다(상법 제400조 제2항)”를 신설하여, 이사의 책임을 줄여주는 조항을 신설했는데, 비영리공익법인의 이사들에 대하여도 이와 유사한 규정을 도입할 필요가 있지 않을까 생각된다.

비영리공익법인의 대부분의 이사들이 비상근이며, 무보수이기 때문에 상법상의 규정을 그대로 원용하기 어렵다는 문제점도 있다는 점을 부연한다.

(3) 주식회사의 사외이사제도와 사회복지법인의 외부이사제도

주식회사의 사외이사제도나 사회복지법인의 외부이사제도는 조직의 지배구조 개선 및 투명성 제고를 위해 도입된 제도이나, 아직 개선하여야 할 점이 많다는 것이 중론인 것으로 보인다.

1) 주식회사의 사외이사제도

사외이사제도는 대주주와 관련 없는 외부인사를 이사회에 참가시켜 대주주의 독단경영과 전횡을 사전에 차단하는 제도로서, 우리나라는 1997년에 발생한 외환위기를 극복하고 기업지배구조개선을 위한 다양한 제도개선의 하나로 도입되었다. 따라서 비록 평상시에는 회사 외부에서 활동하지만 정기이사회나 주요 경영현안이 있을 경우 이사회에 참석하여 의사를 개진함은 물론, 필요한 자료를 열람할 수 있으며, 자신의 판단착오로 경영실패를 초래했을 경우 마찬가지로 그에 상응한 책임도 부과된다.

비상장주식회사는 사외이사제도를 선택할 수 있으나, 상장회사는 의무적으로 이사 정원의 1/3 이상을 사외이사로 선임하여야 하고, 자산규모가 2조원을 넘는 기업의 경우 이사 정원의 1/2 이상을 사외이사로 선임하여야 하며, 대주주 등과 특수관계가 있는 자는 사외이사의 자격이 없다.

사외이사제도 도입에 따라, 상장회사들은 전직관료, 기업체 임직원 출신 경영인, 교수, 변호사 등을 사외이사로 선임해 왔는데, 독립적인 사외이사 구실을 할 수 있는 경우가 많지 않다는 비판을 받고 있는 실정이다.

2) 사회복지법인의 외부이사제도

상장회사의 사외이사제도와 비슷한 외부이사제도가 처음으로 도입된 비영리법인의 예로서는, 2013년초부터 시행되고 있는 사회복지사업법 개정법률 제18조 제1항에 의한 외부이사제도가 있다. 이 제도는 사회복지법인의 운영에서 나타난 속칭 도가니 사건의 재발방지 등을 위하여 도입되었다. 구체적으로는 각 사회복지법인 이사 정수의 1/3 이상을 외부이사로 선임해야 하며, 각 시·도에 구성된 사회복지위원회나 시·

군 · 구에 설치된 지역사회복지협의체가 2배수로 추천한 외부인사들 중에서 반드시 이사를 선임해야 한다.

7 비영리법인의 감사(監事)

(1) 이사를 감독하는 기관의 형태

먼저 영리 주식회사에서 이사를 견제하고 감독하는 방식을 소개한다.

영미식에서는 우리나라와 같은 감사(監事)라는 기관 없이, 주주총회에서 이사를 선임하여 이사회를 구성하고, 이사회 내에서 감사위원회를 두어 감사기능을 담당하게 한다.

독일식에서는 주주총회에서 감독이사회(감사회) 구성원을 선임하고, 이 감독이사회가 경영이사회 구성원(이사)을 선임하고 감독하는 이원화 구조를 가지고 있다.

우리나라, 일본, 중국 및 대만 등의 아시아형에서는 주주총회에서 이사회 구성원과 감사를 각각 선임하여 감사가 이사회를 감독하도록 하고 있다. 그리고 우리나라는 1997년 IMF 금융위기 이후 미국의 감사위원회제도를 도입해서 감사위원회를 설치한 회사와 감사를 선임하는 회사로 나누어진다.

위와 같이, 영미국가나 유럽국가에서는 우리나라나 일본, 중국 등 아시아 국가에 있는 감사제도가 없어 생소하게 느낀다고 한다.

과거 동아시아권에서는 '감찰'이라는 관념만 존재했으나 1868년 일본의 메이지유신 이래 서양문물이 도입되면서 상법상의 주식회사와 민법상의 사단법인 및 재단법인의 감사제도가 창설되었다. 우리나라에서는 1963년 심계원(감사원의 전신)과 감찰위원회의 통합으로 현재의 감사원이 생길 때 심계원의 회계검사에서 '사'와, 감찰위원회의 '감'을 합해 감사라는 용어가 형성되었다는 설이 있지만 1948년 유진오 박사의 헌법초안에 '국회는 국정을 감사한다'라는 규정을 고려하면 위 설은 타당하지 않은 견해로 받아들여지고 있다. 일본에서는 감사가 회사업무를 집행하는 이사를 감독하고 회계감사를 수행하는 기관으로서, 감사(監査)라는 단어는 경영자에게 사전에 지시하는 감독(監督)과 경영에 대한 사후 검사(檢査)가 합하여져 만들어진 단어라고 하는 설이 있다.

(2) 내부감사실

내부감사실은 영미식, 독일식이나 아시아식을 불문하고 어느 나라의 회사에나 있는 조직이다. 다만, 법적으로 강제되지 않고, 회사 자체 판단으로 설치하고 있는 조직이며, 이를 내부통제 개념상의 내부감사실이라 할 수 있다.

영미식이나 독일식에서는 이 내부감사실이 대표 밑에 있는 반면, 아시아식 주식회사에서는 대표 산하에 있는 경우와 (상근)감사 산하에 있는 경우로 나누어진다. 우리나라 NPO들은 감사가 상근하는 사례가 거의 없어, 내부감사실은 대표 산하에 있는 것이 대부분이다.

한편, 감사의 유형은 관점에 따라 다양하게 분류되고 있으나 크게 ① 시행시기에 따라 사전감사, 사후감사(일상감사는 사전감사), ② 감사중점에 따라 합법성 감사, 경제성 · 능률성 · 효과성에 치중하는 성과감사, ③ 일반감사, 특별감사로 나눌 수 있다.

(3) 비영리조직의 감사의 종류

NPO의 감사제도는 크게 외부감사(External Audit)와 내부감사(Internal Audit)로 나눌 수 있는데, 외부감사는 공인회계사에 의한 외부 회계감사와 주무관청의 감사로 나누어진다.[10)]

내부감사는 내부감사실의 감사와 법령 또는 정관에서 정하고 있는 감사(監事)의 감사로 구분되는데, 앞에서 언급한 바와 같이 내부감사실은 내부통제의 일부이고, 단체 임의로 설치되는 부서이다. 일부 대형 사회복지단체를 제외하고는 내부감사실이 없는데, 이는 비용과 편익에 따른 것이라 할 수 있다. 내부감사실의 소속을 보면, 일부 대형 사회복지

---

10) 비영리단체의 임원이나 실무자 중 정관상의 감사에 의한 감사와 독립된 외부 회계법인의 감사를 구분하지 못하는 사례도 종종 있다. 상증세법상의 공익법인 결산공시에서 공시하도록 하고 있는 감사보고서는 외부 회계법인의 감사보고서인데, 가끔 정관상의 감사보고서[(내부)감사보고서]를 공시하고 있는 곳도 있다. 이는 정관상의 감사에 의한 감사와 독립된 외부 회계법인의 감사를 구분하지 못하는 것이다.

단체의 감사실은 대표 밑에서 소속되어 있어, 영리기업과 다른 형태를 보이고 있다.

법령이나 정관에서 정하고 있는 감사를 보면, 영리기업은 상근도 많으나, 앞에서 언급한 것과 같이 NPO의 감사(監事)는 대부분 비상근이다.

(4) 비영리법인의 감사가 임의기관인지 여부

우리나라 모든 단체들은 법인인지 또는 법인격이 없는 단체인지를 불문하고, 대부분 감사(監事)라는 기관을 두고 있다. 예를 들어, 임의단체의 하나인 동창회에도 회장, 부회장 및 감사가 있다. 그런데 감사의 구체적인 직무나 감사의 중요성에 관하여는 그다지 고민하지 않고, 생각하지 않은 것이 아닌가 하는 느낌을 갖는다.

우리 민법상 사단법인 또는 재단법인은 이사의 직무수행에 대한 감독기관으로서 정관 또는 총회의 결의로 1인 또는 수인의 감사를 둘 수 있다. 즉, 민법상의 사단법인이나 재단법인의 감사는 필수기관이 아니라 임의기관이다. 다만, 공익법인법상의 공익법인, 사회복지법인, 학교법인, 의료법인 등은 감사가 필요적 상설기관이다.

민법상의 사단법인이나 재단법인의 이사는 포괄적인 대표권을 가지고 있음에도 불구하고, 이를 감독하는 기관인 감사를 임의기관으로 둔 이유는 민법상 법인은 영리를 목적으로 하지 않으며, 나아가 비영리법인의 사무는 주무관청의 검사·감독을 통해 법인의 업무상의 폐해를

비영리 관련 법령상의 감사관련 조항 요약

민법상의		공익법인법상의		사회복지법인	학교법인
사단법인	재단법인	사단법인	재단법인		
임의기관		필수기관			
(민법 제66조) 법인은 정관 또는 총회의 결의로 감사를 둘 수 있음		2명 주무관청의 승인을 받아 그 수를 증감할 수 있음		2명 감사 중 1명은 법률 또는 회계에 관한 지식이 있는 사람 중에서 선임	2명 이상(유치원 운영 학교법인 1명 이상) 1명은 추천위원회에서 추천
		임원선임은 주무관청의 승인사항		임원선임은 주무관청에의 신고사항	임원취임은 주무관청의 승인사항

방지할 수 있다고 보았기 때문이라고 한다.[11]

그런데 주무관청의 검사, 감독이 정기적이지 않은 경우가 많고, 전문성이 떨어진다는 지적도 많다. 또한 민법상의 비영리법인이라 하더라도, 실제로 정관상 감사를 두지 않는 비영리법인이 거의 없음에도 불구하고, 감사로서의 기능을 충분히 발휘하지 못하는 실정이라는 것이 중론이다.

(5) 비영리법인 감사의 등기부 등재 여부

비영리법인이나 공익법인의 감사는 법인등기부에 등재될까? 정답은 이사는 법인등기부에 등재되나, 감사는 등재되지 않는다. 현행법상 민법의 비영리법인뿐 아니라 공익법인법, 사립학교법, 사회복지사업법, 의료법 등 다른 법률에 의하여 설립된 비영리법인의 감사는 등기부에 등재되지 않고 있다. 그 이유는 민법 제49조에서 감사는 등기사항으로 규정하고 있지 않기 때문이며, 이를 확인하는 법원의 해석이 있다(비영리법인인 재단법인의 등기사항은 민법 제49조에서 정하고 있는바, 재단법인의 감사는 동조에서 등기사항으로 규정하고 있지 않으므로 등기할 수 없다. 2002.5.29 등기 3402-298 질의회답).

민법상 비영리법인의 감사는 임의기관이라 감사가 등기사항이 아니라고 해도 무방하겠지만, 감사를 필수기관으로 정하고 있는 공공기관 운영에 관한 법률, 공익법인법, 사립학교법, 사회복지사업법, 의료법에 의해 설립된 법인의 감사까지 민법의 규정을 준용하여, 감사의 등기가 이루어지지 않고 있는 실무는 개선할 필요가 있다.

참고로 상법상 주식회사의 감사는 필수기관이고, 상법상 등기사항(상법 제317조)으로 정하고 있어 당연히 등기된다.

---

11) 민법상의 사단법인이나 재단법인에서 감사가 임의기관으로 되어 있는 것은, 19세기말 일본이 서양제도를 벤치마킹해서 제정한 민법에서 감사를 임의기관으로 했던 것을 우리나라가 그대로 따랐기 때문이기도 하다(일본은 2006년 공익법인법 개혁을 통해, 모든 재단법인과 일정규모 이상의 사단법인에 대하여 감사를 필수기관으로 두도록 개정하였다). 19세기말 독일학자가 작성한 일본상법 초안에서 주식회사의 감사가 임의기관이었다가 국회입법과정에서 최종적으로는 필수기관으로 변경되었는데, 민법상의 사단법인 및 재단법인의 감사는 상법상의 주식회사의 감사와는 다르게 임의기관이 되었다.

(6) 감사의 자격

감사의 자격에 관하여 민법에는 규정이 없고, 공익법인법에서는 감사 2명 중 1명은 대통령으로 정하는 바에 따라서 법률과 회계에 관한 지식 경험이 있는 자 중에서 주무관청이 추천할 수도 있다고 규정은 있으나, 실제로 추천된 사례는 없는 것으로 알고 있다.

사회복지법인은, 감사 중 1명은 법률 또는 회계에 관한 지식이 있는 사람 중에서 선임하도록 되어 있고 세입 평균이 30억원 이상의 사회복지법인은 시도지사의 추천을 받아서 회계법인에 속한 공인회계사를 감사로 선임하도록 되어 있다.

한편 학교법인 중에서 학생정원이 500명 이상인 대학을 운영하는 학교법인의 감사 중 1명은 공인회계사 자격증을 가진 사람이 담당하도록 하고 있다.

필자가 관여하고 있는 NPO들은 대부분 2명의 감사를 두면서 변호사와 회계사가 이를 담당하게 하고 있는데, 민법상의 사단법인이나 재단법인의 감사의 자격에 관하여 정함이 없는 현행 규정을 개정하여 감사의 자격을 정함으로써, 명목상의 감사가 아니라 실질적인 감사가 수행될 수 있도록 보완할 필요가 있다.

(7) 감사의 기능

감사는 집행부의 업무 감독과 견제를 담당하는 역할을 하는데, 우리나라 현실에 있어서 감사가 집행부와 독립하여 감사로서의 기능을 제대로 수행할 수 있는지 또는 수행하고 있는지 여부는 각 NPO의 상황에 따라 다르다고 할 수 있다. 다만, 감사가 그 기능을 제도로 수행할 때, 조직의 건전성이나 투명성이 높아지는 것은 자명하다고 하겠다. 이하에서는 민법상의 감사의 직무와 책임에 관하여 살펴본다.

민법상 비영리법인의 감사의 직무는 ① 법인의 재산상황을 감사하는 일, ② 이사의 업무집행의 상황을 감사하는 일, ③ 재산상황 또는 업무집행에 관하여 부정, 불비한 것이 있음을 발견한 때에는 이를 총회 또는 주무관청에 보고하는 일, 및 ④ '③'의 사항들을 보고하기 위하여 필요한 때에는 총회를 소집하는 일 등이라고 규정되어 있다(민법 제67

조)._영리법인인 주식회사의 감사의 권한으로서, 상법에서는 ① 회계 및 업무감사권, ② 영업보고 요구권, 업무 · 재산조사권, ③ 이사회출석권 · 의견진술권, ④ 감사해임에 관한 의견진술권, ⑤ 유지청구권, ⑥ 총회소집청구권, ⑦ 이사로부터 보고받을 권한, 회사대표권, 각종 소권 등이 있고, 감사의 의무로서는 주의 · 비밀유지 · 감사록 작성 · 이사회에 대한 보고 · 주주총회에 대한 조사, 보고 · 감사보고서 제출 의무 등이 있으며 회사에 대한 책임과 제3자에 대한 책임을 갖고 있는데, 상법상 주식회사의 감사와 비교해 볼 때, 비영리법인의 감사는 상법상 주식회사의 감사와 같은 "법인과 이사 간의 소송에서 법인을 대표"하는 조항은 없다.

공공기관 상임감사만이 할 수 있는 일

정부는 1980년대부터 정부투자기관 등 공공기관과 기관장의 경영평가를 실시하고 있는데, 10년 전부터는 공공기관의 상근감사에 대한 평가도 실시하고 있다. 공공기관의 상근감사들은 집권 여당의 정치인 등이 낙하산 형태로 취임하여 전문성이 결여되어 있다는 비판도 많이 받았었는데, 나름대로 감사로서의 역할을 수행하고자 하는 분들도 상당히 많이 보았다. 아래는 공공기관의 감사에 대한 경영평가단으로 있는 동국대 김갑순 교수의 칼럼인데, NPO의 감사들도 새겨볼 글이라고 생각되어 소개한다.

*****

공공기관의 상임감사만이 할 수 있고, 공공기관의 상임감사라면 반드시 해야 할 일이 있다. 그것은 공공기관의 경영의사결정 과정에서 발생하는 자원배분의 비효율을 감시하고 견제하는 것이다. 국민과 공공기관 경영자는 주인-대리인 관계의 특성을 갖고 있다. 경제학자들은 대리인이론을 통해 주인과 대리인 사이에 정보가 투명하게 공유되지 못하거나 주인이 대리인의 행동을 철저하게 감시하지 못하는 경우에 대리인이 주인의 이익보다는 자신의 이익을 위한 의사결정을 할 위험이 높다는 사실을 발견하였다.

이러한 위험이 대리인의 행동으로 옮겨졌을 때 학자들은 '도덕적 해이'라고 하고, 언론에서는 '방만경영'이라고 한다. '도덕적 해이'와 '방만경영'이 무서운 이유는 공공부문 자원배분의 비효율과 왜곡을 초래하기 때문이다. 공공부문 자원배분의 비효율은 국민들의 혈세가 낭비된다는 것이고, 공공재화와 서비스의 품질이 낮아진다는 것이다. 비싼 세금을 내고, 품질이 낮은 공공재를 사용하는 국민이 행복할 리 없다. 따라서 공공부문의 효율적인 자원배분을 왜곡하는 '방만경영'의 위험요소를 잘 관리하는 것은 국민의 삶의 질과 만족도를 높이기 위해 반드시 필요하다.

우리나라에는 공공부문의 자원배분이 효율적으로 이루어지고 있는가를 평가하고 관리하는 제도가 여럿 있다. 국회의 국정감사, 다양한 시민단체의 감시활동, 기획재정부의 공공기관 경영평가 등이 그것이다. 그중에서도 기획재정부에서 시행하고 있는 공공기관 경영평가는 공공기관의 경영성과를 평가하여 그 결과를 기관장과 종업원의 인사와 성과급 등에 반영함으로써 인센티브를 통한 대리인의 도덕적 해이 위험을 통제하는 기능을 담당한다.

하지만 모든 평가제도가 완벽할 수 없듯이 현행의 공공기관 경영평가제도 또한 구조적인 한계점을 안고 있다. 공공부문 자원배분의 효율성 차원에서 공공기관 경영평가가 안고 있는 가장 큰 한계점은 높은 평가를 받기 위한 노력에서 비롯되는 자원배분의 비효율이다.

사람은 누구나 경쟁상황에 처하게 되고 피평가자의 위치에 놓이게 되면 남보다 앞서기 위해 또는 보다 좋은 평가를 받기 위해 최선의 노력을 다하게 된다. 그런데 이러한 최선의 노력 속에는 단지 평가점수를 높이기 위한 목적에서 비롯된 과도한 자원의 투입과 낭비가 묻혀 있을 가능성이 높다. 에너지 관련 모 공기업에서 자주개발률 제고를 위해 해외 석유회사를 부당한 평가과정과 절차를 통해 인수함으로써 막대한 국가예산을 낭비했다는 작년 감사원 감사결과는 이와 관련된 좋은 사례라 할 수 있다. 공공기관에서 경영자가 좋은 평가점수를 받기 위해 자원배분을 왜곡할 위험을 감시하고 이를 견제할 수 있는 유일한 사람이 바로 상임감사이다. 상임감사는 국민의 마음과 눈으로 기관장의 경영의사결정을 감시하고 견제하여야 한다.

기획재정부에서 주관하는 공공기관 경영평가 중에는 상임감사에 대한 직무수행실적평가도 포함되어 있다. 올해는 상임감사 직무수행실적평가가 시행된 지 다섯 번째가 되는 해이다. 그동안 상임감사 직무수행실적평가는 공공부문의 중요한 평가제도로서 자리매김해 왔다. 길지 않은 기간이었지만 상임감사 직무수행실적평가는 공공기관 내에서 상임감사와 감사실의 역할과 기능을 재정립하고 강화하는 계기를 제공하였다.

하지만 현재의 상임감사 평가제도가 상임감사와 감사실의 역할과 기능을 업그레이드하는 리더십 기능을 보다 체계적으로 수행하기 위해서는 평가제도를 재정비할 필요가 있다는 의견이 많다. 지금은 그동안의 상임감사 평가제도를 운용한 경험을 바탕으로 한 차원 높은 수준의 상임감사 평가제도로 개선을 모색할 시점이다. 그리고 평가제도 개선의 핵심 방향은 공공기관의 상임감사가 반드시 해야 하고, 공공기관의 상임감사만이 할 수 있는 일, 즉 공공기관 경영의사결정 과정에서 발생하는 자원배분의 비효율을 감시하고 견제하는 역할을 상임감사가 충실히 수행하도록 하고, 그 성과를 공정하게 평가하는 것이다.

(김갑순, 동국대학교 경영대학 교수, 2013.5)

(8) (내부)감사보고서 사례

1) 사립대학교

현행 우리나라 비영리관련 법령상 내부감사보고서 양식은 대학을 운영하는 학교법인의 내부감사보고서[12] 양식이 제정되어 있을 뿐이다.

> 감사보고서
>
> 학교법인 ○○○○ 이사장 귀하
>
> 우리는 사립학교법 제19조 제4항 및 사학기관 재무·회계규칙 제41조의 규정에 의하여 학교법인 ○○○○(○○대학교)의 회계연도 이사회 운영과 그 업무에 관한 사항 및 년 월 일 현재의 재무상태표와 동일로 종료되는 회계연도의 자금계산서·운영계산서 및 각 부속명세서를 감사하였습니다.
>
> 이 감사를 실시함에 있어 우리는 일반적인 감사기준을 준용하였습니다.
>
> 우리의 의견으로는 (다음 사항을 제외하고는) 학교법인 ○○○○(○○대학교)의 이사회 운영과 그 업무에 관한 사항은 적절하며 별첨 재무제표는 사학기관 재무·회계규칙에 대한 특례규칙에 따라 학교법인 ○○○○(○○대학교)의 년 월 일 현재의 재무상태와 동일로 종료되는 회계연도의 자금수지 및 운영성과의 내용을 적정하게 표시하고 있습니다.
>
> (다음 : 지적사항 있으면 나열 또는 별첨함)
>
> 학교법인 ○○○○
> 감사 ○○○
> 감사 ○○○
> 피감사자 (입회인) 직명 성명 ○○○

그리고 민법상의 비영리법인, 공익법인법에 의한 공익법인 및 사회복지법인의 (내부)감사보고서가 법령 등에 의하여 공식적으로 제시된 것이 없어, 인터넷을 검색해 보면 다양한 (내부)감사보고서를 볼 수 있다. 개인적으로는 아래와 같은 감사보고서 문구를 사용할 것을 추천한다.

---

12) 사학기관 재무·회계규칙에 대한 특례규칙, 별지 9호

2) 추천하는 (내부)감사보고서 양식

감사보고서

[비영리법인 이름]
이사회 귀중

우리 감사들은 민법 제67조[13] 및 정관에 따라 [비영리법인 이름]의 202×년 1월 1일부터 202×년 12월 31일까지의 사업연도의 재산 상황과 이사의 직무집형에 관한 감사를 실시하였습니다. 감사의 방법 및 결과에 대해서, 다음과 같이 보고합니다.

1. 감사의 방법 및 그 내용

우리 감사는 이사 및 직원들과의 의사소통을 하면서 등시에 이사회와 기타 중요한 회의에 참석하여 이사 및 직원들로부터 그 직무의 집행 상황에 대하여 보고받고, 필요할 때 설명을 요구하고 중요한 서류 등을 열람하여 업무 및 재산의 상황을 조사하여, 대상 사업연도에 관한 사업보고에 대하여 검토하였습니다.

또한, 회계장부 및 관련 증빙과 기타 자료에 대한 조사를 실시하고, 대상 사업연도에 관한 결산서류(재무상태표 및 운영성과표) 및 그 부속명세서와 [재산목록]을 검토하였습니다.

2. 감사의견

(1) 사업보고 등의 감사 결과

1. 사업보고는, 법령 및 정관에 따라, 법인의 상황을 올바르게 나타내고 있는 것으로 판단합니다.
2. 이사의 직무집행에 관한 부정의 행위 또는 법령 혹은 정관을 위반하는 중대한 사실은 발견되지 않았습니다.

(2) 결산서류 및 그 부속명세서와 [재산목록]의 감사 결과

결산서류 및 그 부속명세서와 [재산목록]은 법인의 재산 및 손익의 상황을 중요한 관점에서 적정하게 나타내고 있는 것으로 판단합니다.

[감사업무범위의 제한이 있거나, 기타 감사 지적사항이 있을 때에는 감사보고서 내용을 변경해야 함]

202×년 ××월 ××일(감사보고서 작성일)
[비영리법인 명칭]
감사 (이름 및 서명)
감사 (이름 및 서명)

---

13) 사회복지법인은 민법 제67조를 그대로 사용하고, 공익법인 설립 및 운용에 관한 법률에 따라 설립된 법인은, 공익법인 설립 및 운용에 관한 법률 제10조로 변경하여 사용함

8 회계정보가 공개되어 있는 곳

인터넷이 발달된 요즘은 정보홍수시대라고 할 수 있지 않을까? 과거에는 상상하지 못할 정도로 회계정보가 공개되어 있는데, 현재 우리나라에서 회계정보가 공개되어 있는 것으로는 다음과 같은 곳이 있다.

(1) 외부회계감사를 받는 영리기업의 재무정보

금융감독원 전자공시시스템
http://dart.fss.or.kr/

금융감독원 전자공시시스템은 상장법인 등이 공시서류를 인터넷으로 제출하고, 이용자는 제출 즉시 인터넷을 통해서 공시서류를 조회할 수 있도록 하는 기업공시 시스템이다. 원래 이 사이트는 상장기업의 모든 공시를 이해관계자들에게 즉시 알리는 목적으로 만들어졌는데, 상장기업 이외에 외부회계감사를 받는 비상장기업의 회계감사보고서도 공시되어 있다.

(2) 상증세법상의 공익법인의 결산서류 및 법정기부금단체 기부금 내역 공시사이트

국세청 홈택스 홈페이지 내의 공익법인 공시사이트
https://www.hometax.go.kr/websquare/websquare.wq?w2xPath=/ui/pp/index_pp.xml

이곳은 미국 NPO의 결산서류 공시제도를 벤치마킹해서, 2008년부터 상증세법상의 공익법인의 "공익법인 결산서류/법정지정기부금단체 기부금 내역"이 공시되는 사이트이다. 즉, 정부는 2008년 1월 이후 개시 사업연도부터 공익법인은, 결산서류 등(재무상태표, 운영성과표, 기부금 모집 및 지출명세, 대표자 · 이사 · 출연자 · 소재지 및 목적사업, 주식관련 사항)을 사업연도 종료일부터 4개월 이내에 국세청의 인터넷 홈페이지에 게재하는 방법으로 공시하도록 의무화하고, 이를 이행하지 않을 경우, 재무상태표(대차대조표)상 총자산가액의 0.5%의 가산세가 부과되는 규정을 신설하여 운영하는 사이트이다.

다만, 필자 개인적으로는, 아직도 이용하기 불편하고, 이곳에 공개된 정보가 부실하지 않은가라는 인상을 지울 수 없다. 다만, 2018년부터 공익법인회계기준에 따라 재무제표를 작성하도록 하고 있어, 공익법인간 재무제표의 비교가능성은 점차 높아지고 있다.

(3) 사립대학 및 사회복지법인

사립대학회계와 사회복지법인의 회계정보는 아래 사이트에서 입수할 수 있다.

한국사학진흥재단 사립대학회계정보시스템
http://infor.sahak.or.kr/portal_main.asp

보건복지부 사회복지시설 정보시스템 – 공시
http://www.w4c.go.kr/disclosure/disclosure.do

필자 개인적으로는, 이곳에 올려진 회계정보가 국세청의 공익법인 공시사이트에 공시된 내용보다 더 유용하다고 보인다. 또한, 일선 실무자들 중에서 개별 법령에 따라 이들 사이트에 올리는 것 이외에, 세법 규정에 따라 국세청 공익법인 공시사이트에 올리는 것이 내용이 서로 달라 조정할 필요가 있다는 의견을 개진하는 사례도 많다.

다만, 사립대학 및 사회복지법인의 회계도 개선하여야 할 점이 많아, 다른 공익법인의 회계와 조화를 가지면서 개정되고, 언젠가는 우리나라 모든 공익법인의 회계가 일원화되어야 하지 않을까 생각한다.

사립학교법에 의한 사립학교는 예산서류를 매 회계연도 개시 5일 전, 결산서류는 매 회계연도 종료 후 3월 이내에 주무관청에 제출하고, 당해 학교의 인터넷 홈페이지에 게재하여 1년간 외부에 공시하도록 되어 있다. 이 의무를 지키지 않을 경우에는 학교법인의 이사장・감사 또는 사립학교경영자에게 500만원 이하의 과태료가 부과된다.

사회복지사업법에 의한 사회복지법인은 '세입 · 세출 예산개요', '법인과 시설의 세입 · 세출 결산개요'와 '후원금품의 수입 및 사용내용 개요'를 각각 20일 이상 공고하거나 정기간행물에 게재하여야 하며, 외부공시 의무는 사회복지법인뿐만 아니라 주무관청에게도 있다.

(4) 자발적으로 회계정보 등을 공개하는 사례

한편, 법률에 의한 강제조항은 없으나, 자체적인 판단으로 회계정보 등을 공개하는 NPO들도 점차 늘고 있는 추세로 보인다. 이와 관련하여, 종교단체의 회계정보의 공개와 관련된 1개의 기사를 소개한다. 한 가지 지적하고 싶은 것은, 선의의 좋은 목적으로 회계정보를 공개하는 것에 대하여, 악의에 찬 감정으로 비난하거나 비판하여 모처럼 회계정보를 공개하고자 하는 NPO들의 노력에 찬물을 끼얹는 행동들은 가급적 삼가고, 오히려 격려하고 칭찬함을 통하여 투명한 회계공개가 이루어지도록 서로 노력하는 것이 필요하다.

"교회재정, 두려워 말고 다 보여줘라"… 교회재정건강성운동, 투명한 재정운영방안 모색

교회가 교인들에게 보고한 재정보고를 얼마나 신뢰할 수 있을까? 교회 재정보고의 정석을 이야기하는 세미나가 열려 관심을 끌었다. 교회재정건강성운동이 2011년 11월 10일 서울 명동 청어람에서 기독교윤리실천운동 · 교회개혁실천연대 · 나눔과섬 · 바른교회아카데미 · 한빛누리재단과 공동으로 주최한 이번 세미나는 교회 재정보고의 원칙에 대한 강의와 함께 투명한 교회재정을 운영하는 교회와 단체들의 실천 사례 보고가 있었다.

세미나에서 '교회 공동체성의 회복을 위한 재정보고' 기조강연을 한 정재영 교수(실천신학대학원 종교사회학)는 교회재정은 교회 공동체 내부 구성원들에게는 의혹이 없도록 투명해야 하며 일반 사회에서 요구하는 것보다 더 엄격한 도덕적 기준에 따라야 한다고 주장했다.

정 교수는 "헌금을 드리는 것은 매우 거룩하게 생각하면서도 대부분의 교회들이 헌금을 사용하는 데에서는 그만큼 신성한 의미를 부여하지 않고 사용하고 있고, 헌금 사용처에 대해 공동체에 투명하게 공개하지 않거나 목회자를 위시한 소수의 의사결정자가 권한에 의해 사용함으로써 부패의 원인을 제공하고 있다"며 "헌금의 대부분이 평신도들의 헌금으로 충당된다는 점에서 공동체 전체에게 공개되어야 할 뿐만 아니라 결정에 대해 공동체의 공감대가 형성되는 올바른 집행도 필요하다"고 밝혔다.

특히 정 교수는 일부 대형교회나 중형교회가 효율성을 이유로 재정보고를 부실하게 하거나 문서가 아닌 화면을 통한 재정보고는 재정운영의 편파적이고 불균형적인 결과를 가져온다고 지적했다. "교회 규모 자체가 커지고 대형화됨에 따라 교회 조직 자체가 효율성을 강조하는 관료제화되는 경향을 띠고 있다는 점은 교회의 공동체적 성격과는 상충하는 것이므로 이를 극복하기 위한 대안을 마련할 필요가 있다"며 교회홈페이지에 재정을 공개하는 대안을 제시하기도 했다.

또한 정 교수는 현재 한국교회의 재정보고 대부분은 단식부기라 정확하고 세분화된 재정보고를 할 수 없기 때문에 복식부기 방식을 채택할 것을 제안했다. 그는 "재정보고 문서는 누구나 쉽게 이해할 수 있도록 분명하고 통일된 방식으로 표현되어야 한다는 점에서 복식부기 도입이 필요하다"며 "이 방식은 그 조직의 재무상태나 수지관계를 정확히 보고해 줄 수 있을 뿐만 아니라 조직의 경영자가 의사결정을 하는 데 큰 도움을 줄 수 있고, 재정의 투명성을 높이고 예산수립과 내부통제 제도정비에 도움을 준다"고 말했다.

교회의 재정투명성과 청렴·정직운영을 위해 외부의 감사인 선임제도를 두는 것을 제안하기도 했다. 정 교수는 "재정규모가 수십억 원에 달하는 교회들의 경우 외부감사를 받는 것이 바람직한 방법이며, 외부감사라고 해서 정부기관의 감사를 받아야 한다는 것이 아니라 목회적 안목을 갖춘, 교회의 생리를 잘 이해하고 있는 교계 관련 회계기관을 통해 감사를 받으면 될 것"이라며 "예로 미국교회가 교회재정을 책임감 있게 운영하기 위해 창설한 ECFA를 통해 1천500여 개의 교회와 단체가 가입하여 재무제표는 물론 회계감사를 받는 것처럼 한국교회가 교회연합기관을 설립해 재정 투명성을 꾀하는 것도 좋은 방안"이라고 말했다.

특별히 정 교수는 "출석교인이 천명 미만의 교회 역시 내부감사를 통해 투명한 운영을 해야 하고 모든 교회의 재정자료를 최소한 공동체 구성원들에게 가감 없이 재정공개를 두려워하지 않고 해야 한다"며 "교인들이 헌금을 투명하게 운영하고 사회봉시비 등 의미 있는 곳에 사용하면 교인들은 더 많은 헌금을 내는 경우가 있어 헌금이 늘어나는 일이 더 있다"고 했다.

더구나 정 교수는 교회재정의 투명성 운영은 물론 재정사용의 공공성에 대해 강조하기도 했다. 정 교수는 "교회가 사회의 공익을 위해 일하기보다는 자기 자신들만을 위해 일하기 때문에 외부에서 영리단체라는 이의를 제기하기도 한다"며 "교회의 활동이 공공성을 띠고 사회에 대한 책임을 다하고 있느냐에 고민하고 재정의 많은 부분은 우리 사회를 위해 사용하도록 할 때 공동체의 건강성 회복에 큰 도움을 준다"고 말했다.

한편 이날 사례발표에서 윤병환 사무장(한국기독교선교100주년기념교회)은 "우리 교회 모든 재정의 운영은 교인들은 물론 외부인들에게 완전히 공개하고 있다"고 밝혔다.

윤병환 사무장은 "100주년기념교회의 재정비행 및 보고 원칙은 헌금의 50%는 교회를 위해, 나머지 50%는 교회 밖을 위해 사용하는 것이며 이런 원칙은 교회를 설립할 때 규정한 정관에 의한 것이다. 담임목사의 소신이 아니라 교회 창립정신으로 규정한 것"이라며 "재정보고 범위 및 방법은 매월 첫째 주일에 그 전월의 재정입출금에 관해 모든 사항을 전 교인에게 1원 단위까지 서면으로 보고하고 있다. 또한 교회 홈페이지의 '안내 및 공지란'에 상시 게재하되 교회 내외부인 모두 열람이 가능하다"고 밝혔다.

이런 재정 공개의 목적에 대해 윤 사무장은 "하나님의 뜻이 이 땅에서 이루어지는 데 있어 하나님으로부터 받은 물질을 어떻게 사용하였는지를 하나님과 교인들에게 보고드린다는 마음으로 공개하고 있다"며 "모든 교인들이 교회 살림살이를 충분히 이해하여 헌금 사용에 대한 불필요한 오해와 소모적 논쟁을 원천적으로 차단함으로써 비본질적인 사항들로 인해 마음을 상하지 않고 그리스도인으로서 마땅히 추구해 나가야 할 본연의 길, 즉 각기 처한 삶의 현장에서 하나님의 뜻으로만 담대히 살아가는 데 매진하기 위해서 모든 이들에게 공개하고 있다"고 말했다.

위 기사에서 소개하고 있는 100주년기념교회(http://100church.org)의 홈페이지에 가보면, 이 교회의 월별 회계기록을 열람할 수 있다. (교회와 신앙, 2011.11.13)

(5) 국가회계와 지방자치단체 재정정보

이 정보는 아래 사이트에 공개되어 있다.

재정정보 공개시스템
http://www.openfiscaldata.go.kr/portal/main.do

지방재정통합공개시스템
http://lofin.mois.go.kr/portal/main.do

(6) 공공기관의 경영정보 공개

공공기관[14] 경영정보 공개시스템(http://www.alio.go.kr/home.do)에는 공공기관의 재무정보뿐만 아니라, 기타 많은 정보들이 공개되어 있다.

---

14) 공공기관이란 정부의 출연·출자 또는 정부의 재정지원 등으로 설립·운영되는 기관으로서 공공기관의 운영에 관한 법률 제4조 제1항 각 호의 요건에 해당하여 기획재정부장관이 지정한 기관으로서, 다시 공기업, 준정부기관, 기타공공기관으로 구분된다. 오래전에는 '정부투자기관'이라는 용어를 사용했었다.

9 기부자와의 소통 – 연차보고서의 활용

최근 수년에 걸쳐서 비영리단체가 연차보고서를 작성 배포하도록 교육하거나 권유하는 단체들도 많아졌고, 실제로 연차보고서를 작성 배포하는 비영리단체들도 점차 증가하고 있는데, 바람직한 현상이라고 생각된다. 영리기업인 주식회사나 특히 상장회사의 경우에는 영업보고서에 기재할 내용들이 법에 정하여져 있으나, 비영리단체에는 이런 법적인 요구는 없다. 다만, 비영리단체의 연차보고서에 실릴 내용은 다음 표와 같이 예시할 수 있다.

자선단체협의회의 홈페이지(http://www.charitykorea.kr/npokorea/index.do)에 가보면 회원단체들의 홈페이지를 링크해 놓았고, 단체들의 공개된 연차보고서를 다운받을 수 있다. 다만, 비영리단체들의 연차보고서를 보면

앞표지	• 제목, 주제, 로고, 단체명
CEO's message	• 조직의 신념과 철학 또는 올해 보고서의 관점, 특징, 강조점 등 소개
차 례	
미 션	• 조직의 목적을 설명하는 한두 문장(statement) • 간결한 미션을 이해하기 쉽도록 철학, 신념, 핵심가치 등으로 표현
비 전	• 비전, 중장기계획에 대한 설명
연 혁	• 연도별 주요 활동(조직의 지속성, 일관성을 보여주는 자료)
사업성과	• 프로젝트, 프로그램, 서비스 등의 개요와 통계자료 • 사업명, 내용, 일시, 예산, 관객수, 만족도 등 수치로 표현 • 가장 두드러진 성과에 대한 강조 • 향후 계획(선택사항) • 여러 곳에서 활동한다면 영향력이 미치는 지역을 표시한 지도
재무성과	• 요약재무제표 • 주요한 자금의 출처와 지출내역
조직도	• 조직을 구성하는 영역과 인력의 배치를 그린 도식
구성원 명단	• 대표, 이사회, 회원 등 주요 인력의 명단 • 직원명부, 평균근속기간, 일인당 평균인건비 등(선택사항)
후원자 명단	• 공로자, 후원자, 자원봉사자의 명단
뒤표지	• 로고, 주소, 전화번호, 팩스번호, 이메일, 웹사이트 • 특별히 도움을 준 사람에 대한 감사표현

서 아쉬운 점은 연차보고서에 재무제표나 감사보고서가 게재된 사례를 거의 찾아볼 수 없었다는 점이다.

이러한 점은 과거 우리나라 영리기업의 연차보고서의 사례에서도 마찬가지였는데, 영리기업들은 1997년의 금융 및 외환위기(IMF위기) 이후, 대부분의 연차보고서에 재무제표와 회계감사보고서를 올리고 있고, 이런 방식이 글로벌스탠더드라고 할 수 있다. 비영리단체들도 이와 같이 연차보고서에 재무제표와 감사보고서를 올리기를 권유드린다.

한편, 여기서 투자의 달인이라는 평가를 받는 워런 버핏에 관한 일화를 소개한다. 버핏은 연차보고서를 직접 만들기로 유명한 사람인데, 다른 단체의 연차보고서와 여러 면에서 다르다고 한다. 첫째, 이해하기 쉽게 작성되어 있고, 둘째, 최고경영자가 직접 작성한다는 점이 다르다고 한다. 또한, 다른 연차보고서와 가장 다른 점은 회사에 대한 좋은 소식과 나쁜 소식이 모두 들어 있다는 점이라고 한다. 즉, 경영성과가 신통하지 않았거나 중요한 의사결정이 애초의 기대를 충족시키지 못했다고 하더라도, 버핏은 그 모든 사례와 함께 실패의 원인을 설명하고, 스스로 반성하는 경우도 많다고 한다.

버핏은 마치 투자가들이 등 뒤에서 자신을 쳐다본다고 생각하는 듯한 태도로 의사결정에 임하며, 그래서 어떤 사안이든지 공개적인 토론을 조금도 두려워하지 않는다고 한다[에드리인 고스틱 & 디나 텔모드 저, 신실(Integrity)에서 발췌인용]. 즉, 영리기업이나 비영리단체를 불문하고 모든 단체들은 집행부(이사진)와 이해관계자 집단 간의 "정보불균형(information asymmetry)을 해결하고, 이해관계자간의 소통을 원활하게 하여, 필요 없는 억측이나 오해를 가져오지 않도록 하여야 한다. 앞에서도 소개하였지만, 피터 드러커의 책의 일부분을 다시 소개한다.

"나쁜 소식을 가능한 한 빨리 전해야 한다. 또 나쁜 소식은 110% 과장해서, 좋은 소식은 90%로 축소해서 전하려고 의식적으로 노력해야 한다. 인간인 우리들은 그와 반대로 좋은 소식은 과장해서, 나쁜 소식은 축소해서 이사회에 보고하는 것이 무의식적인 상례이다. 무의식중에 행하여지는 그런 오류는 피해야 한다."

10 회계감사

(1) 회계감사의 기원

먼저, 회계감사의 기원과 관련한 사건 하나를 소개한다.

"천체의 움직임은 계산할 수 있어도 인간의 광기는 도저히 계산할 수 없다(I can calculate the movement of the stars, but not the madness of men)."

이 말은 아이작 뉴턴이 1720년 영국을 뒤흔든 '남해 거품 사건(South Sea Bubble)'을 통하여 본인도 큰 손해를 본 후 한 말이라고 한다. 요즘도 정상적인 수익률 이상을 벌게 해 주겠다는 사기성 꼬임에 넘어가는 사람들이 있는 것을 보면, 인간이 이성을 잃는 사례는 오래전부터 있었던 모양이다.

이 사건은 1720년 봄부터 가을에 걸쳐 영국에서 남해회사(The South Sea Company)의 주식과 관련해 일어난 투기 과열 열풍에 의한 주가 급등과 급락 및 연속적인 혼란을 뜻한다. 네덜란드의 튤립 파동, 프랑스의 미시시피 거품과 더불어 근대 유럽의 3대 버블로 꼽힌다.

원래 남해회사는 1711년 영국 공공부채를 정리하기 위해 설립돼, 영국 정부 부채의 일부를 인수하고 노예무역 등을 통해 이익을 얻어 정부 부채를 갚으려고 했다. 그런데 이 사업이 당초 예상보다 적은 노예무역량(요즘으로 말하면 과다한 사업계획 수립) 및 해난사고 등으로 실패하면서, 이들은 영국 국채와 자기 회사 주식을 교환해 주는 편법을 통해 사업을 영위했다. 이 과정에서 남해회사 주가도 폭등했다. 1720년 1월 100파운드였던 주식이 5월에 700파운드가 되더니, 6월말에 이르러서는 1,050파운드까지 치솟았다. 뉴턴도 이때 약 7,000파운드란 거금을 벌었다고 한다. 이와 같은 비이성적 투기 열풍은 영국 정부가 규제에 나서면서 끝났고, 많은 사람들이 파산하고 자살을 택한 이들도 적지 않았다고 한다. 거금을 손에 쥐었던 뉴턴은 추가 투자를 하는 바람에 거품 붕괴 후 2만 파운드의 손실을 보았다고 한다. 남해회사 버블은 당시 정권의 몰락을 유발했고, 조사과정에서 일반대중에게 자금조달을 하는 사업의 경우 제3자에 의한 회계기록의 감사가 필수적이라는 것을 알게 돼,

공인회계사 제도와 회계감사 제도가 탄생하는 계기가 되었다.

부연하여, 회계감사(Audit)보고서 작성을 위해 반드시 취해야 할 '필수적 감사절차' 몇 가지를 소개한다.

- 은행 예금 잔액 및 은행 차입금 잔액 등에 대해 회계감사인(회계사)이 은행으로부터 직접 예금잔액 및 차입금 잔액에 관한 확인서를 받아야 한다.
- 매출채권이나 매입채무 등에 대해서도 회계감사인(회계사)이 매출처 및 매입처로부터 잔액에 대한 확인서를 직접 받아야 한다(피감사회사가 확인서를 받아 감사인에게 제출하는 것은 정당한 감사절차를 취한 것으로 인정되지 않는다).
- 현금잔액, 유가증권, 재고자산 등은 실제 잔액, 실물이 있는지는 감사인이 직접 실사하여야 한다.

회계감사업무에 있어, 위와 같은 필수적인 감사절차를 취하도록 하게 된 배경은 다음과 같다. 1920~1940년대 미국에서는 비정상적인 피감사회사가 현금, 예금, 유가증권 또는 재고자산 등이 실제로는 없으면서 장부에만 계상한 후 회계감사인들을 속여 적정 감사보고서를 받고, 결과적으로 투자가들에게 손해를 끼친 사건들이 있었기 때문이다. 지금은 당좌수표와 약속어음을 그리 많이 사용하지 않지만, 1980년대 초반 이른바 '장영자 사건'이 터지고 난 후 우리나라 회계감사 실무에서 다른 나라에 없는 필수감사절차가 생겼다. 즉 피감사회사가 1년 동안 은행으로부터 교부받아 사용했던 당좌수표 용지 및 약속어음 용지는 정상적인 사용, 폐기 등을 전수 조사하도록 하는 절차가 신설되었다.

이를 보면, 속이고자 하는 사람들의 머리가 아주 비상해서, 어떤 사건이 터지고 난 후 그 사건을 수습하면서 그런 수법을 방지하기 위한 새로운 제도가 도입되는 것이 아닌가 생각된다. 1929년 미국 대공황이 발생한 후, 1933년 미국의 증권법이 제정돼 기업들의 회계투명성을 강조하게 됐다. 다시 2002년 미국의 엔론 사태가 터진 후, 미국의 회계제도가 개혁됐다.

우리나라도 1997년 IMF 위기 당시에는 무척 어려운 고난이었지만, 뒤돌아보면 우리나라 기업들이 경쟁력을 갖추게 되고 회계투명성도 높아지게 된 계기가 됐다는 것이 일반론이다. 여담이지만, 어떤 사건이 있은 후에 시스템이 별로 개선되지 않는 경우도 있다. 세월호 참사가 있었을 때, 이 사건을 통해 우리나라의 안전점검 등의 시스템이 보다 완벽하게 갖추어질 것으로, 메르스 사태 이후 우리나라 병원의 환자 면회 시스템이 한 단계 격상될 것으로 기대했다. 그러나 아직 그 수준에는 도달하지 못한 것이 아닌가 하는 아쉬움이 있다.

(2) 비영리법인의 주인과 대리인

여기서는 회계감사와 관련된 대리인 이론을 소개한다. 회계감사는 1720년 시작되어 거의 300년의 역사를 가지고 있는데, 회계감사의 필요성을 논리적으로 설명하는 이론은 1976년에야 나왔다. 1976년 하버드경영대학원 교수이었던 마이클 젠슨(Michael Jensen)과 윌리엄 메클링(William Meckling) 교수는 '조직의 이론 : 관리행동, 대리인 비용, 소유자 구조 Theory of the Firm : Managerial Behavior, Agency Cost, Ownership Structure(1976, Journal of Financial Economics)'라는 논문을 발표했는데, 그 뒤 이 두 교수의 이론을 '대리인 이론, 대리인 비용'이라고 한다.

대리인 이론이란, 주인(principal)이 대리인(agent)으로 하여금 자신의 이익과 관련된 행위를 재량으로 해결해 줄 것을 부탁하는 주인-대리인 관계에서 나타나는 여러 문제를 다루는 이론을 말한다. 이 이론의 개요는 다음과 같다. 주인과 대리인 관계에서 대리인의 선호 혹은 관심사항과 주인의 그것이 일치하지 않거나, 주인이 대리인에 비해 전문지식과 정보가 부족하기 때문에 대리인이 주인의 이익을 충실하게 대변하고 확보하지 못하는 대리인 문제(agency problem)가 발생한다는 것이다.

이 이론에서 주인과 대리인 간의 정보의 불균형(Information asymmetry), 감시의 불완전성 등으로 '도덕적 해이(Moral Hazard)'나 '역선택(adverse selection)' 문제가 발생할 소지가 있으며, 이러한 제반 문제점을 극소화하기 위해 '대리인 비용'이 수반된다. 대리인 비용(Agent Cost)이란 주인(예 주주)과 대리인(예 경영자) 사이에 발생하는 대리인 문제를 적절하게 해결하는 데 소요되는 비용을 말하며, 구체적으로는 확증비용과 감시비용, 잔여손실 등이 있다.

확증비용(bonding cost)이란 대리인이 주주나 채권자 등 주체의 이해에 상반되는 행동을 하지 않고 있음을 증명하는 과정에서 발생되는 비용으로, 대리인이 기업의 재무상황을 보고하고 제3자에게 기업의 재무상황을 감사받는 데 소요되는 비용을 말한다.

감시비용(monitoring costs)은 주체가 대리인을 감시하는 데 드는 비용을 말하고, 잔여손실(residual losses)은 확증비용과 감시비용이 지출되었음에도 대리인 때문에 발생한 주체의 재산손실을 뜻한다.

회계감사관련 비용은 확증비용 또는 감시비용에 해당한다는 것인 중론이다. 이 대리인 이론은 소유와 경영이 분리돼 있는 영리상장기업의 주주와 경영자 간의 관계뿐 아니라, 국민과 정치인(대통령, 국회의원 등) 간의 관계 또는 민사 또는 상사 계약의 당사자간 관계를 잘 설명하는 이론이다.

그런데 이 이론을 비영리공익법인 분야에 적용할 때, 주인은 누구이고 대리인은 누구일까? 1980년대 초반에는 회계감사라는 것이 필요악(必要惡, Necessary evil)인지에 관한 논란이 많았고, 회사 운영을 깨끗하게 하면 되지 비싼 돈을 들여 회계감사를 받을 필요가 있느냐는 반론도 많았으나, 요즘은 회계감사의 필요성을 대부분 수긍하는 분위기로 바뀐 것 같다.

(3) 회계감사 수수료

먼저 약간 오래된 예화 하나를 소개한다. 1997년 IMF 위기 당시, 우리나라 시중은행에 대한 회계감사는 우리나라의 대형 회계법인이 담당했고, 회계감사 수수료는 은행당 약 5억원 정도였다고 한다. 그런데 당시 우리나라 회계법인에 대한 외국에서의 신뢰도가 낮아, 회계감사보고서의 신뢰도를 높이기 위한 방편으로, 이른바 'Big 4'로 불리는 외국계 회계법인이 직접 한국에 와 우리나라 은행 재무제표에 대한 회계감사를 하도록 의뢰했다. 그러면서 회계감사 보수가 어느 정도 되는지 문의했는데, 외국회계법인이 직접 회계감사를 수행할 때 연간 회계감사 보수가 한 은행당 약 30억원 이상이라고 해 정부당국자가 무척 놀랐다고 한다.

여기서 자세하게 소개하지는 않지만, 1997년 IMF 위기로 인해 우리나라에서의 회계감사의 필요성이 많이 인식되고, 회계감사 보수도 정상화(?)되었다고 본다. 다만 필자의 사견으로는 그 뒤 회계법인간의 무모한 경쟁으로 회계감사 시장이 혼탁해져 회계감사 보수도 낮아졌는데, 최근에는 2017년의 회계개혁으로 표준감사시간제도가 도입되는 등의 영향으로 감사보수가 대폭 인상되어 기업들의 부담이 많다는 불만도 많이 피력되고 있다.

비영리공익법인의 회계감사 보수와 관련된 이슈도 다루어 본다. 비영리공익법인 관련 업무를 주로 하는 후배 회계사들의 경험담을 들어보면, 비영리공익법인들이 처한 재정적 어려움 등 때문인지, 비영리공익법인이 제시하는 회계관련 보수는 무료(자원봉사) 또는 아주 저렴한 보수여서 '양질의 서비스'를 제공하기 어렵다고 한다. 물론 정당한 보수를 지급하는 단체들도 있다. 그래서 이 글을 읽으시는 비영리공익단체 임직원들께 감히 말씀드리고 싶은 것은, 가능하면, '정당한 대가'를 지급하고 '양질의 전문가 서비스'를 받아 보시라는 것이다.

마지막으로 반 농담의 사례를 소개한다. 미국 LA에서 오랫동안 사업을 했던 후배가 어느 책에 썼던 글이다. 미국 LA에서 사업을 할 때, 미국인 회계사는 깔끔하게 일을 처리하고 상담 후 바로 청구서를 보내오곤 했다고 한다. 그런데 LA에서 활동하고 있는 일본인 회계사는 거의 매주 미국세법 및 캘리포니아 세법 개정이나 새로운 소식을 알려주곤 했는데, 무료였다고 한다. 한편 우리나라 교포 회계사는 거의 만날 수 없었는데, 전화하면 골프장에 있었다고 한다. 이 글을 읽으시는 독자께서는, 위의 세 가지 형태의 회계사 중 어떤 회계사를 본인의 회계사로 선정하실까? 위 세 가지 형태를 모두 갖춘 회계사가 최적의 회계사라고 할 수 있는데, 세상에 만점을 받는 사람이 없듯 '만점 회계사'는 없는 것 같다.

(4) 상증세법상의 공익법인 등에 대한 법정회계감사

상증세법상 자산규모 100억원 이상인 공익법인 등에 대한 회계감사는 2007년부터 도입되었다. 그러나 회계감사를 받지 않아도 특별한 제재가 없었다. 그런데 2016년 12월말에 개정된 상증세법에서는 2017년부터 상증세법상의 공익법인이 회계감사를 받지 않을 경우 가산세[15]를 부담하

15) (수입금액 + 출연자산가액) × 0.7%

는 제도가 도입되어 자산규모 100억원 이상의 상증세법상의 공익법인의 회계감사가 의무화되었으며, 2020년부터는 직전 사업연도 총자산가액 100억원 이상 또는 수입금액과 출연재산가액(정부보조금 제외) 합계액이 50억원 이상 또는 출연재산가액(정부보조금 제외)이 20억원 이상인 법인, 특정법인 주식 5%를 초과하여 출연·취득한 공익법인 등으로 확대되었다. 다만, 자산규모 100억원 이상의 모든 공익법인 등에 대하여 회계감사가 의무화되는 것이 아니라 종교단체는 제외된다. 자산규모 100억원 이상을 판정할 때 부동산 보유법인은 장부가액이 아니라 개별지가 또는 감정평가액으로 100억원 이상 여부를 판정하도록 되어 있다.

한편, 2016년까지는 외부회계감사를 받는 공익법인 등은 2명 이상의 변호사, 공인회계사 또는 세무사의 외부전문가의 세무확인이 면제되었으나, 2017년부터는 회계감사와 외부전문가 확인을 각각 받아야 한다.

위와 같이, 법으로 의무화되어 있는 회계감사를 법정회계감사라고 하고, 그 이외에 자발적으로 받는 회계감사를 임의회계감사라고 한다. 그런데 법정회계감사대상에 해당되지 않는 소규모 단체 중에서도, 기부자 등 후원자들에게 재무제표의 신뢰성을 제고하는 방안의 하나로서, 외부회계감사를 받아 그 회계감사보고서를 이해관계자에게 공개하는 단체들도 있다.

우리나라의 기부금 모집 상위 랭킹에 있는 공익법인들은 규모가 작을 때부터 회계감사를 받았는데, 회계투명성을 제고하여 모금활동을 활성화하는 방안의 하나로서, 약간의 비용이 들더라도 외부회계감사를 받는 방안을 검토해 보는 것도 좋지 않을까 생각된다.

(5) 회계감사의견의 종류

한국기독교교회협의회(NCCK) 종교개혁 500주년 기념사업위원회와 교회재정투명성위원회가 주최한 '투명한 재정, 신뢰받는 교회'라는 주제의 세미나(2016.7.22)에서는 '교회재정을 건강하게 만드는 열 가지 방법'을 제시한다. 이 열 가지 방법이란 다음과 같다.

① 교회재산이 특정개인의 재산이 아님을 바르게 인식하라.
② 재정운영이 소수에게 집중되지 않게 하라.

③ '모든' 교인에게 보고하라.
④ 누구나 쉽게 이해할 수 있도록 보고하라.
⑤ 결산총액이 5억원 이상인 교회는 재무제표를 작성할 때 복식부기로 하라.
⑥ 현금집계는 반드시 2인 이상이 입회한 상태에서 하라.
⑦ 자금은 전자거래로 집행하라.
⑧ 외부회계감사를 받아라.
⑨ 제대로 된 정관을 마련하라.
⑩ 사회봉사와 구제를 많이 하라.

이 열 가지 제안 중에서 '회계감사를 받아라'에 관해, 구체적으로 "회계감사제도는 결산서가 지닌 타당성 · 공정성 등을 입증하기 위해 고안된 감시체제이며, 외부감사는 목회적 안목을 갖추고 교회 생리를 잘 이해하는 교계 관련 회계기관으로부터 받는 것을 권한다. 외부감사는 비용이 많이 들어 작은 교회는 도입하기 어려울 수 있다. 이럴 때에는 독립적인 내부 감사위원회를 두어 검증절차를 밟아야 한다"고 돼 있다.

여기서는 회계감사와 관련된 몇 가지 이슈를 소개한다.

첫째, 회계감사란 외부에 있는 이해관계자를 보호하기 위한 제도로서, 아래 그림과 같이 피감사단체가 작성한 '재무제표가 일반적으로 인정되는 회계기준(Generally Accepted Accounting Principles : GAAP)에 의하여 작성되었는지 여부'에 대해, 회계전문가로서 외부감사인인 공인회계사

외부감사제도

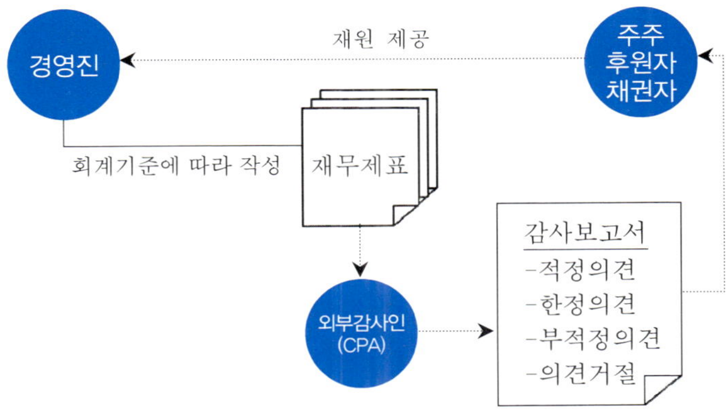

또는 회계법인이 재무제표에 대해 회계감사를 수행하고 감사보고서를 발행하면, 재무제표이용자는 감사받은 재무제표를 믿고 자신의 의사결정에 활용하게 된다.

둘째, 재무제표 회계감사에 관한 감사의견은 적정의견, 한정의견, 부적정의견, 의견거절의 네 가지로 나뉜다. 아래 표는 영리회사 중 주식상장회사에 대한 감사보고서에 감사의견이 표시된 문장을 발췌한 것으로 내부감사인의 감사보고서와 구별하기 위해 감사보고서의 제목은 '독립된 감사인의 감사보고서'라고 표시한다.

감사의견의 표시

적정의견	한정의견	의견거절
독립된 감사인의 감사보고서 감사의견 우리의 의견으로는 (중략) 현재의 재무상태와 동일로 종료되는 보고기간의 재무성과 및 현금흐름을 한국채택국제회계기준에 따라 중요성의 관점에서 공정하게 표시하고 있습니다.	독립된 감사인의 감사보고서 한정의견 우리의 의견으로는 별첨된 회사의 재무제표는 이 감사보고서의 한정의견 근거 단락에 기술된 사항이 미칠 수 있는 영향을 제외하고는 회사의 2019년 12월 31일 현재의 재무상태와 동일로 종료되는 보고기간의 재무성과 및 현금흐름을 한국채택국제회계기준에 따라 중요성의 관점에서 공정하게 표시하고 있습니다.	독립된 감사인의 감사보고서 의견거절 우리는 별첨된 회사의 재무제표에 대하여 의견을 표명하지 않습니다. 우리는 이 감사보고서의 의견거절근거 단락에서 기술된 사항의 유의성 때문에 재무제표에 대한 감사의견의 근거를 제공하는 충분하고 적합한 감사증거를 입수할 수 없었습니다.

외부감사인이 경영진이 재무제표를 회계기준에 따라 작성했다고 판단하면 적정의견을 표명하는데, 감사보고서에는 '적정의견입니다'라는 표현이 없고, 감사의견 단락에서 '중요성의 관점에서 공정하게 표시하고 있습니다'라는 표현이 적정의견을 의미한다. 회계감사보고서상의 적정의견을 받은 회사의 재무상태나 경영성과가 '적정'한 것으로 오해하는 사람이 제법 많은데, 부채가 많아 재무상태가 좋지 않고 당기순손

실을 보고해 경영성과가 나빠도 재무제표가 일반적으로 인정되는 회계기준에 따라 작성되면, 감사인은 적정의견의 감사보고서를 발행한다. 적정의견이란 재무제표가 회계기준에 따라 작성되었으니 기재된 금액을 믿고 의사결정에 활용할 수 있다는 의미이지, 경영성과나 재무상태가 양호하다는 뜻은 아니다.

외부감사인은 회계기준의 위반사항이 중요하거나 감사증거를 수집하는 데 중요한 제한이 있다고 판단하면 한정의견을 표명한다. 감사보고서에서 '~을 제외하고는 중요성의 관점에서 공정하게 표시하고 있습니다'라는 표현이 한정의견을 의미하며, '~을 제외한 부분'이 감사인이 한정의견을 낸 주된 사유에 해당한다.

'부적정의견'은 회계기준의 위반사항이 중요하고 전반적일 때 표명하는데, 실무에서 거의 보기 힘들어서 부적정의견을 표시하는 문장은 소개하지 않는다.

한편, 회사 협조가 충분하지 않아 재무제표에 기재된 숫자의 신뢰성을 확인할 수 없을 때, 외부감사인은 감사보고서에 '감사범위에 제한이 있다'라고 표현하고 의견을 거절한다.

그 이외에, 기업이 목적달성을 위해 오랫동안 경영활동을 수행한다는 것을 '계속기업의 가정'이라고 하고, 기업의 재무제표는 '계속기업의 가정'을 전제로 작성하는데, 기업에 심각한 부실징후가 있어 앞으로 계속해서 사업을 할 수 없다고 외부감사인이 판단하면, '계속기업 관련 불확실성'의 사유로 감사의견을 거절하기도 한다.

셋째, 필자가 자주 소개하는 예화 하나를 인용한다. 필자가 1970년대 말 외국계 회계법인에서 회계감사를 처음 시작할 때 취급한 업무 중의 하나가, 우리나라에 나와 있는 미국 선교사가 본인이 1년 동안 사용한 선교비 명세에 대하여, 비싼 회계감사 수수료를 내면서 외국계 회계사무소로부터 회계감사를 받아 그 회계감사보고서를 선교비를 후원한 미국 내 기부자들에게 보내는 것에 관련된 일이었다. 이런 예는 외국선교단체의 지원으로 설립되어 운영되는 지방 조그마한 병원의 경우에서도 볼 수 있었다. 이에 비해 우리나라 사람들의 경우, 회계감사 수수료를 아껴서 선교나 의료사업에 쓰는 것이 더 좋다고 생각하는 것 같다(여기서 소개한 미국 선교사나 외국선교단체의 지원으로 설립된 병원이 회계감사 수수료가 상대적으로 비싼 외국계 회계법인으로부터 회계감사를 받게 된 배경은 후원자들이 회계감사비용을 부담하면서 회계감사를 받도록 했기 때문이기도 하다. 우리나라의 현실을 보면, 정부보조금으로 사업을 수행하는 NPO들이 회계감사비용예산이 없어 쩔쩔매는 것을 보면, 정부보조금을 책정할 때 회계감사비용예산을 설정해줄 필요가 있다). 교회재정투명성위원회에서 교회가 자발적으로 회계감사를 받는 것이 좋다고 권유하고 있으나, 필자 개인으로서는 교회재정 수입이 연간 50억원 이상 또는 총재산이 100억원 이상인 대형교회들 이외에는 회계감사 비용(회계감사 수수료 등)과 효익을 고려하여 판단해야 하지 않을까 생각된다.

(6) 회계감사의 한계

회계감사의 한계에 관하여도 살펴본다. 회계감사만 받으면 회계투명성이 100% 보장되는 것이 아니며, 회계감사기능도 그 내재적 한계를 가지고 있다는 점을 이해하는 것이 필요하다. 전문용어로 Audit Expectations Gap(회계감사의 기대차이)이라는 용어가 있다. 이는 회계감사인과 회계감사보고서 이용자 사이에 회계감사기능에 관한 인식 차이를 말한다.

- 회계감사기법이 전수감사가 아니라 시사(Sampling)에 의한다는 감사수행방법상의 한계가 있음. 감사의견은 재무제표의 부정과 오류가 포함되지 않았다는 절대적인 확신을 제공하기보다는 합리적인 수준(reasonable level)의 확신에 기초하고 있음
- 감사인의 의견이 회사의 재무상태 또는 경영성과의 양호여부를 평가하거나 장래전망을 보장하는 것은 아님. 회계감사는 재무제표와 이에 관련되는 서류 또는 업무에 한정되어, 회계감사의견에는 경영자의 직무수행능력이나 조직의 효율성 등에 관한 사항을 포함하지 아니함
- **회계기준의 불완전성** : 회계기준이 모든 경제활동이나 사상을 반영하는 것은 아님
- **감사인의 능력의 한계** : 감사인의 전문지식과 실무능력이 완전한 것이 아니며, 부주의나 판단착오 또는 과실이 있을 수 있음
- 회계제도와 내부통제제도에 고유한계가 있어, 감사대상기업의 공모가능성을 모두 발견할 수 있는 것은 아님

가장 간단한 예로는 수년 전 대우조선 분식회계 사태와 같이, 피감사기업에 중대한 부정이나 오류가 있음에도 불구하고 회계감사인이 이를 적발하지 못했을 때, 또는 피감사기업이 감사보고서 발행 후 부도가 나거나 파산한 경우, 회계감사인이 이를 미리 예측할 수 없었는지 등으로부터 생긴다. 그래서 회계감사는 그 자체로서의 한계를 가지고 있다는 점을 일반인들도 이해할 필요가 있다.

회계감사가 회계투명성의 만병통치약이 아니라는 점도 명심해야 한다. 필자 경험상 가장 중요한 것은 재무제표를 작성하는 기업의 리더(CEO) 및 회계책임자 및 실무자들의 건전한 양식과 전문지식이다. 세 가지를 부연한다.

첫째, 회계감사가 업무감사와 다르다는 점이다. 업무감사란 통상 회계 이외의 구매, 생산, 판매, 재무 등 기업의 제반 업무활동과 그 업무활동의 전제가 되는 조직이나 제도를 감사하는 것으로, 기업 업무활동의 합리성, 능률, 타당성 등을 판단하는 감사를 말하며, 이는 통상 내부감사인이 실시한다. 회계감사를 실시함에 있어 재무제표가 적정하게 작성되는지 여부를 판단하기 위해 피감사단체의 내부통제 기능을 검토하나, 회계감사인이 업무감사 자체를 실시하는 것은 아니다. 회계감사인이 회계감사를 실시하면서, 내부통제의 개선점을 경영진에게 보고하는 것이 있는데, 내부통제 개선점을 제시하는 것이 회계감사의 본래의 목적이 아니다.

둘째, 회계감사가 부정적발 감사(Forensic Audit)가 아니라는 점이다. 일부 큰 회계법인이나 대형 법무법인에 포렌식(Forensic) 팀이라는 부서가 있다. 이 포렌식(Forensic) 팀은 불법행위나 기업비리를 밝혀내는 부정적발 감사팀으로 대개는 기업 내부의 감사팀의 역할인데, 회계법인이나 법무법인이 의뢰받기도 한다. 그러나 이런 부정적발 감사는 회계감사와는 전혀 다른 것이다.

셋째, 내부통제 등의 문제점이 있는 기업이나 단체가 회계감사를 의뢰하더라도, 그 의뢰를 수락하는 회계법인이 없다. 수락하더라도 '의견거절' 감사보고서가 발행될 가능성도 있다. 이름을 밝히기는 곤란하나, 분규상태에 있는 서울 강남 모 대형교회가 몇 년 전 교회재정의 투명성을 입증하기 위해 어느 회계법인에 회계감사를 의뢰했다. 그러나 그 회계법인은 감사 리스크가 크다고 판단하여 그 회계감사의뢰를 거절한 적이 있었다. 사례는 다른데, 약 10년 전 어느 정당이 다른 정당에 비하여 회계투명성이 높다는 것을 선전(?)하기 위해, 여러 회계법인에 회계감사의 견적서 제출을 요청했지만, 모든 회계법인이 응하지 않았던 사례도 있었다.

11 주무관청에 의한 감사

주무관청으로부터 설립인허가를 받은 비영리법인들의 경우, 매 회계연도별로 예산서류와 결산서류를 제출하고 있으며, 주무관청에 따라 다르지만 2~3년마다 주무관청으로부터 업무 및 회계에 관한 감사를 받는다.

위와 같은 주무관청의 감사제도가 효율적으로 이루어진다면 NPO의 회계신뢰도도 높아질 수 있다고 생각된다. 다만, 주무관청의 감사는 주로 업무에 관한 감사의 비중이 높고, 회계분야에 관한 감사기능은 그리 높지 않은 것으로 이해한다.

국고보조금 받아 노래방 · 술값 내고 회계조작해 4억대 엉뚱한 데 쓰고

복지부, 산하 민간단체 28곳 적발, 12명 파면… 45명 주의 · 경고 요구

사회복지센터를 운영하는 A협회는 2008~2009년 센터 운영비로 10억2,600만원의 국고를 지원받은 뒤 연말 회계서류를 허위작성하는 수법으로 4억5,100만원을 빼돌려 다른 용도로 썼다. 또 이 협회는 다른 운영보조금 8억2,000만원 중 1,500만원가량을 정년을 넘긴 직원 인건비와 명절 휴가비로 무단 사용했다가 적발됐다.

보건복지부가 2006~2009년 총 10억원 이상 지원한 민간단체 29곳을 대상으로 3월부터 한 달간 보조금 집행 실태를 집중 감사한 결과, 28곳이 보조금을 부당하게 사용한 것으로 확인됐다. 해당 금액만 7억5,000여만원에 달한다. 부당행위 유형은 다양했다. A협회는 보조금을 유용한 것 외에도 복권기금 79억원을 지원받아 설립한 사회복지센터의 소유권을 협회가 만든 주식회사 형태의 다른 법인 명의로 바꿔놓은 사실이 적발됐다. B단체는 국고보조금 1억4,960만원을 임원 2명과 직원 6명에게 업무추진비 · 직책보조비 · 시내출장비 등의 명목으로 현금 지급한 것으로 드러났다.

C협회는 국고보조사업을 수행중인 인력을 다른 기관의 연구보조원으로 명의만 빌려준 뒤 인건비를 받아 협회 관리운영비로 사용했고, D협회는 보조사업과 상관없는 해외연수비를 보조금으로 지원했다. 또 E연구원 등은 출퇴근시, 심지어 주말에 개인적으로 이용한

직원 택시비까지 보조금으로 메워줬다. F재단 등 8개 단체는 국고지원금을 노래방과 주점 등에서 사용하다 걸렸다.

복지부는 이에 따라 부당집행된 보조금 7억5,000여만원을 회수조치했다. 또 관련된 3개 단체 임·직원 12명에 대해 파면 등 징계를, 나머지 관련자 45명에 대해서는 주의·경고 조치를 요구했다. 복지부 감사담당관실의 정종 사무관은 "보조금 액수가 비교적 적은 단체들에 대해서도 해당 과에서 자체 감사를 실시중"이라며 "앞으로 주기적으로 보조금 집행 실태를 점검하는 등 지도·감독을 강화하겠다"고 말했다. 복지부로부터 연간 8,000만원 이상 보조금을 지원받는 민간단체는 모두 199곳이다. (중앙일보, 2010.8.25)

아래 표는 2021년 국고보조금 정산과 관련된 지적사항 요약표이다. 요즘도 증빙위조를 하는 사례들이 많이 적발되고 있다.

구 분		내 용	비 율
1. 증빙 위조	세금계산서	거래가 없거나 거래금액을 부풀린 세금계산서를 포토샵 등으로 만들어 첨부	40.6%
	계좌이체증	계좌이체 없이 이체증 위조	6.5%
	인건비 지급서류	소득세원천징수영수증, 급여명세서 등 위조	11.7%
	매입전표	구입하지 않은 물품 매입전표 위조	0.4%
2. 관련 없는 증빙		보조사업과 관련 없는 계좌이체증 첨부 등	11.2%
3. 무증빙		증빙이 전혀 없음	11.0%
4. 유사증빙		견적서 등 직접 관련이 없는 증빙 첨부	4.4%
5. 중복증빙		다른 보조사업 등의 증빙 재첨부	8.8%
6. 입금 후 돌려막기		실제 거래 없이 보조금계좌에서 비용지급 후 개인계좌로 다시 돌려받음	15.3%

12 보론 1 : 일본의 재단법인의 새로운 의사결정기구 – 평의원회[16)]

여기에서는, 일본이 2008년 12월부터 시행하고 있는 새로운 공익법인제도 중에서, 가장 큰 변화의 하나라고 일컬어지는 재단법인의 평의원회 제도를 소개한다. 일본이 재단법인 제도에서 평의원회 제도를 의무화한 것은, 재단법의 지배구조의 변화를 통하여 투명성 및 재단운영의 건전을 도모하기 위한 것으로 이해된다.

2018년 12월 개정법의 시행에 따라, 일본의 재단법인은 최소한 3인 이상의 평의원, 3인 이상의 이사 및 1인 이상의 감사로 임원을 구성하여야 한다. 이는 법령상의 최소한 인원인 관계로, 실제로는 각 재단법인의 정관에 따라 최소한의 임원수보다는 많은 것이 일반적이다.

우리나라와 비슷하게, 일본의 비영리법인의 법인 형태는 사단법인과 재단법인으로 나뉘고, 그 성격상 의결기구 내지 집행기구로서 전자는 사원총회가 있는 반면, 후자는 사원총회 없이 이사회만 있었다. 그리고 2008년 새로운 공익법인제도를 도입하기 전에도, 주무관청의 지도감독이나 당해 재단법인의 임의판단에 따라 평의원회라는 임의기구를 가진 재단법인이 있었다. 이 평의원회는 이사 및 감사를 선임하는 선임기관의 역할과 기타 그 재단법인의 중요사안에 관한 자문기관의 역할을 담당했고, 평의원은 이사회에서 선임되도록 하였었다.

그런데 2008년 12월부터 시행되는 새로운 공익법인제도에서는, 모든 재단법인이 평의원회를 설치하도록 되었고, 사단법인의 사원총회와 비슷하게 재단법인의 최고 의사결정기관으로 변경되었다. 이에 따라, 이사회는 최고 의사결정기관이 아니라, 집행기관의 성격을 가지고 각 이사의 직무집행을 감독하는 역할을 수행하게 되었다. 이사회는 분기에 1회 이상 개최하여, 대표이사(또는 이사장)가 직무집행상황을 보고하도록 하는 것이 원칙이고, 다만, 정관에 의하여 이사회 개최를 연 2회 이상으로 완화할 수 있게 하였다.

한편, 평의원회는 재단법인 운영에 관한 기본정책을 수립하고, 사후 법인운용을 감독하는 기능을 가진다. 이사 · 감사 · 회계감사인의 선임 또는 해임, 이사 · 감사의 보수의 결정, 결산서류의 승인, 정관의 변

16) 이 글은 조선일보 더나은미래에, 2018년 6월 15일자로 '한국에도 日 재단법인의 '평의원회' 제도가 필요하다'라는 제목으로 게재된 필자의 칼럼을 일부 수정한 것이다.

경, 일부 사업의 양도, 합병의 승인, 이사 등의 법인에 대한 책임의 일부 면제 등은 반드시 평의원회에서 정하도록 하고 있고, 정기 평의원회는 매 결산기 종료 후 반드시 개최하며, 임시평의원회는 필요에 따라 수시로 열도록 하고 있다. 이를 보면, 사단법인의 사원총회 또는 영리법인의 하나인 주식회사의 주주총회와 유사한 기관이다. 실제로 일본 정부는 비영리공익법인의 지배구조 및 임원의 권한과 책임에 관한 법률을 개정하면서, 주식회사의 사례를 많이 참고하였다.

평의원회의 구성원이 되는 평의원 선임에 관한 구체적인 규정은 각 재단법인의 정관에 따르도록 하고 있다. 이에 따라, 평의원회의 결의에 따라 선임하는 정관규정을 가지는 것이 일반적이나, 외부조직 또는 외부인이 선임하도록 하는 방법도 사용되고 있다. 한편, 평의원회는 이사 등을 감독하는 입장에 있는 관계로, 당해 재단법인의 이사회 또는 이사가 평의원을 선임할 수 없고, 평의원은 그 재단법인의 이사·감사 또는 사용인, 기타 당해 재단법인의 자회사의 이사·감사·사용인도 평의원이 될 수 없다.

이러한 재단법인의 평의원회 제도는, 일본의 사립학교법에서 종전부터 시행되고 있었던, 학교법인의 평의원회 제도와 약간 다르다. 즉, 학교법인의 평의원회는 교수, 직원 또는 졸업생의 의견을 폭넓게 수용하기 위하여, 이사의 수의 2배를 넘는 평의원으로 구성하도록 하고 있고 교육법에 따라 반드시 설치하여야 하는 필수기관이나, 의결기관이 아니라 자문기관의 성격을 가진다.

의료법에 의한 의료법인에도 평의원회 제도가 도입되어 있는데, 구체적인 소개는 생략한다.

한편, 최근 가장 주목하여야 할 점으로서, 일본의 사회복지법의 개정에 따라, 사회복지법인들도 2017년 4월 1일 이후 일반사단법인과 유사한 평의원회를 반드시 설치하고 있다는 점이다. 사회복지법인의 평의원의 자격은 "사회복지법인의 적정한 운영에 필요한 식견을 가진 자"로 하고 있는데, 구체적으로는, 주민대표자 및 민생위원·아동위원, 지역사회 복지협의회 임원, 자원봉사자 등 그 사회복지법인이 활동하고 있는 지역의 복지 수요를 파악하거나, 사회복지경험을 활용할 수 있는 자들을 예시하고 있다.

사회환경이나 제도운영이 유사한 우리나라의 재단법인 및 사회복지법인에도 일본의 평의원회 제도를 도입하는 것이 필요하다고 생각한다.

13 보론 2 : 비영리법인의 감사(監事) – 우리나라 상법상의 주식회사 감사제도의 유형과 기원[17)]

먼저, 회사법에서 주식회사의 감독기관을 나라별로 어떻게 설정하고 있는지 보면, 세 가지 유형으로 대별된다. 즉, 먼저 독립된 기관으로서 감사(監事)를 제도화하고 있는지 아닌지에 따라 독일법제와 영미법제의 유형으로 나뉘고, 그 뒤 주주총회를 정점으로 수직적인 구조를 취하고 있는지 아니면 삼권 분립형의 대등구조를 취하고 있는지에 따라 달라진다. 전자에는 독일법제와 영미법제의 유형이 속하고, 후자에는 아시아법제의 유형이 해당된다.

주식회사의 기관 구조에서 수직적인 구조라 함은 기관 구성의 선임권을 중심으로 독일법제와 영미법제에서 나타나는 방식을 말하는 것으로, 독일법제에서는 주주총회가 감사를 복수로 선임하여 감사회를 구성하고 다시 감사회가 이사를 선임하는 구조로 되어 있다.

이에 비하여, 영미법제에서는 주주총회가 이사를 선임하고 선임된 이사가 이사회를 구성하여 그 내부에 각 위원회를 두는 한편, 위원회의 하나인 감사위원회가 감사 기능을 담당한다. 그리고 삼권분립형 구조라 함은 아시아법제에서 나타나는 형식으로, 주주총회는 이사를 복수로 선임하여 이사회를 구성하게 하는 한편, 감사도 주주총회에서 별도로 선임하여 이사와 대등한 권한을 줌으로써 경영을 감시하게 하는 체제를 말한다.

특히 이 아시아법제 유형의 중심을 구축하는 한·중·일 세 나라 중, 우리나라와 일본은 근래 들어 전통적인 틀에서 벗어나 영미법 유형과 융합된 구조로 변모하면서 각기 다른 형태로 발전되어 가는 모습을 보이고 있다. 즉, 아시아법제에 해당되는 우리나라, 중국, 일본은 삼권분립 형태에 기반을 두고 설계돼 있었으나, 우리나라는 1998년 IMF로부터 구제금융을 지원받는 조건으로 미국의 감사위원회제도를 받아들

17) 이 글은 필자의 은사인 이효익 교수의 정년퇴임기념논문집에 게재한 논문의 일부를 수정한 것이다.

이면서 변화가 초래되었고, 일본 또한 선택적으로 위원회 제도를 도입함으로써 변화가 초래되었다.

여기서, 서구의 회사법 제도를 최초로 도입했던 일본 상법상의 주식회사의 감사제도의 변천을 소개한다. 일본 상법상 주식회사의 감사제도는 1890년 헤르만 · 뢰슬러(Hermann Rösler)라는 독일인이 만든 '상법초안(商法草案)'을 기초로 만들어진 상법(商法)에 감사(일본어로는 감사역 : 監査役)라는 법정기관으로 설정되었다.

당시 감사의 권한은 이사의 직무집행에 관하여 회계감사권과 업무감사권을 가지는 것으로 강력한 권한을 가지고 있었다(이 법에 의한 감사제도는 1950년의 상법개정 이전까지 회의체기관인 이사회제도의 도입이 없었을 당시, 주식회사의 기관의 하나의 축을 담당하는 기관으로서 감사의 권한은 막강한 것으로 설계되어 있었다).

그 뒤, 1950년 상법개정을 통하여 감사의 권한은 회계감사권만을 가지는 것으로 축소되었다가, 이후 산요(山陽)특수강사건을 비롯한 각종 기업도산사태를 계기로 1974년 상법개정을 통하여 감사의 권한은 회계감사권은 물론이고 업무감사권을 가지는 기관으로 권한이 확대되었다. 이에 더하여 상법특례법을 제정하여, 주식회사를 자본과 부채총액을 기준으로 대 · 중 · 소로 분리하여 대(大)회사는 감사에 의한 감사 이외에도 회계감사인(회계법인)에 의한 감사가 의무화되었다.

한편, 2005년에 상법으로부터 회사법을 분리하여 회사법을 새롭게 별도로 제정하면서 주식회사의 지배구조의 다양화를 도입하였는데, 그 중심은 주식회사의 감사기능의 효율성 증대에 있었다. 신 회사법에 따라 현행 일본의 회사법상 주식회사의 지배구조(기관구성)는 열네 가지의 유형으로 조합돼, 선택적이면서도 일부의 경우는 강제되는 형식으로 설계되어 그만큼 복잡 · 다양화하게 되었다.

1962년 제정된 우리나라 상법은 종래 의용상법과는 달리 3인 이상 이사를 두게 하고 이들로 구성된 회의체기관인 이사회를 설치함으로써 개별 이사의 직무집행에 대한 1차적인 경영감독을 할 수 있도록 하고, 이사회의 업무감독권과 감사의 업무감독권이 상충되는 것을 방지하고자 감사에게는 회계감사권만 인정했으며, 주주총회의 권한이 약화됨에 따라 필요해진 주주의 보호를 위해서 이사의 위법행위유지청구권, 대표소송권 및 주주의 회계장부열람권을 신설했다.

그 뒤, 이사회의 구성원인 이사가 한 업무에 대해 이사회가 감시·감독하는 데 현실적인 한계가 있으며 주주 및 채권자의 이익보호를 위해서 감사의 권한을 보다 강화할 필요성이 대두되어 1984년 개정을 통해 감사에게 다시 업무감사권을 부여하고 그 임기를 1년에서 2년으로 연장하는 등 감사의 권한을 강화했고, 실효성 있는 감사가 이루어질 수 있도록 다양한 제도적 장치를 마련했다.

이후 1995년 상법 개정을 통해 감사의 임기를 3년으로 연장하고, 모기업 감사의 자회사 업무감사권까지 인정하는 등 감사의 지위를 강화했다. 1999년 개정법에서는 회사가 정관의 규정에 의하여 감사에 갈음하는 감사위원회를 둘 수 있게 함으로써 종전 감사제도와 감사위원회제도 가운데 어느 하나를 선택할 수 있도록 했다. 감사위원회는 이사회 내의 위원회의 한 종류로서 경영자에 대한 감시·감독 기능을 보다 투명하고 효율적으로 수행할 수 있도록 하고자 감사위원회 위원의 3분의 2 이상을 반드시 사외이사로 구성하도록 하였다.

그리고 2012년 4월부터 시행되는 개정 상법에서는 감사와 감사위원회 위원의 효율적인 감사업무수행을 위해 제도를 정비하여, 종래 감사위원회에만 인정하던 회사의 비용으로 전문가의 조력을 구할 수 있도록 하였던 것을, 감사위원회와 같은 기능을 수행하는 감사에 대하여도 인정하도록 개정되었다.

상법상 감사제도 등을 비교해 볼 때, 비영리법인·공익법인의 감사제도는 다음과 같이 개선되어야 한다고 생각된다.

첫째, 대부분의 비영리법인이 주무관청이 제시한 표준 정관 및 지도에 따라 감사제도를 도입하고 있는 현실을 고려할 때, 민법상 비영리법인의 감사를 주식회사와 유사하게 필수기관으로 변경하는 것이 타당하지 않을까 보여진다. 또한 모든 비영리법인에 감사를 필수기관으로 두는 것이 소규모 비영리법인에게는 적합하지 않다면, 공익성이 강한 법인, 대규모 비영리법인은 필수기관으로 소규모 법인은 임의기관으로 하는 방안도 있다(상법상의 유한회사는 감사가 임의기관이다). 그 이외에 공익법인법, 사립학교법, 사회복지법인법 및 공공기관 운영에 관한 법률 등에 산재하고 있는 감사의 업무범위, 감사의 자격, 이사와 감사의 이해상충관계, 감사의 책임범위, 소규모 단체의 예외(예 2009년 5월 28일 상법개정에서는, 자본금의 총액이 10억원 미만인 회사를 소규모회사로 분류하고, 그에 따른 특례조치를 두었다. 그중 하나로서 이에 해당되는 회사는 감사를 선임하지 아니할 수 있도록 하였고, 이 법에 근거하여 감사를 두지 아니하는 회사는 기존의 감사에게 부여된 임무와 권한을 주주총회의 임무와 권한으로 하였다) 등에 관한 일반적인 사항을 민법에 정하고, 다른 법에서 그 민법 규정을 준용하도록 하는 것이 바람직하다고 보여진다.

둘째, 재단법인 형태에서는 이사회, 이사 및 감사를 선임하는 현행 규정을 전면 개편하여, 사단법인의 사원총회와 유사한 평의원회(또는 임원 선임 및 해임위원회 또는 임원추천위원회)를 재단법인에 설치하고, 그 평의원회는 이사들이 참석하지 못하게 하면서, 평의원회에서 재단법인의 이사 및 감사를 선임하도록 하는 것이 필요하다고 판단된다. 우리나라 재단법인 이사회의 권한이 너무 막강하고, 이사나 이사회를 견제할 수 없을 정도로 불합리하여, 이사가 이사를 선임하거나 이사회가 감사를 해임하는 조항은 반드시 개선되어야 한다고 판단한다.

셋째, 상법과 비교하여 볼 때, 학교법인이나 사회복지법인은 개방이사, 외부추천이사 제도를 도입하면서 감사제도는 그대로 존속시키고 있는데, 이는 옥상옥(屋上屋)이 아닌가 생각된다. 주식회사의 경우, 1999년 상법개정에서 상장회사는 자산규모를 고려하여 대통령령으로 정하는 경우를 제외하고 이사 총수의 4분의 1 이상을 사외이사로 선임하도록 정하는 한편, 자산규모 등을 고려하여 대통령령으로 정하는 상장회사는 기존의 감사에 대체하여 감사위원회 설치를 강제하는 개정이 이루어져, 감사위원회를 설치한 회사는 감사를 두지 않도록 변경되었다.

주식회사의 사외이사제도와 유사한 비영리법인의 제도로서 학교법인의 개방이사제도와 사회복지법인의 외부추천이사제도가 있다. 그런데 학교법인이나 사회복지법인에서도 개방이사 · 외부추천이사와 감사 중 하나만 두거나, 선택하도록 하는 것이 바람직하지 않나 생각된다. 또한, 비영리법인의 경우에는 주식회사와 달리 이미 대부분의 이사가 비상근이사로 구성되어 있는 현실을 감안할 때 사외이사제도나 감사제도 모두 독립성과 전문성이 보장되도록 하면서, 본연의 임무를 충실하게 수행하는 제도가 정립되어야 한다고 생각된다.

넷째, 내부감사, 주무관청의 감독, 회계감사 간의 조정 내지 조화가 필요하다고 판단된다. 우리나라 비영리법인의 실무자들의 목소리를 들으면, 정관에 따른 감사(監事)의 감사(監査), 주무관청의 감독(또는 감사),

세무서의 세무조사 및 회계감사(자산규모 100억원 이상의 비영리법인) 등 감사나 외부보고 제도가 너무 많다는 호소를 하기도 한다. 특히 주무관청(감독기관)에 제출하여야 하는 보고서의 내용과 세법 규정에 따라 세무서에 제출하여야 하는 보고서의 내용이 거의 같음에도 불구하고, 보고서 형식이 달라, 그 보고서 작성 대응에 애로가 많다는 호소를 하고 있다.

여러 가지 감사나 외부보고 제도는 각각의 필요에 따라 제정된 것이라 할 수 있는데, 자칫 비영리법인의 활동을 위축시키거나 자원의 낭비가 없도록 여러 가지 감사나 감독 및 보고제도가 효율적으로 운용되도록 하는 조화가 이루어지도록 할 필요도 있다.

14 보론 3 : 우리나라 실정에 알맞은 외국의 비영리 평가인증기구와 그 평가방법의 도입[18)]

(1) 서 론

2020년 4월 정의기억연대 · 정대협의 횡령 내지 회계부정 사건이 일반에게 알려진 후, 2020년 5월에 실시된 시민단체의 회계투명성 제고 방안에 관한 리얼미터의 여론조사 결과에서, 외부회계기관감사 53.2%, 정부의 직접 관리 21.4%, 시민단체 관련 공적 기구 설립 15.8%, 자율 집행과 보고 4.2%로 나타났다. 이 여론조사를 보면, 우리 국민은 외부회계기관감사나 정부의 직접 관리, 시민단체 관련 공적 기구 설립 등 정부 개입을 선호하는 것으로 나타났다. 그런데 회계투명성에 우선하여 비영리조직의 윤리나 조직 건전성을 강화하는 방안이 추진되어야 하고, 정부 개입보다 먼저 비영리단체 임직원의 윤리의식 강화, 내부통제의 강화와 건전한 지배구조 구축을 통한 자율적인 정화 운동이 더 바람직하다.

미국도 1970년대에 비영리단체의 회계부정 등이 문제시되어, 일반인들과 정치인들 사이에 비영리단체의 정상적인 운영에 대해 의구심을

18) 이 부분은 필자가 한국비영리학회지 2022년 6월호에 게재한 논문을 일부 수정한 것이다.

품는 사람들이 많아졌으며, 기부자들과 정부도 그들이 제공한 기부금이나 보조금이 원래 목적에 맞게 제대로 쓰이고 있는지에 대해 우려를 나타냈다. 그 대책으로 행정부나 의회에서 영국의 자선위원회(Charity Commission)와 같은 정부기관을 신설하여 비영리 섹터를 감독하자는 의견이 제시되었을 때, 인디펜던트 섹터(Independent Sector) 등 민간 비영리단체 연합회들과 전문가들이 수년간의 작업을 거쳐 비영리단체의 바람직한 운영원칙 등을 만들어 비영리단체가 준수하도록 하여, 정부의 감독이나 감시가 아니라 비영리 섹터의 자정 노력을 통하여 신뢰를 회복했다.

미국은 또한 가이드스타(GuideStar), 채리티 네비게이터(Charity Navigator), 채리티 워치(Charity Watch), 기브웰(GiveWell), BBB WGA, 복음주의교회재정책임위원회(ECFA) 등의 민간 감시단체(Watch Dog) 또는 모니터링단체의 활동을 통해, 비영리단체의 건전성이나 투명성이 제고되고 있다.

필리핀은 1996년에 Philippine Council for NGO Certification, Inc.(PCNC)라는 단체가 민간중심으로 설립되어 비영리단체의 건전성을 인증하고 있으며, 일본도 미국의 BBB WGA, 인도 및 필리핀의 민간제도를 벤치마킹한 비영리조직 평가센터(Japan Center for NPO Evaluation : JCNE)가 민간중심으로 2016년에 설립되어 활동 중이다. 그 이외에도, 오스트리아, 브라질, 캐나다, 체코, 독일, 인도, 룩셈부르크, 멕시코, 네덜란드, 노르웨이, 스페인, 스웨덴, 스위스, 대만, 우크라이나에서도 비영리단체 모니터링단체가 활동하고 있다.

비영리단체의 평가인증방법은 크게 2가지로 나누어져, 개별지표들을 통합하여 등급을 부여하는 방식(미국의 채리티 네비게이터 및 채리티 워치가 채택하고 있는 방식, 「통합등급부여방식」)과 개별지표를 통합하지 않고 개별지표별로 평가하는 방식(BBB WGA 등이 채택하고 있는 방식, 「개별지표별 P/F(Pass or Fail)방식」)으로 구분된다. 통합등급부여방식은 하나의 최종등급으로 비영리단체를 분석해 줌으로써 이용자들이 그 평가결과를 쉽게 이용할 수 있다는 장점이 있지만, 다양하고 성격이 다른 여러 개별지표에 대해 가중치를 부여하여 하나의 지표로 통합하는 과정에서 정보의 손실이 일어나서 최종 판단에 오류가 개입할 수 있다는 단점이 있다. 통합등급부여방식의 장점 및 단점은 반대로 개별지표별 P/F방식의 장단점이 된다.

우리나라에서는 한국 가이드스타가 2016년부터 미국의 채리티 네비게이터의 평가방식과 유사한 「통합등급부여방식」으로 비영리단체의 투명성 평가사업을 수행하고 있는데, 활성화되지 않고 있는 것 같다.

(2) 외국의 비영리단체 인증단체

1) 미국의 주요 비영리단체 지원단체 및 평가단계

우리나라의 비영리단체가 약 4만 개임에 비하여, 미국은 약 200만 개의 비영리단체가 활동하고 있으며, 비영리단체를 돕거나 평가하는 비영리단체 연합회, 중간 지원단체 또는 평가단체들도 많이 있다. 우리나라 언론이나 학계에 알려진 미국의 중간 지원단체나 평가단체로서는 가이드스타(GuideStar),[19] 채리티 네비게이터(Charity Navigator), BBB WGA가 있고 그 이외에 채리티 워치(Charity Watch),[20] 기브웰(GiveWell) 등도 있으며, 평가단체별로 수행하는 기능이나 평가방법이 다양하다.

(가) 인디펜던트 섹터(Independent Sector)[21]

이 단체는 1980년 전국자선협의회(National Council of Philanthropy)와 전국자원단체연합회(Coalition of National Voluntary Organizations)의 합병으로 설립된 단체로, 1978년부터 약 2년간의 협의를 통하여 두 단체가 하나의 단체가 되었으며, 재단, 기업, 비영리기관 등 550여 개 기관을 회원으로 구성하고 있는 명실상부한 미국의 대표적인 비영리단체 연대조직체이다. 이 단체는 비영리 및 자선 부문에 영향을 미치는 연방 정책 문제에 대한 의견수렴 및 정부에의 건의뿐만 아니라, 비영리 리더 및 젊은 리더 육성, 조직의 효율성 및 윤리적 관행 지원 및 강화 등의 사업도 전개하고 있다.

---

19) 미국 가이드스타는 2019년에 Foundation Center와 합병되어, 합병 후 법인인 Candid 산하의 단체로 변경되었다. Candid 2022 https://candid.org/about/our-story

20) 이 단체는 채리티 네비게이터와 유사하지만, 나름대로 독특한 평가방식을 사용하고 있다. 다만, 채리티 네비게이터에 비하여, 평가대상 비영리단체의 수도 적고 단체 규모도 작아 구체적인 요약은 생략한다. 같은 이유로 기브웰에 대한 요약도 생략한다.

21) 이 단체의 역사에 관하여, 초기 회장이었던 브라이언 오코넬이 쓴 'Powered by Coalition: The Story of Independent Sector'라는 책이, 2008년 '인디펜던트 섹터-미국의 비영리부문의 역사'라는 제목으로 국내에 출판되었다. Independent Sector 2022 https://independentsector.org/

영국에는 제3섹터부(Office of the Third Sector : OTS)나 자선위원회(Charity Commission)와 같은 정부조직이 있지만, 미국에는 국세청(IRS)이 면세혜택 여부만 담당할 뿐 별도로 비영리를 담당하는 연방정부조직은 없으며, 이 인디펜던트 섹터라는 민간연대단체가 연방정부와 의회에 비영리 분야를 이해시키는 역할을 주도적으로 맡고 있다. 실제로, 1980년대 중반에 미국 의회에서 미국의 비영리단체의 문제를 해결하는 수단으로 영국의 자선위원회(Charity Commission)와 같은 정부조직을 만들고자 검토하였을 때, 이 단체가 의회와 연방정부를 설득하여 새로운 정부조직이 만들어지지 않았다.

(나) 미국 가이드스타(GuideStar USA)[22]

1994년에 설립된 이 단체는 1996년부터 미국 국세청(IRS)으로부터 정기적으로 Form 990(미국 비영리단체 결산서류 공시양식)을 받아 이를 가공하여 이용자가 쉽게 이용할 수 있는 자료를 무료로 제공하고 있는 한편, Form 990의 내용을 토대로 비영리단체를 분석한 보고서를 유료로 제공하기도 한다.

미국 가이드스타는 기부자들에게 얼마나 상세한 정보를 공개하는지를 중시하여, 비영리단체의 정보공개 범위에 따라 투명성을 평가하여 동, 은, 금 및 플래티넘의 4가지 등급별 실(Seal)을 부여한다. 즉, 미국 가이드스타는 비영리단체를 평가하여 등급 또는 점수를 부여하는 것보다는 이해관계자들에게 비영리단체의 세부 정보를 알려주는 것을 더 중요한 사업목적으로 하고 있다.[23]

(다) 채리티 네비게이터(Charity Navigator)[24]

2001년에 설립된 이 단체는 국세청에 Form 990을 제출하는 비영리단체 중 2년 연속 최소 100만 달러의 수익이 있는 단체, 7년 이상 존속한 단체, 최소 50만 달러의 기부금을 받으며 해당 금액이 최소 2년 연

22) GuideStar 2022 https://www.guidestar.org/

23) 한국 가이드스타는 설립 초기에 미국 가이드스타의 비영리단체 정보제공센터의 역할을 벤치마킹한 사업을 전개했으나, 2006년 이후의 국세청에의 결산 신고 데이터를 기초로 하는 비영리단체의 평가사업은 미국의 채리티 네비게이터의 사업을 벤치마킹한 것이다.

24) Charity Navigator 2022 https://www.charitynavigator.org/

속 총수익의 40% 이상을 차지하는 단체, 3년 연속 기부금 모금에 사업비의 1% 이상을 사용한 단체, 3년 연속 관리비용에 사업비의 1% 이상을 사용한 단체, 즉 비영리단체 중 어느 정도 규모를 갖추고 지속해서 목적사업을 수행해 온 단체들을 대상으로 평가를 수행한다.

채리티 네비게이터의 평가지표는 재정 안정성(Financial Health)과 책무성 및 투명성(Accountability & Transparency)으로 구분한 뒤, 다시 세부지표별로 평가한 후, 평가점수를 종합하여 산출된 평가점수에 따라 90점 이상인 단체에는 별 4개(Exceptional), 80점 이상 90점 미만은 별 3개(Good), 70점 이상 80점 미만은 별 2개(Need Improvement), 55점 이상 70점 미만은 별 1개(Poor)를 부여하며, 별이 부여되지 않는 단체는 Exceptionally Poor 또는 No Rating으로 구분한다.

채리티 네비게이터도 미국 국세청에의 결산서류 공시자료와 기타 입수가능한 정보를 기초로 평가하고 있으며, 평가대상 비영리단체의 신청이나 동의가 없이 평가되고 있다. 이런 관점에서 채리티 네비게이터는 평가에 불만을 가진 단체로부터 소송을 당하는 예도 있다고 알려져 있으며, 이 단체의 주된 재원은 주로 후원금이다.

(라) BBB WGA(BBB Wise Giving Alliance)[25]

2001년 NCIB(National Charities Information Bureau)[26]와 CBBB, PAS (Council of Better Business Bureaus, Philanthropic Advisory Service)[27]의 합병으로 출발한 이 단체는 20개의 BBB 평가기준을 토대로 평가대상 비영리단체의 책무성(Accountability)을 평가한다. 위의 채리티 네비게이터, 채리티 워치와 달리 점수에 따른 별점 또는 등급을 부여하지 않고, 20개의 평가지표에 대해 각각 이를 충족하는지 충족하지 못하는지, 아니면 평가할 수 없는지 그 결과를 공개하고 있다.

평가기준은 지배구조, 효과성, 재무, 모금과 정보공개의 4가지 범주, 20개 지표로 구성되고, 재무정보에 의한 계량평가가 아니라 주로 비계

25) BBB WGA 2022 https://give.org/

26) 1918년부터 비영리단체 책무성에 관한 사업을 영위하던 단체

27) 1912년에 설립된 BBB(Better Business Bureau)라는 기업 평가를 수행하는 비영리단체의 자회사였다. BBB는 원래 기업에 대한 소비자들의 불만사항을 토대로 하는 평가정보를 구축하는 사업을 수행하는 단체인데, 1920년대부터 비영리 자선단체도 평가해 달라는 요청이 들어와 비영리단체 평가를 시작했다.

량정보에 대한 평가이다. 지배구조는 비영리단체 이사회가 최소 5명 이상의 이사로 구성되어 연 3회 이상 개최되는지와 이사진들이 단체의 CEO 평가, 예산 의결, 모금활동 등을 잘 감독하는지 등을 근거로 판단한다. 효과성은 최소 2년에 1회 이상 사업 효과성을 논하는 회의를 하는지, 효과성에 대한 결과물을 이사회 등 단체의 관리기관에 제출하는지 등을 평가기준으로 삼는다.

재무와 관련한 계량평가로서는, 총지출의 65% 이상을 사업비에 쓰고, 기부금의 35% 이하로 모금비용을 사용하는지를 본다. 또한, 비영리단체에서 기부금을 쓰지 않고 축적하는 걸 막기 위해 비영리단체의 활용가능 자산은 해당 연도의 예산 또는 작년 사업비 지출의 3배를 초과하지 않는지 평가한다. 그 뒤, 모금과 정보공개 항목 평가를 위해 연차보고서 발간 여부, 웹사이트 정보공개 정도, 기부자 개인정보 보호정책 유무, 불만사항 해결 수준 등을 파악한다.

BBB WGA의 평가방식은 평가등급을 부여하지 않으며 개별지표별로 충족 여부만을 공표하는 방식으로, 기본적으로 평가대상 비영리단체의 신청을 받아 평가하고 있으며, 비영리단체의 신청이 없다고 하더라도, 일반 기부자가 BBB WGA에 어느 비영리단체의 평가를 요청하면, BBB WGA가 해당 단체에 자료를 요청하여 평가하는 사례도 있다. 이런 관점에서 채리티 네비게이터는 평가에 불만을 가진 단체와의 불협화는 없으며, 이 단체의 주된 재원은 인증된 단체로부터 받는 BBB 인증마크 사용료와 후원금이다.

(마) ECFA(Evangelical Council for Financial Accountability)[28)]

미국에는 일반 비영리단체가 아니라 교회나 기독교 단체에 대한 평가 및 인증사업을 영위하는 ECFA라는 단체가 있다. 이 단체는 1979년에 설립되었고, ECFA가 제정한 재무 건전성, 기금모금 및 이사회 운영에 관한 일곱 가지 기준(Seven Standards of Responsible Stewardship)을 성실히 이행하는 기독교 비영리단체들에 대한 인증사업을 수행하고 있으며, 그 대상은 기독교 사역 단체, 교단, 교회, 교육기관 등이다. ECFA의 인증을 받은 단체들은 ECFA의 기준을 이행할 의무가 있을 뿐만 아니

28) Evangelical Council for Financial Accountability 2022 https://www.ecfa.org/

라 ECFA의 회원으로서의 ECFA 회비 납부 의무가 있다.

ECFA가 설립된 배경으로 이야기되는 것의 하나로서, 1970년도 말에 연방 상원의원인 Mark Hatfield가 주요 기독교 지도자들 앞에서 행한 연설에서 기독교 선교단체들에 대해 지도자들 스스로가 감시 감독자가 되어 달라고 촉구하고 만일 그렇게 하지 않으면 정부가 개입하게 될지도 모른다고 경고하였다는 것이 있다. 이런 배경으로 ECFA가 탄생하게 되었으며, 우리나라에도 ECFA를 벤치마킹한 한국기독교재정투명성협회(Christian Council for Financial Transparency Korea : CCFK, "한재협")가 2015년에 설립되었다. 다만, CCFK의 활동은 아직 미미한 수준으로 알려져 있다.

(바) 미국의 주요 비영리 지원단체의 요약과 재무정보

이상에서 살펴본 바를 요약하면, 인디펜던트 섹터는 비영리 감시단체(Watch Dog)에 해당하지 않는 비영리 지원단체이며, 가이드스타나 캔디드는 재무정보 등을 제공하는 단체로서 감시단체(Watch Dog)라고 할 수 있지만, 채리티 네비게이터, BBB WGA나 ECFA와 같은 평가나 인증사업을 영위하지 않는 단체이다.

〈표 1〉은 미국의 가이드스타 홈페이지에 공개된 자료를 기초로 이들 단체의 재무정보를 요약한 표이다. 미국의 가이드스타 홈페이지에 BBB WGA의 재무정보가 올려져 있지 않아서, BBB WGA의 재무정보는 이 단체의 홈페이지에 올려진 Form 990 자료를 기초로 작성했다. 가이드스타의 상위단체인 캔디드만 2020회계연도 자료가 올려져 있는 것을 보면, 미국의 비영리 지원단체들도 가이드스타에 자료를 제공함에 인색한 것이 아닌가 생각된다.

아무리 사업의 뜻이 좋은 비영리단체라 하더라도, 운영 재원을 제대로 조달하지 못하면 추구하는 성과를 이루기 어렵다. 〈표 1〉에 나타낸 미국의 비영리 지원단체의 재원조달방법을 보면, 채리티 네비게이터만 후원금으로 재원을 조성하고 있어 평가대상 비영리단체와 독립성이 강한 장점이 있지만, 다른 지원단체들은 후원금뿐만 아니라 제공하는 서비스의 대가를 받거나 회비를 받아 조성하고 있는 점을 눈여겨볼 필요가 있다.

BBB WGA가 인증마크 사용료를 받는 것에 대하여, 리처드 블루멘

〈표 1〉 미국의 주요 비영리단체 지원단체의 운영성과 현황

단체명	Independent Sector	GuideStar	Candid	Charity Navigator	BBB WGA	ECFA
미국 가이드스타에 공개된 최근 재무제표의 회계연도	2014	2017*	2020	2019	2020	2016
미국 가이드스타 등급	**		Platinum	Platinum	**	Silver
후원금	4,862	1,933	21,449	3,740	215	1,370
목적사업수익	23	9,359	3,299		1,847	817
회비	2,621	1,360				
특별행사	−627			79		260
기타	1,833	199	24,417	54	19	72
수익합계	**8,715**	**12,853**	**49,165**	**3,727**	**2,082**	**2,518**
사업수행비용	4,236	9,405	29,771	2,626	1,834	1,538
일반관리비용	2,591	2,409	6,828	380	126	287
모금비용	745	318	1,344	516	46	178
기타비용	1,234					
비용합계	**8,807**	**12,132**	**37,943**	**3,522**	**2,006**	**2,003**

출처 : 미국 가이드스타 홈페이지[29]에서 각 단체의 최근 재무정보를 기초로 작성

* 미국 가이드스타의 재무정보가 2017년까지 공개되고 있는 이유는, 이 단체가 2019년에 Candid 산하단체로 전환되었기 때문이라고 보임

** 인디펜던트 섹터나 BBB WGA는 스스로 미국 가이드스타에 자료를 업데이트하지 않아, 별점을 받지 못하고 있는 것으로 보임

탈(Richard Blumenthal) 미국 상원의원으로부터 "신뢰도와 이해상충 가능성에 대한 의문을 제기한다"는 지적을 받았고, 다른 평가기관인 채리티워치로부터 "BBB WGA는 피평가단체로부터 돈을 받았다"는 비판을 받았었다. 이에 대하여 BBB WGA는 "인증(accreditation) 업무를 담당하는 직원과 인증마크 사용허락 담당 직원은 서로 다르며 엄격하게 분리되어 있다"라고 해명했었다.[30]

29) GuideStar 2022 https://www.guidestar.org/

30) 위키피디아 2022 https://en.wikipedia.org/wiki/BBB_Wise_Giving_Alliance#Criticism

2) 미국 이외의 나라의 인증평가단체

(가) ICFO(International Committee on Fundraising Organization)[31]

네덜란드에 본부를 두고 있고 1958년에 설립된 ICFO는 그 이름에 비추어 보면 초창기에는 각 나라 모금단체의 국제위원회이었으나, 현재는 각 나라의 비영리단체의 평가기관(national charity monitoring organizations)의 국제적인 모임이다. 주로 유럽국가의 평가단체들이 회원으로 가입되어 있으며, 미국의 BBB WGA, 뒤에서 살펴보는 일본의 JCNE 및 대만의 평가단체도 회원이다.

ICFO의 간행물로서는 ICFO Principles for Charity Assessment(2017) 등이 있으며, 일본의 JCNE는 설립 준비과정에서 미국의 BBB WGA 및 ICFO 회원국의 비영리단체 평가기법이나 운영사례를 벤치마킹했다고 한다.

(나) 필리핀의 PCNC[32]

1995년 필리핀 재무부(Department of Finance : DOF)는 종합 조세개혁의 하나로, 기부자의 조세면제 및 비영리단체의 조세혜택을 폐지하고자 했다. 이 세법개정이 기부에 의존하는 비영리단체와 재단에 커다란 악영향을 미칠 것을 우려한 비영리 부문의 대표자들이 기부자의 조세면세혜택을 유지하기 위해 재무부와 협의를 거쳐, 일정한 자격을 갖춘 비영리단체만 면세 및 세금 공제 기부금을 받을 수 있도록 보장하는 동료검토 메커니즘(peer review mechanism)을 구축하도록 했다.

이에 따라, 재단협회(Association of Foundations), 인간 개발에 관한 주교-기업인 회의(Bishops-Businessmen's Conference on Human Development), NGO 간부회의(Caucus of Development NGOs : CODE-NGO), 기업재단연맹(League of Corporate Foundations : LCF), 사회개발 전국위원회(National Commission on Social Development : NCSD) 및 사회발전을 위한 필리핀 기업(Philippine Business for Social Progress : PBSP)과 같이, 필리핀에서 가장 큰 6개의 NGO 네트워크가 1996년에 필리핀 NGO 인증 위원회(Philippine Council for NGO Certification, Inc. : PCNC)를 설립했고, PCNC는 1998년에 필리핀 재무부와 협정을 맺어, PCNC가 인증한 비영리단체만 필리핀 국세청(Bureau of Internal Revenue : BIR)이 적격기부금단체로 지정하게 되었다.

---

31) ICFO 2022 https://www.icfo.org/

32) 필리핀 PCNC 2022 https://www.pcnc.com.ph/

PCNC는 1999년부터 활동을 개시했는데, 초창기에는 국세청(BIR)의 적격기부금단체를 희망하는 필리핀 비영리단체의 인증기관에 그쳤으나 10년 후인 2009년부터는 필리핀 비영리단체의 성실성(integrity)을 보장하고 인증된 단체의 범위(reach), 역량(capability) 및 효과성(effectiveness)을 개선함에 중점을 두고 있다.

(다) 일본의 JCNE[33]

일본의 비영리조직 평가센터(Japan Center for NPO Evaluation : JCNE)는 교토NPO센터가 2011년에 설립한 사회적 인증개발추진기구를 배경으로 한다. 그 뒤, 2014년 민간차원의 비영리단체의 평가기구를 만들기 위해, 일본재단과 사회적 인증개발추진기구를 주축으로 여러 단체가 모여 '비영리조직 평가 · 인증제도에 관한 준비위원회'를 결성하고, 9번의 회의를 거쳐, 15개 단체로부터 출연을 받아 2016년 일반재단법인의 형태로 설립되었다. JCNE가 설립된 후, 교토에 기반을 두고 있는 사회적 인증개발추진기구는 주로 복지단체에 대한 평가에 집중하고 비영리단체에 대한 평가업무는 JCNE가 담당한다.

연간 예산은 약 5천만엔(5억원 정도)인데, 대부분 예산은 일본재단(Japan Foundation)으로부터 후원받고 있다.

(3) 우리나라 비영리단체에 대한 한국 가이드스타의 평가사업

1) 과거 5개년 평가사업의 요약[34]

2005년부터 미국 가이드스타를 벤치마킹하는 등 사전작업을 통하여 2008년 2월에 재단법인 형태로 설립된 한국 가이드스타는 미국 비영리단체의 결산서류 공시제도를 우리나라에 도입하게 하는 등 우리나라 비영리단체의 회계투명성 향상에 크게 이바지한 단체이다.

이 단체는 2015년에 미국의 채리티 네비게이터의 평가방식을 벤치마킹한[35] GSK 평가기준을 개발하였고,[36] 2017년부터 상증세법상의 공

33) 일본 비영리조직 평가센터 2022 https://jcne.or.jp/

34) 한국 가이드스타 2022 http://www.guidestar.or.kr

35) 한국 가이드스타 홈페이지에서는, Charity Watch(American Institute of Philantrophy), BBB WGA, Charity Navigator, Give Well, GuideStar, JCNE, PQASSO(Practical Quality Assurance System

익법인 결산서류 공시를 이용하여 우리나라의 상증세법상의 공익법인에 대한 평가사업을 수행하고 있으며, 〈표 2〉는 연도별 평가대상 공익법인의 통계요약표이다.[37]

한국 가이드스타의 평가대상 공익법인은 전체 의무공시공익법인에서 〈표 3〉에서 표시하고 있는 평가제외법인을 빼서 1차 평가대상법인

〈표 2〉 평가대상법인 요약

공시연도	2016	2017	2018	2019	2020
전체 의무공시공익법인	8,585	8,993	9,216	9,603	10,514
평가제외법인 〈표 3〉 참조	(6,032)	(7,834)	(7,939)	(8,234)	(8,193)
1차평가대상법인	2,553	1,159	1,277	1,369	2,321
평가의견 제한법인 〈표 4〉	(1,946)	(878)	(944)	(897)	(1,722)
최종 평가대상법인	607	281	333	472	599
평가제도 미참여법인					(552)
평가제도 참여법인	607	281	333	472	47

〈표 3〉 평가제외법인

<table>
<tr><th>공시연도</th><th>2016</th><th>2017</th><th>2018</th><th>2019</th><th>2020</th></tr>
<tr><td>학교법인, 의료법인</td><td>2,498</td><td>2,256</td><td>2,271</td><td rowspan="4">8,219</td><td rowspan="6">8,193</td></tr>
<tr><td>기부금수입 3천만원 이하</td><td>3,397</td><td>3,784</td><td>4,000</td></tr>
<tr><td>설립 2년 미만</td><td>136</td><td>155</td><td></td></tr>
<tr><td>외부회계감사를 받지 않은 법인</td><td></td><td>1,636</td><td>1,666</td></tr>
<tr><td>구양식 공시</td><td></td><td></td><td></td><td>15</td></tr>
<tr><td>공동모금회, 한국 가이드스타 등</td><td>1</td><td>3</td><td>2</td><td></td></tr>
<tr><td>계</td><td>6,032</td><td>7,834</td><td>7,939</td><td>8,234</td><td>8,193</td></tr>
</table>

for Small Organization), Social Impact Exchange(Due Diligence Framework, United Way of Minneapolis Area(Checklist of Nonprofit Organizational Indicators)를 종합적으로 분석하여 도출하였다고 하고 있는데(http://www.guidestar.or.kr/web/indicator/2019 2022), 평가요소를 선정함에 있어서 이들 해외단체의 평가요소를 참고했으나, 평가기법은 채리티 네비게이터 방식이다.

36) 한국 가이드스타의 평가기준은, GSK1.0(2015년), GSK2.0(2016년), GSK3.0(2017년 및 2018년) 및 GSK4.0(2019년 이후)으로 계속하여 업데이트되고 있다.

37) 〈표 2〉, 〈표 3〉, 〈표 4〉, 〈표 5〉는 한국 가이드스타가 발행하고 있는 계간지 NPO 가이드스타 18호(2017년 4월), 23호(2018년 2월), 29호(2019년 3월), 36 및 37 통합호(2020년 7월), 39호(2021년 4월)에 게재된 내용으로부터 작성하였다.

〈표 4〉 평가의견 제한법인

사업연도	2016	2017	2018	2019	2020
공익목적사업비 0원	57	30	26	25	92
사업수행비용 0원		481		56	189
법인별 적정보유주식 초과					181
일반관리비와 모금비용의 합계 0	1,111		543	412	123
직원수 0	448	0	0	154	886
인건비 0	609	244	269	421	
평균인건비 1.5백만(2천만원) 이하	439	201	202	489	312
평균인건비 8천만원 이상	93	55			
외부회계감사 전문 미공시		125	108	140	800
결산서류 공시항목간 금액 불일치	119	118	360	134	
최근 3년 내 부적정 언론보도			11	17	1
합계	2,876	1,254	1,519	1,848	2,584
중복 제외	(930)	(376)	(557)	(951)	(862)
순계	1,946	878	962	897	1,722

을 추린 후, 〈표 4〉에서 나타내고 있는 평가의견 제한법인을 다시 제외하여, 최종 평가대상법인으로 하고 있다.

최종 평가대상법인이 2016년도 607개에서 2017년 281개로 감소하였으나, 그 뒤 조금씩 증가하고 있다. 특이한 점은 2020년 최종 평가대상법인이 559개이었음에도, 한국 가이드스타가 요청한 추가자료를 제공하지 아니한 단체가 557개 단체가 되어, 최종 평가대상이 된 단체는 47개(약 7%)에 불과하다는 점이다.

이의 원인으로서, 우리나라 비영리 섹터의 지속적 성장과 더불어 공익법인의 투명하고 올바른 공시에 대한 요구가 늘어나고 있지만 아직도 많은 공익법인이 이러한 사회적 기대와 요구에 미치지 못하고 있다고 할 수도 있으나, 반면 우리나라 비영리단체들이 한국 가이드스타의 평가방식에 불편함을 느끼고 있음을 나타내고 있는 것이라고 할 수 있다. 특히, 우리나라 정서상 별3, 별2, 별1을 부여하는 것을 비영리단체의 등급을 매기는 것으로 생각하여 이에 대한 비영리단체의 거부감이 많은 것으로 알려져 있다. 한국 가이드스타가 상증세법상의 결산서류 공시대상법인 중 평가대상에서 제외하고 있는 법인은 〈표 3〉에서 상세하게 나타내고 있다.

평가대상에서 제외하고 있는 법인은 ① 학교법인이나 의료법인과 같은 별도 법령에 따른 규제를 받거나, 다른 회계기준이 적용되는 법인, ② 기부금수입 3천만원 이하이거나, 설립 2년 미만의 법인으로서 소규모 단체 또는 최근 설립된 단체, ③ 외부회계감사를 받지 않은 법인으로서 재무제표의 신뢰도가 낮은 법인, ④ 공동모금회, 바보의 나눔 등의 배분단체, 아이들과 미래 및 한국 가이드스타와 같은 평가주체와 특수관계가 있는 법인이며, 2019년도부터 유형별 법인의 수는 공개하지 않고, 일괄하여 발표하고 있다.

재무제표의 신뢰성을 강조하기 위해 평가대상 공익법인을 외부회계감사보고를 받은 법인으로 하고 있으나, 이에 따라 회계감사를 받지 않는 중소형 공익법인들이 평가대상에서 제외되고 있는 한계가 있다.

전체 의무공시공익법인에서 평가제외법인을 제외한 1차 평가대상법인에서 〈표 4〉의 평가의견 제한법인을 다시 제외하여 최종 평가대상법인을 추려내고 있는데, ① 공익목적사업비나 사업수행비용이나 일반관리비와 모금비용의 합계가 0원으로 표시되어 결산서류 공시내용의 부실함이 많은 단체, ② 외부회계감사보고서 전문을 공개하고 있지 않은 단체, ③ 결산서류 공시항목간 금액 불일치 등의 사유가 있는 법인을 제외하고 있다.

이를 보면, 1차 평가대상법인이 외부회계감사를 받은 단체임에도 불구하고, 공익목적사업비나 사업수행비용이나 일반관리비와 모금비용의 합계가 0원으로 표시되는 단체가 상당하다고 하는 것은 우리나라 결산서류 공시 데이터의 신뢰도가 낮음을 보여주고 있다. 특히 공익법인회

〈표 5〉 별 등급

사업연도	2016	2017	2018	2019	2020
별3개	비공개	98	143	145	32
별2개		141	190	215	10
별1개		32		85	1
별점 없음		10		27	
해외평가 결과 인용*					4
계	607	281	333	472	47

* 한국컴패션, 유니세프한국위원회, 월드비전과 같이 자료를 제출하였으나, 기부금 지출액 대비 해외본부 송금액이 50%가 넘어 한국 가이드스타가 재무안전성을 평가할 수 없다고 판단하여 종합평가를 하지 않고, 해외평가기관의 본부평가 결과 등을 이용한 곳

계기준이 제정되기 이전의 2018년까지의 공시자료는 비교가능성이 매우 낮고, 이른바 'GIGO(Gabage In, Gabage Out)'라는 혹평과 같이 신뢰성이나 정확성이 낮은 데이터에 의한 분석이라는 비판도 있다.

〈표 5〉는 최종 평가대상법인에 별3(★★★) 만점, 별2(★★), 별1(★)의 등급을 부여한 내역이다.

2) 한국 가이드스타의 GSK 4.0 평가지표

〈표 6〉은 한국 가이드스타가 2019년부터 사용하고 있는 GSK 4.0 평가지표이다. 이는 3가지 재무효율성 지표(계량지표)와 8개의 투명성 및 책

〈표 6〉 한국 가이드스타 GSK 4.0의 평가지표 재무효율성 지표

코 드	세부내용	0점	1점	2점	3점	4점
FE2001	비용지출효율성; 3년간 프로그램 비용 =사업수행비용/공익목적사업비용×100	40 미만	40 이상 65 미만	65 이상 80 미만	80 이상 85 미만	85 이상
FE2002	모금효율성; 3년간 모금효율성 =모금비용/기부금×100	40 이상	20 이상	15 이상	10 이상	10 미만
FE2003 (P법인)	모금활동비; 3년간 모금활동 비중* =모금비용/공익목적사업비용×100	5 이상	4 이상 5 미만	3 이상 4 미만	1 이상 3 미만	1 미만
FE2003 (C법인)	모금활동비; 3년간 모금활동 비중	20 이상	15 이상 20 미만	10 이상 15 미만	5 이상 10 미만	5 미만

투명성 및 책무성 지표

코 드	지 표	0점	1점	2점	3점	4점
TA2001	국세청 공시서류 및 외부회계감사보고서를 홈페이지 등에 공개	부		1개만 공개		모두 공개
TA2002	연례보고서 또는 사업성과 보고서를 홈페이지 등에 공개	미공개				공개
TA2003	기부자 개인정보처리 정책	미공개				공개
TA2004	중요서류 보존·유지·폐기 관련 내부 규정	없음				보유
TA2005	총회 또는 이사회 회의록을 홈페이지 등에 공개	미공개				공개
TA2006	특수관계인에 관한 내부 거래 정책	없음				보유
TA2007	홈페이지 등에 주요 직원 리스트 공개	미공개				공개
TA2008	설립시 출연자 정보 기재 유무	미공개				기재

* 수입 대비 사업연도 기준 고유목적사업수입의 1% 이상 또는 2천만원 이상 출연자의 출연금을 제외한 수입금액이 1/3 미만인 법인

무성 지표(비계량지표)로서, 평가대상 비영리단체별로 점수를 계산하여, 종합점수가 85점~100점인 단체는 별3(★★★), 70점~84점인 단체는 별2(★★), 60점~69점인 단체는 별1(★)을 부여하고, 60점 미만의 단체는 별을 부여하지 않고 있다.

3) 한국 가이드스타의 평가지표 및 평가사업의 문제점

한국 가이드스타가 2015년부터 전개하고 있는 평가사업은 다음과 같은 문제점이 있다고 보인다.

첫째, 평가지표를 계량화하여, 점수를 부여하고, 비영리단체의 등급을 부여한 것에 대하여 비영리단체의 반발이 많다는 점을 들 수 있다. 결산서류 공시내용이 거의 완벽한 미국에서 채리티 네비게이터와 채리티 워치의 2군데만 통합등급부여방식을 사용하고 있을 뿐이라는 점과 우리나라 공익법인의 결산서류 공시의 내용이 아직 불완전하다는 측면을 고려할 때, 우리나라에서 통합등급부여방식을 사용하고 있는 것은 시기상조라고 보인다. 공익단체들의 등급을 표시하는 것에 대하여 반발이 있는 것과 미국과 우리나라의 문화나 관습이 다른 점도, 통합등급부여방식의 문제점 중 하나이다.

이를 보완하는 방식으로 일부 항목은 개별P/F방식을, 나머지 항목은 통합등급부여방식을 사용하는 것도 고려해 볼 수 있다. 대표적인 사례로서 서울시가 2017년부터 실시하고 있는 산하 사회복지시설의 인증사업에서, 필수이행분야 지표는 P/F방식을 사용하고, 역량인증분야 지표는 종합점수를 산출해서 평가하는 방식이 있다. 그러나 이 혼합방식도 서열화에 민감하게 반응하는 우리나라 정서상 수용되기 어려운 점이 있다. 이런 점에서 평가지표에 대하여 점수를 부여하는 것보다, 설정된 기준의 준수 여부를 판정하는 방식이 우리나라에 현실적이라고 할 수 있다.

둘째, 평가대상 비영리단체의 자발적인 신청 없이, 국세청에 공시된 결산서류를 기초로 평가를 진행했다는 점이다. 이도 미국의 채리티 네비게이터와 유사한 문제점인데, 미국의 BBB WGA나, 일본의 JCNE나 필리핀의 PCNC와 같이 신청한 단체만 평가하는 제도를 눈여겨볼 필요가 있다.

셋째, 첫째 이슈와 유사한데, 한국 가이드스타는 3가지 재무효율성

지표를 개발하여 평가하고 있고, 이 계량지표의 점수 비중이 매우 높은 편인데, 이 계량지표가 과연 우리나라 현실에 맞는지에 대해 비영리단체들과 충분한 논의나 검토가 있었는지 의문이다. 다른 나라와 달리 우리나라는 상증세법상 기부금(후원금)에 대하여 3년 이내에 목적사업에 사용할 것 등의 다양한 법적 규제가 있는데, 법적 규제 이외에 평가단체가 새로 개발한 평가지표로 평가하는 것에 대한 반발이 있는 것으로 보인다. 이런 측면에서 계량지표의 비중은 작게 하고 비계량지표의 비중을 높게 할 필요가 있다. 또한, 모든 비영리단체에게 만족을 주는 평가지표를 개발하는 것은 불가능하겠지만 평가지표를 개발하면서, 평가대상단체와의 피드백 과정을 통하여 수용가능한 지표를 개발해야 했었다. 바꿔 말하면, 평가지표의 개발이나 개선에 관하여 피평가 비영리단체의 현실이나 고충이 반영되어 점진적으로 개선될 필요가 있다.

넷째, 회계보고수치의 신뢰성의 문제로, 외부회계감사를 받은 단체(자산규모가 100억 이상 단체)로 한정하였으나, 아래 〈표 7〉에서 나타나듯이 우리나라 공익법인의 83%가 법정회계감사대상[38]이 되지 못하는 자산규모 100억원 이하의 단체로 평가대상에 포함되지 않는 점을 들 수

〈표 7〉 우리나라 상증세법상의 공익법인 등의 규모별 개수

규 모	자산규모		수입규모			
	개 수	비 율	기부금	보조금	회 비	기 타
3억 이하	2,374	24%	8,304	7,360	9,535	7,400
5억 이하	435	4%	412	383	85	371
10억 이하	1,388	14%	446	412	96	391
20억 이하	1,269	13%	327	475	44	376
30억 이하	752	8%	108	228	25	228
50억 이하	847	9%	97	244	25	238
100억 이하	1,085	11%	79	317	14	290
500억 이하	1,216	12%	70	370	26	383
1,000억 이하	209	2%	9	46	6	77
1,000억 초과	285	3%	8	25	4	106
계	9,860	100%	9,860	9,860	9,860	9,860

(출처 : 2021 국세청 통계연보)

38) 정확하게는, 총자산가액이 100억원 이상인 공익법인뿐 아니라 100억원 미만이라도 전년도 수입금액과 출연받은 재산가액 합계액이 50억원 이상이거나 출연받은 재산가액이 20억원 이상인 경우에도 법정회계감사의 대상이다.

있다. 소형 단체 중에서는 제3자 평가를 통하여 신뢰도를 제고하고 싶으나, 회계감사를 받지 않는다는 이유로 평가대상에서 제외되고 있으며, 제3자 평가를 위하여 회계감사를 받고자 할 때 단체의 규모에 비하여 회계감사비용을 부담할 정도가 아니라는 호소를 하는 단체들이 많다. 회계부정이나 기타 여러 문제는 주로 이들 소형 단체에서 발생하는데, 소형 단체의 건전한 운영이나 내부통제를 개선하는 방향으로 전개할 필요가 있다.

(4) BBB WGA와 일본의 JCNE 및 필리핀의 PCNC의 평가사업의 비교

우리나라 비영리단체에 대한 한국 가이드스타의 평가사업에 참여율이 낮은 가장 큰 원인은, 벤치마킹했던 미국 채리티 네비게이터의 평가방식이 우리나라의 문화나 현실에 맞지 않았기 때문이라는 이야기가 많다. 특히, 미국의 결산서류 공시제도를 벤치마킹한 우리나라의 결산서류 공시제도상의 정보는 아직 부족한 것이 많은 상황에서, 채리티 네비게이터의 평가방식을 도입한 것은 '어린이에게 어른 옷을 입힌' 형국이라고 보인다.

미국 이외의 다른 나라에서는 결산서류 공시제도도 거의 없고, 채리티 네비게이터의 평가방식이 아니라, 비재무 평가항목을 중심으로 등급을 매기지 않고 기준의 통과여부(Pass or Fail)만을 검증하고 있는데, 우리나라도 이런 방식이 현실적이라 할 수 있다.

이하에서는 한국 가이드스타의 평가방식을 보완하는 방안으로서, 미국의 BBB WGA, 필리핀의 PCNC, 일본 JCNE의 평가인증제도를 고찰한다.[39]

1) 설립주체와 평가결과를 정부당국이 이용하는지 여부

3기관 모두 민간 주도로 설립되고 운영되고 있다는 공통점이 있다. 다만, 필리핀 국세청이 적격기부금단체 여부를 결정하면서, PCNC의 평가결과를 그대로 수용하고 있다는 점이 미국 및 일본과 다르다.

우리나라는 민간보다는 정부가 추진하는 것이 더 효율적이고 신뢰

39) 이하의 내용은 BBB WGA, JCNE 및 PCNC의 홈페이지에 올려진 내용과 3개의 단체에 메일을 보내어 받은 회신을 기초로 작성했다.

도가 높다. 예를 들어, 연명치료거부서약에 관하여도 외국에서는 본인이 담당의사 등 민간에게 서약하면 되는데, 우리나라는 정부에 등록하지 않는 한 신뢰하지 않는다고 해서, 보건소 등에 등록해야만 효력이 있다. 그래서 많은 제도가 정부 주도에 따라 이루어지고 있다. 비영리단체의 인증사업도 정부가 추진하면 더 빠르게 진행되고 정착할 수 있다. 그러나 비영리 섹터는 정부가 최소한 개입하도록 하는 것이 바람직하다.

한편, PCNC와 같이 민간단체이지만 정부의 위탁을 받아, 비영리단체의 인증결과를 세법상의 적격기부금단체 판정에 사용하도록 하는 강제성을 부여하면 빠른 시기에 비영리단체의 인증사업이 우리나라에 정착될 수도 있겠지만, 정부의 지원이나 개입을 최소화하면서 민간차원에서 비영리단체의 인증사업을 추진하는 것이 바람직하다.

2) 평가대상단체

BBB WGA의 평가대상단체는 미국세법상 면세혜택을 받는 대중 모금기관과 기타 모금활동을 수행하는 기타 비영리단체이며, 일반대중에게 기부를 요청하지 않는 민간재단(Private Foundations)은 대상이 아니다. 따라서 주로 모금활동[40]을 하고 있는 비영리단체를 대상으로 하고 있으며, 평가대상단체가 신청할 때 한하여 평가를 진행한다. 다만, BBB WGA에게 신청하지 않은 단체라도, 일반대중이 BBB WGA에 조사나 평가를 의뢰한 단체는 평가대상이 되며, 그 단체가 평가자료를 제공하지 않으면 BBB WGA 홈페이지에 검증할 수 없다고 표시된다.

JCNE의 평가대상이 되는 비영리단체는 특정 비영리 활동 법인(통칭, NPO법인), 일반사단법인(비영리형), 일반재단법인(비영리형), 공익사단법인, 공익재단법인, 사회복지법인 등으로, 법인격을 가지고 있지 않은 임의단체나 주식회사 등의 영리법인 및 학교법인이나 의료법인은 평가대상이 아니며, 신청한 단체에게만 평가 및 인증을 실시하고 있다.

PCNC의 평가대상단체는 적격기부금단체로 인증받고자 하는 모든 비영리단체들이며, 영리단체들은 제외된다.

---

40) 보조금을 받기 위한 활동을 모금활동으로 보아, 보조금을 받는 단체도 BBB WGA의 평가대상단체가 된다.

3) 평가제도 내지 평가기준

(가) BBB WGA

BBB WGA의 비영리단체의 책무성(Accountability)의 평가기준은 크게 ① 지배구조, ② 효과성, ③ 재무, ④ 모금과 정보공개의 4가지로 나뉘고, 20개의 기준으로 구성되어 있다. 이 기준은 2003년에 개발되었고, 2003년의 새로운 기준은 종전의 CBBB(Council of Better Business Bureaus), PAS(Philanthropic Advisory Service) 및 NCIB(National Charities Information Bureau) 기준을 개정한 것이며, 평가는 1단계로 진행된다.

비영리단체가 이 기준을 준수할 것인가 여부는 강제적인 의무 없이 자발적이며, 어떠한 비영리단체도 반드시 BBB WGA에 평가 관련 문서를 제출할 법적 의무가 없다. 또한, 문서가 없거나 BBB WGA 홈페이지에 공개된 비영리단체 리스트에 포함되어 있지 않다고 해서 그 비영리단체의 부정적이거나 불법적인 행동을 나타내는 것도 아니라고 명시하고 있다.

(나) JCNE

JCNE의 평가제도는 Basic Governance Check제도[41]와 Good Governance 인증제도의 2단계로 나누어지며, Basic Governance Check제도는 Good Governance 인증을 받기 위한 전 단계이다. Basic Governance Check제도는 법령 및 정관에 의한 조직 운영이 제대로 되고 있는지에 관한 23개 항목의 체크를 통한 인증이고, ① 거버넌스, ② 정보공개, ③ 조직의 목적과 사업의 실시, ④ 컴플라이언스, ⑤ 사무국 운영의 5개 영역의 평가요소로 구성되며, Good Governance 인증을 위한 Advance 평가요소는 ① 배움과 창조, ② 시민 참가와 연계 · 협동, ③ 사회적 책임과 신뢰, ④ 자립과 자율의 4가지 영역으로 나누진 27개 항목을 준수하고 있는지를 인증한다.

JCNE가 2단계로 이원화한 이유는 건전한 운영이 아직 미흡한 비영리단체가 많기 때문이라고 하는데, 우리도 이를 참고할 필요가 있다.

41) 영어 용어 발음대로 사용하고 있으며, 2016년 4월 설립초기에는 41개 항목으로 '기초평가'라는 용어로 시작하였다가 2016년 10월 23개 항목으로 개정하고, 2018년 7월 '기초평가'에서 '베이직 평가'로 명칭을 변경하였다가 2020년 4월 다시 Basic Governance Check 제도라는 이름으로 변경했다.

(다) PCNC

PCNC의 평가기준은 비영리단체의 효율성(efficiency), 효과성(effectiveness) 및 책무성(accountability)을 향상시키기 위한 목적으로, 비전 및 미션(Vision and Mission), 지배구조(Governance), 행정관리(Administration), 프로그램운영(Program Operations), 재무관리(Financial Management), 협업 연계/네트워킹(Collaborative Linkages/Networking), 문서화된 정책 및 절차 또는 지침(Organized/Manualized Policies and Procedures or Guidelines)의 7개 영역으로 분류하여 총 36개의 항목으로 구성되어 있으며, 평가는 1단계로 진행된다.

4) 평가절차

(가) BBB WGA

BBB WGA의 평가를 받고자 하는 단체는 BBB WGA의 홈페이지에 신청서를 등록한 후 온라인 질문서에 관련 정보를 제공하면, BBB WGA가 평가를 수행한다. 특이한 점은, BBB의 평가요원이 평가대상단체를 방문하지 않고 BBB WGA 사무실에서 서면평가를 진행한다는 점이다.

BBA WGA가 평가를 수행한 후, 보고서 초안을 신청한 단체에 보내어 피드백을 받으면 BBB WGA는 홈페이지(Give.org)에서 일반인을 대상으로 하는 최종 보고서를 공개한다. 비영리단체가 보고서 내용에 동의하지 않는 경우로서, 그 비영리단체가 변경하고자 하는 사항에 대한 보완서류를 제시하면 보고서가 게시된 후 언제든지 결과를 수정할 수 있다.

채리티 네비게이터 등 다른 평가단체와 다른 점으로서, 점수평가나 등급평가를 하지 않고, 각각의 기준별로 통과 여부에 따라 초록, 노랑, 빨강 등으로 표기하고 있다. 비영리단체가 BBB WGA 기준 20개를 모두 충족하는 것으로 확인되면 초록색으로 표시하고, 이를 BBB WGA 공인(accredited) 비영리단체라고 한다.

(나) JCNE

① Basic Governance Check 23개 항목에 따른 기본평가

기본평가는 비영리단체의 조직운영에 대하여, 법령·정관에 의한 기본적인 협치가 적절히 이루어지고 있는지를 평가하는 것으로서, 23개

항목으로 구성된다. Basic Governance Check 항목 중 1~8에 대해서는 피평가단체로부터 제출된 단체 정보와 서류[42]를 기초로 JCNE가 평가를 실시하고, 항목 9~23에 대해서는 피평가단체의 셀프 체크 답변을 바탕으로 판단한다.

피평가단체는 Basic Governance Check List에 평가결과를 공개할지 선택할 수 있다. JCNE는 Basic Governance Check의 평가결과를 Basic Governance Check List로서 공개하고, 일부 피평가단체의 평가결과는 비공개로 하고 있다. 한편, 비영리조직임을 확인할 수 없는 이사회 비설치형 법인 등 기준충족 여부를 확인할 수 없는 경우나, 법령에 위반되고 있는 것이 발견되었을 때는 평가결과를 공개하지 않는다. 즉, White List는 공개하나 Black List는 공개하지 않는다.

② Good Governance 인증제도

27개 항목에 대한 Good Governance 인증은 서류확인 → 방문평가 → Good Governance 인증의 절차로 진행된다. 서류평가나 방문평가에 있어서 개선할 항목이 있으면 서로 논의하면서 개선하도록 하며, 27개 항목을 모두 통과하면 JCNE 내부 위원회의 심의를 거쳐 Good Governance 인증을 하게 된다. 27개의 Advance 항목을 통과한 단체 중 미흡하다는 점이 많아 Good Governance 인증에 통과하지 못한 단체도 있다.

(다) PCNC

PCNC 인증을 신청하기 전에 PCNC의 기준을 통과할 수 있는지 여부에 관하여 비영리단체가 자체 평가하는 것을 권장하고 있고, 그 뒤 평가인증을 위한 서류를 PCNC에 제출하게 된다.

제출된 문서에 대한 서면심사에 추가하여 현장 실사가 진행되는데, 현장 평가에는 이사회, 경영진, 직원, 수혜자 및 관련 단체 대표와의 인터뷰와 관련 문서의 검토 절차가 있다. 현장 평가방문에는 PCNC의 직원 이외에 회계사 등 외부전문가(비영리단체 임원경력이 있는 자원봉사자)

---

42) 피평가단체로부터 제출받은 정관・규약・이사회, 평의원회, 사원총회 등의 운영과정의 기록, 피평가단체의 셀프 체크리스트 회신, 법인 이력사항 전부증명서, 기타 피평가단체로부터 제출된 단체 정보(평가를 신청하는 당해연도의 사업계획 수립과정과 과거 2사업연도분의 운영실적)

가 핵심적인 평가작업을 수행한다.

현장 평가방문 후 PCNC 평가단의 조사결과와 사무국의 검토 및 이사회의 심의를 기초로 인증대상 여부가 결정된다.

5) 인증기간

BBB WGA의 인증기간은 기본적으로 2년이며, 그 뒤 각 단체는 2년마다 업데이트 정보를 제출하고 재평가받아야 한다. JCNE의 평가 및 인증기간은 Basic Governance Check 및 Good Governance 각각 3년씩이다. PCNC의 인증기간은 1년, 3년 및 5년으로 나누어져 있다. 개선을 필요로 하는 단체는 1년 인증을 받아, 개선을 하면서 3년 인증을 받을 수 있고, 그 뒤 5년 인증을 목표로 삼고 단체 조직의 건전성을 유지해야 한다.

6) 평가 및 인증실적

BBB WGA는 2021년 12월 31일 현재 기준으로, 미국 전국에서 모금활동을 전개하고 있는 단체 중 약 1,400개, 50개 각 주별로 모금활동을 전개하고 있는 단체 중 약 5,000개를 인증했다. 2021년 3월 31일 기준으로 JCNC의 Basic Governance Check 참여단체는 384개, Advance 평가단체는 87개, Good Governance 인증단체는 36개이다.

2022년 1월 기준으로 PCNC의 평가나 갱신을 받은 단체(PCNC conducted NGO evaluations including renewals)는 약 2,500개, 필리핀 국세청의 적격기부금단체로서 인증받은 단체(PCNC Certified NGO's with BIR Donee status)는 약 1,000개이다.

7) 평가 및 인증수수료

(가) BBB WGA

BBB WGA의 인증평가 자체는 무료이다. 그러나 BBB WGA 기준 20개 항목 모두를 충족한 BBB WGA 공인(accredited) 비영리단체가 자신의 홈페이지 또는 홍보자료에 BBB 공인 비영리단체라는 것을 표시할 수 있는 인증표식(National Charity Seal)을 사용하기 위해서는, BBB WGA와 라이선스 계약을 체결하여야 하고, 단체의 연간기부금 수익에 비례하여 책정된 수수료를 부담하여야 하며, 최저 US $1,000에서 최고 US $30,000이다.

(나) JCNE

JCNE의 Basic Check의 평가수수료는 1만엔(VAT 별도), 3년 후 갱신 때 8천엔(VAT 별도)이고, Good Governance의 평가수수료 및 연간 인증등록료는 단체의 비용지출의 규모에 따라 평가료는 최저 5만엔, 최고 12만엔이며, 연간 인증등록료는 최저 4만엔, 최고 15만엔이다.[43] 다만, 〈표 8〉의 JCNE의 과거 5개년간의 운영성과표에서 나타나고 있듯이, JCNE의 평가수수료 및 연간 인증등록료의 수입은 미미한 수준이다.

〈표 8〉 JCNE의 과거 5개년 운용성과표 (금액 단위 : 엔)

적 요	2021-03-31	2020-03-31	2019-03-31	2018-03-31	2017-03-31
찬조회원회비	—	50,000	50,000	50,000	
강연료수입	151,450	128,400	55,070	29,000	122,400
평가료수입		633,400	205,200		
민간조성금	49,300,000	49,300,000	50,320,000	68,571,334	35,428,666
기부금	53,874				1,358,097
잡이익					1,172
이자수익	811	788	810	639	171
계	49,506,135	50,112,588	50,631,080	68,650,973	36,910,506

(다) PCNC

PCNC의 인증신청 수수료는 신청단체의 총자산 또는 유동자산에 비례하여 최저 PhP 10,000, 최고 PhP 90,000이며, 인증 후 연간회비는 신청단체의 총자산에 비례하여 최저 PhP 2,000, 최고 PhP 10,000이다.

8) 평가제보센터의 운영

BBB WGA는 비영리단체들의 모금업무, 개인정보 보호정책 위반 또는 기타 문제에 대해 기부자 등 일반인들의 제보를 받아, 관련 비영리단체가 그 불만사항에 대하여 어떻게 대응하고 처리했는지를 검토한다. 또한, 일반인들에게 어떤 비영리단체의 신뢰도에 관한 요청을 받아, 그 비영리단체에 자료를 요청하여 공개하기도 한다.

PCNC는 PCNC가 인증한 비영리단체에 대하여, 후원자 등 일반대

43) JCNE는 평가대상 비영리단체를 확대하기 위하여, 2022년부터 당분간 평가수수료를 무료로 전환하였다. JCNE 운영비는 대부분 일본재단으로부터 지원받고 있다.

중이 제보할 수 있는 공익책무성 시스템(Public Accountability System : PAS)을 운영하고 있다.[44] 즉, 비영리단체의 임직원이나 배우자, 친척들의 부정, 비영리단체의 문서로 만들어지지 않았거나 승인되지 않은 금융거래, 노동법 위반, 세법 위반, 기타 법령의 위반, PCNC의 인증과정과 관련된 불만사항, 인증신청 때의 허위 진술, 제출된 기록 및 문서의 위조 등에 대하여 팩스, 우편, 이메일 또는 PCNC PAS 홈페이지를 통하여 제기할 수 있도록 하고 있다. 제기된 불만이나 제보가 유효한 것으로 판명되면 조사를 시행하고, 위반의 정도에 따라 경고, 견책, 인증 정지 및 PCNC 홈페이지에의 위반사항 고시, 인증취소 등 여러 조처를 한다.

JCNE는 BBB WGA나 PCNC와 같은 제보센터를 운영하지 않고 있다.

9) 요 약

〈표 9〉는 이상의 3개 평가인증기관의 비교를 요약한 것이다. 한국 가이드스타가 진행하고 있는 비영리단체의 평가사업을 보완하는 인증평가 방식을 도입하고자 할 때, 여기서 고찰한 3개 단체의 장점들 중에서 우리나라 현실에 맞도록 조정하는 것이 필요할 것이다.

〈표 9〉 BBB WGA, JCNE, PCNC의 비교요약표

구 분	BBB WGA	JCNE	PCNC
설립주체	민간	민간	민간(단, 평가결과를 세무당국의 적격기부금단체 결정여부에 사용)
평가대상단체	모금활동을 하는 단체, 모금활동이 없는 민간재단(Private Foundation) 제외	학교법인, 의료법인을 제외한 비영리민간단체, 비영리법인	적격기부금단체가 되고자 하는 비영리단체
평가단계	1단계	2단계 (Basic+Good Governance)	1단계
평가기준	20개의 책무성기준	(23+27)개 기준	36개 기준

44) PCNC 2022 https://www.pcnc.com.ph/pas/

평가방식	Pass or Fail	Pass or Fail	Pass or Fail
평가방법	서면평가	서면+방문	서면+방문
인증기간	2년	3년	1년, 3년, 5년
평가인증실적	전국모금단체 약 1,400개, 지방모금단체 약 5,000개	Basic 384개, Advance 87개, Good Governance 36개	피평가단체 약 2,500개, 적격기부금인증단체 약 1,000개
평가인증수수료	인증 자체는 무료, 인증 표식 사용료는 기부금 수익에 비례	Basic 평가수수료 1만엔, Good Governance 평가수수료는 비용규모 비례 (2022년부터 당분간 무료)	인증신청수수료 및 연간회비는 총자산비례
제보센터	있음	없음	있음

(5) 맺는 말

2021년에 발표된 2020년 국세통계연보의 통계상, 영리법인은 950,040개임에 비하여 비영리법인은 41,544개이며, 이 중 결산서류를 공시하고 있는 공익법인 등은 10,953개이다.[45] 41,544개의 비영리법인 중 결산서류 공시대상이 25% 정도에 그치고 있는 것은, 비영리법인 중 공익(公益) 활동을 수행하지 않는 법인이 많음을 나타낸다.

한편, 결산공시대상 공익법인 중 83%가 법정회계감사대상이 되지 못하는 자산규모 100억원 이하의 소규모단체가 대부분이며, 이에 따라 중소 비영리단체가 공시하는 결산서류 공시의 내용이 부실하거나 신뢰도가 떨어진다고 지적된다.

그리고 이 데이터를 기초로 2016년부터 한국 가이드스타가 진행하고 있는 공익법인에 대한 등급부여 평가사업은 중소형 단체가 배제되어 평가대상도 한정될 뿐만 아니라, 회계정보에 치중된 평가로서 조직운영의 건전성에 관한 평가가 빠져 있고, 등급부여에 대하여 비영리단체의 반발이 많은 점 등의 문제가 있다.

이에 대한 대안으로서, 우리나라의 비영리단체 평가는 미국의 BBB WGA, 일본의 JCNE 및 필리핀의 PCNC 등이 실시하고 있는 '개별지표별 P/F(Pass or Fail)방식'을 사용하도록 하면서, 우리나라 결산서류 공시

45) 국세청 국세통계포털 2022 https://tasis.nts.go.kr/websquare/websquare.html?w2xPath=/cm/index.xml

의 내용이 아직 완전하지 않다는 점, 회계정보를 중심으로 하는 계량평가보다는 지배구조, 내부통제제도 등 비계량 정보에 대한 평가가 더 중요하다는 점, 80대 20의 파레토 원칙과 같이 우리나라 비영리단체 80% 이상이 중소 단체라는 점에 비추어, 대부분 정상적으로 운영되고 있는 대규모 단체들보다는 중소 비영리단체의 성실성, 역량, 효과성을 개선함에 목적을 두어야 한다.

또한, 2020년 국세통계상 비영리법인의 기부금 수익이 8.7조원, 보조금 수익이 56.4조원으로서, 기부금 수익보다 보조금 수익이 7배 정도 많음에도 불구하고 지금까지 기부금의 투명성에 집중해 왔으나, 기부금뿐만 아니라 보조금 사업 운영의 적정성 및 투명성을 검증해야 한다.

한편, 필리핀의 PCNC와 같이 민간단체이지만 정부의 위탁을 받아 비영리단체의 인증결과를 세법상의 적격기부금단체 판정에 사용하도록 하는 강제성을 부여하면 빠른 시기에 비영리단체의 인증사업이 우리나라에 정착될 수도 있겠지만, 정부의 지원이나 개입을 최소화하면서 민간차원에서 비영리단체의 인증사업을 추진하는 것이 바람직하다.

Chapter

4

기본적인 회계상식

요즘은 컴퓨터의 도움으로 원시 회계자료를 입력하기만 하면 전 회계 과정이 순조롭게 잘 돌아가고 버튼 하나로 재무제표나 부속명세서가 순식간에 출력된다. 그러나 기술이 아무리 발전하여도 회계정보를 이해하고 이용할 수 있는 능력은 컴퓨터로 대체할 수 없어서, 회계의 기본 원리나 회계상식은 비전공자라도 반드시 갖출 필요가 있다.

1 회계의 의의

약간 속된 표현인데, 회계를 돈과 연관하여 생각해 본다. 회계는 돈에 대해서 가장 간결하고 정확하게 이야기해 주는 언어이다. 돈이 있는 곳에는 언제든지 회계가 있다. 또한, 우리 모두는 돈이 없는 곳에는 별로 관심을 두지 않는다. 주식투자를 하는 사람들을 보면, 자기가 투자한 회사에 대하여는 시키지 않아도 해당 기업에 대해 매일 관심을 가지고 보게 된다. 이때, 그 회사에 대해 가장 잘 알고 있는 사람은 아마 경영자일 것이고, 사람들은 경영자로부터 회사에 대한 정보를 얻어야 한다. 그러나 경영자를 만나는 것도 어렵고, 만난다 하더라도 원하는 정보를 얻지 못할 가능성이 높다. 반대로 경영자 또한 투자유치, 세금절감, 마케팅, 홍보 등의 목적을 위해, 회사에 대해 외부의 사람들에게 알리기를 원한다. 경영자는 본인이 운영하는 회사는 이러이러한 회사라는 것을 효율적이고 효과적으로 알리기 위한 수단이 필요했고 그 수단의 하나로서 회계라는 도구가 쓰인다.

이러한 점은 회사, 즉 영리기업뿐만 아니라 NPO도 마찬가지이다. 회계는 회사 또는 NPO가 자기 자신을 몇 가지 단어와 숫자를 통해 간단명료하게 설명하게 해 준다. 물론 그러기 위해서는 공통적으로 적용해야 할 규칙이 있다. 규칙을 통해 회계가 표준화되고, 이는 모든 사람들로 하여금 빠르게 이해할 수 있는 배경을 제시한다.

필자가 회계학의 기초인 회계원리를 강의하면서 하는 첫 질문이 '수강생들은 회계를 무엇이라고 생각하는가'이다. 사람마다 회계가 무엇인지에 관하여 서로 다르게 생각할 수 있는데, 회계는 요즘의 시쳇말로 "소통(Communication)의 수단"이라 할 수 있다. 다른 말로, 회계는 기업 또는 조직의 재무상태와 운영결과를 설명하는 비즈니스 랭귀지(Business

Language)라고 할 수도 있다. 즉, 회계는 '기업의 언어'로서, 정보이용자[1]들이 자원배분에 관한 합리적인 의사결정을 할 수 있도록 경제실체에 관한 유용한 경제적 정보를 식별 · 측정 · 전달하는 경제언어이다.

구체적으로, 회계는 '복식부기'와 '발생주의'라는 문법을 사용하고, '계정과목'이라는 단어를 사용한다. 새로운 언어를 배우려면 먼저 문법과 단어를 배우는 것처럼, 기업의 언어인 회계를 배우려면 먼저 회계의 문법인 복식부기와 발생주의를 배우고, 이에 사용되는 '계정과목'이란 단어를 배워야 한다.

영어의 문법에서 주어가 나오고 동사가 나오는 순서가 정해져 있듯이, 회계장부에서도 왼쪽(차변)과 오른쪽(대변)에 기재하는 내용과 규칙이 정해져 있다. 이렇게 쓰는 원리(또는 약속)를 이해하는 것이 바람직하지만, 그 원리를 이해하지 못해도 외워서 사용하기도 한다. 회계의 계정과목도 왜 굳이 그런 이름을 쓰는지 의미를 찾아 이해할 수도 있지만, 익숙해지면 그냥 외워서 사용한다.

기업의 언어인 회계의 문법은 '복식부기+발생주의'
기업의 언어인 회계의 단어는 '계정과목'

복식부기의 원리는 '자산=부채+자본'이라고 하는 회계등식(또는 '재무상태표 등식', '대차대조표 등식'이라고 한다)을 기초로 한다.[2] 현금출납부나 가계부처럼 입금과 출금을 한 번 기록하는 단식부기가 있는데 자산, 부채, 자본의 관계를 알아야만 보이는 경영성과를 기록하지 못해 복식부기가 탄생했다. 이 복식부기의 원리가 무척 어렵다고 하는 이들이 가끔 있다. 그런데 이는 초등학교 시절 구구단을 외우는 것이나 영어의 알파벳을 외우는 것과 비슷하게, 복식부기의 원리가 몸에 배도록 연습하는 방법 외에는 다른 방법이 없다. 그리고 구구단이나 알파벳을 외우는 것만큼이나 복식부기의 원리는 아주 쉽다. 대학에서 음악이나 미술을 전공한 학생들도 사회에 나와서 회계업무를 담당하게 되면, 회

1) 회계정보이용자는 주주, 채권자, 종업원, 경영자, 정부 등이 있으나 크게 경영자와 같은 내부이용자와 주주나 채권자와 같은 외부이용자로 분류할 수 있다.

2) "자산은 부채와 자본의 합과 같다"는 복식부기의 원리는 괴테로부터 '인간의 지혜로 창조된 것 중에서 가장 위대한 발명 중 하나'라는 찬사를 받았다고 한다.

계기초를 갖추지 않았다고 하더라도 몇 개월 동안 그 업무를 하다보면 회계에 관한 기초지식을 습득하는 모습을 자주 본다. 회계는 수학을 잘해야 한다는 선입관을 가진 이들도 있는데, 회계에서는 수학이 아니라 초등학교의 산수실력으로 충분하다.

그런데 얼마만큼의 시간을 투입하면, 당구나 야구의 기본기를 갖출 수 있을까? 얼마 전 TED 강연을 들으면서, 어떤 기술의 기초를 익히는 데는 50시간 정도 투입하면 충분하다고 하는 50시간의 법칙이라는 것을 들었는데, 이는 회계 기초를 익히는 데도 비슷하다고 생각된다. 어렸을 때 구구단을 외우는 것이나 휴대폰의 어떤 어플의 사용법을 익히는 것과 비슷하게 처음 회계를 배울 때 집중해서 복식부기에 관한 개념을 몸에 익히는 것이 필요하다.

2 회계가 어렵다?

학생들 중에 수학포기자가 있듯이 가끔 회계포기자들도 나타난다. 그런데 회계포기자들의 대부분은 대학 1학년 때 학업에 충실하지 않았던 것에 연유하지, 회계가 어렵기 때문은 아닌 것 같다. 한편, 회계를 배우기 어렵다고 하는데, 그 이유는 다음과 같이 정리할 수 있다.

1) 회계는 '발생기준'이라고 하는 회계 고유의 손익인식방법을 사용하는데, 회계를 처음 접할 때 가장 처음 넘어야 할 벽이 '발생주의'를 이해하는 것이다. 예를 들어, 신인가수가 2022년에 전속사를 정하면서, 전속계약기간 5년에 전속금 5억원을 현금으로 받았다고 하면, 이 5억원은 2022년의 수익일까? 아니면, 2022년부터 5년간의 수익일까? 현금은 2022년에 받았지만, 회계는 이를 5년간의 수익으로 회계처리하며, 따라서 2022년의 수익은 1억원이고, 나머지 4억원은 2023년부터 4년간 1억원씩 수익으로 인식하며, 2022년에 4억원은 선수수익이라는 부채로 인식한다.

2) 회계는 계정과목이라고 하는 회계 고유의 용어를 사용한다. 각 계정과목의 용어상 의미는 일반적으로 인식하는 용어와 차이가 있는 것

이 많다. 예를 들어, '수익'과 '손익'은 어떻게 다르고, '대손충당금'이란 어떤 의미일까? 영어를 배우려면 일단 단어를 외워야 하듯이, 회계라고 하는 기업의 언어를 배우려면 단어인 계정과목을 일단 외워야 한다. 회계에 더 익숙해지면 그때부터 계정과목이라고 하는 단어의 변천과정이나 숨은 의미를 생각해도 좋다.

3) 회계는 조직의 경영관리활동을 측정 · 정리 · 보고하는 것인데, 이를 위해서는 그 대상이 되는 경영관리활동을 잘 알고 있어야 한다. 또한 생산운영 및 판매 활동에 대한 지식뿐만 아니라, 자금조달 및 운영에 대한 지식이 있어야 한다. 즉, 그 조직의 구체적인 내용을 세밀하게 알고 있어야 하며, 또한 경제 및 경영의 전반적인 내용도 알고 있어야 한다.

3 단식부기와 복식부기

부기는 거래를 기록하는 방법에 따라 단식부기와 복식부기로 나뉘는데, 단식부기란 거래의 한 측면, 예를 들어 현금의 증가와 감소라는 측면으로만 기록하는 것을 말한다. 이에 비하여 복식부기란 거래의 양 측면, 즉 주고받는 양 측면을 함께 기록하여, 현금의 증감 이외에도 자산, 부채, 자본, 수익 및 비용 등 재정상태와 경영성과를 모두 기록할 수 있는 장부기록방법이다.

단식부기는 모든 거래를 현금의 수입과 지출, 재산의 증감만을 기

단식부기	복식부기
하나의 거래를 한 번 기록	하나의 거래를 두 번 기록
현금출납부와 수입 및 지출 항목별 보조원장	자산, 부채, 자본, 수익 및 비용별 계정 총계정원장과 각 계정의 보조원장
유형자산, 부채, 채권, 채무 관리가 어려움	유형자산, 부채, 채권, 채무의 잔액이 자동적으로 계산되어 관리에 편리함
시산표라는 것이 없어 자기검증방법이 없음	시산표 작성을 통한 자기검증이 가능
• 현금수지보고서만 작성가능 • 손익법에 의한 손익계산 불가능 • 재무상태표는 재물조사에 의해 작성	재무상태표와 손익계산서 작성이 가능

록하는 것으로 현금주의에 기초하고 있다. 이러한 단식부기는 실무상 간단하여 회계처리가 쉽다는 이유로 선호되어 왔다. 그러나 NPO의 재정규모가 커짐에 따라 단식부기에 의한 회계처리를 한 경우 많은 문제점이 발생하게 된다. 예컨대 현금지출에 의하여 고정자산을 취득했을 경우 이를 지출로 처리하기 때문에 취득한 고정자산이 부외자산으로 관리되어 고정자산의 적정한 관리 및 감가상각회계를 적용하기 어렵다. 또한, 현금주의는 현금의 수지에만 머물러 발생주의에 의한 기간계산이 어렵기 때문에 미수, 미지급 등의 채권채무 파악이 불가능하게 되어 NPO의 실질적인 재무상태를 파악할 수 없다.

2017년에 제정된 비영리조직회계기준이나 공익법인회계기준에서는 모두 복식부기에 의한 회계정보를 작성하도록 하고 있어, 앞으로는 소규모 NPO 이외에는 복식부기에 의한 회계정보의 작성이 의무화되었다.

한편, 세법상 단식부기는 소규모 개인사업자나 소규모 비영리조직에서 주로 사용하며, 복식부기는 일정 수입금액 이상의 개인사업자나 법인기업에 의무화되고 있고, 최근 들어서는 정부 및 지방자치단체에도 복식부기가 도입되어, 복식부기가 전반적으로 보급되고 있는 상황이라 할 수 있다. 또한 세법상 법인세 납세의무가 있는 수익사업을 영위하는 NPO는 복식부기에 의한 회계기록을 기초로 재무제표를 작성하여 제출할 의무가 있다.

소규모 NPO의 경우 회계에 대한 전문지식이 부족하여 단식부기를 적용하는 사례들이 많지만, 조금만 배우면 복식부기라는 것을 쉽게 적용할 수 있어, 모든 NPO에서 복식부기시스템을 채택하도록 노력하는 것이 좋다. 실태조사에 따르면, 소규모 NPO의 경우 수작업으로 현금출납부를 작성하는 경우, 엑셀 프로그램으로 현금출납부를 작성하는 경우, 시중에서 판매되는 회계패키지 프로그램을 구입하여 사용하는 경우 등으로 나누어진다. 이때 컴퓨터를 어느 정도 다룰 수 있는 직원이 있으면, 엑셀 프로그램을 이용하여 단식부기 형태의 현금출납부 또는 예금출납부를 작성한 뒤, 연말에 회계사 등의 도움을 받아 복식부기로 전환하는 것도 고려해 봄 직하다.

4 현금주의와 발생주의

회계거래를 인식하는 방법으로는 현금주의(Cash Basis)와 발생주의(Accrual Basis)라는 것이 있고, 각각 장점과 단점은 아래와 같다.

	현금주의	발생주의
수익인식시점	현금수입시점	재화의 판매 또는 용역의 제공시점
비용인식시점	현금지출시점	수익창출을 위한 자산감소 또는 부채발생시점
장 점	현금흐름정보	정확한 손익계산(경영성과 파악)
단 점	정확한 손익(경영성과) 계산곤란	현금흐름과 발생손익의 불일치 (현금흐름정보가 제공되지 않음)

(1) 현금주의(Cash Basis)

현금주의 회계기준은 현금수령과 현금지급이 발생할 때 기입하는 방법을 말한다. 현금주의 회계방법에서는 현금을 받았을 때 수익을 인식하고 현금을 지불하였을 때 비용을 인식한다. 현금주의 회계는 약속어음이나 미래에 현금을 받을 것을 약정하거나, 또는 미수금이나 미지급금에 대하여 인식하지 않는다. 현금주의 회계에서는 재고자산이 없다. 수익을 위하여 물건이나 재료를 구입했을 때 현금이 지불되었으면 직접 비용으로 계산된다. 현금주의는 현금출납부 또는 금전출납부를 작성하는 것과 같이 사용하기 간단하고 쉬운 방법이며, 정확한 현금흐름을 보여주고 있는 장점이 있다.

현금주의는 간단하고 비용이 적게 드는 장점이 있으나, 외상매출금, 미수금이나 외상매입금, 미지급금을 인식하지 않기 때문에 손익을 정확히 계산하는 데 쉽지 않다. 또한, 현금주의는 일반적으로 인정되는 회계기준의 대표적인 두 가지 원칙인 수익인식원칙(Revenue Recognition Principle)과 수익비용 대응원칙(Matching Principle)에 맞지 않는다. 수익인식원칙이란 수익은 현금을 받았을 때가 아니라 수익이 발생하였을 때(Earned) 인식해야 한다는 원칙을 말하며, 수익비용 대응원칙은 비용은 현금이 지급될 때가 아니라 관련된 수익과 대응되어야 한다는 원칙을 말한다.

(2) 발생주의(Accrual Basis)

발생주의 회계기준에서 수익은 수익이 실현되었을 때(Earned) 인식하고, 비용은 발생하였을 때(Incurred) 인식한다. 수익, 비용의 인식과 현금수령, 현금지급 사이의 차이를 기록하는 데 추가적인 계정이 만들어져야 한다.

현금을 받기 전에 수익이 인식되면 외상매출금(Accounts Receivable-trade)과 같이 미수수익계정(Accrued Revenue Account)에 기록된다. 현금을 받은 후에 수익이 인식되면 선수수익(Unearned Revenue)과 같이 이연수익계정(Deferred Revenue Account)에 기록된다.

현금이 지불되기 전에 비용이 인식되면 외상매입금(Accounts Payable-trade)과 같이 발생비용계정에 기록된다. 현금이 지불되고 난 후 비용이 인식되면 선급비용(Prepaid Expense)과 같이 이연비용계정(Deferred Expense Account)에 기록된다.

또한 재고자산계정은 발생주의 방법에 따라 사용된다. 판매를 위하여 구입한 상품이나 재료는 유동자산 중의 재고자산으로 기록되고 그 기간 동안에 팔린 물건은 매출원가(Cost of Goods Sold)로 기록된다.

발생주의의 단점은 현금주의에 비해서 복식부기의 회계지식이 필요하다는 점이다. 단식부기는 현금주의만 가능하나, 복식부기는 현금주의나 발생주의 2개 모두 가능하다. 그런데 발생주의는 현금주의보다 장기간에 걸쳐 사업이 어떻게 진행되는가에 대한 정확한 청사진을 보여준다.

뒤에서 설명하는 재무제표 중에서 재무상태표, 손익계산서(운영성과표), 자본변동표는 발생주의에 따라 작성되며, 현금흐름표는 현금주의에 따라 작성된다.

5 회계의 분야

회계는 다시 재무회계, 관리회계, 세무회계 등으로 세분화되는데, 아래에서는 먼저, 재무회계와 관리회계의 개념과 차이를 소개한다.

적 요	재무회계	관리회계
목 적	외부이용자의 의사결정에 유용한 정보 제공	내부이용자의 경영이나 관리에 필요한 정보 제공
정부이용자	투자가, 채권자, 정부기관 등	경영자, 중간관리자 등
보고기준	(재무)회계기준	통일된 기준은 없음
보고양식	재무제표	일정한 형식 없이 기업 내부적으로 정한 형식 등을 사용
정보내용	경제실체의 재무상태, 경영성과	경영에 필요한 과거 및 미래 예상에 관한 정보

재무회계란 기업 또는 조직이 다수의 외부정보이용자들에게 경제적 의사결정에 유용한 정보를 제공하는 것으로, 외부보고목적의 회계라 할 수 있다. 재무회계는 기업회계기준을 기초로 재무상태표(대차대조표), 손익계산서(운영성과표), 현금흐름표 등을 작성하여 정보이용자에게 보고한다. 즉 재무회계란 주주, 채권자, 정부 등의 외부정보이용자들에게 재무상태표 등을 통해 유용한 정보를 제공하는 회계를 말한다.

관리회계란 기업 또는 조직의 경영자가 경영의사결정을 하는 데 필요한 회계정보를 제공하는 회계로, 나부보고목적의 회계라 할 수 있다. 즉 관리회계란 기업 또는 조직의 경영자, 종업원 등과 같은 내부정보이용자들에게 의사결정에 유용한 정브를 제공하는 회계를 말하며, 예산회계,[3] 원가관리 등이 관리회계의 한 분야가 된다.

세무회계란 기업 또는 조직의 재무회계상의 이익을 세법상의 과세소득으로 조정하기 위한 회계를 말하며, 협의로는 법인세회계를 말한다. 전술한 바와 같이, 재무회계는 다수의 정보이용자에게 경제실체에 관한 경제적 의사결정에 유용한 정보를 제공하는 것이 목적인 반면, 세법은 적정한 과세소득을 산정함으로써 공평과세를 목적으로 하여 양자 간에 여러 가지 차이가 있는데, 재무회계처리와 세법상 처리의 차이를

3) 예산회계에 관하여는 322쪽 참조.

조정하는 것이 세무회계이다.

6 생산경제회계와 소비경제회계

회계는 경제주체의 성격에 따라 생산경제회계와 소비경제회계로 나눌 수 있다. 생산경제회계란 사업회계(Business Accounting) 또는 영리단체회계를 말하며, 그 기업의 재무상태 표시 및 경영성과계산(손익계산)을 주목적으로 하는 회계를 말한다. 기업회계는 그 기업의 특성에 따라 판매업회계(상업부기), 제조업회계(공업부기), 은행업회계 등으로 재분류되기도 한다. 소비경제회계란 비사업회계(Non-business Accounting)를 말하며, 합리적인 소비를 주목적으로 하는 회계를 말한다. 이에 해당하는 회계는 정부회계, 비영리회계가 있다. 생산경제회계와 소비경제회계에 적용되는 기본원리는 동일한데, 양자의 특성에 따라 회계처리가 서로 다른 것이 있다.

7 재무제표[4)]

재무제표란 재무회계분야에서 작성되는 회계정보이다(즉, 관리회계분야에서 내부목적으로 작성되는 것이 아니라, 외부의 이해관계자들을 위한 회계정보를 제공하기 위한 것이다). 영리기업의 경우, 재무상태표(종전의 대차대조표), 손익계산서(운영성과표), 자본변동표, 현금흐름표 및 주석[5)]이 재무제표를 이룬다. 영리기업의 재무제표는 기업의 형태에 따라 다음과 같이 구성된다.

---

4) 결산서류라고도 한다.

5) 주석(註釋, Footnotes, Notes, Disclosure)이란 재무제표를 구성하는 다섯 가지 요소 중 하나로 다른 4개 보고서(재무상태표, 손익계산서, 자본변동표, 현금흐름표)를 더 잘 이해할 수 있도록 추가적으로 설명하는 것을 말한다. 재무제표 본문에 관련 주석번호가 표시되는 방식으로 이루어지며, 계량 정보와 비계량 정보가 함께 기재된다. 이 주석도 재무제표를 작성하는 기업이 작성하는 것이 원칙인데, 우리나라 현실에서는 회계감사인이 작성하여 주는 사례가 많다. 정부는 주석을 포함한 모든 재무제표를 회계감사인이 작성하지 못하도록 하고 있는데, 그 이유는 회계감사인이 주석을 작성할 경우, 자기가 작성한 재무제표를 회계감사인 자신이 감사하는 자기감사(Self-audit)에 해당하기 때문이다.

재무제표의 종류	영리법인		비영리단체	
	외부감사대상 외의 회사(중소기업회계기준 적용대상회사) 주식회사, 유한회사, 유한책임회사	외부감사대상 회사[6]	비영리조직	공익법인
재무상태표(대차대조표)	○	○	○	○
손익계산서(운영성과표)	○	○	○	○
자본변동표	○	○	—	—
이익잉여금처분계산서	○	○[*1]	—[*2]	—[*2]
현금흐름표	—	○	○	—
주석	○	○	○	○

*1 기업회계기준상의 재무제표는 아니나 법인세법에서 요구하는 서류임
*2 법인세법상의 수익사업이 있는 비영리법인은 이익잉여금처분계산서를 작성·제출해야 함

한편, 기업회계기준 외에 우리나라의 비사업 분야(정부회계 및 비영리)에서 제정된 규칙 등에서 정하고 있는 재무제표를 비교하면 다음과 같다.

기업회계기준	중소기업회계기준	공익법인회계기준	비영리조직회계기준	사학기관 재무·회계 규칙에 대한 특례규칙	의료기관 회계기준 규칙	사회복지법인 및 사회복지시설 재무·회계규칙	국가회계기준에 관한 규칙	지방자치단체회계기준에 관한 규칙
재무상태표	대차대조표	재무상태표	재무상태표	대차대조표	재무상태표	대차대조표	재정상태표	재정상태표
손익계산서	손익계산서	운영성과표	운영성과표	운영계산서	손익계산서		재정운영표	재정운영표
자본변동표	자본변동표				기본금변동계산서		순자산변동표	순자산변동표
	이익잉여금처분계산서(또는 결손금처리계산서)							
현금흐름표			현금흐름표	자금계산서	현금흐름표	수지계산서		현금흐름표

6) 주식회사, 유한회사 중 일정규모 이상

2017년에 제정된 공익법인회계기준 및 비영리조직회계기준에서는 영리기업의 손익계산서에 해당하는 재무제표를 '운영성과표'라는 용어로 통일했다.

영리기업의 기업회계기준상 작성하도록 되어 있는 자본변동표가 공익법인회계기준 및 비영리조직회계기준에는 없는 이유는, NPO의 자본(비영리회계분야에서는 자본이라는 용어보다는 '순자산'이라는 용어를 사용하게 됨)의 변동이 영리기업에 비하여 복잡하지 않기 때문에, 순자산의 변동을 재무상태표 및 운영성과표에서 나타낼 수 있기 때문이다.

비영리조직회계기준에서는 현금흐름표 대신 수지계산서를 공시할 수 있도록 하고 있다. 한편, 공익법인회계기준을 제정할 때 현금흐름표를 작성하여야 한다는 의견도 제시되었었으나, 공익법인 실무에서 현금흐름표를 작성하기 어렵고, 또한 현금흐름표의 회계정보를 이용하는 빈도도 많지 않은 점 등을 고려하여, 공익법인의 부담을 덜어주고자 현금흐름표를 주된 재무제표로 지정하지 아니하였다.

사립학교회계, 의료법인회계, 사회복지법인회계를 비교해 보면, 의료법인회계가 영리기업회계와 유사한 재무제표를 작성 공시하도록 하고 있다. 사학기관재무·회계 규칙에 대한 특례규칙에 의한 재무제표는 기업회계기준에 의한 재무제표와 조금 다른 기준에 의하여 작성되고 있다. 사회복지법인회계는 모든 사회복지법인에게 아직 복식부기를 의무화하고 있지 않기 때문에, 위 표에서 게기한 대차대조표 및 수지계산서를 모든 사회복지법인이 작성 공시하고 있지는 아니하다.

아래에서는 재무상태표, 손익계산서 및 현금흐름표가 무엇인지, 어떤 회계정보를 나타내는지 살펴보기로 한다.

8 재무제표의 작성책임

외국에서는 재무제표의 작성책임은 기업에 있고, 외부의 독립된 회계감사인은 기업이 작성한 재무제표가 일반적으로 인정된 회계기준에 따라 작성되었는지에 관한 감사를 실시하며 그 재무제표에 대한 의견을 표명하는 것이 관행이다.

그런데 우리나라 현실에서 재무제표 중 재무상태표, 손익계산서 및 자본변동표는 기업이 스스로 작성하는 사례가 많으나, 현금흐름표나 주석은 기업 스스로 작성할 수 있는 지식이 없거나 작성이 어려워서, 공인회계사(외부회계감사인)에게 의존하는 것이 관행이었다. 이런 관행상, 재무제표 작성업무를 외부회계감사인에게 의존하는 잘못된 관행으로, 외부회계감사를 통한 회계오류 검증기능을 약화시켜 회계정보의 신뢰성에 대한 우려가 제기되어, 2013년 12월에 「주식회사의 외부감사에 관한 법률」의 개정을 통해 '회사의 재무제표 작성책임'을 명시하였다. 이에 따라, 주권상장법인과 직전사업연도말 자산총액 1천억원 이상인 비상장법인은 재무제표를 기업 스스로 작성하도록 하는 의무를 명시하였고, 외부회계감사인이 회사의 재무제표 작성과 관련된 회계처리에 대한 자문에 응하는 행위, 외부회계감사인이 재무제표 작성에 필요한 계산 또는 회계분개를 대신하여 해주는 행위 등은 금지되었다. 이에 따라, 회사 인력만으로 재무제표의 직접 작성이 어려운 경우, 그 회사는 외부회계감사인 이외의 제3의 외부회계전문가(회계감사를 수행하는 회계법인 이외의 제3의 회계법인) 또는 용역대행업체를 활용하여 재무제표를 작성하도록 하고 있다.

이와 같은 회사의 재무제표 작성책임은 주권상장기업과 자산규모 1천억원 이상의 비상장기업에 적용되고 있으나, 향후 그 범위가 확대될 예정이다. 한편, NPO에 대하여는 이와 같은 법적 구속력은 없으나 재무제표의 작성과 감사를 하나의 외부회계감사인에게 의뢰하는 것은 가급적 지양되어야 하고, NPO 스스로 재무제표를 작성할 능력을 배양하여야 한다는 점을 인식해야 한다.

9 재무상태표

재무상태표(Statement of Financial Position)[7]란 일정시점의 기업의 재무상

---

7) 재무상태표라는 말은 우리나라가 국제회계기준을 채택하면서, Statement of Financial Position을 새로 번역하여 생긴 말인데(국가회계나 지방자치단체회계에서는 '재정상태표'로 번역했다), 종전의 대차대조표의 새로운 용어이다. Balance Sheet라는 말을 일본의 상법 및 회계학자들이 대차대조표라는 말로 번역하여 우리도 그대로 사용하다가 최근 이를 재무상태표로 바꾸었는데, 그 내용은 동일하다. 우리나라의 국제회계기준과 일반회계기준에서는 재무상태표라고 하고, 중소기업회계기준에서는 대차대조표라고 한다. 참고로, 중국에서는 '자산부채표'라는 용어를

태를 명확히 보고하기 위하여, 보고기간종료일 현재의 모든 자산・부채 및 자본[8]의 상호관계를 재무상태표 등식[9]에 따라 표시한 계산서를 말한다.

재무상태표는 자산의 변(차변 ; 왼쪽)과 부채・자본의 변(대변 ; 오른쪽)으로 구분되는데, 차변(왼쪽)에는 자산에 관한 사항을 표시하고 대변(오른쪽)에는 부채와 자본에 관한 사항을 표시한다. 차변(왼쪽)은 기업에 투하된 자금이 어떠한 형태로 운용되고 있는가를 나타내며, 대변(오른쪽)은 자금이 어떠한 원천에서 조달되었는가를 밝혀준다. 즉, 다음과 같이 왼쪽(차변)은 자산(즉, 자금의 운용결과)을 나타내고, 오른쪽(대변)은 부채(타인자본)와 자본(자기자본), 즉 자금의 조달원천을 나타낸다.

차변(왼쪽)	대변(오른쪽)
자 산	부채(빌린 돈)
	자본(자기 돈)
자금의 운용	자금의 출처

예를 들어 2억원을 빌려 5억원짜리 아파트를 구입한 것을 재무상태표로 표시해 보면, "아파트(자산) 5억원=빌린 돈(부채) 2억원+자기 돈(자본) 3억원"으로 표시된다.

자산(5억원)	부채(2억원)
	자본(3억원)

위와 같이, 재무상태표는 재산의 보유상황(자산)이 왼쪽(차변)에 표시되고 그 돈을 어디서 조달했는지에 따라 부채(빌린 돈)냐 자본(자기 돈)

사용하고, 개인적으로는 '자산부채표'라는 용어가 이 표의 특성을 가장 잘 나타내는 용어라고 생각된다.

8) 뒤에서 설명하듯이, 비영리단체에는 주주나 출자자본(자기자본)이라는 개념이 없다. 여기서는 영리기업의 관점에서 자본이라는 용어로 기술하는데, 순자산으로 바꾸어도 내용은 유사하다.

9) "자산=부채+자본"이라는 등식을 말하며, 복식부기에서 가장 기초적인 개념이다. 회계등식, 대차대조표 등식이라고도 한다.

이냐로 구분되어 오른쪽(대변)에 표시된다. 여기서 차변, 대변이라는 귀에 익숙하지 않은 회계용어가 나오는데, 차변은 왼쪽, 대변은 오른쪽을 나타내는 용어이다.

■ 재무상태표 양식

재무상태표에는 ① 기업의 명칭과, ② 작성기준 연월일 및 ③ 금액 단위를 명기하여야 하며, 양식에는 계정식과 보고식의 두 가지가 있다. 계정식은 재무상태표 등식에 의거하여 차변(왼쪽)에는 자산을 기재하고, 대변(오른쪽)에는 부채와 자본을 기재하여 양변의 각 합계가 일치되도록 표시한다. 보고식 재무상태표는 차변과 대변으로 구분하지 않고, 자산·부채·자본의 순으로 기재하여 자산의 합계가 부채·자본의 합계와 일치되도록 하는 양식을 말한다.

10 자 산

자산이란 용어는 회계학에서만 사용되고, '과거의 거래나 사건의 결과로서 현재 경제실체(예 기업 또는 NPO)에 의해 지배(또는 통제)되고 미래에 경제적 효익을 창출할 것으로 기대되는 자원'이라고 정의되며, 민법상의 '재산'과는 약간 다른 개념이다.

회계상의 자산 계정과목의 예시는 다음과 같다.

- 현금 : 기업이 보유하고 있는 현금(지폐와 동전) 및 수표
- 보통예금 : 입·출금이 자유로운 예금
- 당좌예금 : 당좌수표를 발행하여 돈을 인출하기 위해 가입한 예금
- 상품 : 상기업에서 판매를 목적으로 구입한 물건
- 제품 : 제조기업에서 판매를 목적으로 만들어낸 물건
- 비품 : 영업활동에 사용할 목적으로 구입한 책상, 컴퓨터, 에어컨 등
- 소모품 : 영업활동에 사용할 목적으로 구입한 사무용품 등
- 외상매출금 : 상품, 제품을 외상으로 매출한 경우
- 받을어음 : 상품, 제품을 매출하고 대금을 어음으로 받은 경우
- 매출채권 : 외상매출금과 받을어음의 합계

- 미수금 : 상품, 제품 이외의 자산을 외상으로 처분한 경우
- 단기대여금 : 보고기간종료일부터 1년 이내에 회수하기로 하고 빌려준 돈
- 장기대여금 : 보고기간종료일부터 1년 이후에 회수하기로 하고 빌려준 돈
- 선급금 : 상품 등을 매입하기로 하고 미리 지급한 계약금
- 토지 : 기업이 판매목적이 아니라 자기가 사용할 목적으로 보유하고 있는 땅
- 건물 : 기업이 판매목적이 아니라 자기가 사용할 목적으로 보유하고 있는 건물
- 차량운반구 : 영업용으로 사용하는 승용차, 승합차, 트럭 등
- 기계장치 : 제품 생산을 위해 구입한 기계 등

자산은 ① 유동성 기준[10]에 따라 유동자산과 비유동자산(고정자산)으로, ② 형태의 유무에 따라 유형자산과 무형자산으로, ③ 화폐가치 변동의 영향에 따라 화폐성자산과 비화폐성자산으로 구분된다.

조금 이론적인 설명이 되는데, 회계상 자산으로 인식, 분류되기 위하여는 ① 미래의 경제적 효익의 요건, ② 경제실체가 취득하였거나 통제가 가능할 것, ③ 과거의 거래나 경제적 사건의 결과일 것, ④ 계량화가 가능할 것이라는 요건을 갖추어야 한다.

1) 미래의 경제적 효익

자산으로 인식, 분류되기 위해서는 특정자원이 미래의 현금유입을 증가시키거나 현금유출을 감소시킴으로써 미래의 현금흐름 창출에 기여할 수 있어야 한다.

예를 들어 건물은 처분할 때 현금의 유입을 가져올 수 있고, 처분하지 않고 보유하고 있으면 별도의 임차료의 현금유출을 방지하거나 생산에 기여하여 매출을 통해 현금유입을 가져오므로 자산으로 인식된다.

---

10) 1년 이내에 현금화가 되는지 여부에 따라 자산은 유동자산, 비유동자산으로, 부채는 유동부채, 비유동부채로 분류한다. 비유동자산(Non-current Asset), 비유동부채(Non-current Liability)를 얼마 전까지는 고정자산(Fixed Asset), 고정부채(Fixed Liability)라고 했었다.

2) 경제실체가 취득했거나 통제가능

이는 경제실체가 배타적으로 미래의 경제적 효익에 대한 권리를 가지고 있어야 그 실체의 자산으로 인정할 수 있음을 말한다.

예를 들어 공장 내부의 도로는 기업의 자산이 될 수 있지만, 공장 앞의 도로는 비록 그 기업에게 미래의 경제적 효익을 제공하나 그 효익을 누릴 수 있는 것이 그 기업의 배타적 권리가 아니므로 자산으로 인식될 수 없다.

3) 과거의 거래나 경제적 사건의 결과

이는 미래의 경제적 효익이 과거의 거래나 경제적 사건의 결과로 생겨, 현재시점에 존재해야 함을 의미한다.

4) 미래 효익의 계량화가 가능해야 함

자산의 정의에서는 명시되어 있지 않으나 일반적으로 자산으로 인식되기 위해서는 경제적 효익이 화폐단위로써 계량화될 수 있거나 측정될 수 있어야 한다.

예를 들면 회사가 광고선전비를 지출했고 그 광고가 매출 달성에 매우 효과적이었다고 할 때,[11] 그 지출액은 매출이라는 미래의 현금유입을 증가시키는 데에 기여하며, 그 현금유입액이 그 기업의 배타적인 권리이고, 과거의 사건의 결과로 인해 나타나는 효익에 해당될 수 있으나, 그 효익을 객관적으로 측정할 수 없어, 광고선전비는 일반적으로 자산으로 인식될 수 없다.

11 자산의 평가방법

자산에 화폐가치를 부여하는 자산의 평가(asset valuation)방법은 다음과 같이 분류한다.

11) 매우 효과적이 아니었다면 미래의 경제적 효익이 불확실하여 자산으로 인식할 수 없어, 매우 효과적인 경우만을 가정한다.

시장의 구분	과거가격	현재가격	미래가격
투입시장	취득원가	현행 재조달원가	
산출시장		현행 시장가치	미래현금흐름의 현재가치

1) 취득원가(historical cost)

자산을 취득한 대가로 지급한 현금 또는 현금성자산의 금액으로 자산의 금액을 인식하는 것을 말하며, 다음과 같은 장점과 단점이 있다.

장 점	단 점
측정이 용이하다.	보고시점의 실질가치를 나타내지 못한다.
객관적이고 검증가능하여 회계 정보의 신뢰성을 높일 수 있다.	현재의 수익에 과거의 원가가 대응되므로 합리적인 수익·비용의 대응이 되지 못한다.
취득 당시의 가치를 잘 나타낸다.	자산의 보유로 인한 손익을 파악할 수 없다.

2) 현행 재조달원가(current replace cost)

자산을 현재시점에서 다시 구입한다고 가정하였을 때 지급해야 할 현금 또는 현금성자산의 금액으로 자산의 금액을 인식하는 방식을 말하며, 다음과 같은 장점과 단점이 있다. 현행 기업회계기준과 공익법인회계기준에서는 고정자산을 취득원가 또는 재평가가액 중 하나를 선택하여 표시할 수 있는데, 재평가가액에 의한 평가가 현행 재조달원가(current replace cost)에 의한 가액을 말한다.

장 점	단 점
현재 수익에 현행원가를 대응시킴으로써 합리적인 수익·비용의 대응이 가능하다.	측정과정에 주관성이 개입되기 쉽다.
영업손익과 보유손익의 구분이 가능하여 경영자의 경영성과를 적절히 평가할 수 있다.	보유자산에 대한 미실현손익이 이익에 반영되어 실현주의 원칙에 어긋난다.
기존의 생산능력을 유지하기 위해 필요한 금액, 즉 실물자본유지(maintenance of physical capital)에 대한 정보를 제공해 준다.	
기업이 소유한 자산의 가치를 평가할 수 있다.	

3) 현행 시장가치(current market value)

자산을 현재시점에서 판매한다고 가정할 때, 수취할 수 있는 현금 또는 현금성자산의 금액으로 자산의 금액을 인식하는 방법을 말하며, 다음과 같은 장점 및 단점이 있다. 현행 기업회계기준과 공익법인회계기준에서, 외화자산을 기말 현재 환율에 의하여 평가하거나, 유가증권을 시가에 의하여 평가하도록 하고 있는데, 시가에 의한 평가가 현행 시장가치 개념에 의한 평가라고 할 수 있다. 또한, 부실기업 또는 청산중인 기업 등 계속기업이 아닌 기업의 자산평가는 처분가능가액을 기준으로 하는데, 이도 현행 시장가치에 의한 평가라고 할 수 있다.

장 점	단 점
자산의 가치변동에 의한 손익이 구분가능하다.	측정과정에 주관성이 개입되기 쉽다.
기업자산의 현행가치를 파악할 수 있다.	자산의 처분가치만을 나타내므로 자산의 사용가치를 반영하지 못한다. 즉, 특정목적에 사용되는 유형자산 등이 기업의 영업활동에 이용될 경우 그 사용가치는 매우 높으나 처분할 경우의 처분가액은 아주 낮게 형성될 수도 있다.

4) 미래현금흐름의 현재가치(present value)

자산의 사용으로 인해 기대되는 미래 순현금흐름을 현재가치로 할인한 가액으로 자산의 금액을 정하는 방식을 말하며, 아래와 같은 장점과 단점이 있다. 현행 기업회계기준과 공익법인회계기준에서, 비유동자산 중 영업권의 평가를 함에 있어서 사용하는 방법이다.

장 점	단 점
자산의 용역잠재력 개념에 부합되므로 이론적으로 타당하다.	미래의 현금흐름측정 및 할인율 산정에 주관이 개입되어 회계정보의 신뢰성이 훼손될 가능성이 있다.
재무제표가 경제적 실질가치를 나타내고 있다.	

5) 저가법

취득원가와 시가를 비교하여 낮은 금액으로 자산을 평가하는 방법을 말하며, 아래와 같은 장점 및 단점이 있다. 현행 기업회계기준과 공익법인회계기준에서, 재고자산을 순실현가치(Net Realizable Value : NRV)로 평가하는 것이 저가법의 하나이다.

장 점	단 점
기업의 재무적 기초를 견고히 할 수 있다.	논리의 일관성이 결여되어 기간별 비교가능성을 왜곡시킨다.
	이익을 과소 표시한다.

12 부 채

회계상 부채란 과거의 거래나 사건의 결과로 현재 경제실체가 부담하고 있고 미래에 자원의 유출 또는 사용이 예상되는 의무를 말하며, 아래는 부채 계정과목의 예시이다.

- **외상매입금** : 상품, 원재료를 외상으로 구입하고 아직 갚지 않은 매입대금
- **지급어음** : 상품, 원재료를 외상으로 매입하고 발행한 어음
- **매입채무** : 외상매입금과 지급어음 금액을 합한 금액
- **미지급금** : 상품, 원재료 외의 물품을 외상으로 구입하고 아직 지급하지 않은 채무
- **단기차입금** : 보고기간종료일부터 1년 이내의 기간을 만기로 빌려온 채무
- **장기차입금** : 보고기간종료일부터 1년 이후에 지급할 조건으로 빌려온 채무
- **선수금** : 상품 등을 판매하기로 하고 미리 받은 계약금
- **퇴직급여충당부채**

부채도 ① 유동성 기준에 따라 유동부채·비유동부채로, ② 화폐가치 변동에 따라 변하는지 여부에 따라 화폐성부채·비화폐성부채로 분류된다.

재무회계개념체계상 부채는 다음과 같은 요건을 갖추어야 한다.

1) 현재시점의 경제적 의무

과거의 거래나 사건의 결과로서 관련 의무가 현재시점에 존재하여야 한다. 즉, 부채가 미래에 경제실체의 자산이나 서비스를 희생시켜야 할 의무라고 한다면 그러한 의무를 부담하게 하는 원인인 거래나 사건이 과거에 이미 발생하였어야 한다는 것을 의미한다.

2) 의제의무 포함

법적인 의무뿐만 아니라 기업관행상 발생하리라 예상되는 의제의무까지 포함된다. 즉, 경제실체가 양호한 대외관계를 유지하기 위하여 장래에 지급하지 않으면 안 될 의무가 나타나거나 그것이 일반적인 기업관행에 따라 이루어질 경우에는 부채로 계상한다. 이런 예로서, 하자보증기간이 경과한 후에 발생하는 보증의무 등을 들 수 있다.

3) 지급금액, 지급시기 및 채권자 확정 불필요

부채인식 당시에 만기시점의 지급금액, 지급시기 및 채권자가 반드시 확정될 필요는 없다. 예를 들어, 상품판매 후에 일정기간 동안 무상 수리, 교환 등의 제품보증을 하였을 때, 채권자와 금액 및 지급시기를 알지 못하지만, 관련 부채를 추정하여 인식하여야 한다.

13 우발상황 및 우발부채와 우발자산

우발상황(Contingency)이란 경제실체가 통제할 수 없는 불확실한 미래 사건의 발생 여부에 따라 그 의무나 권리의 존재 여부가 확인되는 것으로서 그 발생 여부가 불확실한 상태 또는 상황을 말하며, 대표적인 예로서 기말 현재 진행 중인 소송사건, 타인의 채무에 대한 지급보증 등이 있다.

이 우발손실은 다음과 같은 기준에 따라 기말 현재 충당부채를 설정하여, 재무상태표에 부채로 표시하는 방법, 재무제표에 부채로 표시하지는 않되 주석으로 공시하는 방법,[12] 기타 주석공시도 하지 않는 방법으로 구분된다.

금액 추정가능성 / 발생가능성	손실금액의 합리적 추정가능	추정 불가능
발생가능성이 높음	재무제표에 인식하는 우발부채	주석으로만 표시하는 우발부채
발생가능성이 높지 않음	주석으로만 표시하는 우발부채	
발생가능성이 거의 없음	공시하지 않음	공시하지 않음

◈ 사례1 : 법적 소송

〈상황〉 AA기금은 주식회사 BB가 제기한 손해배상청구소송의 피고로 재판을 받고 있으며, 손해배상 여부에 대해 원고와 다투고 있다. 2021.12.31 종료되는 회계연도가 제출되는 시점까지 법률전문가는 기금이 법적 의무를 지지 않을 가능성이 높다고 조언하였다. 그러나 2022.12.31의 재무제표를 작성할 때 법률전문가는 소송이 불리하게 진행됨에 따라 기금이 법적 의무를 부담할 가능성이 매우 높다고 조언하였다.

〈인식여부 검토〉

① 2021.12.31에는 우발손실의 발생이 확실하지 않으므로 소송내용을 주석에 기재함

② 2022.12.31에는 우발손실의 발생가능성이 매우 높으므로, 법적 의무를 이행하기 위한 금액에 대한 최선의 추정치를 재무제표에 부채로 인식함

12) 주석에는 손실금액 및 시기와 관련된 불확실성 정도, 손실금액의 추정이 곤란한 사유, 제3자에 의한 변제가능성 등을 기재한다.

◈ 사례 2 : 오염된 토지

〈상황〉 A단체는 미래의 항구 증축에 대비하여 기존 항구 인근에 토지 및 창고를 보유하고 있다. 지난 10년간 일부 농민들이 농업비료 저장 목적으로 해당 부동산을 임차하였다. 실태조사 결과 농업비료가 창고 주변의 토지를 몇 년간 오염시키고 있는 것이 분명하였으나, A단체는 농민이나 보험회사로부터 정화비용을 청구할 수 없었다. 이미 오염된 토지를 정화하는 것을 의무화하는 법률 초안이 연말 후에 곧 제정될 것이 2022.12.31 현재 거의 확실하다.

〈인식여부 검토〉 토지정화를 요구하는 법률 제정으로 인해 오염된 토지복구를 위한 우발손실의 발생이 확실하므로 정화비용에 대한 최선의 추정치로 재무제표에 우발부채를 인식함

한편, 우발이익은 그 발생가능성이 매우 높고, 그 이익 금액을 합리적으로 추정할 수 있는 경우 우발상황의 내용을 주석으로 표시한다.

14 영리기업회계에서의 자본

회계상 자본이란 경제실체의 자산총액에서 부채총액을 차감한 잔여액 또는 순자산으로서 경제실체의 자산에 대한 소유주의 잔여청구권을 말하고, 구체적인 실체를 갖는 것이 아니고 추상적이고 계수적인 개념으로 그 원천은 ① 주주의 출자에 의한 납입자본 및 ② 자본거래에 의한 것(자본잉여금)과 ③ 기업활동의 결과로 나타나는 순이익의 잉여잔액(이익잉여금)으로 구성된다.[13)]

영리기업의 형태에 따라서 자본은 다음과 같이 분류된다(비영리단체의 순자산의 개념은 내용이 많아, 별도 항목에서 설명한다. 289쪽 참조).

- 개인기업 : 자본금항목으로 일괄 표시되며 출자금, 인출금, 순손익으로 구성된다.

13) 위와 같은 자본의 정의는 영리기업에 적용되는 것으로서, 비영리단체에는 소유주, 소유주의 잔여청구권, 주주, 납입자본, 자본거래라는 것이 없어서, 비영리회계에서는 자본이라는 용어보다는 순자산(Net Asset)이라는 용어가 사용된다. 미국에서 1993년 이전에는 기금잔액(Fund Balance)이라고 불렀다고 한다.

- **조합기업**: 개인기업과 유사하나 조합원별로 자본을 분할하여 표시한다.
- **주식회사**: 주식회사의 자본은 자본금, 자본잉여금, 자본조정, 기타포괄손익누계액 및 이익잉여금(또는 결손금)으로 구성된다.

15 영리기업의 손익계산서[14)]

손익계산서(Income Statement : I/S 또는 Profit and Loss : P/L)는 일정기간 동안의 경제실체의 경영성과를 파악할 수 있도록 기간 중에 발생한 수익, 비용, 이익, 손실을 나타내주는 보고서이다. 재무상태표가 일정시점의 재무상태를 나타내는 정태적 보고서라면 손익계산서는 일정기간 동안 경제실체의 순자산의 변동을 수익과 비용으로 설명해 주는 동태적 보고서이다. 환언하면, 손익계산서는 경제실체의 일정기간의 경영성과를 알려주는 표, 즉 기업이 일정한 기간(예 1년) 동안 얼마를 벌고 얼마를 썼나를 나타내주는 표이다.

경제실체가 영업을 해서 벌어들인 것을 회계에서는 '수익'이라고 하고, 수익을 얻기 위해서 지출한 것을 '비용'이라고 하며, 수익에서 비용을 뺀 나머지를 '손익'이라고 하여 다음과 같이 표시할 수 있다.

$$수익 - 비용 > 0 \Rightarrow \text{'이익'}$$
$$수익 - 비용 < 0 \Rightarrow \text{'손실'}$$

한편, 복식부기상의 손익계산서상 수익은 오른쪽(대변)에 표시되고, 비용은 왼쪽(차변)에 표시된다.

<table>
<tr><td>비용</td><td rowspan="2">수익</td></tr>
<tr><td>손익</td></tr>
</table>

14) 비영리(NPO)회계에서는 손익계산서라는 용어를 사용하지 않고 운영성과표라는 용어를 사용한다.

개인의 수입을 손익계산서 형태로 표시해 보면, 예를 들어 2022년 한 해 동안 연봉으로 4천만원을 받았고, 그중에서 생활비로 1천만원을 쓰고 자녀교육비로 1천만원, 해외여행으로 1천만원을 사용했다고 하면 다음과 같이 1천만원의 이익이 생긴 것으로 표시된다.

<table>
<tr><td rowspan="3">비용(3천만원)</td><td>생활비(1천만원)</td><td rowspan="4">수익(4천만원)</td></tr>
<tr><td>교육비(1천만원)</td></tr>
<tr><td>여행비(1천만원)</td></tr>
<tr><td colspan="2">이익(1천만원)</td></tr>
</table>

16 수익과 비용

(1) 수 익

수익이란 경제실체의 경영활동과 관련한 재화의 판매 또는 용역의 제공 등에 대한 대가로 발생하는 자산의 유입 또는 부채의 감소를 말한다. 예를 들면, 재화 및 용역을 공급한 대가로서 현금이나 매출채권이 증가하게 된다. 또한 경제실체는 차입금을 상환하기 위하여 재화 및 용역을 채권자에게 공급할 수 있으며 그 결과로 부채가 감소되기도 한다.

수익 계정과목의 예시는 다음과 같다.

<table>
<tr><th colspan="2">영리기업</th><th colspan="2">비영리단체</th></tr>
<tr><td>상품매출액</td><td>상품을 판매하고 받은 수입액</td><td>기부금수익</td><td>외부로부터 받은 기부금</td></tr>
<tr><td>이자수익</td><td>자금을 빌려주거나 은행에 예금하고 받은 이자</td><td>보조금수익</td><td>정부, 지방자치단체로부터의 보조금</td></tr>
<tr><td>임대료</td><td>토지나 건물을 빌려주고 받은 지대와 집세</td><td>회비수익</td><td>회원으로부터 받은 회비</td></tr>
<tr><td>배당금수익</td><td>주식에 투자하고 받은 배당금 수익</td><td rowspan="2">투자자산수익</td><td rowspan="2">투자자산의 운용으로 얻은 이자, 배당 등</td></tr>
<tr><td>수수료수익</td><td>어떤 거래를 중개 또는 알선하고 받은 수수료</td></tr>
</table>

(2) 비 용

비용이란 경제실체의 경영활동과 관련된 재화의 판매 또는 용역의 제공 등에 따라 발생하는 자산의 유출이나 사용 또는 부채의 증가를 말한다. 예를 들어, 재화의 생산 및 판매 과정에서의 비용 발생은 재고자산의 유출, 유형자산의 사용 또는 미지급비용과 같은 부채의 증가로 나타나며, 비용 계정과목의 예시는 다음과 같다.

- **매출원가**: 판매한 상품 또는 제품의 원가
- **급여**: 임직원에게 지급하는 급료와 수당 등
- **임차료**: 토지, 건물 등을 빌린 대가로 지급하는 지대나 집세
- **광고선전비**: 신문, 잡지, TV, 라디오 등에의 광고를 위한 비용
- **여비교통비**: 버스, 택시, 기차요금 및 출장 임직원의 여비, 숙박비 등
- **통신비**: 전화, 전신, 우표 및 인터넷 요금 등
- **이자비용**: 차입금에 대하여 지급하는 이자

한편, 비영리조직회계기준 및 공익법인회계기준에서는 위와 같은 성격별 비용분류 이외에 아래와 같이 기능별 비용을 같이 보고할 것을 요구하고 있다. 이는 영리기업회계에서 비용을 매출원가, 판매비와 일반관리비처럼 기능별로 구분표시하는 것과 유사한 것으로서, 비영리단체가 고유목적사업과 기타 일반관리 또는 모금활동에 어느 정도의 비용을 투입하는지를 이해관계자에게 알리기 위함이다.

- **사업비용**: 공익법인이 추구하는 본연의 임무나 목적을 달성하기 위해 수혜자, 고객, 회원 등에게 재화나 용역을 제공하는 활동에서 발생하는 비용
- **일반관리비용**: 기획, 인사, 재무, 감독 등 제반 관리활동에서 발생하는 비용
- **모금비용**: 홍보, 모금행사, 기부자리스트 관리, 모금고지서 발송 등의 모금활동에서 발생하는 비용

(3) 수익 · 비용과 자본(순자산)의 관계

회계등식을 보면, 자본은 자산의 증가나 부채의 감소에 의하여 증가하고, 자산의 감소나 부채의 증가에 의하여 감소한다. 한편, 수익의 발생은 자산의 증가나 부채의 감소를 가져오고, 비용의 발생은 자산의 감소나 부채의 증가를 가져온다. 따라서 수익의 발생은 자본의 증가를 가져오고, 비용의 발생은 자본의 감소를 가져온다.

수익의 발생 → 자산의 증가 또는 부채의 감소 → 자본의 증가
비용의 발생 → 자산의 감소 또는 부채의 증가 → 자본의 감소

즉, 수익 및 비용은 자본과 위와 같은 관계를 가지고 기업활동에서 지속적으로 발생하기 때문에, 수익이나 비용이 발생할 때마다 위와 같은 방식으로 자본의 증감사항을 기록 · 계산하게 되면, 회계업무를 능률적으로 수행할 수 없을 뿐만 아니라 한 회계기간 동안의 재무적인 변동상황을 총체적으로 관찰할 수가 없다.

따라서 회계에서는 수익 · 비용의 발생에 대해 평상시에는 자산과 부채의 증감관계로만 기록하고 회계연도말의 결산시나 재무제표를 작성할 때 수익과 비용을 상호 비교하여 손익을 산정하는 한편, 한 회계기간 중에 발생된 자본의 순증감 결과만을 자본에 가감하는 형식을 취하게 된다.

총수익 > 총비용 → 이익 ············➤ 자본의 증가
총수익 < 총비용 → 손실 ············➤ 자본의 감소

17 현금흐름표

손익계산서가 발생주의에 의한 일정기간의 손익을 나타내는 표임에 비하여 현금흐름표는 일정기간의 현금증감 원인과 결과를 알려주는 표이며, 크게 영업활동으로 인한 현금흐름, 투자활동으로 인한 현금흐름, 재무활동으로 인한 현금흐름의 세 가지 정보를 표시한다.

다음은 개인의 수입 · 지출을 현금흐름표 양식에 따라 분류해 본 것이다.

현금유입	현금유출	
월급 이자수입	생활비 대출이자	영업활동으로 인한 현금흐름
주식, 채권 부동산 처분	주식, 채권 부동산 취득	투자활동으로 인한 현금흐름
대출, 증여	대출상환	재무활동으로 인한 현금흐름

직장인이 월급날에 현금을 받아 이를 생활비, 교육비 등으로 쓰면 현금이 나가게 되는데, 기업에서도 이렇게 일상적인 활동에 따라 생기는 현금흐름을 '영업활동으로 인한 현금흐름'이라고 한다.

한편, 재테크를 하기 위해서 주식이나 채권, 부동산에 투자하면 현금이 나가게 되고, 반대로 보유하고 있던 주식이나 채권, 부동산을 팔면 현금이 들어오게 되는데, 이렇게 재테크 활동에 따라 생기는 현금흐름을 '투자활동으로 인한 현금흐름'이라고 한다.

또한, 현금이 부족하여 은행대출을 받거나 부모 등으로부터 증여를 받으면 현금이 들어오게 되며, 반대로 은행대출금을 상환하면 현금이 나가게 되는데, 이와 같이 자금을 빌리거나 상환하는 활동에 따라 생기는 현금흐름을 '재무활동으로 인한 현금흐름'이라고 한다.

18 수입과 수익, 지출과 비용의 차이

먼저 현금의 이동을 의미하는 용어로 수입(Cash-in 또는 Receipt)과 지출(Expenditure)이 있다. 즉 현금이 회사 또는 사업으로 들어오는 거래를 수입이라 하고, 지출은 현금이 나가는 거래를 말하며, 현금주의에서 사용하는 용어들이다.

이에 비하여 수익(Revenue)과 비용(Expense)은 발생주의에 의한 개념으로서, 제품매출, 상품매출, 기부금수익 등이 수익이다. 예를 들어 외상으로 제품을 판매한 경우, 발생주의 회계에서는 판매시점에서 현금주의의 수입(Cash-in 또는 Receipt)은 인식하지 못하나, 판매시점에서 수익-제품매출을 인식하게 된다.

한편, 종업원 급여를 익월 10일에 지급하는 경우, 발생주의 회계에서는 근로가 제공된 달에 급여라는 비용(Expense)이 인식되나, 현금주의에서는 익월 10일에 급여가 현금으로 지급되는 시점에서 지출이 인식된다.

19 재산목록과 재무상태표의 관계

현행 기업회계기준 또는 국제회계기준, 비영리조직회계기준 및 공익법인회계기준상의 재무제표의 종류에는 '재산목록'이라는 것이 없다. 그러나 비영리법인의 설립 및 감독에 관한 각 부처의 규칙을 보면, 비영리법인은 재산목록을 작성하여 5년간 비치하여야 하며 주무관청에 제출하도록 하는 규정을 갖고 있는 경우가 아직 많다.[15)]

이를 살펴보면, 보건복지가족부나 교육인적자원부는 비영리법인의 설립 및 감독에 관한 규칙 제7조에서 사업계획, 사업실적 및 재산목록의 제출의무를 규정하고 있는 반면, 문화체육관광부 및 문화재청 소관 비영리법인의 설립 및 감독에 관한 규칙 제7조 개정에 의하여 재산목록의 제출의무는 삭제된 것을 알 수 있다.

이 재산목록은 복식부기형태가 아니라 단식부기형태에서 수지계산서를 보완하는 회계보고서의 하나라고 볼 수 있는데, 감독기관에 사업계획, 사업실적 또는 재산목록의 제출의무가 없는 비영리법인이라도 정관 등의 정함에 있는 경우, 사업계획, 사업실적 및 재산목록을 작성하여 총회 또는 이사회의 승인을 거쳐 비치하여야 한다.

현행 법령에서는 이 재산목록을 어떻게 작성하여야 하는지에 관한

15) 비영리조직회계기준 및 공익법인회계기준에서 발생주의 및 복식부기에 의한 재무제표를 작성하도록 하고 있는 점에 비추어, 각 부처의 비영리법인의 설립 및 감독에 관한 규칙에서 정하고 있는 현금주의 및 단식부기에 의한 '재산곡록'은 삭제되어야 하지 않을까 생각된다.

기준 또는 가이드라인이 없는데, 일반적인 작성기준은 다음과 같다.

- 금융재산 및 비금융재산을 모두 망라하여 작성하여야 함
- 취득원가보다는 시가를 기준으로 작성하여야 함
  - 금액이 파악되지 아니하는 재산 또는 금액이 적어서 회계장부에 기재되지 아니한 자산(부외자산, 簿外資産)도 작성대상임
  - 수탁받아 이행하는 업무와 관련하여 사용을 허가받은 위탁자의 재산은 재산목록의 기재대상이 아니므로 별도로 기록 관리하여야 함
- 재산의 증감사항이 발생한 경우 그 사유를 기재해야 하며 중대한 사유의 경우 입증자료를 확보하여야 하고 입증하지 못하는 경우 유용의 의심을 받을 수 있음
- 분실 · 도난 등은 경찰서에 신고, 파손 · 훼손은 사진기록, 화재는 소방서에 신고, 보험가입자산의 감소는 보험회사의 사정자료를 비치하여 입증하는 것이 필요함

20 자본적 지출과 수익적 지출

통상적인 자본적 지출과 수익적 지출의 구분개념은, 자동차나 기계장치 등의 유형고정자산을 취득한 이후에 그 자산과 관련된 여러 지출의 분류에 관한 것인데, 여기서는 먼저 어떤 지출이 있을 때, 이를 비용(Expense)으로 할 것인지 또는 자산(Asset)으로 할 것인지의 판단에 대하여 살펴본다.

예를 들어, 경제실체가 자동차나 기계장치를 취득하면, 발생주의 회계에서 이를 손익계산서의 비용(Expense)으로 기록하지 않고, 재무상태표의 자산(Asset)으로 기록한다. 판매를 위하여 상품을 구매한 때에도 구매시점에서 손익계산서의 비용으로 기록하지 않고, 재무상태표의 자산(Asset)으로 기록한다. 재무상태표에 자산으로 계상된 상품은 그 상품이 판매되는 시점에서 수익이 계상될 때, 비용(상품매출원가)으로 계상된다. 또한, 재무상태표에 자산으로 계상된 자동차나 기계장치는 감가상각이라는 과정을 통하여, 손익계산서에 비용/원가로 반영된다. 이런 측면에서, 상품이나 유형고정자산 등은 미래의 수익창출력을 가지고 있는

'용역잠재력'이라고 할 수 있고, 발생주의에서 어떤 지출이 있었을 때, 이를 손익계산서의 비용으로 계상하여 당기의 비용으로 인식할 것인지(수익적 지출), 또는 재무상태표의 자산으로 인식하여(자본적 지출) 미래의 수익에 대응하도록 할 것인지의 판단이 중요하다.

이하에서는 통상적인 자본적 지출과 수익적 지출의 구분을 살펴본다. 유형자산을 취득하여 사용하는 기간 동안에도 그 자산과 관련된 여러 가지 지출이 발생하게 되는데, 이러한 지출은 자산의 본래 용도를 변경하거나 생산능률을 향상시키는 지출(자본적 지출)과 영업과정에서 경상적으로 발생하는 수선유지비(수익적 지출)로 구분된다. 취득 후의 비용이 자본적 지출로 처리되느냐 또는 수익적 지출로 처리되느냐에 따라 자산과 이익의 크기가 달라지므로 해당 지출을 구분하는 것이 매우 중요하다.

일반적으로 유형자산의 내용연수를 증가시키거나 해당 지출로 인해 생산능력의 증대, 원가절감, 품질향상 등이 발생되는 경우에는 자본적 지출로 처리하여 해당 자산의 취득원가에 반영하는 회계처리를 하면 된다. 다만, 해당 지출이 자산의 당초 예상 성능수준을 회복하거나 유지하기 위한 일반적인 비용이라면 수익적 지출로 처리하여 당기비용 처리한다.

법인세법에서도 기업회계기준의 내용을 그대로 반영하여 자본적 지출 및 수익적 지출의 구분에 사용하고 있는데, 해당 자산가액의 5%에 미달하는 비용이거나 건당 지출액이 300만원 미만인 경우에는 수익적 지출로 처리하도록 규정하고 있다.

21 감가상각

이 이슈도 위의 현금주의와 발생주의의 차이로 생기는 개념이다. 먼저, 감가상각이 무엇인가에 관하여 살펴보자. 감가상각이란 시간의 경과에 따른 자산의 가치 감소를 회계에 반영하는 것을 말한다. 다른 말로, 경제학적으로는 자산의 가치 감소를 의미하나, 회계학의 관점에서 감가상각이란 취득한 자산의 원가를 자산의 사용기간에 걸쳐 비용으로 배분하는 것을 말한다.

예를 들어 설명해 보자. 미국의 철도사업은 국가 또는 지방자치단체가 아니라 민간기업이 자본을 모아 설립 및 운영하는 것이 대부분인데, 현금주의를 채택하고 있었던 18세기 또는 19세기에는 철도나 기차 등의 시설 등의 자산을 현금지출 시점의 비용으로 인식했다고 한다. 이와 같이 현금주의 회계처리를 하자, 시설 등의 투자가 없는 회계연도에는 이익이 많이 난 것으로 나타나고, 시설 등의 투자가 많이 있는 회계연도에는 손실이 발생한 것으로 나타났다. 이 같은 현금주의 회계의 왜곡현상을 시정하고자 감가상각제도를 도입하게 되었다고 한다.

NPO회계에서 고정자산의 감가상각에 관한 회계처리는, 조직에 따라 다르게 처리되어 왔다. 즉, 일부 NPO에서는 고정자산을 구입한 시점에 전부 비용으로 취급하며, 다른 NPO에서는 영리조직과 같이 고정자산을 취득원가로 기록하여 내용연수에 걸쳐 상각한다. 또 다른 NPO에서는 재무상태표(대차대조표)에 고정자산으로 기록하나 감가상각을 하지 않는 경우도 있었다. 이와 같이 NPO에 따라 서로 다른 방법을 채용하고 있는 까닭은 NPO회계의 목적이 손익계산에 있는 것이 아니고 금전책임회계, 즉 기금과 예산규정에 따른 자산의 유입, 유출 및 잔액을 나타내는 것이라는 데서 비롯된다.

미국의 NPO회계 분야에서 찬반양론이 가장 팽팽하게 맞서 왔던 것이 감가상각에 관한 회계처리였는데,[16] 몇 년 전에 FASB에서 모든 NPO의 일반목적 외부 재무제표상에 유형고정자산의 감가상각비를 계상하도록 요구함으로써, NPO회계에 있어서도 감가상각비를 계상하여야 한다는 주장이 다른 나라에서도 일반화되고 있다.

용역을 제공하는 비영리조직에서의 감가상각비는 원가의 한 요소이다. 조직운영에 소비된 원가에서 감가상각비를 제외시키면 실제보다 능률적으로 운영된 것으로 나타나므로 관리자가 자원운영에 대한 회계적 책임을 다하지 못하게 된다. 또한 반복적·경상적 수입에서 고정자산을 구입해야 하는 경우에 감가상각을 하지 않고 자산을 구입한 시점에 전액을 비용처리한다면 당해 회계연도의 순수입(수입－지출)이 고정

16) 일본의 사학회계기준에서는 1971년부터 감가상각회계를 도입하였으며, 우리나라의 사학회계기준에서도 2010년부터 사립대학·산업대학·전문대학 및 이에 준하는 각종 학교의 회계에서 고정자산에 대한 감가상각을 허용하고 있다(2009.12.22 개정, 사학기관 재무·회계규칙에 대한 특례규칙 제34조).

자산의 구입규모에 따라 매년 변동하게 되지만 감가상각을 하게 되면 비용의 부담이 매년 평균화되어 위와 같은 현상이 나타나지 않는다는 것이다.

현금주의 회계보다 발생주의 회계가 더 유용한 회계정보를 제공하고 있다는 일반론에 비추어 볼 때, NPO회계에서도 감가상각회계를 채택하는 것이 바람직하다. 우리나라의 비영리조직회계기준 및 공익법인 회계기준에서도 발생주의를 채택하면서 유형고정자산의 감가상각을 강제화했다.

22 재무회계의 개념체계와 재무제표의 기본가정

(1) 재무회계의 개념체계

재무회계의 개념체계란 상호연관성 있는 제반 목적과 기본요소들을 모아 놓은 논리 정연한 체계로서, 일관성 있는 재무보고기준을 도출하기 위해 재무회계와 재무제표의 성격, 기능 및 한계를 규정한 것을 말한다. 미국에서 회계원칙(회계기준)은 1930년대부터 집대성되고 제정된 반면, 재무회계의 개념체계는 1978년에 처음 제정되었다. 미국은 영리기업에 관한 재무회계개념체계와 비영리회계를 위한 재무회계개념체계가 각각 제정되어 있는데, 우리나라에는 영리기업에 대한 재무회계개념체계만 있고, 비영리조직에 관한 개념체계는 제정되어 있지 않다.

1) 미국 재무회계기준위원회(FASB)가 제정한 개념체계서(1978)

FASB는 8개의 재무회계개념체계서(SFAC, Statement of Accounting Concepts)를 제정・공포하였는데, 현재는 4번부터 8번까지 5개만 유효하며, 내용은 '재무회계와 재무보고 전반'에 관한 것으로 되어 있다.

2) 국제회계기준위원회(IASB)가 제정한 개념체계서(1989)

재무제표의 작성 및 표시에 관한 체계로, '재무제표 작성과 표시'로 그 범위를 한정했으며, 당초 8개의 절로 구성되어 있었으나 2010년 개정 때 서론과 4개의 장으로 재편되었다.

3) 한국회계기준원의 개념체계

우리나라에는 다음과 같이 두 가지 개념체계가 있는데, 서로 거의 유사하다고 할 수 있으며, 아래 한국회계기준원의 홈페이지(http://www.kasb.or.kr) 사이트에 가면 다운받을 수 있다.

- **재무회계개념체계**: 한국회계기준원 회계기준위원회에서 2003년 12월 4일 제정한 재무회계개념체계
- **재무보고를 위한 개념체계**: IASB의 개념체계서를 한국회계기준위원회가 우리말로 번역한 개념체계(2019년 4월 최종개정)

이 재무회계개념체계는 아래와 같은 체계로 구성되어 있다.

① 서론
② 재무보고의 목적과 위상
③ 회계정보의 질적특성
④ 재무제표
⑤ 재무제표의 기본요소
⑥ 재무제표의 기본요소의 인식
⑦ 재무제표의 기본요소의 측정

재무제표이용자가 회계기준에 의해 작성된 재무제표를 해석하는데 도움이 되도록 재무제표 작성에 기초가 되는 기본가정과 여러 개념을 제시하고 있는데, 위에서 설명한 발생주의, 자산, 부채, 자본, 수익, 비용, 인식과 측정 등의 개념이나 재무제표의 체계 등에 관하여 정의하고 있다. 재무회계개념체계는 48쪽에 달하는 문서인데(요약은 254쪽 참조), 여기서는 재무회계개념체계 중 '재무제표의 기본가정'이라는 개념을 소개한다.

(2) 재무제표의 기본가정

재무제표의 기본가정이란 경제실체의 외부정보이용자에게 경제실체에 관한 재무정보를 전달하는 핵심적 보고수단으로서 재무제표를 작성할

때, 일정한 가정하에서 작성되는데, 그 일정한 기본가정을 말한다. 이런 기본가정으로는 경제실체, 계속기업 및 기간별 보고를 들 수 있고, 이를 회계공준이라고도 한다.

1) 경제실체의 가정

기업은 기업주와는 별개의 독립된 경제적 실체라고 보는 가정이다. 즉, 기업을 소유주와는 독립적으로 존재하는 회계단위로 간주하고 이 회계단위의 관점에서 그 경제활동에 대한 재무정보를 측정, 보고하는 것을 말한다. 법인조직은 원래 출자자 또는 주주와 법인조직이 법률적으로도 서로 독립되어 이론의 여지가 없지만, 개인기업의 경우에도 그 기업과 개인은 별개로 보고 회계처리를 하는 것이 타당하다고 하는 것이다. 다 그런 것은 아니지만, 우리나라 기업주들의 경우 법인기업의 경우에 있어서도 개인자산과 기업자산을 서로 혼동하는 이들이 가끔 보이는데, 회계학에서 이야기하는 경제적 실체의 가정은 법인기업뿐만 아니라 개인기업에서도 매우 중요한 개념이라 할 수 있다.

2) 계속기업의 가정

계속기업의 가정이란 경제실체는 그 목적과 의무를 이행하기에 충분할 정도로 장기간 존속한다고 가정하는 것을 말한다. 즉, 경제실체는 그 경영활동을 청산하거나 중대하게 축소시킬 의도가 없을 뿐 아니라 청산이 요구되는 상황도 없다고 가정된다. 그러나 경제실체의 중요한 경영활동이 축소되거나 경제실체를 청산시킬 의도나 상황이 존재하여 계속기업을 가정하기 어려운 경우에는 계속기업을 가정한 회계처리방법과는 다른 방법이 적용되어야 하며, 이때 적용된 회계처리방법은 적절히 공시되어야 한다. 즉, 경제적 실체가 어느 정도 무한한 생명을 가지고 있다는 가정으로, 역사적 원가주의, 1년마다의 결산보고 등이 적용되는 이론적 배경이 된다. 계속기업이라는 가정을 사용할 수 없는 청산기업의 경우에는 계속기업과 동일한 회계기준을 사용하지 못하며, 자산의 가치를 청산가치로 평가해야 한다.

3) 기간별 보고의 가정

기간별 보고의 가정이란 경제실체의 존속기간을 일정한 기간 단위로 분할하여 각 기간별로 재무제표를 작성하는 것을 말한다. 경제실체의 이해관계자는 지속적으로 의사결정을 해야 하므로 적시성 있는 정보가 필요하게 된다. 경제실체의 존속기간을 일정한 회계기간 단위로 구분하고 각 회계기간에 대한 재무제표를 작성하여 기간별로 재무상태, 경영성과, 현금흐름, 자본변동 등을 보고한다. 다만, 경제실체의 회계기간을 정함에 있어 회계기간의 장·단기에 따라 발생할 수 있는 정보의 목적적합성과 신뢰성의 상충관계를 고려하여야 한다.

4) 화폐 측정의 가정

재무회계개념체계에서는 삭제되었는데, 화폐 측정의 가정이라는 것도 있었다. 화폐가치가 일정하다는 가정과 기업에서 발생하는 모든 경제적 현상을 화폐라는 공통기준으로 측정할 수 있다는 가정인데, 최근에는 후자만 주로 이야기된다. NPO회계와 관련되어서는, 후원금 등을 현금이 아니라 현물로 받는 경우가 많은데, 그런 경우에도 화폐가치로 측정하여 보고하는 것이 필요하다는 이론의 출발점이 되기도 한다.

23 회계규정, 예산편성지침, 결산지침 등

한편, 실무에 있어서는 위에서 설명한 회계기준 이외에 각 단체에 알맞은 회계규정이나 재무회계규정, 관리회계기준, 예산편성지침, 결산지침 등의 구체적인 절차까지 마련해 회계처리 및 관리의 합리화를 도모할 필요가 있다. 이에 관한 자료가 필요한 분들은 인터넷에서 검색해 보거나, 자료를 구해 참고해 보기 바란다.

24 참고 1 : 미국의 SFAC No.4(개념기준서 제4호) 비영리조직의 재무보고의 목적

미국의 재무회계기준위원회(FASB)가 비영리조직의 회계기준에 관여하기 시작한 것은 1977년부터이다. 비기업조직(Non-business Enterprise)의 재무제표의 목적을 식별하기 위하여 1977년 하버드 대학 경영대학원의

R.N. Anthony 교수에게 연구보고서 작성을 의뢰하였으며, Anthony 교수의 보고서를 토대로 하여 1980년에 '개념기준서 제4호 비영리조직의 재무보고의 목적(Statement of Accounting Concepts No.4 "Objectives of Financial Reporting by Non-business Organizations", 이하 SFAC No.4라고 함)'을 발표했다. 이 SFAC는 우리나라의 비영리회계에서도 참고할 만한 것이 많아, 아래와 같이 주된 내용을 소개한다.

(1) SFAC No.1과 SFAC No.4

FASB의 회계개념체계 프로젝트는 영리기업에 대한 회계개념체계를 제정하기 시작하여, 1978년에 SFAC No.1 "영리기업의 재무보고의 제 목적"이 공표되었다. 이 영리기업에 대한 회계개념체계와는 별도로 1980년에 SFAC No.4 "비영리조직의 재무보고의 제 목적"이 제정되었다. FASB는 SFAC No.4에서 영리기업과 비영리조직별로 각각 회계개념체계를 분리하여 만들 필요는 없다는 결론을 도출하고, 양 회계의 통합적인 개념프레임체계를 제정하는 것이 SFAC No.4의 목표라고 하고 있다.

(2) 회계목적상 기업형 비영리단체(A Type 비영리단체)와 비기업형 비영리단체(B Type 비영리단체)의 구분

한편, SFAC No.4에서는 Anthony 교수의 연구를 바탕으로, 재원조달의 방법을 기준으로 아래와 같이 두 가지로 구분하면서, A type(기업형 비영리단체)은 SFAC No.1 "영리기업의 재무보고의 제 목적"이 적용되고, B type(비기업형 비영리단체)은 SFAC No.4 "비영리단체의 재무보고의 제 목적"이 적용된다고 하고 있다. 즉, SFAC No.4가 대상으로 하는 비영리단체는 특히 '재화 및 서비스의 판매 이외의 원천에서 상당한 금액의 재무자원을 획득하는 비영리단체', B type(비기업형 비영리단체)으로 한정하고 있다.

- 재화나 용역의 판매를 통해 재무자원을 조달하는 단체(독립채산형 비영리단체, 기업형 비영리단체 또는 A Type 비영리단체) : NPO가 필요로 하는 자원의 대부분을 단체가 생산한 재화나 용역의 판매

를 통해 조달하는 단체로서 여기에는 종합병원, 대학(교), 공기업 등이 속한다.

- **재화나 용역의 판매 이외의 방법으로 재무자원을 조달하는 단체**(기부·보조금 의존형 비영리단체, 비기업형 비영리단체 또는 B Type 비영리단체) : 필요로 하는 재무자원의 대부분을 단체가 제공하는 재화나 용역의 판매수익이 아닌 다른 방법, 즉 회원의 회비, 보조금, 세금, 기부금 등으로 조달하는 단체로서, 여기에는 정부나 지방자치단체, 각종 자선복지단체, 종교단체 등이 해당된다.

이 재무자원 조달방법에 따른 비영리단체의 분류를 그림으로 나타내면 다음과 같다.

재무자원 조달방법에 의한 비영리단체의 구분

← 영리단체 →	← 비영리단체 →	
영리기업	I형, A Type (기업형 비영리단체)	II형, B Type (비기업형 비영리단체)
← 영리방식의 자원조달 →		← 비영리방식의 자원조달 →

위 그림의 윗부분은 단체의 목적과 지분의 성격에 의해 영리·비영리라는 두 단체로 구분한 것이며, 아랫부분은 재무자원의 조달을 기업방식에 의하는가 그렇지 않은가의 여부에 따라 구분한 것으로, 진정한 비영리단체는 비기업형 비영리단체(II형, B Type)라고 할 수 있다. 이러한 비기업형 비영리단체는 아래와 같이 세 가지 특징을 가지고 있다.

- 제공한 재원에 비례하여 보상 또는 경제적 혜택을 받을 것으로 기대하지 않는 재원제공자로부터 상당량의 재원을 받음
- 이익 창출을 목적으로 상품 또는 서비스를 제공하는 것 이외의 운영목적이 있음
- 매매, 양도 또는 상환될 수 있거나 단체 청산시 잔여재산을 분배받을 수 있는 소유지분이 존재하지 않음

(3) 비영리단체와 영리기업 간의 재무정보이용자, 목적 등의 차이

1) 주된 재무정보이용자와 주된 의사결정에 관한 차이

SFAC No.4에서는 회원, 납세자, 기부자, 양도인, 대출기관, 공급업체, 채권자, 직원, 관리자, 이사, 서비스 수혜자, 재무분석가, 중개인, 보험회사, 변호사, 경제학자, 세무당국, 주무관청, 입법기관, 언론기관, 노동조합, 사업자단체, 연구원, 교사 및 학생 등을 현재와 미래의 재무정보이용자로 예시하면서, 그 재무정보이용자를 다시 4개의 주요 이용자그룹 a. 재원제공자(Resource providers), b. 수혜자(Constituents), c. 감독기관(Governing and oversight bodies), d. 비영리단체의 관리자(Managers)로 나누고 있다.

그 뒤, 재원제공자를 재무정보 이용자그룹의 대표로 보고, 비영리단체의 재무보고는 현재 및 잠재적 재원제공자 및 기타사용자가 재원을 해당 단체에 기부하는 것에 대해 합리적인 결정을 내리는 데 유용한 정보를 제공해야 함에 그 목적이 있다고 하고 있다.

이에 비하여, SFAC No.1에서 영리기업의 재무보고는, 투자자와 신용제공자(채권자) 및 기타 재무정보이용자에게 합리적인 투자, 신용제공 및 이와 유사한 결정을 내림에 있어서 유용한 정보를 제공하는 것에 있다고 하고 있다. 즉, 영리기업과 비영리단체의 재무보고의 주된 목적과 주된 이해관계자가 서로 다르다.

부연하면, 영리기업과 비영리단체 모두 보고기업에게 재원을 제공할지 여부를 결정하는 데 유용한 정보를 제공하는 데 중점을 두고 있으나, 재원을 제공하는 이유는 서로 다르다. 영리기업의 투자자 및 채권자는 그들이 제공하는 재원에 대한 투자회수와 투자이익을 추구하는 반면, 비영리단체는 경제적 이득을 기대하지 않거나, 제공된 재원에 비례하지 않는 편익을 기대하는 재원제공자로부터 중요한 재원을 제공받는 데 차이가 있다.

2) 재무정보이용자의 관심분야와 필요한 정보의 차이

SFAC No.4에서는 이 두 가지 목적의 차이점이 비영리단체와 영리기업의 재원제공자가 서로 다른 관심사를 가지고 있고, 서로 다른 관심사는 재무보고의 목적과 성과에 관한 재무보고가 제공해야 하는 정보유형이 서로 다르다는 점에 이르게 하고 있다고 기술하고 있다.

또한, 두 목표의 내용은 유사하나 두 문장 내에서의 배치가 서로 다른데, 이러한 배치의 차이는 비영리단체에서의 수탁책임의무(stewardship responsibility)에 관한 정보의 중요성에서 비롯되고, 비영리단체는 자립유지형 내지 이익 추구형이 아니기 때문에(not-self-sustaining) 재원공급자의 지속적인 지원이 필요하며, 결과적으로 재원제공자와 비영리단체는 영리기업에 비해 더 직접적인 관계가 있다고 하고 있다.

SFAC No.4(비영리단체)	SFAC No.1(영리기업)
비영리단체에서 제공하는 서비스, 서비스 제공의 효율성 및 효과성 및 그 서비스를 계속 제공할 수 있는 능력에 대한 정보	현재 및 잠재투자자와 신용제공자(채권자) 및 기타이용자에게 배당, 이자의 현금수령금액, 시기 및 불확실성을 평가하고, 출자지분 또는 대출의 양도, 상환 또는 만기회수로부터 얻을 이익을 평가하는 데 도움이 되는 정보
현재 및 잠재적인 재원제공자 및 기타 이용자가 비영리단체의 관리자의 수탁책임의무(stewardship responsibility)를 수행하는 방법과 성과의 운영성과를 평가함에 필요한 유용한 정보	기업경영자가 소유주(주주)로부터 위임받은 기업자원의 사용에 대한 수탁책임의무(stewardship responsibility)를 어떻게 이행했는지에 대한 정보

3) 이용자의 정보요구를 충족시킬 수 있는 정보유형의 차이

SFAC No.4에서는 위와 같이 비영리단체의 재무보고 목적을 정의한 후, 이용자들의 정보 요구를 충족하기 위해 재무보고에서 제공해야 하는 정보로서, '경제적 자원(자산), 채무(부채) 및 순자원(순자산) 및 그 변화에 대한 정보'라는 결론을 도출하면서, 영리기업의 재무정보와 다음과 같이 비교하고 있다.

SFAC No.4(비영리단체)		SFAC No.1(영리기업)
	재무보고는 단체의 경제적 자원(자산), 채무(부채) 및 순자원(순자산)에 관한 정보와 이러한 자원에 대한 자원 및 이해관계를 변화시키는 거래, 사건 및 상황의 영향을 제공해야 함	재무보고는 기업의 경제적 자원, 그러한 자원에 대한 청구(기업을 다른 기관 및 소유주의 자산으로 이전하는 의무), 자원 및 청구를 변경하는 거래, 사건 및 상황의 영향에 대한 정보를 제공해야 함

①	재무보고는 단체의 경제적 자원, 채무 및 순자원에 관한 정보를 제공해야 함	재무보고는 기업의 경제적 자원, 의무 및 소유주의 지분에 관한 정보를 제공해야 함
②	재무보고는 회계기간 동안의 단체의 성과, 비영리단체의 순자원의 양과 본질의 변화에 대한 주기적인 완화와 단체의 서비스 노력과 성과에 대한 정보와 성과를 평가하는 데 가장 유용한 정보를 제공해야 함	재무보고는 일정기간 동안 기업의 재무성과에 대한 정보를 제공해야 함. 재무보고의 주요 초점은 이익측정 및 그 구성요소에 의해 제공되는 기업의 성과에 관한 정보임
③	재무보고는 현금 및 기타유동자산의 취득 및 차용 및 차입에 대한 유동성 및 유동성에 영향을 줄 수 있는 기타 요소에 관한 정보를 제공해야 함	기업의 유동성 또는 지급능력에 영향을 줄 수 있는 기타 요소에 관한 차입 및 상환에 관한 현금흐름에 관한 정보를 제공해야 함
④	재무보고에는 제공된 재무정보를 이해하는 데 도움이 되는 설명 및 해석이 포함되어야 함	재무보고에는 제공된 재무정보를 이해하는 데 도움이 되는 설명 및 해석이 포함되어야 함

①은 '경제적 자원, 채무 및 순자원에 관한 정보'로서 통상 재무상태표에서 제공하고 있는 정보를 말하는데, 비영리단체의 특징 중 하나인 청산시 잔여배분을 받을 수 있는 소유지분이 없다는 점을 반영하는 용어의 차이점을 제외하고는 서로 유사하다고 하고 있다. 즉, 비영리단체와 영리기업의 재무상태표에서 가장 큰 차이는 순자산과 자본에 관한 차이이다.

②는 '성과정보'로서 통상 손익계산서 또는 운영성과표에서 제공하는 정보를 말하는데, SFAC No.4에서 두 가지 목적의 목표는 동일하나, 비영리단체의 특징으로 인해 그 목적을 달성하기 위해서는 서로 다른 정보가 필요하다고 하고 있다. 즉, 비영리단체 및 영리기업 모두 노력과 성취를 측정하여야 하는데, 비영리부문의 성과 평가가 이익측정에 초점을 두지 않고 있어서, 서비스 노력 및 성과(Service Efforts and Accomplishments)에 대한 정보가 필요하다고 하고 있다.

③은 '유동성 정보'로서 현금흐름표에서 제공하고 있는 정보이다. SFAC No.4에서는, 비영리단체에서 현금배당 및 기타 분배를 받을 권리가 있는 소유권이 없음을 반영하는 용어 및 상황의 차이를 제외하고 현금흐름표의 차이가 없다고 하고 있다.

한편, ④는 주기 및 주석에 의한 정보로서 SFAC No.4에서는 비영리 단체나 영리기업 간의 차이가 없고, 재무보고에는 제공된 재무정보를 이해하는 데 도움이 되는 설명 및 해석이 포함되어야 한다고 하고 있다.

25 참고 2 : SEA보고서

영리기업과는 달리 정부기관이나 NPO는 이익달성을 목적으로 하는 단체가 아니기 때문에 영리기업이 손익계산서에서 당기 영업 및 경영의 결과치로서의 당기순이익을 보고하는 것과는 달리 당해 정부기관 또는 NPO가 추구하고자 했던 목적을 달성했는지에 관하여 별도의 보고를 하는 것이 필요하다는 것이 정설이다.

이와 같은 관점에서 미국에서 NPO에 권고되는 별도의 보고서가 SEA(Service Efforts and Accomplishments Report ; 서비스노력 및 성과보고서)이다. 이 SEA보고서는 전통적인 재무회계관련 정보 이외의 활동을 나타내는 보고서로서 각 NPO의 업무 및 성격에 따라 보고내용이 달라질 수 있다. 다음의 표는 시민단체가 작성할 SEA보고서로서 충남대학교의 이동규 교수가 예시한 것이다(SEA보고서에 관심 있는 독자들은 이동규 교수의 저서 또는 논문을 찾아보기 바란다). 한편, 독자들이 속한 NPO에서는 어떤 내용의 SEA보고서를 작성하여 회원 및 일반인들에게 공개하면 좋은지 생각해 보는 기회를 갖기 바란다. 이 SEA보고서를 작성하면서 1년 동안의 활동을 되새겨 보면 반성도 하게 되고, 또한 새로운 각오도 할 수 있을 것이다.

시민단체의 SEA보고서 샘플

구 분	지 표	이번연도	전년도	증감비율	목표/예산	달성률
		C	D	E=C/D×100	F	G=C/F×100
투입	총원가(단위 : 천원)					
	등록회원수(명)					
	총직원수(명)					
산출	회의건수					
	회원프로그램건수					
	내부토론회건수					
	외부토론회 및 강연 건수					
	상담 및 제보 건수					
	성명 및 논평발표 건수					
	교육사업건수					
	조사사업건수					
	회보, 사이버소식지 발간건수					
	국제교류건수					
	홈피 및 블로그 접속자수					
	신문 또는 뉴스보도건수					
	증가회원수					
	유지회원수					
효율성	직원 1인당 인건비					
	직원 1인당 회원수					
설명 정보	회원의 구성(남녀별)					
	회원의 구성(연령별)					
	정기회비납부자수					
	회비의 사업비분담비율					
	회비의 인건비부담률					
	인건비 대 총지출부담액					
	회비대비경상지출비율					
	등록회원 1인당 회비					
	납부회원 1인당 회비					
	직원 1인당 자산액					
	임원회의 참석비율					

26 참고 3 : 한국회계기준원이 제정한 재무회계개념체계서의 요약

A. 개념체계서 서론

가. 개념체계의 목적과 위상, 범위에 대해 규정하고 있음

(1) 목적 : 외부정보이용자를 위한 재무제표의 작성과 표시에 있어 재무회계의 기초가 되는 개념을 정립해 줌

(2) 수혜자

① 회계기준위원회 : 재무제표의 표시와 관련된 법규, 회계기준 및 절차를 조화시킬 수 있도록 도와줌

② 재무제표이용자 : 재무제표 해석에 도움이 되도록 재무제표 작성에 사용되는 기본가정과 개념을 제공

③ 재무제표작성자 : 회계기준을 해석 또는 적용하여 재무제표를 작성・공시하거나 회계기준이 미비된 거래 또는 사건을 회계처리함에 있어 논리적으로 일관성 있는 지침을 제공

④ 외부감사인 : 회계기준적용의 적정성을 판단하거나 회계기준이 미비된 거래 또는 사건에 대한 회계처리의 적정성을 판단함에 있어 판단의 기초가 되는 일관성 있는 지침을 제공

⑤ 회계기준위원회의 업무활동에 관심 있는 이해관계자에게 한국채택국제회계기준을 제정하는 데 사용한 접근방법에 대한 정보를 제공

(3) 위상 : 개념체계는 재무제표 작성에 필요한 포괄적인 회계원칙을 개념적인 차원에서 망라한 것이므로 특정한 측정과 공시에 관한 기준을 정하고 있는 한국채택국제회계기준과는 차이가 있음. 개념체계의 내용이 특정 회계기준과 상충되는 경우에는 개념체계가 한국채택국제회계기준에 우선하지 못함

B. 일반목적 재무보고의 목적

가. 일반목적 재무보고(재무제표)의 목적

① 재무정보이용자의 합리적 투자 및 신용공여 의사결정을 하는 데에 유용한 정보제공

② 경제실체에 유입될 미래 순현금흐름의 크기, 발생시기 및 이에 관한 불확실성을 평가하는 데에 도움을 줄 수 있는 정보제공
③ 기업의 재무상태, 재무성과, 현금흐름 및 자본(소유주지분)변동에 관한 정보를 제공
④ 경영자의 수탁책임이행을 평가할 수 있는 정보를 제공
⑤ 한계는 정보이용자에게 경제적 의사결정에 필요한 모든 정보를 제공하지 못함. 또한 비재무적 정보도 제공 안 함

나. 경제적 자원, 청구권 그리고 경제적 자원 및 청구권의 변동

① **경제적 자원과 청구권**: 경제적 자원은 자산을 말하며, 청구권은 부채와 소유주 지분을 의미하므로 다른 말로 표현하면 보고기업의 재무상태(유동성과 지급능력, 자금조달의 성공여부 등)를 알려줌
② **경제적 자원 및 청구권의 변동**: 기업의 재무성과에 의해 발생하거나, 채무상품 또는 지분상품의 발행과 같이 기업의 재무성과와는 무관한 사건이나 거래로 인해 발생

C. 유용한 재무정보(회계정보)의 질적특성

가. 개념

재무(회계)정보가 유용하기 위해 갖추어야 할 특정한 성질을 말함. 개념체계의 수혜자에 따라 다음과 같이 이용됨

(1) **회계기준제정기구·경영자·감사인**: 대체적 회계처리방법을 비교·평가할 수 있는 판단기준이 될 수 있음
(2) **정보이용자**: 기업이 사용한 회계처리방법의 적절성 여부를 평가하는 판단기준이 될 수 있음

나. 근본적(일차적) 질적특성

(1) **목적적합성**(관련성이라고도 함): 목적적합한 정보는 정보이용자의 의사결정에 차이를 가져올 수 있는 정보를 말함
(가) 예측가치: 정보이용자가 미래결과를 스스로 예측하는 데에 투입되는 정보
(나) 확인가치(피드백가치): 미래결과에 대한 정보이용자의 이

전평가에 대해 피드백을 제공해 주는 정보

(다) 중요성 : 기업특유의 속성으로 재무정보에 근거한 의사결정이 해당 정보의 누락이나 오기로 인해 영향을 받는 정도

(2) 충실한 표현 : 충실하게 표현된 정보란 표시하고자 하는 기업의 경제적 현상을 고의나 과실로 누락 또는 왜곡되게 표현하지 않는 정보

(가) 완전성(완전한 서술) : 서술되는 경제적 현상을 이해하는 데 필요한 정보를 모두 갖춘 서술을 말함

(나) 중립성(중립적 서술) : 재무정보의 선택이나 표시상에 바이어스가 없는 것

(다) 무오류성(오류 없는 서술) : 경제적 현상의 기술에 오류나 누락이 없고 정보의 생산을 위해 사용된 절차도 오류 없이 선택되고 적용된 것을 의미함

(3) 근본적 질적특성의 적용절차(개념체계에 규정됨)

(가) 보고기업의 재무정보이용자에게 유용할 가능성이 있는 경제적 현상을 파악

(나) 경제적 현상에 대해 가장 목적적합한 정보유형을 식별

(다) 식별된 정보가 실제 이용가능하고 충실하게 표현될 수 있는지 결정

다. 보강적(이차적) 질적특성

(1) 비교가능성(재무상태와 재무성과 추세분석) : 정보이용자가 항목간의 유사점과 차이점을 식별하고 이해할 수 있게 해 주는 특성, 비교가능성이 높은 정보는 기업간·기간간 비교를 가능하게 해 줌

(2) 검증가능성 : 전문가가 특정서술의 충실한 표현 여부에 대해 의견이 일치할 수 있음을 의미

(3) 적시성 : 의사결정시 사용되어 그 결정에 영향을 줄 수 있도록 적시에 이용가능함을 의미

(4) 이해가능성 : 명확하고 간결하게 분류되고 특징지어진 표시정보는 이해가능성이 높다고 봄

(5) 보강적 질적특성의 적용지침 : 가능한 한 극대화되도록 해야 함

라. 유용한 재무보고에 대한 원가제약(회계정보의 제약요인) : 비용과 효익의 고려

정보제공 및 이용에 소요될 사회적 비용(원가)이 사회적 효익을 초과한다면 그러한 정보의 제공은 정당화될 수 없음

D. 재무보고를 위한 기본가정 : 계속기업

가. 종전

(1) **경제실체** : 기업을 소유주와는 독립적으로 존재하는 회계단위로 간주하여 기업의 관점에서 재무보고를 해야 함

(2) **계속기업** : 예상가능한 미래기간 동안 영업을 계속할 것이며, 미리 청산시점이 있지 않다는 가정

(3) **기간별 보고** : 기업의 존속기간을 일정한 기간단위로 분할하여 각 기간별로 재무보고를 해야 한다는 가정

(4) **발생기준** : 거래나 사건의 영향에 대해서 현금이나 현금성자산의 수취나 지급시점이 아닌 발생한 기간에 발생과 이연개념을 사용하여 인식하는 것을 말함

나. 현재 : 계속기업

E. 재무제표의 요소

가. 재무상태 요소

(1) **자산** : 과거의 거래나 사건의 결과로서 현재 경제실체에 의해 지배되고 미래에 경제적 효익을 창출할 것으로 기대되는 자원을 말함

(2) **부채** : 과거의 거래나 사건의 결과로서 현재 경제실체가 부담하고 있는 의무로서 그 이행에 경제적 효익을 갖는 자원의 유출 또는 사용이 예상되는 것

(3) **자본**(소유주지분 또는 주주지분이라고도 함) : 자산총액에서 부채총액을 차감한 잔여액 또는 순자산으로서 자산에 대한 소유주의 잔여청구권임. 주주지분의 총액은 주식의 내재가치 또는 시

가총액과 일치하지 않을 수 있음

나. 재무성과 요소

(1) 수익 : 특정 회계기간 동안에 발생한 경제적 효익의 증가로서 자산유입이나 부채의 감소를 동반함으로써 자본의 증가를 초래. 기업의 주요 경영활동으로서의 재화 또는 용역의 판매로 발생하는 자산의 유입 또는 부채의 감소

※ 차익 : 기업의 주요 경영활동 이외의 부수적인 거래나 사건의 결과로 발생하는 순자산의 증가. 실제 계정과목에서는 "이익"이란 용어를 사용함(유형자산처분이익 등)

(2) 비용 : 특정 회계기간 동안에 발생한 경제적 효익의 감소로서 자산유출이나 소멸 또는 부채의 증가를 동반함으로써 자본의 감소를 초래. 기업의 주요 경영활동으로서의 재화 또는 용역의 판매로 발생하는 자산의 유출이나 사용 또는 부채의 증가

※ 차손 : 기업의 주요 경영활동 이외의 부수적인 거래나 사건의 결과로 발생하는 순자산의 감소. 실제 계정과목에서는 "손실"이란 용어를 사용함(유형자산처분손실 등)

F. 재무제표 요소의 인식

가. 인식의 정의

일정한 기준을 충족하는 항목을 자산, 부채, 수익, 비용, 차익 또는 차손 등으로 재무제표에 계상하는 것

나. 인식의 기준

① 재무제표 요소의 정의를 충족

② 미래 경제적 효익(유입 또는 유출)의 발생가능성

③ 측정의 신뢰성

다. 자산의 인식기준

라. 부채의 인식기준

마. 수익인식기준

자산증가 및 부채감소와 관련하여 미래 경제적 효익이 증가하고 이를 신뢰성 있게 측정할 수 있을 때 인식

바. 비용인식기준

자산감소 및 부채증가와 관련하여 미래 경제적 효익이 감소하였고 이를 신뢰성 있게 측정할 수 있을 때 인식

G. 재무제표 요소의 측정

가. 측정의 정의

재무제표에 인식될 자산, 부채 및 소유주지분, 수익 및 비용에 대해 그 화폐금액을 결정하는 것을 말함

나. 측정속성의 종류

(1) 역사적 원가(취득원가) : 자산취득시 그 대가로 지급한 현금 · 현금등가액 또는 기타 지급수단의 공정가치. 검증가능성은 높으나 공정가치 또는 사용가치에 비해 관련성과 표현의 충실성이 낮음

(2) 현행원가 : 해당 자산과 동일하거나 동등한 자산을 현재 매입(취득)할 때 지급할 현금 또는 현금성자산의 금액. 부채의 측정기준으로 현행원가는 현재시점에서 관련 의무를 이행하는 데 필요한 현금이나 현금성자산의 할인하지 않는 금액을 말함

※ 공정가치 : 독립된 당사자간의 현재 거래에서 자산이 매각 또는 구입되거나 부채가 결제될 때의 교환가치를 말함

(3) 실현가능가치 : 자산의 측정기준이며 자산을 정상적으로 처분하는 경우 현재시점에서 수취할 것으로 예상되는 현금이나 현금성자산의 금액을 의미. 현가로 환산 안 함

(4) 이행가치 : 부채의 측정기준이며 정상적인 영업과정에서 상환하기 위해 지급될 것으로 예상되는 현금이나 현금성자산의 할인하지 않은 금액

(5) 현재가치 : 정상적인 영업과정에서 해당 자산이 창출할 것으로 기대되는 미래 순현금유입액을 할인한 가치이며, 부채의 현재

가치는 정상적인 영업과정에서 해당 부채를 상환할 때 필요할 것으로 예상되는 미래 순현금유출액을 할인한 가치

H. 자본과 자본유지의 개념

가. 자본의 개념

(1) 재무적 개념의 자본 : 투자된 화폐액 또는 투자된 구매력을 의미. 이 개념에서 자본은 순자산 또는 지분과 동의어

(2) 실물적 개념의 자본 : 조업능력을 의미. 이 개념에서 자본은 1일 생산량 등과 같은 기업의 생산능력을 뜻함

나. 자본유지개념과 이익의 결정

(1) 자본유지개념 : 기간이익을 결정할 때 기초 자본이 기말에도 그대로 유지되는지 여부를 기준으로 삼는다는 개념

(2) 재무자본 유지개념과 실물자본 유지개념 : 자산과 부채의 가격변동으로 인한 영향을 처리하는 방식에 따라 재무자본 유지개념과 실물자본 유지개념으로 구분

(가) 재무자본 유지개념 : 재무자본 유지개념에서의 이익은 기말 순자산의 재무적 금액이 기초 순자산의 재무적 금액을 초과하는 금액(소유주에 의한 출자나 분배는 제외)

(나) 실물자본 유지개념(현행원가를 사용) : 실물자본 유지개념에서의 이익은 기말 실물생산능력이나 조업능력(또는 그러한 능력을 갖추기 위해 필요한 자원이나 기금)이 기초 실물생산능력을 초과하는 부분을 말함(소유주에 의한 출자나 분배는 제외)

자본유지개념과 이익의 결정

구 분	재무자본 유지개념		실물자본 유지개념
	명목화폐단위	불변구매력 단위	
이익(손실)	자산, 부채 가격변동 전체	일반물가수준변동을 초과하는 자산, 부채의 가격변동	자산, 부채 가격변동과 상관없음
자본유지조정	해당 없음	일반물가수준변동에 상응하는 자산, 부채의 가격변동	자산, 부채 가격변동 전체

Chapter

5

회계기준의 개념과 종류
- 비사업회계를 중심으로

1 회계기준

관리회계분야에는 회계기준이라는 것이 없고, 재무회계에만 적용된다. 환언하면, 기업내부의 관리목적으로 이용되는 관리회계보고서는 각 기업 자체적으로 임의로 작성할 수 있는 반면, 외부이해관계자를 위해 작성되는 재무회계보고서는 일정한 회계기준에 따라 작성되어야 한다.

회계기준이란 기업의 재무상태 및 경영성과 등에 대한 재무보고시 신뢰성과 비교가능성을 제고하기 위해 재무제표 등의 작성시 따라야 할 기준 또는 원칙을 의미한다.

(1) 일반적으로 인정된 회계기준

'일반적으로 인정된'이란 용어는 특정 회계사항에 관하여 회계원칙 제정권을 가진 기관이 회계원칙을 정하거나, 오랜 기간에 걸쳐 특정한 회계처리관습이 실무에서의 광범위한 지지를 받아 사용된 결과 이제는 하나의 원칙으로 형성되어 있다는 것을 의미한다.

따라서 일반적으로 인정된 회계기준(Generally Accepted Accounting Principles : GAAP)이란 재무회계에서 회계실무 및 재무제표의 작성과 관련하여 일반인에게 널리 수용되고 있으며, 다수의 권위 있는 전문가에 의하여 지지되고 있는 회계기준을 말한다. 영어로는 오래전부터 사용하던 Generally Accepted Accounting Principles의 첫 글자를 따서 GAAP라고 하기도 한다.

1970년대까지는 원칙(Principle)이라는 용어를 쓰다가, 회계원칙/회계기준이 시대나 환경에 따라 바뀌고 있는 점 등에 비추어 볼 때 원칙(Principle)이라는 말보다는 기준(Standard)이라는 것이 더 바람직하다는 의견에 따라 기준(Standard)이라는 용어로 바뀌었는데, GAAP라는 말은 GAAS로 바꾸지 않고 관용어가 되어 종전과 같이 GAAP 그대로 사용된다.

(2) 영리기업에 대한 기업회계기준

현재 우리나라에는 영리기업에 적용하는 세 개의 기업회계기준이 있다.

첫째, 상장기업에 적용되는 국제회계기준이라는 것이 있다. 즉, 회계기준은 전 세계적으로 통일화되는 경향이 있는데, 2011년부터 우리나라의 상장법인과 금융기관은 국제회계기준[1](International Financial Reporting Standard : IFRS)을 수용한 K-IFRS를 사용하도록 하고 있다.

둘째, 비상장 영리기업 중에서 외부회계감사를 받아야 하는 기업은 IFRS를 약간 간이화한 회계기준을 적용하도록 하고 있고, 이를 일반기업회계기준이라고 한다.

위의 국제회계기준과 일반기업회계기준은 금융감독위원회가 증권선물위원회의 심의를 거쳐 정하는데, 그 제정을 한국회계기준위원회(KASB)에 위탁했기 때문에 실질적으로 기업회계기준은 한국회계기준위원회가 제정하고 있다.

한편, 2013년에 외부회계감사를 받지 않는 기업들이 적용하는 중소기업회계기준이 제정되었는데, 이 중소기업회계기준은 상법 제446조의2 및 같은 법 시행령 제15조 제3호에 따라 법무부장관이 금융위원회 및 중소기업청장과 협의하여 고시한 회계기준이다.

특기할 만한 점은, 중소기업회계기준을 적용하는 중소기업이 중소기업법에서 정하고 있는 중소기업을 말하는 것이 아니라, 외부회계감사를 받지 않은 기업을 말한다는 점이다.

위 세 가지 회계기준은 한국회계기준위원회 사이트(http://www.kasb.or.kr/front)에서 볼 수 있다.

2 비영리조직회계기준과 공익법인회계기준 제정 이전의 회계

2017년에 비영리조직회계기준과 공익법인회계기준이 제정되기 이전에, 우리나라에서 제정되어 시행중인 비영리조직에 대한 회계기준은 다음과 같은 것이 있다(다음 표의 회계기준 이외에 2003년 3월에 한국회계연구원에서 발표한 '비영리조직의 재무제표 작성과 표시 지침서'라는 것도 있었다). 일반적인 외부보고용 재무회계기준이 아니라 주로 주무관청의 감독용 등의 목적으로 제정된 것이라서, 비영리조직회계기준과 공익법인회계기준이 제정된 이후에도 계속 이용될 예정이다.

---

1) IFRS를 용어 그대로 번역하면 '국제재무보고기준'이고, IAS(International Accounting Standard)가 국제회계기준으로 번역될 수 있는데, IFRS를 국제회계기준이라고 통칭하고 있다.

기존의 비영리조직 관련 회계기준

구 분	제정기관	적용 회계처리기준
사회복지법인	보건복지부장관	사회복지법인 및 사회복지시설 재무·회계규칙
사립학교	교육부장관	사학기관 재무·회계규칙 및 동 규칙에 관한 특례규칙
의료기관	보건복지부장관	의료기관 회계기준 규칙

3 비영리조직회계기준과 공익법인회계기준의 제정 경위

모든 비영리조직을 대상으로 하는 회계기준을 제정하기 위한 노력 중 대표적인 것을 예시하면, 한국회계연구원에서 2003년 3월에 발표한 '비영리조직의 재무제표 작성과 표시 지침서'를 들 수 있다. 그런데 약간 혹평이지만, 이 지침서는 우리나라의 실정을 제대로 파악하지 않고, 미국의 회계기준을 거의 그대로 번역한 정도에 불과하고, 강제적으로 적용하여야 하는 것도 아니고 난해한 내용도 많아 실무에서 그리 많이 수용되지는 않았던 것 같다.

한편, 2008년에 상증세법에서 일정규모 이상(자산규모 100억원 이상)의 공익법인 등에 대하여 의무적으로 회계감사를 받게 하는 한편, 국세청 사이트에 재무정보를 공개하도록 하는 조항을 신설함과 관련하여, 비영리조직에 관한 회계기준 제정의 필요성이 더 제기되었다.

이와 관련하여, 정부당국(회계 관련)에서는 회계기준위원회(KASB)에서 비영리회계기준을 제정하고자 하였는데, 2015년 봄에 규제개혁위원회에서 법적 근거가 없이 KASB에서 비영리회계기준을 제정할 수 없다는 권고를 내려, KASB에서 법적인 위임을 받은 비영리회계기준을 제정할 수 없게 되었다. 이에, 기획재정부는 2016년 상증세법 개정을 통하여 동법에 공익법인회계기준에 관한 규정을 신설하고, 2017년 12월 8일 기획재정부장관의 고시형식으로 공익법인회계기준을 제정하였다.

공익법인회계기준은 2015년 당시 KASB가 작성했던 비영리조직회계기준의 초안과 중소기업회계기준 등을 바탕으로 제정되었다. 2017년 12월 8일에 고시된 공익법인회계기준은 비영리조직회계기준의 초안과 중소기업회계기준을 바탕으로 작성되어, 비영리조직회계기준과 상당히 비슷하지만(물론 다른 점도 있다), 전자가 후자보다 간소화되어 있고, 기존 실무를 많이 수용하고 있다.

한편, 상증세법상의 공익법인회계기준과는 별도로, KASB는 2017년 7월 20일 비영리조직회계기준을 제정 공표하였으며, 이 기준은 법률에 따라 의무적으로 적용되는 회계기준이 아니기 때문에, 실제 적용은 비영리조직의 자발적 선택에 맡겨지지만, 영리를 목적으로 하지 않고 사회 전체의 이익이나 공동의 이익을 목적으로 하는 모든 종류의 비영리조직에 적용가능한 기준이다. 그런데 비영리조직회계기준은 적용의 강제성이 없어, 실제로 이를 택하는 비영리조직은 그리 많지 않다.

공익법인회계기준도 모든 공익법인에 적용되는 것이 아니라 종교단체, 의료법인, 학교법인 등이 그 적용에서 제외되고 있어,[2] 우리나라 비영리조직의 일반적인 회계기준이라 할 수 없는 한계점이 있다. 공익법인회계기준의 근거법령은 상증세법으로서, 그 주무부서는 기획재정부 세제실 재산세과이며, 기획재정부의 위탁을 받아 실무적인 연구나 회신 등은 조세재정연구원 국가회계재정통계센터[3]에서 담당하게 된다.

다른 나라와 비슷하게, 우리나라의 공익법인회계기준이나 비영리조직회계기준은 영리기업의 회계기준에 바탕을 두고, 비영리조직에 특성에 대한 별도의 내용을 추가하고 있다.

4 비영리단체에 대한 외국의 회계기준

아래 표는 한국회계기준위원회의 비영리조직회계기준 해설서(2017.7.20)의 일부분인데, 주요 각 나라의 비영리단체의 회계기준을 잘 요약하고 있다. 일본을 제외한 주요 선진국이 하나의 통일된 비영리단체 회계기준을 가지고 있는데, 우리나라는 일본과 유사하게 여러 개의 비영리회계기준을 가지고 있는 나라이다. 또한, 영리기업의 일반 회계기준에 비

2) 「의료법」에 따른 의료법인, 「사립학교법」에 따른 학교법인, 국립 서울대학교, 인천대학교 등은 공익법인회계기준을 적용하지 않도록 되어 있어, 우리나라에는 아직 여러 개의 비영리회계기준이 존재한다.

3) 국가회계나 공기업회계에 관한 업무를 담당하는 곳이다.

	일반적 비영리 회계기준 존재 여부	일반적 비영리회계기준 명칭	회계기준 구성	회계기준제정기구	재무제표의 종류
미국	○	재무회계기준 958 (FASB ASC* 958) * Accounting Standards Codification	영리기업회계기준 바탕 + 비영리조직특수기준 추가	재무회계기준위원회 (FASB*) * Financial Accounting Standards Board	• 재무상태표 • 활동계산서 (Statement of Activities) • 현금흐름표
영국	○	재무보고기준 102 (FRS* 102) * Financial Reporting Standard	영리기업회계기준 바탕 + 비영리조직특수기준 추가	재무보고위원회(FRC*) * Financial Reporting Council	• 재무상태표 • 포괄손익계산서 • 자본변동표 • 현금흐름표
캐나다	○	캐나다공인회계사회 편람 제3편 (CICA Handbook : Part Ⅲ)	영리기업회계기준 바탕 + 비영리조직특수기준 추가 * 바탕이 되는 영리기업회계기준으로는 다음 중 하나 선택 가능 : • IFRS(Part Ⅰ) • 비상장기업기준(Part Ⅱ)	회계기준위원회 (AcSB*) * Accounting Standards Board	• 재무상태표 • 운영계산서 (Statement of Operations) • 순자산변동표 • 현금흐름표
호주	○	호주회계기준(AASs*) * Australian Accounting Standards	영리기업회계기준 바탕 + 비영리조직특수기준 추가 * 바탕이 되는 영리기업회계기준으로는 다음 중 하나 선택 가능 : • IFRS(AASs) • 비상장기업기준(AASs-Reduced Disclosure Requirements)	호주회계기준위원회 (AASB*) * Australian Accounting Standards Board	• 재무상태표 • 포괄손익계산서 • 자본변동표 • 현금흐름표
일본	일반기준은 없으며 종류별로 산재 • 공익법인 • NPO법인 • 사회복지법인 • 학교법인 • 종교법인 등		민간에서 제정된 NPO법인회계기준(2010년)의 경우 명시적 참조규정은 없지만 영리기업회계기준에 바탕을 두고 있는 것으로 보이며 다음과 같은 비영리조직특수기준 추가 • 고유목적사업과 비고유목적사업의 구분 • 비영리조직의 특수거래 • 사업비와 관리비의 구분	종류별로 각기 다른 주체(주무관청)가 제정 * NPO법인회계기준은 민간협의체인 NPO법인회계기준협의회가 제정	• 대차대조표 • 활동계산서 ↑ NPO법인 회계기준
독일	일반기준은 없으며 업종별 지침 존재		–	업종별 지침은 독일 회계사회가 제정	–

영리 단체의 특성을 반영한 회계기준을 별도로 제정하고 있고, 그 제정 주체도 일반회계기준을 제정하는 기관이라는 점을 우리도 본받을 필요가 있지 않을까 생각된다.

비영리조직회계기준 해설서(2017.7.20)에서는, 위 각 나라별로 비영리회계기준에 대하여 간단하게 기술하고 있는데, 여기서는 항을 달리하여 미국과 일본에 대하여 자세하게 설명하고자 한다.

5 미국의 비영리회계기준

(1) 1970년대까지의 미국의 비영리조직회계

미국의 저명한 회계학자인 Anthony에 따르면, 미국에서는 1920년대 이전까지는 영리조직과 비영리조직의 회계가 구분되지 않았다가, 1920년대부터 비영리분야의 기금회계라고 불리는 개념이 도입되어, 1970년대까지 영리조직회계와 비영리조직회계가 서로 다르게 발전해 왔다고 한다. 그러다가 1970년대 중반 이후, 영리회계와 유사한 형태로 변화하게 되었다고 한다.

미국의 비영리회계가 세간의 주목을 받게 되고 영리회계와 유사하게 된 배경에는 1970년대 중반 미국의 뉴욕, 클리블랜드 등과 같은 대도시들의 재정위기(Fiscal Crisis)가 있었다. 1929년 주식시장붕괴가 모든 기업부문에 영향을 미쳤던 것과 같이 뉴욕의 재정위기는 주 정부 및 지방정부에 영향을 끼쳤고, 이 사건으로 인하여 정부회계뿐만 아니라 비영리조직회계에 관한 관심을 다시 일으켰다고 한다.

1970년대 이전을 잠시 살펴보면, AICPA(American Institute of Certified Public Accountants : 미국공인회계사회)와 대학, 의료기관 등의 각종 비영리조직의 상부 연합체는 각각의 회계기준과 업종별 회계지침을 제정했었다. 이에 따라, 비영리조직의 유형별로 다양한 회계지침이 공표되어 있었다. 이런 연유로, 비영리조직의 유형마다 서로 다른 회계처리와 공시가 요구되는 경우도 있었고, 결과적으로 공개되는 정보가 조직 외부의 재무제표이용자가 이해하기 어렵다는 비판을 받았다.

또한 회계기준이나 지침의 제정에 관여한 위원의 대부분은 파트타

임이나 무급 봉사직이고, 유형별 회계기준 설정 및 개정에 있어서 충분한 자원을 갖고 있지 않으며, 각 비영리단체로부터 영향을 강하게 받아, 높은 품질의 독립성 높은 회계기준의 설정이 어렵다는 비판을 받아왔다.

(2) FASB의 비영리조직회계기준

1970년 초반까지 미국의 회계기준은 AICPA 산하의 APB(Accounting Principle Board : 회계원칙위원회)에서, APB Opinion이라는 이름으로 제정되어 발표되었다. 그러다가 1973년에 신뢰성과 중립성이 높은 영리기업의 회계기준을 제정하는 주체로서, FAF(Financial Accounting Foundation : 재무회계재단)의 산하에 FASB(Financial Accounting Standards Board : 재무회계기준위원회)가 설립되어 현재에 이르고 있다.

FASB가 비영리조직의 회계기준에 관여하기 시작한 것은 1977년부터이다. 비사업조직(Non-business Enterprise)[4]의 재무제표의 목적을 식별하기 위하여, 1977년 하버드 대학 경영대학원의 R.N. Anthony 교수에게 연구보고서 작성을 의뢰하였으며, 1978년에 발표된 Anthony 교수의 보고서를 토대로 하여 1980년에 '개념기준서 제4호 비영리조직의 재무보고의 목적(Statement of Accounting Concepts No.4 "Objectives of Financial Reporting by Non-business Organizations, 이하 SFAC No.4라고 함)'을 발표했다.

한편, FASB는 1980년 SFAC No.4를 발표하기 전인 1979년에 비영리조직에 관한 첫 회계기준으로서, "AICPA의 SOP[5]에서의 특수회계 및 보고 원칙과 관행 및 회계감사 관한 의견서 및 APB 의견서 제20호의 개정 : Specialized Accounting and Reporting Principles and Practices in AICPA Statements of Position and Guides on Accounting and Auditing

---

4) 1973년에 설립된 FASB는 1977년부터 Non-business(비사업분야)에 관한 회계기준의 제정에 관여하기 시작했다. Non-business(비사업분야)회계란 협의의 비영리회계와 정부회계를 포함하는 개념이다. 그 뒤 1984년 정부회계기준위원회(Governmental Accounting Standards Board : GASB)가 공공 비영리조직의 회계기준을 제정하게 되면서 FASB는 협의의 비영리회계만 다루고 있다.

5) 미국공인회계사회(AICPA)의 SOP(Statement of Position)란, 1974년부터 AICPA의 회계기준부(Accounting Standards Division)에서 발표한 것으로서, 회계기준의 제정에 참고가 될 뿐 아니라, AICPA의 감사 및 회계지침(AAG, Audit and Accounting Guide) 시리즈의 개정안을 제안하기 위한 것이었다. 이 SOP는 그 뒤, FASB의 ASC(Accounting Standards Codification)에 흡수되었다.

Matters－an amendment of APB Opinion No.20"이라는 것을 발표했다.

또한, 1986년 3월에 비영리조직회계실무에서 회계처리가 일치하지 않는 분야 다섯 가지를 선정하고, 연구를 진행했다.

- 기부금회계(Accounting for contribution)
- 감가상각의 인식(Recognition of depreciation)
- 재무제표의 공시문제(Matter of Financial Statement Display)
- 투자자산회계(Accounting for Investment)
- 비영리조직의 연결 및 관련문제(Consolidation and related matter for not-for-profit organization)

그 뒤 FASB는 아래와 같은 비영리조직에 관한 회계기준서(Statement of Financial Accounting Standard : SFAS)를 발표하였다. 특히, 1993년 6월에 발표된 SFAS No.116 및 No.117이 현재 미국의 비영리조직회계의 근간이라 할 수 있다. SFAS No.116은 비영리조직에 특히 중요한 기부금수익의 인식기준이며, SFAS No.117은 비영리조직의 재무보고서의 내용 및 구성에 대한 기준이다. SFAS No.117에 따라 비영리조직의 회계가 발생주의로 전환되었고, 재무제표의 명칭도 재무상태표, 운영성과표,[6) 현금흐름표로 통일되었다. 이로 인하여, 그 이전까지 수지계산을 중심으로 펀드회계로서의 비영리조직회계의 큰 변혁을 가져왔다. 즉, SFAS No.117의 제정을 통하여, 조직 전체로서의 재무제표를 발표하도록 하여 비기업회계와 기업회계가 접근하도록 하였고, 종래의 수정발생주의와 기금회계를 벗어나 발생주의에 따른 실체통합 재무제표를 작성하도록 하였다. 이런 조치는 비영리조직회계의 하나의 혁명이라고 할 수 있다.

- 1987년 8월 : SFAS No.93[7)]
  비영리조직의 감가상각의 인식(Recognition of Depreciation by Not-for-Profit Organizations)

---

6) 영문이름은 Statement of Activities이고, 일본에서는 이를 '활동보고서'라고 번역하여 사용하고 있는데, 우리는 운영성과표로 번역했다.

7) 1987년 8월에 발표된 SAFS No.93(비영리조직의 감가상각의 인식)은 특히 대학들의 반대가 심해서, 1988년 9월 SFAS No.99를 발표하여 시행일을 연기하는 조치를 취하였다.

- 1988년 9월 : SFAS No.99
  FASB 기준서 93호 수정, 비영리조직의 감가상각의 인식 시행일의 연기(Deferral of the Effective Date of Recognition of Depreciation by Not-for-Profit Organizations – an amendment of FASB Statement No.93)
- 1993년 6월 : SFAS No.116
  기부금 수수에 관한 회계(Accounting for Contributions Received and Contributions Made)
- 1993년 6월 : SFAS No.117
  비영리조직의 재무제표(Financial Statements of Not-for-Profit Organizations)
- 1995년 11월 : SFAS No.124
  비영리조직의 특정 투자자산 회계(Accounting for Certain Investments Held by Not-for-Profit Organizations)

특징이라고 할 점은 FASB 자체가 민간 회계기준제정기관일 뿐, 비영리조직에 대한 회계기준의 적용을 강제할 권한이 없다. 그런데 미국의 비영리단체 중 면세단체(IRC 501조 C항 3호 단체)는 매년 Form 990이라는 양식의 보고서를 IRS(국세청)에 제출해야 하고, 이 Form 990은 외부에 공개되는데, 대부분의 조직이 FASB의 비영리회계기준에 따라 재무제표를 작성하여 공개하고 있다는 점이다. 또한, 미국의 대부분의 비영리단체는 Form 990에서 그 조직의 미션과 활동 내용을 공개하는 한편, Annual Report(연차 보고서)를 작성하여 공개하고 있다는 점도 우리가 참고할 만한 제도이다.

(3) ASC 958

FASB는 1973년 설립 이래, 특정주제별로 SFAS라고 하는 회계기준을 발표하다가, 2008년 5월 SFAS No.162 The Hierarchy of Generally Accepted Accounting Principles(일반적으로 인정되는 회계원칙의 계층구조)를 발표하여, 기존의 SFAS를 주제별로 분류하는 작업을 완료하였고, 2009년 6월에는 SFAS No.168 The FASB Accounting Standards Codification and the Hierarchy of Generally Accepted Accounting Principles – a replacement of

FASB Statement No.162(FASB 회계기준코드 작성 및 SFAS No.162의 대체)를 발표하여, 기존의 SFAS가 ACS 958로 통합되었다. 즉, 기존의 논제별로 제정된 비영리조직회계기준은 FASB ASC(Accounting Standards Codification : 회계기준코드) 958(Not-for-Profit Entities)에 집대성되어 있으며, ASC 958이 비영리조직회계에 관한 특수회계기준으로 자리 잡고 있다. 그리고 FASB는 ASC 958의 일부를 수시로 수정하는 절차를 취하고 있다.

특기할 만한 점은 Health Care Entities(건강보건기업)에 관한 ASC 954가 별도로 제정되었다는 점을 들 수 있다.

(4) FASB 산하의 NAC

FASB는 2009년에 FASB 산하에 NAC(Not-for-Profit Advisory Committee : 비영리자문위원회)를 설립하였다. 이 NAC는 15명 내지 20명의 위원으로 구성되고 NAC 의장은 FASB의 의장이 임명한다. NAC에 의한 연구 검토는 FASB 이사회에 상정되어 승인된 후 외부에 공표된다.

미국에서도 비영리조직에 대한 정보 공개의 압력은 더욱 강해지는 경향이 있고, 1993년에 발표된 SAFS No.116 및 No.117이 제정된 후 20년 이상이 경과함에 따라 그동안의 실무와 상황의 변화를 반영하는 비영리조직회계의 포괄적인 개정이 요구되어, FASB 의장은 2개의 의제를 검토하기로 결정했다. 이에 따라, NAC에서 재무제표 본문 및 주석의 개선을 목표로 하는 프로젝트와 재무제표 이외의 MD&A(Management Discussion and Analysis : 비영리조직의 경영자 토의 및 분석)[8] 등을 통해 비영리조직의 성과를 표시하도록 하는 프로젝트가 동시에 진행되었다. 프로젝트 발족 당초에는 FASB의 NAC가 2개의 프로젝트 연구를 진행할 예정이었으나, 재무제표 이외의 MD&A에 관한 프로젝트를 FASB가 주도적으로 연구할 사업인지에 관한 논란이 생겨, 2014년에 재무제표 이외의 프로젝트는 NAC가 연구할 의제에서 삭제되었다. 그 후 재무제표 본문 및 주석에 관한 연구가 진행되고, 2015년 5월, 4년간의 NAC의 연구

8) MD&A란 미국의 영리기업 및 비영리조직의 연차보고서(Annual Report)의 초반부에 기재되는 내용으로서 그 단체의 CEO가 1년간의 사업내용 및 성과를 계량정보 및 비계량정보형식으로 보고하는 내용을 말한다.

결과로 회계기준 개정에 대한 제안, 비영리조직(Topic 958) 및 의료법인(Topic 954), 그리고 2016년에 공표된 Accounting Standards Update '비영리조직(Topic 958)'이 발표되었으며, 공청회 등의 과정을 거쳐 확정되었다.

6 일본의 비영리회계기준

(1) 개 요

일본은 사회복지법인, 학교법인, 공익법인, NPO법인 등 여러 가지 법인유형이 존재한다. 각각의 법인은 각각의 설립 근거법과 주무관청이 존재하고, 또한 아래와 같이 서로 다른 회계기준이 적용되고 있다. 일본은 아직 통일된 비영리조직회계기준은 없으며, 다음 표와 같이 비영리조직종류별로 회계기준이 제정되어 운영중이다(표의 출처 : 비영리조직회계기준 해설서).

	공익법인(사단, 재단)	NPO법인	사회복지법인	학교법인	종교법인
기준명	공익법인 회계기준	NPO법인 회계기준	사회복지법인 회계기준	학교법인 회계기준	종교법인 회계지침
제정 주체	정부(내각부 공익인정 등 위원회)	민간협의체(NPO법인회계기준협의회)	정부(후생노동성)	정부(문부과학성)	일본공인 회계사회
재무 제표	• 대차대조표 • 순재산증감 계산서 • 현금흐름표	• 대차대조표 • 활동계산서	• 대차대조표 • 사업활동계산서 • 자금수지계산서	• 대차대조표 • 사업활동수지 계산서 • 자금수지계산서	• 대차대조표 • 순자산증감 계산서 • 수지계산서

우리나라도 유사하지만, 법인 법정주의를 채택하는 일본에서는 법인설립은 설립근거법이 필요하고, 민간 비영리조직에 대하여는 각각의 설립근거법에 감독권한이 있는 주무관청이 회계기준을 직접 제정하거나, 주무관청의 강한 영향력 아래에 제정되어 왔다.

일본의 중앙정부회계는 국민의 의무로 부과된 세금을 재원으로 하기 때문에, 삼권분립구조에서 행정부에서 작성한 사업계획 및 세입 · 세출 예산을 국회에서 검토 승인한 후, 국회의 감시하에 행정기관이 예산을 집행하고 다시 국회에 보고한다. 이와 유사하게 지도감독권한이 있는 주무관청이 감독대상 비영리법인에 대하여 행정기관의 집행방식과 유사한 방법으로 예산을 집행하도록 요구해 온 것이 일본의 민간 비영리조직회계의 중요한 특징의 하나이고, 우리나라도 유사하다.

그런데 아래에서 설명하는 2004년의 공익회계기준은 미국의 FASB 회계기준의 개념을 대폭 도입하여, 주무관청의 지도감독 목적의 회계로부터 국민의 의사결정에 도움을 주는 회계로 방향을 전환하였다. 즉, 미국의 FASB 회계기준의 강한 영향을 받은 2004년 공익회계기준에서는, 전통적으로 재무제표의 중요한 역할을 했던 '수지계산서'를 내부관리목적용으로 한정하고, 외부공포용 재무제표에서 제외했다. 한편, 사회복지법인회계기준과 학교법인회계기준에서는, 아직 기존의 자금흐름계산을 목적으로 하는 자금수지계산서의 역할이, 순자산흐름 정보를 나타내는 순자산증감계산서(우리나라의 운영성과표)보다 큰 역할을 하고 있다.[9] 다만 2004년 공익회계기준의 개정을 거쳐, 순자산증감계산서, 즉 발생주의에 의한 운영성과표의 정보를 중시하는 경향으로 바뀌고 있는 것으로 보인다.[10]

이와 같이, 일본의 비영리회계가 현금주의에서 발생주의로 변경되고 있는 것은, 정부가 아니라 민간 주도로 제정된 NPO회계기준도 중요한 역할을 했다. 즉, NPO법인제도의 창설 당시의 법률에 근거를 두고 있는 '회계지침'에서는 자금수지계산서를 결산서류의 하나로 지정하고 있으나, 2010년에 제정된 'NPO법인회계기준'에서는 순자산 증감을 나타내는 활동계산서(우리나라의 '운영성과표')를 기본 재무제표로 채택하고, 수지예산 관리를 목적으로 하는 자금수지계산서는 기본 재무제표에 포함되지 않도록 하고 있다.

아래에서는 공익법인과 NPO법인의 회계기준에 대하여 제정경위

9) 일본의 영향을 받은 우리나라의 사립학교회계에서는 아직도 자금수지계산서가 중요한 재무제표의 하나이다.

10) 일본의 최초의 비영리조직의 회계기준은, 단식부기회계를 적용해 오던 비영리법인 중에서, 공적 보조를 받는 학교법인에 대하여 회계감사제도가 도입되면서 1971년 4월에 제정된 학교법인회계기준이다. 이와는 별도로 1971년 11월 일본공인회계사협회(종교법인회계 전문위원회 소관)에서 "종교법인회계기준(안)"을 발표하였다. 후술하는 바와 같이 공익법인회계기준은 1977년에 제정되었다. 또한, 위 표에는 요약하지 않았지만, 의료기관에 대한 회계기준도 별도로 제정하여 운용하고 있다.

등을 소개한다.

(2) 공익법인회계기준

1977년에 공표된 일본의 최초의 공익법인회계기준(이하 "1977년 기준")은 1971년 12월 '공익법인의 지도감독에 관한 행정감사 결과에 따른 권고'가 계기가 되었다. 이 권고서에는 '공익법인의 회계, 회계에 관한 사무처리기준을 마련하여 적절한 지도를 할 것'이라는 제목으로 '각 부처는 공익법인의 회계, 회계의 적정화에 대해 주의하고, 예산 및 결산서류의 작성방법, 사업성과를 적정하게 표시하는 데 필요한 표준 계정과목의 예시, 공익사업에서 발생하는 소득에 관한 회계와 수익사업에서 발생하는 소득에 관한 회계와 구분회계의 구체적인 요령, 회계, 경리에 관한 사무처리의 기준을 제시하여 정확한 지도를 할 필요가 있다'라고 기술하고 있다.

1977년 공익법인회계기준은 공익법인회계경리기준조사연구회가 1975년 5월에 작성한 '공익법인회계기준(안)'을 기초로 하고 있는데, 회계전문가로 구성된 조사연구회는, 주무관청의 지도감독에 필요한 수지예산관리를 목적으로 하는 재무서류를 포함한 재무제표의 작성을 위해 복식부기를 사용하는 회계기준의 제정을 요청한 것이었다. 또한, 행정부의 세입 및 세출 계산서는 출납폐쇄기간이라는 개념이 있기 때문에, 그 본질은 단기 금전 채권 채무를 포함한 자금흐름표와 유사했다. 즉, 1977년 공익법인회계기준은 기간정보를 ① 수지예산관리를 목적으로 하는 단기 금전 채권 채무를 포함한 현금자금의 흐름과, ② 기타 순자산으로 구성된 비현금거래의 흐름으로 구분하여 복식부기로 작성하는 체제였다. 이에 따라, 1977년 기준은 주무관청의 지도감독에 필요한 수지계산을 중심으로 한 계산서류로 구성되었다.

1977년 기준은 1985년 9월 개정되었다(이하 '1985년 기준'). 1985년 기준에서는 Stock개념의 '현금 이외의 자금의 흐름표'나, Flow개념의 '전체 순자산흐름표'의 하나를 선택하도록 하고 있었으나, 수지예산관리를 목적으로 하는 '수지계산서'의 작성의무는 계속되어, 주무관청의 지도감독에 필요한 회계보고의 성격을 벗어나지 못했다.

1977년 기준이 공표된 후 27년이 지난 2004년에 전면 개정되었다

(이하 '2004년 기준'). 2004년 기준은, 주무관청의 지도감독권한을 강하게 의식한 회계보고로부터 국민의 이해를 전제로 한 회계기준으로 개정되었다.[11] 그 뒤 2008년 새로운 공익법인제도에 따라 2008년 공익회계기준이 제정되었고, 2008년 기준은 공익법인의 새로운 감독기관인 공익인정등위원회가 제정하였다. 이 공익법인회계기준에서는 공익법인개혁관련3법의 규정에 따라 공익법인이 작성하여 관할관청에 제출하는 한편 일반에게 공개하여야 할 재무제표의 작성기준과 양식 등을 정하고 있다. 구체적으로 회계기준과 그 주해는 공익법인회계기준에서, 별표와 각종 양식은 공익법인회계기준 운용지침에서 정하고 있다.

(3) NPO회계기준

일본에 NPO법인제도가 도입된 것은 1998년 특정비영리활동촉진법이 제정된 때인데, NPO법인제도가 도입된 지 12년이 되는 2010년 7월에 비로소 NPO법인회계기준이 제정되었다. 이 NPO회계기준은 정부기관이 제정한 것이 아니라, NPO단체, 회계전문가, 정부관계자 등이 모여 만든 NPO회계기준제정위원회라는 민간단체에서 약 2년간의 연구와 토론과정을 거쳐 제정되었다. NPO회계기준이 작성된 배경은 공익법인개혁관련3법이 제정된 2007년에 국민생활심의회에서 발표한 'NPO법인제도의 개정에 관한 의견' 속에 NPO법인의 회계처리의 기준을 제정하는 것이 필요하다는 제안이 있고 난 후, 일본 전국의 18개의 NPO 지원조직의 후원에 의하여 NPO회계기준협의회가 결성되어 회계기준의 제정 작업에 착수하게 되었다.

NPO법인은 공익법인에 비하여 소규모단체가 많다는 점이 고려되어 공익법인회계기준보다 쉬운 수준의 회계기준으로 이루어졌으며, 1999년 경제기획청이 작성한 "NPO법인의 회계절차"와 공익회계법인, 기업회계기준 및 외국의 비영리단체회계기준을 참고하여 작성되었다(일본 NPO회계기준협의회, 2010). 주된 내용은 다음과 같다.

- 작은 단체도 무리 없이 적용할 수 있도록 배려

11) 2004년 공익법인회계기준의 개정의 경위에 대하여 '공익법인의 활동상황을 알기 쉽게 널리 일반 국민에 보고해야 하는 회계기준으로 전면적인 개정을 실시하기로 했다'라고 하고 있다.

- 현물 기부와 봉사 등 비영리 특유의 현상을 반영
- 기존의 '수지계산서'로부터 '활동계산서(운영성과표)'로 변경
- 비용에 대해서는 '사업비'와 '관리비'로 구분하도록 요구
- 복식부기 기반의 발생주의 회계를 적용

이 NPO회계기준이 제정된 이후, NPO회계기준협의회(http://www.npokaikeikijun.jp)는 다양한 방법으로 이 회계기준의 보급을 위한 활동을 전개하고 있다.

(4) 비영리조직회계기준을 하나로 통합하기 위한 움직임

일본에서는 일본공인회계사회(JICPA)를 중심으로 관련 법률에 따른 주무관청별로 각각 제정되어 있는 비영리조직회계기준을 하나로 통합하기 위한 연구가 진행되고 있고 주된 연구보고서로는 아래와 같은 것이 있다.

- 2013년 7월 : 일본공인회계사회(JICPA) 연구보고서 '비영리조직의 회계시스템 구축을 위해'
- 2017년 5월 : 일본공인회계사회(JICPA) 공개초안 '비영리조직회계기준 개발을 위한 개별 논점 정리 – 고정자산의 감액'

7 국가, 지방자치단체에 대한 회계기준

비영리단체 중에는 아직 수지결산을 중심으로 하는 단식부기 형태를 채택하고 있는 단체들이 많다. 특히, 소규모 단체들이 아직 단식부기방식을 이용하고 있고, 사회복지단체들이 단식부기방식을 택하고 있다. 정부회계도 넓은 의미에서의 비영리단체의 회계에 포함되는데, 정부회계는 어떨까?

우리나라는 1997년 외환위기를 겪으면서 국가 재정관리의 중요성이 부각되었고, 이에 따라 1998년 정부는 복식부기 · 발생주의 회계제도 도입 방침을 공식적으로 발표한 이후, 지방자치단체는 2007년부터, 중앙정부는 2009년부터 발생주의 회계제도를 도입하여 시행하고 있다.

그래서 현재는 다음과 같은 회계기준이 제정되어 있고, 국가회계기준은 기획재정부, 지방자치단체 회계기준은 행정자치부가 제정하여 시행되고 있다.

- 국가회계기준에 관한 규칙
- 지방자치단체 회계기준에 관한 규칙

한편, 국가회계기준은 기획재정부가, 지방자치단체 회계기준은 행정자치부가 관할기관이나 구체적인 연구 등은 조세재정연구원의 국가회계재정통계센터, 한국지방재정공제회 지방회계통계센터에 수행하고 있고, 관련 사이트는 다음과 같다.

- 국가회계재정통계센터
  https://gafsc.kipf.re.kr/kor/Main.aspx
- 한국지방재정공제회 지방회계통계센터
  http://www.lofa.or.kr/accsis/accsis_01.asp

8 공기업 · 준정부기관 회계사무규칙과 공기업 · 준정부기관 회계기준

공기업 · 준정부기관의 경영성과와 재산의 증감 및 변동상태를 표시하기 위한 회계처리를 위한 회계기준으로서, 공공기관 운영에 관한 법률 제39조에 따라, 기획재정부령으로 제정된 '공기업 · 준정부기관 회계사무규칙'라는 것이 있다. 이 규칙에서는 회계원칙, 결산의 수행, 결산서 제출, 재무제표 구성 등을 규정하고 있다.

한편, 공기업 · 준정부기관 회계사무규칙의 위임에 따라 기획재정부 고시로 제정된 '공기업 · 준정부기관 회계기준'이 있다. 이 기준에서는 재무제표 작성원칙, 주요 계정과목 및 정부보조금 등의 회계처리에 관하여 규정하고 있고, 공기업 · 준정부기관 회계사무규칙 및 회계기준에서 정하지 아니한 사항은 한국채택국제회계기준을 따르도록 하고 있다.

Chapter

6

영리기업회계와 비영리회계의 차이 - 공익법인회계기준을 중심으로

1 공익법인회계기준과 비영리조직회계기준 및 일반회계기준의 차이

공익법인회계기준은 상증세법 규정에 따라 2017년 12월 8일 기획재정부장관 명의로 고시된 기준이며, 비영리조직회계기준은 2017년 7월 20일 회계기준위원회에서 제정한 기준이다(이 두 가지 회계기준의 제정 경위는 제5장 264쪽을 참고하기 바란다).

공익법인회계기준이나 비영리조직회계기준은 일반회계기준을 기초로 하여, 비영리단체의 특성에 알맞게 간소화된 회계기준이라고 할 수 있는데, 세 가지 기준의 주요 차이는 아래 표와 같다. 공익법인회계기준과 비영리조직회계기준 사이에도 몇 가지 차이가 있다.

구 분	공익법인회계기준	비영리조직회계기준	일반기업회계기준
회계기준의 목적	상증세법상 공익법인의 회계처리 및 재무제표 작성기준 제시	비영리조직이 일반목적 재무제표를 작성하는 데 적용하는 기준을 제시하는 것	기업의 회계와 감사인의 감사에 통일성과 객관성을 부여하기 위해 회계처리 및 보고에 관한 기준을 정함
법적 근거	상증세법 제50조의4 및 동법 시행령 제43조의4	법적 근거 없음	주식회사의 외부감사에 관한 법률(외감법) 제13조 제1항 제2호 및 동법 시행령 제7조의3
적용대상	상증세법상 외부회계감사 의무 또는 결산서류 공시의무가 있는 공익법인* * 의료 · 학교법인, 종교단체는 제외	법인격 유무에 관계없이 영리를 목적으로 하지 않고 사회 전체의 이익이나 공동의 이익을 목적으로 하는 모든 형태의 비영리조직에 적용	외감법 적용대상기업 중 한국채택국제회계기준(K-IFRS)에 따라 회계처리하지 않는 기업
재무제표	① 재무상태표 ② 운영성과표 ③ 주석	① 재무상태표 ② 운영성과표 ③ 현금흐름표 ④ 주석	① 재무상태표 ② 손익계산서 ③ 현금흐름표 ④ 자본변동표 ⑤ 주석
자본	자본 및 자본금의 개념이 없으며, 대신 순자산 개념을 사용	자본 및 자본금의 개념이 없으며, 대신 순자산 개념을 사용	자본은 경제실체의 자산에 대한 소유주의 잔여청구권(주주 지분), 자본금은 주주들이 납입한 법정자본금

순자산·자본 구분	① 기본순자산 ② 보통순자산 ③ 순자산조정	① 제약 없는 순자산 ② 제약 있는 순자산	① 자본금 ② 자본잉여금 ③ 자본조정 ④ 기타포괄손익누계액 ⑤ 이익잉여금
구분경리	공익목적사업부문과 기타사업부문으로 구분하여 표시	고유목적사업부문과 수익사업부문으로 구분하여 표시	구분경리가 요구되지 않음
고유목적사업준비금	부채로 인식할 수 있음(선택)	부채로 인식하지 않음	부채로 인식하지 않음
정부보조금의 회계처리	(명문규정 없음) 기부금 회계처리준용	제약이 없는 경우는 사업수익으로 인식 제약이 있는 경우에는 제약있는 순자산의 증가로 인식	자산취득관련 보조금이라면 관련 자산에서 차감하는 형식으로 표시하고, 수익관련 보조금이라면 관련 비용에서 상계표시
회계정책의 결정	이 기준에서 특별히 정하고 있지 않는 사항은 일반기업회계기준에 따름	이 기준에서 특별히 정하고 있지 않는 사항은 일반기업회계기준에 따름	

2 공익법인회계기준이 적용되는 비영리조직

공익법인회계기준의 적용대상이 되는 공익법인은 다음과 같이 정리된다.

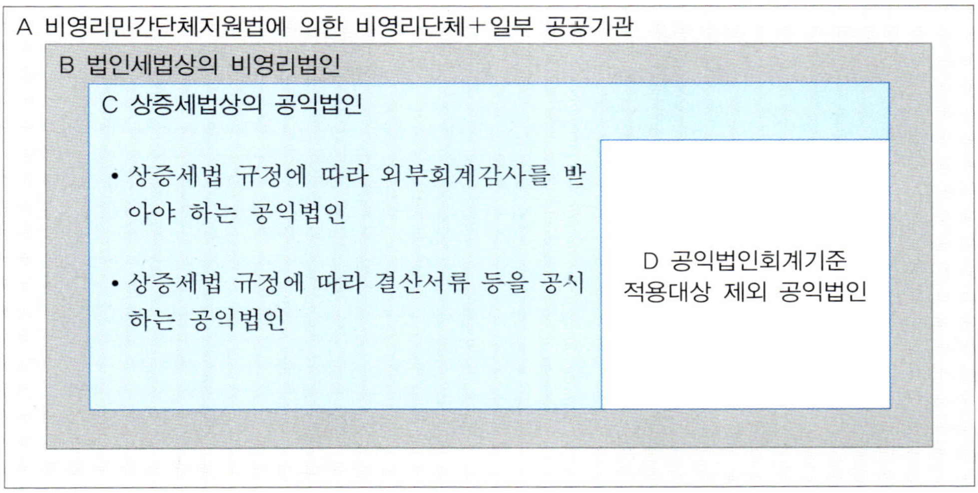

공익법인회계기준은 상증세법상의 공익법인 중 상증세법 규정에 따라, 외부회계감사를 받아야 하는 공익법인[1]과 결산서류 등을 공시하는 공익법인에게 의무적으로 적용되는 회계기준이다.

법인세법상의 비영리법인, 상증세법상의 공익법인, 비영리민간단체 지원법에 의한 비영리민간단체의 개념에 관하여는 438쪽 및 505쪽, 495쪽 이하를 참조하기 바란다.

공익법인회계기준은 상증세법상의 공익법인에게 적용하는 회계기준으로 제정되었는데, 아래와 같은 법인은 공익법인회계법인 적용대상에서 제외된다.

- 종교의 보급 기타 교화에 현저히 기여하는 사업을 운영하는 종교법인 등은 사업의 특성을 고려하여, 결산서류 등의 공시의무가 없어, 공익법인회계기준의 적용대상에서 제외됨
- 의료법에 따른 의료법인, 사립학교법에 따른 학교법인은 해당 근거 법률에 따른 별도의 회계기준이 있고, 그 특수성이 인정되어 공익법인회계기준 적용대상에서 제외됨(상증세법령 제43조의4)
- 상증세법 시행규칙에 따라 공익법인회계기준의 적용이 제외되는 법인 : 국립대학법인 서울대학교 및 국립대학법인 인천대학교

상기 이외에, 관련 법령에 따라 발생주의 복식부기 기준의 회계기준을 별도로 마련한 경우, 공익법인회계 적용대상에서 제외된다. 구체적으로, 공기업이나 준정부기관 중에서 상증세법상의 공익법인에 해당하는 기관이 공익법인회계기준을 적용할 것인지 또는 공공기관의 운영에 관한 법률에 따라 공기업, 준정부기관 회계사무처리 규칙 및 공기업, 준정부기관 회계기준을 적용할 것인지의 이슈가 있는데, 공익법인회계기준에 우선하여 공기업, 준정부기관 회계기준을 적용하며, 유사하게 기타 공공기관 중 관련 법령에 의하여 별도 회계기준이 있는 경제인문사회연구기관, 과학기술분야 정부출연기관, 특정연구기관 등의 경우에도, 공익법인회계기준에 우선하여 해당 회계기준을 적용한다.

---

1) 직전 과세기간 또는 직전 사업연도 종료일의 총자산가액이 100억원 이상이거나 수입금액과 출연재산가액의 합계가 50억원 이상 또는 출연재산가액이 20억원 이상인 공익법인

한편, 공익법인법상의 회계에 관한 규정은, 법령에 복식부기와 발생주의에 따른 회계기준이 명시되지 않은 경우에 해당되어, 이 법령에 의하여 설립된 공익법인은 공익법인회계기준을 적용하여야 하는 것으로 해석된다.

3 공익법인회계기준의 질의회신

2017년 7월 회계기준위원회(KASB)에서 비영리조직회계기준을 제정하여 공표할 때에는, 회계기준뿐만 아니라 비영리조직회계기준 해설서도 동시에 발표하였다. 한편, 이 비영리조직회계기준의 적용에 의문이 있는 때는 당연히 회계기준위원회(KASB)에 질의하여 회신을 받을 수 있다.

2017년 12월에 기획재정부장관의 고시형식으로 제정된 상증세법에 의한 공익법인회계기준은 회계기준만 발표되었다. 그 뒤, 기획재정부의 위탁을 받은 조세재정연구원 국가회계재정통계센터에서 2018년 4월부터 7월까지 전문가 및 공익법인 실무자가 포함된 연구팀에서 작성한 공익법인회계기준 실무지침서의 초안 작업을 진행했고, 2018년 12월말 기획재정부에서 확정발표하였다. 이는 인터넷에서 검색하면 다운받을 수 있다.

한편, 이 책자에서도 해결되지 않는 이슈는, 기획재정부 세제실 재산세과 또는 조세재정연구원 국가회계재정통계센터(https://gafsc.kipf.re.kr)에 전화 또는 문서로 질의할 수 있는데, 예산관계상 아직 활성화되지 않고 있다.

4 지부가 있는 공익법인의 보고실체

공익법인회계기준 제3조(보고실체)는 '이 기준에 따라 재무제표를 작성할 때에는 공익법인 전체를 하나의 보고실체로 하여 작성한다'라고 규정되어 있다.

공익법인 전체를 하나의 보고실체로 하여 작성하라는 이 규정의 의미는 하나의 공익법인이 법인회계, 시설회계, 수익회계 등 여러 단위의 회계를 가지고 있을 때, 각각의 회계를 구분하지 말고 통합하여 재무제표를 작성하라는 뜻이다. 즉, “공익법인 전체”라는 문구는, 공익법인 실체를 의미하는 것으로, 공익법인의 법인등록번호를 기준으로 관리되는 지점, 지부, 사업장 등을 통합하여 재무제표를 작성한다는 의미이다. 또한 이 규정의 의미는, 일반기업회계기준의 연결재무제표를 작성하라는 뜻이 아니라, 하나의 법인격에서 운영되는 본지점 회계를 통합하여 재무제표를 작성하라는 의미이다.

필자가 돕고 있는 어느 사회복지법인은 보건복지부의 예산지원을 받는 장애인 시설과 교육부 예산지원을 받고 있는 장애인 학교, 그리고 법인본부의 3개의 회계단위를 별도로 운영하고 있고, 각각 별도로 결산절차를 취하고 있다. 그런데 외부이해관계자를 위한 공익법인회계기준에 의한 재무제표는 이 3개 회계단위의 재무제표를 합산하는 재무제표를 작성해야 한다. 실무상의 애로점의 하나는, 교육부의 예산지원을 받는 장애인 학교는 2월말로 마감을 하고 있는데, 공익법인회계기준상의 재무제표 작성을 위하여 12월말로 결산하는 불편함이 있다.

한편, 공익법인이 주된 사무소 이외에 지점, 지부 등의 하부조직을 운영하고 있을 때, 어느 범위까지 하나의 보고실체로 할 것인지 논란이 있다. 모든 지부가 본부에 통합되는 단체도 있는 반면, 각 지부별로 개인사업자 등으로 등록하여 운영하는 사례도 있고, 본부에 일정 부담금만 내고, 자치적으로 운영되는 것도 있다.

이론적으로는 지부의 자산·부채에 대한 권리 및 의무가 본부에 귀속되는지 여부에 따라 결정하는 것이 좋은데, 실무적으로는 법인등록번호를 기준으로 판단하는 것이 객관적이다. 한편, 지점, 지부 등이 개인사업자나 별도의 법인으로 등록하여 운영하고 있으면, 원칙적으로 별개의 실체로 보아 공익법인 전체로 통합한 재무제표, 즉 연결재무제표는 작성하지 않는다.

5 공익법인회계기준 최초 적용

이에 관한 사항은 공익법인회계기준에 명문규정이 없는 것인데, 기존에 현금주의나 단식부기를 적용하고 있던 공익법인에게 해당하는 이슈이다.[2] 즉, 공익법인회계기준을 최초로 적용하게 되는 경우 공익법인회계기준에 따라 자산과 부채를 인식해야 한다. 기존에 현금주의·단식부기를 적용하고 있던 공익법인은 공익법인회계기준에 따라 발생주의·복식부기를 적용하여야 한다.

공익법인회계기준을 최초로 적용하게 되는 경우 기존의 회계처리와 차이가 있는 부분에 대하여 소급하여 적용할 수 있으며, 전진적으로 처리할 수도 있다. 소급적용은 처음부터 공익법인회계기준을 적용하였다고 가정하고 재무제표를 작성하는 것이며, 전진적으로 처리하는 것은 공익법인회계기준 적용시점 이전의 회계처리는 그대로 인정하고 당기 및 그 이후의 회계연도에만 공익법인회계기준에 따라 회계처리하는 것을 말한다.

즉, 공익법인회계기준을 적용하는 회계연도말에는 공익법인회계기준에 따른 자산·부채를 모두 인식해야 한다. 현금주의·단식부기를 적용하고 있던 공익법인의 경우 현금지출 후 별도로 관리하고 있는 건물, 차량운반구 등 자산 및 지급해야 할 부채에 대해 공익법인회계기준에 따라 자산·부채를 인식해야 한다. 현금주의에 따라 현금지출한 시점에 모두 비용으로 인식한 것으로 처리하고 회계연도말 시점에 존재하는 자산을 누락하지 않도록 주의해야 한다.

이를 위해 공익법인회계기준 최초 적용시 비교재무제표를 작성하지는 않지만, 회계연도초에 존재하는 자산·부채를 인식하는 회계처리를 수행하는 것이 원활한 재무제표 작성에 도움이 된다.

---

2) 발생주의·복식부기를 적용하고 있더라도 기존 회계처리방법과 공익법인회계기준의 차이로 인해 조정이 필요한 경우도 있다.

6 공익법인회계기준의 구분회계와 법인세법상의 구분회계

이 이슈도 공익법인회계기준 제정에 따른 큰 변화의 하나라고 생각한다는 점을 먼저 강조하고 싶다.

비영리조직회계기준에서는 고유목적사업부문과 수익사업부문으로 구분하도록 하고 있고, 공익법인회계기준 초안에서도 당초에는 고유목적사업부문과 수익사업부문으로 구분하도록 하고 있었는데, 심의과정에서 공익목적사업부문[3]과 기타사업부문으로 변경되었다. 즉, 공익법인회계기준에서는 재무상태표와 운영성과표를 공익목적사업부문과 기타사업부문으로 구분하여 표시하도록 하고 있는 반면(공익법인회계기준 제10조 및 제23조), 법인세법에서는 비영리법인이 수익사업[4]을 하는 경우에 자산·부채 및 손익을 그 수익사업에 속하는 것과 수익사업이 아닌 그 밖의 사업(비수익사업)에 속하는 것으로 구분하여 기록하도록 하고 있어(법인세법상의 비영리법인의 구분경리, 467쪽 참조) 구분의 기준이 다르다.

한편, 지금까지 실무를 보면, 대부분의 공익법인이 법인세법에 따라 수익사업과 비수익사업으로 재무제표를 구분하여 작성하여 왔다. 그런데 다음 그림과 같이, 상증세법상의 수익용/수익사업용[5]과 법인세법상의 수익사업의 범위가 서로 다른 경우가 많다. 가장 간단한 예로서, 공익목적사업에서 사용되는 예금계좌에서 발생하는 수입이자는 법인세법상 모든 이자수익은 수익사업으로 구분하도록 하고 있어, 법인세법상

3) 상증세법령 제12조의 사업(505쪽 참조).

4) 법인세법 제3조 제3항 비영리내국법인의 각 사업연도의 소득은 다음 각 호의 사업 또는 수입(이하 "수익사업"이라 한다)에서 생기는 소득으로 한다(446쪽 참조).
   1. 제조업, 건설업, 도매업·소매업, 소비자용품수리업, 부동산·임대 및 사업서비스업 등의 사업으로서 대통령령으로 정하는 것
   2. 「소득세법」 제16조 제1항에 따른 이자소득
   3. 「소득세법」 제17조 제1항에 따른 배당소득
   4. 주식·신주인수권(新株引受權) 또는 출자지분(出資持分)의 양도로 인하여 생기는 수입
   5. 고정자산의 처분으로 인하여 생기는 수입. 다만, 고유목적사업에 직접 사용하는 고정자산의 처분으로 인하여 생기는 대통령령으로 정하는 수입은 제외한다.
   6. 「소득세법」 제94조 제1항 제2호 및 제4호에 따른 자산의 양도로 인하여 생기는 수입
   7. 제1호부터 제6호까지의 규정 외에 대가(對價)를 얻는 계속적 행위로 인하여 생기는 수입으로서 대통령령으로 정하는 것

5) 상증세법상에서 '수익용 또는 수익사업용'이라는 용어를 사용하고 있으나, 양자의 차이가 무엇인지에 관하여 정의된 것은 없다.

수익사업에 속하고, 이에 따르게 되면 공익목적사업에서 사용하고 있는 예금 등도 공익목적사업이 아니라 수익사업으로 분류하게 되는 문제가 있다. 또 하나의 예를 들어 보면, 미술관이나 박물관을 영위하는 공익법인이 입장료를 받으면, 그 미술관 또는 박물관 사업이 법인세법상 수익사업으로 분류된다.

상증세법상	법인세법상
공익목적사업 (시행령 제12조 사업)	비수익사업
기타사업 (수익용/수익사업용)	수익사업 (시행령 제3조 제1항 사업)

공익법인회계기준에 따른 공익목적사업부문과 기타사업부문의 구분은 정관에 기재된 공익목적사업과 관련된 자산·부채 및 손익은 공익목적사업부문으로, 그 외 사업과 관련된 자산·부채 및 손익은 기타사업부문으로 표시한다. 그리고 공익법인이 수행하는 사업은 정관에 대부분 기재되어 있기 때문에, 부동산 임대사업 등과 같은 일부 부대사업이 있는 곳을 제외하고, 정관에 명시되지 않은 기타사업이 존재할 가능성은 매우 낮아 공익목적사업부문과 기타사업부문 구분의 실익이 거의 없어질 것으로 보여진다.

공익법인회계기준의 이 내용에 따라, 문화·예술 전시사업, 연주회 등 공익을 목적으로 하는 사업은 입장료 수익 등과 같이, 공익목적사업이었음에도 불구하고 법인세법의 수익사업으로 구분하고 있던 사업은, 공익법인회계기준에 따른 재무제표를 작성함에 있어 공익목적사업으로 표시하게 되어, 공익법인이 수익사업에만 치중하고 있다는 일부 시민단체나 언론들의 비판 내지 오해로부터 벗어날 수 있게 되었다.

한편, 법인세법과 공익법인회계기준에서 서로 다른 구분회계 기준을 정하면, 공익법인이 장부를 별도로 관리하는 등 재무제표 작성에 많은 어려움이 발생할 것이라는 우려도 있으나, 이는 회계와 세무가 서로 추구하는 목적이 다르다는 점에서, 공익법인회계 측면에서의 구분회계와 법인세 측면에서의 구분회계를 별도로 작성하는 것이 타당하다고 본다. 즉, 대외공시용 재무제표는 공익법인회계기준에 따라 작성하고, 법인세 신고를 위한 구분계산은 별도로 관리해야 한다.

필자의 경험에 따르면, 공익법인의 주무관청이 허가된 목적사업 이외에 기타사업을 하는 것을 허용하는 경우가 거의 없어, 공익법인의 재무제표를 공익목적사업부문과 기타사업부문으로 구분하여 공시하여야 할 공익법인은 그리 많지 않다고 생각된다.

7 고유목적사업준비금[6)]

법인세법 제29조는 고유목적사업이나 지정기부금에 사용하기 위해 고유목적사업준비금을 비용으로 계상한 경우 손금에 산입할 수 있도록 하고 있다. 이에 관하여, 공익법인회계기준과 비영리조직회계기준의 내용이 서로 다르다.

공익법인회계기준	비영리조직회계기준
부채 인식 가능	부채 인식 불가

(1) 공익법인회계기준의 내용

회계적 관점에서 원칙적으로 고유목적사업준비금전입액을 비용으로 보기 어렵다. 그러나 공익법인회계기준은 실무적 관행과 상당수의 공익법인이 외부감사대상이 아니라는 현실적인 측면을 고려하여 고유목적사업준비금전입액과 고유목적사업준비금을 각각 비용과 부채로 인식할 수 있도록 규정하고 있다.

고유목적사업준비금을 부채로 인식할 경우 고유목적사업준비금전입액(당기비용)을 계상하면서 상대계정으로 고유목적사업준비금(부채)을 인식한다. 단, 고유목적사업준비금은 유동부채, 비유동부채로 구분하지 않고 별도로 표시해야 한다.

이 규정은 선택사항으로 고유목적사업준비금을 법인세법상 신고조

6) 고유목적사업준비금의 상세내용은 456쪽을 참조하기 바란다.

정을 적용하고 있는 공익법인은 적용하지 않아도 된다. 다만, 신고조정은 잉여금 처분을 통해 고유목적사업준비금을 설정하므로 이에 대한 보충정보를 제공하기 위하여 주석으로 잉여금처분계산서를 제공해야 한다.

(2) 비영리조직회계기준의 내용

회계기준위원회에서 이 문제를 둘러싸고, 6개월 이상의 연구와 검토 및 논쟁을 거쳐 확정한 것이 고유목적사업준비금을 재무제표에 인식하지 않는다는 것이었고, 비영리조직회계기준 해설서에 나타난 이에 관한 회계기준위원회의 견해는 다음과 같다.

- 회계기준위원회는 고유목적사업준비금과 그 전입액을 재무제표에 각각 부채와 비용으로 인식하는 회계실무가 오랜 관행임을 인지하고 일반목적 재무보고가 세무신고에도 용이하게 활용될 수 있도록 한다는 취지에서 이러한 관행을 수용할 것을 고려하였으나 다음의 이유로 수용하지 않기로 결정함
  - 세법과 실무관행을 고려하여 예외를 두기보다, 개념체계의 재무제표의 요소, 인식 등의 개념에 맞게 제정되는 것이 바람직함
  - 고유목적사업준비금과 고유목적사업준비금전입액은 재무회계개념체계상 각각 부채(과거사건의 결과로 미래에 자원의 유출 또는 사용이 예상되는 의무)와 비용(재화나 용역을 제공함에 따라 발생하는 자산의 유출이나 사용 또는 부채의 증가)의 정의에 부합하지 않음

8 순자산

비영리조직회계기준이나 공익법인회계기준에서 '자본'이라는 용어를 사용하지 않고, 순자산이라는 용어로 통일하였는데, 이에 관한 이론적인 배경부터 소개한다.

(1) 비영리단체에서의 부채와 자본의 구분

비영리단체의 재무상태표의 대변을 어떻게 표시할 것인가를 살펴보면, 비영리단체에서는 주식이나 출자증권 등이 발행될 수 없기 때문에, 기업회계에서 말하는 '지분'은 없다(잔여재산에 대한 지분권자도 없다). 또한, 해산되어 최종적으로 청산했을 때 그 잔여재산은 엄밀하게는 비영리단체에 따라 다르지만, 기본적으로 해당 비영리단체를 관장하는 국가나 지방공공단체에 귀속된다.

미국재무회계기준위원회(FASB)가 영리기업회계에서 제안하는 기본적 소유방식(basic ownership approach)에서 금융상품의 구분을 결정하는 날에 발행자가 청산된다고 가정할 경우 가장 후순위이며, 또한 우선순위가 높은 청구권이 지불된 후에 잔여재산에 대한 비례적 청구권을 가지고 있는 것을 자본으로 하고 있어, 이를 비영리단체에 적용하면 '자본'이 존재하지 않는다. 또한 무기한접근방식이라는 것을 적용해 보아도 금융상품 보유자라는 개념이 없어, 비영리단체에서 이러한 의미에서 '자본'은 존재할 여지가 없고, 이 방법을 그대로 적용하면, 비영리단체의 재무상태표에서 대변은 모두 부채로 구성된다. 그러나 사실, 비영리단체에서도 재무상태표의 대변이 모두 부채로 구성되는 것은 아니고, 기업회계와 유사하게 부채와 '기타'의 두 가지로 구분한다.

(2) 순자산 vs. 자산부채차액

영리기업의 재무상태표(대차대조표)는 차변에 자산, 대변에 부채와 자본을 표시하고 있고, 이는 '자산＝부채＋자본'이라는 회계등식('재무상태표 등식' 또는 '대차대조표 등식')에 따라 작성되는 것을 의미한다. 이 회계등식은 '자산－부채＝자본'으로 변경될 수 있다. 그런데 비영리에는 자본이라는 개념이 없어서, 이 등식은 '자산－부채＝순자산'[7]으로 바꾸어 사용한다. 즉, 비영리단체에는 지분권이나 잔여청구권이 없기 때문에 자본이라는 개념이 없고, 자산과 부채의 차액개념으로 인식하면서, 영리기업과 구분하기 위해 순자산이라는 말을 사용한다.

7) 순자산이라는 용어 이외에 '자산·부채차액', 즉 자산과 부채의 차액에 불과하다는 용어를 사용해야 한다는 견해도 있다.

(3) 지금까지의 비영리단체의 순자산의 표시 사례

우리나라의 대형 비영리단체의 2017년 재무제표를 살펴보면, 재무상태표(대차대조표)에서는 자산에서 부채를 차감한 금액을 '순자산'으로 표시하지 않고, 영리기업과 유사하게 자산, 부채 및 자본으로 표시하고 있었으나,[8] 비영리조직회계기준/공익법인회계기준에 따라 기본순자산 또는 보통순자산이라는 용어로 통일되었다.[9]

(4) 공익법인회계기준상 순자산의 구분[10]

순자산이란 자산총액에서 부채총액을 차감한 금액으로 기본순자산, 보통순자산, 순자산조정으로 구분한다.

- **기본순자산** : 사용이나 처분에 영구적인 제약이 있어 주무관청 등의 허가가 필요한 재산을 말한다. 비영리민간단체 또는 설립등기 전 기관과 같이 주무관청이 존재하지 않는 공익법인이라도 실질적으로 사용이나 처분에 영구적 제약이 있는 자산은 기본순자산으로 구분해야 한다.
- **보통순자산** : '기본순자산'이나 '순자산조정'이 아닌 순자산을 말하며, '보통순자산'은 잉여금과 적립금으로 구분하고, 적립금은 미래 특정용도로 사용하기 위하여 적립해두는 준비금이나 임의

8) 사회복지법인인 월드비전, 굿네이버스 등은 영리법인의 자본항목과 동일한 계정과목을 사용하여 구분했었다. 또한 학술·장학재단인 농협재단과 포스코청암재단, 문화재단인 서울디자인재단과 현대차정몽구재단 등은 영리법인의 자본항목과 순자산의 개념을 혼용하여 순자산을 표시했었다. 사회복지법인인 사회복지공동모금회, 밀알복지재단과 학술·장학재단인 삼성꿈장학재단, 삼성미래기술육성재단 등은 용어는 상이하지만 공익법인의 순자산 개념을 사용하여 순자산을 구분해 왔다.

9) 공익법인회계기준에서는 순자산을 기본순자산, 보통순자산 및 순자산조정으로 구분하는 반면, 비영리조직회계기준에서는 순자산을 '제약 없는 순자산'과 '제약 있는 순자산'으로 구분함으로써 용어상 차이가 있다. 또한, 순자산에 관한 두 기준의 내용도 조금씩 다르다. 다만, 비영리조직회계기준은 비영리조직의 관행과 여건을 고려할 때 필요하다고 판단되는 경우 '제약 없는 순자산'과 '제약 있는 순자산' 대신 다른 명칭을 사용할 수 있도록 규정하고 있어, 공익법인회계기준에 따른 순자산의 구분 명칭을 사용해도 무방할 것으로 보인다.

10) 기본재산과 보통재산에 관하여는 95쪽 이하 참조.

적립금 등이 해당한다.

- **순자산조정**: 순자산 가감성격의 항목으로서 매도가능증권평가손익, 유형자산재평가이익 등을 말한다.

공익법인회계기준의 이러한 순자산 분류는, 국가회계기준상의 순자산 분류와 유사하다.

비영리조직회계기준	공익법인회계기준	국가회계기준	지방자치단체회계기준
제약 있는 순자산	기본순자산	기본순자산	고정순자산
제약 없는 순자산	보통순자산 (적립금, 잉여금)	적립금 및 잉여금	특정순자산
	순자산조정	순자산조정	

9 운영성과표

운영성과표는 영리기업의 손익계산서에 대응하는 재무제표인데, 공익법인회계기준은 사업수익에서 사업비용을 차감한 금액을 사업이익(손실)으로 표시하고, 여기에서 사업외수익, 사업외비용을 가감하고 고유목적사업준비금을 결산에 반영할 경우 전입액 또는 환입액을 반영한 금액을 법인세비용차감전당기운영이익(또는 손실)으로 표시한 후 법인세비용을 차감하여 당기운영이익(손실)을 표시하는 방식으로 작성하도록 하고 있다.

다음은 공익법인회계기준과 비영리조직회계기준상의 운영성과표의 표시양식을 비교한 요약표이며, 양자의 차이를 살펴본다.

구 분	공익법인회계기준	비영리조직회계기준
운영 성과표의 표시	사업수익 사업비용 사업이익(손실) 사업외수익 사업외비용 고유목적사업준비금전입액(환입액)	사업수익 사업비용 사업이익(손실) 사업외수익 사업외비용

	법인세비용차감전당기운영이익(손실) 법인세비용 당기운영이익(손실)	제약 없는 순자산의 증가(감소) 제약 있는 순자산의 증가(감소) 순자산의 증가(감소) 기초순자산 기말순자산
사업수익	공익목적사업수익과 기타사업수익으로 구분표시	고유목적사업수익과 수익사업수익으로 구분표시

영리기업의 손익계산서에서는 당기순이익(또는 순손실)이라는 용어를 사용하고 있는데, 공익법인회계기준에서는 당기운영이익(또는 손실)이라는 용어를 사용하고 있다. 한편, 비영리조직회계기준에서의 '제약 없는 순자산의 증감'이라는 용어는 공익법인회계기준의 운영성과표상 당기운영이익(손실)에 대응되는 금액으로, 비영리조직회계기준에서는 관행과 여건을 고려할 때 필요하다고 판단하는 경우 '제약 없는 순자산의 증감' 대신 '당기순이익(손실)'이라는 명칭을 사용할 수 있도록 규정하고 있는데, 공익법인회계기준의 '당기운영이익(손실)'이라는 용어가 더 사용되고 있다.

한편, 공익법인회계기준의 운영성과표는 영리기업의 손익계산서와 유사한 반면, 비영리조직회계기준의 운영성과표는 손익계산서와 자본변동표를 합친 것과 유사하여, 운영성과표에 모든 순자산의 변동을 포함하도록 규정하고 있다. 비영리법인도 수익사업에 대하여 법인세를 부담하기 때문에 공익법인회계기준의 운영성과표에는 법인세비용을 표시하도록 규정하고 있다. 이에 반해, 비영리조직회계기준에서는 법인세비용의 인식과 관련된 규정은 있으나, 운영성과표의 양식에는 법인세비용의 표시가 누락되어 있다.

공익법인회계기준은 이자수익 또는 배당수익과 처분손익 등이 공익목적사업활동의 주된 원천이 되는 경우에는 사업수익에 포함하도록 규정하고 있다. 이와 유사하게 비영리조직회계기준도 투자자산에서 발생하는 이자수익이나 배당수익, 평가손익과 처분손익이 고유목적사업활동의 주된 원천이 되는 경우에는 사업수익에 포함하도록 규정하고 있다.

10 사업수익

(1) 사업수익의 항목

사업수익은 공익목적사업수익(기부금[11]수익, 보조금수익, 회비수익 등)과 기타사업수익으로 구분하며, 이자수익 또는 배당수익과 처분손익 등이 공익목적사업활동의 주된 원천이 되는 경우에는 투자자산수익으로서 사업수익으로 표시된다. 아래는 공익법인회계기준에서 정하고 있는 운영성과표의 사업수익의 표시의 예시이다.

사업수익		×××
	기부금수익	×××
	보조금수익	×××
	회비수익	×××
	투자자산수익	×××
	매출액	×××
	……	×××

위와 같이 공익법인회계기준에서는 기부금수익을 하나로 표시하도록 하고 있으나, 국세청 결산서류 공시양식에서는 기부금수익(기부금품)을 아래와 같이 개인기부금품, 영리법인기부금품, 모금단체 등의 지원금품, 기타기부금품으로 구분하여 표시하도록 요구하고 있어, 실무상 구분하여 관리하고 표시하는 것이 일반적이다.

---

11) 기부금은 기부자의 자발적인 의사로 반대급부 없이 현금이나 물건을 제공하는 것을 말하며, 법령에 따라 다르게 정의하고 있다.
- 기부금품 : 환영금품, 축의금품, 찬조금품 등 명칭이 어떠하든 반대급부 없이 취득하는 금품이나 물품(기부금품의 모집 및 사용에 관한 법률)
- 기부금(법인세법 및 소득세법)
- 출연, 출연재산(상증세법)
- 후원 : 기부자의 자유의사로서 반대급부 없이 금전이나 물품을 제공하는 행위(사회복지법인 및 사회복지시설 재무회계규칙)

공익목적사업의 수익 세부현황

(단위 : 원)

구 분			사업연도(과세기간)	
			당 기	전 기
1. 사업수익				
1) 기부금품				
① 개인기부금품				
② 영리법인기부금품				
③ 모금단체, 재단 등 다른 공익법인 등의 지원금품				
④ 기타기부금품				
* 기부물품 ①~④에 포함된 기부물품	당 기	전 기		
2) 보조금				
3) 회비수익				
4) 기타공익목적사업수익				
2. 사업외 수익				
3. 고유목적사업준비금 환입액				
4. 총합계(1+2+3)				

(2) 기부금과 회비의 수익인식시기

기부금과 회비의 수익인식시점은 다음과 같이 요약된다.

구 분		인식시점
기부금	현금및현금성자산 기부	기부받은 시점
	현물기부	
회비(비강제)		
회비(강제)		권리발생 시점

영리기업에서 재화 및 용역서비스 제공 등에 따른 반대급부로 인식하는 수익과는 달리 기부금은 현금이나 현물을 기부받는 경우 실제 기부를 받는 시점에 수익으로 인식한다. 즉, 기부금은 약정을 하더라도 실제 기부로 이어지지 않는 경우가 많이 발생하기 때문에 기부약정을 하는 시점에 수익인식을 할 수 없다. 한편, 기부금은 실제 기부를 받는

시점에 수익을 인식하지만, 최근 현금 이외의 다양한 결제수단(모바일, 신용카드 등)으로 기부하는 경우가 많아 각각의 결제수단에 따라 현금으로 입금되는 날짜가 달라 수익인식시점이 달라질 수 있다.

한편, 회비는 특정한 요건(회원)을 만족하는 대상으로부터 받는 수익, 납부에 대한 대가성이 있거나, 정관이나 회칙에 의해 납부가 강제된다는 점 등에서 기부금과 다르다고 보아, 회원을 대상으로 받는 회비는 기부금과 별도로 회비수익으로 처리한다. 그리고 납부가 강제되는 회비 등의 경우에는 기부금수익과 다르게 발생주의에 따라 회수가 확실해지는 시점, 즉 권리발생시점에 수익을 인식할 수 있다.

(3) 회비수익과 기부금수익의 구분 기준

회원으로부터 받는 회비이지만 납부에 대한 대가성이 없거나, 납부가 강제되지도 않고, 기부금영수증을 발급해 주는 경우에는 명목상 회비일 뿐 기부금과 동일한 성격이므로 기부금수익으로 인식하여야 한다. 이에 따라 후원회원의 정기후원회비는 그 실질 성격에 따라 회비수익이 아닌 기부금수익으로 인식해야 한다. 아래 표는 공익법인회계기준 실무지침서에서 제시하고 있는 기부금과 회비의 구분 기준이다.

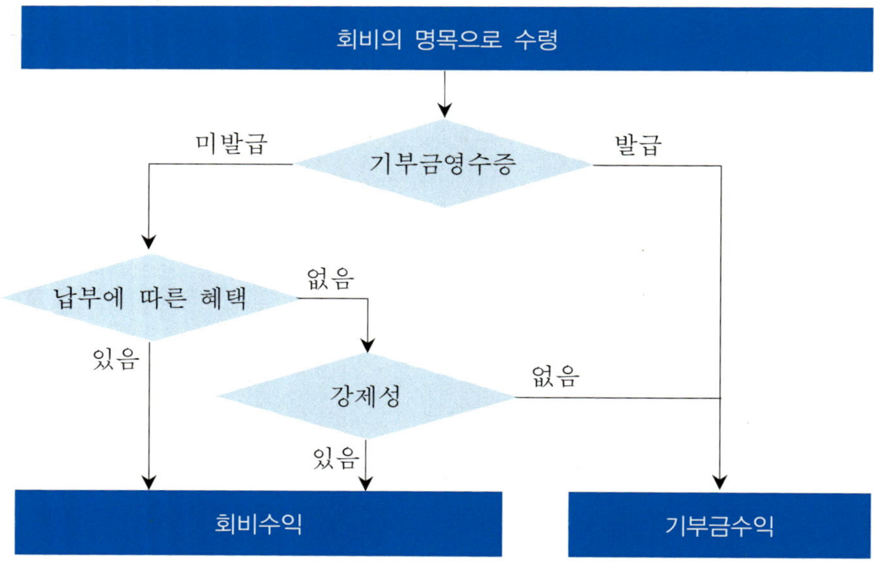

기부금 성격의 회비를 기부금수익으로 인식하는 경우, 기부금의 사용과 관련하여 제한이 있을 수 있으므로 공익법인이 필요하다고 판단되는 경우에 기부금수익의 하위로 세분화하여 구분표시할 수 있다.

(4) 용역기부(서비스기부)는 수익인식 대상에서 제외됨

공익법인회계기준이나 비영리조직회계기준 본문에는 이에 관한 명문규정이 없으나, 비영리조직회계기준 해설서에서는 용역기부(서비스기부)[12]는 수익을 인식하지 아니한다고 명문하고 있으며, 그 이유를 다음과 같이 기술하고 있다.

- 일반인의 무료봉사활동은 서비스기부에 해당하며 비영리조직에게 효익을 주는 것임이 명확하지만 그 가치를 충분히 신뢰성 있게 측정하기가 어려우므로 수익인식 대상에서 제외하는 것이 바람직함
- 비교적 측정이 용이하다고 판단되는 회계사, 의사, 전기기사, 목수 등 전문가로부터 제공받는 전문용역의 경우에 한하여 서비스기부를 수익으로 인식하는 대안을 고려하였으나, 실무에서 전문용역의 경우에도 신뢰성 있는 가치의 측정이 어렵다는 의견과 성격상 일반인의 자원봉사와 구분할 수 없으므로 측정의 대상이 아닌 비재무적 정보라는 의견이 많아 수익인식 대상에서 제외함

11 현물기부의 회계처리-공정가치 평가

공익법인회계기준에 명시된 현물기부의 회계처리에 관한 내용도, 재무회계처리와 세무회계처리를 다르게 규정하고 있는 항목의 하나이다. 한편, 기부받은 물품을 수익으로 인식하지 않고, 비망계정으로 처리하거나 사용여부와 관계없이 당기비용으로 처리하지 않도록 주의할 필요가 있으며, 기부받은 물건 중 회계연도말 잔여물품이 있는 경우 재무제표에 재고자산으로 계상하여야 한다는 점도 유의해야 한다.

12) 예 의료관련 종사자의 무료의료봉사, 기타 전문가들의 무료봉사 또는 일반인들의 무료봉사

아래 표는 현물기부에 관한 세법내용과 회계기준의 내용을 비교요약한 것이다.

<table>
<tr><th rowspan="3">기부자</th><th rowspan="3">기부금품 수령단체</th><th colspan="4">세 법</th><th rowspan="3">회 계</th></tr>
<tr><th colspan="2">기부금영수증</th><th colspan="2">단체의 취득가액</th></tr>
<tr><th>내 용</th><th>관련 법조문</th><th>내 용</th><th>관련 법조문</th></tr>
<tr><td rowspan="2">법인</td><td>법정</td><td>기부자의 기부 당시 장부가액</td><td rowspan="2">법인세법 시행령 제36조 제1항[13]</td><td>규정 없음</td><td rowspan="4">법인세법 시행령 제72조 (자산의 취득가액) 제2항 5의3</td><td rowspan="4">기부받는 시점의 공정가치</td></tr>
<tr><td>지정</td><td>기부자의 기부 당시 장부가액, 단 특수관계자간 기부는 max(시가, 장부가액)</td><td>기부자의 기부 당시 장부가액, 단 특수관계자간 기부는 max (시가, 장부가액)</td></tr>
<tr><td rowspan="2">개인</td><td>법정</td><td rowspan="2">기부 당시 max(시가, 장부가액)</td><td rowspan="2">소득세법 시행령 제81조 제3항[14]</td><td>규정 없음</td></tr>
<tr><td>지정</td><td>기부자의 취득 당시 장부가액</td></tr>
</table>

(1) 회계기준의 규정

공익법인회계기준에서는 현물을 기부받을 때의 수익금액, 무상으로 취득한 자산의 취득원가를 공정가치로 평가하도록 하고 있으므로 세법과는 다르게 현물 수익금액, 무상취득자산의 취득원가를 공정가치[15]로 인

13) 법인세법 시행령 제36조(기부금의 가액 등) ① 법인이 법 제24조에 따른 기부금을 금전 외의 자산으로 제공한 경우 해당 자산의 가액은 다음 각 호의 구분에 따라 산정한다.
1. 법 제24조 제2항 제1호에 따른 기부금(법정기부금)의 경우 : 기부했을 때의 장부가액
2. 특수관계인이 아닌 자에게 기부한 법 제24조 제3항 제1호에 따른 기부금(지정기부금)의 경우 : 기부했을 때의 장부가액
3. 제1호 및 제2호 외의 경우 : 기부했을 때의 장부가액과 시가 중 큰 금액

14) 소득세법 시행령 제81조(기부금과 접대비 등의 계산) ③ 사업자가 법 제34조 및 제35조에 따른 기부금 또는 접대비 등을 금전 외의 자산으로 제공한 경우 해당 자산의 가액은 이를 제공한 때의 시가(시가가 장부가액보다 낮은 경우에는 장부가액을 말한다)에 따른다. 다만, 「박물관 및 미술관 진흥법」 제3조에 따른 국립박물관 및 국립미술관에 제공하는 기부금에 대해서는 기증유물의 감정평가를 위하여 문화체육관광부에 두는 위원회에서 산정한 금액으로 할 수 있다.

15) 회계기준에서는 '공정가치(fair value)'라는 용어를 사용하고 있으나, 세법상의 시가(市價, market price)와 비슷한 개념이라 할 수 있다.

식해야 한다. 즉, 공익법인회계기준 제26조(기부금 등의 수익인식과 측정) 제2항에서는 "현물을 기부받을 때에는 수익금액을 공정가치(합리적인 판단력과 거래의사가 있는 독립된 당사자 사이의 거래에서 자산이 교환되거나 부채가 결제될 수 있는 금액)로 측정한다"[16]고 규정하고 있고, 자산의 평가기준인 제33조 제2항에서도 무상으로 취득한 자산은 공정가치를 취득원가로 하도록 규정하고 있다.

그런데 공정가치/시가를 측정하는 것이 쉬운 일이 아니다. 현실을 보면, 공익법인은 바자회를 위한 기증자의 물품기부, 의류 등을 제조하는 제조업체의 상품 또는 제품 등을 현물의 형태로 기부받는 경우가 많이 있고, 기부시점의 동종제품 외부판매가격 등을 활용하거나 법인세법과 동일하게 장부가액으로 취득원가를 측정하는 사례가 많다.

(2) 세법규정

세법에서는, 현물기부에 대하여 기부금영수증을 발행할 때의 규정과 장부상의 취득가액에 관한 규정이 약간 다르다.

1) 기부금영수증을 발행할 때의 규정

먼저 공익법인이 기부자에게 기부금영수증을 발급할 때의 규정을 살펴보면, 기부자가 개인인지 법인인지 또는 지정기부금단체인지 법정기부금단체인지 여부에 따라 시가 또는 장부가액으로 현물기부금 기부금액을 산정하도록 하고 있다.

오래전에 세무사 시험을 준비하는 분들이 이를 "법장, 지시(법정기부금은 장부가격, 지정기부금은 시가)"로 암기하는 것을 들은 적이 있다. 한편, 개인기부금은 법정기부금은 장부가액, 지정기부금은 시가로 되어 있으나, 법인의 기부금은 2010년부터 특수관계자에게 기부한 지정기부금을 제외하고, 법정기부금 및 지정기부금 모두 장부가액으로 기부금영수증을 발급하도록 하고 있다. 확인된 것은 아니나, 세법에서 법정기부금과 특수관계자 이외에 대한 지정기부금에 대하여 (기부자의) 장부가격으로 발행하도록 하고 있는 것은, 장부가액으로 하는 것이 시가로 하는

16) 비영리조직회계기준에서도 유사한 규정을 가지고 있다. 비영리조직회계기준 제27조 ② 현물을 기부받을 때에는 수익금액을 공정가치로 측정한다.

것보다는 기부금 한도를 초과할 가능성이 낮기 때문이라는 견해도 있다. 한편, 특수관계자간 지정기부금에 대하여 기부 당시의 시가와 장부가액 중 큰 금액으로 하는 이유는, 장부가액보다 시가가 높을 때 특수관계자인 공익법인에 제공한 현물기부자산의 시가와 장부가액의 차액에 대하여 법인세를 부과하여 특수관계자인 공익법인에 대한 기부를 억제하고자 하는 정책적 의도가 있다고 할 수 있다.

법정기부금단체 및 지정기부금단체에 대한 개인기부금은 모두 기부 당시의 시가와 장부가액 중 큰 금액으로 기부금영수증을 발급하도록 하고 있다. 이렇게 개인의 현물기부에 대하여 시가와 장부가액 중 큰 금액으로 기부금영수증을 발급하도록 하고 있는 이유는, 개인의 기부금 공제금액을 많게 하기 위함이라고 할 수 있다.

기부금영수증 발급과 관련하여, 장부가격을 입증하는 서류는 당해 기부현물을 구입하였던 세금계산서, 계산서, 영수증 등의 적격증빙사본, 수입면장, 원가명세서, 회계장부사본, 장부가액 확인서 등이며, 거래명세서, 간이영수증, 견적서 또는 단가표 등 적격증빙이 아닌 서류는 장부가격 입증서류로 인증되지 않는다.

2) 현물기부의 장부가액에 관한 규정

현물기부를 받는 공익법인은 상증세법 제60조(평가의 원칙 등)의 규정, "이 법에 따라 상속세나 증여세가 부과되는 재산의 가액은 상속개시일 또는 증여일 현재의 시가(市價)에 따른다"에 따라 기부금영수증 발급금액과는 다르게 시가로 기부금수익을 정하는 것이 원칙이다.

또한, 법인세법에서는 증여에 의한 자산의 취득가액에 대하여 다음과 같이 별도의 규정을 두고 있다. 즉, 공익법인이 특수관계자 이외로부터 현물기부를 받았을 때, 기부한 자의 장부가액을 취득원가로 하도록 하고 있어(단 특수관계자간 기부는 시가와 장부가액 중 큰 금액), 상증세법상의 증여자산의 평가규정과 법인세법상의 자산의 취득가액에 관한 규정이 서로 다르게 규정되어 있다.

법인세법 시행령 제72조(자산의 취득가액) 제2항 5의3

「상증세법령」 제12조에 따른 공익법인 등이 기부받은 자산 : 제87조 제1항 각 호의 어느 하나에 해당하는 특수관계인 외의 자로부터 기부받은 법 제24조 제3항 제1호에 따른 지정기부금에 해당하는 자산(제37조 제1항에 따른 금전 외의 자산만 해당한다)은 기부한 자의 기부 당시 장부가액[사업소득과 관련이 없는 자산(개인인 경우만 해당한다)의 경우에는 취득 당시의 「소득세법 시행령」 제89조에 따른 취득가액을 말한다]. 다만, 「상증세법」에 따라 증여세 과세가액에 산입되지 아니한 출연재산이 그 후에 과세요인이 발생하여 그 과세가액에 산입되지 아니한 출연재산에 대하여 증여세의 전액이 부과되는 경우에는 기부 당시의 시가로 한다.

(3) 세무회계와 재무회계의 조정과 실무상 적용가능한 방법

현물기부와 관련하여, 세무회계에서는 장부가액으로 인식하고, 재무회계에서는 시가(공정가치)로 인식하여 차이가 발생하는 경우, 세무조정이 필요하다.

한편, 실무상 공정가치를 어떻게 측정하는지는 무척 어려운 일이다. 즉, 현물기부물품의 공개된 시장에서의 거래가격이 있을 때, 그 거래가액을 공정가치로 사용할 수 있지만(예 상장주식 등), 현물이 시장에서 거래되지 않는 물품일 경우 공정가치를 측정하는 것에 어려움이 있는데, 아래와 같은 예시를 준용할 수 있지 않을까 생각된다.

- 유형자산이나 비상장 유가증권은 취득시 감정평가를 하고, 그 감정평가액을 공정가치로 이용함
- 상품, 중고물품 등은 기부시점의 자산의 시장가격, 유사한 자산의 시장가격 등을 공정가치의 측정방법으로 사용함. 취득시점에 중고물품에 대한 가치를 산정하기 곤란할 때에는 중요성의 관점에서 기부받은 시점이 아니라 중고물품의 판매시점에 수익을 인식하는 것이 더 바람직할 수도 있음
- 공정가치 측정을 위한 비용이 과다하게 발생하는 경우 등, 공정가치의 측정이 어려운 경우나 중요성의 관점에서 중요하지 아니한 현물기부는 장부가액으로 평가하는 것이 간편함

참고로 아래는 한국장애인 복지시설협회가 발간한 현물기부가이드(2019)에서 소개하고 있는 중고물품 환산방법이다.

참고 |

중고 현물기부를 받는 대표 단체인 아름다운 가게의 중고물품 환산방법
중고물품의 경우 가격을 책정하기 쉽지 않기 때문에 전년도에 아름다운 가게를 통해 판매된 금액을 기준으로 금년도 중고 현물기부 물품 금액을 산정한다고 해요.
(예 작년에 아름다운 가게에서 청바지가 2천원에 판매되었다면, 올해 기부받은 청바지의 중고 환산가는 2천원으로 책정돼요!)

매년 달라지는 환산가 확인? 가능할까요?
아름다운 가게 콜센터(1577-1113)로 연락하면 대분류 품목(의류, 잡화, 도서, 가전 등)의 기부금영수증 발행기준을 알아볼 수 있어요.

중고 현물기부 가격책정의 또 다른 방법
정확한 제품명 또는 품번이 있거나 도서의 경우 중고물품 판매사이트에서 형성된 가격을 기준으로 책정할 수도 있어요.

(4) 식품 등 기부활성화에 관한 법률에 의한 식품기부 – 푸드뱅크에 대한 식품기부

법인세법 및 소득세법에 의한 현물기부와 유사한 것으로서, 식품 등 기부활성화에 관한 법률에 의한 식품기부라는 것이 있다. 이 식품기부는 기업 및 개인으로부터 식품 및 생활용품을 기부받아 결식아동, 독거노인 등 저소득 소외계층에게 지원하는 제도로서, 1960년대 후반 미국에서 생겨났으며, 우리나라는 1998년 IMF 금융경제위기 이후 급격히 증가한 노숙인 및 결식아동의 급식문제를 해결하기 위해 시작되었고 한국사회복지협의회 산하 푸드뱅크라는 곳에서 이 식품기부사업을 담당하고 있다.

이 법에 의한 식품기부는 법인세법 또는 소득세법상의 기부금 한도 적용을 받지 않고, 식품기부의 장부가액을 전액 손금(비용)으로 인정받는다.

12 정부보조금의 회계처리

(1) 보조금

보조금은 국가보조금, 지방정부보조금, 민간보조금 등으로 나누어진다. 국고보조금 제도란 '보조금 관리에 관한 법률'에 근거하여 국가 외의 자가 행하는 사무 또는 사업에 대하여 국가가 이를 조성하거나 재정상의 원조를 하기 위하여 재원을 교부하는 제도[17]를 말한다. 국고보조금은 보조금 이외에 부담금, 교부금, 조성비, 장려비, 위탁금 등의 명칭으로 사용되고 있으나, 이러한 명칭은 개별 실정법상 명확하게 구분되는 것은 아니며 실무적으로 사용되는 용어로서 보조금을 지칭하고 있다.

(2) 보조금에 대한 회계처리

비영리조직회계기준에는 정부보조금에 관한 회계처리에 관한 조항이 있는 반면, 공익법인회계기준에는 이에 관한 조항이 없다. 공익법인회계기준에도 정부보조금에 관한 회계 특례가 꼭 있어야 한다는 논의가 있었으나 반영되지 않았다.

한편, 비영리조직회계기준에는 다음과 같은 조항이 있는데, 이 조항도 실무상 적용에 어려움이 있다.

비영리조직회계기준 제28조(정부보조금의 수익인식)

정부보조금에 제약이 없는 경우에 해당 정부보조금은 사업수익으로 인식한다. 정부보조금에 제약이 있는 경우에는 제약 있는 순자산의 증가로 인식한다.

공익법인회계기준에 정부보조금의 회계처리에 대한 규정이 존재하지 않는 관계로 일반기업회계기준을 따라야 하는데,[18] 일반회계기준에서 정하고 있는 정부보조금의 회계처리가 비영리단체의 특성상 수용하

17) '보조금 관리에 관한 법률'에서 재정지원방식에는 보조, 출연, 출자, 융자로 나누고 있는데, 구체적인 차이에 관한 설명은 생략한다.

18) 공익법인회계기준 제6조(다른 법령과의 관계 등) ① 공익법인의 회계처리 및 재무제표 작성에 관하여 이 기준에서 정하지 아니한 사항은 일반기업회계기준에 따른다.

기 어렵다는 점이 있다.

일반기업회계기준에서 자산관련 정부보조금은 자산의 차감계정으로 인식하고, 기타 경상운영과 관련된 보조금 중 특정비용 보전 목적의 보조금은 특정비용과 상계처리하도록 하고 있는데, 이는 해당 보조금으로 운영하는 사업 등이 당해 기업의 사업과 별개로 운영되기 때문에 각각 자산, 수익, 비용을 인식하는 것이 아니라 상계하여 처리하고 있다.

이와 같은 영리기업의 정부보조금 회계처리를 비영리조직에 적용할 때, 자산관련 보조금을 자산의 차감계정으로 처리하는 것은 크게 문제가 없으나, 경상운영과 관련한 보조금을 지급받는 것 중 특정의 비용을 보전할 목적으로 지급되는 보조금은 당기운영성과에 반영하지 않고 특정의 비용과 상계하도록 하는 규정은, 공익법인 운영성과표의 많은 비용항목이 상계되는 결과를 가져와 공익법인의 운영성과에 대해 왜곡된 정보를 제공할 가능성이 높다.

공익법인을 비롯한 비영리조직은 보조금으로 운영하는 사업이 공익법인의 주요 사업이고 공익법인과 별개로 운영되는 것이 아니므로 보조금수익과 비용을 상계하여 없애는 것보다 보조금수익과 비용을 각각 인식하는 것이 공익법인의 운영성과를 명확하게 나타낼 수 있다.

공익법인회계기준에서 정부보조금에 관한 명문규정이 없는 상황에서, 조세재정연구원 국가회계재정통계센터에서는 정부나 지방자치단체 및 공공기관으로부터 지급받는 보조금도 기부금을 일종으로 볼 수 있고, 기부금과 동일한 성격을 가진 정부보조금도 기부금과 동일하게 회계처리해야 한다는 이론을 도출하였다. 즉, 정부보조금도 기부금의 일종으로 볼 수 있으므로[19] 공익법인회계기준 제26조에 따라 보조금을 '기부금 등으로 보아 기부금과 동일한 회계처리를 하도록 해석하고 있다.

이에 따라, 정부보조금도 기부금과 동일하게 현금이나 현물을 지급받을 때에 실제 받는 시점에 수익으로 인식하게 되고, 자산취득 관련 정부보조금이라고 하여, 일반회계기준을 적용하여 해당 자산의 취득가

---

19) 기부란 자선사업이나 공공사업을 돕기 위하여 돈이나 물건 따위를 대가 없이 제공하는 것을 의미하고, 「기부금품의 모집 및 사용에 관한 법률」에서는 기부금품을 환영금품, 축하금품, 찬조금품 등 명칭이 어떠하든 반대급부 없이 취득하는 금전이나 물품으로 정의하고 있는데, 공익법인이 정부나 지방자치단체 및 공공기관으로부터 지급받는 보조금은 사업에 대하여 재정상의 원조를 위해 반대급부 없이 지급받는 것이며, 이는 정부 외 기관 및 개인으로부터 수령하는 기부금과는 차이가 없다.

액에서 정부보조금을 차감하는 회계처리는 하지 않는 것으로 해석하고 있다. 아래는 영리기업의 일반회계기준과 공익법인회계기준에서의 국고보조금 회계처리의 차이를 비교한 것이다.

국고보조금 회계처리 사례(5천만원의 차량을 국고보조금 3천만원에 수령하였을 때)

영리기업의 일반회계기준	공익법인회계기준
• 국고보조금을 차감하여 표시 • 재무상태표 차량운반구 20,000천원	• 총액으로 각각 표시 • 재무상태표 차량운반구 50,000천원 • 운영성과표 국고보조수익 30,000천원

(3) 국고보조금과 VAT 이슈

회계이슈가 아닌데 실무상 부딪히는 사례가 많아, 국가보조금 또는 지방보조금(이하 통칭하여 "국고보조금"이라고 함)과 관련된 VAT에 관하여 살펴본다. 국고보조금과 관련하여, 부가가치세법에서 정하고 있는 것은 아래 규정뿐이며, 재화나 용역의 공급과 직접 관련되지 아니한 국고보조금은 VAT 과세표준에서 제외한다고 하고 있다.

제29조(과세표준) ⑤ 다음 각 호의 금액은 공급가액에 포함하지 아니한다.
1. 재화나 용역을 공급할 때 그 품질이나 수량, 인도조건 또는 공급대가의 결제방법이나 그 밖의 공급조건에 따라 통상의 대가에서 일정액을 직접 깎아 주는 금액
2. 환입된 재화의 가액
3. 공급받는 자에게 도달하기 전에 파손되거나 훼손되거나 멸실한 재화의 가액
4. *재화 또는 용역의 공급과 직접 관련되지 아니하는 국고보조금과 공공보조금*
5. 공급에 대한 대가의 지급이 지체되었음을 이유로 받는 연체이자
6. 공급에 대한 대가를 약정기일 전에 받았다는 이유로 사업자가 당초의 공급가액에서 할인해 준 금액

이 규정의 원래 취지는, VAT 과세대상 재화나 용역을 공급(판매)하

면서, 그 재화나 용역대가에 국고보조금이나 공공보조금이 포함되어 있을 때, VAT 과세표준에서 국고보조금이나 공공보조금을 제외할 것인가에 관한 규정인데, 정부가 공익법인 등에게 국고보조금을 지급할 때에 재화나 용역의 공급과 직접 관련되었는지 여부에 따라 다음과 같이 구분된다.

- 재화 또는 용역의 공급과 직접 관련된 국고보조금 : VAT 과세표준에 포함됨. 따라서 보조금수령자는 보조금을 지급하는 국가, 지방자치단체 또는 보조금사업자에게 세금계산서를 발급해야 하고, 보조금 이외에 10%를 VAT로 받아 VAT 신고를 통해 관할세무서에 납부하여야 함[20]
- 재화 또는 용역의 공급과 직접 관련된 국고보조금이라 하더라도, 그 재화 또는 용역이 VAT 면세대상(학술연구용역 등)에 해당하는 때, 보조금수령자는 세금계산서가 아니라 계산서를 발급하며, VAT 신고납부를 해야 할 의무가 없음
- 재화 또는 용역의 공급과 직접 관련되지 아니한 국고보조금 또는 공공보조금 : VAT 과세표준에 포함되지 않고, 따라서 보조금을 지급하는 국가, 지방자치단체 또는 보조금사업자에게 세금계산서를 발급하지 않음[21]

◈ 사례

가나공익법인은 국고보조금 집행기관으로부터 보조금 1천만원을 교부받아 보조사업을 수행하는 업체로 선정되었다. 국고보조금 집행기관으로부터 보조금에 대하여 세금계산서를 수취해야 한다면서 보조금 교부일자 기준으로 세금계산서를

---

20) 조세심판소 결정사례 : 조심2009서1690(2009.10.12). 보조금지급자가 수행해야 할 업무를 도급받아 수행하고 국고보조금 형태로 대금을 수령한 것으로 보이며, 국고보조금을 재원으로 제공받은 재화 또는 용역에 대해 매입세액 공제한바, 쟁점 보조금은 재화 또는 용역과 직접 관련된 보조금으로 VAT 과세대상임. 다만, 필자 의견으로는 이 사례도 국가보조금사업인지 아니면 후술하는 민간위탁사업을 혼돈한 것으로 보여짐.

21) 대부분의 국가보조금은 이에 해당하여, 비영리법인이 국가 또는 지방자치단체에게 세금계산서를 발행해야 하는 국가보조금 형태는 거의 없다. 즉, 재화 또는 용역의 공급과 직접 관련되지 아니하는 국고보조금이나 공공보조금은 세금계산서 등 발급대상거래가 아니며, 국고보조금을 교부하는 기관이 세금계산서 등의 정규증빙을 수취할 의무가 없다.

발급해달라고 요청해 왔다.

가나공익법인은 보조금 1천만원에 대해서 세금계산서를 발급하면 909,090원만큼 VAT를 납부해야 하므로 결국 가나공익법인이 집행할 수 있는 보조금은 9,090,910원에 불과하기 때문에 세금계산서를 발급할 수 없다고 답변하였다(세금계산서를 발행해야 한다면, 보조금 1천만원과 별도로 VAT 1백만원을 집행기관이 부담해야 한다고 답변하였다).

그러자 국고보조금 집행기관은 VAT가 없는 계산서를 발급해주면 되지 않느냐고 반문해왔다.

[해설]

위 사례에서 국고보조금 집행기관이 가나공익법인에게 보조금을 교부하는 목적이 가나공익법인으로부터 재화나 용역을 공급받기 위해서가 아니라 순수한 지원목적으로 교부하는 것이라면, 국고보조금 교부시점에는 세금계산서를 수취할 필요가 없다.

보조금사업 종료 후 집행기관은 가나공익법인으로부터 보조금 정산보고서를 받아 보조금의 적정 지출여부 및 적정증빙 취득여부를 검증하면서, 보조금 정산작업을 수행하는 것으로 충분하다.

즉, 보조금 집행기관이 보조금을 교부하는 행위는 재화나 용역의 공급거래가 아니기 때문에 세금계산서를 수취할 필요가 없고, 가나공익법인이 보조금을 집행(지출)하는 단계, 즉 재화나 용역의 매입거래가 발생하는 단계에서 가나공익법인은 세금계산서 등의 지출증빙서류를 수취할 의무가 발생하고, 보조금 집행기관은 지출증빙의 적정여부를 확인함으로써 보조금 교부목적에 맞게 보조금이 집행되었는지를 검증하는 과정으로 이루어진다.

한편, 위 사례에서 형식상 보조금 집행기관이 보조금을 교부하는 것으로 보이지만, 그 거래 실질이 가나공익법인으로부터 재화나 용역을 공급받을(구입할) 목적으로 금전을 지급하는 것이라면, 보조금 집행기관은 가나공익법인으로부터 세금계산서를 발급받아야 한다.

이러한 관계가 성립한 경우라면, 보조금 집행기관, 보조금 교부기관 또는 보조금사업자라는 명칭을 쓸 필요 없이, 그냥 양 당사자간에 재화나 용역 공급계약을 체결한 것에 불과하며, 보조금 집행기관은 가나공익법인에게 정산보고서 제출을 요구할 필요가 없다. 즉, 재화나 용역 공급대가를 지급하는 시점에서 가나공익법인으로부터 세금계산서를 수취했기 때문에, 가나공익법인이 수취한 지출증빙서류를 또다시 확인할 필요가 없다.

정부부처, 지방자치단체 등의 보조금 집행기관의 세금계산서 또는 계산서 수취의무

금전 지급원인	지출시의 세금계산서 (계산서) 수취여부	사업종료 후
순수한 보조금 교부	수취할 필요 없음	정산 필요
재화나 용역을 공급받는 경우	수취해야 함	정산 불필요

일부 정부부처, 지방자치단체 등에서 재화나 용역을 공급받을(구입할) 목적으로 금전을 지급하면서 세금계산서를 수취하고 (특히 후술하는 민간위탁사업의 경우), 이를 보조금이라 부르면서 재화나 용역의 공급 완료 후에 정산보고서 제출까지 요구하는 사례도 있다. 이와 같이, 정부부처 등에서 재화나 용역의 공급 완료 후 정산보고서를 제출하도록 하는 것은, 보조금 정산이 아니라 '사후원가검토조건'에 따라 공급업체 선정시 공급업체가 제시했던 견적금액이 과다하지 않았는지 검증하기 위한 것이다.

따라서 보조금 교부와 관련한 협약서, 계약서 작성시 해당 금전의 지급원인이 순수 지원목적의 보조금 교부인지 또는 재화나 용역의 공급계약인지를 명확히 하고, 형식상 보조금 또는 지원금이라는 명칭을 사용하더라도 그 실질에 따라 처리하여야 한다.

한편, 국가보조금을 교부받은 공익법인이 보조금사업을 수행하면서, 매입과정에서 부담했던 VAT를 세무서로부터 환급받을 수 있는지와 매입 VAT를 보조금예산에서 정산할 수 있는지 여부는 ① 당해 공익법인이 세법상의 사업자인지 여부, ② 당해 공익법인이 세법상 사업자라 하더라도 당해 보조금사업이 VAT 과세대상인지 여부에 따라[22] 다음과 같이 구분된다.

구 분	해당 보조금을 받은 공익법인이 세법상의 사업자		해당 보조금을 받은 공익법인이 세법상의 사업자가 아닌 경우[23]
	해당 보조금사업이 VAT 과세대상인 경우	해당 보조금사업이 VAT 면세대상인 경우	
매출 VAT	보조금사업 수혜자에게 제공(판매)하는 재화나 용역의 대가의 10%를 VAT로 징수하여야 함	비사업 또는 VAT 면세사업이기 때문에, 보조금사업 수혜자에게 제공(판매)하는 재화나 용역의 대가의 10%를 VAT로 징수할 필요가 없음	
매입 VAT	관련 매입 VAT는 매출 VAT로부터 공제하거나 환급받음	관련 VAT 매입세액은 세무서로부터 환급받지 못함	
국가보조금 정산관련 매입 VAT 처리	세무서로부터 환급/공제가능한 매입 VAT는 보조금 정산이 불가능	환급불가능한 매입 VAT는 보조금 정산대상	

22) 해당 보조금사업이 VAT 과세대상인지 또는 면세대상인지 여부의 판단이 어려울 때가 종종 있다. 또한, 보조금을 지급받은 공익법인이 VAT 일반과세사업자라고 하더라도, 무조건 VAT 매입세액을 공제가능 VAT로 취급하지 않고, 해당 보조금사업이 VAT 과세대상사업인지 또는 면세대상사업인지를 판단해 보아야 한다.

지출 및 정산	지출시	공급가액과 VAT를 분리하여, 공급가액은 보조금계좌에서, VAT는 자기부담금계좌에서 지출[24]	VAT를 포함하여 일괄 지출
	보조금 정산	공급가액만 보조금으로 정산	VAT를 포함한 가액으로 보조금 정산[25]

위와 같이 처리하여야 함에도 불구하고, 실무에서는 국가보조금 집행기관(중간지원조직, 간접보조사업자 등)이 그 하부에 있는 공익법인에게 국가보조금을 지급하면서, 공익법인으로 하여금 VAT 과세대상이 아닌 보조금 지급에 대하여 세금계산서를 발행하도록 요구하여, VAT 상당액 10%만큼 보조금이 삭감되는 효과를 가져오거나, 또는 공익법인이 환급받을 수 없는 매입 VAT를 세무서로부터 환급받았어야 한다고 하면서 부담하도록 하여, 실질적으로 보조금이 삭감되도록 하는 사례가 많이 있다.

이는 국가보조금 집행기관(중간지원조직, 간접보조사업자 등)의 실무자가 VAT 제도를 제대로 알지 못해서 생기는 것으로 개선되어야 할 과제의 하나이다.

13 보조금사업과 민간위탁사업의 구분

(1) 민간위탁이란?

국고보조사업과 유사한 것으로 민간위탁사업이라는 것이 있는데, 이는 각종 법령 또는 조례·규칙에서 정하는 자치단체장의 권한에 속하는 사무 중 조사·검사·검정·관리업무 등 주민의 권리·의무와 직접 관련되지 아니하는 사무로서, 특수한 전문지식이나 기술이 요구되거나 능률성이 요청되는 사무를 법인·단체 또는 그 기관이나 개인에게 맡겨

23) 공익법인이 사업자등록증이 아니라 고유번호증만 가지고 있는 경우

24) 보조금 카드 사용 등과 같이 VAT를 사전에 구분하여 지출하는 것이 불가능한 경우에는, VAT 사용액을 보조금지급자에게 반납해야 한다,

25) 국가보조금 집행기관에 따라, VAT 환급대상이 아니라는 확인서 또는 "VAT 미환급(미공제)예정 확인서" 등을 요구하는 경우도 있다.

그의 명의와 책임하에 행사하도록 하는 것을 말한다. 민간위탁의 대표적인 예로는 음식물쓰레기 처리, 재활용품 수집·처리, 종합사회복지관 운영, 보육시설 운영, 청소년복지시설 운영 등을 들 수 있으며, 민간위탁과 유사한 것으로서, 국가보조금사업, 용역, 사용수익허가, 대행 등이 있다.

앞에서 살펴본 정부보조금사업(이하 "보조금사업")과 민간위탁사업은 다음과 같은 차이가 있다.

적 요	보조금사업	민간위탁사업
정의	국가 외의 자가 수행하는 사무/사업에 대하여 국가/지자체가 행정행위의 일환으로 재정상 원조하는 금액	행정기관/지방자치단체가 그 소관 사무의 전부 또는 일부를 법인, 단체 또는 기관이나 개인에게 위탁하는 것
관련 법령	보조금관리에 관한 법률(약칭 : 보조금법), 지방자치단체 보조금관리에 관한 법률(약칭 : 지방보조금법), 지방재정법 제17조	정부조직법 제6조, 지방자치법 제104조, 행정권한의 위임 및 위탁에 관한 규정[26]
사업종료시 사업비정산 여부	사후정산 있음	
계약서 여부	없음	있음
경비산출근거	보조금관리조례에 따라 산출	지방자치단체 원가계산 및 예정가격 작성요령에 따라 산출
수익금(사업종료 후 잔액의 처리)	반환 또는 사용용도 별도 명시	계약시 초과수익액을 납부, 계약금액보다 절감되는 부분은 수탁사업자에 귀속되는 것이 일반적
기타	사업과정에서의 외부와의 계약행위는 지방계약법 적용	

26) 서울시 민간위탁 관련 법령으로서는 다음과 같은 것이 있고, 지방자치단체별로 조례를 정하여 운영하고 있다.
- 지방자치법 제104조
- 서울특별시 행정사무의 민간위탁에 관한 조례 제20조(시행규칙)
- 서울특별시 행정사무의 민간위탁에 관한 조례 시행규칙 제11조(세부지침)
- 서울특별시 계약심사 업무처리 규칙
- 서울특별시 계약심사단 운영규정
- 그 밖의 민간위탁 관계 법령, 조례, 규칙 및 지침 등

(2) 민간위탁에 관한 회계처리

민간위탁사업에 관한 회계처리가 명시된 것은 없고, 해당 민간위탁사업의 유형에 따라 처리하면 된다. 그런데 민간위탁을 수탁받은 공익법인의 입장에서는 이를 보조금사업과 동일하게 처리할 것인지 또는 자체사업으로 처리할 것인지를 판단해야 하는데, 공익법인회계기준의 적용과 관련된 해석은 아직 없다.

실무적으로는 단순위탁형 사업과 보조금사업을 구분하지 못하거나 혼돈하는 사례가 많은데, 공익법인 실무자가 당해 사업이 위탁사업인지 또는 보조금사업인지 여부, 또는 당해 사업의 근거법령이 무엇인지 먼저 파악한 후, 회계처리방법을 선택해야 한다. 필자 개인의견으로서는, 위탁사업의 관련 계약에 따라, 수탁자의 재무제표에 계상되는 경우와 그렇지 않은 경우로 나누어야 하며, 보조금으로 표시하는 것이 아니라, 자체사업으로 표시해야 하지 않을까 생각된다.

아래는 서울시 NPO지원센터를 운영하고 있는 사단법인 시민의 결산서류 공시의 일부이다. 이 단체는 위탁사업을 보조사업으로 표시하고 있다.

⑥ 공익목적사업의 사업별 실적

<table>
<tr><td>1</td><td>코드</td><td>7100</td><td>사업명</td><td>민간위탁사업</td><td>사업수행비용</td><td>1,372,799,640</td></tr>
<tr><td>사업내용</td><td colspan="4">서울시NPO지원센터 운영사업</td><td>사업지역</td><td>서울</td></tr>
<tr><td>2</td><td>코드</td><td>7100</td><td>사업명</td><td>공익사업지원사업비</td><td>사업수행비용</td><td>5,000,000</td></tr>
<tr><td>사업내용</td><td colspan="4">비영리 스타트업 지원사업</td><td>사업지역</td><td>전국</td></tr>
<tr><td>3</td><td>코드</td><td>7100</td><td>사업명</td><td>정책네트워크</td><td>사업수행비용</td><td>1,973,300</td></tr>
<tr><td>사업내용</td><td colspan="4">시민사회활성화 전국네트워크 활동, 한국시민사회지원조직협의회 활동, 정책포럼 및 간담회 개최</td><td>사업지역</td><td>전국</td></tr>
<tr><td>4</td><td colspan="2">그 외 사업</td><td colspan="2">2개</td><td>사업수행비용</td><td>883,580원</td></tr>
<tr><td>합 계</td><td colspan="2">총공익목적사업</td><td colspan="2">5개</td><td>사업수행비용 합계</td><td>1,380,656,520원</td></tr>
</table>

(3) 민간위탁사업과 부가가치세

이는 민간위탁사업의 유형에 따라 달라진다.

1) 시설제공 사무위탁형 민간위탁

청소년수련관, 각종 복지시설, 또는 병원 등의 관리·운영에 관한 민간위탁과 같이, 행정사무의 위탁과 함께 국가나 지방자치단체(이하 “행정기관”)가 소유하거나 임차한 건물 등의 시설(행정재산)을 함께 지원하는 민간위탁을 말한다. 이때 행정기관이 최소한의 감독권만 유보하고, 민간수탁자가 독립적으로 사업을 영위하는 것이 일반적인데, 해당 사업이 부가가치세 과세사업이라면, 민간수탁자가 부가가치세의 납세의무자에 해당하여, 부가가치세 징수 및 신고납부 의무를 가지게 된다.

한편, 행정기관이 수탁사업자로부터 민간수탁사업의 일부 수익을 회수할 때, 행정기관이 위탁사업자에게 무상제공한 부동산을 임대한 것에 해당하여, 행정기관도 부가가치세 신고납세 의무가 있다고 해석된다.

2) 시설지원 없는 사무위탁

혼잡통행료의 징수, 산학연협력 지원사업, 에이즈 예방홍보교육 등과 같이 시설지원이 없는 사무의 위탁사업에 대하여, 민간수탁자가 제공한 공급을 행정기관이 직접 공급한 것으로 보아 부가가치세 면세대상으로 볼 수 있는지가 관건이며, 이와 관련하여 부가가치세법에서 부가가치세 면세대상으로 정하고 있는 면세사업인지 여부를 판단해야 한다.

3) 단순용역 위탁형 민간위탁

청사청소, 청사경비, 승강기 안전대행, 전산관련업무, 급식업무 등의 위탁과 같이, 단순한 시설관리, 노무제공 등을 내용으로 하는 민간위탁사업은, 단순한 용역계약과 구분하기 어렵다. 이 단순용역 위탁형 민간위탁은 정부기관이 해당 용역을 민간위탁사업자로부터 공급받는 경우에 해당하여, 해당 용역이 부가가치세 과세대상에 해당한다면, 민간수탁업자는 세금계산서를 발행해야 한다.

참고로 민간위탁에 관련된 몇 가지 세무당국의 해석을 예시한다.

민간위탁보조금 관련 해석

1. 민간위탁보조금이 부가가치세 과세표준에 포함하는지 여부, 2010.2.2

[질의요약]

(사실관계)

- 우리 시는 ○○시 사무의 민간위탁촉진 및 관리 조례 제4조에 의거 2009년부터 시티투어 사업을 민간여행사와 위·수탁 협약 후, 위탁사업비 85,000천원을 ○○시 보조금관리조례[27] 제6조의 규정에 의하여 보조금으로 여행사에 지급함
- 여행사는 이용객에게 1인당 2,000원의 요금을 받으며, 당해 요금은 시티투어 사업운영에 따른 제 경비로 지출하여야 하며, ○○시로부터 받는 보조금 또한 버스 임차비, 홍보비, 기타 경비 등 사업수행을 위한 운영비로 사용하여야 함
- 한편 이용객으로부터 받은 요금과 ○○시로부터 받는 보조금 중 운영비로 집행한 잔액을 ○○시 세외수입으로 반납하여야 함
- 세무사사무실에서는 우리 시에서 여행사에게 지급한 보조금을 여행사의 수입으로 간주하여 부가가치세를 납부하여야 한다고 함

(질의사항)

여행사가 ○○시로부터 지급받는 보조금이 부가가치세 과세대상인지 여부

[회신]

여행업을 영위하는 사업자가 지방자치단체의 사무에 대하여 위·수탁 협약을 체결하여 위탁된 사무를 이행하고 지방자치단체의 보조금을 재원으로 한 위탁사업비를 지급받는 경우 해당 위탁사업비는 「부가가치세법」 제13조에 따라 과세표준에 포함되는 것임

2. 국고보조금을 재원으로 한 위탁사업비에 대한 세금계산서 교부(부가, 서면인터넷방문상담3팀-73, 2006.1.12)

[질의내용 요약]

(재)○○에서 ○○○○와 위탁사업계약에 의하여 대한민국기술대전 전시회를 개최함에 있어서 국고보조금을 받아 지급한 위탁사업비[28]의 세금계산서 수수여부에 대한 질의

[회신]

사업자가 위탁사업계약에 의하여 부가가치세가 과세되는 용역을 제공하고 용역을 공급받는 자가 지급받은 국고보조금을 재원으로 그 대가를 받는 경우에는 부가가치세 과세표준에 포함하는 것으로 부가가치세법 제16조의 규정에 의하여 세금계산서를 교부하여야 하는 것입니다.

---

27) 이 사례에서는 "보조금관리조례"에 따라 보조금을 지급한다고 하고 있는데, 해당 관청도 보조금사업과 위탁사업을 혼돈하고 있는 것으로 보여짐.

28) 이 사례도 보조금사업과 위탁사업을 혼돈하고 있는 것으로 보여짐.

3. 부가 46015-1671, 1996.8.20
행사주체에 관계없이 영리를 목적으로 하지 아니하는 박람회는 부가가치세법 제12조 제1항 제14호 및 동법 시행령 제36조 제3항 규정에 의해 부가가치세가 면제되는 문화행사에 해당하여 동 박람회에의 입장료는 부가가치세가 면제되는 것이며, 또한 동 행사에 소요되는 비용충당을 위해 국고보조금을 지급받는 경우 당해 보조금은 재화 또는 용역의 공급대가가 아니므로 부가가치세가 과세되지 아니하는 것임. 다만, 이 경우 동 박람회 개최와 관련된 매입세액은 공제되지 아니하는 것임

4. 서면3팀-1538, 2005.9.15
지방공기업인 광진구○○공단이 관리하는 예술 공연장을 위탁계약에 의하여 예술공연 민간영리법인에게 위탁운영관리하게 하고 당해 위탁운영관리와 관련하여 지급하는 위탁지원금은 부가가치세법 제7조 제1항의 규정에 의하여 부가가치세가 과세되는 것으로 그 위탁지원금에 대하여 같은 법 제16조의 규정에 의한 세금계산서를 공급자가 공급받는 자에게 교부하여야 하는 것임

14 사업비용의 표시방법

(1) 요 약

이 이슈가 비영리조직회계기준 및 공익법인회계기준 제정에 따른 가장 큰 변화의 하나이며, 실무에서 많은 어려움을 호소하고 있는 분야이다. 공익법인회계기준에서 운영성과표의 예시에서는 사업비용을 다음과 같이 표시하도록 하고 있다.

사업비용	×××
사업수행비용	×××
○○사업수행비용	×××
△△사업수행비용	×××
……	×××
일반관리비용	×××
모금비용	×××
……	×××

요약하면, 지금까지 비용성격별로 사업비용을 표시하던 관행으로부터, 순수 고유목적사업을 수행하는 데 지출되는 비용과 이를 지원하는 활동(일반관리활동 및 모금활동)에 지출되는 비용을 구분하는 정보, 즉 사업비용을 기능별로 구분하여 표시하도록 하는 한편, 성격별 비용도 같이 공시하도록 하는 매트릭스 형태의 공시를 요구하고 있다.

영리기업의 제조원가 중 제조간접비나 판매관리비는 급여, 교육훈련비, 임차료, 지급수수료 등과 같이 지급되는 비용의 성격별로 분류하여 관리한다. 또한, 비영리조직/공익법인의 실무에 있어서도, 비용은 성격별로 예산 및 결산을 행하고 있는 것이 일반적이다.

이에 비하여, 비영리조직/공익법인의 재무제표의 일반정보이용자의 관점에서는 비영리조직이 순수 고유목적사업을 수행하는 데 지출되는 비용과 이를 지원하는 활동(일반관리활동 및 모금활동)에 지출되는 비용을 구분하는 정보, 즉 사업비용을 기능별로 구분표시하는 것이 재무제표 외부이용자에게 더 유용한 정보라고 보고 있다. 이에 따라, ① 사업비용을 공익목적사업비용과 기타사업비용으로 구분하고, 다시 ② 공익목적사업비용은 그 기능에 따라 ㉠ 사업수행비용, ㉡ 일반관리비용, ㉢ 모금비용으로 구분하여 표시하도록 하고 있다.29) 또한, 사업수행비용은 세부사업별로 추가 구분한 정보를 운영성과표 본문에 표시하거나 주석으로 기재할 수 있도록 하고 있다.

- 사업수행비용 : 공익법인이 추구하는 본연의 임무나 목적을 달성하기 위해 수혜자, 고객, 회원 등에게 재화나 용역을 제공하는 활동에서 발생하는 비용

---

29) 이와 같은 기능별 사업비용의 구분은 미국의 회계기준에서 연유한 것으로서 미국 회계기준상의 영문용어는 다음과 같음.
  ① 사업수행비용(program service expense) : 공익법인이 추구하는 본연의 임무나 목적을 달성하기 위해 수혜자, 고객, 회원 등에게 재화나 용역을 제공하는 활동에서 발생하는 비용
  ② 지원비용(supporting activities expense) : 사업수행과 직접 관련되어 있지는 않지만 이를 지원하는 활동에서 발생하는 비용
    - 일반관리비용(management and general activities expense) : 기획, 인사, 재무, 감독 등 제반 관리활동에서 발생하는 비용
    - 모금비용(fund-raising activities expense) : 모금행사, 기부자리스트관리, 모금고지서 발송 등의 모금활동에서 발생하는 비용

- **일반관리비용**: 기획, 인사, 재무, 감독 등 제반 관리활동에서 발생하는 비용
- **모금비용**: 모금 홍보, 모금 행사, 기부자 리스트 관리, 모금 고지서 발송 등의 모금활동에서 발생하는 비용

그리고 사업수행비용, 일반관리비용, 모금비용을 다시 비용의 성격에 따라 분배비용, 인력비용, 시설비용, 기타비용으로 구분하여 분석한 정보를 운영성과표 본문에 표시하거나 주석으로 기재하도록 하고 있다.

- **분배비용**: 공익법인이 수혜자 또는 수혜단체에 직접 지급하는 비용으로서 장학금, 지원금 등
- **인력비용**: 공익법인에 고용된 인력과 관련된 비용으로서 급여, 상여금, 퇴직급여, 복리후생비, 교육훈련비 등
- **시설비용**: 공익법인의 운영에 사용되는 토지, 건물, 구축물, 차량운반구 등 시설과 관련된 비용으로서 감가상각비, 지급임차료, 시설보험료, 시설유지관리비 등
- **기타비용**: 분배비용, 인력비용, 시설비용 외의 비용으로서 여비교통비, 소모품비, 지급수수료, 용역비, 업무추진비, 회의비, 대손상각비 등

한편, 기타사업비용도 인력비용, 시설비용, 기타비용으로 구분하여 분석한 정보는 운영성과표 본문에 표시하거나 주석으로 기재하도록 하고 있고, 그 외 공익법인이 필요하다고 판단하는 구분정보에 대해서는 운영성과표 본문에 표시하거나 주석으로 기재할 수 있다고 하고 있다.

이에 따라 사업비용은 아래와 같은 매트릭스 형태로 공시되거나, 운영성과표에서 사업수행비용, 일반관리비용 및 모금비용을 각각 분배비용, 인력비용, 시설비용, 기타비용으로 구분하여 표시하여야 한다.

구 분		분배비용	인력비용	시설비용	기타비용	합 계
고유목적 사업비용	사업수행비용	×××	×××	×××	×××	×××
	일반관리비용	해당 없음	×××	×××	×××	×××
	모금비용		×××	×××	×××	×××
기타사업비용			×××	×××	×××	×××
합계		×××	×××	×××	×××	×××

(2) 2구분법 또는 3구분법

공익법인회계기준에서는 고유목적사업비용을 '사업수행비용–일반관리비용–모금비용'의 세 가지 기능으로 구분표시하도록 요구하고 있으나 비영리조직회계기준에서는 원칙적으로 '사업수행비용–일반관리비용(모금비용 포함)'으로 2구분을 하되, 모금비용 금액의 중요성이 있는 단체는 '사업수행비용–일반관리비용–모금비용'으로 3구분을 하도록 하고 있다. 실무상 모금비용이 그리 크지 않은 경우, 중요성의 원칙에 따라 일반관리비용에 통합하여 표시하여도 무방하지 않을까 생각된다.

(3) 기능별 비용 표시로 인한 영향

모금비용이나 일반관리비용의 관리비의 비율이 높다는 것은 프로그램에 투입되는 자원이 한정되는 것을 의미한다. 일반적으로 비영리단체는 기부 모집 등을 위해 일반관리비용과 모금비용의 비율을 낮추고, 사업비용의 비율을 높이려는 동기가 생긴다. 그래서 공통적으로 발생하여 일정한 기준에 따라 배분을 필요로 하는 이른바 공통비용은 가급적 사업비용에 많이 배분하고 일반관리비용과 모금비용은 과소하게 배분하고자 자의적으로 회계처리될 가능성이 많다. 특히, 모금비용은 그 범위가 불명확한 점도 있어서 부정확한 보고가 많아질 수 있다는 미국 비영리분야회계의 분석결과가 많이 있다.

즉, 미국에서는 NPO의 재무제표에 공개되는 비용을 조사한 실증연구가 있다. Krishnan, Yetman and Yetman(2006)은 모금활동을 하고 있는 것이 홈페이지 등에서 공개되고 있음에도 불구하고 모금비용이 보고되지 않은 사례가 있다. 또한 사업비 비율을 높게 계상하려는 경영자에 의한 회계수치의 조정 행동이 있는지 등이 나타나고 있다. 또한 Jacobs and Marudas(2009)는 기부자는 관리비 비율이 낮은 비영리조직을 선호하는 경향이 있음을 밝히고 있는데, 우리나라는 아직 이런 실증연구는 없으나 미국과 유사할 것으로 보인다.

(4) 공통비용의 배분의 필요성

어떤 비용항목이 하나의 특정활동에만 직접 관련된 경우에는 비용구분이 용이하지만, 복수의 활동에 관련되는 경우에는 활동간 비용배분이 필요하다. 이때, 해당 수익과 비용의 성격에 따라 투입한 업무시간, 관련 시설면적, 사용빈도 등 합리적인 배분기준에 따라 활동간에 배분하며, 그 배분기준은 일관되게 적용하여야 한다고 규정하고 있다(비영리조직회계기준 및 공익법인회계기준 제30조).

이와 관련하여 비영리조직회계기준 해설서에서 제시한 사례 및 방법은 다음과 같다. 초기에는 공통비용의 배분기준을 설정하는 데 어려움이 많겠지만, 시간이 경과하여 경험이 많이 쌓이면 합리적인 배분기준의 사례들도 공개되지 않을까 예상된다.

- 가상의 공통비용 배분 예
  - 사회복지기관이 노인에게 지급하는 지원금은 해당 프로그램의 사업수행활동과 직접 관련되므로 전액 사업수행비용으로 분류
  - 사회복지기관의 한 직원이 노인에게 지원금을 지급하고 안부를 살피기 위해 가가호호 방문을 하는 것을 주된 업무로 하지만 당해 기관의 경리업무와 모금업무도 함께 하는 경우, 당해 직원의 인건비는 사업수행비용, 일반관리비용, 모금비용 간에 배분되어야 함
  - 어떤 지역의 사회복지기관이 지역 내 노인들을 위한 특별건강검진 프로그램을 마련하고 노인들의 검진참여를 독려하기 위해 각 개인에게 우편물을 발송하면서 후원금 모집을 위해 지로납부용지를 함께 첨부한 경우, 동 우편물 발송에 관련된 비용은 사업수행비용과 모금비용 간에 배분되어야 함
- 공통비용 배분기준 : 공통비용을 여러 활동들간에 배분하기 위해

서는 각 비영리조직의 사업성격 및 운영방법에 맞추어 합리적인 배분기준을 수립하여 일관되게 적용하는 것이 중요
- 인력비용 : 당해 인력이 각 활동별로 투입한 업무시간에 기초하여 배분하는 것이 적절하며, 이를 위해서는 적절한 수준에서의 업무시간기록자료를 만들어 관리하는 것이 필요
- 시설비용 : 각 활동별로 관련되는 시설 면적이나 사용빈도가 직접적으로 구분될 수 있다면 그 면적이나 사용빈도 기준에 따라 배분하며, 직접적으로 구분될 수 없다면 다른 적절한 배분기준을 수립할 필요(예 각 활동별 인력비용에 비례하여 배분)가 있음
- 기타비용 : 각 활동별 인력비용이나 시설비용에 대체로 비례하는 항목들은 그 기준에 따라 배분하며, 그 외에는 다른 적절한 배분기준을 수립할 필요가 있음

(5) 적용 사례

다음 예시는 비영리조직회계기준 해설서에 예시된 사회복지기관의 재무제표상 성격별 비용분류를 기능별 분류로 재분류한 사례이다. 실무에서는 기존의 성격별 비용구분 이외에 사업수행비용, 일반관리비용 및 모금비용으로의 분류를 위한 작업이 필요한데, 그리 쉬운 작업은 아니다.

현행 재무제표 (손익계산서)	새 원칙 적용	운영성과표 (기능별 분류)	
⋮		⋮	
II. 사업비용[*1]		II. 사업비용	
국내사업비[*2]	사업수행비용으로 통합	고유목적사업비용	필수 본문표시 사항
해외사업비[*2]		사업수행비용	필수 본문표시 사항
북한사업비[*2]		국내사업비	선택적 본문표시 또는 주석기재 사항
선교사업비[*2]		해외사업비	
후원개발사업비[*2]	모금비용으로 명칭 변경	북한사업비	
기획홍보사업비[*2]	일반관리비용에 포함	선교사업비	
⋮		기타사업비	

급여	일반관리비용으로 통합
복리후생비	
업무추진비	
여비	
수용비*3	일반관리비용과 모금비용으로 배분
제세공과금	일반관리비용으로 통합
차량유지비	
건물유지관리비	
수도광열비	
감가상각비	
지급수수료	
기타사업비	사업수행비용에 포함
현물기부원가*4	사업수행비용에 포함

일반관리비용 필수 본문표시 사항

모금비용 필수 본문표시 사항

사업수행비용, 일반관리비용, 모금비용을 각각 성격별로 구분한 정보를 아래와 같이 주석으로 기재

	인력비용	시설비용	기타비용	합 계
사업수행비용	×××	×××	×××	×××
일반관리비용	×××	×××	×××	×××
모금비용	×××	×××	×××	×××
합 계	×××	×××	×××	×××

*1 손익계산서에서 고유목적사업과 수익사업을 별개의 열로 구분하여 각 항목별로 금액을 구분표시

*2 관련 인건비와 경비를 포함하고 있음. 그러나 관련 감가상각비는 포함하고 있지 않음. 왜냐하면 사업수행을 하는 개별 사회복지시설의 회계에서 유형자산 취득 즉시 비용처리하고 감가상각을 하지 않기 때문임

*3 모금활동 관련 자동이체수수료, 우편료, 행정수수료와 일반 소모품비용 등

*4 현물기부금수입(Gift-In-Kind)에 대응하는 비용

15 일반관리비용과 모금비용의 구분

공익법인이 수행하는 모금과 관련한 활동이 공익법인의 일반적인 관리활동과 상당 부분 겹치게 되어 구분이 어려운 점이 있다. 이에 따라 모금비용으로 구분할 비용의 종류에 대한 세부적인 기준 내지 가이드라인이 필요한데, 전문가들 사이에서 토론된 사항을 소개하면 다음과 같다.

1) 신규 기부자 모집비용과 기존 기부자 관리비용

신규 기부자를 모집하는 데 투입되는 비용을 모금비용으로 인식하는 것에 대하여는 특별한 이견이 없는데, 기존 기부자를 관리하고 기존 기부자에게 공익법인의 활동에 대하여 보고하는 등 기존 기부자의 유지 · 관리 비용을 일반관리비용으로 인식해야 한다는 주장과 모금비용

으로 인식해야 한다는 상반된 주장이 있다. 이에 대하여 모금비용은 공익법인의 모금활동에서 발생하는 비용을 의미하고, 기존 기부자에 대한 유지·관리 활동을 통해 기존 기부자로부터 기부금이 모금되는 것이므로 기존 기부자의 유지·관리 활동에 들어가는 비용도 전부 모금비용으로 인식해야 한다는 것이 다수설이다.

한편, 기존 기부자의 유지·관리와 신규 기부자의 모집활동이 실무적으로 구분되지 않는 경우도 많으므로 이를 구분하여 일반관리비용과 모금비용을 인식하는 것이 실무적으로 어려운 단체도 있다는 의견도 제시되었다.

2) 모집비용과 모금비용의 관계

「기부금품의 모집 및 사용에 관한 법률」에서는 모집비용이라는 용어를 사용하여 기부금품의 일부(규모에 따라 15% 이내의 범위)를 기부금품의 모집, 관리, 운영, 사용, 결과보고 등의 비용에 충당할 수 있도록 하고 있는데, 기부금품 모집법상의 모집비용과 모금비용의 유사한 용어 사용으로 오해의 소지가 있다는 의견도 제시되었다. 이에 따라, 공익법인의 필요에 따라 판단하여 모금비용의 하위에 「기부금품의 모집 및 사용에 관한 법률」에 의한 모집비용, 기존 기부자 관리비용 등을 구분하여 표시할 수 있는 것이 필요하다는 의견이 제시되었다.

3) 모금전문단체의 사업수행비용과 모금비용의 구분

모금을 주된 사업으로 하는 공익법인(사회복지공동모금회 등)은 모금과 관련한 비용을 모금비용이 아닌 사업수행비용으로 인식할 수 있도록 해야 한다는 의견도 제시되었다. 이에 대하여 모금과 관련한 비용을 모금비용과 사업수행비용으로 구분할 수 있도록 하면 공익법인의 판단에 따라 자의적인 구분이 될 수 있으므로 모금과 관련한 비용은 전부 모금비용으로 인식하는 것이 좋다는 의견이 제시되었다.

모금비용의 범위가 어떻게 되는지는 기부와 모금이 활성화되어 있는 미국의 비영리회계에서도 계속 논의되고 있는 주제의 하나인데, 위의 가이드라인에 따르는 것 이외에 모금비용의 분류 등에 관하여 주석에 자세하게 공시하는 것이 바람직하다고 판단된다.

16 예산회계와 재무회계의 차이와 연계의 필요성

비영리조직회계기준이나 공익법인회계기준은 재무정보를 외부이해관계자에게 보고하는 것에 초점을 맞춘 회계기준인데, 이런 재무회계정보를 제공하는 NPO의 입장에서는 NPO 내부의 예산회계시스템과 외부보고용 재무회계의 차이를 어떻게 조정하고, 연계하여야 하는지에 관한 분석과 이에 따른 시스템 변경이 필요하다.

그런데 모든 NPO에게 일률적으로 적용할 수 있는 분석과 시스템 변경은 어렵고, 각 NPO의 실정에 따라 개발되어야 한다는 어려움도 있다. 아래 내용은 2009년부터 국가회계제도가 도입되면서 기존의 국가재정법과 새로운 국가회계법의 조정에 관한 것인데, 공익법인회계기준 도입에 따라 NPO도 이 문제를 검토할 필요가 있어 소개한다.

(1) 예산회계와 재무회계의 의의

광의의 예산회계란 경제실체가 행정목적을 수행할 목적으로 재화와 서비스를 조달·공급하고 결산하는 일련의 과정에서 자원을 수령하여 할당하고 그와 관련된 회계처리를 하는 것을 의미한다.

이러한 일련의 과정은 계획수립·예산편성·예산집행·결산으로 구분되며, 계획수립 및 예산편성은 '예산'이라고 하고, 예산집행 및 결산은 협의의 '예산회계'라고 한다. 즉, '예산'이 경제실체의 수입과 지출에 관한 예정적 수치라면, '예산회계'는 편성된 예산을 집행하는 과정에서 회계거래를 기록하고 이를 토대로 경제실체의 재정상태와 운영실적을 분석하고 그 결과를 정보이용자에게 제공하기 위한 일련의 과정 또는 체계이다. 다시 말해서 예산은 법적 구속력을 전제로 지출을 사전에 통제하는 것이고, 협의의 '예산회계'는 예산을 토대로 행해진 각종 활동, 즉 거래들을 일정한 방식에 의해 체계적으로 처리하고 정보를 제공하는 것이라 할 수 있다.

한편, 협의의 '예산회계'는 예산의 집행과정에서 이루어지는 기록으로 인식기준에 따라 다시 예산회계와 재무회계로 구분된다. 예산회계는 현금주의에 따라 수립된 예산대로 집행되었는지 보여주는 체계이며, 재무회계는 발생주의에 따라 재무상태·경영성과 등의 측면에서 입체적으로 재무정보를 제공하는 체계라고 할 수 있다.

(2) 예산회계와 재무회계의 차이점

2007년 10월 17일 공포되어 2009년 1월 1일부터 시행되고 있는 국가회계법이 시행되기 이전까지 정부는 기금 및 기업특별회계 등 경제실체를 제외하고는 대부분 국가재정법에 의해 현금주의에 의한 예산회계정보만을 산출하여 관리하였으나, 국가회계법 시행 이후부터는 모든 중앙정부 기관에 복식부기 · 발생주의 회계제도가 도입되어 재무회계정보를 산출하여 관리할 의무가 발생하게 되었다.

이러한 점은 국고보조금 등으로 운영되는 비영리단체들에게도 동일하게 발생한다. 즉, 그동안 정부기관과 유사한 예산회계정보만을 산출하여 주무관청에 보고하다가, 상증세법 및 공익법인회계기준에 따라 재무회계정보를 산출하여 공시하게 되는 비영리단체들은 국가회계법의 시행에 따라 정부 각 부처가 종전의 예산회계보고와 새로운 재무회계보고를 각각 수행하는 것과 유사하다.

다음 표는 정부기관의 예산회계와 재무회계의 차이점을 요약한 표인데, 국가보조금을 주된 재원으로 운영해 온 비영리단체, 특히 사회복지법인에게도 거의 동일하게 적용된다. 이는 앞에서 잠시 설명한 현금주의와 발생주의의 차이와 유사하다.

구 분	예산회계(현금주의)	재무회계(발생주의)
인식 기준	• 현금주의는 모든 거래를 현금의 유출 · 유입시점에서 수입과 지출로 인식 • 이미 실질적인 권리나 지급의무 및 비용이 발생하였더라도 현금이 출납되기 전까지는 이를 미인식	• 발생주의는 현금의 유출 · 유입에 관계없이 현금의 유출 · 유입의 원인이 되는 거래가 발생한 시점에서 수익과 비용으로 인식 • 권리나 지급의무 및 비용이 발생한 시점에서 이를 정확히 파악하고 자산 · 부채 관리를 위해 필요한 정보까지 제공 • 현금의 유출이 없는 비현금거래도 회계상 거래로 인식
인식 범위	• 세입(수입) 및 세출(지출)을 인식범위로 함	• 수익 및 비용, 이에 따라 수반되는 자산과 부채 계정을 인식범위로 함

결산	• 회계연도 동안 국가가 어떠한 정책이나 목적을 위해 얼마만큼 지출하고 이를 위한 재원을 어떻게 해서 조달하였는지를 금액으로 표시한 것임 • 헌법 제54조에서 '국회는 국가의 예산안을 심의·확정한다'라고 예산의 성립에 관한 규정을 두고 있으며, 이에 따라 성립된 예산의 집행의 적정성을 확인하는 목적임	• 국가회계의 투명성과 신뢰성을 높이고 재정에 관한 유용한 정보를 생산·제공하도록 하기 위하여 중앙관서 등에 복식부기 및 발생주의 기반의 회계방식을 도입 • 국가재정 상태와 운영결과에 대해 완전하고 종합적으로 파악하는 데 목적을 둠
결산 보고서	세입·세출결산서 등	재무제표 등
관계 법령	국가재정법	국가회계법

(3) 예산회계와 재무회계의 연계의 의미와 유형

'예산회계와 재무회계의 연계'란 예산과정에서 정책결정자들 또는 이사회 등이 요구하는 정보와 재무회계정보를 필요로 하는 외부정보이용자들이 요구하는 정보를 동시에 제공하는 것으로 다음과 같은 의미가 있다.

- 예산과 재무회계 양자간에 나타날 수 있는 인식 차이를 극복함으로써 보다 완전한 정보의 추출을 확보하고자 하는 목적
- 현금주의에 의하여 운영되는 예산과 발생주의 적용을 받는 재무회계 간의 연계를 통해 예산과정의 합리적 통제, 합리적 의사결정과정의 확보 등 정부 운영을 위한 보다 신뢰성 있고 올바른 정보를 도출하기 위한 것

예산회계와 재무회계를 연계하는 유형은, 연계의 과정(직접·간접) 및 시기에 따라 아래와 같이 여러 가지 유형이 있는데, 공익법인회계기준의 제정 이후, 비영리단체의 예산회계와 재무회계의 연계에 관하여는 아직 구체화된 것이 없는 실정이다.

연계 유형별		의 미	특 징
완전 연계		예산회계시스템과 재무회계시스템이 회계연도 개시 전부터 결산시까지 동일한 체제 내에서 운영	예산의 전체과정에 대한 통합정보를 제공함. 회계연도 어느 시점에서도 예산회계와 재무회계의 통합정보를 제공가능함
불완전 연계	관리과목 연계 (현시스템 구축방안)	예산회계항목과 재무회계항목을 연계하는 중간항목을 통한 연계	예산회계시스템의 정보를 관리항목으로 연결하여 재무회계시스템의 정보로 전환하여 연계하며 회계기간 시작부터 연계가 가능함
	결산연계	예산회계시스템과 재무회계시스템이 별개로 운영되며 결산 시점에서 통합	예산회계시스템과 재무회계시스템상 처리가 거래별로 별도로 이루어지며, 결산조정을 통하여 연계하는 형태임
	기록연계	예산회계시스템과 재무회계시스템이 별개로 운영	재무회계시스템은 단지 예산집행에 대한 결과의 기록으로서 기능하며, 예산집행의 합법성 여부를 기록하는 데 초점을 맞춤

Chapter

7

복식부기법에 의한 재무제표 작성방법과 흐름

1 복식부기에서의 회계순환과정

복식부기시스템[1]에서 기업 또는 조직에서 수많은 회계거래를 정리하여 재무제표를 산출하기까지의 일련의 절차는 통상 다음과 같은 과정으로 이루어지는데, 이를 회계순환과정이라고 한다.

1단계 : 경제적 사건, 거래의 식별
2단계 : 거래의 분개와 전표 작성 및 일계표 등의 작성
3단계 : 장부에의 기록(총계정원장 및 보조원장(보조장부) 작성)
4단계 : 수정전 시산표(결산전 시산표) 작성(일계표, 주계표, 월계표 등)
5단계 : 재고실사, 유가증권실사, 고정자산실사, 채권채무 조회 등을 통한 결산조정사항의 작성
6단계 : 결산수정분개 및 결산

1단계부터 3단계까지는 매일 일어나는 경제현상, 즉 거래를 체계적으로 분류하여 전표를 작성하고, 장부에 기록하는 과정을 말한다.

4단계의 시산표는 총계정원장 및 보조원장(보조장부)에의 전기가 정확하게 되었는지, 차변과 대변의 합계가 일치하는지를 확인하는 계산표인데, 매일 작성하는 일계표, 매주 작성하는 주계표, 매달 한 번씩 작성하는 월계표의 형태로도 작성될 수 있다.

5단계 및 6단계의 결산절차는, 소규모 기업의 경우 5단계 이하의 절차를 연 1회 수행하며 이를 결산절차 또는 장부마감이라고 한다. 또한, 일반적으로는 외부로 발표는 하지 않지만, 기업내부에서 매월 마감을 해서(월차결산) 그달의 영업성적들을 분석하는 것이 일반적이다. 한편, 상장기업은 분기별로 이해관계자들에게 재무정보 등을 제공하기 위한 분기보고서를 작성하고 외부에 공시하는데, 이 분기보고서 작성 및 외부공시를 위하여, 연말 결산보다는 약간 간소한 분기결산절차를 취한다.

---

1) 부기(簿記, Bookkeeping)는 한 경제주체가 경제거래에 의해 발생되는 자산, 부채, 순자산의 증감을 관리하고 아울러 일정기간의 수익과 비용을 기록하는 방식이다. 회계학보다 실무에 가까운 부분을 말한다.

2 회계상의 거래와 일반 상식적인 거래

회계를 어렵게 생각하는 사람들도 있지간, 회계를 공부했던 사람들은 기본원리만 알면 회계학이 어떤 학문보다 쉽다고 한다. 회계를 어렵다고 생각하는 이들은 아마 회계상의 거래와 복식부기의 회계등식(또는 거래의 이중성)을 제대로 이해하지 못했거나, 외우지 못했기 때문이다. 여기서는 먼저 회계상의 거래에 대하여 알아본다.

회계상의 거래는 "자산, 부채, 자본에 변화를 가져오는 것이면서, 동시에 변화의 크기를 금액으로 측정할 수 있는 사건, 즉 장부기록의 대상이 되는 사건"을 말한다. 회계에서의 첫 출발은 조직에서 발생하는 여러 경영활동 중에서 장부에 기록할 대상사건을 식별(Identification)하는 것인데, 어떤 것은 장부에 기록하고 어떤 것은 장부에 기록하지 않아야 하는지를 판단하는 것이 회계상의 거래인지 여부를 판단하는 것이 된다.

<table>
<tr><td colspan="2">회계상의 거래</td><td rowspan="2">회계상 거래가 아님</td></tr>
<tr><td>화재손실, 상품도난 등 자산의 감소, 감가상각, 내부거래</td><td rowspan="2">상품의 매매, 채권, 채무의 발생과 소멸, 대금의 수금, 소유권의 이전</td></tr>
<tr><td rowspan="2">일반 상식적인 거래가 아님</td><td>건물의 임대차계약, 저당권설정계약, 고용계약, 상품주문 등</td></tr>
<tr><td colspan="2">일반상식에서의 거래</td></tr>
</table>

한편, 통상적으로 우리가 거래라고 말하는 것의 대부분이 회계상의 거래가 되는데, 서로 일치하지 않는 경우를 예시해 본다. 먼저, 다음과 같은 사건은 일반적으로 거래라고 하지 않지만, 금액을 알 수 있는 한 회계상의 거래가 된다.

- 현금을 분실했다. 건물이 불에 탔다. → 현금, 건물이라는 자산에 증감이 일어났기 때문에 회계상 거래이다.
- 차입금에 대하여 시일이 경과하여 이자가 발생했다. → 이자를 지급해야 할 부채가 생겼기 때문에 회계상 거래이다.

한편, "계약의 체결이나 주문의 접수" 그 자체는 기업의 재무상태인 자산, 부채 또는 자본에 변동을 가져오지 않으므로 회계상의 거래로 취급하지 않고, 그 결과 "계약금을 수취하거나 상품을 인도함"으로써 자산, 부채 또는 자본에 변동을 가져올 경우에 비로소 회계상의 거래로 인식한다.

요약하면, '회계상의 거래로 인식한다'는 의미는 금액으로 표시하여 장부상에 반영함으로써 재무상태표(대차대조표)와 손익계산서(운영성과표)에 그 영향이 나타나도록 하는 것을 말한다. 소규모 조직의 실무에 있어서는, 현금 또는 예금의 입출금에 따라 거래를 인식하고(현금주의에 따라 처리하고), 결산기에 미수금의 인식, 감가상각의 처리, 미지급비용(인건비, 이자 등)의 발생주의에 따른 회계상의 분개를 인식하기도 한다.

3 복식부기의 특징

단식부기와 복식부기가 어떤 점이 다른가에 관하여는 제4장 3.(215쪽)을 보시기 바란다.

복식부기의 특징은 ① 복기(Double Entry : 하나의 거래를 두 번 기록하는 것)에 의하여 자기검증 기능이 있다는 것과, ② 손익계산을 순자산법과 손익법의 두 가지 방법을 사용할 수 있다는 것에 있다. 즉, 손익계산을 재무상태표에서 계산하는 순자산법과 손익계산서에서 계산하는 손익법이 있고, 두 가지 방법에 의한 손익이 일치하는지 여부를 검증할 수 있는 기능이 있다(손익계산에서의 순자산법과 손익법은 360쪽을 참조하기 바란다).

복기(Double Entry)는 하나의 거래에 대하여, 차변과 대변으로 나누어 동일금액을 두 번 기록하는 것을 말한다. 예를 들어서, 아래와 같이 은행에서 갑동이와 을동이로부터 1,000원과 1,500원의 예금을 받은 후, 500원, 700원씩 인출해 간 경우를 생각해 보자. 단식부기에서는 아래의 현금출납부(현금계정)의 장부만 기록하게 된다. 그런데 복식부기에서는, 현금출납부에 추가하여 아래의 예금(예수금)계정도 기록한다.

이 예금(예수금)계정은 부채계정으로서 현금계정과는 반대로 현금의 입금이 대변(오른쪽)에 기재되어 있고, 현금의 출금이 차변(왼쪽)에 기재되어 있다.

독자께서 가지고 있는 예금통장이 아래의 현금출납부 형식으로 되어 있는지, 또는 '예수금 부채-예금'의 형식으로 되어 있는지 한번 확인해 보기 바란다. 요즘 통장에는 아래 현금출납부와 같이 출력되는 사례도 있지만, 전통적인 통장은 아래 '예수금 부채-예금'의 형식으로 되어 있다. 이는 은행의 입장에서 고객으로부터 받은 예금을 '부채'로 보아, 입금을 오른쪽(대변)에, 출금을 왼쪽(차변)에 기장한 것이고, 은행입장의 '자산'인 현금의 출납부는 아래 현금출납부와 같은 형식으로 작성된다. 이와 같이 하나의 거래에 대하여 두 번 기록(기장)하는 것을 복식기록, 복식기장이라고 한다.

현금출납부

일 자	적 요	입 금	출 금	잔 액
1/1	갑동이 현금입금	1,000		1,000
1/2	을동이 현금입금	1,500		2,500
1/3	갑동이 현금출금		500	2,000
1/4	을동이 현금출금		700	1,300

예수금 부채-예금

일 자	적 요	반환(출금)	수령(입금)	잔 액
1/1	갑동이 현금입금		1,000	1,000
1/2	을동이 현금입금		1,500	2,500
1/3	갑동이 현금출금	500		2,000
1/4	을동이 현금출금	700		1,300

참고 |

위 사례에서 예수금 부채-예금을 하나의 계정에 기록하였는데, 이를 총계정원장(General Ledger)이라 하고, 갑동이와 을동이의 계좌별로 각각 기재한 장부를 보조원장 또는 보조장부(Sub Ledger)라고 한다. 갑동이, 을동이 등 고객의 계좌별 보조원장의 입금·출금 및 잔액의 합계는 총계정원장의 입금·출금 및 잔액과 일치하게 되며, 보조원장의 역할은 각 고객별 입금·출금 및 잔액을 파악하기 위한 계정이다.

4 분개, 거래의 이중성, 대차평균의 원리와 거래의 8요소

(1) 분 개

분개라는 말의 영어인 journalizing은 Journal이라는 말에서 유래했는데(외국의 신문사의 이름 뒤에 Journal이라는 단어를 사용하는 곳을 종종 보게 되는데, 이는 매일 발행되는 일간신문을 말한다), 이는 원래 일기장이라는 뜻이 있다. 즉, 중세 유럽 상인들이 장사를 하면서 매일매일 일어나는 상거래를 기록하는 것에서 연유하는데, 회계에서는 '대차평균의 원리'에 따라 기록하는 것을 말한다.

분개(分介, journalizing)란 복식부기에서 어느 계정의 차변(왼쪽) 또는 대변(오른쪽)에 얼마의 금액을 적어 넣을 것인가를 정하는 것을 말한다. 즉, 분개는 일단 거래가 발생하면 그 거래의 원인과 결과를 차변(왼쪽)과 대변(오른쪽)에 기입하도록 분류하는 것으로, 회계기록의 가장 핵심적인 절차이다. 즉, 거래가 발생하면 그것이 자산, 부채, 자본 및 수익, 비용에 어떠한 증감 변동을 가져오는가를 분석하고, 그 거래를 계정에 기입하기 전에 차변(왼쪽)요소와 대변(오른쪽)요소를 구분하며, 또한 차변(왼쪽)과 대변(오른쪽)에 기입할 금액을 결정하는 일련의 과정을 분개라 한다.

이러한 과정을 통하여 계정에 기입하면 거래발생에 대한 재무적 역사흐름을 한눈에 알 수 있고, 기록상의 오류 누락 등을 추적할 수 있어 거래를 완전히 기록가능하며, 각종 거래를 분석하는 데 기초자료가 된다.

이 분개를 하려면, 거래를 보고 다음과 같은 세 가지를 결정하여야 한다.

- 어떤 계정(자산, 부채, 자본, 수익, 비용 계정)으로 분류할 것인가
- 어느 쪽(차변 또는 대변)에 기입할 것인가
- 얼마의 금액으로 기록할 것인가

(2) 거래의 이중성, 대차평균의 원리, 거래의 8요소

여기서는 복식부기의 거래와 관련된 중요한 개념을 소개해 본다.

- 거래의 이중성 : 자산, 부채, 자본이 증가 또는 감소하여 변화하는 거래에 있어 차변에 발생한 거래는 반드시 대변에도 같은 금액의 거래가 발생하여 이중으로 기입하게 되는데, 이것을 거래의 이중성이라 한다. 즉, 거래의 이중성은 거래를 한쪽 요소(차변)와 다른 쪽 요소(대변)를 동시에 기록하는 것을 말하며, "자산=부채+자본"이라는 회계등식(또는 "재무상태표 등식"이라고도 함)이 성립하도록 이중으로 일어난다.
- 대차평균의 원리[2) : 차변에 기록된 금액의 합계와 대변에 기록된 금액의 합계는 반드시 일치한다는 것으로, 거래의 이중성과 비슷한 개념이다.
- 거래의 8요소 : 회계상의 거래는 원인과 결과라는 이중성을 지니고 있기에 반드시 차변요소와 대변요소로 동시에 나타내는데, 이는 다시 네 가지 차변요소(자산의 증가, 부채의 감소, 자본의 감소, 비용의 발생)와 네 가지 대변요소(자산의 감소, 부채의 증가, 자본의 증가, 수익의 발생)로 서로 연관되며, 이를 거래의 8요소라고 한다. 이를 그림으로 표시하면 다음과 같다.

분개의 법칙 : 거래의 8요소의 결합관계

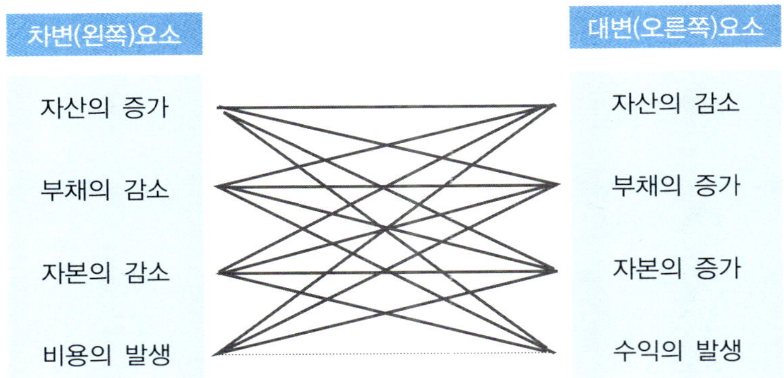

2) 뜻으로 보면, '대차일치의 원리'라는 용어가 더 알맞은 용어인데, 관용어로 '대차평균의 원리'라고 한다.

예를 들어, 현금의 증가라는 자산의 증가(차변요소)는 대변측면에 자산의 감소(예 예금의 감소), 부채의 증가(예 차입금의 증가), 자본의 증가(예 출자금의 증가), 수익의 발생(예 매출의 발생, 또는 후원금의 발생) 중 하나와 서로 관련이 있게 분개된다.

반대로, 현금의 감소라는 자산의 감소(대변요소)는 차변측면에 자산의 증가(예 예금의 입금), 부채의 감소(예 차입금의 변제), 자본의 감소(예 자본금의 감자) 또는 비용의 발생(예 인건비의 발생) 중의 하나와 서로 관련이 있게 분개된다.

참고로, 분개의 예를 표시해 본다. 다음 거래의 회계기록과정을 살펴보자. 거래에 관하여 분개를 하는 경우, 전표(후술 참조)를 작성하고, '분개장'이라는 장부에 일자별로 일련번호를 부여하여 기록하는 것이 원칙이다. 다만, 우리나라 실무에서는 전표만 작성하고 분개장을 작성하는 경우는 거의 없고, 대차평균을 확인하기 위하여 시산표(일계표, 주계표 또는 월계표 등)를 작성하였는데, 컴퓨터화된 이후에는 이런 작업은 모두 컴퓨터 프로그램에서 작동하도록 되어 있고, 회계 프로그램에서는 분개장도 작성되고 있다.

[예시거래] 건물을 10,000,000원에 구입하고, 대금은 현금으로 지급하다.

이 거래는 자산의 증가와 자산의 감소라는 거래요소가 결합된 형태이다. 자산(건물)의 증가이므로 10,000,000원은 차변(왼쪽)에 기록하고, 자산(현금)의 감소이므로 10,000,000원을 대변(오른쪽)에 기록한다. 분개의 법칙에 따라 분개를 하면 다음과 같다.

(차) 건　　물　10,000,000　(대) 현　　금　10,000,000

(3) 거래의 종류

회계 초보자 독자를 위해 분개와 관련된 거래의 종류를 조금 더 살펴본다.

1) 현금거래, 대체거래 및 복합거래-현금의 수지가 수반되는가의 여부에 따른 분류

- 현금거래 : 입금거래, 출금거래
- 대체거래 : 입금거래(일부입금대체거래, 일부출금대체거래)

2) 단순거래와 복합거래-거래요소의 수에 의한 분류

- 단순거래 : 차변거래요소 하나와 대변거래요소 하나로만 이루어지는 거래, 즉 대변 · 차변의 거래요소가 1 : 1로써 이루어지는 거래를 말한다.

[예제] 경비(출장비) 10만원을 현금으로 지급하는 거래

(차) 여비교통비	100,000	(대) 현 금	100,000

- 복합거래 : 대변 · 차변의 거래요소가 1 : 1이 아닌 그 이상의 복합거래요소로써 이루어지는 거래를 말한다.

[예제] 차입금 원금 1천만원과 이자 1백만원을 상환하는 경우

(차) 차 입 금	10,000,000	(대) 현 금	11,000,000
이 자 비 용	1,000,000		

3) 교환거래, 손익거래 및 혼합거래-손익의 발생과 관계있는가의 여부에 따른 분류

- 교환거래 : 자산 · 부채 · 자본의 증감변화만을 일으키고, 비용이나 수익의 발생이 일어나지 않는 거래를 말한다. 즉, 자산과 부채 또는 자본의 교체는 일어나되 손익의 발생(자기자본의 증감)이 수반되지 아니하는 거래를 말한다.

[예제] 현금으로 상품 100만원어치를 구입하는 거래(현금이라는 자산이 상품이라는 자산으로 변경됨. 현금이라는 자산이 감소하고, 상품이라는 자산이 증가함)

(차) 상 품	1,000,000	(대) 현 금	1,000,000
(자산의 증가)			

• 손익거래 : 자산 또는 부채가 증가하거나 감소할 때 자기자본에도 동액의 증감(손익이 수반)이 생기는 거래로서 수익이나 비용이 발생되는 거래를 말한다. 즉, 대변이나 차변 한쪽에 수익이나 비용이 발생되는 거래이다.

[예제] 인건비 1백만원을 현금으로 지급하는 경우
(차) 급 여 1,000,000 (대) 현 금 1,000,000

[예제] 인건비 1백만원의 미지급비용을 계상하는 경우
(차) 급 여 1,000,000 (대) 미지급비용 1,000,000

[예제] 대출금이자 10만원을 현금으로 회수하는 경우
(차) 현 금 100,000 (대) 이 자 수 익 100,000

[예제] 대출금이자 10만원의 미수수익을 계상하는 경우
(차) 미 수 수 익 100,000 (대) 이 자 수 익 100,000

• 혼합거래 : 교환거래와 손익거래가 동시에 발생하는 거래를 말한다.

[예제] 차입금 원금 1천만원과 이자 1백만원을 상환하는 경우
(차) 차 입 금 10,000,000 (대) 현 금 11,000,000
이 자 비 용 1,000,000

4) 자본거래와 손익거래-잉여금의 구분을 위한 분류[3]

• 자본거래 : 자본금 및 자본잉여금에 관한 거래(또는 경제주체와 주주와의 거래)로서 기업의 정상적인 손익(경영성과)과 아무런 관계가 없는 거래를 말한다(예 영리기업의 자본금의 증자).

• 손익거래 : 기업의 정상적인 경영활동에 의하여 잉여금의 증감을 가져오는 거래를 말한다.

---

3) 비영리단체에는 자본금 또는 주주라는 개념이 없어, 비영리회계에는 자본거래 및 손익거래의 구분이 필요 없다.

5) 내부거래 vs. 외부거래－거래발생원천의 경영내부 · 외부에 따른 분류

- 내부거래 : 건물에 대한 감가상각비를 인식하는 거래
- 외부거래 : 상품 또는 제품을 판매하는 거래

5 계정, 계정과목 및 차변과 대변

(1) 계 정

회계상의 거래(경제적 이벤트)가 발생하면 기업의 자산 · 부채 · 자본 · 비용 및 수익에 증감변동이 일어난다. 이 경우 자산 · 부채 · 자본 · 비용 및 수익의 각 요소만으로서는 그 내용의 변동이 명확하지 않으므로, 예를 들면 자산을 구성하고 있는 현금 · 상품 · 비품 등과 같이, 각 종류마다 항목을 세워서 기록 · 계산하여야 한다.

이와 같이, 회계에서 '자산, 부채, 자본, 수익 및 비용에 속하는 여러 항목들을 각각 왼쪽과 오른쪽으로 구분하여 증가와 감소를 체계적으로 기록할 수 있게 하는 곳, 계산상의 구분, 즉 계산단위'를 계정(Account : A/C)이라고 부른다.

(2) 계정과목

계정을 설치하는 계산장소(장부지면)를 '계정' 또는 '계좌'라 하며, '계정계좌'의 명칭을 '계정과목'이라 한다. 다른 말로, '계정과목'은 회계라고 하는 기업의 언어에서 사용되는 단어를 말한다. 계정과목이 사용되는 목적은 거래가 재무상태에 미치는 영향을 체계적으로 분류하기 위함이라고 설명하기도 한다. 즉, 계정과목이란 회계상의 거래를 분개를 통하여 분류함에 있어, 같은 성격별로 일목요연하게 알 수 있도록 한 분류체계라고 할 수 있다. 문서나 서적 등을 분류할 때 대분류, 중분류 및 소분류로 분류하는 것과 비슷하게, 회계거래를 분류(분개)함에 있어서 자산, 부채, 자본, 수익 및 비용으로 분류한 후(대분류), 이 다섯 가지 항목을 다시 계정과목별로 분류하고(중분류), 또한 계정과목별로 분류한 것을 거래처별 또는 상품별 등으로 분류하기 위한 것(소분류)을 계정과

목이라 한다.

(3) 차변과 대변

계정이 설정되어 있는 장부의 지면을 중앙에서 2등분하여 좌측(왼쪽)을 차변(Debtor : Dr. 또는 D), 우측(오른쪽)을 대변(Creditor : Cr. 또는 C)이라 하고 각 변의 한쪽에는 증가를, 다른 한쪽에는 감소를 기입한다.

차변과 대변이라는 용어는 계정을 좌우로 구분하는 것 이상의 실질적 의미는 갖지 않고 있으며 관습화된 회계상의 약속이다.

참고 | 차변(借邊)과 대변(貸邊) 및 대차대조표(貸借對照表)라는 용어의 유래 – 복식부기를 처음 배울 때 잘 이해되지 않는 점에 관하여

회계원리(복식부기)를 배우면서, 가장 어려워하는 차변 및 대변에 관한 어원 등을 소개한다(필자는 복식부기를 중학교 2학년 때 처음 배웠는데, '대변'이라는 말을 처음 들었을 때, 한자의 뜻을 잘 몰라 '소변(小便 : 오줌)과 대변(大便 : 똥)'의 대변과 무엇이 다를까?라는 생각도 해 본 적이 있다).

우리나라 복식부기 용어의 하나인 차변 및 대변이라는 용어는, 19세기 말 일본이 서양의 복식부기를 번역하면서, Debit, Credit라는 영어권 용어를 직역한 것을 우리도 그대로 사용하고 있는 것인데, "일본은 왜 차변, 대변으로 번역하였을까?" 또 하나의 질문은, "'차대대조표'라고 하지 않고 '대차대조표'라고 했을까?"에 관한 것이다.

원래 중세기 이후 이탈리아의 복식부기법의 차변, 대변의 구분은 전치사 Per A, 또는 조동사 · 동사의 debet dare, habere(shall give, shall have)라는 단위를 사용했다.

이에 따라, 대륙법계 국가에서는 '나는 줄 것(채권 발생에 대해 '상대방 ○○는 ×× 원을 나로부터 얻을 것)', '나는 받을 것(채무 발생에 대해 '상대방 ○○는 ×× 원을 나로부터 받을 것)이라는 뜻을 가진 단어로서 각 나라별로 다음과 같은 단어를 사용했다.

라틴어 Debet dare / Débet habere
독일어 고어 Soll geben(Should give) / Soll haben(Should have)
현재어 Sol / Haben
불어 Doit(Must) / Avoir(To have)
이탈리아어 Dare(Give) / Avere(To have)

영국에서도, 16세기 전반부터 위와 같은 표현을 직역하여, 'ought to give'(or, shall give), 'ought to have'(or, shall have)를 채택하여 사용하였으며, 1588년의 John Mellis의 부기론에서는 이를 의역한 형태의 'is debtor to...', 'is creditor to...'를 병용하면서, debtor(借主) creditor(貸主) 또는 debit, credit를 사용하여 지금에 이르고 있다. 그리고 19세기 말 일본에서 이를 다시 직역하여, 차변(借邊), 대변(貸邊) 또는 차(借), 대(貸)라는 용어를 사용하여 현재에 있다.

그런데 이 복식부기 용어의 차변(자산), 대변(부채 및 자본)이란 개념은 상식적인 대차(貸借)의 관념에 익숙해 있는 사람들에게 쉽게 이해되지 않고, 익숙해지거나 외우기도 어렵다. 필자도 처음 부기를 배울 때, '대여금(貸與金)은 자산의 하나인데 왜 빌릴 차(借)로 표현되어 있는 차변 잔액에 생기고, 차입금(借入金)은 부채의 하나인데 왜 빌려줄 대(貸)로 표현되어 있는 대변 잔액에 생길까?'라는 의문을 수없이 가지고 있다가 결국 무조건 외워서 익숙해졌던 기억이 있다.

지금 우리나라는 대차대조표라는 용어보다는 재무상태표라는 용어를 사용하고 있지만(아직도 상법 등 일부에서는 대차대조표라는 용어를 사용하고 있다), 예전에 일본식의 '대차대조표'라는 용어를 사용할 때, 학생들이 선생들에게 하는 질문의 하나가, "자산은 차변 잔액항목, 부채와 자본은 대변 잔액항목인 관계로, '자산과 부채 및 자본의 대조표'라고 한다면, 대차대조표(貸借對照表)라는 용어보다는 차대대조표(借貸對照表)라는 용어가 더 정확하지 않느냐?"라는 질문도 있다.

이는 일본이 19세기 말에 서양의 복식부기 및 상법을 도입하면서, 회계학자들은 영국과 미국의 복식부기 용어를 번역하면서 Debit(또는 Debtor)를 차변으로, Credit(Creditor)를 대변으로 직역(直譯)한 반면, 상법학자들은 프랑스 상법을 기초로 상법을 만들면서, actif(재산)를 대변, dettes(책임, 채무)를 차변으로 번역하여, 회계상의 차변과 대변을 정반대로 번역하면서 생긴 혼란의 하나이다. — 일본상법상 대차대조표의 대(貸)는 자산을, 차(借)는 부채를 의미하여, 회계상의 차변과 대변의 정반대의 개념이고, 이는 일본이 회계는 영미 용어를 번역하고, 상법은 프랑스 용어를 번역하면서 생긴 혼란이다.

즉, 일본의 초기 상법에서 대차대조표(당초 용어는 '대변차변대조표'이었는데, 나중에 '대차대조표'라는 말로 줄었다)라는 용어를 만들었는데, 이 초기 상법이 제정되기 이전에는 회계상 잔액표(Balance Sheet), 또는 자산부채표(Statement of Asset and Liabilities), 자산부채대조표 등의 용어가 사용되다가 상법이 제정된 이후는, 상법상의 대차대조표라는 용어만 사용하게 되었다. 일본에서, 회계학상의 차변 및 대변과 상법상의 차변 및 대변이 서로 다른 의미를 가져 상당한 혼란이 있었다고 한다.

어쨌든, 대여금(貸與金)이라는 자산을 차변(借邊)에 표시하고, 차입금(借入金)이라는 부채를 대변(貸邊)에 표시하는 것은, 재무제표에 대한 일반인의 이해능력(Understandability)에 적합하지는 않고, 복식부기를 처음 배우는 이들이 어렵고 혼돈스러워하는 부분의 하나이다. 이런 측면에서, 최근 한자의 뜻을 잘 모르는 젊은 학생들에게는 차변 및 대변이라는 용어보다는 왼쪽(좌변), 오른쪽(우변)이라는 용어로 설명하기도 한다.

그런데 외국인들과의 교류를 위해서는 Debit(Debtor) 및 Credit(Creditor)의 의미를 반드시 알아야 하기 때문에, 이해하기 어렵지만 차변과 대변의 의미에 익숙해져야 한다. 차변과 대변의 뜻에 익숙해지는 방법의 하나로서는, 외국과의 무역거래에서 사용되는 Debit Note 및 Credit Note를 연상하면 된다. Debit Note는 받을 돈이 있을 때 받을 회사가, Credit Note는 줄 돈이 있을 때 줄 회사가 발행하는 일종의 확인서이다. Debit Note나 Credit Note가 외국과의 무역거래에서 어떨 때 발행되는지는 인터넷에서 검색해 보길 바란다.

참고로, 동일한 재무제표에 대하여 우리나라는 재무상태표(Statement of Financial

Position), 일본은 대차대조표(Balance Sheet), 중국은 자산부채표라는 용어를 사용하는데, 필자 생각에는 중국 번역이 가장 이해하기 쉬운 용어라고 생각한다. 한편, 일본은 상법학자들의 영향에 따라, Balance Sheet(B/S)를 대차대조표라고 번역하여 사용하고 있는데, 이 Balance Sheet(B/S)는 '자산부채잔액표', 또는 '잔액표'라고 번역하는 것이 타당하다. Balance라는 말은 잔액이라는 의미를 가지고 있다.

추가 한마디, 재무상태표 계정과목의 잔액은 다음해로 이월되는데(다음해로 넘어가는데), 손익계산서 계정과목은 각각의 계정과목이 다음해로 이월되는 것이 아니라, 하나의 손익계정으로 모아진 후(집합된 후), 재무상태표의 잉여금계정으로서, 다음해로 넘어간다.

(4) 계정기입의 원칙

'계정기입의 원칙'이란 자산 · 부채 · 자본 · 비용 및 수익의 항목의 증가 또는 감소가 각 계정의 차변 및 대변에 어떻게 기입되는가를 나타내는 것으로 그림으로 표시하면 다음과 같다. 즉, 자산과 비용은 증가를 차변(왼쪽)에, 감소를 대변(오른쪽)에 기록하고, 반대로 부채, 자본 및 수익은 증가를 대변(오른쪽)에, 감소를 차변(왼쪽)에 기록하며 내용은 다음과 같다.

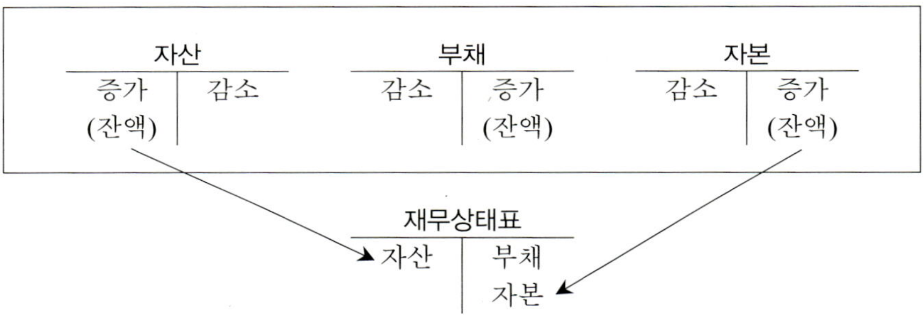

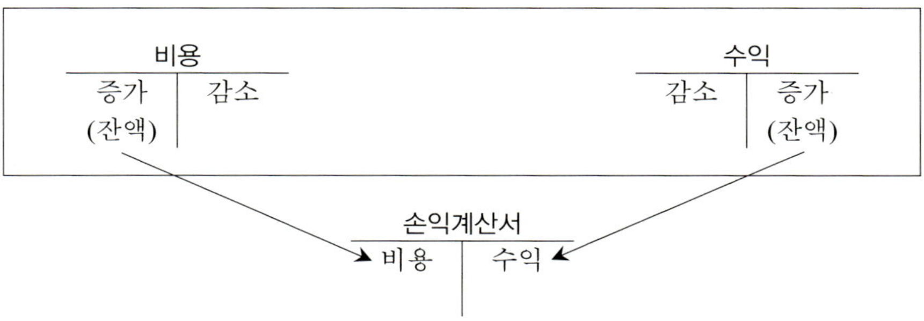

별도 항목에서 다시 설명하겠지만, 위의 재무상태표 및 손익계산서(운영성과표)의 모든 계정과목의 잔액을 하나의 표에 정리한 것을 시산표(Trial Balance : T/B)라고 하며, 각 계정의 잔액들은 아래와 같이 표시된다.

시산표

자산	부채
	자본(순자산)
비용	수익
합계	합계

(5) 계정과목의 설정기준

계정과목은 각 기업이 필요에 따라 설정하는데, 아래의 네 가지에 따라 정하는 것이 일반적이다.

① **계정과목 명확성의 기준** : 거래의 내용이나 성질·기능·목적을 명확하게 알 수 있는 명칭을 사용하여야 한다.

② **계정과목 내용 단순성의 기준** : 한 계정에 성질이 서로 상반된 항목, 예를 들어 자산과 부채·수익과 비용 또는 자산과 손익 등을 함께 기재하지 말고, 그 내용이 가급적 순수하고 단순한 것으로 하여야 한다.

③ **손익계정 구분표시의 기준** : 손익에 속하는 계정은 경영성과나 업적평가를 명백하게 하기 위하여 영업수익과 영업외수익, 영업비용과 영업외비용을 구분하여 표시하여야 한다.

④ **계정분합 적정의 기준** : 거래빈도가 많고 금액이 큰 것은 세분하고, 거래빈도가 적고 금액이 작은 것은 보고에 지장이 없는 한 적정하게 통합하여야 하며, 과목수가 너무 많은 경우는 통제계정을 사용하고 그 명세는 보조원장(보조장부)에 기입하여야 한다. 즉 조직이 어느 정도까지 자산, 부채 및 자본을 세분화할 것인지는 그 변동내용을 별도로 적을 만한 가치가 있는지에 따라 달라진다. 예를 들어, 현금 1천만원을 은행에 예금하는 행위(거래)를 보자. 이 사건은 현금이라는 자산이 1천만원 줄어들고(자산의 감

소, 대변), 은행예금이라는 자산이 1천만원 늘어나는 것(자산의 증가, 차변)으로 기록하여야 하는지, 아니면 이를 무시하고 현금예금 1천만원이 그대로 있는 것으로 보아야 하는지에 따라 달라진다. 현금과 은행예금을 따로 파악하여 관리할 필요가 있다고 한다면 이를 나누어 장부를 만들면 되고, 그럴 필요가 없다면 두 가지, 즉 현금과 예금을 하나로 묶어 기록할 수도 있다. 수익과 비용도 비슷하다. 수도요금과 전기요금을 따로 관리할 필요가 있다면 각각 별도의 항목으로 장부를 만들면 되고, 구태여 따로 관리할 필요가 없다면 하나의 항목으로 묶으면 된다.

⑤ **계정설정 불변의 기준 :** 일단 설정한 계정과목은 상당한 이유가 없는 한 비교성을 위하여 함부로 변경하지 말아야 하며, 부득이하게 변경해야 할 때에는 새로운 회계연도부터 적용토록 하여야 한다.

(6) 계정의 설정방법

결산보고서 기준의 분류 : 계정은 각 기업의 형편에 따라 여러 가지로 분류할 수 있는데, 가장 보편적인 형태는 결산보고서를 기준으로 하는 분류법을 사용하며, 재무상태표와 손익계산서의 내용에 따라 다음과 같이 분류한다.[4] 예를 들어, 예금이라는 계정과목은 자산항목의 하나의 계정과목이며(대분류과목), 이 예금은 다시 보통예금, 정기예금, 정기적금 등으로 나뉠 수 있고(중분류과목), 보통예금은 다시 은행계좌별로 분리하여(소분류과목) 장부를 작성하는데, 이를 각각 계정과목이라 할 수 있다.

재무상태표계정	자산계정 : 현금, 예금, 외상매출금, 상품, 비품 등
	부채계정 : 외상매입금, 차입금 등
	순자산계정 : 기본순자산, 보통순자산, 잉여금 등
손익계산서계정 (운영성과표계정)	수익계정 : 기부금수익, 보조금수익 등
	비용계정 : 급료, 복리후생비, 여비교통비 등

4) 참고 : 한 해를 마무리하는 결산마감이 이루어지면, 각 계정잔액들은 다음해로 넘어가는데(이월되는데), 재무상태표 계정과목의 잔액들만 다음해로 넘어간다. 이에 비하여, 손익계산서(운영성과표) 계정과목들은 각 계정과목별로 다음해로 넘어가는 것이 아니라, 손익계산서상의 당기순이익(또는 당기순손실)이 재무상태표의 잉여금으로서, 다음해로 넘어간다.

1) 자산 계정과목의 예시

- 현금 : 기업이 보유하고 있는 현금(지폐와 동전) 및 수표
- 보통예금 : 입 · 출금이 자유로운 예금
- 당좌예금 : 당좌수표를 발행하여 돈을 인출하기 위해 가입한 예금
- 상품 : 상기업에서 판매를 목적으로 구입한 물건
- 제품 : 제조기업에서 판매를 목적으로 만들어낸 물건
- 비품 : 영업활동에 사용할 목적으로 구입한 책상, 컴퓨터, 에어컨 등
- 소모품 : 영업활동에 사용할 목적으로 구입한 사무용품 등
- 외상매출금 : 상품, 제품을 외상으로 매출한 경우
- 받을어음 : 상품, 제품을 매출하고 대금을 어음으로 받은 경우
- 매출채권 : 외상매출금과 받을어음의 합계
- 미수금 : 상품, 제품 이외의 자산을 외상으로 처분한 경우
- 단기대여금 : 보고기간종료일부터 1년 이내에 회수하기로 하고 빌려준 돈
- 장기대여금 : 보고기간종료일부터 1년 이후에 회수하기로 하고 빌려준 돈
- 선급금 : 상품 등을 매입하기로 하고 미리 지급한 계약금
- 토지 : 회사가 보유하고 있는 땅
- 건물 : 회사가 보유하고 있는 건물
- 차량운반구 : 영업용으로 사용하는 승용차, 승합차, 트럭, 오토바이 등
- 기계장치 : 제품 생산을 위해 구입한 기계 등

2) 부채 계정과목의 예시

- 외상매입금 : 상품, 원재료를 외상으로 산 경우 갚지 않은 매입대금
- 지급어음 : 상품, 원재료를 외상으로 매입하고 발행한 어음
- 매입채무 : 외상매입금과 지급어음 금액을 합한 금액
- 미지급금 : 상품, 원재료 외의 물품을 외상으로 구입하고 지급하지 않은 돈
- 단기차입금 : 보고기간종료일부터 1년 이내의 기간을 만기로 빌려온 돈
- 장기차입금 : 보고기간종료일부터 1년 이후에 지급할 조건으로

빌려온 돈
- 선수금 : 상품 등을 판매하기로 하고 미리 받은 계약금
- 퇴직급여충당부채

3) 자본 계정과목의 예시

- 자본금 : 회사의 주주가 출자한 재산
- 기본순자산 : 비영리법인의 기본재산 등 사용이나 처분에 영구적 제약이 있는 재산
- 이익잉여금 : 회사의 경영활동으로 인한 순이익의 합계액

4) 수익 계정과목의 예시

- 상품매출 : 상품을 매출할 때의 금액
- 제품매출 : 제품을 매출할 때의 금액
- 임대료수익 : 건물이나 토지 등을 대여하고, 집세나 지대를 받은 경우
- 이자수익 : 대여금이나 은행예금 등에 대하여 발생한 이자
- 수수료수익 : 용역을 제공하고 수수료를 받은 경우(상품중개알선료 등)
- 배당금수익 : 주식, 출자 등의 투자에 대한 이익분배를 받은 금액
- 잡이익 : 영업활동 이외에서 발생하는 기타의 이익금액
- 유형자산처분이익 : 유형자산을 처분하였을 때 발생하는 이익
- 자산수증이익 : 주주 등이 무상으로 증여한 자산금액
- 채무면제이익 : 채권자에 의해 채무를 면제받은 금액

5) 비용 계정과목의 예시

- 상품매출원가 : 상품의 매출액에 대응하는 상품원가의 금액
- 제품매출원가 : 제품의 매출액에 대응하는 제품원가의 금액
- 급여 : 직원에게 근로의 대가로 지급하는 금액
- 퇴직급여 : 직원이 퇴직할 때 지급하는 금액
- 복리후생비 : 직원의 복리를 위해 지급하는 금액(직원 회식비)
- 임차료 : 토지, 건물 등의 부동산을 빌리고 지급하는 금액
- 접대비 : 영업 목적상 접대를 위하여 지출하는 금액

- 세금과 공과 : 국가에 대한 세금과 기타의 공과금(세금 이외의 강제적 부담금) - 재산세, 자동차세, 상공회의소회비, 협회비, 교통유발부담금 등
- 수도광열비 : 수도, 전기, 가스 등의 이용금액
- 광고선전비 : 판매를 위한 광고, 홍보, 선전 등을 위한 지출액
- 여비교통비 : 업무상 교통요금과 출장경비 등으로 지급하는 금액
- 소모품비 : 영업활동에 사용할 소모품을 구입하고 지급하는 금액
- 통신비 : 전화, 인터넷, 우편 등의 이용금액
- 운반비 : 상품발송 등의 운송비 지급금액
- 보험료 : 보험료 지급금액
- 수선비 : 건물, 기계장치 등의 수리비 지급금액
- 차량유지비 : 차량운행을 위한 유류, 부품 및 차량수리비
- 교육훈련비 : 직원의 교육과 훈련을 위한 지출액
- 도서인쇄비 : 신문, 도서 등의 구입액 및 인쇄비
- 이자비용 : 차입금 등에 대한 이자로 지급하는 금액
- 수수료비용 : 용역의 제공을 받고 지급하는 수수료 금액
- 기부금 : 영업과 무관하게 기부하는 금품 및 물품의 금액
- 잡손실 : 영업활동 이외에서 발생하는 기타의 손실금액
- 재해손실 : 천재지변이나 재해 등으로 입은 손실금액
- 유형자산처분손실 : 유형자산을 처분할 때 발생하는 손실
- 소득세비용 : 개인기업의 소득에 부과하는 소득세 상당액
- 법인세비용 : 법인기업의 소득에 부과하는 법인세 상당액

(7) 보론 : 특수계정 - 계정에 관한 여러 개념들과 사용방법[5)]

일반적으로 사용되고 있는 계정과목 이외에, 기장기술상 보통의 계정과목과는 다른 특수한 속성을 갖는 계정과목이 있는데, 이를 특수계정이라 하며 구체적으로는 다음과 같은 것이 있다.

5) 이 부분은 초급자에게 조금 어려운 내용인데, 이해가 되지 않으면 그냥 넘어갔다가 나중에 보길 권유한다.

1) 평가계정

평가계정이란 특정계정의 현재액을 평가하는(감소시키는) 역할을 가진 계정으로서 주된 계정에 대하여 가치수정적 역할을 하는 계정을 말한다. 평가계정에는 상계적 평가계정과 부가적 평가계정이 있다.

(가) 상계적 평가계정(소극적 평가계정)

주된 계정의 잔액과 반대측에 있어 그것에서 차감될 계정이므로 '상쇄계정', '차감계정'이라고도 하며, 특정계정에서 어떠한 금액을 직접 공제하는 것이 부적당 또는 불가능하다고 인정된 경우 특정계정에서 간접적으로 공제하는 형식으로 대조계정적으로 설정되는 계산기술상의 특수계정이다. 따라서 이 계정은 그 자체가 전혀 독립된 의미를 갖지는 않으며 또한 이 계정의 잔액은 주된 계정의 잔액보다 적은 것을 특징으로 한다. 따라서 평가계정이 설정된 경우에는 주된 계정은 반드시 그 평가계정과 더불어 고려할 필요가 있고 주된 계정의 현재 잔액은 그 평가계정잔액을 차감하여 표시한다.

〈예〉

- 채권계정에 대한 「대손충당금」 과목
- 유형자산에 대한 「감가상각누계액」 및 「손상차손누계액」 과목
- 출자금에 대한 「미납입출자금」 과목
- 유형자산의 할부매입 · 매각에 따른 채무 · 채권계정에 대한 「현재가치할인차금」 과목
- 재고자산에 대한 「재고자산평가손실누계액」

(나) 부가적 평가계정(적극적 평가계정)

주된 계정에 부가함으로써 그 현재가액을 표시하는 계정이므로 부가계정이라고도 한다.

〈예〉 사채계정에 대한 「사채할증발행차금」 과목

2) 집합계정

어떤 특정금액을 산출하기 위하여 또는 특별한 목적을 위하여 동일부

류에 속하는 관계계정의 잔액을 집합하는 계정을 말한다.

〈예〉
- 「집합손익」계정
- 「수익합계」계정
- 「비용합계」계정

3) 통제계정

통제계정이란 총계정원장에 설정되면서, 보조원장(보조장부)에 있는 다수의 동종명세계정을 통괄하여 이를 대표하는 계정으로, 통괄계정이라고도 한다. 예를 들어 10개의 보통예금계좌를 가지고 있는 기업이 총계정원장에 10개의 보통예금계정을 만드는 것이 아니라, 총계정원장에는 보통예금이라는 계정 하나만 만들고, 10개의 보통예금별 입출금은 보조원장(보조장부)에서 관리하는 것을 말한다. 이런 통제계정은 예금 이외에 외상매출금, 미수금, 선급금, 상품, 제품, 외상매입금 등의 계정에서도 사용되고 있다.

총계정원장에 동종의 계정계좌를 많이 설치하면 기장이 복잡하고 오류가 발생할 기회가 많아진다. 따라서 이러한 경우에는 보조원장에 개개의 계좌를 설정하여 개별적인 기장을 하고 보조원장의 동종계좌를 통괄하는 단 한 개의 통괄계정을 총계정원장에 설치함으로써 이 결함을 없앤다. 통제계정을 사용하면 다음과 같은 효과가 있다.

- 총계정원장이 팽대해짐을 방지하며 또한 시산표 작성이 용이하다.
- 기장사무의 분담이 가능하다. 즉, 여러 사람이 보조원장의 관리를 분담하게 할 수 있다.

4) 대조계정

대조계정이란 서로 관련되는 2개의 계정이 재무상태표 차변과 대변에 동일금액으로 직접 대립되어 동시에 기록했다가 동시에 없어지는 것으로 각자 독립할 수 없는 계정을 말하는데, 일반 기업에서는 거의 사용하지 않고, 은행 등 금융기관에서 사용한다.

〈예〉

- 「원화지급보증」 과목과 「원화지급보증대충」 과목
- 「지급보증」 과목과 「지급보증대충」 과목
- 「판매예정가격관리」 과목과 「판매예정가격관리대충」 과목 등

5) 경과계정

모든 수익 및 비용은 그 수입 및 지출에 의하여 기록되어야 할 것이지만, 기간손익계산을 하게 되면 현금의 수입 또는 지출과 수익 · 비용의 발생은 반드시 일치되는 것은 아니다. 이러한 수익 · 비용과 수입 · 지출의 기간적 불일치를 회계연도말에 결산정리사항으로 하여 손익계산서 항목의 수정을 하고, 당기에 속할 수익 · 비용과 차기 이후에 속할 수익 · 비용으로 기간적 배분을 한다. 이때 사용되는 계정을 경과계정이라고 한다. 경과계정에는 이연계정과 예상계정이 있다.

- 이연계정-수익의 이연-선수수익
  -비용의 이연-선급비용
- 예상계정-수익의 예상-미수수익
  -비용의 예상-미지급비용

6 전표와 지출(수입)결의서

(1) 전 표

사전적 의미를 살펴보면, 전표(傳票)란 은행, 회사, 상점 등에서 금전출납 또는 거래내용을 간단하게 적어서 그 소관 각 계로 보내는 쪽지를 말하는데, 회계에서는 거래에 대한 분개를 적는 표를 말한다. 즉, 거래에 대하여 분개를 하면서 작성하는 서류가 전표이다.

일반적으로 기업 또는 조직이 사용하는 전표는 다음과 같으며, 소규모 기업이나 단체에서는 문방구에서 인쇄되어 판매하는 것을 사용하나, 대부분 자체적으로 양식을 인쇄하여 사용한다.

- **현금전표**: (현금)입금전표,[6] (현금)출금전표[7]
- **대체전표**: 차변대체전표와 대변대체전표로 나누어져 있는 경우도 있고, 한 장의 대체전표에 차변과 대변을 동시에 사용할 수 있게 되어 있는 경우도 있다.
- **회계전표**: 회계업무가 컴퓨터화되기 이전에는 전표를 각 계정과목별로 분류하여 전기하고 집계하기 위하여 현금입금전표, 현금출금전표 및 대체전표를 사용하였으나, 최근에는 컴퓨터에 거래를 입력하기 위하여, 한 장의 회계전표에 차변 및 대변을 모두 기재하도록 하는 회계전표를 사용하는 것이 일반적이다.

전표의 작성부서는 그 기업 또는 조직의 상황에 따라 다른데, 경리(회계)부서에서 작성하는 경우도 있으며, 반대로 거래의 원인발생부서(예 구매부, 생산부, 판매영업부, 총무부 등)에서 직접 작성하여 경리(회계)부서로 넘기는 경우도 있다.

전표는 작성 후 일련번호(연도별 일련번호 또는 월별 일련번호 또는 일별 일련번호)를 부여하여 전표에도 표시하고, 장부에도 그 번호를 기록하여 두는 것이 나중에 전표를 찾아보는 데 편리하다.

(2) 지출결의서와 수입결의서

지출결의서란 지출하기 전 또는 지출이 이루어진 후에 작성하여 관련 상급자의 결재 또는 승인을 받는 서류를 말하며, 지출품의서 또는 구매승인서라고 하는 경우도 있다. 지출결의서와 회계전표를 별도로 각각 작성하는 조직도 있는 반면 지출결의서와 회계전표를 하나로 통일해서 사용하는 조직도 있는데, 후자가 보다 간편하다고 할 수 있다. 수입결의서는 수입에 관한 명세를 작성하여 상급자의 결재 또는 승인을 받는 서류를 말한다. 지출결의서나 수입결의서 양식은 문방구에서 판매하는 양식은 없고, 기업이나 조직별로 각각 내부 사정에 맞도록 만들어 사용하거나 인터넷에서 검색하여 입수할 수 있다.

---

6) 현금의 수입이 있는 거래에서 사용하는 전표이며 통상 적색으로 인쇄되어 있다.
7) 현금의 지출이 있는 거래에서 사용하는 전표이며 통상 청색으로 인쇄되어 있다.

7 계정에의 전기

원래 한 장부에서 다른 장부로 옮겨 적는 것을 회계에서 '전기(轉記 : posting)'라고 하는데, 주로 전표에 기재된 거래내용을 총계정원장[8] 또는 보조원장(보조장부)에 옮겨 적는 것을 가리킨다. 즉, 회계상의 거래에 대하여 분개를 하여, 분개장(journal)이나 전표에 기입한 다음에 계정별 장부에 옮겨 적게 되는데, 이를 전기라고 한다.

예를 들어 상품을 판매하는 상인이 있다고 하자. 이 상인은 자신이 판매하는 상품을 고객에게 판매하고 돈을 받을 때마다 영수증을 주거나 기타 증빙서류를 주고 자신도 자신의 매출을 알 수 있는 장부를 적게 된다. 그리고 월말이 되면 자신이 어떤 물건을 얼마나 팔았나 궁금하여 '갑'상품은 '갑'상품대로, '을'상품은 '을'상품대로 판매액을 집계한다. 이와 같이 각 계정별로(분류별로) 전기하는 이유는, 각 계정별로 증가와 감소가 얼마씩인지를 쉽게 파악하기 위함이다.

[분개]

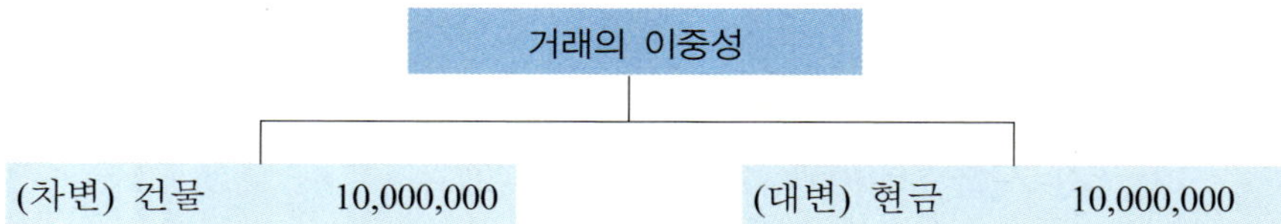

[전기]

(차변)	건 물	(대변)
6/5	10,000,000	

(차변)	현 금	(대변)
	6/5	10,000,000

8) 총계정원장(總計定元帳)이란 분개장에서 분개한 것 또는 전표를 통하여 분개한 것을 각 계정과목별로 계정계좌를 세워 거래를 계정단위로 기입하는 장부를 말한다.

8 지출증빙

수익사업을 영위하지 않는 비영리법인에 대하여는 법인세법상의 지출증빙서류 수취 및 보관의무가 적용되지 않는다. 따라서 수익사업을 영위하는 비영리법인만 법인세법에 의한 지출증빙서류 수취 및 보관의무가 적용된다. 반면, 상증세법에서는 사업연도별로 출연(기부)받은 재산 및 공익사업 운용내용 등에 대한 장부와 관계증명서류를 10년간 보존하도록 되어 있다. 즉, 세법에서는 수익사업증빙 보관의무는 법인세법에서, 공익사업 중 출연재산 관련증빙은 상증세법에서 각각 규정하고 있다. 그런데 법적인 의무와는 관계없이 회계투명성을 고취하기 위하여 자발적으로 영리법인에 준하는 영수증을 수취하여 보관하는 비영리법인들이 늘고 있는데, 회원 또는 일반대중에게 회계투명성을 입증하기 위하여 이런 자세는 반드시 필요하다.

한편, 영수증은 사본이 아닌 원본을 보관하도록 할 필요가 있고(복사본을 허용할 경우, 금액 또는 날짜 등을 임의로 수정하는 경우도 있을 수 있음), 일정금액 이상의 큰 금액의 지출은 가급적 현금이 아니라 계좌이체 방식으로 지출하는 것이 부정을 사전에 방지할 수 있다(계좌이체방식인 경우에도, 실제로 재화나 용역을 판매한 자의 은행계좌인지 여부를 꼭 확인하고, 다를 경우에는 그 사유를 파악하는 것이 필요하다).

여기서는 영리법인 또는 소득세 납세의무가 있는 개인사업자들이 준수하는 제도를 소개한다. 세법에서 요구하는 지출증빙을 갖추지 못할 경우, 법인은 법정증빙서류 미수취 거래금액의 2%의 가산세를 부담하여야 하나, 수익사업이 없는 비영리법인에게는 이런 가산세의 부담이 없다.

영리법인 사업자는 사업과 관련하여 재화·용역을 공급받고 대가를 지급하는 경우에 있어서 그 거래상대방이 사업자인 경우, 다음의 하나를 증빙서류로 수취하여야 한다. 세법에서 다음의 네 가지만을 허용하는 이유는, 이들 세금계산서, 신용카드매출전표 등은 그 발급정보가 국세청 컴퓨터에 모두 전송되어 실제 거래에서 발생한 것인지 또는 허위인지 여부가 판별될 수 있기 때문이다.

- 계산서(VAT면세 재화·용역)
- 세금계산서(VAT과세 재화·용역)

- 신용카드매출전표(직불카드, 외국에서 발행된 신용카드 포함)
- 현금영수증

위와 같은 세금계산서 등을 정규지출증빙이라고 하는데, 모든 지출에서 이런 정규지출증빙을 받을 수 있는 것이 아니라서, 다음과 같은 경우에는 정규지출증빙이 아닌 다른 증빙(예 영수증 또는 입금증)을 갖추어도 된다.

- 거래건당 금액(VAT 포함)이 3만원 미만인 경우
- 판매자가 읍・면지역의 VAT간이과세자로서 카드가맹점이 아닌 경우
- 금융・보험용역을 제공받은 경우
- 농・어민으로부터 재화・용역을 직접 공급받은 경우
- 국가・지방자치단체로부터 재화・용역을 공급받은 경우
- 수익사업을 영위하지 않는 비영리법인으로부터 공급받은 경우
- 원천징수대상 사업소득자로부터 용역을 공급받은 경우
- 공매・경매 또는 수용에 의하여 재화를 제공받은 경우
- 법인 아닌 주택임대업자로부터 주택임대용역을 공급받은 경우
- 택시운송용역을 공급받은 경우
- 건물구입시 매매계약서사본을 법인세 과세표준신고서에 첨부하여 납세지 관할세무서장에게 제출하는 경우
- 항공기의 외국항행용역을 제공받는 경우
- 인터넷・PC통신・TV홈쇼핑을 통하여 공급받는 경우 등

9 시산표

시산표(試算表, trial balance : T/B)란 전표 또는 분개장으로부터 총계정원장의 각 계정으로 정확하게 전기되었는지를 확인하기 위해서, '대차평균의 원리'[9]를 이용해 작성하는 집계표이다. 모든 거래가 적절하게 분

9) 복식부기에서는 어떤 거래에 대하여 거래의 복식기록의 원칙(이중기록의 원칙, 거래의 이중성)에 따라 어떤 계정의 차변과 또 다른 계정의 대변에 같은 금액이 기입되므로 아무리

개되고 또 원장에서의 전기가 정확하게 이루어졌다면, 대차평균의 원리에 의해 모든 계정의 차변합계액과 대변합계액은 일치하여야 한다. 이와 같이, 원장기입이 정확한가의 여부를 조사하기 위해서 원장의 각 계정의 차변 및 대변의 합계금액(누계금액)을 모아 작성한 것을 시산표라고 한다.

시산표의 차변과 대변의 합이 서로 일치하지 않는 이유로서는 다음과 같은 원인이 있을 수 있다.

- 전표로부터 총계정원장에의 전기를 누락한 경우
- 총계정원장에의 전기를 이중으로 한 경우
- 금액을 틀리게 전기한 경우
- 차변항목을 대변에 전기하거나 그 반대로 한 경우
- 올바른 계정이 아닌 다른 계정에 전기한 경우

시산표를 작성하면서 차변과 대변이 맞지 않는 오류가 생기면, 이전의 회계과정과 반대방향으로, 즉 "시산표 → 계정잔액 산정 → 분개장 → 원천서류"의 순서로 오류를 찾아내야 한다.

또한 시산표가 작성된 후, ① 자산 및 비용의 계정과목의 잔액이 대변에 나타나거나, ② 부채, 자본 및 수익의 계정과목의 잔액이 차변에 나타나는 것도 분개 또는 전기(轉記)의 오류이기 때문에(자산, 부채 계정의 잔액은 차변에 나타나야 하며, 부채, 자본, 수익 계정의 잔액은 대변에 나타나야 함, 340쪽 참조), 그 원인을 파악하여 수정하도록 해야 한다.

(1) 시산표의 기능

시산표는 차변금액과 대변금액의 일치여부를 확인함으로써 분개와 원장기록의 정확여부를 검산할 수 있고, 시산표를 재무상태표 계정과목과

많은 거래가 기입되더라도 계정 전체를 통해서 본다면 차변거래금액합계와 대변거래금액합계는 반드시 일치하게 된다. 이를 대차평균의 원리(대차일치의 원칙)라 하며 복식부기는 이 원리에 따라 모든 계정의 차변거래금액합계와 대변거래금액합계의 일치여부를 확인함으로써, 기록계산의 정확여부를 자동적으로 검증할 수 있다. 이것을 복식부기의 자기검증기능이라 한다.

손익계산서 계정과목으로 나누면 재무상태표와 손익계산서(운영성과표)를 작성할 수 있어, 그 기업의 재무상태나 영업성과의 개요를 파악할 수 있다.

(2) 시산표의 종류

1) 형태에 따른 분류

시산표에는 ① 각 계정의 합계금액(누계금액)만 모아 작성하는 합계시산표, ② 각 계정의 잔액만을 모아 작성하는 잔액시산표, ③ 각 계정의 합계금액과 잔액을 모두 표시하는 합계잔액시산표의 세 종류가 있다.

2) 작성시기에 따른 분류

시산표는 작성시기에 따라 일계표, 주계표, 월계표, 결산수정분개 정리 전 시산표, 결산수정분개 정리 후 시산표, 결산 후 시산표 등으로 나눌 수 있다.

(3) 시산표 검증능력의 한계

시산표는 대차평균의 원리에 의하여 기장이 정확하게 되었는지 여부를 검증하나 대 · 차변 합계액이 일치할 경우에도 잘못을 내포할 가능성이 있다. 이러한 잘못은 시산표로서도 발견할 수 없다. 이것을 시산표 검증능력의 한계라 한다. 시산표로 발견할 수 없는 잘못은 다음과 같은 경우가 있다.

- 하나의 거래에 대한 분개가 이중으로 전기되었을 때
- 하나의 분개를 원장에 전기하는 것을 누락하였을 때
- 하나의 분개를 원장에 전기하면서, 대변 · 차변 각각 같은 금액으로 틀렸을 때
- 2개 이상의 오류가 서로 상계된 때
- 하나의 분개를 전기하면서, 대변 · 차변을 반대로 기입하였을 때
- 다른 계정에 기입하였을 때

10 결산과 결산의 주요 절차

(1) 1년 기준(One Year Rule)

이해를 돕기 위해 기업의 태동기에 있었던 일들, 즉 1년 단위의 회계기간별 결산 및 보고가 필요하게 된 배경을 살펴보자. 기업의 연원에 관하여는 여러 설이 있는데, 중세 유럽, 특히 베니스 등에서는 선장(경영자)이 귀족(투자가)으로부터 자금투자를 받아 배를 타고 카이로에 간 다음, 아시아 지역의 특산품을 사가지고 와서 판매하는 일이 많았다. 이렇게 생긴 이익은 그 항차별로 이익 또는 손해를 계산하여 선장과 귀족이 분배하였다. 그런데 이런 사업이 계속되다 보니, 항차별로 손익을 계산할 수 있는 것이 아니라 그 합작사업을 완전히 그만두는 때에만 손익을 정확하게 계산할 수 있게 되었다.

반면, 사업기간이 장기간이 될수록 중간에 손익을 계산해서 이익을 분배할 필요가 있어, 6개월 또는 1년 단위로 손익을 계산하는 관행이 생겨나면서 1년 단위의 회계기간별 결산 및 보고라는 개념이 발생했다.

상법이나 세법에서는 1년 이내의 기간을 회계연도로 정하도록 규정하고, 매 회계기간의 결산 결과를 주주총회에 보고하도록 하고 세무서에 법인세 신고 또는 개인소득세 신고를 하도록 하고 있다. 즉, 모든 경제실체는 상법 또는 세법 규정에 따라 1년마다 결산하는 것이 원칙이며, 비영리단체도 마찬가지이다.[10]

이와 같이 기업 또는 조직의 활동은 계속적으로 진행되고 있는 가운데, 활동보고가 의사결정자에게 유용한 정보가 되기 위하여 계속기업을 인위적으로 분리하여 영업성과를 측정, 보고하는 회계기간(예 1년)의 개념이 생성되었다. 그와 더불어 기업 또는 조직에서 발생한 수익과 비용을 어느 회계기간에 얼마만큼 특정, 보고해야 하는가? 하는 기간 귀속의 문제가 발생했다.

---

10) 회계연도를 법인세법에서는 '사업연도'라고 하고, 영어로는 Fiscal Year(FY)라고 한다. 우리나라의 비영리단체들은 정부의 회계연도/재정연도와 일치시켜, 매년 1월 1일부터 12월 31일로 하는 경우가 많으나, 정관에서 역년(Calendar Year : CY)과 다르게 회계연도/재정연도/사업연도를 정할 수도 있다.

(2) 결 산

영리기업이나 비영리단체나 모든 경제실체는 계속기업(going-concern)의 가정하에 이루어지며, 회계적 기록 또한 계속기업의 가정을 전제하여 처리된다. 이에 따라, 어떤 경제실체의 경영성과는 그 경제실체의 활동이 완료되는 해산 또는 청산 단계에서 계산하는 것이 가장 정확하다. 그런데 그 경제실체가 청산할 때까지 해당 기업의 가치나 경영성과의 평가를 미룰 수는 없고, 중간에도 평가할 필요가 있다. 이에 따라, 경제실체들은 일정기간을 정하여 해당 기간 동안의 영업활동과 해당 기간말의 재무상태를 보고하도록 하고 있는데 이를 회계기간 또는 회계연도라 한다.

즉, 결산(book closing) 또는 마감이란 한 회계기간 동안의 경영성과를 측정하고 회계기간말의 재무상태를 명확히 파악하기 위하여, 회계정보를 재무상태표와 손익계산서 등의 재무제표로 작성하는 일련의 절차를 말한다. 이를 위해 경제실체의 회계담당자는 한 회계기간 동안 발생한 거래를 기록한 장부를 정리하고 마감하는 절차를 밟아야 하는데, 이를 결산절차라고 하며, 결산은 회계기간이 종료된 후 1~2개월 내에 이루어지게 된다. 최근에는 전산시스템의 발달로 많은 경제실체들이 ERP (Enterprise Resource Planning)시스템을 도입하고 있으며, ERP를 도입하지 않은 기업이라 하더라도 대부분 전산시스템을 이용하여 장부를 기록하고 있으므로 결산절차가 종전에 비해 소요시간이 줄어드는 측면이 있다. 그러나 산업의 발달과 고도화로 인해 새로운 유형의 거래가 계속 생겨나고, 거래구조 또한 복잡화됨에 따라 '결산조정사항'들이 늘어나는 측면도 있다. '결산조정사항'이 특별히 많지 않은 경우 ERP시스템을 도입한 기업들 중 회계기간이 종료한 후 일주일 이내에 모든 결산절차가 종료되는 경우도 흔히 볼 수 있다.

이론적으로, 감가상각비를 계산하거나 미수수익을 계산하는 등 모든 결산준비절차를 사전에 철저히 수행한다면 경제실체의 결산은 회계기간 말일 영업시간이 종료됨과 동시에 혹은 종료 후 수 시간 이내에 종료될 수 있다. 금융기관의 경우에는 거래상대방의 의사결정에 따라 채권·채무가 추후에 확정되는 일이 발생하는 사례가 거의 없어, 대개 회계기간이 종료되면 익일 오전까지는 결산절차가 종료된다.

그러나 현실적으로 경제실체는 다른 경제실체와 끊임없는 거래관계에 있으며, 거래상대방과의 거래내용과 금액을 확인하고 확정 짓는 작업이 결산작업에 선행되어야만 한다. 경우에 따라 어떤 경제실체들은 회계기간말에 회계기준이나 세법이 허용하는 범위 내에서 매출실적을 높이고자 하는 곳도 있고, 반대로 매입액을 줄이고자 하는 곳도 있다. 이러한 조정은 다양한 이해관계자와의 이해가 맞물려 있기도 하고, 거래상대방과의 동의가 있어야만 가능하므로, 대개 제2기(매년 7월 1일부터 12월 31일까지의 기간) 확정 부가가치세 신고기한인 1월 25일이 지나야 거래처와의 채권·채무가 확정되고 그때에야 비로소 결산절차에 들어가는 경우가 현실이며, 비영리단체는 조금 빨리 마감하는 편이다.

(3) 결산의 주요 절차

결산절차란 기중에 발생한 거래들이 전기(轉記)된 총계정원장을 출발점으로 하여, ① (수정전) 합계잔액시산표를 작성하고, ② 결산정리사항들을 정리하여 결산분개를 한 후 이를 분개장에 기입하여 해당 계정별 원장에 전기하며, ③ 그 결과를 반영하여 수정후 시산표를 작성하고 그 뒤 재무제표를 작성한 후, ④ 장부를 마감하는 절차를 말한다.

구체적인 결산절차는 다음과 같으며, 장부마감과 결산보고서 작성은 순서가 서로 바뀔 수도 있다.

예비절차	결산보고서의 작성	장부마감
1. 시산표의 작성	1. 손익계산서의 작성	1. 손익계정의 마감
2. 보조원장과의 대조	2. 자본변동표의 작성	2. 재무상태표계정의 마감과 이월
3. 재물조사, 채권, 채무조회 등	3. 재무상태표의 작성	
4. 결산정리사항의 집계	4. 현금흐름표의 작성	
5. 결산수정분개의 작성	5. 부속명세서의 작성	
6. 수정후 시산표의 작성	6. 주석의 작성	

1) 수정전 합계잔액시산표 작성

앞에서도 설명했지만 시산표는 특정시점의 모든 계정의 잔액목록표를 말하는데, 일정기간 동안 총계정원장에 기록된 결과를 하나의 표로 집계하여 차변합계와 대변합계의 일치여부를 검토하기 위해 작성한다.

2) 총계정원장과 보조원장(보조장부)의 대조

합계잔액시산표에 오류가 없는 것을 확인한 후, 총계정원장과 보조원장(보조장부)의 대조(대사)를 통해 보조원장(보조장부)의 오류여부를 확인한다. 보조원장(보조장부)이란 회사가 회계기록을 유지하기 위해 법적으로 유지하여야 하는 장부 외에 관리 목적으로 별도 작성하는 장부를 말하는데, 예를 들면 금전출납부, 어음발행대장, 매출처원장, 매입처원장, 재고수불부 등이 있다.

보조원장(보조장부)과 총계정원장의 잔액을 대사하는 이유는 시산표상 나타나지 않는 오류를 검증하기 위한 것이다. 거래사실과 다르게 총계정원장이 기록되더라도 차변과 대변을 올바르게 기록만 한다면 시산표에서는 이러한 오류를 걸러낼 수 없기 때문이다. 보조원장(보조장부)과 총계정원장의 대조사항을 예시하면 다음과 같다.

- 현금계정잔액과 현금출납장의 잔액
- 당좌예금계정잔액과 당좌예금출납장의 잔액
- 매출채권계정잔액과 매출처원장 각 계정잔액의 합계
- 매입채무계정잔액과 매입처원장 각 계정잔액의 합계
- 받을어음계정잔액과 받을어음기입장의 합계
- 지급어음계정잔액과 지급어음기입장의 합계

3) 재물조사, 채권 · 채무조회 등

다른 회계기초 책에 이 부분이 생략된 사례가 많은데, 결산을 정확하게 하기 위해서는 ① 재고자산, 고정자산에 대한 실제 재물조사를 실사하여, 장부상의 재고자산이나 고정자산의 실물이 있는지 등 실재성을 확인하여야 하고, ② 거래처와의 채권 · 채무조회를 통하여 장부상의 채권 · 채무의 잔액이 거래상대방 장부상의 잔액과 일치하는지 여부를 확인하여야 한다. 물론, 이런 절차는 회계감사를 받는 경제실체는 회계감사과정에서 진행되는데, 회계감사를 받지 않는 기업에서도 자체적으로 이런 절차를 취하여야 정확한 결산을 할 수 있다.

4) 결산정리사항(결산수정사항)의 집계

결산정리사항의 집계란 기중의 회계처리를 회계기준에 맞도록 수정하고 정리해 나가는 과정으로 결산절차 중 가장 중요한 절차이다. 이에 대해서는 항을 달리하여 살펴보기로 한다.

5) 정산표의 작성

정산표(work sheet)란 정밀하게 계산과정을 보여주는 표로서 수정전 시산표로부터 결산정리사항을 반영하여 재무제표를 작성하는 과정을 보여주는 계산표를 말한다. 정산표는 수정잔액시산표를 토대로 하여 손익계산서와 대차대조표에 기재할 금액을 하나의 일람표로 작성, 표시한 것으로 결산시 누락이나 오류를 방지하기 위한 것이다.

정산표는 잔액시산표에 손익계산서와 대차대조표를 추가시킨 6위식 정산표와 이것에 결산정리분개란을 추가시킨 8위식 정산표, 또 정리기입란 옆에 수정후 잔액시산표를 추가한 10위식 정산표가 있는데, 이 중에서 8위식 정산표가 가장 많이 쓰인다.

정산표의 양식(예시)은 다음과 같다.

계정과목	수정전 시산표		결산정리분개		수정후 시산표		손익계산서		재무상태표	
	차변	대변	차변	대변	차변	대변	차변	대변	차변	대변
현 금										
매출채권										
⋮										
합 계	×××	×××								
선급이자										
⋮										
합 계			×××	×××	×××	×××				
당기순이익										
합 계							×××	×××	×××	×××

참고로 정산표의 작성방법을 간단히 설명하면 다음과 같다.

① **수정전 시산표의 기록** : 계정과목과 잔액의 금액을 잔액시산표란에 차변과 대변을 구분하여 그대로 옮겨 적는다.

② **결산정리분개의 기입** : 결산정티분개의 계정과목 및 금액을 결

산정리분개란에 기록한다.

③ **수정후 시산표의 작성 :** 수정전 잔액시산표상의 잔액과 결산수정분개란의 금액을 가감조정한 금액을 각 계정과목별로 계산하여 수정후 시산표를 작성한다.

④ **수정후 시산표상의 잔액을 재무상태표와 손익계산서란에 옮기기 :** 수정후 시산표상의 잔액을 그 옆의 재무상태표와 손익계산서란으로 옮겨 적는다. 즉, 자산, 부채, 자본 계정의 잔액은 재무상태표란에 옮겨 적고, 비용, 수익 계정의 잔액은 손익계산서란에 옮겨 적는다.

⑤ **손익계산서란에서 당기순이익 계산 :** 차변(비용금액), 대변(수익금액)이므로 합계를 비교하여 수익합계가 더 크다면 당기순이익이 발생한 것으로 차액을 손익계산서란의 차변에 기록하고, 반대로 비용합계가 수익합계보다 많으면 그 차액을 손익계산서의 대변에 기록한다.

⑥ **재무상태표의 당기순이익 계산 :** 당기순이익은 이익잉여금에 가산되어 자본의 증가를 초래하므로 차변합계와 대변합계의 차액을 당기순이익으로 하여 대변에 기록한다. 반대로, 당기순손실이 발생한 때에는 차변합계와 대변합계의 차액을 당기순손실로 하여 차변에 기록한다.

⑦ 손익계산서상의 당기순이익(당기순손실)과 재무상태표상의 당기순이익(당기순손실)이 일치하는지 여부를 확인한다. 이것이 일치하지 않을 때에는 무엇이 잘못되었는지 그 오류부분을 찾아야 한다.

복식부기에서 손익계산의 복계산의 기능

복계산이란 기업의 손익계산을 함에 있어서, 순자산법과 손익법을 병행하는 것을 말한다. 순자산법에 의한 손익은 재무상태표에서, 손익법에 의한 손익은 손익계산서에 의하여 산출되는데, 순자산법과 손익법에 의하여 각각 계산된 손익이 일치되는 것도 복식부기의 자기검증 기능의 하나이다.

1. 순자산법(순자산비교법)

손익을 계산함에 있어서, 기초순자산과 기말순자산을 비교함으로써 기간손익을 계산하는 방법을 말하며, 자본비교법 또는 순자산비교법이라고도 한다. 순자산법에 의한 손익계산은 재무상태표에서 행해지게 되는데 순이익의 금액은 대변에, 순손실의 금액은 차변에 표시된다. 이것을 공식으로 표시하면 다음과 같다.

기말자본－기초자본＝순이익
기초자본－기말자본＝순손실

한편, 회계연도중에 유상으로 배당, 증자 또는 감자가 이루어진 때의 순손익 계산은 다음과 같이 변경된다.

기말자본－(기초자본＋증자－감자－배당)＝순이익
(기초자본＋증자－감자－배당)－기말자본＝순손실

2. 손익법
손익법이란 회계기간에 발생한 수익과 비용을 원천별로 기록하여 총수익과 총비용을 비교함으로써 기간손익을 계산하는 방법을 말하며, 이는 손익계산서에서 계산된다.

총수익－총비용＝순이익
총비용－총수익＝순손실

6) 재무제표(결산보고서)의 작성

수정후 시산표 또는 정산표가 작성되면 재무상태표, 손익계산서 등의 결산보고서(재무제표)를 작성할 수 있다. 이론적으로는 손익계산서의 당기순손익이 자본변동표로 넘어가고, 자본변동표에서 계산한 잉여금의 잔액이 재무상태표로 넘어가기 때문에 손익계산서, 자본변동표, 재무상태표의 순서로 작성하는 것으로 되나, 복식부기시스템의 '손익계산의 복계산' 기능에 따라 재무상태표를 먼저 작성하고, 손익계산서를 나중에 작성해도 무방하다.

현금흐름표는 이번 기말 재무상태표와 전기말 재무상태표의 증감을 기초로 가장 나중에 작성되는데, 우리나라 현실에서 현금흐름표를 제대로 작성하는 기업은 대기업 이외에 그리 많지 않은 실정이다.

한편, 보조원장을 기초로 부속명세서, 즉 각 계정별 명세서를 작성하게 된다.

한 가지 강조할 점은 재무제표의 작성과 표시에 대한 책임은 경영자에게 있다는 점이다. 한편, 재무제표의 기간별 비교가능성을 제고하기 위하여 전기 재무제표의 모든 계량정보를 당기와 비교하는 형식으로 표시한다. 재무제표의 기간별 비교가능성을 제고하기 위하여 재무제표 항목의 표시와 분류는 매기 동일하게 적용하는 것을 원칙으로 한다.

또한 재무제표의 이해도를 높이기 위해, 회계정책 등 비계량정보 등을 담은 주석을 작성하여야 한다. 우리나라 현실에서 재무제표 주석을 기업에서 작성하는 사례는 거의 없고 회계감사인이 작성하고 있는데, 이 주석도 기업 자체에서 작성하도록 하는 훈련을 거쳐야 한다. 주석은 현금흐름표와 같이 작성하는 데 전문적인 지식이 필요하지는 않다.

7) 장부마감절차

과거 장부를 전산시스템이 아닌 수작업으로 작성할 때에는, 장부마감이 결산 중 매우 중요한 절차였고, 기록된 장부를 모두 수작업으로 집계하기 때문에 오류도 많이 발생하고 시간도 많이 걸렸다. 그런데 요즈음에는 거의 모든 경제실체가 전산시스템을 이용하여 회계기록을 유지하고 있어, 결산예비절차까지만 사람이 수작업으로 처리하고 장부마감절차는 대부분 전산시스템이 알아서 처리한다. 그러나 결산의 전체 흐름을 알고 넘어간다는 차원에서 장부마감절차에 대해 간략히 살펴보기로 하자.

(가) 수익 및 비용 계정의 마감

모든 수익·비용 계정원장의 잔액을 (집합)손익계정[11]으로 이체하기 위한 '손익계산서 계정의 마감분개' 전표를 작성하여, 원장에 전기하고 마감한다. 손익계산서 계정의 마감분개전표를 손익계산서 각 계정(수익과 비용에 속하는 모든 계정)에 전기하면, 모든 수익 및 비용 계정의 잔액은 (집합)손익계정으로 이체되어, 수익 및 비용의 모든 계정의 잔액은 "영(0)"이 되고, (집합)손익계정의 잔액이 이번 기의 당기 순이익 또는 순손실의 금액과 일치하게 된다.

(나) (집합)손익계정의 마감

손익계산서 계정의 마감이 끝나면 손익계정의 잔액(수익계정의 잔액합계와 비용계정의 잔액합계의 차액, 당기순이익 또는 당기순손실)을 재무상태표 계정의 하나인 처분전이익잉여금(또는 결손금)계정에 대체(이체)한다. 이 이체를 위한 '집합손익계정 마감분개' 전표를 작성한 후, 처분전

---

11) 임시가계정의 성격으로 결산시점에만 필요한 계정이며, 손익계산서의 계정과목을 집계하기 위한 계정이다.

이익잉여금(또는 결손금)원장에 전기한다.

(다) 자산, 부채 및 자본 계정의 장부마감과 이월

그 뒤 자산, 부채 및 자본에 속하는 모든 계정을 마감한다. 여기서 마감의 의미는 이제 더 이상 추가나 수정을 할 수 없도록 각 계정들에 마감의 표시를 하는 것을 말한다.

(라) 수정후 시산표의 작성

위의 절차들이 모두 끝나면 다시 한번 시산표를 작성하는데, 이 시산표에는 결산정리사항들이 반영되어 있으므로 수정후 시산표라 한다. 수정후 시산표를 작성한 후에는 이를 바탕으로 재무제표를 작성하게 된다.

11 결산정리사항의 조사 및 결산분개

(1) 결산정리의 필요성

기중회계처리를 발생주의에 따라 처리하는 경제실체들도 약간 있지만, 대부분의 기업은 기중에는 외상매출 및 외상매입에 관해서만 발생주의로 처리하고 나머지 거래에 대해서는 현금주의에 따라 처리되는 사례가 많아, 결산시점에서는 모든 계정과목에 대하여 발생주의에 의한 회계처리가 되었는지를 검증할 필요가 있다.

또한 현금, 예금, 외상매출금, 재고자산 등의 자산의 장부상의 잔액과 실제 자산이 일치하는지를 검증하여야 하며, 부채의 잔액도 거래상대방과의 조회를 통하여, 장부상의 부채잔액과 실제 부채잔액이 일치하는지 여부를 검증하여야 한다.

특히 상품, 제품, 소모품 등의 재고자산은 장부상의 잔액과 실물이 일치하는 않는 사례가 많기 때문에, 결산시점에는 반드시 재고실사를 통하여 실물재고와 장부상의 잔액이 다를 경우, 그 원인을 분석하고, 장부상의 잔액을 실물재고에 일치시켜야 한다. 이런 조사는 재고자산뿐만 아니라, 모든 자산에 대하여 실시하는 것이 바람직하다.

(2) 결산정리항목의 주요 항목

발생주의와 현금주의의 차이를 조정하거나, 장부상의 잔액과 실물잔액의 차이를 일치시키기 위한 결산정리항목은 각 경제실체마다 다를 수 있는데, 공통적인 항목으로는 다음과 같은 것을 들 수 있다.

구분	항목
자산에 대한 결산정리항목	① 재고자산의 실사와 그 결과 반영 ② 재고자산의 평가 ③ 대손충당금의 설정 ④ 유가증권의 평가 ⑤ 유형자산의 감가상각 ⑥ 무형자산의 상각 ⑦ 외화자산의 평가 ⑧ 현금과부족계정의 정리 ⑨ 가계정의 정리
부채에 대한 결산정리항목	① 퇴직급여충당금의 설정 ② 외화부채의 평가
손익에 대한 결산정리항목	① 수익의 이연(선수수익) ② 비용의 이연(선급비용) ③ 수익의 예상(미수수익) ④ 비용의 예상(미지급비용)

1) 재고자산의 실사와 그 결과 반영

재고자산의 기말재고수량을 실사하여 확정하고, 매출원가를 산출하기 위하여 기초상품과 함께 다음과 같은 분개처리를 한다.

① 기초상품

(차) 매 입	×××	(대) 이 월 상 품	×××

② 기말상품

(차) 이 월 상 품	×××	(대) 매 입	×××

한편, 장부상 재고와 실제 수량의 차이는 정상적으로 발생한 감모손실은 매출원가에 가산하도록 하고 있으므로 별도의 분개가 필요하지 않으나, 비정상적으로 발생한 감모손실은 영업외비용으로 분류한다.

(차)	재고자산감모손실 (영업외비용)	×××	(대)	매 입	×××

2) 매출채권에 대한 대손계상

외상매출금 및 받을어음에 대해서는 결산일 현재 연령분석을 수행하여 회사의 대손충당금 설정방침에 따라 대손충당금의 과부족여부를 판단하고 다음과 같은 분개를 수행해야 한다.

(차)	대손상각비	×××	(대)	대손충당금	×××
(차)	대손충당금	×××	(대)	대손충당금환입	×××

3) 유가증권의 평가

주식 및 채권 중 단기매매증권 및 매도가능증권에 속하는 유가증권에 대해서는 시가로 평가하여야 하므로 다음과 같은 분개가 필요하다.

(차)	유 가 증 권	×××	(대)	유가증권평가이익	×××
(차)	유가증권평가손실	×××	(대)	유 가 증 권	×××

4) 유형자산 및 무형자산의 감가상각

건물 및 비품 등의 유형자산에 대해서는 기중에 발생한 비용과 관련하여 자본적 지출 및 수익적 지출의 구분여부를 확인한 다음 경제실체가 채택하고 있는 감가상각방법에 따라 감가상각비를 계상하여야 한다.

무형자산의 경우에는 정액법에 따라 무형자산상각비를 계산해야 한다. 이때 주의해야 할 사항은 유형자산의 경우에는 '감가상각누계액'이라는 차감계정(평가계정)을 쓰지만 무형자산의 상각비는 해당 자산에서 직접 차감해야 한다는 점이다(유형자산에는 속칭 '간접법', 무형자산에 대하여는 '직접법'을 사용한다). 유 · 무형자산과 관련된 결산조정분개를 살펴보면 다음과 같다.

(차)	감가상각비	×××	(대)	감가상각누계액	×××
(차)	무형자산상각비	×××	(대)	무 형 자 산	×××

5) 외화자산 및 부채의 평가

외화예금이나 매출채권, 매입채무, 대여금 및 차입금 등의 채권·채무 중 외화로 수수하여야 할 금액들은 결산기말의 환율에 따라 평가를 해야 한다. 이를 외화환산이라고 하는데, 이와 관련된 결산조정분개를 살펴보면 다음과 같다.

(차) 외화환산손실	×××	(대) 매출채권(차입금)	×××
(차) 매입채무(대여금)	×××	(대) 외화환산이익	×××

6) 현금과부족계정의 회계처리

결산일 현재 보유하고 있는 현금을 실사하여 장부상의 금액과의 일치 여부를 확인하고 일치하지 않는 경우에는 그 원인을 규명하여야 한다. 원인이 규명되지 아니한 현금과부족액은 일단 가계정을 사용하여 마감한 후에 최종적으로 결산이 종료되는 시점까지 원인이 규명된 경우에는 정확한 계정으로 대체하고 그 밖의 경우에는 잡이익 또는 잡손실로 대체하여야 한다.

7) 가계정의 정리

가계정이란 가지급금 또는 가수금 등 회계기준상 정상적인 계정과목이 아니라 회사의 필요에 따라 추후에 정리할 목적으로 잠시 그 처리를 유보해둔 계정들을 말한다. 예를 들면 출장경비로 사용할 목적으로 일시적으로 얼마의 현금을 인출해 가고 출장이 끝난 후에 경비를 정산하기로 한 경우에는 현금 지출시점에 가지급금으로 처리하는 경우가 대부분이다.

특히 ERP시스템을 도입한 경우에는 외국 회계시스템과 국내 회계시스템의 차이, 추후 자동전표의 발행 등을 이유로 기중에 가계정이 매우 많이 발생하는데, 이러한 가계정들이 모두 올바른 계정으로 정리되었는지 여부를 반드시 검토하여야 한다.

8) 수익의 이연

당기에 현금으로 수수하였으나 당기에 귀속되지 않고 차기에 귀속되는 수익은 차기로 이연하여 차기에 수익을 계상하여야 한다. 당기에 현금으로 수령한 부분은 선수수익으로 처리한다. 이 계정은 부채계정이며, 회계처리는 이 계정의 대변에 기입하여 차기로 이월한 다음, 차기에 수익으로 계상되므로 차기 초에는 수익계정으로 재대체하여야 한다.

9) 비용의 이연

당기에 이미 현금으로 지급되었으나 발생주의에 의해 당기에 귀속되지 않고 차기에 귀속되는 비용으로 선급비용이라고 한다. 이 계정은 자산계정이며, 회계처리는 이 계정의 차변에 기입하여 차기로 이월한 다음, 차기에 비용화하므로 차기 초에는 비용계정으로 재대체하여야 한다.

10) 수익의 예상

당기에 이미 수익인식을 위한 가득조건은 충족되었으나, 아직 현금을 수수하지 않은 수익으로 미수수익이라고 한다. 이 계정은 자산계정이며, 회계처리는 이 계정의 차변에 기입하여 차기에 이월한 다음, 차기에 수입되는 금액에서 차감해야 하므로 차기 초에는 수익계정에 재대체하여야 한다.

11) 비용의 예상

발생주의에 의해 당기에 속하는 비용이지만, 아직 현금으로 지급하지 못한 비용으로 미지급비용이라고 한다. 이 계정은 부채계정이며, 회계처리는 이 계정의 대변에 기입하여 차기에 이월한 다음, 차기에 지급액에서 차감해야 하므로 차기 초에는 비용계정에 재대체하여야 한다.

12) 퇴직급여충당부채 및 퇴직연금의 결산정리사항

퇴직급여는 종업원이 퇴직 후를 대비하여 급여의 일부를 기업 내에 저축하게 되며, 기업은 종업원이 퇴직하게 되는 경우 퇴직금을 지급한다. 따라서 퇴직금은 종업원이 퇴직할 때 지급되지만 퇴직시점의 비용이 아니라 종업원의 재직기간에 발생하는 비용이라 볼 수 있다. 따라서 1년 동안 불입된 퇴직금의 증가액은 종업원이 퇴직하지 않더라도 당해 기간의 비용으로 인식하여야 한다. 1년 동안의 퇴직금 증가액은 손익계산서의 판매관리비인 퇴직급여계정 차변에 기록하고, 상대편 계정과목으로 대차대조표의 고정부채인 퇴직급여충당부채로 기록한다.

한편, 퇴직연금에 가입한 경제실체는 퇴직연금에 관한 회계처리를 해야 한다. 퇴직연금은 확정급여형 퇴직연금제도와 확정기여형 퇴직연금제도로 구분되고 그 회계처리 또한 달라지게 되는데, 초급회계자가 이해하기 어려운 점이 많아 구체적인 설명은 생략한다.

13) 법인세 등의 추정

법인세비용(法人稅費用, corporation tax)이란 회계기간에 납부해야 할 법인세 등을 말하며, 비영리법인도 수익사업에 대하여 법인세를 납부할 의무가 있어, 이번 기에 부담할 법인세 등이 얼마인지를 계산하여, 법인세 등의 비용을 계상하게 된다. 기중에 법인세 중간예납액과 이자수익의 원천징수 금액을 차변에 선납세금으로 회계처리하는데, 기말에는 법인세비용으로 대체하고, 추가로 납부할 법인세 금액이 있으면 미지급법인세를 계상한다.

Chapter 8

비영리법인의 재정관리

1 재정관리의 개념

영리기업에서는 재정관리라는 용어보다는 재무관리라는 말을 주로 사용하는데, 행정부나 비영리단체에서는 재무관리라는 말보다 재정관리라는 용어를 주로 사용하고 있는 듯하다. 재정관리는 재무관리 또는 재무행정이라는 말과 혼용되고 있으며 조직의 목표달성을 위해 필요한 재정자원을 합리적이고 계획적으로 동원하고 배분하며 효율적으로 사용하고 관리하는 과정을 의미한다. 사전을 찾아보면, 재정(財政)이란 국가 또는 공공단체가 행정활동이나 공공정책의 시행에 필요한 재산을 조달하고 관리 사용하는 모든 경제활동이라고 정의하고 있다. 즉, 재무관리 또는 재정관리란 국가, 지방자치단체, 기타 공공기관이 공공의 수요를 충족하기 위하여 필요한 재원을 합리적으로 조달하고 배분하며 이를 효과적으로 관리 및 사용하는 모든 과정을 말한다.

재정관리는 예산(재정계획)을 수립하고(예산수립), 예산상의 수입(세입[1])과 지출(세출) 활동을 관리하며(예산집행), 재정자원의 수입과 지출에 관한 사항을 기록 및 정리하고(회계), 재정관리의 전반적인 과정을 평가(재정평가)하는 절차로 이루어진다. 즉, 재정관리는 조직의 목표달성을 위해 필요한 재정자원을 합리적이고 계획적으로 동원하고 배분하며 효율적으로 사용하고 관리하는 과정을 의미한다. 정부부문에서 재정관리는 세입창출(조세징수), 분배(공공예산), 지출로 구분되는데, 비영리조직에서는 재무계획, 기금조성, 부채관리, 예산편성, 지출통제과정과 관련한 업무를 말한다.

2 비영리단체의 재정관리 흐름

비영리단체의 재정관리의 요소는 기금조성 재정활동, 지출관련 재정계

1) 세입이나 세출의 세(歲, 해 세)라는 한자는 1년을 이르는 말로서, 한 해의 수입, 지출을 의미한다. 「예산회계법」 제18조에 의하면 "한 회계연도의 모든 수입을 세입으로 하고, 모든 지출을 세출로 한다"라고 규정하고 있어서 세입과 세출이란 단어는 원래 중앙정부 및 지방자치단체에서 사용하는 용어이다. 그리고 정부 예산지원이 많은 사회복지법인 등에서도 세입과 세출이라는 용어를 사용하고 있는 사례가 많다.

획활동, 이용가능한 자원의 분배와 할당, 지출조정에 대한 관리, 재정적 책임 등으로 구성되며, 이는 재정계획→기금조성→예산수립→지출조정→평가의 순환과정을 가진다. 비슷한 경우로 예산수립→예산집행→결산→회계와 감사의 과정으로 볼 수도 있다. 이 중에서 여기서는 주로 예산수립과 예산집행에 관한 부분을 살펴보기로 한다.

(1) 예산수립

1) 예산의 정의

예산이라는 말의 어원은 원래 '작은 가방'이라는 의미의 불어 'bougette'로 영국의 재무장관이 의회에서 예산안의 서류를 작은 가방에서 끄집어내어 제출하는 동작을 서술하는 것에서 만들어진 말이라고 한다. 예산이란 어느 단체의 장래 일정기간 동안 계획된 지출과 그 지출을 위한 자금조달계획의 서술이다. 예산은 일반적으로 다음 1년간의 재정계획을 말하는데, 이런 의미에서 예산은 다음 1년간의 조직의 목표를 금전적으로 표시한 것이며, 1년 동안 재정활동의 감시장치를 제공하는 것이 된다.[2] 이러한 기준으로 볼 때, 예산의 성공과 실패는 조직 관리자와 직원의 관여에 달려 있으므로 단체의 리더와 모든 직원 역시 기관의 자원개발에 협조해야 하고 예산의 효율적 운영을 유지하도록 도와야 한다.

예산이란 어떤 의미를 가지고 있을까? 여러 관점이 있는데, 다음과 같은 성격을 가지고 있다는 것이 일반적인 견해이다.

① 정치적 과정 : 예산은 자원배분이 초점인데, 이러한 자원배분에 대한 의사결정은 정치적으로 이루어지므로 정치적 과정이라 할 수 있다.

② 사업기획과정 : 예산수립은 조직의 목표달성을 위해 사업을 수행하기 위한 것이고, 예산수립과정은 목표설정, 대안개발 및 기대효과 분석, 효과성 평가기준 결정 등의 사업기획 절차와 병

2) 비영리단체들은 1년 단위의 예산을 수립하는 것이 관행임에 비하여, 영리기업들이나 공공기관들은 조직의 비전이나 미션에 따라 장래 3~5년간의 중장기계획을 수립한 후, 그 중장기계획에 따라 1년마다의 단기계획을 수립하는 것이 일반적이다. 최근에는 비영리단체들도 중장기계획을 수립하는 사례가 많이 늘고 있다.

행・통합되므로 사업기획과정이라 할 수 있다.

③ **사업관리과정**: 예산수립은 조직의 관리자가 조직 각 단위의 활동과 그 책임자 및 시행일정 등을 검토하므로 사업관리과정이라 할 수 있다.

④ **회계절차**: 예산서는 회계담당자가 자금의 내외적 흐름을 통제하고 재정활동을 승인하는 근거가 되므로 회계절차라 할 수 있다.

⑤ **인간적인 과정**: 예산은 고객과 예산을 집행하는 조직구성원, 지역사회에 커다란 영향을 미치게 되므로 예산수립을 잘하려면 이들과 접촉해서 대화하는 기회를 가져야 하기에 인간적인 과정이라 할 수 있다.

⑥ **미래를 변화시키는 과정**: 예산은 장래의 활동계획에 대한 재정계획이므로 미래의 목표를 새로 설정할 수 있고 이에 따른 새로운 활동을 할 수 있기 때문에 미래를 변화시키는 과정이라 할 수 있다.

2) 일반적 예산수립의 원칙

예산수립에는 일반적으로 다음과 같이 총 8가지의 원칙이 있다.

- 공개의 원칙
- 명료성의 원칙
- 포괄성의 원칙
- 예산통일성의 원칙
- 명세성의 원칙
- 사전승인의 원칙
- 정기성의 원칙
- 정확성의 원칙

3) 예산수립절차

해당 비영리단체의 정관 등에 정하여진 내용 또는 관련법령 또는 관할관청의 훈령 등에 따라 다를 수 있으나, 통상 다음과 같은 절차를 밟아 회계연도 개시 전까지 이사회의 결의로 예산을 확정하여야 한다.

- 조직의 중장기 및 단기적, 구체적 목표 설정
- 조직운영에 대한 자료 수집
- 운영대안의 고려
- 조직활동의 우선순위 결정
- 우선순위에 따른 예산안 잠정 확정
- 재정원천과의 접촉 및 확인
- 예산안 수정 및 확정

사회복지법의 적용을 받는 사회복지법인의 예를 살펴보면, 사회복지법인의 대표는 법인회계에 속하는 예산을 편성하고 이사회의 의결을 거친 후 확정이 되면 시설회계의 관계되는 예산내역을 당해 시설의 장에게 통지해 시설회계의 예산안을 편성하고, 매 회계연도 개시 1월 전까지 당해 법인의 대표에게 제출하고 이를 회계연도 개시 20일 전까지 이사회의 의결을 거쳐서 확정이 되면 사회복지법인 재무·회계규칙 제10조에 의해 매 회계연도 개시 5일 전까지 법인회계와 시설회계의 예산을 시장·군수·구청장 등에게 제출하도록 하고 있는데, 다른 비영리단체들도 유사하다고 할 수 있다. 공익법인법상 공익법인은 사업계획 및 예산을 당해 사업의 회계연도 개시 1월 전까지 주무관청에 보고하고, 사업실적과 결산을 해당 사업의 회계연도 종료 후 3개월 이내에 주무관청에 보고하도록 하고 있으며, 기타 특별법이 아닌 「민법」에 따라 설립된 일반적인 비영리법인의 경우에는 각 주무관청이 정한 비영리법인의 설립 및 감독에 관한 규칙에서 예산과 결산제출의무[3]를 규정하고 있다.

다시 사회복지법의 예를 살펴보면, 사회복지법인은 법인회계 및 시설회계 예산별로 별도의 규정에 의한 세입·세출예산 과목에 따라 편성해야 하고, 법인회계의 예산에는 ① 예산총칙, ② 세입·세출명세서, ③ 추정대차대조표, ④ 추정수지계산서, ⑤ 임직원 보수일람표, ⑥ 당해 예산을 의결한 이사회 회의록 사본 등을 첨부해야 하며, 시설회계의 예

3) 예) 「기획재정부 및 그 소속청 소관 비영리법인의 설립 및 감독에 관한 규칙」(기획재정부령) 제7조(사업실적 및 사업계획 등의 보고)에서 비영리법인은 매 사업연도가 끝난 후 2개월 이내에 다음 각 호의 서류를 주무관청에 제출하도록 하고 있다.
1. 다음 사업연도의 사업계획 및 수입·지출 예산서 1부
2. 해당 사업연도의 사업실적 및 수입·지출 결산서 1부
3. 해당 사업연도 말 현재의 재산목록 1부

산에는 위의 ① 예산총칙, ② 세입・세출명세서, ⑤ 임직원 보수일람표, ⑥ 당해 예산을 의결한 이사회 회의록 사본을 첨부하도록 되어 있다.

4) 예산안의 내용과 유형

예산안이란 당해 비영리단체의 목적 실현을 위해 필요한 경비를 계산해 작성한 계획이며, 외부의 이해관계자들은 그 예산안을 통해 조직 혹은 프로그램에 대한 자원할당의 근거를 평가한다. 예산은 수입과 지출을 동시에 검토하여 균형예산이 될 수 있도록 고려해야 하는데, 대표적 지출항목으로는 관리비(인건비, 사무비 등)와 사업비 등이 있고 대표적 예산 확보의 방법으로는 보조금(정부지원금, 지방자치단체 보조금, 기업체 지원금 등), 법인부담금, 자체 수입금(프로그램 수입금, 사업후원금, 결연후원금 등) 등이 있다.

5) 예산수립체계의 유형

예산수립에서 무엇을 가장 중요한 요소로 삼느냐에 따라 예산체계는 품목별, 성과주의, 계획, 영기준 예산으로 나누며 두 가지 이상의 모형이 적용되는 경우가 많다.

(가) 품목별 예산(Line-Item Budget : LIB)

가장 오래되고 전통적이며 일반화된 예산체계로서 구입하고자 하는 품목을 물품, 서비스별로 편성하는 예산이다. 이 품목별 예산은 전년도 예산을 주요 근거로 하여 일정한 양만큼 증가시킨다는 점과 회계계정에 따라 구입품목별로 편성한다는 특징이 있고, 또한 그 자체로서 통제적 기능이 강하며 회계담당자에게 업무가 편리한 예산체계라는 특징이 있다. 품목별 예산제도는 지출근거를 명확히 하므로 예산통제에 효과적이며 회계에 용이하다는 장점이 있는 반면, 장점에 비해 단점이 많은 예산체계라고 알려져 있다.

(나) 성과주의 예산(Performance Budget : PB)

기능주의, 사업예산이라고도 하는데, 활동을 기능별 또는 사업별로 구분한 후 이를 다시 세부사업으로 나누어 각 사업의 단위원가와 업무량을 계산해 편성하는 과정중심의 예산을 말한다. 성과주의 예산은 장기적 계획을 고려하지 않고 효율성을 중시하며, 또한 관리기능이 강하고 관리자에게 유리한 계산을 할 수 있게 해준다. 단위의 원가를 계산하고 여기에 업무량을 곱하여 계산한 값이 예산액이라는 결과가 성과주의 예산의 특징이다.

예산체계 모형별 장 · 단점

	특 징	장 점	단 점
품목별 예산 (LIB)	• 전년도 예산에 근거 • 구입품목별 편성 • 통제적 기능이 강함 • 회계담당자에게 유리함	• 지출근거를 명확히 하여 예산통제에 효과적 • 회계관리에 용이	• 예산의 신축성 저해 우려 • 예산증대의 정당성 부여 근거 미약 • 목표달성 고려 부족 • 사업내용 파악 곤란 • 효율성 저하
성과주의 예산 (PB)	• 단위원가×업무량=예산으로 계산 • 장기계획을 고려하지 않고, 효율성을 중시하며, 관리기능이 강함 • 관리자에게 유리함	• 목표와 사업 이해 용이 • 자금배분의 합리성 및 사업의 효율성(사업별 통제가능)	• 예산통제 곤란 • 비용산출 단위 설정 및 비용책정 어려움 • 효과성 무시
계획예산 (PPBS)	• 장기계획과 단기예산편성을 구체적 사업실행계획을 통해 유기적으로 연결 • 장기계획을 전제로 하며, 목표를 분명히 함 • 계획기능이 강함 • 계획자에게 유리함	• 목표와 사업 이해 용이 • 자금배분의 합리성 • 사업계획과 예산수립의 괴리 방지 • 사업 효과성 제고	• 합리성을 전제로 하므로 목표설정이 어려움 • 결과에 치중하여 과정을 간과 • 의사결정의 중앙집중화 우려
영기준 예산 (ZBB)	• 해마다 사업목표와 수행능력, 다양한 사업을 고려함 • 사업간 비교평가에 기초하여 우선순위 설정, 사업 선택 • 의사결정기능이 강함 • 소비자에게 유리함	• 예산절약 및 사업 쇄신에 기여 • 재정운영과 자금배분이 탄력적 • 관리 참여 확대 • 자금배분 합리화 • 사업 효과성 및 효율성	• 의사소통 및 결정, 사업평가에 대한 관리자 능력 필요 • 모든 사업의 매년 재평가 곤란 • 장기계획에 의한 사업수행 곤란

(다) 계획예산(Planning-Programming-Budgeting System : PPBS)

1954년 미국의 Rand 연구소에서 처음으로 개발한 이 예산체계는 목표달성을 위한 장기적 기본계획을 수립하고 기본계획을 연차적으로 실행하기 위하여 사업별로 편성하는 예산을 의미하며 산출중심의 예산이라고도 한다. 장기적 계획과 단기적 예산편성을 구체적인 사업실행계획을 통하여 유기적으로 연결한다. 장기적 계획을 전제로 하며 목표를 분명히 하고 목표달성을 강조한다. 계획기능이 강하며 계획자에게 유리한 예산이라는 점이 특징이다.

(라) 영기준 예산(Zero-Based Budget : ZBB)

전년도 예산을 전혀 고려하지 않고 영(zero)에서 출발하여 업무계획을 수립하고 채택된 프로그램에 관해서만 예산을 편성하며 신규 사업의 정당성을 매년 새로 마련하여 우선순위를 정해서 편성하는 예산체계를 말한다. 목표달성을 위한 다양한 사업과 매년 사업목표, 수행능력을 새로 고려한다.

(2) 재원조성의 방법

비영리단체에 따라 달라질 수 있으나, 일반적인 재원조성방법으로는 다음과 같은 방법이 있다.

1) 보조금

비영리단체의 중요한 예산 확보수단으로서 정부보조금, 지방자치단체 보조금과 민간보조금이 있다. 정부보조금은 보조금 신청을 한 후 관할 관청 등에서 검토하여 경쟁을 통해 지급하는데, 특히 재량적 보조금은 혁신적 프로그램이나 아이디어에 의해 제공되기도 한다.

2) 정부 등과의 수탁계약 또는 서비스 제공을 통한 수입창출

비영리단체의 성격이나 활동에 따라 달라지나, 정부 등과의 수탁계약을 통하여 일정한 사업을 수행하고 그 대가를 수취할 수도 있고, 기타 목적사업의 재화나 용역을 제공하면서 고객으로부터 그 대가를 받을 수 있다. 즉, 기부금 모집이나 정부의 보조금 이외에도 다른 방법으로서 당해 비영리단체가 일반에게 제공하는 서비스의 대가로서 받는 요금이 있을 수 있다.

3) 기부금 모집

프로그램(고유목적사업) 예산의 부족한 부분을 보충할 수 있는 중요한 재원으로서 개인기부금, 유산, 지정기탁, 재단, 영리법인으로부터 기부를 받는 것을 고려할 수 있다. 최근에는 펀드레이저 등을 통하여 기부문화를 활성화하는 단체들도 많이 늘었다. 사회복지공동모금회 등 배분사업을 하는 재단 등으로부터의 보조금은 당해 비영리단체의 특정 사업이나 프로그램의 자금신청 및 평가를 통해 지급되며 주로 소규모기관이나 특정분야의 서비스 기획에 자금 활용시 용이하다.

4) 회비, 후원회비

일반회원이나 후원회원 등의 제도를 통하여, 회비나 후원금 또는 기부금을 받는 형식으로서 기부를 하는 사람 대부분은 한 해 동안 지속적으로 기부하게 되는 경향이 있다.

5) 특별모금행사

모금기획과 수행에 경험이 있고 기업 등과 밀접하게 접촉하는 인사로 구성된 특별위원회를 구성하여 기획할 수 있으며, 대중을 초대하고 실제 비용 이상을 부담하게 하는 특별 프로그램으로서의 자선디너, 연간 자선음악회, 특별 아이템 판매와 이익의 일부 기부 행사 등을 예로 들 수 있다.

6) 자체 수익사업

건물임대사업이나 기금 등의 이자증식, 기타 특별사업 등을 통하여 수입을 획득하는 경우도 많이 있다.

7) 결연후원금, 유증, 지역 공동모금 등

이 외에도 결연후원금과 유산을 물려주는 행위인 유증, 지역 공동모금 등이 있을 수 있다.

8) 제3자로부터의 차입

비영리법인을 운영하면서 자금부족이 있어서 금융기관 등 제3자로부터 차입할 필요가 생길 때가 있다. 민법에서는 제3자로부터의 차입에 관한 조항이 없는데, 공익법인법에는 1년 이상의 장기 차입과 기본재산의 담보제공에 관하여 이사회 결의를 거쳐 주무관청의 허가를 받도록 하고 있다(사회복지법인, 학교법인, 의료법인도 관련되는 법령상 별도의 절차를 취하여 한다). 실제로, 비영리법인이 은행으로 차입하고자 할 때에 차입자 측면에서의 규제가 있고, 은행의 입장에서 보더라도 영리기업에 대한 대출보다 절차가 까다롭고, 대출금 회수가 어려울 경우가 있다고 보는 것 같다.

한편, 소규모 비영리단체에서는 실무적으로 단기적인 자금부족으로 인하여 이사장, 대표 등으로부터 개인자금을 빌렸다가 변제하는 거래도 종종 발생하는데, 이러한 경우를 미리 대비하여 차입규모, 이자율 등에 대하여 이사회의 사전 승인을 받는 것이 바람직하다.

참고 | 일본의 사단법인의 기금제도

> 일본은 2006년 공익법인 개혁에서, 일반사단법인에 대하여 기금제도라는 것을 새로 만들었다. 사단법인에는 기본재산제도가 없어서 활동을 수행할 재원이 없는 경우가 많은데, 이를 대비하기 위해 사원 또는 사원이 아닌 제3자로부터 기금을 모아 활동자금으로 사용할 수 있도록 했다. 이 기금은 기금을 낸 자에게 변제할 의무가 있어서, 종래의 기본재산과는 다르다.
>
> 우리나라 법령에는 이런 제도가 아직 도입되지 않았으나, 정관에 이런 규정을 만들어 일본의 기금제도를 도입해 보는 것을 시도해 볼 만하다고 생각된다. 일본의 회계기준에서는 이를 순자산에 표시하도록 하고 있으나, 우리나라의 회계기준으로는 부채로 표시되어야 할 것 같다.

(3) 예산운영의 제 원칙

아래는 정부회계에서 채택하고 있는 예산운영의 제 원칙인데, 비영리단체의 예산운영에서도 대부분 적용되고 있는 원칙들이다.

① **건전재정 운영의 원칙** : 예산을 편성하거나 집행함에 있어 연도간 재정상황을 충분히 고려하여 재정운영의 건전성을 유지하여

야 한다.

② **회계연도 독립의 원칙** : 각 회계연도에 지출하여야 할 경비의 재원은 당해 연도의 수입으로 충당하여야 하고, 당해 연도의 세출은 반드시 그해에 지출하여야 하며 다른 연도의 사업에 지출하여서는 안 된다(예외 : 계속비, 결산잉여금의 이월, 명시 · 사고이월, 과년도 수입과 지출 등).

③ **수입의 직접 사용 금지의 원칙** : 모든 수입을 지정된 수납기관에 납부하여야 하며, 예산에 편성하지 아니하고 직접 사용하여서는 안 된다(세입 · 세출 혼동 금지의 원칙, 예외 : 수입대체경비의 직접 사용).

④ **예산총계주의 원칙** : 모든 세입과 세출은 세입 · 세출 예산에 계상하여야 한다.

⑤ **한정성의 원칙**(예산의 목적 외 사용금지 원칙) : 예산의 사용목적, 금액, 기간 등에 한정을 두어야 한다는 원칙을 말한다. 특정목적을 위하여 할당된 예산액은 그 목적을 위해서만 사용되어야 하며, 예산초과 지출 및 예산외 지출을 금한다. 예산은 재정운영에 대한 약속이라고 할 수 있으며 예산에 정해진 목적을 벗어나 방만한 예산집행을 하게 되면 예산제도 존재 자체가 무의미하게 되는 결과를 가져온다.

⑥ **공개성의 원칙** : 예산을 목적대로 운용하고 있는지를 구성원 모두가 알 수 있도록 하고, 재정운영의 투명성과 책무성을 제고하기 위하여 이사회에서 심의된 예산 및 결산은 공개하여야 한다.

⑦ **명료성의 원칙** : 예산은 누구나 쉽게 이해할 수 있도록 세입 · 세출을 합리적으로 분류, 표시하고 수지추계와 수입의 출처 및 지출의 용도를 명시해야 한다.

⑧ **사전의결의 원칙** : 예산은 집행하기 전, 즉 회계연도 개시 전에 의회의 심의 · 의결을 거쳐야 하며, 준예산제도는 이 원칙의 예외로 인정된다.

⑨ **단일예산주의 원칙** : 여러 예산을 편성하는 복수예산이 아니라 하나의 회계로 통일하여 단일의 예산에 통합하여야 한다.

⑩ **예산의 목간 전용** : 비영리단체의 대표는 관 · 항 · 목 간의 예산을 전용할 수 있다. 다만, 관간의 전용은 이사회의 의결을 거쳐

야 하고 필요한 경우 관할관청의 허가를 받아야 한다. 동일 관내의 항간의 전용은 이사회의 의결을 거쳐야 하며, 예산총칙에서 전용을 제한하고 있거나 예산수립과정에서 이사회가 삭감한 관 · 항 · 목은 전용하지 못한다.

⑪ **세출예산의 이월** : 경비의 성질상 당해 회계연도 안에 지출을 마치지 못할 것으로 예측되는 경비와 연도 내에 지출원인행위를 하고 불가피한 사유로 인하여 연도 내에 지출하지 못한 경비는 이사회의 의결을 거쳐 다음 연도에 이월하여 사용할 수 있다.

(4) 예산의 집행과 결산

예산안이 이사회나 총회 등에서 승인되면, 예산의 기능은 자원을 확보하기 위한 수단에서 조직의 목적을 달성하기 위한 업무진행을 지원하는 수단으로 변화된다. 예산의 집행은 수입, 지출에 관한 관리나 통제뿐만 아니라 회계통제, 산출통제, 관리행위 통제의 의미가 있다.

1) 수 입

비영리단체의 수입은 위에서 살펴본 바와 같이 보조금, 법인수입, 지원보조금, 기탁금, 일시차입금, 은행이자 등이 있으며, 원칙적으로 대표가 관리하나 관련 사무직원에게 위임이 가능하다. 수입에는 청구사무와 수납사무가 있는데, 청구사무는 비영리단체가 채권자로서 청구권을 행사할 경우 품의서 및 수입결의서를 작성하여 청구행위를 하는 것을 말하고, 수납사무는 채무자로부터 수입금을 현금으로 영수하여 금액을 확인하고 영수증을 발급한 후 수납한 현금을 처리하는 사무를 말한다. 청구사무와 수납사무는 가급적 서로 다른 사람이 담당하게 하는 것이 내부통제의 목적상 좋다.

2) 지 출

재무이행에서 최종행위인 현금의 지급을 의미하며 지출결의서를 작성하여 최고 책임자의 결재를 받아야 한다. 대표의 위임을 받은 자가 행할 수 있으며 지출결의서에 의하여 금전을 지출할 때에는 세금계산서 등의 정규증빙을 교부받아야 한다. 지출업무는 지출결정사무와 지출사무로 구분되는데, 지출결정사무는 채무에 관한 지출행위를 하고자 할 때 지출결의서를 작성하여 지출을 결정하는 것을 말하며, 지출사무는 지출결정행위가 끝나면 이에 기초하여 지급하는 것을 말한다. 지출결정사무와 지출사무도 서로 다른 사람이 담당하게 하는 것이 좋다.

(5) 예산집행을 통제하는 기법

1) 분기별 할당

수입과 지출이 일정치 않은 경우가 있는데, 이 경우 수입예산의 수입과 지출예산의 지출을 분기별로 조정하여 수입과 지출의 균형을 유지할 필요가 있으며, 책임자는 이러한 사정을 하부활동 책임자에게 이해시키고 상의하여 할당의 효과가 나타나도록 하여야 한다.

2) 지출의 사전승인

조직에서 일정액 이상의 지출을 할 경우 최고 행정책임자의 사전승인을 받도록 하거나 지출 액수에 따라 중간 책임자의 사전승인을 받도록 하는 것이 일반적이다. 수입과 지출의 균형을 유지하고 승인을 의도적으로 연기하여 지출을 억제시키는 효과가 있다.

3) 자금지출의 취소

예상된 재정원천으로부터 수입이 인가되지 않거나 삭감정책에 의해 예상된 수입액이 입금되지 않을 경우 자금지출을 잠정적 · 최종적으로 취소할 수밖에 없는 경우도 발생할 수 있다.

4) 정기적 재정현황 보고제도

책임자는 월별, 분기별로 재정현황을 보고받아 검토해야 한다.

5) 지불 연기 또는 차입

수입예산이 계획대로 확보되지 않을 경우, 지출을 연기하거나, 불가피한 지출을 위해서는 은행, 다른 단체 또는 정부의 기금으로부터 장기적 또는 단기적인 대부를 받아야 할 경우도 있을 수 있다.

(6) 관리회계와 예산차이분석

관리회계는 책임자가 행정적 의사결정을 하는 데 필요하도록 재정관계 자료를 정리하는 것으로 예산단위의 비용을 계산하여 예산의 실행성과를 분석하는 것을 주요 내용으로 하며, 통상 예산차이분석을 포함한다.

예산차이분석의 목적은 차이가 발생한 장소·인원에 대한 책임의 소재를 명백히 하고, 예산의 수정이나 차기의 경영계획, 예산의 설정에 대하여 중요한 자료를 제공하는 데 있다. 예산차이분석은 종합예산으로부터 순차적으로 부문예산, 필요한 경우에는 추가적 분석을 행한다. 그러나 차이분석만으로는 완전한 예산통제의 실효를 거둘 수 없고, 시정조치를 위한 원인분석이 뒤따라야 한다. 그 원인에 따라 관리가능차이와 관리불능차이가 있고, 일반적으로 경영상층부는 하층의 관리자보다 관리가능한 차이의 폭이 넓어진다. 또한 차이 원인이 밝혀지면 교정적 조치가 이루어져야 하고, 이 업무는 이사회나 예산위원회를 활용하는 것이 효과적이다.

정부 예산의 편성부터 결산까지의 과정

정부 예산안은 매년 △편성 △심의·확정 △집행 △결산·평가 등 네 단계의 과정을 거친다. 이 같은 재정운용과정은 국민에게 거둬들일 수 있는 세수를 반영해 한 해에 쓸 정부 살림살이에 대해 계획을 세우고 이를 집행하는 일련의 과정을 말한다.

이 과정에서 기획재정부는 장기적인 재정운용계획을 수립하고 각 부처의 예산요구서를 검토해 부처별로 예산을 나눠주는 역할을 담당한다. 크게 보면 예산에 깊이 관여하는 기관은 기획재정부와 국회이다. 즉, 정부에서 확정한 예산안을 국민의 대표자들이 모인 국회에서 심의를 거쳐 확정한다.

먼저 재정운용과정을 시기적으로 살펴본다. 1월말 각 부처는 5년 이상 꾸준히 예산이 필요한 신규사업과 주요 계속사업의 중기사업계획서를 기획재정부에 제출한다. 이를 토대로 기획재정부는 4월말 열리는 대통령 주재 국무위원 재정전략회의를 거쳐 부처별로 다음 연도 '지출한도(Ceiling)'를 확정한다.

이어 기획재정부의 예산안 편성 및 기금운용계획안 작성지침에 따라 각 부처는 5, 6월 중 다음 해 예산요구서를 만들어 6월말까지 기획재정부에 제출한다. 이 기간 기획재정부는 국가재정운용계획 공개토론회에서 재정운용 방향이나 재정 이슈 등에 대해 민간 전문가와 국민들의 의견을 수렴한다.

7월부터 9월까지 기획재정부는 각 부처가 제출한 예산요구서를 토대로 요구한 예산의 규모가 적정한지, 낭비되는 사업은 없는지 등을 심의해 각 부처에 배분할 예산을 정하고, 이를 토대로 회계연도 개시 90일 전인 10월 2일까지 정부 예산안을 국회에 제출한다. 석 달 가까운 기간에 정부 예산안을 마련하기 위해 예산실 직원들은 밤을 새워가며 업무에 매달리고, 또 각 기관의 예산담당자들은 기획재정부를 찾아와 자신들에게 예산이 필요한 이유를 설명하고 예산을 가급적 많이 따내려고 분주히 뛰어다닌다.

10월이 되면 정부 시정연설을 시작으로 △상임위원회 예비심사 △예산결산특별위원회 종합심사 △본회의 의결 등 세 단계를 거치며 국회에서 예산안 심의가 이루어지는데, 시정연설은 행정부의 수반인 대통령이 직접 하거나 국무총리가 대독하는 방식으로 예산안의 중점 내용과 추진 방향 등을 설명하는 과정이다. 이어 상임위와 예결위를 거쳐 국회는 회계연도 개시 30일 전인 12월 2일까지 본회의 의결을 마쳐야 하는데, 여야의 다툼 속에서 국회가 처리시한을 지키지 않을 때도 많다.

국회 예산안 심의에서는 각 사업의 예산을 깎을 수는 있지만 정부의 동의 없이 예산을 늘리거나 신설하지는 못한다. 정부의 예산편성권을 인정하고 포퓰리즘에 취약한 국회에서 마구잡이로 예산을 끼워넣지 못하도록 하기 위함이다.

한편 이처럼 확정된 예산은 각 부처에서 계획에 따라 집행하게 되는데, 예측하지 못한 일이 발생했을 때를 대비해 다른 쓰임새로 돈을 쓰거나 예비비를 마련해놓는 등 '운용의 묘'를 발휘할 수 있다.

회계연도가 끝나면 마지막으로 이에 대한 결산을 국회에서 승인받아야 한다. 각 부처는 2월말까지 결산보고서를 기획재정부에 제출하고 기획재정부는 국가결산보고서를 감사원에 제출해 검사를 받은 뒤 5월말까지 국회에 제출한다. 이와 함께 정부는 성과목표관리제, 재정사업 심층평가제도 등 평가과정을 통해 사업효과를 다음 예산편성 때 반영한다.

Chapter

9

비영리법인의 세금 - 전반

1 비영리법인과 세금

비영리법인은 세금을 안 내도 될까? 물론 답은 아니다(No)이다. 간혹 비영리법인 담당자들이 비영리법인이 왜 세금을 내야 하는지를 묻거나 비영리법인은 당연히 세금을 내지 않아도 되는 것처럼 말을 하는 경우를 만날 때마다 적잖이 당황하게 된다.

비영리법인이라도 소득(이익)이 있으면 소득(이익)에 대한 세금인 법인세를 내야 하고, 증여를 받으면 증여세를 내야 한다. 물론, 건물이나 토지 등 취득세 과세대상물건을 구입할 때 취득세를, 재산세 과세기준일 현재 재산세 대상 재산을 보유하고 있으면 재산세를 내야 한다. 한마디로 영리법인과 마찬가지로 과세요건에 해당할 때에는 세금을 납부해야 한다.

다만, 비영리법인 혹은 공익법인에게 세법이 주는 혜택이 영리법인보다는 많은 편이어서 법인세 과세대상인 수익사업소득에 대하여만 법인세 납세의무가 있고, 수익사업에서 발생한 소득(이익)이 없으면(마이너스이면) 법인세를 내지 않아도 되며, 지방세 감면에 해당되면 감면 규정에 따라 취득세나 재산세를 감면받고, 상증세법상 공익법인에 해당되면 증여받은 재산에 대해 증여세를 내지 않아도 되는 혜택 등이 있다. 즉, 당연히 세금을 안 내는 존재가 아니라 법에서 세금에 대한 혜택을 영리법인보다 폭넓게 인정하고 있어서 현실적으로 세금을 안 내는 경우들이 많이 있지만, 애초부터 세금을 내지 않아도 되는 것은 아니다.

다음 표는 비영리법인이 가장 흔하게 접할 수 있는 세금에 대해 정리한 것이다.[1)]

---

1) 위의 세금 이외에 임직원 보수 및 급여에 대하여는 비영리법인이 소득세, 지방소득세 및 4대보험을 원천징수하여 납부하여야 한다.

세금의 종류		내 용
국세	법인세	비영리법인이 세법에서 정한 수익사업에서 발생한 소득이 있을 때 납부하는 세금. 수익사업의 범위는 법인세법에서 정하고 있는데, 비영리법인의 목적사업이 법인세 과세대상 수익사업이 되는 경우도 있음
	부가가치세	비영리법인이 사업자로서 부가가치세가 과세되는 재화나 용역을 제공(판매)하는 경우에 거래상대방으로부터 받아 납부하는 세금
	증여세	상증세법상의 공익법인 등에 해당되지 않는 비영리법인이 증여를 받았을 경우 납부하는 세금
	종합부동산세	비영리법인이 종합부동산세 대상이 되는 부동산을 보유하는 경우 납부하는 세금
지방세	취득세	비영리법인이 취득세 과세대상이 되는 재산(토지, 건물 등)을 취득할 때 납부하는 세금
	등록면허세	비영리법인이 과세대상이 되는 재산을 등기하거나 등록할 때 납부하는 세금
	재산세	비영리법인이 재산세 과세대상이 되는 재산(토지, 건물 등)을 보유하고 있는 경우 납부하는 세금
	지방소득세	비영리법인이 수익사업소득에 대한 법인세를 납부하는 경우에 법인세분에 대해 추가로 납부하는 세금

참고 | 우리나라 세금의 종류

- 조세
  - 국세(14개)
    - 소득세-(소득세법)
    - 법인세-(법인세법)
    - 상속세-(상속세와 증여세법)
    - 증여세-(상속세와 증여세법)
    - 종합부동산세-(종합부동산세법)
    - 부가가치세-(부가가치세법)
    - 개별소비세-(개별소비세법)
    - 교통·에너지·환경세-(교통·에너지·환경세법)
    - 주세-(주세법)
    - 인지세-(인지세법)
    - 증권거래세-(증권거래세법)
    - 교육세-(교육세법)
    - 농·어촌특별세-(농어촌특별세법)
    - 관세-(관세법)
  - 지방세(11개) — (지방세법)
    - 취득세
    - 등록면허세
    - 레저세
    - 담배소비세
    - 지방소비세
    - 주민세
    - 지방소득세
    - 재산세
    - 자동차세
    - 지역자원시설세
    - 지방교육세

주) ① 토지초과이득세는 1998.12.28, 자산재평가는 2000.12.31, 전화세는 2001.9.1 폐지
② 2001.1월부터 지방세분 교육세(국세)가 지방교육세(지방세)로 전환
③ 2005.1.1 종합토지세 폐지, 2007.7.19 부당이득세 폐지
④ 2010.1.1 사업소세·농업소득세 폐지, 지방소비세, 지방소득세 신설

2 비영리법인이 세금을 감면받거나 공제받은 후 유의할 점 (사후관리)

비영리법인에게는 그 고유목적사업에 대한 지원을 하기 위해 영리법인보다는 폭넓은 감면이나 공제가 허용된다. 예를 들어 법인세의 경우 고유목적사업준비금이라는 제도를 통해 수익사업에 대한 법인세 감면 혜택을 허용하고 있으며, 상증세법은 증여세과세가액불산입이라는 제도를 통해 상증세법상의 공익법인이 증여를 받는 경우에는 증여세를 면제받을 수 있도록 하고 있다. 또한 지방세의 경우에는 지방세특례제한법에서 각종 비영리법인 혹은 공익법인에게 취득세나 재산세를 감면해 주는 규정을 통해 지방세의 부담을 덜어주고 있다.

그러나 이러한 세제혜택은 비영리법인 혹은 공익법인의 공익성이 있는 고유목적사업을 지원하기 위한 정책적인 목적에서 주어지는 것인 만큼 혜택만을 주고 끝나지는 않는다. 혜택을 주는 대신 이에 대한 사후관리를 통해 감면의 목적이나 취지가 제대로 이루어지고 있는지를 확인하는 것이 일반적이다. 이를 '조세감면의 사후관리'라고 하는데, 이는 국가가 국세를 부과하는 원칙의 하나로 국세기본법에서 정하고 있는 원칙이다. 즉, 조세감면의 혜택을 받은 법인이 감면에 따른 취지를 살려 세법에서 정하고 있는 사후관리 규정을 제대로 이행하는지를 점검하여 사후관리 규정에 위배되는 것이 생기면 당초 감면세액이나 공제세액을 추징한다.

예를 들어, 고유목적사업준비금을 설정하여 법인세 감면 혜택을 받은 비영리법인은 해당 고유목적사업준비금을 5년 이내에 비수익사업인 고유목적사업에 지출해야 한다. 만일, 설정한 고유목적사업준비금을 5년 이내에 모두 비수익사업인 고유목적사업에 지출하지 못한 경우 잔액은 5년이 되는 시점에 익금산입하여 법인세를 납부해야 할 뿐만 아니라 법인세 차액에 따른 이자상당액까지도 함께 납부해야 한다.

따라서 비영리법인이 세법에 의한 조세감면의 혜택을 받으면, 감면에 따른 사후관리가 어떠한 사항들이 있는지를 반드시 검토하여 사후관리 위반으로 인한 세액 추징이 발생하지 않도록 유의해야 한다.

3 세금을 부과할 수 있는 기간(부과제척기간)과 징수할 수 있는 기간(소멸시효)

(1) 부과제척기간

납세자는 과세요건이 성립하는 경우 세법에 따라 세금을 납부해야 하는데, 만일 납세자가 납부해야 할 정당한 세액보다 더 적은 세액을 신고·납부하거나 아예 신고를 하지 않은 경우(무신고) 과세관청이 이를 알았다면 납세자에게 세금을 부과할 수 있을까? 대답은 당연히 YES이다. 다만, 과세관청은 납세자가 과소신고·납부 혹은 무신고한 세액에 대해 어느 시점까지 거슬러 올라가서 부과를 할 수 있을까? 20년 전 혹은 30년 전에 발생한 과소신고분이나 무신고분 세액도 부과해서 징수할 수 있을까?

세법은 납세자가 과소신고·납부하거나 무신고한 세액에 대해 과세관청이 정당한 세액을 부과할 수 있는 기간을 제한하고 있는데, 이를 '부과제척기간'이라고 한다. 일반적으로 부과제척기간은 국세를 부과할 수 있는 날부터 5년이지만 무신고의 경우에는 7년, 부정행위로 인한 과소신고나 무신고는 10년까지도 가능하고, 상속세나 증여세의 경우에는 최장 15년, 포탈한 재산가액이 50억원 이상인 경우에는 실질적으로 기간에 관계없이 안 날로부터 1년 이내에 부과할 수 있도록 하고 있다.

예를 들어, 어떤 비영리법인이 2020년에 발생한 소득에 대해 법인세를 신고하지 않았다면 과세관청은 법인세를 신고해야 하는 2021년 3월 31일의 다음날인 4월 1일부터 7년간인 2028년 3월 31일까지 무신고한 세액에 대해 법인세를 부과할 수 있다. 그러나 이러한 무신고가 사기나 기타 부정한 행위(이하 '부정행위'라 함)인 경우에는 10년간인 2031년 3월 31일까지 법인세를 부과할 수 있다. 만일 이 기한까지 법인세를 부과하지 못하고 기한이 경과하는 경우 과세관청은 비록 무신고한 사실을 알았다고 하더라도 법인세를 부과할 수 없다.

부과제척기간에 대한 내용을 요약하면 다음과 같다.

세금의 종류		내 용	부과제척기간
국세	상속·증여세	부정행위로 인한 세액포탈, 무신고, 거짓신고나 누락신고	15년
		세법이 정한 부정한 행위로 인한 포탈세액 산출기준이 되는 재산가액이 50억원 이상인 경우	상속·증여가 있음을 안 날로부터 1년
		위 이외의 경우	10년
	상속·증여세 외의 세금	부정행위로 인한 법인세 포탈이나 환급, 공제받은 경우	10년(역외거래의 경우는 15년)
		무신고의 경우	7년
		위 이외의 경우	5년
지방세		부정행위로 인한 포탈, 환급, 공제의 경우	10년
		무신고의 경우	7년(상속·증여 등 법이 정하는 경우는 10년)
		위 이외의 경우	5년

(2) 징수권의 소멸시효

앞에서는 세금을 부과할 수 있는 기간(부과제척기간)에 대해 살펴보았는데, 그렇다면 이번에는 부과된 세금을 과세관청이 징수하지 않는 경우 얼마의 기간이 지나면 징수할 수 있는 권리가 사라질까? 과세관청이 세금을 징수할 수 있는 권리를 행사할 수 있는 때부터 일정기간 동안 행사하지 않는 경우 징수권이 소멸하게 되는데, 이를 '징수권의 소멸시효'라고 한다. 이러한 소멸시효를 정리하면 다음과 같다.

세금구분	세 액	소멸시효
국세	5억원 이상	10년
	5억원 미만	5년
지방세	5천만원 이상	10년
	5천만원 미만	5년

물론, 이러한 소멸시효는 특정한 사유에 따라 중단되기도 하고 정지되기도 하는데, 소멸시효가 중단된다는 것은 이미 지나간 기간에 상

관없이 소멸시효가 처음부터 다시 진행되는 것을 말하고, 정지된다는 것은 소멸시효의 진행이 멈추었다가 정지사유가 해소된 날부터 나머지 기간이 진행되는 것을 말한다. 소멸시효를 중단시키거나 정지시키는 사유는 다음과 같다.

세금의 구분	중단사유	정지사유
국세	1. 납부고지 2. 독촉 3. 교부청구 4. 압류	1. 세법에 따른 분납기간 2. 세법에 따른 납부고지의 유예, 지정납부기한 · 독촉장에서 정하는 기한의 연장, 징수유예기간 3. 세법에 따른 압류 · 매각의 유예기간 4. 세법에 따른 연부연납기간 5. 세무공무원이 「국세징수법」 제25조에 따른 사해행위(詐害行爲) 취소소송이나 「민법」 제404조에 따른 채권자대위소송을 제기하여 그 소송이 진행중인 기간 6. 체납자가 국외에 6개월 이상 계속 체류하는 경우 해당 국외체류기간
지방세	1. 납세고지 2. 독촉 또는 납부최고 3. 교부청구 4. 압류	1. 「지방세법」에 따른 분할납부기간 2. 「지방세법」에 따른 연부기간 3. 「지방세징수법」에 따른 징수유예기간 4. 「지방세징수법」에 따른 체납처분유예기간 5. 지방자치단체의 장이 「지방세징수법」 제39조에 따른 사해행위(詐害行爲) 취소의 소송을 제기하여 그 소송이 진행중인 기간 6. 지방자치단체의 장이 「민법」 제404조에 따른 채권자대위소송을 제기하여 그 소송이 진행중인 기간

4 수정신고와 경정 등의 청구

세금을 잘못 신고했다면 어떻게 바로잡을 수 있을까? 세금을 잘못 신고했다는 것은 두 가지가 있다. 하나는 세금을 과소하게 신고한 것이고, 다른 하나는 세금을 과다하게 신고한 것이다. 이처럼 과소 혹은 과다하게 신고한 세금을 바로잡는 방법이 있는데, 바로 수정신고와 경정 등의 청구가 그것이다.

수정신고란 과소하게 신고납부한 세액(혹은 과다하게 신고한 환급세액)에 대해 부과제척기간이 끝나기 전에 과세표준신고서를 다시 제출하는 것을 말한다. 다만, 이러한 과세표준신고서의 재제출은 과세관청이 과세표준과 세액을 결정 또는 경정하여 통지하기 전에 이루어져야 한다. 수정신고를 하는 납세자는 수정신고서와 함께 세액을 납부하면 되는데, 이때에는 과소하게 납부한 세액에 대한 신고불성실가산세와 납부불성실가산세까지 함께 납부해야 한다.

한편, 경정 등의 청구란 과다하게 신고납부한 세액(혹은 과소하게 신고한 환급세액)에 대해 관할세무서장에게 돌려줄 것을 청구하는 것이다. 이러한 경정 등의 청구는 일반적으로는 법정신고기한이 지난 후 5년 이내에 할 수 있는데, 과세관청의 세액 결정이나 경정으로 증가된 과세표준 및 세액에 대해서는 해당 처분이 있음을 안 날(처분의 통지를 받은 때에는 그 받은 날)로부터 90일 이내에 할 수 있다. 다만, 해당 처분이 있음을 안 날(처분의 통지를 받은 때에는 그 받은 날)로부터 90일 이내의 기간 역시 법정신고기한이 지난 후 5년 이내의 기간 안에 있어야 한다.

또한, 세법이 정하는 특정한 사유가 있는 경우에는 법정신고기한이 지난 후 5년의 기간과 상관없이 특정한 사유가 발생한 것을 안 날로부터 3개월 이내에 경정 등의 청구를 할 수 있는데, 이러한 특정한 사유를 '후발적 사유'라고 한다. 후발적 사유는 다음과 같다.

세금의 구분	후발적 사유
국세	① 최초의 신고·결정 또는 경정에서 과세표준 및 세액의 계산 근거가 된 거래 또는 행위 등이 그에 관한 소송에 대한 판결(판결과 같은 효력을 가지는 화해나 그 밖의 행위를 포함한다)에 의하여 다른 것으로 확정되었을 때 ② 소득이나 그 밖의 과세물건의 귀속을 제3자에게로 변경시키는 결정 또는 경정이 있을 때 ③ 조세조약에 따른 상호합의가 최초의 신고·결정 또는 경정의 내용과 다르게 이루어졌을 때 ④ 결정 또는 경정으로 인하여 그 결정 또는 경정의 대상이 되는 과세기간 외의 과세기간에 대하여 최초에 신고한 국세의 과세표준 및 세액이 세법에 따라 신고하여야 할 과세표준 및 세액을 초과할 때 ⑤ 최초의 신고·결정 또는 경정을 할 때 과세표준 및 세액의

	계산 근거가 된 거래 또는 행위 등의 효력과 관계되는 관청의 허가나 그 밖의 처분이 취소된 경우 ⑥ 최초의 신고·결정 또는 경정을 할 때 과세표준 및 세액의 계산 근거가 된 거래 또는 행위 등의 효력과 관계되는 계약이 해제권의 행사에 의하여 해제되거나 해당 계약의 성립 후 발생한 부득이한 사유로 해제되거나 취소된 경우 ⑦ 최초의 신고·결정 또는 경정을 할 때 장부 및 증거서류의 압수, 그 밖의 부득이한 사유로 과세표준 및 세액을 계산할 수 없었으나 그 후 해당 사유가 소멸한 경우 ⑧ ⑤부터 ⑦까지의 규정과 유사한 사유에 해당하는 경우
지방세	① 최초의 신고·결정 또는 경정에서 과세표준 및 세액의 계산 근거가 된 거래 또는 행위 등이 그에 관한 소송의 판결(판결과 동일한 효력을 가지는 화해나 그 밖의 행위를 포함)에 의하여 다른 것으로 확정되었을 때 ② 조세조약에 따른 상호합의가 최초의 신고·결정 또는 경정의 내용과 다르게 이루어졌을 때 ③ 최초의 신고·결정 또는 경정을 할 때 과세표준 및 세액의 계산근거가 된 거래 또는 행위 등의 효력과 관계되는 관청의 허가나 그 밖의 처분이 취소된 경우 ④ 최초의 신고·결정 또는 경정을 할 때 과세표준 및 세액의 계산근거가 된 거래 또는 행위 등의 효력과 관계되는 계약이 해당 계약의 성립 후 발생한 부득이한 사유로 해제되거나 취소된 경우 ⑤ 최초의 신고·결정 또는 경정을 할 때 장부 및 증명서류의 압수, 그 밖의 부득이한 사유로 과세표준 및 세액을 계산할 수 없었으나 그 후 해당 사유가 소멸한 경우 ⑥ ③부터 ⑤까지의 규정에 준하는 사유가 있는 경우

예를 들어 어떤 납세자가 최초에 세금을 신고·납부하였고 소송으로 인해 최초의 신고에서 과세표준 및 세액의 계산 근거가 된 거래가 처음 신고 때와는 다른 거래로 확정되었는데, 다른 것으로 확정된 거래에 따르면 최초에 신고·납부한 세액이 과다하게 신고·납부한 세액이 되는 경우 납세자는 최초 신고로 인한 세액을 돌려받아야 할 필요가 있다. 그런데 소송으로 인한 이러한 변경 결정이 법정신고기한이 지난 후 6년이 되는 시점에서 이루어진 경우 일반적인 경정 등의 청구의 기간을 법정신고기한이 지난 후 5년 이내로만 한정하게 되면 납세자는 그 과다

신고·납부한 세액에 대해 경정 등의 청구를 할 수 없게 된다. 이러한 불합리한 경우를 방지하기 위해 세법은 법정신고기한이 지난 후 5년에 불구하고 특정한 사유, 즉 후발적 사유에 대해서는 그 사유가 발생한 날로부터 3월 이내에 경정 등의 청구를 할 수 있도록 허용하고 있다.

5 가산세

납세의무자가 세법에서 규정한 의무를 위반한 경우, 정부는 세법에 따른 가산세를 부과할 수 있다. 즉, 가산세는 세법에서 규정한 의무를 성실하게 이행하게 하기 위해 세법이 산출세액에 부가하여 징수하는 금액이다. 가산세의 종류는 각 개별 세법별로 다양하게 있지만 국세의 신고·납부와 관련한 가산세만 소개하고자 한다.

(1) 무신고가산세

납세의무자가 법정신고기한까지 세법에 따른 국세의 과세표준신고(예정신고 및 중간신고를 포함)를 하지 아니한 경우에는 그 신고로 납부하여야 할 세액(세법에 따른 가산세와 이자 상당 가산액은 제외)에 다음의 구분에 따른 비율을 곱한 금액을 가산세로 한다.

① 부정행위로 법정신고기한까지 세법에 따른 국세의 과세표준신고를 하지 아니한 경우 : 100분의 40(국제거래에서 발생한 부정행위인 경우에는 100분의 60)
② 위 ① 외의 경우 : 100분의 20

만일, 무신고한 납세자가 법인이거나 소득세법에 따른 복식부기의무자인 사업자인 경우에는 아래와 같이 가산세를 부과한다.

① 부정행위로 법정신고기한까지 세법에 따른 국세의 과세표준신고를 하지 아니한 경우 : Max[100분의 40(국제거래에서 발생한 부정행위인 경우에는 100분의 60), 수입금액의 1만분의 14]

② 위 ① 외의 경우 : Max[100분의 20, 수입금액의 1만분의 7]

(2) 과소신고 · 초과환급가산세

납세의무자가 법정신고기한까지 세법에 따른 국세의 과세표준신고(예정신고 및 중간신고를 포함)를 한 경우로서 납부할 세액을 신고하여야 할 세액보다 적게 신고(과소신고)하거나 환급받을 세액을 신고하여야 할 금액보다 많이 신고(초과신고)한 경우에는 과소신고한 납부세액과 초과신고한 환급세액을 합한 금액(세법에 따른 가산세와 이자 상당 가산액은 제외)에 다음의 구분에 따른 산출방법을 적용한 금액을 가산세로 한다.

① 부정행위로 과소신고하거나 초과신고한 경우 : 다음의 금액을 합한 금액
  가. 부정행위로 인한 과소신고납부세액 등의 100분의 40(국제거래에서 발생한 부정행위로 인한 경우에는 100분의 60)에 상당하는 금액
  나. 과소신고납부세액 등에서 부정행위로 인한 과소신고납부세액 등을 뺀 금액의 100분의 10에 상당하는 금액

② 위 ① 외의 경우 : 과소신고납부세액 등의 100분의 10에 상당하는 금액

만일, 부정행위로 과세표준을 과소신고한 자가 복식부기의무자이거나 법인인 경우에는 다음과 같이 가산세를 계산한다.

• 가산세 : Max[부정행위로 인한 과소신고납부세액 등의 100분의 40(국제거래에서 발생한 부정행위로 인한 경우에는 100분의 60)에 상당하는 금액, 부정행위로 과소신고된 과세표준관련 수입금액에 1만분의 14를 곱하여 계산한 금액]+과소신고납부세액 등에서 부정행위로 인한 과소신고납부세액 등을 뺀 금액의 100분의 10에 상당하는 금액

(3) 납세지연가산세

납세의무자(연대납세의무자, 제2차 납세의무자 및 보증인 포함)가 세법에 따른 납부기한까지 국세의 납부(중간예납 · 예정신고납부 · 중간신고납부 포함)를 하지 아니하거나 납부하여야 할 세액보다 적게 납부(과소납부)하거나 환급받아야 할 세액보다 많이 환급(초과환급)받은 경우에는 다음의 금액을 합한 금액을 가산세로 한다.

다만, 「인지세법」 제8조 제1항에 따른 인지세의 납부를 하지 아니하거나 과소납부한 경우에는 납부하지 아니한 세액 또는 과소납부분(납부하여야 할 금액에 미달한 금액을 말한다. 이하 같다) 세액의 100분의 300에 상당하는 금액을 가산세로 한다.

① 납부하지 아니한 세액 또는 과소납부분 세액(세법에 따라 가산할 이자 상당 가산액이 있는 경우에는 그 금액을 더한다)×납부기한의 다음 날부터 자진납부일 또는 납세고지일까지의 기간×22/100,000
② 초과환급받은 세액(세법에 따라 가산할 이자 상당 가산액이 있는 경우에는 그 금액을 더한다)×환급받은 날의 다음 날부터 자진납부일 또는 납세고지일까지의 기간×22/100,000
③ 법정납부기한까지 납부하여야 할 세액(이자상당액 포함) 중 납부고지서에 따른 납부기한까지 납부하지 아니한 세액 또는 과소납부한 세액×3/100

납부불성실가산세의 경우 하루당 22/100,000의 율로 가산세를 부과하는데, 이를 1년으로 환산하면 22/100,000×365=0.0803, 즉 8.03%가 된다.

(4) 원천징수납부 등 불성실가산세

국세를 징수하여 납부할 의무를 지는 자가 징수하여야 할 세액(납세조합의 경우에는 징수한 세액)을 세법에 따른 납부기한까지 납부하지 아니하거나 과소납부한 경우에는 다음의 금액을 가산세로 한다.

① (납부하지 아니한 세액 또는 과소납부분 세액의 3/100)+(납부하지 아니한 세액 또는 과소납부분 세액×납부기한의 다음 날부터 자진납부일 또는 납세고지일까지의 기간×22/100,000)
② 한도 : 납부하지 아니한 세액 또는 과소납부분 세액의 10/100

국세를 징수하여 납부할 의무를 지는 자란 다음의 의무를 지는 자를 말한다.

① 「소득세법」 또는 「법인세법」에 따라 소득세 또는 법인세를 원천징수하여 납부할 의무
② 「소득세법」에 의한 납세조합이 소득세를 징수하여 납부할 의무
③ 「부가가치세법」 제52조에 따라 용역 등을 공급받은 자가 부가가치세를 징수하여 납부할 의무

6 가산세의 감면

앞의 '5. 가산세'에서 국세의 신고·납부에 관련한 가산세를 살펴보았다. 그러나 국세와 관련한 가산세의 경우 납세의무자에게 그 의무를 해태한 것에 대해 탓할 수 없는 정당한 사유가 있거나 세법이 정한 사유가 있는 경우에는 그 가산세를 감면해 준다. 아래에서는 가산세를 감면받을 수 있는 경우에 대해 살펴보기로 한다.

(1) 기한연장사유에 해당하는 경우

기한연장사유란 다음과 같이 납세자가 세법에서 규정하는 신고, 신청, 청구, 그 밖에 서류의 제출, 통지를 정해진 기한까지 할 수 없다고 인정하는 사유로서, 기한연장사유가 있는 경우 관할세무서장은 그 기한을 연장할 수 있다. 이러한 기한연장사유로 인해 납세자가 가산세 부과 대상이 되었을 때에는 그 가산세를 면제해 준다.

① 천재지변

② 납세자가 화재, 전화(戰禍), 그 밖의 재해를 입거나 도난을 당한 경우
③ 납세자 또는 그 동거가족이 질병이나 중상해로 6개월 이상의 치료가 필요하거나 사망하여 상중(喪中)인 경우
④ 정전, 프로그램의 오류, 그 밖의 부득이한 사유로 한국은행(그 대리점 포함) 및 체신관서의 정보통신망의 정상적인 가동이 불가능한 경우
⑤ 금융회사 등(한국은행 국고대리점 및 국고수납대리점인 금융회사 등만 해당) 또는 체신관서의 휴무, 그 밖의 부득이한 사유로 정상적인 세금납부가 곤란하다고 국세청장이 인정하는 경우
⑥ 권한 있는 기관에 장부나 서류가 압수 또는 영치된 경우
⑦ 납세자의 형편, 경제적 사정 등을 고려하여 기한의 연장이 필요하다고 인정되는 경우로서 국세청장이 정하는 기준에 해당하는 경우(납부의 경우만 해당)
⑧ 「세무사법」 제2조 제3호에 따라 납세자의 장부 작성을 대행하는 세무사(같은 법 제16조의4에 따라 등록한 세무법인을 포함) 또는 같은 법 제20조의2에 따른 공인회계사(「공인회계사법」 제24조에 따라 등록한 회계법인을 포함한다)가 화재, 전화, 그 밖의 재해를 입거나 도난을 당한 경우
⑨ ②, ③ 또는 ⑥에 준하는 사유가 있는 경우

(2) 정당한 사유에 해당하는 경우

세법상 가산세는 과세권의 행사 및 조세채권의 실현을 용이하게 하기 위하여 납세자가 정당한 이유 없이 법에 규정된 신고, 납세 등 각종 의무를 위반한 경우에 개별 세법이 정하는 바에 따라 부과되는 행정상의 제재로서 납세의무자가 그 의무를 알지 못한 것이 무리가 아니었다고 할 수 있어 그를 정당시할 수 있는 사정이 있거나 그 의무의 이행을 당사자에게 기대하는 것이 무리라고 하는 사정이 있을 때 등 그 의무해태를 탓할 수 없는 정당한 사유가 있는 경우에는 그 부과를 면할 수 있다(대법원 2005.4.15 선고 2003두4089 외 다수).

(3) 수정신고시 가산세의 감면

법정신고기한이 지난 후 수정신고한 경우에는 아래와 같이 과소신고·초과환급신고가산세를 감면한다. 다만, 과세관청이 과세표준과 세액을 경정할 것을 미리 알고 과세표준수정신고서를 제출한 경우에는 제외한다.

① 법정신고기한이 지난 후 1개월 이내에 수정신고한 경우: 해당 가산세액의 100분의 90에 상당하는 금액
② 법정신고기한이 지난 후 1개월 초과 3개월 이내에 수정신고한 경우: 해당 가산세액의 100분의 75에 상당하는 금액
③ 법정신고기한이 지난 후 3개월 초과 6개월 이내에 수정신고한 경우: 해당 가산세액의 100분의 50에 상당하는 금액
④ 법정신고기한이 지난 후 6개월 초과 1년 이내에 수정신고한 경우: 해당 가산세액의 100분의 30에 상당하는 금액
⑤ 법정신고기한이 지난 후 1년 초과 1년 6개월 이내에 수정신고한 경우: 해당 가산세액의 100분의 20에 상당하는 금액
⑥ 법정신고기한이 지난 후 1년 6개월 초과 2년 이내에 수정신고한 경우: 해당 가산세액의 100분의 10에 상당하는 금액

(4) 기한 후 신고시 가산세의 감면

법정신고기한이 지난 후 기한 후 신고를 한 경우에는 아래와 같이 무신고가산세를 감면한다. 다만, 과세관청이 과세표준과 세액을 결정할 것을 미리 알고 기한후과세표준신고서를 제출한 경우에는 제외한다. 기한 후 신고란 법정신고기한까지 신고를 하지 않고 기한이 지나서 신고하는 것을 말한다.

① 법정신고기한이 지난 후 1개월 이내에 기한 후 신고를 한 경우: 해당 가산세액의 100분의 50에 상당하는 금액
② 법정신고기한이 지난 후 1개월 초과 5개월 이내에 기한 후 신고를 한 경우: 해당 가산세액의 100분의 30에 상당하는 금액
③ 법정신고기한이 지난 후 3개월 초과 6개월 이내에 기한 후 신고

를 한 경우 : 해당 가산세액의 100분의 20에 상당하는 금액

(5) 기타 가산세의 감면

다음의 어느 하나에 해당하는 경우에는 해당 가산세액의 100분의 50에 상당하는 금액을 감면한다.

① 과세전적부심사 결정 · 통지기간에 그 결과를 통지하지 아니하여 결정 · 통지가 지연됨으로써 해당 기간에 부과되는 납부불성실가산세

② 세법에 따른 제출, 신고, 가입, 등록, 개설의 기한이 지난 후 1개월 이내에 해당 세법에 따른 제출 등의 의무를 이행하는 경우 제출 등의 의무위반에 대하여 세법에 따라 부과되는 가산세

③ 세법에 따른 예정신고기한 및 중간신고기한까지 예정신고 및 중간신고를 하였으나 과소신고하거나 초과신고한 경우로서 확정신고기한까지 과세표준을 수정하여 신고한 경우 해당 기간에 부과되는 과소신고 · 초과환급신고가산세. 다만, 과세관청이 과세표준과 세액을 경정할 것을 미리 알고 과세표준신고를 하는 경우는 제외한다.

④ 세법에 따른 예정신고기한 및 중간신고기한까지 예정신고 및 중간신고를 하지 아니하였으나 확정신고기한까지 과세표준신고를 한 경우 해당 기간에 부과되는 무신고가산세. 다만, 과세표준과 세액을 경정할 것을 미리 알고 과세표준신고를 하는 경우는 제외한다.

가산세의 감면사유에 해당하여 가산세 감면 등을 받으려는 자는 다음의 사항을 적은 신청서를 관할세무서장(세관장 또는 지방자치단체의 장을 포함)에게 제출하여야 한다.

① 감면을 받으려는 가산세와 관계되는 국세의 세목 및 부과연도와 가산세의 종류 및 금액

② 해당 의무를 이행할 수 없었던 면제사유

③ 면제사유를 증명할 수 있는 서류가 있을 때에는 그 서류

관할세무서장은 가산세 감면 신청서를 제출받은 경우에는 그 승인 여부를 통지하여야 한다.

7 조세불복(구제절차)

과세관청으로부터 세무조사를 받고 세액의 결정 혹은 경정을 받았는데 그러한 과세관청의 처분이 위법하다고 판단될 때, 납세자가 구제받을 수 있는 방법이 있을까? 물론, 대답은 YES이다.

국세기본법이나 지방세기본법에서는 과세관청이 세법에 따른 처분을 하였는데 그 처분이 위법하거나 부당한 경우 혹은 과세관청이 납세의무자에게 필요한 세법상의 처분을 해 주지 않음으로써 납세자가 권리나 이익을 침해당한 경우에는 그 처분의 취소나 변경을 청구하거나 필요한 처분을 청구할 수 있도록 하고 있는데, 이를 '불복' 또는 '구제절차'라고 한다.

불복의 가장 흔한 경우로 세무조사과정에서 발생한 과세관청의 위법한 세액결정이나 경정에 대해 불복하는 것을 예로 들 수 있다. 불복절차는 국세와 지방세가 매우 흡사하므로 아래에서는 국세의 불복절차에 대해 설명하고 지방세의 불복절차는 국세와의 차이점에 대해서만 이야기하기로 한다.

(1) 국세의 사후불복절차

국세의 사후불복절차는 이의신청 → 심사청구나 심판청구 → 행정소송으로 3단계가 있다.[2] 이의신청, 심사청구, 심판청구는 법원에 제기하는 소송이 아니라 행정기관에 제기하는 불복(다른 말로 '행정심판'이라고도 한다)이다. 다만, 이의신청은 납세자가 선택할 수 있는 절차로 반드시

2) 이의신청, 심사·심판청구 등의 사후불복청구제도 이외에 납세고지 이전 단계에서 납세자의 권리를 구제하기 위한 제도로서 「과세적부심사제도」가 있으며, 그 이외에 권리보호요청, 고충민원제도라는 것도 있다.

이의신청을 거칠 필요는 없다.

그러나 심사청구나 심판청구는 납세자가 반드시 거쳐야 할 불복절차('전심절차')로 심사청구나 심판청구 둘 중 하나를 거치지 않으면 행정소송을 제기할 수 없다.

다시 말하면 국세에 대해 위법한 처분을 받은 납세자가 불복을 제기하는 경우 곧바로 행정소송을 제기할 수는 없고, 국세기본법에서 정하는 심사청구나 심판청구 중 하나를 먼저 제기하고 여기에서 구제를 받지 못한 경우 비로소 행정소송을 제기할 수 있다. 이를 '행정심판 전치주의'라고 하는데 이처럼 법률이 행정소송제기에 앞서 행정심판이나 심사청구 등 전심절차를 거치도록 한 것은 행정관청으로 하여금 스스로 그 행정처분을 다시 검토하여 시정할 수 있는 기회를 줌으로써 행정권의 자주권을 존중함과 아울러 불필요한 소송제기를 배제하려는 데에 그 목적이 있다고 할 수 있다.

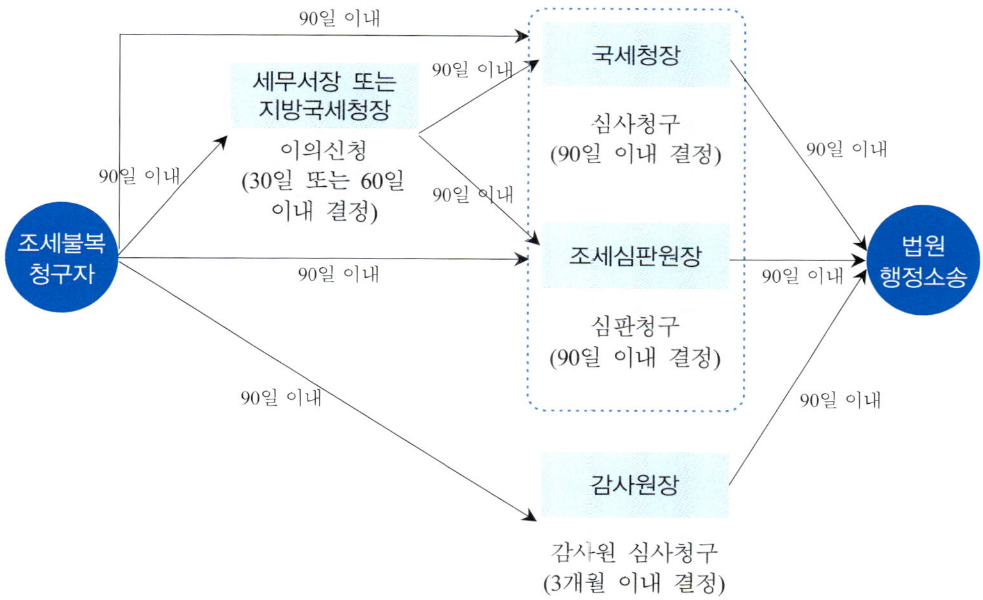

1) 이의신청

이의신청은 납세자가 선택할 수 있는 불복절차의 하나이다. 이의신청은 해당 처분이 있음을 안 날(처분의 통지를 받은 때에는 그 받은 날)부터 90

일 이내에 해당 처분을 하였거나 하였어야 할 세무서장에게 하거나, 세무서장을 거쳐 관할지방국세청장에게 하여야 한다.

이의신청을 받은 관할 세무서장이나 지방국세청장은 이의신청을 받은 날부터 30(60)일 이내에 결정을 해야 한다.

2) 국세청에의 심사청구

심사청구는 해당 처분이 있음을 안 날(처분의 통지를 받은 때에는 그 받은 날)부터 90일 이내에 국세청장에게 제기하여야 한다. 이의신청을 거친 후 심사청구를 하려면 이의신청에 대한 결정의 통지를 받은 날부터 90일 이내에 제기하여야 한다. 다만, 이의신청 결정기간 내에 결정의 통지를 받지 못한 경우에는 결정의 통지를 받기 전이라도 그 결정기간이 지난 날부터 심사청구를 할 수 있다.

심사청구는 심사청구서에 의하여 관할세무서장을 거쳐 하여야 한다. 이 경우 관계 증거서류 또는 증거물이 있을 때에는 심사청구서에 이를 첨부하여야 한다.

국세청장은 심사청구를 받은 날부터 90일 이내에 심사청구에 대한 결정을 하여야 하고, 결정을 하였을 때에는 그 이유를 기재한 결정서로 심사청구인에게 통지하여야 한다.

3) 심판청구

심판청구는 국무총리 소속으로 있는 조세심판원에 제기하는 것으로 해당 처분이 있음을 안 날(처분의 통지를 받은 때에는 그 받은 날)부터 90일 이내에 제기하여야 한다. 이의신청을 거친 후 심사청구를 하려면 이의신청에 대한 결정의 통지를 받은 날부터 90일 이내에 제기하여야 한다. 다만, 이의신청 결정기간 내에 결정의 통지를 받지 못한 경우에는 결정의 통지를 받기 전이라도 그 결정기간이 지난 날부터 심판청구를 할 수 있다.

심판청구를 하려는 자는 불복의 사유 등이 기재된 심판청구서를 그 처분을 하였거나 하였어야 할 세무서장이나 조세심판원장에게 제출하여야 하는데, 심판청구서를 세무서장에게 제출한 경우에는 심판청구서를 받은 세무서장이 이를 지체 없이 조세심판원장에게 송부하여야 한다.

조세심판원장이 심판청구를 받았을 때에는 조세심판관회의가 심리를 거쳐 결정한다. 다만, 아래와 같은 소액심판청구는 조세심판관회의의 심리를 거치지 아니하고 주심조세심판관이 심리하여 결정할 수 있다.

① 심판청구금액이 3천만원(지방세의 경우는 1천만원) 미만인 것으로 ㉠ 청구사항이 법령의 해석에 관한 것이 아니거나, ㉡ 청구사항이 법령의 해석에 관한 것으로서 유사한 청구에 대하여 이미 조세심판관회의의 의결에 따라 결정된 사례가 있거나, ㉢ 국세기본법 제65조 제1항 제1호에 해당하는 각하사유(청구기간이 경과한 청구는 제외)에 해당하는 것
② 심판청구가 과세표준 또는 세액의 결정에 관한 것 외의 것으로서 유사한 청구에 대하여 이미 조세심판관회의의 의결에 따라 결정된 사례가 있는 것

심판청구에 대한 결정은 심판청구를 받은 날부터 90일 이내에 하여야 하나, 실무적으로는 90일 이내에 처리되는 경우가 거의 없이 지연되고 있다.

4) 감사원에의 심사청구

모든 국민은 행정기관 등의 위법 또는 부당한 행위에 의하여 권리나 이익을 침해받았을 때에는 감사원에 「심사청구」를 제기할 수 있다. 감사원 심사청구는 감사원의 고유업무인 행정기관에 대한 회계검사 및 공무원 등에 대한 직무감찰 기능에 근거하여 행정기관 등의 잘못된 행위로 인하여 그 상대방이 불이익을 받은 경우에 정부에 대하여 직무상으로 독립된 지위에서 그 행위가 정당한지 부당한지 여부를 가려 부당한 행정처분임이 인정될 때에는 이를 시정하도록 함으로써 궁극적으로 국민의 권리를 보호하고자 하는 권리구제수단 중의 하나이다.[3]

감사원에의 심사청구는 감사원법에 따라 심사청구의 원인이 되는 행위가 있음을 안 날부터 90일 이내, 그 행위가 있은 날부터 180일 이내에 하여야 한다.[4] 그러나 실무상으로 심사청구의 대상이 되는 행위는

3) 감사원 심사청구 안내
4) 감사원법 제44조 제1항

그 내용을 상대방에게 고지하고 있으므로 행위가 있음을 안 날로부터 90일 이내에 신청하는 것이 일반적이고, 그 행위가 있은 날부터 180일을 적용하여 신청하는 일은 매우 드물다.

다만, 이의신청을 거쳐 감사원 심사청구를 하는 경우에는 이의신청 결정일이 아니라 "심사청구의 원인이 되는 행위일"로부터 심사청구 제기기간을 기산하므로 심사청구 제기기간이 경과한 이후에 제출되지 않도록 유의해야 한다.

심사청구를 받은 감사원은 특별한 사유가 없으면 그 청구를 접수한 날로부터 3개월 이내에 결정을 하여야 한다.

5) 행정소송

이의신청, 심사청구, 심판청구로 구제를 받지 못한 납세자는 법원의 행정소송을 통해 구제를 받을 수 있다. 행정소송은 심사청구 또는 심판청구에 대한 결정의 통지를 받은 날부터 90일 이내에 제기하여야 한다. 다만, 심사청구나 심판청구에 따른 결정기간에 결정의 통지를 받지 못한 경우에는 결정의 통지를 받기 전이라도 그 결정기간이 지난 날부터 행정소송을 제기할 수 있다.

한편, 심사청구나 심판청구 결과 재조사 결정이 내려져 재조사를 받은 경우에는 다음의 기간 내에 행정소송을 제기해야 한다.[5)]

① 심사청구 또는 심판청구를 거치지 아니하고 제기하는 경우 : 재조사 후 행한 처분청의 처분의 결과 통지를 받은 날부터 90일 이내. 다만, 재조사에 따른 처분기간(60일)에 처분청의 처분 결과 통지를 받지 못하는 경우에는 그 처분기간이 지난 날부터 행정소송을 제기할 수 있다.

② 심사청구 또는 심판청구를 거쳐 제기하는 경우 : 재조사 후 행

---

5) 재조사 결정이란 심사청구나 심판청구를 받은 기관이 취소·경정 또는 필요한 처분을 하기 위하여 사실관계 확인 등 추가적으로 조사가 필요한 경우 처분청으로 하여금 이를 재조사하여 그 결과에 따라 취소·경정하거나 필요한 처분을 하도록 하는 결정을 말한다. 이러한 재조사 결정으로 인해 처분청이 재조사를 하여 재조사에 따른 처분을 하는 경우 이러한 재조사에 따른 처분에 대해 불복은 행정소송으로 해야 하는지 아니면 다시 심판청구나 심사청구를 해야 하는지 논란이 있었는데, 이를 명확하게 하기 위해 국세기본법은 행정소송을 제기하는 것과 다시 심사청구나 심판청구를 거치는 두 가지 모두를 인정하고 있다.

한 처분청의 처분에 대하여 제기한 심사청구 또는 심판청구에 대한 결정의 통지를 받은 날부터 90일 이내. 다만, 결정기간에 결정의 통지를 받지 못하는 경우에는 그 결정기간이 지난 날부터 행정소송을 제기할 수 있다.

8 세법상담과 세법해석

(1) 세법단순상담 안내

세법에 관한 단순한 문의는 「국세청 국세상담센터」를 통해 전화상담 · 인터넷상담 · 방문상담의 3가지 형태를 선택하여 이용할 수 있다.

- **전화상담** : Tel. 126(세법상담 ②) (양도소득세 ①, 부가가치세 ②, 연말정산 · 원천세 ③, 종합소득세 ④, 법인세 ⑤, 국제조세 ⑥, 상속 · 증여세 ⑦, 개별소비세 등 ⑧)
- **인터넷상담** : www.hometax.go.kr에 접속(상담/제보)하여 유사사례 검색이 가능하며 궁금한 내용을 질문하면 48시간(토요일, 공휴일 제외) 이내에 회신함
- **방문상담** : 제주 서귀포 서로북로 36(서호동 1514번지)

국세청 상담센터에 배치된 상담요원들은 해당 세목에 상당한 지식과 경험을 가진 전문가들로서, 상담내용의 질이 높은 편이다. 다만, 약점으로서 국세청 상담센터의 상담내용이나 회신이 강제력을 가지고 있지 않다는 것이 있다.

(2) 세법해석제도

세법을 어떻게 해석해야 하는지에 관하여 국세청에 질의하여 국세청의 견해를 회신받을 수 있는데, 이 세법해석제도는 다시 서면질의제도와 세법해석 사전답변제도로 나뉘며, 양자는 다음과 같은 차이가 있다.

<table>
<tr><th>구 분</th><th>서면질의제도</th><th>세법해석 사전답변제도</th></tr>
<tr><td>신청자</td><td>본인 또는 위임받은 대리인</td><td>본인 또는 위임받은 세무대리인</td></tr>
<tr><td>신청기한</td><td>신청기한 제한 없음</td><td>법정신고기한 전</td></tr>
<tr><td>신청대상</td><td>세법해석 관련 일반적 사항</td><td>해당 납세자의 특정거래(실제 발생한 거래)</td></tr>
<tr><td rowspan="2">신청방법</td><td>서면질의 신청서를 우편, 팩스, 전자(홈택스) 또는 직접방문의 방법으로 제출</td><td>사전해석 답변신청서를 우편, 전자(홈택스) 또는 직접방문의 방법으로 제출(팩스 불가)</td></tr>
<tr><td colspan="2">우편 접수시 보내는 곳(우 : 30128)
세종특별자치시 국세청로 8-14(나성동) 국세청(정부세종2청사 국세청동)
(○○○○ 신청서 재중) 세법해석 담당자 귀하</td></tr>
<tr><td>효력</td><td>외부 구속력은 없으나 사실상 세법적용 판단기준이 됨
(일반론적 견해표명)</td><td>공적견해 표명으로 당해 질의에 대해 과세관청 구속함
(신뢰보호원칙 적용)</td></tr>
</table>

Chapter

10

비영리법인의 부가가치세

비영리법인 혹은 공익법인이라고 할지라도 부가가치세법상 사업자에 해당하여 부가가치세(Value-added Tax, 이하 "VAT")가 과세되는 재화나 용역을 공급하는 경우에는 부가가치세법에 따른 VAT를 징수하여 납부해야 할 의무가 있다. 비영리법인 중에서 VAT 과세사업자가 되는 가장 일반적인 형태는 부동산을 소유하면서 이를 임대하는 경우를 들 수 있다.

비영리법인 실무자로부터 법인세법상 수익사업에 해당하는 경우에는 VAT 과세대상 거래에 해당하고, 수익사업에 해당하지 않는 경우에는 VAT 면세대상 거래에 해당한다고 이야기하는 것을 종종 듣게 되는데, 이는 올바른 논리가 아니다. 법인세법상의 수익사업에 해당하는 사업은 VAT 과세사업이나 VAT 면세사업의 하나가 되고, 법인세 수익사업에 해당되지 않는 사업은 최종소비자와 같은 비사업자에 해당한다. 즉, 법인세법상 수익사업소득 여부는 법인세법 제4조 및 동법 시행령 제2조에 따라 판단을 하는 것이고 VAT 과세 여부는 부가가치세법 제2조에 따른 사업자 여부, 제4조 및 제9조 등에 따른 VAT 과세거래 여부에 따라 판단하는 것으로 법인세법상 수익사업소득 여부가 자연스럽게 혹은 당연히 부가가치세법상 과세나 면세 대상 거래로 연결되는 것은 아니다.

올바른 VAT의 신고 · 납부를 위해서는 사업자등록, 사업장의 개념, 과세거래, 면세거래, 과세표준, 매입세액 등에 유의해야 한다. 이는 비영리법인이나 영리법인 여부에 관계없이 부가가치세법상 사업자에 해당하는 경우에는 동일하다. 따라서 비영리법인도 이러한 내용에 대한 이해가 필요하다.

아래에서는 부가가치세법상 사업자가 알아야 할 사업장과 사업자등록, VAT의 과세기간과 신고 · 납부사업자의 개념, 과세거래, 면세거래, 세금계산서, 납부세액의 계산 등에 대한 기본적인 내용에 대해 알아보기로 한다.

1 부가가치세의 개요

(1) 간접세의 대표적인 세금

VAT의 특징은 신고 · 납부의무는 사업자가 가지고 있으나, 실제로 VAT

를 부담하는 주체는 사업자가 아니라 사업자로부터 재화나 용역을 공급받는 거래상대방이라는 점이다. 즉, 사업자는 재화나 용역을 공급받는 자로부터 VAT를 징수하여 국가에 납부를 하게 되는데, 이러한 특징으로 인해 결국 최종적인 VAT는 최종소비자가 부담하게 된다. 1977년 7월에 도입된 VAT는 납세자와 담세자가 다른 간접세의 대표적인 세금이다.

(2) 부가가치(Value-added)란?

VAT는 사업자가 자기단계에서 창출한 부가가치[1)]를 과세대상으로 하여 납부하는 세금을 말한다.

부가가치는 일반적으로 생산활동을 통하여 생산물에 새로이 부가된 가치를 말하는 것으로서, 다른 생산자가 산출한 생산물(원재료)에 노동과 자본이 투입되어 제품의 가치가 증식된 것을 말한다. 부가가치는 다음의 방식으로 표현할 수 있다.

① (생산측면) 생산자가 자기단계에서 새로 창출한 가치 또는 (분배, 소득측면) 요소를 사용한 대가 혹은 요소소득의 가치의 합

부가가치＝임금＋지대＋이자＋이윤

노동에 대한 보수인 임금(wage), 토지사용에 대한 보수인 지대(rent), 타인자본의 사용에 대한 보수인 이자(interest), 자본의 사용에 대한 보수인 이윤(profit)으로 구성된다.

② (투입측면) 자기단계에서 투입한 요소의 가치의 합

부가가치＝자기단계에서의 산출물가치－외부로부터 구입한 중간재의 가치의 합＝매출－매입

1) Value-added라는 영어를 우리는 부가가치라고 번역하여 사용하고 있는데, 중국은 증치(增値)로 번역하고 있다. VAT를 우리나라는 부가가치세, 일본은 소비세, 중국은 증치세라는 용어를 사용하고 있다.

(3) 부가가치(Value-added) 계산방법

위의 부가가치 표현방식과 같이 부가가치 계산방식은 가산법과 공제법이 있다. 가산법은 국민순생산 등 통계에서 사용하는 방법으로서 우리나라의 국내총부가가치는 가산법을 사용하여 손익, 인건비, 순금융비용, 임차료, 조세공과, 감가상각비 등의 요소를 합산하여 산출한다.

공제법은 매출액에서 매입액을 차감하여 산출하는 방식을 말하며, 우리나라 부가가치세법에서는 매출액에서 매입액을 차감하는 공제법을 사용하여 각 사업자가 창출한 부가가치를 계산한다.

(4) 생산물의 유통과 VAT 흐름

간단한 사례로서, 제조업자가 외부로부터의 원료 구매 없이 어떤 제품을 만들어 도매업자에게 10만원에 판매하였고, 도매업자는 이를 소매업자에게 13만원에 판매하였으며, 소매업자는 이를 최종소비자에게 20만원에 판매했다고 가정하자. 이와 같은 생산물의 유통에 따른 VAT는 아래 표와 같이 요약된다.

구 분	제조업자		도매업자		소매업자	
	공급가액	VAT	공급가액	VAT	공급가액	VAT
매출	100,000	10,000	130,000	13,000	200,000	20,000
매입	–	–	100,000	10,000	130,000	13,000
부가가치	100,000	10,000	30,000	3,000	70,000	7,000

최종소비자가 구매하여 소비한 제품 20만원은, 제조업자가 창출한 부가가치 10만원, 도매업자가 창출한 부가가치 3만원, 소매업자가 창출한 부가가치 7만원으로 구성된다.

도매업자의 입장에서 설명하면, 도매업자는 제조업자에게 물건을 구매하면서 물건값 10만원과 VAT 1만원을 지급하고, 소매업자에게 판매하면서 물건값(공급가액) 13만원과 VAT 1.3만원을 소매업자로부터 받는다. 도매업자는 자기가 창출한 부가가치 3만원에 대한 3천원을 VAT로 정부에 납부하는데, 이 VAT는 최종소비자가 부담한 세금이다.

(5) VAT 납세의무자와 사업자의 구분

VAT를 납부해야 하는 납세의무자는 ① 사업자나 ② 재화를 수입하는 자로서 개인, 법인(국가 · 지방자치단체와 지방자치단체조합을 포함), 법인격이 없는 사단 · 재단 또는 그 밖의 단체이다. 즉, 외국으로부터 재화를 수입할 때에는 세관장이 수입자로부터 VAT를 징수하며, 국내 거래에서는 사업자가 고객(구매자)으로부터 VAT를 징수하여 본인 매입 때 부담했던 VAT를 차감하여 납부하게 된다.

사업자의 분류

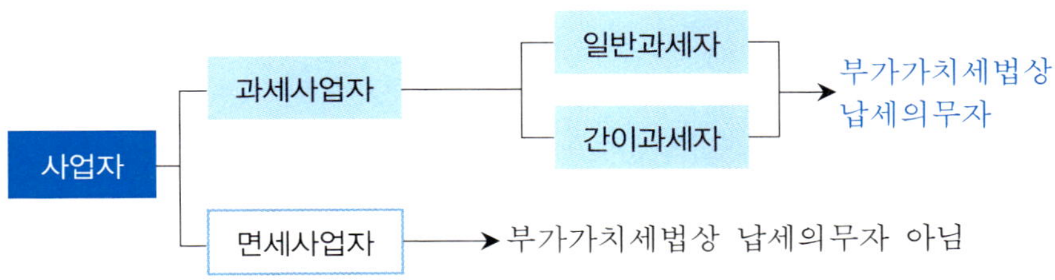

'사업자'란 사업목적이 영리이든 비영리이든 관계없이 사업상 독립적으로 재화 또는 용역을 공급(판매)하는 자를 말한다. 부가가치세법상 사업은 과세사업과 면세사업으로 구분되는데, 과세사업이란 VAT가 과세되는 재화 또는 용역을 공급하는 사업을 말하고, 면세사업이란 VAT가 면제되는 재화 또는 용역을 공급하는 사업을 말한다. 과세사업자는 다시 일반과세자와 간이과세자로 구분되는데, 간이과세자는 직전 연도의 공급대가(공급가액과 VAT액을 합한 금액)의 합계액이 연간 8천만원에 미달하는 개인사업자를 말한다(법인은 면세사업자가 될 수 없다). 간이과세자는 일반과세자에 비해 간편한 절차로 VAT를 신고 · 납부한다.

세법에서 규정하고 있지는 않지만, **VAT 과세 및 면세 겸업사업자**의 형태가 있다. 즉, VAT 과세대상 재화 및 용역뿐만 아니라, VAT 면세대상 재화 및 용역을 동시에 판매하고 있는 사업자를 말한다. 이 겸업사업자의 대표적인 사례로서, 백화점이나 슈퍼마켓 등을 들 수 있다. 백화점이나 슈퍼마켓 등은 VAT 과세대상 재화와 VAT 면세대상 재화를 동시에 판매하고 있다. 또한, 은행이나 보험회사들도 대부분은 겸업사업자가 된다. 은행이나 보험회사가 제공하는 금융 및 보험 용역은 VAT

면세용역인데, 은행이나 보험회사가 보유하고 있는 건물 등의 임대사업을 같이 하게 되면, 부동산 임대사업이 VAT 과세대상 용역이 되어 VAT 겸업사업자가 된다. VAT 겸업사업자가 주의할 점은 VAT 과세사업과 VAT 면세사업에서 같이 사용되는 공통매입 VAT를 VAT 과세사업에 안분하는 것이 필요하다는 점이다. 이는 비영리법인에게도 적용되어 VAT 과세사업과 비사업 간의 공통매입 VAT가 있을 때 이를 안분계산하는 것이 필요한데, 현실적으로는 이 안분이 쉽지 않다.

또 하나, 부가가치세법에서 정하고 있지 않는 개념으로서 '**비사업자**'라는 것이 있다. 비사업자란 사업을 하지 않는 사람이나 조직이라고 할 수 있고, VAT를 최종적으로 부담하는 최종소비자와 같다. 즉, 사업을 영위하지 않는 개인, 정부, 지방자치단체, VAT 과세 또는 VAT 면세사업을 영위하지 않는 비영리단체들이 비사업자이며, 이들 비사업자는 재화나 용역을 제공(판매)하지 않기 때문에, 구매자로부터 VAT를 징수할 필요가 없고, 매입할 때 부담했던 VAT는 정부(세무서)로부터 환급받지 못하여 VAT를 부담하는 담세자가 된다.

2 사업장과 사업자등록, 거래상대방의 사업자등록 조회

(1) 사업장

법인세는 본점 또는 주된 사무소에서만 신고·납부하고 있는 것에 비하여, VAT는 사업장을 납세지로 한다. 사업장을 납세지로 한다는 것은 사업장별로 VAT를 관할세무서에 납부하는 것을 말한다. 그래서 한 사업자가 여러 사업장을 가지고 있을 때, 각 사업장별로 VAT를 신고·납부하는 것이 원칙이다. 다만, 후술하는 것과 같이 사업자단위과세사업자로 등록하면, 사업장별이 아니라 사업자단위로 한곳에서 VAT 신고·납부를 할 수 있다.

사업장이란 사업자가 사업을 하기 위하여 거래의 전부 또는 일부를 하는 고정된 장소를 말하며, 사업자가 사업장을 두지 않는 경우에는 사업자의 주소 또는 거소를 사업장으로 한다. 그러나 다음과 같은 장소는 사업장으로 보지 않는다.

① 재화를 보관하고 관리할 수 있는 시설만 갖춘 장소로서 하치장으로 신고된 장소
② 각종 경기대회나 박람회 등 행사가 개최되는 장소에 개설한 임시사업장

VAT는 사업장을 납세지로 하기 때문에 여러 개의 사업장을 가지고 있는 사업자는 사업장별로 VAT를 신고하고 납부하는 것이 원칙인데, 총괄납부사업자와 사업자단위과세사업자는 예외적으로 사업장별로 신고·납부하지 않고 다음과 같이 신고·납부한다.

① 총괄납부사업자 : 사업장이 둘 이상인 사업자가 주된 사업장의 관할세무서장에게 주사업장 총괄납부를 신청한 경우에는 납부할 세액을 주된 사업장에서 총괄하여 납부할 수 있다. 다만, 이 경우에도 VAT의 신고는 각 사업장별로 하고 납부만 주사업장에서 총괄납부를 하는 점에 유의해야 한다.
② 사업자단위과세사업자 : 사업장이 둘 이상인 사업자는 사업자단위로 해당 사업자의 본점 또는 주사무소 관할세무서장에게 등록을 신청할 수 있는데, 이러한 사업자를 사업자단위과세사업자라고 한다. 이 제도는 2008년에 도입되었으며, 이 제도의 도입으로 인하여 1977년 VAT 도입 때부터 있었던 위의 총괄납부제도는 거의 필요 없는 제도가 되었다. 사업자단위과세사업자로 등록을 하면 VAT의 신고·납부뿐만 아니라 사업자등록, 세금계산서 교부까지도 모두 사업자단위로 할 수 있다. 사업자단위과세를 적용받고자 하는 경우 과세기간 개시 20일 전까지 등록해야 한다. 예를 들어, 2023년 제1기 과세기간(2023.1.1~2023.6.30)부터 사업자단위과세를 적용받으려면, 2022년 12월 10일 이전에 등록해야 한다.

(2) 사업자등록

사업자는 사업장마다 사업개시일부터 20일 이내에 사업장 관할세무서장에게 사업자등록을 신청하여야 한다.[2] 다만, 신규로 사업을 시작하려

는 자는 사업개시일 이전이라도 사업자등록을 신청할 수 있다.

사업자단위과세사업자의 경우에는 사업장이 둘 이상이더라도 사업자단위로 해당 사업자의 본점 또는 주사무소 관할세무서장에게 등록을 신청할 수 있다. 앞에서 설명한 것과 같이, 사업장단위로 등록한 사업자가 사업자단위과세사업자로 변경하려면 사업자단위과세사업자로 적용받으려는 과세기간 개시 20일 전까지 사업자의 본점 또는 주사무소 관할세무서장에게 변경등록을 신청하여야 한다. 반대로 사업자단위과세사업자가 사업장단위로 등록을 하려는 경우에도 동일하다.

사업자등록신청을 받은 사업장 관할세무서장(사업자단위과세사업자 신청의 경우는 본점 또는 주사무소 관할세무서장)은 사업자등록을 하고, 등록된 사업자에게 등록번호가 부여된 등록증, 즉 사업자등록증을 발급하여야 하는데, 사업장별로 등록한 사업자는 사업장별로 사업자등록증이 발급되고 사업자단위과세사업자로 등록한 사업자는 본점 또는 주사무소에만 사업자등록증이 발급된다. 사업자등록번호는 국세청 전산시스템에 의하여 부여되는데, 제1장에서 설명한 것과 같이 처음 3자리는 관할지방국세청과 세무서코드이고, 가운데 2자리는 개인·법인 기타 구분코드, 마지막 5자리는 사업장일련번호(4자리)와 검증번호(1자리)로 구성된다.

또한, VAT 납세의무가 없는 자에게도 과세자료를 효율적으로 처리하기 위하여 사업자등록번호에 준하는 번호인 고유번호를 부여할 수 있는데, 고유번호를 부여하는 대상은 아래와 같으며, 대부분의 비영리단체들이 이 조항에 따라 고유번호를 부여받는다.

① 국가, 지방자치단체, 지방자치단체조합

② VAT가 면제되는 사업자 중 소득세 또는 법인세의 납세의무가 있는 자(「조세특례제한법」에 따라 소득세 또는 법인세가 면제되는 자를 포함)

③ 「민법」 제32조에 따라 설립된 법인(비영리법인)

---

2) 세법상 사업장등록에 관한 조항은 부가가치세법 이외에 법인세법 및 소득세법에도 별도로 규정되어 있다. 다만, 부가가치세법에 의하여 사업자등록을 한 사업자는 법인세법 및 소득세법의 규정의 사업자등록을 한 것으로 취급된다. 따라서 VAT 과세사업자는 부가가치세법에 따라, VAT 면세사업자와 비사업자(비영리법인 등)는 법인세법 또는 소득세법에 따라 사업자등록(고유번호등록)을 하게 된다.

④ 특별법에 따라 설립된 법인
⑤ 각급 학교 기성회, 후원회 또는 이와 유사한 단체

등록한 사업자는 휴업 또는 폐업을 하거나 등록사항이 변경되면 지체 없이 사업장 관할세무서장에게 신고하여야 한다.

사업자가 등록정정을 위해 사업자등록정정신고서를 제출하는 경우에는 사업자등록증을 첨부하여야 한다. 등록정정신고를 받은 세무서장은 상호변경과 사이버몰의 명칭 또는 도메인이름 변경의 신청에 대해서는 신청일 당일에, 그 외의 신청에 대해서는 신청일부터 3일 이내 변경내용을 확인하고 사업자등록증의 기재사항을 정정하여 재발급하여야 한다.

(3) 거래상대방의 사업자등록 확인 요령

거래하고 있는 거래처 또는 사이트가 미심쩍거나 의심이 생길 때, 그 거래처가 세무당국에 정상적으로 등록이 되어 있는 사업자인지, 현재 폐업 또는 휴업 상태인지 여부를 확인해야 한다.

홈택스에 접속한 뒤 [조회/발급] - [사업자 상태] 메뉴에서 사업자등록번호를 입력하고 조회를 클릭하면, 조회하고자 하는 사업자에 대한 과세유형과 사업자 상태(폐업 또는 휴업 등)를 확인할 수 있다. 주민등록번호를 이용하여 검색할 수도 있으나, 이때에는 사전에 상대방의 동의를 구하여야 한다.

한편, 국세청 홈택스에서는 건별로 검색하여야 하는데, 다량의 사업자등록 여부를 조회하는 방법으로는 공공데이터(https://www.data.go.kr/)를 이용하는 방법이 있다.

3 VAT의 과세기간과 신고 · 납부

(1) 일반적인 경우

법인사업자나 개인사업자를 불문하고 VAT 과세기간은 1년에 2번으로 나누어져 있고, 이도 법인세와 다른 점이다. 법인세는 각 법인의 사업연도별로 1년에 한 번 신고·납부하는 반면, VAT는 6개월에 한 번씩 신고·납부한다. 즉, 1월 1일부터 6월 30일까지의 기간을 1기라고 하고 7월 1일부터 12월 31일까지를 2기라고 하는데, 1기와 2기 과세기간 종료 후 25일(7월 25일, 1월 25일)까지 VAT를 신고·납부해야 한다. 다만, 간이과세자의 경우에는 1월 1일부터 12월 31일까지를 과세기간으로 한다.

그러나 부가가치세법은 예정신고라는 제도를 두어 1기와 2기 과세기간의 중간에 예정신고·납부를 하도록 함으로써 실제로는 4번의 신고·납부가 이루어지고 있다. 즉, 1기 과세기간에 1월 1일부터 3월 31일까지를 예정신고기간으로 하여 예정신고·납부를 해야 하고, 2기 과세기간에는 7월 1일부터 9월 30일까지를 예정신고기간으로 하여 예정신고·납부를 해야 한다. 예정신고가 이루어진 경우 각 과세기간의 확정신고일인 7월 25일이나 1월 25일에는 예정신고시 이미 신고한 과세표준과 납부한 납부세액 또는 환급받은 환급세액은 신고하지 않아도 된다.

한편, 개인사업자인 경우에는 원칙적으로 예정신고기간마다 직전(直前) 과세기간 납부세액의 50%를 결정하여 해당 예정신고기간이 끝난 후 25일까지 징수하는 방식으로 VAT를 과세하지만, ① 휴업 또는 사업부진 등으로 인하여 각 예정신고기간의 공급가액 또는 납부세액이 직전 과세기간의 공급가액 또는 납부세액의 3분의 1에 미달하거나, ② 각 예정신고기간분에 대하여 조기환급을 받으려는 경우에는 예정신고를 할 수 있다. 위의 내용을 요약하면 다음과 같다.

사업자		과세기간	신고기한
법인		1월 1일~6월 30일	4월 25일(예정신고), 7월 25일
		7월 1일~12월 31일	10월 25일(예정신고), 1월 25일
개인	일반과세자	1월 1일~6월 30일	4월 25일(휴업 등의 경우), 7월 25일
		7월 1일~12월 31일	10월 25일(휴업 등의 경우), 1월 25일
	간이과세자	1월 1일~12월 31일	1월 25일

(2) 소규모 법인사업자 VAT 예정고지 등

2020년 세법개정을 통해, 개인의 VAT 예정신고와 유사하게 2021년 4월부터 VAT 예정고지 대상에 직전 과세기간(6개월) 공급가액이 1억 5천만원 미만인 법인사업자가 추가되었고, 상세는 다음과 같다.

1) VAT 예정고지세액이 30만원(2022.1.1부터 50만원) 이상인 법인사업자

VAT 예정고지 대상 법인은 VAT 예정신고(매년 4월, 10월)를 하지 않고, 직전 과세기간(6개월) 납부세액의 50%를 납부하는 것으로 대체되었다.

2) VAT 예정고지세액이 30만원(2022.1.1.부터 50만원) 미만인 법인사업자

VAT 예정고지 대상이나 징수할 세액이 30만원(2022.1.1부터 50만원) 미만인 경우에는 납부할 예정고지세액이 없으며, VAT 확정신고(매년 7월, 1월) 때 한 번에 신고하면 된다. 즉, VAT 예정신고의무가 없어졌다.

3) VAT 예정고지 특례

VAT 예정고지 대상이나, 사업부진[3] 또는 조기환급[4] 신고시에는 예정신고를 할 수 있으며, 이때 예정고지는 취소된다.

4) VAT 예정고지 대상자 여부 및 예정고지세액 확인 방법

홈택스 사이트의 [조회/발급] - [세금신고납부] - [VAT 예정고지 대상자 조회] 메뉴에서 VAT 예정고지 대상자 여부와 예정고지세액을 확인할 수 있다.

4 VAT 과세대상 거래

VAT가 과세되는 거래는 재화나 용역의 공급 및 재화의 수입이다.[5] 여

3) 예정신고기간의 공급가액 또는 납부세액이 직전 과세기간의 1/3에 미달하는 경우
4) 영세율 매출, 사업설비 신설/취득/확장 또는 증축 등으로 예정신고기간에 환급이 발생하는 경우
5) 앞에서 기술했듯이, 재화의 수입은 외국에 있는 판매자로 하여금 우리나라 VAT를 징수하여 납부하도록 할 수 없기 때문에, 수입재화의 통관시 세관장이 수입 VAT를 징수한다. 한편, 외국으로부터 용역을 도입하는 것은 수입재화와 같은 통관절차가 없어 세관장이 외국으로부터 도입되는 용역에 대하여 VAT를 징수할 제도가 없다. 이와 관련하여, 외국으로부터 도입되는 용역에 대하여는 용역대가를 지급하는 사업자가 자신으로부터 VAT를 징수하

기에서는 국내에서 제공되는 재화나 용역의 공급에 대해서만 보기로 한다.

(1) 재화의 공급

재화의 공급은 계약상 또는 법률상의 모든 원인에 따라 재화를 인도하거나 양도하는 것을 말한다. 재화란 재산 가치가 있는 물건 및 권리를 말하는데, 물건이란 ① 상품, 제품, 원료, 기계, 건물 등 모든 유체물(有體物)과 ② 전기, 가스, 열 등 관리할 수 있는 자연력을 말하고 권리는 광업권, 특허권, 저작권 등 물건 외에 재산적 가치가 있는 모든 것을 말한다.

한편, 다음과 같은 경우에는 재화의 공급으로 보지 아니한다.

① 질권, 저당권 또는 양도담보의 목적으로 동산, 부동산 및 부동산상의 권리를 제공하는 것
② 사업장별(「상법」에 따라 분할하거나 분할합병하는 경우에는 같은 사업장 안에서 사업부문별로 구분하는 경우 포함)로 그 사업에 관한 모든 권리와 의무를 포괄적으로 승계시키는 것[6]
③ 사업용 자산을 「상증세법」 제73조, 「지방세법」 제117조 및 「종합부동산세법」 제19조에 따라 물납(物納)하는 것

그리고 다음과 같은 경우에는 비록 사업자가 거래상대방이 아닌 자기 자신을 위해 소비한 경우이지만 부가가치세법상으로는 공급이 이루어진 것으로 간주하는데, 이를 '간주공급'이라 한다. 공급이 이루어진 것으로 간주한다는 것은 사업자 자기를 위해 소비한 재화에 대해 VAT 매출세액을 납부해야 함을 의미한다.

① 사업자가 자기의 VAT 과세사업과 관련하여 생산하거나 취득한

여 납부하는 'VAT 대리납부'라는 제도가 있다. 즉, 사업자 본인이 본인으로부터 VAT를 징수하여 납부하고, 본인의 VAT 신고에서는 이를 매입 VAT로 취급하는 제도가 있었는데, 현재는 VAT 과세사업자에게는 대리납부제도가 적용되지 않고, VAT 면세사업자에게만 적용된다.

6) 통상 영업의 포괄양도라고 한다.

재화를 자기의 VAT 면세사업을 위하여 직접 사용하거나 소비하는 경우(매입세액공제를 받은 경우에 한한다)

② 사업자가 자기의 VAT 과세사업과 관련하여 생산하거나 취득한 재화를 매입세액이 공제되지 아니하는 승용자동차로 사용, 소비하거나 그 자동차의 유지를 위해 사용, 소비하는 경우 또는 운수업, 자동차 판매업 등을 경영하는 사업자가 자기의 VAT 과세사업과 관련하여 생산하거나 취득한 재화 중 「개별소비세법」 제1조 제2항 제3호에 따른 자동차와 그 자동차의 유지를 위한 재화를 해당 업종에 직접 영업으로 사용하지 아니하고 다른 용도로 사용하는 경우

③ 사업장이 둘 이상인 사업자가 자기의 사업과 관련하여 생산 또는 취득한 재화를 판매할 목적으로 자기의 다른 사업장에 반출하는 경우. 다만, 사업자단위과세사업자와 총괄납부사업자는 제외한다.

④ 사업자가 자기의 VAT 과세사업과 관련하여 생산하거나 취득한 재화를 사업과 직접적인 관계없이 자기의 <u>개인적인 목적</u>이나 그 밖의 <u>다른 목적을 위하여</u> 사용·소비하거나 그 사용인 또는 그 밖의 자가 사용·소비하는 것으로서 사업자가 그 대가를 받지 아니하거나 시가보다 낮은 대가를 받는 경우

⑤ 사업자가 자기의 VAT 과세사업과 관련하여 생산하거나 취득한 재화를 자기의 고객이나 불특정 다수에게 증여하는 경우(증여하는 재화의 대가가 주된 거래인 재화의 공급에 대한 대가에 포함되는 경우와 사업을 위하여 대가를 받지 아니하고 다른 사업자에게 인도하거나 양도하는 견본품, 「재난 및 안전관리 기본법」의 적용을 받아 특별재난지역에 공급하는 물품, 자기적립마일리지 등으로만 전부를 결제받고 공급하는 재화는 제외)

⑥ 사업자가 폐업할 때 자기생산·취득재화 중 남아 있는 재화의 경우(사업개시일 이전에 사업자등록을 신청한 자가 사실상 사업을 시작하지 아니하게 되는 경우 포함)

(2) 용역의 공급

용역의 공급은 계약상 또는 법률상의 모든 원인에 따른 것으로서 역무를 제공하거나 시설물, 권리 등 재화를 사용하게 하는 것을 말하는 것으로 구체적으로는 다음과 같은 것들이 있다.

① 건설업
② 숙박 및 음식점업
③ 운수업
④ 방송통신 및 정보 서비스업
⑤ 금융 및 보험업
⑥ 부동산업 및 임대업. 다만, 전 · 답 · 과수원 · 목장용지 · 임야 또는 염전 임대업은 제외한다.
⑦ 전문, 과학 및 기술 서비스업과 사업시설관리 및 사업지원 서비스업
⑧ 공공행정, 국방 및 사회보장 행정
⑨ 교육 서비스업
⑩ 보건업 및 사회복지 서비스업
⑪ 예술, 스포츠 및 여가관련 서비스업
⑫ 협회 및 단체, 수리 및 기타 개인서비스업
⑬ 가구 내 고용활동 및 달리 분류되지 않은 자가소비 생산활동
⑭ 국제 및 외국기관의 사업

그러나 아래와 같은 것도 용역의 공급에 포함한다.

① 건설업의 경우 건설업자가 건설자재의 전부 또는 일부를 부담하는 것
② 자기가 주요 자재를 전혀 부담하지 아니하고 상대방으로부터 인도받은 재화를 단순히 가공만 해 주는 것
③ 산업상 · 상업상 또는 과학상의 지식 · 경험 또는 숙련에 관한 정보를 제공하는 것

한편, 용역의 경우에는 사업자가 자신의 용역을 자기의 사업을 위하여 대가를 받지 아니하고 무상으로 공급함으로써 다른 사업자와의 과세형평이 침해되는 경우에는 자기에게 용역을 공급하는 것으로 간주하도록 하고 있으나, 아직 구체적인 사례는 없다. 또한, 사업자가 대가를 받지 아니하고 타인에게 용역을 공급하는 것은 용역의 공급으로 보지 아니하지만 사업자가 특수관계인에게 사업용 부동산의 임대용역을 무상으로 공급하는 것은 용역의 공급으로 본다.

5 영세율과 면세

(1) 영세율

앞의 '1. 부가가치세의 개요'에서 살펴보았듯이 사업자는 과세대상이 되는 매출액에 10%를 곱하여 매출세액을 산출하고 자기가 매입한 매입액에 대한 매입세액을 공제하여 납부할 세액을 계산한다. 매출세액을 산출하기 위해 적용되는 세율은 일반적으로 10%이다.

그러나 매출액에 10%의 세율이 아닌 0%의 세율을 적용하여 매출세액을 산출하고 자기가 매입한 매입액에 대한 매입세액을 공제하여 납부할 세액을 구하는 경우가 있는데, 이 경우가 바로 영세율이 적용되는 거래이다. 즉, 영세율이 적용되는 거래에서는 매출세액을 산출하기 위한 세율을 10%가 아닌 0%를 적용하고 영세율 매출과 관련된 매입세액을 공제하기 때문에 일반적으로 영세율 거래에서는 매입세액을 환급받는 결과가 된다.

즉, 전단계세액공제방식하에서는 매출세율이 0이므로 매출세액은 매출액×0%=0이 되지만, 관련 매입세액은 전액 공제함으로써 실질적으로 매입세액에 대한 전액 환급효과가 나타나게 되는데, 영세율은 수출이나 기타 외화획득을 하는 재화의 공급이나 용역의 공급에 주로 적용되고 있다.

(2) 면 세

면세란 VAT가 면제되는 재화와 용역을 말하며, 부가가치세법에서는 면세대상 재화와 용역의 공급을 규정하고 있다. VAT 면세대상 재화나 용역의 판매에 대해서는 매출세액을 계산할 필요가 없다. 또한, VAT 면세대상 재화나 용역만을 판매(공급)하는 사업자는 부가가치세법상의 납세의무자가 아니기 때문에, VAT 면세거래 매출과 관련한 VAT 매입액에 대해서도 매입세액공제를 적용하지 않는다.

면세거래는 크게 ① 생활필수품에 대한 면세, ② 문화생활 관련 면세, ③ 부가가치의 창출요소에 대한 면세, ④ 기타 공익목적의 재화나 용역에 대한 면세로 나누어진다. 생활의 기초가 되는 필수적인 재화나 용역에 면세제도를 운영하는 목적은 궁극적으로 VAT를 부담하는 최종소비자의 부담을 줄여주고자 하는 데 있다. 즉, 면세된 VAT액만큼 최종소비자의 부담이 줄어들게 된다.

그러나 VAT 면세사업자는 자신이 VAT 과세대상 재화를 구입할 때 부담한 VAT 매입세액을 공제받지 못하기 때문에 공제받지 못한 VAT 매입세액을 최종소비자에게 전가하게 되어, 소비자의 부담이 완전히 해소되는 것은 아니다.

(3) 영세율과 면세의 비교

영세율과 면세를 비교하기 위해 사례를 가지고 설명해 보기로 한다.

사업자 갑(일반과세자)이 어떤 재화를 공급가액 100원에 사업자 을에게 공급하고 사업자 을은 이를 매입하여 공급가액 150원에 최종소비자인 병에게 공급하는 경우, 사업자 을이 일반과세사업자, 영세율 적용 사업자, 면세사업자인 경우로 나누어 을의 납부세액, 병의 최종부담액을 비교해 보면 다음과 같다.

사업자	사업구분	공급가액 (A)	매출세액(B) =(A)×0.1	매입세액 (C)	납부세액(D) =(B)−(C)	병 부담액 =(A)+(B)
갑	과세사업자	100	10	−	10	
을	과세사업자	150	15	10	5	165
	영세율사업자	150	0	10	−10	150
	면세사업자	160	−	10*	−*	160

* 을이 면세사업자인 경우 매입세액은 환급되지 않아 (D)=(B)−(C)의 산식이 적용되지 않는다.

최종소비자인 병이 부담하는 금액은 사업자 을이 과세사업자인 경우 165원이지만 영세율사업자인 경우 150원, 면세사업자인 경우 160원이 된다. 면세사업자로부터 공급받는 병의 부담액이 영세율사업자로부터의 공급을 받는 경우와 다른 이유는 위의 표에서 보듯이 영세율사업자는 자신이 부담한 매입세액을 공제받기 때문에 100원의 매입액에 50원의 부가가치를 더하여 150원에 공급할 수 있지만, 면세사업자는 자신이 부담한 매입세액 10원을 공제받지 못하기 때문에 100원의 매입액에 50원의 부가가치를 유지하고 싶은 경우에는 자신이 부담한 10원까지를 가격에 반영해서 160원에 팔아야 160－110(매입액 100＋매입세액 10)＝50원의 부가가치를 유지할 수 있게 되므로 최종소비자에게 매입세액 10원을 전가하게 되고 면세임에도 불구하고 최종소비자 병은 160원의 부담을 하게 되어 을이 과세사업자일 때보다는 부담이 완화되지만, 을이 영세율사업자일 때보다는 10원을 더 부담하게 된다.

이러한 이유로 영세율은 완전면세제도, 일반 면세제도는 부분면세제도라고도 한다.

영세율과 면제가 같이 적용될 때, 유리한 영세율을 적용받기 위하여 면세포기를 선택할 수 있는 제도가 있다. 아래에서는 영세율과 면세가 적용되는 부가가치세법상의 주요 거래를 소개한다. 본서의 특성상 모든 거래를 세부적으로 소개하지는 않고 주요 거래만을 소개한다.

❑ 영세율 거래

1) 재화의 수출
2) 용역의 국외공급
3) 외국항행용역의 공급
4) 외화획득 재화 또는 용역의 공급

❑ 면세거래

1) 부가가치세법 시행령 제34조의 가공되지 아니한 식료품[식용(食用)으로 제공되는 농산물, 축산물, 수산물과 임산물을 포함] 및 우리나라에서 생산되어 식용으로 제공되지 아니하는 농산물, 축산물, 수산물과 임산물 등
2) 수돗물

3) 연탄과 무연탄
4) 여성용 생리 처리 위생용품
5) 부가가치세법 시행령 제35조의 의료보건 용역(수의사의 용역을 포함)과 혈액
6) 다음의 어느 하나에 해당하는 시설 등에서 학생, 수강생, 훈련생, 교습생 또는 청강생에게 지식, 기술 등을 가르치는 교육용역
   ① 주무관청의 허가 또는 인가를 받거나 주무관청에 등록되거나 신고된 학교, 학원, 강습소, 훈련원, 교습소 또는 그 밖의 비영리단체. 다만, 무도학원과 자동차운전학원은 제외
   ② 「청소년활동진흥법」 제10조 제1호에 따른 청소년수련시설
   ③ 「산업교육진흥 및 산학연협력촉진에 관한 법률」 제25조에 따른 산학협력단
   ④ 「사회적기업 육성법」 제7조에 따라 인증받은 사회적기업
   ⑤ 「과학관의 설립·운영 및 육성에 관한 법률」 제6조에 따라 등록한 과학관
   ⑥ 「박물관 및 미술관 진흥법」 제16조에 따라 등록한 박물관 및 미술관
7) 여객운송 용역(다만, 면세에서 제외되는 여객운송 용역이 있음)
8) 도서(도서대여 용역을 포함), 신문 및 인터넷 신문과 정기간행물, 관보(官報), 뉴스통신(다만, 광고는 제외)
9) 우표(수집용 우표는 제외), 인지(印紙), 증지(證紙), 복권 및 공중전화
10) 담배
11) 금융·보험 용역
12) 주택과 이에 부수되는 토지의 임대용역
13) 공동주택관리주체 또는 입주자대표회의가 제공하는 공동주택 어린이집의 임대용역
14) 토지
15) 인적(人的) 용역
16) 예술창작품, 예술행사, 문화행사 또는 아마추어 운동경기
17) 도서관, 과학관, 박물관, 미술관, 동물원, 식물원, 민속문화자원을 소개하는 장소, 「전쟁기념사업회법」에 따른 전쟁기념관에 입장하게 하는 것
18) 종교, 자선, 학술, 구호(救護), 그 밖의 공익을 목적으로 하는 단체가 공급하는 재화 또는 용역

19) 국가, 지방자치단체 또는 지방자치단체조합이 공급하는 재화 또는 용역
20) 국가, 지방자치단체, 지방자치단체조합 또는 주무관청의 허가 또는 인가를 받거나 주무관청에 등록된 단체로서 「상증세법령」 제12조 각 호의 어느 하나에 해당하는 사업을 하는 단체 또는 공익사업을 위하여 주무관청의 승인을 받아 금품을 모집하는 단체에 무상(無償)으로 공급하는 재화 또는 용역

6 세금계산서와 계산서

(1) 세금계산서의 개요

세금계산서란 재화나 용역을 공급하는 자와 공급받는 자 사이에 거래가 발생하였음을 증명하기 위해 주고받는 증빙으로서 부가가치세법에서 가장 중요한 증빙을 말한다. 세금계산서를 재화나 용역을 공급하는 자와 공급받는 자 사이에 수수하게 하고, 양자가 모두 VAT 신고시 주고받은 세금계산서를 신고하게 함으로써 공급하는 자의 매출 및 매출세액과 공급받는 자의 매입 및 매입세액을 대조하여 양자간의 거래를 검증할 수 있도록 하고 있다.

세금계산서에는 반드시 기재되어야 할 필요적 기재사항과 선택적으로 기재할 수 있는 임의적 기재사항이 있다.

필요적 기재사항	임의적 기재사항
① 공급하는 사업자의 등록번호와 성명 또는 명칭 ② 공급받는 자의 등록번호. 다만, 공급받는 자가 사업자가 아니거나 등록한 사업자가 아닌 경우에는 대통령령으로 정하는 고유번호 또는 공급받는 자의 주민등록번호 ③ 공급가액과 VAT액 ④ 작성 연월일	① 공급하는 자의 주소 ② 공급받는 자의 상호·성명·주소 ③ 공급하는 자와 공급받는 자의 업태와 종목 ④ 공급품목 ⑤ 단가와 수량 ⑥ 공급 연월일 ⑦ 거래의 종류 ⑧ 사업자단위과세사업자의 경우 실제로 재화 또는 용역을 공급하거나 공급받는 종된 사업장의 소재지 및 상호

사업자는 자신의 매출세액에서 매입세액을 공제하여 납부세액을

결정하게 되는데, 매입세액을 공제받기 위해서는 매입처별 세금계산서 합계표를 제출해야 하고 세금계산서를 발급받지 않거나 발급받은 세금계산서에 필요적 기재사항의 전부 또는 일부가 적히지 않았거나 사실과 다르게 적힌 경우에는 매입세액공제를 허용하지 않고 있다. 물론, 세금계산서를 발급받지 않더라도 세금계산서를 대체할 수 있는 신용카드 매출전표, 현금영수증, 직불카드영수증, 실제명의가 확인되는 선불카드 영수증을 발급받는 경우에도 매입세액공제를 허용하고 있지만, 그 외에는 매입세액공제를 허용하지 않고 있다.

세금계산서는 거래가 발생하였음을 입증하는 증빙으로서 부가가치세법뿐만 아니라 법인세법, 소득세법에서도 인정하는 지출증명서류에 해당하고, 비영리법인의 경우 국고보조금 등을 집행하였다는 중요한 증빙으로 활용되기도 한다.

(2) 전자세금계산서

법인의 경우에는 세금계산서를 전자세금계산서로 발행하는 것이 의무화되어 있으며, 개인사업자의 경우에는 직전 연도의 사업장별 재화 및 용역의 공급가액(면세공급가액을 포함)의 합계액이 2억원 이상인 경우에는 사업장별 재화 및 용역의 공급가액의 합계액이 2억원 이상인 해의 다음 해 제2기 과세기간과 그 다음 해 제1기 과세기간까지는 전자세금계산서를 의무적으로 발행해야 한다.[7] 전자세금계산서를 발급한 경우에는 발급한 다음날까지 전자세금계산서 발급명세를 국세청장에게 전송하여야 하는데, 전자세금계산서를 의무적으로 발행해야 할 사업자가 전자세금계산서가 아닌 종이세금계산서를 발행할 경우에는 공급가액의 1%에 해당하는 가산세가 부과된다. 물론 전자세금계산서 의무발행이 아닌 사업자도 전자세금계산서를 발급하고 전자세금계산서 발급명세를 전송할 수 있다.

---

7) 전자세금계산서 제도의 연혁은 다음과 같다.
2010.1 전자세금계산서 제도 도입
2011.1 법인사업자 발급의무화
2012.1 직전 연도 공급가액 10억원 이상 개인사업자 발급의무화
2014.7 직전 연도 공급가액 3억원 이상 개인사업자 발급의무화
2019.7 직전 연도 과세분과 면세분 공급가액의 합계액 3억원 이상 개인사업자 발급의무화
2022.7 직전 연도 과세분과 면세분 공급가액의 합계액 2억원 이상 개인사업자 발급의무화
2023.7 직전 연도 과세분과 면세분 공급가액의 합계액 1억원 이상 개인사업자 발급의무화

[별지 제11호 서식]

세 금 계 산 서	(공 급 받 는 자 보 관 용)	책 번 호	권	호
		일 련 번 호		

공급자				공급받는자			
등록번호	- -			등록번호	- -		
상 호 (법인명)		성명	인	상 호 (법인명)		성명	인
사업장 주 소				사업장 주 소			
업 태		종목		업 태		종목	

작 성			공 급 가 액												세 액										비 고
년	월	일	공란수	백	십	억	천	백	십	만	천	백	십	일	십	억	천	백	십	만	천	백	십	일	

월	일	품 목	규 격	수 량	단 가	공 급 가 액	세 액	비 고

합계금액	현 금	수 표	어 음	외상미수금	이 금액을 영수 함

22226-28131일 '96.3.27승인 　　 인쇄용지(특급)34g/m2 182mmx128mm

(3) 계산서

VAT 면세대상 재화나 용역을 판매(공급)하는 사업자는 세금계산서와 유사한 계산서를 발행하여야 한다. 계산서는 세금계산서 양식에서 VAT만 없을 뿐 거의 비슷하다.

[별지 제11호 서식]

계 산 서	(공 급 받 는 자 보 관 용)	책 번 호	권	호
		일 련 번 호		

공급자				공급받는자			
등록번호	- -			등록번호	- -		
상 호 (법인명)		성명	인	상 호 (법인명)		성명	인
사업장 주 소				사업장 주 소			
업 태		종목		업 태		종목	

작 성			공 급 가 액												비 고
년	월	일	공란수	백	십	억	천	백	십	만	천	백	십	일	

월	일	품 목	규격	수량	단 가	공 급 가 액	비고

합계금액	현 금	수 표	어 음	외상미수금	이 금액을 청구 함

인쇄용지(특급)34g/m2 182mmx128mm

(4) 세금계산서 발급시기

세금계산서는 사업자가 재화 또는 용역의 공급시기에 재화 또는 용역을 공급받는 자에게 발급하는 것을 원칙으로 하고 있다. 그러나 다음과 같은 경우에는 공급시기 전이라도 세금계산서를 발급할 수 있다.

① 사업자가 재화 또는 용역의 공급시기가 되기 전에 재화 또는 용역에 대한 대가의 전부 또는 일부를 받고, 그 받은 대가에 대하여 세금계산서를 발급하는 경우
② 사업자가 재화 또는 용역의 공급시기가 되기 전에 세금계산서를 발급하고 그 세금계산서 발급일부터 7일 이내에 대가를 받는 경우
③ 재화 또는 용역을 공급하는 사업자가 그 재화 또는 용역의 공급시기가 되기 전에 세금계산서를 발급하고 그 세금계산서 발급일부터 7일이 지난 후 대가를 받더라도 다음의 요건 중 어느 하나를 충족하는 경우
- 거래당사자간의 계약서·약정서 등에 대금 청구시기와 지급시기를 따로 적을 것
- 대금 청구시기와 지급시기 사이의 기간이 30일 이내이거나 세금계산서 발급일이 속하는 과세기간(공급받는 자가 조기환급을 받은 경우에는 세금계산서 발급일부터 30일 이내)에 세금계산서에 적힌 대금을 지급받은 것이 확인되는 경우일 것

또한, 다음의 어느 하나에 해당하는 경우에는 재화 또는 용역의 공급일이 속하는 달의 다음 달 10일(그날이 공휴일 또는 토요일인 경우에는 바로 다음 영업일)까지 세금계산서를 발급할 수 있다.

① 거래처별로 1역월(1曆月)의 공급가액을 합하여 해당 달의 말일을 작성 연월일로 하여 세금계산서를 발급하는 경우
② 거래처별로 1역월 이내에서 사업자가 임의로 정한 기간의 공급가액을 합하여 그 기간의 종료일을 작성 연월일로 하여 세금계산서를 발급하는 경우

③ 관계 증명서류 등에 따라 실제거래사실이 확인되는 경우로서 해당 거래일을 작성 연월일로 하여 세금계산서를 발급하는 경우

7 수정세금계산서

세금계산서를 발급하였는데 나중에 공급가액 등에 변경이 있거나, 착오로 인해 필요적 기재사항 등을 잘못 기재한 경우 수정세금계산서를 발급해야 한다.

8 세금계산서 발급의무 면제

(1) 세금계산서 발급의무 면제

VAT가 과세되는 재화나 용역의 공급시에는 세금계산서를 발행하는 것이 원칙이다. 그러나 모든 거래에서 세금계산서를 의무적으로 발행하게 하는 것은 현실적으로 가능하지 않을 수 있다. 따라서 부가가치세법은 택시운송 사업자, 노점 또는 행상을 하는 사람, 무인자동판매기를 이용하여 재화나 용역을 공급하는 자, 전력이나 도시가스를 실제로 소비하는 자 등과 같이 세금계산서를 발급하기 어렵거나 세금계산서의 발급이 불필요한 경우 등과 신용카드매출전표, 현금영수증 등을 발행한 경우에는 세금계산서를 발급하지 아니할 수 있도록 하여 발급의무를 면제해 주고 있다.

(2) 영수증의 발급대상 사업자

사업자가 아닌 일반소비자에게 주로 재화나 용역을 공급하는 사업자나 일정요건을 만족하는 간이과세자의 경우에는 세금계산서가 아닌 영수증을 발급해야 한다.

9 공익법인이 제공하는 재화나 용역에 대한 면세

부가가치세법상 면세하는 재화나 용역의 공급 중에 공익목적을 위한 단체가 제공하는 재화나 용역의 공급에 대해 면세를 적용하는 경우가 있는데, 바로 종교, 자선, 학술, 구호(救護), 그 밖의 공익을 목적으로 하는 단체가 공급하는 재화 또는 용역에 대한 면세이다. 이를 구체적으로 살펴보면 다음과 같다.

① 주무관청의 허가 또는 인가를 받거나 주무관청에 등록된 단체로서 「상증세법령」 제12조 각 호의 어느 하나에 따른 사업 또는 비영리법인의 사업으로서 종교, 자선, 학술, 구호, 사회복지, 교육, 문화, 예술 등 공익을 목적으로 하는 사업을 하는 단체가 그 고유의 사업목적을 위하여 일시적으로 공급하거나 실비(實費) 또는 무상으로 공급하는 재화 또는 용역

② 학술 및 기술 발전을 위하여 학술 및 기술의 연구와 발표를 주된 목적으로 하는 단체가 그 연구와 관련하여 실비 또는 무상으로 공급하는 재화 또는 용역

③ 「문화재보호법」에 따른 지정문화재(지방문화재를 포함하며, 무형문화재는 제외한다)를 소유하거나 관리하고 있는 종교단체(주무관청에 등록된 종교단체로 한정한다)의 경내지(境內地) 및 경내지 안의 건물과 공작물의 임대용역

④ 공익을 목적으로 기숙사를 운영하는 자가 학생이나 근로자를 위하여 실비 또는 무상으로 공급하는 음식 및 숙박 용역

⑤ 「저작권법」에 따라 문화체육관광부장관의 허가를 받아 설립된 사단법인 한국음악저작권협회, 사단법인 한국문예학술저작권협회, 사단법인 한국방송작가협회, 사단법인 한국음악실연자연합회, 사단법인 한국음반산업협회, 사단법인 한국복제전송저작권협회, 사단법인 한국시나리오작가협회, 사단법인 한국방송실연자협회, 재단법인 한국문화정보원, 사단법인 한국영화배급협회, 재단법인 한국언론진흥재단, 사단법인 함께하는음악저작인협회, 사단법인 한국영화제작가협회가 저작권자를 위하여 실비 또는 무상으로 공급하는 신탁관리 용역

⑥ 저작권법에 따라 문화체육관광부장관이 지정한 보상금 수령단체로서 사단법인 한국음악실연자연합회, 사단법인 한국문학예술저작권협회, 사단법인 한국연예제작자협회가 저작권자를 위하여 실비 또는 무상으로 공급하는 보상금 수령 관련 용역
⑦ 「법인세법」 제24조 제2항 제4호 나목에 따른 비영리 교육재단이 「초·중등교육법」 제60조의2 제1항에 따른 외국인학교의 설립·경영 사업을 하는 자에게 제공하는 학교시설 이용 등 교육환경 개선과 관련된 용역

10 납부세액의 계산

사업자는 전단계세액공제법에 따라 매출세액에서 매출세액과 관련한 매입세액을 공제하여 납부세액을 계산한다. 매출세액은 과세표준에 VAT율을 적용해서 산출하기 때문에 과세표준 금액은 매출세액을 구하는 데 있어서 매우 중요한 금액이 된다. 또한 공제되는 매입세액 역시 납부세액을 결정하는 데 있어 중요한 금액이 된다. 따라서 과세표준과 매입세액공제에 대해 살펴보기로 한다.

(1) 과세표준

재화나 용역의 공급에 대한 VAT의 과세표준은 해당 과세기간에 공급한 재화 또는 용역의 공급가액을 합한 금액으로 하는데, 이때 공급가액이란 대금, 요금, 수수료, 그 밖에 어떤 명목이든 상관없이 재화 또는 용역을 공급받는 자로부터 받는 금전적 가치 있는 모든 것을 포함하되, VAT는 포함하지 않은 금액을 말한다.

과세표준은 다음과 같다.

① 금전으로 대가를 받는 경우 : 그 대가. 다만, 그 대가를 외국통화나 그 밖의 외국환으로 받은 경우에는 환산한 가액
② 금전 외의 대가를 받는 경우 : 자기가 공급한 재화 또는 용역의 시가

③ 폐업하는 경우 : 폐업시 남아 있는 재화의 시가
④ 간주공급의 경우(직매장 반출은 제외) : 자기가 공급한 재화 또는 용역의 시가
⑤ 간주공급으로 보는 직매장 반출의 경우 : 해당 재화의 취득가액 등
⑥ 외상거래, 할부거래, 마일리지 등으로 대금의 전부 또는 일부를 결제하는 거래 등 그 밖의 방법으로 재화 또는 용역을 공급하는 경우 : 공급 형태 등을 고려하여 부가가치세법 시행령 제61조 제2항이 정하는 가액

특수관계인에게 공급하는 재화나 용역으로 조세의 부담을 부당하게 감소시킬 것으로 인정되는 다음의 경우에는 공급한 재화 또는 용역의 시가를 공급가액으로 본다.

① 재화의 공급에 대하여 부당하게 낮은 대가를 받거나 아무런 대가를 받지 아니한 경우
② 용역의 공급에 대하여 부당하게 낮은 대가를 받는 경우
③ 용역의 공급에 대하여 대가를 받지 아니하는 경우로서 특수관계인에게 제공하는 부동산의 임대용역

다음의 금액은 공급가액에 포함하지 아니한다.

① 재화나 용역을 공급할 때 그 품질이나 수량, 인도조건 또는 공급대가의 결제방법이나 그 밖의 공급조건에 따라 통상의 대가에서 일정액을 직접 깎아 주는 금액(매출에누리)
② 환입된 재화의 가액
③ 공급받는 자에게 도달하기 전에 파손되거나 훼손되거나 멸실한 재화의 가액
④ 재화 또는 용역의 공급과 직접 관련되지 아니하는 국고보조금과 공공보조금
⑤ 공급에 대한 대가의 지급이 지체되었음을 이유로 받는 연체이자
⑥ 공급에 대한 대가를 약정기일 전에 받았다는 이유로 사업자가

당초의 공급가액에서 할인해 준 금액(매출할인)

한편, 사업자가 재화나 용역을 공급받는 자에게 거래조건에 따라 장려금 등을 지급하거나, 외상으로 공급한 후 외상매출금을 회수하지 못해 대손이 발생할 수 있는데, 이러한 장려금이나 대손금액은 과세표준에서 공제하지 아니한다. 다만, 대손금에 포함된 VAT액은 대손세액공제를 받을 수 있다.

사업자가 재화 또는 용역을 공급하고 그 대가로 받은 금액에 VAT가 포함되어 있는지가 분명하지 아니할 때에는 그 대가로 받은 금액에 110분의 100을 곱한 금액을 공급가액으로 한다.

사업자가 과세사업과 면세사업 및 VAT가 과세되지 아니하는 재화 또는 용역을 공급하는 사업(이하 "면세사업 등"이라 한다)에 공통적으로 사용된 재화를 공급하는 경우에는 이전 과세기간의 공급가액 비율 등에 따라 안분하여 과세표준을 구한다.

(2) 매입세액과 매입세액불공제

매출세액에서 공제하는 매입세액은 다음과 같다.

① 사업자가 자기의 사업을 위하여 사용하였거나 사용할 목적으로 공급받은 재화 또는 용역에 대한 VAT액
② 사업자가 자기의 사업을 위하여 사용하였거나 사용할 목적으로 수입하는 재화의 수입에 대한 VAT액

매입세액은 재화 또는 용역을 공급받는 시기가 속하는 과세기간이나 재화의 수입시기가 속하는 과세기간의 매출세액에서 공제한다.

그러나 다음의 매입세액은 매출세액에서 공제하지 않는다.

① 매입처별 세금계산서합계표를 제출하지 아니한 경우의 매입세액 또는 제출한 매입처별 세금계산서합계표의 기재사항 중 거래처별 등록번호 또는 공급가액의 전부 또는 일부가 적히지 아니하였거나 사실과 다르게 적힌 경우 그 기재사항이 적히지 아

니한 부분 또는 사실과 다르게 적힌 부분의 매입세액

② 세금계산서 또는 수입세금계산서를 발급받지 아니한 경우 또는 발급받은 세금계산서 또는 수입세금계산서에 필요적 기재사항의 전부 또는 일부가 적히지 아니하였거나 사실과 다르게 적힌 경우의 매입세액

③ 사업과 직접 관련이 없는 지출에 대한 매입세액

④ 비영업용 소형 자동차(운수업, 자동차판매업 등의 업종에 직접 영업으로 사용되는 것은 제외)의 구입과 임차 및 유지에 관한 매입세액

⑤ 접대비 및 이와 유사한 비용의 지출에 관련된 매입세액

⑥ 면세사업 등에 관련된 매입세액(면세사업 등을 위한 투자에 관련된 매입세액을 포함)과 토지에 관련된 매입세액

⑦ 사업자등록을 신청하기 전의 매입세액

한편, 과세사업과 면세사업 등에 공통으로 사용되는 재화의 경우에는 과세사업에 사용되는 부분에 대해서만 매입세액을 공제해야 하는데, 매입세액의 실지귀속을 알 수 있는 경우에는 그 실지귀속에 따라 하되, 실지귀속을 구분할 수 없는 공통매입세액은 총공급가액에 대한 면세공급가액의 비율 등 부가가치세법 시행령이 정하는 안분기준에 따라 안분하여 계산한다.

Chapter

11

비영리법인의 법인세

1 법인세법상 비영리법인의 범위

법인세는 법인이 벌어들인 소득에 대해 부과되는 세금이다. 법인세법은 법인세를 납부해야 할 납세의무자를 크게 내국법인과 외국법인으로 나누고 내국법인은 다시 영리내국법인과 비영리내국법인, 외국법인은 영리외국법인과 비영리외국법인으로 나누고 있다.

(1) 비영리내국법인

내국법인과 외국법인은 본점 혹은 주사무소나 사업의 실질적 관리장소가 국내인지 아니면 외국인지에 따라 구분을 하는데, 내국법인은 국내에 본점이나 주사무소 또는 사업의 실질적 관리장소를 둔 법인을 말하고 외국법인은 외국에 본점 또는 주사무소를 둔 단체를 말한다.

내국법인 중 비영리내국법인이란 다음의 어느 하나에 해당하는 법인을 의미한다.

1) 「민법」 제32조에 따라 설립된 법인

민법 제32조에 따르면 학술, 종교, 자선, 기예, 사교 기타 영리 아닌 사업을 목적으로 하는 사단 또는 재단이 주무관청의 허가를 얻어 법인을 설립할 수 있도록 하고 있는데, 민법 제32조에 따라 설립된 법인은 법인세법상의 비영리내국법인에 포함한다.

2) 「사립학교법」이나 그 밖의 특별법에 따라 설립된 법인으로서 「민법」 제32조에 규정된 목적과 유사한 목적을 가진 법인

「민법」 외에도 우리나라에는 비영리법인을 설립하는 여러 근거법들이 있는데, 대표적인 법을 살펴보면 「사립학교법」, 「사회복지사업법」, 「의료법」 등이 있다. 「사립학교법」은 사립학교, 「사회복지사업법」, 「의료법」은 각각 사회복지법인, 의료법인의 설립근거법이 되고 있다. 법인세법은 이와 같이 특별법에 따라 설립된 법인들도 비영리내국법인의 범위에 포함하고 있다.

3) 조합법인

조합법인으로서 주주, 사원 또는 출자자에게 이익을 배당할 수 있는 조합법인은 비영리법인에서 제외하고 있으나, 조합법인 중 법인세법이 비영리법인에 포함하는 조합법인은 아래와 같다.

① 「농업협동조합법」에 의하여 설립된 조합(조합공동사업법인 포함)과 그 중앙회
② 「소비자생활협동조합법」에 따라 설립된 조합과 그 연합회 및 전국연합회
③ 「수산업협동조합법」에 따라 설립된 조합(어촌계 및 조합공동사업법인 포함)과 그 중앙회
④ 「산림조합법」에 의하여 설립된 산림조합(산림계 포함)과 그 중앙회
⑤ 「엽연초생산협동조합법」에 의하여 설립된 엽연초생산협동조합과 그 중앙회
⑥ 「중소기업협동조합법」에 의하여 설립된 조합과 그 연합회 및 중앙회
⑦ 「신용협동조합법」에 의하여 설립된 신용협동조합과 그 연합회 및 중앙회
⑧ 「새마을금고법」에 의하여 설립된 새마을금고와 그 연합회
⑨ 「염업조합법」에 의하여 설립된 대한염업조합

4) 「국세기본법」에 따라 법인으로 보는 단체

법인으로 등기가 된 내국법인을 법인으로 보는 것에는 아무도 의문을 갖지 않을 것이다. 그런데 법인으로 등기가 되지 않는 단체의 경우 이러한 단체에서 소득이 발생했다면 세법상 어떻게 처리해야 할까? 단체가 개인이라면 소득세법에 따른 소득세가 과세되고, 법인이라면 법인세법에 따라 법인세가 과세되어야 할 것이지만 단체이기 때문에 개인으로 보는 것도, 법인으로 보는 것도 다소 애매한 부분이 있다. 이러한 문제를 해결하기 위해 국세기본법에서는 단체(법인이 아닌 사단, 재단, 그 밖의 단체) 중에서 법인으로 보는 단체를 규정하고 있으며, 법인으로 보는 단체는 세법을 적용할 때 법인세법을 적용하도록 하고 있다. 법인으로 보는 단체는 당연의제법인과 신청에 의한 의제법인으로 구분할 수 있다.

① **당연의제법인**: 다음의 어느 하나에 해당하면서 수익을 구성원에게 분배하지 않는 단체는 세법상 법인으로 본다.
- 주무관청의 허가 또는 인가를 받아 설립되거나 법령에 따라 주무관청에 등록한 사단, 재단, 그 밖의 단체로서 등기되지 아니한 것
- 공익을 목적으로 출연(出捐)된 기본재산이 있는 재단으로서 등기되지 아니한 것

② **신청에 의한 의제법인**: 다음의 요건을 모두 갖추고 대표자나 관리인이 관할세무서장에게 신청하여 승인을 받은 것도 세법상으로는 법인으로 본다.
- 사단, 재단, 그 밖의 단체의 조직과 운영에 관한 규정(規程)을 가지고 대표자나 관리인을 선임하고 있을 것
- 사단, 재단, 그 밖의 단체 자신의 계산과 명의로 수익과 재산을 독립적으로 소유·관리할 것
- 사단, 재단, 그 밖의 단체의 수익을 구성원에게 분배하지 아니할 것

(2) 비영리외국법인

외국법인 중 외국의 정부, 지방자치단체 및 영리를 목적으로 하지 않는 법인(법인으로 보는 단체 포함)을 말한다.

2 법인세법상 과세소득의 범위

법인세 과세대상이 되는 소득은 다음과 같이 구분된다.

(1) 각 사업연도의 소득

영리법인의 경우 설립시부터 해산시까지 끊임없이 활동하면서 소득이 발생한다. 국가는 이러한 소득에 대해 법인세를 과세해야 하는데, 문제는 언제부터 언제까지 발생하는 소득에 대해 소득세를 과세해야 하는

가 하는 것이다. 가장 이상적인 과세는 설립시부터 해산시까지 벌어들인 소득에 대해 한 번에 과세를 하는 것이지만 그러한 소득을 계산하기 위해 국가가 해산시점까지 한없이 기다리는 것은 현실적으로 불가능하다.

따라서 법인이 벌어들인 소득에 대해서는 일정기간을 단위로 해서 인위적으로 나눌 수밖에 없는데, 일반적으로 법인의 1회계기간을 기준으로 기간을 나누어 과세를 한다. 1회계기간이란 법인이 경영실적을 파악하기 위해 6개월 혹은 1년 등으로 기간을 나누어 경영실적을 파악하는 기간을 말한다. 법인세법은 이러한 법인의 1회계기간을 '사업연도'라고 부르고 각 사업연도별로 벌어들인 소득에 대해 과세를 하는데, 이때 각 사업연도별로 벌어들인 소득을 '각 사업연도 소득'이라 한다.

법인세법상 사업연도는 1년 이내의 범위 내에서 법인이 그 기간을 정관에 자유롭게 정할 수 있도록 하고 있으며, 만일 정관에 사업연도를 정하지 않으면 1월 1일부터 12월 31일까지를 한 사업연도로 보고 각 사업연도 소득에 대해 과세한다. 비영리법인도 영리법인과 마찬가지로 사업연도별로 과세대상이 되는 소득, 즉 각 사업연도 소득이 발생하는 경우 법인세를 과세한다.

(2) 청산소득

법인이 더 이상 사업을 하지 않고 모든 재산과 채무 관계를 정리하고 소멸하는 것을 해산이라고 하고, 해산 후 청산과정에서 발생하는 소득을 청산소득(清算所得)이라 한다. 영리법인은 청산하는 과정에서 발생하는 청산소득에 대해서도 법인세를 납부해야 한다. 그러나 비영리법인은 영리법인과는 달리 청산소득에 대해서는 법인세 납세의무가 없다.

비영리내국법인에 대해 청산소득을 과세하지 않는 이유는 비영리법인의 청산소득은 구성원들에게 분배되지 않을 뿐만 아니라 그것이 원래 과세대상인 수익사업에서 유래된 것인지 아니면 비수익사업에서 유래된 것인지 확인하기 어렵다는 점을 고려한 것으로 보인다.[1)]

1) 강석규, 「조세법쟁론」, 삼일인포마인, 2017, 490면

(3) 토지 등 양도소득

내국법인이 토지나 주택을 양도하는 경우 양도차익은 각 사업연도 소득에 해당되어 법인세가 과세된다. 그런데 내국법인이 "비사업용 토지"나 "주택"을 양도하는 경우 이러한 양도소득에 대해서는 법인세가 추가로 과세된다. 이를 토지 등 양도소득에 대한 법인세라고 하는데, 법인이 양도하는 모든 토지나 주택의 양도가 추가적인 법인세 과세대상이 되는 것은 아니고 법인세법에서 정한 ① 비사업용 토지와 ② 주택이 추가 과세대상이 된다. 토지 등 양도소득에 대한 법인세 과세대상이 되는 토지 등의 양도소득이 발생한 경우 영리법인뿐만 아니라 비영리법인도 동 소득에 대해 법인세를 납부해야 한다.

(4) 미환류소득

일정한 규모(자기자본 500억원) 이상 혹은 상호출자제한기업집단에 속하는 영리법인의 경우 투자, 임금 등으로 환류하지 아니한 소득(미환류소득)이 있는 경우 이러한 소득에 대해 각 사업연도 소득에 대한 법인세에 추가하여 법인세를 과세한다. 이러한 미환류소득에 대해 과세를 하는 이유는 기업의 소득을 투자·임금증가·배당재원 등으로 활용하도록 하여 기업소득이 자연스럽게 가계소득으로 흘러들어가고 이러한 가계소득은 다시 소비를 하는 데 사용됨으로써 소득이 순환할 수 있도록 유도하기 위함이다. 한편, 종전의 미환류소득에 대한 법인세 과세제도는 2017년 12월 31일이 속하는 사업연도로 종료되고, 2018년 1월 1일부터는 투자·상생협력촉진을 위하여 투자, 임금 등으로 환류하지 않은 미환류소득에 20%를 곱하여 산출한 세액을 각 사업연도 소득에 대한 법인세에 추가하여 과세하는 제도가 도입되었는데, 이 제도도 윤석열 정부에서 폐지될 예정이다.

한편, 비영리법인은 이러한 미환류소득에 대한 법인세 납세의무는 없다.

(5) 과세소득의 요약

지금까지의 과세소득을 영리내국법인과 비영리내국법인을 중심으로 요약하면 다음과 같다.

소 득	영리내국법인	비영리내국법인
각 사업연도의 소득	○	○
청산소득	○	–
토지 등 양도소득	○	○
미환류소득	○	–

3 당기순이익과 과세소득의 차이 및 세무조정

회계상 수익(收益, Revenue)이란 법인이 경영활동과 관련된 재화의 판매 또는 용역의 제공 등에 대한 대가로 발생하는 자산의 유입 또는 부채의 감소를 말한다. 예를 들어 상품을 팔면 현금이 증가하거나 혹은 매출채권이 증가하게 된다. 만일, 상품을 판 대금을 현금으로 받지 않고 판매자가 매입자에게 지급해야 할 부채를 상환하는 것으로 계약하면 상품의 판매는 부채의 감소를 가져오게 된다.

수익을 발생시키기 위해서는 비용(費用, Expense)이 발생하기 마련인데, 수익에서 비용을 차감하면 회계상 이익이 된다. 회계에서는 손익거래로 인한 수익과 비용을 손익계산서에 집계하는데, 손익계산서상 총수익에서 총비용을 차감하여 계산되는 이익은 법인이 그 사업연도에 벌어들인 회계상의 이익(이를 '당기순이익'이라 한다)이다.

한편, 과세소득이란 과세권자가 조세를 부과하는 대상으로 삼는 소득을 말한다. 법인세법에서는 수익·비용이라는 용어 대신 익금(益金)·손금(損金)이라는 용어를 사용한다.[2] 수익과 익금, 비용과 손금이 서로 유사하나 다른 경우도 많다. 즉, 법인세법에서는 익금(益金)총액에서 손

2) 법인세 과세소득 계산과 유사한 소득세법의 사업소득 계산에서는, 수익, 익금에 해당하는 용어로서 "수입금액"이라는 용어를, 비용, 손금에 해당하는 용어로서 "필요경비"라는 용어를 사용하고 있다.

금(損金)총액을 차감하여 과세대상이 되는 각 사업연도 소득을 계산하도록 하고 있는데, 익금이란 자본 또는 출자의 납입 및 법인세법에서 규정하는 것은 제외하고 해당 법인의 순자산(純資産)을 증가시키는 거래로 인하여 발생하는 수익(이익 또는 수입)을 말하고, 손금이란 자본 또는 출자의 환급, 잉여금의 처분 및 법인세법에서 규정하는 것은 제외하고 해당 법인의 순자산을 감소시키는 거래로 인하여 발생하는 손비(손실 또는 비용)를 말한다.

법인세법상의 과세소득은 법인세법상 수익에 해당하는 익금에서 법인세법상 손비에 해당하는 손금을 차감한 이익을 말하는데, 이때 법인세법상 익금·손금의 범위가 회계상의 수익·비용의 범위와 달라 회계상의 당기순이익과 법인세법상의 과세소득이 다르게 계산된다. 따라서 법인세법상 과세소득을 계산하기 위해서는 회계상 수익·비용을 법인세법상의 익금·손금으로 조정하여 당기순이익이 법인세법상 과세소득인 각 사업연도 소득이 되도록 조정하는 과정이 필요하게 되는데, 이를 '세무조정'이라 한다. 세무조정은 회계상의 이익을 법인세법상의 과세소득인 각 사업연도 소득으로 전환하는 작업을 말한다.

예를 들어 법인의 접대비[3] 지출액이 1천만원인데, 법인세법상 접대비한도액이 8백만원에 불과한 때, 접대비한도 초과액 2백만원은 세무상 손금으로 인정되지 아니하여, 접대비한도 초과(손금불삽입)라는 세무조정을 해야 한다.

세무조정은 '익금산입', '익금불산입', '손금산입', '손금불산입'이라는 네 가지 조정이 있는데, 이러한 세무조정을 통해 회계상의 이익이 과세소득으로 전환되는 과정을 나타내면 다음과 같다.

3) 세법개정으로 2023년부터는 접대비라는 용어가 세법에서 사라지고, 업무추진비라는 용어로 대체될 예정이다.

세무조정을 통한 과세소득으로의 전환

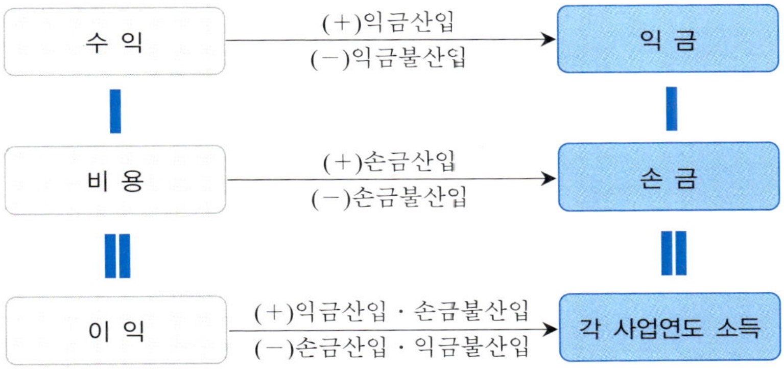

한편, 영리법인은 모든 영업활동에서 생긴 소득에 대하여 법인세를 납부할 의무를 가지고 있으나, 비영리법인은 세법에서 정하고 있는 과세대상 수익사업에 대하여만 법인세를 납부한다.

4 법인세율과 법인세

(1) 각 사업연도 소득에 대한 법인세율(기본세율)

세율은 세액을 산출하기 위해 과세표준에 적용하는 율을 말한다. 법인세를 산출하기 위한 법인세율(2022년도 기준)은 다음과 같다.

과세표준	세 율
2억원 이하	10%
2억원 초과 200억원 이하	2천만원+(2억원 초과금액의 20%)
200억원 초과 3천억원 이하	39억 8천만원+(200억원 초과금액의 22%)
3천억원 초과	655억 8천만원+(3천억원 초과금액의 25%)

법인세율은 과세표준의 구간에 따라 세율이 높아지는 누진세율을 적용하고 있다. 다만, 과세표준의 구간이 바뀌는 경우 해당 구간에 대해서만 높은 세율을 적용하는 초과누진세율 방식으로 법인세를 계산한다.

예를 들어 A법인의 각 사업연도 소득에 대한 과세표준이 250억원이라면 2억원까지는 10%의 세율을 적용하고, 2억원부터 200억원까지는 20%의 세율을 적용하며, 200억원을 초과하는 50억원에 대해서만 22%의 세율을 적용한다. 200억원까지 해당 세율을 적용한 세액은 39억 8천만원이 되고, 200억원을 초과하는 50억원에 대해 22%를 적용하면 세액이 11억원이 되어 250억원에 대한 법인세 산출세액은 50억 8천만원이 된다.

(2) 토지 등 양도소득에 대한 법인세율

토지 등 양도소득에 대한 법인세 과세대상이 되는 토지나 주택을 양도한 경우에는 상기 (1)의 각 사업연도 소득에 대한 법인세에 추가하여 토지는 양도소득에 10%(주택은 20%)를 적용하여 산출한 세액을 추가로 납부세액에 가산한다. 예를 들어 A법인이 토지 등 양도소득에 대한 법인세 과세대상이 되는 주택을 양도하는 경우 주택의 양도로 인한 소득은 각 사업연도의 소득에 포함된다. 그리고 법인세법은 각 사업연도의 소득에 포함된 주택의 양도소득에 대해 기본세율로 계산한 법인세액에 추가하여 양도소득에 20%를 추가로 적용한 세액을 가산하여 법인세를 납부하도록 하고 있는데, 이는 비영리법인에도 동일하게 적용된다.

5 비영리법인의 법인세 신고대상 수익사업의 범위와 수익사업 개시 신고

법인세법은 영리법인과는 달리 비영리법인의 경우 과세대상이 되는 각 사업연도의 소득을 다음과 같이 7가지로 열거하고 있고, 이를 '수익사업소득'이라고 한다(그림에는 6가지로 표시되어 있으나, 법에서는 주식 양도와 부동산 양도를 별도 항목으로 규정하고 있어 7가지로 구성되어 있다고 볼 수 있다).

법인세 신고대상 수익사업

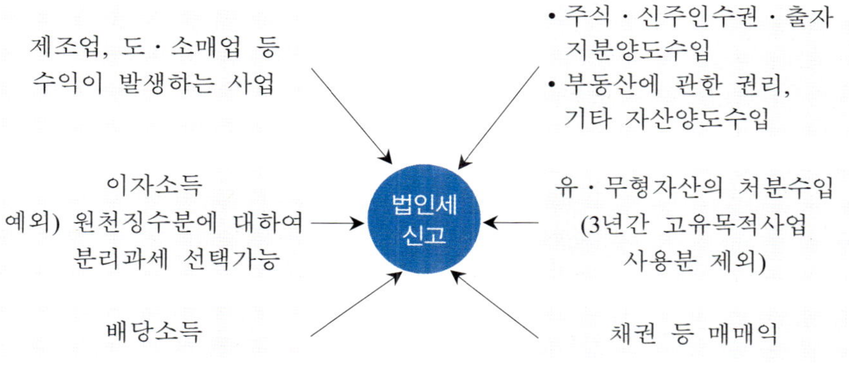

(출처 : 국세청 공익법인 세무안내)

① 제조업, 건설업, 도매업 · 소매업 등 「통계법」 제22조에 따라 통계청장이 작성 · 고시하는 한국표준산업분류에 따른 사업으로서 대통령령으로 정하는 것 - 사업소득

② 「소득세법」 제16조 제1항에 따른 이자소득

③ 「소득세법」 제17조 제1항에 따른 배당소득

④ 주식 · 신주인수권(新株引受權) 또는 출자지분(出資持分)의 양도로 인한 수입

⑤ 유형자산 및 무형자산의 처분으로 인한 수입. 다만, 고유목적사업에 직접 사용하는 자산의 처분으로 인한 대통령령으로 정하는 수입은 제외

⑥ 「소득세법」 제94조 제1항 제2호 및 제4호에 따른 자산의 양도로 인한 수입 - 주식, 신주인수권, 출자지분 양도소득

⑦ 이 외에 대가를 얻는 계속적 행위로 인한 수입으로서 대통령령으로 정하는 것 - 채권의 매매차익 등의 수익사업

비영리내국법인과 비영리외국법인(국내사업장을 가지고 있는 외국법인만 해당)이 위 ①의 사업소득과 ⑦의 채권의 매매차익 등의 수익사업을 새로 시작한 경우에는 그 개시일부터 2개월 이내에 다음의 사항을 적은 수익사업개시신고서에 그 사업개시일 현재의 그 수익사업과 관련된 재무상태표와 기타 관련 서류를 첨부하여 납세지 관할세무서장에게 신고하여야 한다.

1. 법인의 명칭
2. 본점이나 주사무소 또는 사업의 실질적 관리장소의 소재지
3. 대표자의 성명과 경영 또는 관리책임자의 성명
4. 고유목적사업
5. 수익사업의 종류
6. 수익사업 개시일
7. 수익사업의 사업장

한편, 위의 수익사업소득을 구체적으로 살펴보면 다음과 같다.

(1) 사업소득

사업소득이란 통계청장이 고시하는 한국표준산업분류에 따른 각 사업 중 수입이 발생하는 것을 말한다. 한국표준산업분류란 생산주체들이 수행하는 각종 상품과 서비스의 생산활동을 일정한 분류기준과 원칙을 적용하여 체계적으로 분류한 것으로 통계청에서는 U.N.의 국제표준산업분류에 기초하여 국내의 산업구조와 기술변화를 반영한 한국표준산업분류를 제정·고시하고 있다.

따라서 비영리법인이 수입이 발생하는 업(業)을 사업적으로 한다면 그 사업이 한국표준산업분류에 따른 분류에서 제외되기는 쉽지 않을 것이다. 이는 비영리법인이 수입이 발생하는 사업을 하는 경우 이는 법인세법에 따른 사업소득으로서 수익사업소득에 해당할 가능성이 매우 높다는 것을 의미한다. 다만, 사업에서 발생하는 수입이라도 법인세법 시행령 제3조 제1항에 열거된 사업에서 발생하는 수입은 수익사업소득에서 제외된다.

(2) 이자소득

과세대상이 되는 이자소득은 소득세법상 이자소득을 말한다. 소득세법상 이자소득은 다음과 같다.

1. 국가나 지방자치단체가 발행한 채권 또는 증권의 이자와 할인액

2. 내국법인이 발행한 채권 또는 증권의 이자와 할인액
3. 국내에서 받는 예금(적금 · 부금 · 예탁금 및 우편대체를 포함)의 이자
4. 「상호저축은행법」에 따른 신용계(信用契) 또는 신용부금으로 인한 이익
5. 외국법인의 국내지점 또는 국내영업소에서 발행한 채권 또는 증권의 이자와 할인액
6. 외국법인이 발행한 채권 또는 증권의 이자와 할인액
7. 국외에서 받는 예금의 이자
8. 금융회사 등이 환매기간에 따른 사전약정이율을 적용하여 환매수 또는 환매도하는 조건으로 매매하는 채권 또는 증권의 매매차익
9. 저축성보험의 보험차익(보험계약에 따라 만기 또는 보험의 계약기간 중에 받는 보험금 · 공제금 또는 계약기간 중도에 해당 보험계약이 해지됨에 따라 받는 보험금에서 납입보험료 또는 납입공제료를 뺀 금액으로 피보험자의 사망 · 질병 · 부상 그 밖의 신체상의 상해로 인하여 받거나 자산의 멸실 또는 손괴로 인하여 받는 것이 아닌 것). 다만, 다음의 어느 하나에 해당하는 보험의 보험차익은 제외한다.
   가. 최초로 보험료를 납입한 날부터 만기일 또는 중도해지일까지의 기간이 10년 이상으로서 일정한 요건을 갖춘 보험
   나. 일정한 요건을 갖춘 종신형 연금보험
10. 직장공제회 초과반환금(근로자가 퇴직하거나 탈퇴하여 그 규약에 따라 직장공제회로부터 받는 반환금에서 납입공제료를 뺀 금액과 반환금을 분할하여 지급하는 경우 그 지급하는 기간 동안 추가로 발생하는 이익)
11. 비영업대금(非營業貸金)의 이익
12. 제1부터 제11까지의 소득과 유사한 소득으로서 금전 사용에 따른 대가로서의 성격이 있는 것
13. 파생상품의 거래 또는 행위로부터의 이익

(3) 배당소득

과세대상이 되는 배당소득은 소득세법상 배당소득을 말한다. 소득세법상 배당소득은 다음과 같다.

1. 내국법인으로부터 받는 이익이나 잉여금의 배당 또는 분배금
2. 법인으로 보는 단체로부터 받는 배당금 또는 분배금
3. 내국법인으로 보는 신탁재산으로부터 받는 배당금 또는 분배금
4. 의제배당(擬制配當)
5. 「법인세법」에 따라 배당으로 처분된 금액
6. 국내 또는 국외에서 받는 일정요건을 갖춘 집합투자기구로부터의 이익
7. 국내 또는 국외에서 받는 일정요건을 갖춘 파생결합증권 또는 파생결합사채로부터의 이익
8. 외국법인으로부터 받는 이익이나 잉여금의 배당 또는 분배금
9. 「국제조세조정에 관한 법률」 제17조에 따라 배당받은 것으로 간주된 금액
10. 공동사업에서 발생한 소득금액 중 출자공동사업자의 손익분배비율에 해당하는 금액
11. 제1부터 제8에 따른 소득과 유사한 소득으로서 수익분배의 성격이 있는 것
12. 파생상품의 거래 또는 행위로부터의 이익

(4) 주식 · 신주인수권 또는 출자지분의 양도로 인한 수입

비영리법인이 주식이나 출자지분을 양도하여 발생하는 수입뿐만 아니라 신주를 인수할 수 있는 권리인 신주인수권을 양도하고 발생한 수입도 수익사업소득이 됨에 유의해야 한다.

(5) 유형자산 및 무형자산의 처분수입

비영리법인이 유형자산이나 무형자산(이하 '유 · 무형자산'이라 함)을 처분한 경우 처분으로 인한 수입금액은 과세대상이 되는 수익사업소득이 된다. 다만, 해당 유 · 무형자산의 처분일(「국가균형발전 특별법」 제18조에 따라 이전하는 공공기관의 경우에는 공공기관 이전일) 현재 3년 이상 계속하여 법령 또는 정관에 규정된 고유목적사업(수익사업은 제외)에 직접 사용한 유 · 무형자산의 처분으로 인하여 생기는 수입은 과세대상이 되는

수익사업소득에서 제외한다. 이 경우 해당 유・무형자산의 유지・관리 등을 위한 관람료・입장료수입 등 부수수익이 있는 경우에도 이를 고유목적사업에 직접 사용한 유・무형자산으로 본다.

이때, "3년 이상 계속하여 고유목적사업에 직접 사용"이라 함은 처분일로부터 소급하여 3년 이상 중단 없이 계속하여 고유목적사업에 직접 사용한 경우를 말한다(법인－50, 2010.1.15). 따라서 일단 유・무형자산 처분수입이 수익사업소득금액에서 제외되기 위해서는 처분일 현재 유・무형자산이 수익사업이 아닌 고유목적사업에 사용되고 있어야 하고, 그 사용기간은 처분일로부터 소급하여 최소한 3년 이상은 중단 없이 사용되었어야 한다.

한편, 비영리법인이 수익사업에 속하는 유・무형자산을 2018년 2월 13일 이후에 고유목적사업에 전입한 후 처분하는 경우 비과세대상이 되는 처분수입은 처분가액에서 최초 취득가액이 아닌 처분가액에서 수익사업에서 고유목적사업으로 전입하는 시점의 시가평가액을 차감한 가액이 된다.

비과세되는 유・무형자산처분수입

A비영리법인이 건물을 2010년에 취득(취득가액 : 1,000원)하여 2010년부터 수익사업에 사용하다가 2018년 3월 1일에 고유목적사업에 전입(전입시 시가 : 1,500원)하여 2022년 12월 31일까지 고유목적사업에 사용하다가 처분(처분가액 : 2,000원)한 경우 비과세되는 가액은 처분가액에서 취득가액을 차감한 1,000원이 아닌 처분가액에서 고유목적사업에 전입할 당시 시가를 차감한 500원이 된다. 따라서 전체 양도차익 1,000원 중에서 500원만 비과세된다.

(6) 자산의 양도로 인하여 생기는 수입

부동산에 관한 권리나 부동산을 과다하게 보유하는 법인의 주식 등을 양도하는 경우 그 양도로 인하여 발생하는 수입은 과세대상이 되는 수익사업소득이 된다. 구체적으로 살펴보면 다음과 같다.

1. 다음의 어느 하나에 해당하는 부동산에 관한 권리의 양도로 발생하는 소득

   가. 부동산을 취득할 수 있는 권리(건물이 완성되는 때에 그 건물과

이에 딸린 토지를 취득할 수 있는 권리를 포함)

나. 지상권

다. 전세권과 등기된 부동산임차권

2. 다음의 어느 하나에 해당하는 자산의 양도로 발생하는 소득

가. 사업용 고정자산(토지, 건물 및 부동산에 관한 권리)과 함께 양도하는 영업권(영업권을 별도로 평가하지 아니하였으나 사회통념상 자산에 포함되어 함께 양도된 것으로 인정되는 영업권과 행정관청으로부터 인가·허가·면허 등을 받음으로써 얻는 경제적 이익을 포함)

나. 이용권·회원권, 그 밖에 그 명칭과 관계없이 시설물을 배타적으로 이용하거나 일반이용자보다 유리한 조건으로 이용할 수 있도록 약정한 단체의 구성원이 된 자에게 부여되는 시설물 이용권(법인의 주식 등을 소유하는 것만으로 시설물을 배타적으로 이용하거나 일반이용자보다 유리한 조건으로 시설물 이용권을 부여받게 되는 경우 그 주식 등을 포함)

다. 법인의 자산총액 중 다음의 합계액이 차지하는 비율이 50% 이상인 법인의 과점주주(법인의 주주 1인 및 기타주주가 소유하고 있는 주식 등의 합계액이 해당 법인의 주식 등의 합계액의 50% 이상인 경우 그 주주 1인 및 기타주주)가 그 법인의 주식 등의 50% 이상을 해당 과점주주 외의 자에게 양도하는 경우(과점주주가 다른 과점주주에게 양도한 후 양수한 과점주주가 과점주주 외의 자에게 다시 양도하는 경우 포함)에 해당 주식 등

1) 토지, 건물 및 부동산에 관한 권리의 가액

2) 해당 법인이 보유한 다른 법인의 주식가액에 그 다른 법인의 부동산 등 보유비율을 곱하여 산출한 가액

라. 골프장, 스키장, 휴양콘도미니엄, 전문휴양시설을 건설 또는 취득하여 직접 경영하거나 분양 또는 임대하는 사업을 하는 법인으로서 자산총액 중 1) 토지, 건물 및 부동산에 관한 권리의 가액 및 2) 해당 법인이 보유한 다른 법인의 주식가액에 그 다른 법인의 부동산 등 보유비율을 곱하여 산출한 가액의 합계액이 차지하는 비율이 80% 이상인 법인의 주식 등

마. 토지 및 건물과 함께 양도하는 이축권

(7) 기타 대가를 얻는 계속적 행위로 인하여 생기는 수입

이자 등이 발생하는 다음과 같은 채권 등(그 이자소득에 대하여 법인세가 비과세되는 것은 제외)을 매도함에 따라 발생하는 매매차익(채권 등의 매각익에서 채권 등의 매각손을 차감한 금액)은 과세가 되는 수익사업소득에 해당한다. 다만, 그 매매차익이 비수익사업으로 보는 금융 및 보험관련 서비스업에 해당하는 경우에는 수익사업소득에서 제외한다.

1. 국가나 지방자치단체가 발행한 채권 또는 증권의 이자와 할인액
2. 내국법인이 발행한 채권 또는 증권의 이자와 할인액
3. 외국법인의 국내지점 또는 국내영업소에서 발행한 채권 또는 증권의 이자와 할인액
4. 외국법인이 발행한 채권 또는 증권의 이자와 할인액
5. 금융회사 등이 발행한 예금증서 및 이와 유사한 증서. 다만, 「금융실명거래 및 비밀보장에 관한 법률」에 따른 금융회사 등이 해당 증서의 발행일부터 만기까지 계속하여 보유하는 예금증서(양도성예금증서는 제외)는 제외한다.
6. 어음(금융회사 등이 발행・매출 또는 중개하는 어음을 포함, 상업어음은 제외)

6 수익사업에 대한 판단

(1) 법령에 의한 판단

앞에서 살펴본 바와 같이 법인세법상 수익사업은 일곱 가지가 있으며 일곱 가지의 수익사업에서 발생하는 수입은 수익사업소득으로 과세가 된다. 그런데 '수익사업'이라는 용어를 사용하기는 하지만 실제로 사업소득을 제외한 이자소득이나 배당소득, 고정자산처분수입, 주식이나 신주인수권 처분수입, 자산의 양도소득은 우리가 일반적으로 '사업'이라는 말에서 떠올릴 수 있는 계속적이거나 반복적인 활동으로부터 벌어들이는 소득을 의미하는 것은 아니다.

계속적이고 반복적인 활동을 통해 벌어들이는 소득은 일곱 가지 소득 중에 첫 번째로 소개되는 '사업소득' 정도라고 할 수 있다. 또한, 사업소득을 제외한 이자소득이나 배당소득, 자산의 양도소득 등은 그 소득이 수익사업소득인지 여부를 판단하는 데 있어서 그다지 어려움이 없다.

그러나 수익사업소득 중에서 사업소득은 수익사업소득인지 여부를 판단하는 게 그렇게 쉽지 않다. 많은 비영리법인 실무자들이 비영리법인이 벌어들이는 소득이 사업소득으로 수익사업소득에 해당하는지 여부를 판단하는 데 어려움을 겪고 있다. 따라서 여기에서는 실무적으로 사업소득 여부를 판단하는 가이드를 제시해 보고자 한다.

첫째, 비영리법인이 수입이 발생하는 일을 사업으로 하는지 여부에 대해 판단을 한다. 사업인지의 여부는 계속적 혹은 반복적으로 일어나는지 여부를 판단하는 것으로 계속적 혹은 반복적이라는 것이 반드시 사업기간 전체 동안 일을 하는 것만을 의미하는 것은 아니다. 사업은 그 사업활동이 각 사업연도의 전 기간에 걸쳐 계속하여 행하여지는 사업 외에 상당기간에 걸쳐 계속적으로 행하여지거나 정기적 또는 부정기적으로 상당횟수에 걸쳐 행하여지는 사업을 포함한다. 예를 들어 하절기에 행하여지는 해수욕장의 장소임대수입이나 큰 행사에 있어서의 물품판매 같은 사업도 비록 사업연도 전 기간에 걸쳐서 계속 행하여지는 것은 아니지만 사업으로 본다.

둘째, 사업이 한국표준산업분류에 의한 사업에 해당하고 그 사업에서 수입이 발생하는지에 대한 판단을 한다. 한국표준산업분류란 우리나라의 생산단위(사업체단위, 기업체단위 등)가 주로 수행하는 산업 활동을 그 유사성에 따라 체계적으로 유형화한 것으로 통계법에 의거하여 통계자료의 정확성 및 국가간의 비교성을 확보하기 위하여, U.N.에서 권고하고 있는 국제표준산업분류를 기초로 작성한 통계목적분류이다. 이러한 한국표준산업분류는 통계목적 이외에도 일반 행정 및 산업정책관련 법령에서 적용대상 산업영역을 결정하는 기준으로 준용되고 있다. 따라서 이러한 한국표준산업분류의 의미에 비추어 볼 때, 비영리법인이 어떤 사업을 하는 경우 그 사업이 우리나라의 한국표준산업분류에 따른 사업에 해당하지 않을 가능성은 매우 희박하다고 할 수 있다. 따라서 비영리법인이 어떤 사업을 수행한다면 그 사업은 한국표준산업분류에 의한 사업에 해당할 가능성이 매우 높다고 할 수 있다. 그리고 그 사업에서 수입이 발생한다면 법인세법상 수익사업에 해당한다고 할 수 있다.

셋째, 한국표준산업분류에 의한 사업에서 수입이 발생하더라도 수익사업에서 제외되는 경우가 있다.

예를 들어 학교법인이 운영하는 학교에서 발생하는 등록금수입에 대해 수익사업소득 여부를 판단해 보자.

첫째, 학교는 교육이라는 서비스를 계속적, 반복적으로 제공하는 곳인지 여부를 판단하면 당연히 학교는 1년간 끊임없이 교육이라는 서비스를 학생들에게 제공한다. 따라서 학교는 교육이라는 사업을 수행한다고 할 수 있다.

둘째, 학교가 제공하는 교육이라는 사업은 한국표준산업분류에 의한 사업에 해당하는지 여부를 살펴보면, 2017년 제10차 개정을 한 한국표준산업분류에 따르면 학교가 제공하는 교육은 교육서비스업(85)에 해당한다. 그리고 등록금수입은 이러한 교육서비스업에서 발생한 수입에 해당한다.

셋째, 한국표준산업분류에 의한 교육서비스업에서 수입이 발생하지만 수익사업에서 제외되는 사업 중에는 4. 교육서비스업 중 「유아교육법」에 따른 유치원, 「초 · 중등교육법」 및 「고등교육법」에 따른 학교, 「경제자유구역 및 제주국제자유도시의 외국교육기관 설립 · 운영에 관한 특별법」에 따른 외국교육기관(정관 등에 따라 잉여금을 국외 본교로 송금할 수 있거나 실제로 송금하는 경우는 제외한다)과 「평생교육법」 제31조 제4항에 따른 전공대학 형태의 평생교육시설 및 같은 법 제33조 제3항에 따른 원격대학 형태의 평생교육시설을 경영하는 사업이 있고 학교가 제공하는 교육서비스업은 여기에 해당한다.

결국, 학교가 교육서비스업의 대가로 받는 등록금수입은 수익사업에서 제외되는 소득, 즉 비수익사업소득에 해당하게 되므로 사립학교법에 따른 학교법인이 운영하는 학교에서 발생하는 등록금수입은 법인세 과세대상이 되는 수익사업소득에서 제외된다.

(2) 정관상의 고유목적사업과 수익사업의 관계

정관상의 고유목적사업인데 법인세법상 수익사업이 될 수 있을까? 많은 실무자들이 하는 질문이다. 대답은 “YES”이다. 앞에서 살펴봤지만 수익사업에 대한 판단은 세법의 관련 규정으로 판단을 하는 것이지 정관상의 목적사업여부를 고려하여 판단을 하는 것은 아니다. 이는 판례를 통해서도 명확하게 드러난다.

비영리법인의 수익사업과 관련하여 마지막으로 언급하자면 과세관청의 수익사업 판단은 수익성에 대한 판단을 배제하고 있지만 판례의 입장은 어떤 사업의 수익사업 여부를 판단할 때에 그 사업의 수익성 혹은 수익을 목적으로 영위하는지 여부를 고려한다는 점이다. 그러나 이러한 수익성의 고려는 손실이 나면 수익성이 없다는 식의 단순한 판단은 아님을 유의해야 한다.

목적사업과의 관련성

비영리내국법인은 그 법인의 정관 또는 목적사업에 불구하고 같은 항 각 호 소정의 수익사업 또는 수입에서 생긴 소득에 대하여만 법인세를 납부할 의무가 있다고 규정하고 있으므로, 비영리내국법인에 대하여는 소득이 있더라도 그 소득이 수익사업으로 인한 것이 아닌 이상 법인세를 부과할 수 없는 것이고, 어느 사업이 수익사업에 해당하는지의 여부를 가림에 있어 그 사업에서 얻는 수익이 당해 법인의 고유목적을 달성하기 위한 것인지의 여부 등 목적사업과의 관련성을 고려할 것은 아니나 그 사업이 수익사업에 해당하려면 적어도 그 사업 자체가 수익성을 가진 것이거나 수익을 목적으로 영위한 것이어야 할 것이다.

(대법원 2003두12455, 2005.9.9)

비영리법인의 사업이 수익사업에 해당되는지 여부의 판단은 매우 어려운 사례가 많은데, 개별 사안별로 사전에 전문가와 협의하거나 국세청에 세법해석질의를 제출하여 회신을 받아 추진하는 것을 권장한다.

7 고유목적사업준비금

‘고유목적사업준비금’이란 비영리법인이 수익사업소득을 고유목적사업이나 지정기부금에 사용할 것을 전제로 수익사업의 준비금으로 계상하는 경우 이를 수익사업소득의 비용으로 인정해 주는 것을 말한다. 고유목적사업준비금은 비영리법인에 관한 경험이나 지식이 있는 전문가들도 어려워하는 분야의 하나이다. 변호사, 회계사, 세무사 등 전문가 중에서도 고유목적사업준비금제도가 과세이연이라고 설명하는 이들이 있는데, 이는 반은 맞고 반을 틀린 말이다. 즉, 고유목적사업준비금을 설정한 후 5년 이내에 고유목적사업에 사용하면 과세이연이 아니라 절세한 것이 되고, 5년 이내에 사용하지 못하고 환입하는 경우는 과세이연, 즉 5년 후에 세금을 내는 것에 해당한다.[4]

참고 | 우리나라 비영리법인의 수익사업에 대한 과세와 고유목적사업준비금의 유래

우리나라 법인세법에서는 1961년에 비영리법인이 수익사업을 법인의 고유목적에 직접 사용한 경우 그 금액을 손금에 산입한다는 규정이 신설되었다가, 1968년에 손금산입제도가 폐지되고, 대신 비영리법인에 대하여 영리법인보다 낮은 세율을 적용하는 경감세율제도가 도입되었다.

그 뒤, 1989년에 ① 이자, ② 배당, ③ 주식양도 수입, ④ 수익사업용 고정자산의 처분으로 인한 수입이 비영리법인의 수익사업의 범위에 추가되었고, 1991년에 비영리법인에 대한 차등세율의 적용이 폐지되었다.

이와 같이, 비영리법인의 수익사업에 대한 법인세 부담이 많아졌다는 호소에 따라, 1994년에 예금이자와 배당은 100%, 기타소득은 50%의 고유목적사업준비금을 설정할 수 있도록 하는 제도가 도입되었다(조세특례제한법상의 사회복지법인, 학교법인 등은 100% 설정이 가능하다).

참고 | 미국, 일본 및 우리나라의 차이

- 미국 : 미국세법에서 비영리법인은 Non-related Income, 즉 공익사업과 관련이 없는 비관련소득에 관하여 법인세를 납부하도록 하고 있고, 낮은 세율의 적용이나 고유목적사업준비금제도 등 비영리법인에 적용되는 특례조항은 없다.
- 일본 : 제2차 세계대전 후, 일본을 점령한 미국이 일본정부에 권고한 조세 제도 중 하나가 세법상 비영리법인의 Profit making activities에 대하여 법인세를 과세하도록 권고한 것이었다. 일본정부는 Profit making activities를 수익사업으로 번역하여, 1950년 세법개정에서 비영리법인의 수익사업에 대하여 법인세를 부과하도록 하되, 비영리법인의 조세부담을 경감시키기 위해 수익사업에서 발생한 소득을 고유목적사업에 사용하는 것을 기부금을 보아 수익사업의 소득에서 손금(비용)으로 공제하는 제도를 신설하였고, 이를 '간주기부금제도'라고 한다.
- 우리나라 : 우리나라도 1994년에 고유목적사업준비금제도를 도입하기 이전에 일본의 '간주기부금제도'와 유사한 것이 있었고, 지금도 고유목적사업준비금을 설정하지 못하는 법인격 없는 단체에게는 이 제도가 적용되고 있다. '간주기부금제도'는 기부금으로 손금산입한 후의 사후관리가 없으나, '고유목적사업준비금제도'는 손금산입한 후 5년 이내에 사용하여야 한다는 사후관리가 추가되었다는 것이 서로 다른 점이다.

---

4) 이 책에서는 설명하지 않으나 의료법인의 고유목적사업준비금은 과세이연이 맞다.

즉, 비영리법인이 수익사업을 하는 이유는 주로 고유목적사업에 사용할 재원을 마련하기 위함이라 할 수 있고, 고유목적사업에 사용할 재원을 마련하기 위한 수익사업소득에 정부가 법인세를 영리법인과 동일하게 부과한다면 비영리법인은 고유목적사업 수행에 지장을 받을 수도 있다. 이러한 이유 등으로 법인세법에서는 비영리법인이 수익사업에서 발생한 소득으로 고유목적사업에 사용하는 것을 지원하기 위해 고유목적사업준비금제도를 두고 있다.

고유목적사업준비금을 설정할 수 있는 법인세법상 비영리법인은 ① 비영리내국법인, ② 법인세법 시행령 제39조 제1항 제1호에 해당하는 단체(지정기부금단체), ③ 법령에 의하여 설치된 기금, ④ 「공동주택관리법」 제2조 제1항 제1호 가목에 따른 공동주택의 입주자대표회의 · 임차인대표회의 또는 이와 유사한 관리기구이다. 즉, 법인으로 등기가 되어 있는 비영리내국법인과 법인세법을 적용받지만 등기된 법인이 아닌 법인으로 보는 단체 등은 ②, ③, ④에 해당하는 단체만 고유목적사업준비금을 설정할 수 있다.

<table>
<tr><th colspan="2">구 분</th><th>고유목적사업
준비금</th><th>고유목적사업비 및
법인세법 제24조 제3항
제1호에 따른 기부금
지출액의 회계처리</th></tr>
<tr><td colspan="2">1. 법인격이 있는 민법상 비영리법인 등</td><td rowspan="2">설정가능</td><td rowspan="2">고유목적사업준비금의
사용액으로 처리</td></tr>
<tr><td rowspan="3">2. 법인으로
보는 단체</td><td>(1) 법인세법 시행령 제39조 제1항 제1호의 단체(기부금단체), 법령상 설치된 기금</td></tr>
<tr><td>(2) 공동주택의 입주자대표회의 · 임차인대표회의 또는 이와 유사한 관리기구</td><td rowspan="2">설정대상
제외</td><td rowspan="2">법인세법 제24조
제3항 제1호에 따른
기부금 등으로 처리</td></tr>
<tr><td>(3) 기타 단체</td></tr>
</table>

따라서 법인으로 등기가 되어 있지 않은 단체인 경우에는 고유목적사업준비금을 설정할 수 있는 단체에 해당하는지 여부에 대해 먼저 검토를 해야 한다.[5)]

고유목적사업준비금과 관련해서는 ① 고유목적사업준비금의 손금산입방법, ② 고유목적준비금 설정한도, ③ 고유목적사업준비금 사용과 환입이라는 세 가지 중요한 사항이 있다.

(1) 고유목적사업준비금의 손금산입방법

고유목적사업준비금을 손금으로 인정받기 위해서는 해당 비영리법인이 고유목적사업준비금을 결산서에 반영해야 한다. 결산서에 반영한다는 것은 비영리법인이 운영성과표와 재무상태표에 각각 비용과 부채로 계상함을 의미한다. 따라서 비영리법인이 고유목적사업준비금을 결산서에 반영하지 않는 경우 세법상 손금으로 인정받을 수 없다. 이를 '결산조정'이라고 하는데 구체적으로 그 회계처리를 소개하면 다음과 같다.

(차) 고유목적사업준비금전입액 ××× (대) 고유목적사업준비금 ×××

이러한 회계처리를 하는 경우 차변의 고유목적사업준비금전입액은 운영성과표에 비용으로 표시되고, 대변의 고유목적사업준비금은 재무상태표에 부채로 표시된다.

결산조정이 의미하는 바는 세법상 손금여부를 해당 법인이 선택하라는 것이다. 즉, 해당 법인이 결산서에 비용으로 계상하면 손금으로 인정하고 그렇지 않은 경우에는 손금으로 인정하지 않겠다는 것이다. 즉, 고유목적사업준비금이 세법에 의한 강제사항이 아니라는 것을 의미한다. 비영리법인이 수익사업소득에서 발생한 재원을 고유목적사업에 사용하고자 하는 경우 그에 대한 의사표시로 결산서에 준비금을 설정하면 세법은 이를 인정하여 세제혜택을 주지만, 그렇지 않은 경우에는 수익사업소득을 고유목적사업에 사용하지 않겠다는 것으로 인정하여 세제혜택 역시 주지 않겠다는 것이다.

그러나 「주식회사 등의 외부감사에 관한 법률」 제2조 제7호 및 제9조에 따른 외부회계감사인에게 외부회계감사를 받는 비영리법인의 경우에는 결산서에 고유목적사업준비금을 계상하지 않더라도 세무조정을

5) 고유목적사업준비금을 설정할 수 없는 단체는 수익사업에서 발생한 소득에 대하여 지정기부금으로 손금에 산입할 수 있어 손금산입률은 낮으나, 고유목적사업준비금을 설정하는 것보다 회계처리가 더 간편하고, 5년 이내에 사용하여야 한다는 사후관리도 없다.

통해 손금산입하는 것을 허용하고 있는데, 이는 고유목적사업준비금이 회계적으로는 부채의 개념과 맞지 않아 세법에 따라 결산서에 부채로 계상한 비영리법인이 외부회계감사를 받는 경우 감사인과 마찰이 발생하는 것을 방지하고자 함이다. 이처럼 결산서에 반영하지 않아도 세무조정을 통해 손금으로 인정하는 것을 '신고조정'이라고 하는데, 신고조정을 통해 고유목적사업준비금을 손금산입하는 경우에는 준비금에 상당하는 금액을 잉여금 처분을 통해 적립해야 한다. 잉여금 처분으로 적립하지 않는 경우에는 준비금을 손금 계상한 사업연도의 손금으로 인정하지 않는다는 점에 유의해야 한다.

다만, 이러한 고유목적사업준비금의 신고조정은 외부회계감사를 받는 경우에만 세법이 인정하는 것이므로 외부회계감사를 받지 않는 비영리법인은 결산조정으로만 고유목적사업준비금을 손금으로 인정받을 수 있음을 명심해야 한다.

(2) 고유목적사업준비금 설정한도

고유목적사업준비금은 얼마만큼을 비용으로 인정해 줄까? 수익사업소득의 종류에 따라 비용으로 인정해 주는 한도가 조금씩 다르다. 이자소득(비영업대금의 이익은 제외)과 배당소득에 대해서는 그 소득 전체인 100%를 한도로 고유목적사업준비금으로 인정해 주고, 그 외 소득에 대해서는 소득의 50%(공익법인법에 따라 설립된 법인으로서 고유목적사업 등에 대한 지출액 중 100분의 50 이상의 금액을 장학금으로 지출하는 법인의 경우에는 100분의 80)를 한도로 인정해 준다. 그러나 「사립학교법」에 따른 학교법인, 「사회복지사업법」에 따른 사회복지법인 등 조세특례제한법에서 규정하고 있는 법인들은 소득금액의 전체를 고유목적사업준비금으로 설정할 수 있다.

고유목적사업준비금은 그 설정이 강제되는 것이 아니므로 반드시 한도만큼을 비용으로 설정할 필요는 없다. 비영리법인 각자가 법인의 필요에 따라 한도 내에서 설정하면 된다. 또한, 이자소득이나 배당소득은 100%를 인정하고, 다른 기타수익사업소득은 50%를 인정하지만 만일 이자나 배당 소득이 아닌 다른 기타수익사업소득에서 결손이 발생하는 경우에는 이자나 배당 소득에서 그 결손금을 차감한 한도 내에서만 고유목적사업준비금을 설정할 수 있다.

예를 들어 어떤 비영리법인(손금산입 특례대상 비영리법인이 아님)이 이자소득이 1천만원 발생하고, 이자나 배당이 아닌 기타 다른 소득이 1천만원 발생했다면 고유목적사업준비금은 이자에 대해 1천만원, 다른 소득의 50%인 5백만원이 한도가 되어 총 한도가 1천5백만원이 된다. 따라서 이 비영리법인은 1천 5백만원의 한도 내에서 법인이 필요한 만큼 고유목적사업준비금을 설정하면 된다. 만일 어떤 비영리법인(손금산입 특례대상 비영리법인이 아님)이 이자소득이 1천만원 발생했는데, 이자나 배당이 아닌 수익사업에서 5백만원의 결손이 발생했다면 이 비영리법인이 고유목적사업준비금을 손금산입할 수 있는 한도는 이자소득 1천만원에서 다른 수익사업에서 발생한 결손 5백만원을 차감한 5백만원의 100%를 한도로 손금에 산입할 수 있다.

설명을 위해 고유목적사업준비금 설정이 되는 기준소득을 예시하고 계산을 했지만 실제 고유목적사업준비금 설정기준이 되는 소득은 단순히 운영성과표상의 이익이 아닌 세법상의 소득이 되므로 세무조정이 모두 끝나야 그 한도를 구할 수 있다.

(3) 고유목적사업준비금의 사용과 환입

1) 고유목적사업준비금의 사용

손금산입 혜택을 받은 고유목적사업준비금은 설정한 사업연도 종료일 이후 5년이 되는 날까지는 고유목적사업이나 지정기부금에 지출을 해야 한다. 이때 고유목적사업에 지출을 한다는 것은 비영리내국법인의 법령 또는 정관에 규정된 설립목적을 직접 수행하는 사업으로서 법인세법상 수익사업 외의 사업에의 지출을 말하는 것으로 다음과 같은 지출을 말한다.

① 비영리내국법인이 당해 고유목적사업의 수행에 직접 소요되는 고정자산 취득비용(자본적 지출을 포함) 및 인건비 등 필요경비로 사용하는 금액. 다만, 취득한 고정자산을 3년 이상 사용하지 않고 처분하는 경우에는 고유목적사업에의 지출로 보지 않는다.

② 의료법인이 지출하는 다음의 어느 하나에 해당하는 금액

가. 병원 건물 및 부속토지, 「의료기기법」에 따른 의료기기, 「보건의료기본법」에 따른 보건의료정보의 관리를 위한 정보시스템 설비를 취득하기 위하여 지출하는 금액. 다만, 취득한 고정자산을 3년 이상 사용하지 않고 처분하는 경우에는 고유목적사업에의 지출로 보지 않는다.

나. 「의료 해외진출 및 외국인환자 유치 지원에 관한 법률」 제2조 제1호에 따른 의료 해외진출을 위하여 병원 건물 및 부속토지를 임차하거나 인테리어를 하거나 의료기기 또는 보건의료정보의 관리를 위한 정보시스템 설비를 임차하는 경우

다. 연구개발(연구·인력개발비 세액공제 대상이 되는 자체연구개발과 위탁 및 공동연구개발을 말함)사업을 위하여 지출하는 금액

③ 「농업협동조합법」에 의한 농업협동조합중앙회가 법 제61조 제1항의 규정에 의하여 계상한 고유목적사업준비금을 회원에게 무상으로 대여하는 금액

④ 「농업협동조합법」에 의한 농업협동조합중앙회가 「농업협동조합의 구조개선에 관한 법률」에 의한 상호금융예금자보호기금에 출연하는 금액

⑤ 「수산업협동조합법」에 의한 수산업협동조합중앙회가 「수산업협동조합의 구조개선에 관한 법률」에 의한 상호금융예금자보호기금에 출연하는 금액

⑥ 「신용협동조합법」에 의한 신용협동조합중앙회가 동법에 의한 신용협동조합예금자보호기금에 출연하는 금액

⑦ 「새마을금고법」에 의한 새마을금고연합회가 동법에 의한 예금자보호준비금에 출연하는 금액

⑧ 「산림조합법」에 의한 산림조합중앙회가 동법에 의한 상호금융예금자보호기금에 출연하는 금액

⑨ 특별법에 따라 설립된 법인(해당 법인에 설치되어 운영되는 기금 중 국세기본법에 따라 법인으로 보는 단체 포함)으로서 건강보험, 연금관리, 공제사업 등을 영위하는 비영리내국법인이 법령에 의하여 기금 또는 준비금으로 적립한 금액

⑩ 제주국제자유도시개발센터가 개발센터시행 계획의 수립·집행 등에 사용하는 금액

2) 고유목적사업준비금의 사용시 회계처리

먼저, 이 부분이 대부분의 비영리 실무자나 전문가들이 잘 알지 못하고 있는 부분이라는 점부터 강조하고 싶다. 고유목적사업준비금을 설정한 후, 그 준비금 사용하였을 때의 분개는 다음과 같이 2가지를 상정할 수 있는데, (방법 1)은 단점이 있어서 (방법 2)를 권장한다.

(방법 1)

(차) 고유목적사업준비금	×××	(대) 예　　　금	×××

(방법 2)

(차) ○○○○사업비	×××	(대) 예　　　금	×××
고유목적사업준비금	×××	고유목적사업준비금환입	×××

국세청이 발간한 공익법인 세무안내에서 제시하고 있는 아래 회계처리는 비수익사업에서 고유목적사업비를 사용했을 때 상기 (방법 1)에 따라 분개하도록 예시하고 있다. 이럴 경우 수익사업에서 비수익사업으로 현금을 전출했을 때 이를 고유목적사업준비금수입으로 계상하고 실제 사용시에는 해당 비용과 현금의 감소로 처리하게 된다. 이러한 회계처리는 두 가지 측면에서 문제가 있다. 첫째는 계정과목의 혼란을 야기할 수 있는데, 수익사업으로부터 전출받은 현금을 비수익사업에서 모두 사용했음에도 '고유목적사업준비금환입'계정을 사용하지 않아(실제로는 고유목적사업준비금수입이 환입의 역할을 하지만) 고유목적사업준비금이 목적사업에 사용되지 않은 것으로 오해를 받을 수 있다. 둘째는 고유목적사업준비금수입이 고유목적사업준비금환입과 같은 계정과목이라고 이해하더라도 고유목적사업준비금 과다 환입의 오해를 불러일으킬 수 있다. 즉, 수익사업에서 800원의 현금을 전출해 주고 비수익사업에서 800원의 현금을 받아 당기에 400원만 목적사업비로 지출한 경우 고유목적사업준비금수입은 800원을 인식하여 사용하지 않는 고유목적사업비를 과다 환입한 것으로 오해받을 소지가 있다. 고유목적사업준비금의 과소 혹은 과다 환입은 세법상의 익금환입 이슈를 불러올 수 있으므로 고유목적사업준비금의 사용을 보다 명확하게 정리해 줄 필요가 있다. 이런 문제가 있어, 상기(방법 2)의 회계처리를 권장한다.

결산조정	신고조정
【수익사업】 - 수익사업에서 비수익사업으로 전출 고유목적사업준비금 800 (고정부채에서 차감) / 현 금 800 ⇒[세무조정] 없음	【수익사업】 - 수익사업에서 비수익사업으로 전출 고유목적사업준비금 800 (잉여금계정에서 차감) / 현 금 800 ⇒[세무조정] • 고유목적사업준비금 사용액 800 익금산입(유보) • 고유목적사업준비금 목적사업 전출 800 손금산입(기타)
【비수익사업】 - 수익사업에서 비수익사업으로 전입 현 금 800 / 고유목적사업준비금수입 800 - 비수익사업에서 사용 고유목적사업비 800 / 현 금 800	【비수익사업】 - 수익사업에서 비수익사업으로 전입 현 금 800 / 고유목적사업준비금수입 800 - 비수익사업에서 사용 고유목적사업비 800 / 현 금 800

(출처 : 국세청 공익법인 세무안내)

아래 회계처리는 공익목적사업부문과 기타사업부문을 구분하여 장부를 작성하고 있는 경우의 예시이며, 이 예시가 (방법 2)의 회계처리이다.

기타사업부문

• 기타사업부문에서 고유목적사업준비금 설정시

(차) 고유목적사업준비금전입액 ××× (대) 고유목적사업준비금(부채) ×××

• 기타사업부문에서 공익목적사업부문으로 전출시

(차) 고유목적사업준비금(부채) ××× (대) 현금및현금성자산 (또는 공익목적사업부문) ×××

공익목적사업부문

• 공익목적사업부문에서 기타사업부문의 고유목적사업준비금 수입시

(차) 현금및현금성자산 (또는 기타사업부문) ××× (대) 고유목적사업준비금(부채) ×××

• 공익목적사업부문에서 목적사업비 지출시

(차) 고유목적사업준비금(부채)	×××	(대) 고유목적사업준비금환입액	×××
(차) 목적사업비	×××	(대) 현금및현금성자산	×××

• 공익목적사업부문에서 자산 구입시

(차) 고유목적사업준비금(부채)	×××	(대) 고유목적사업준비금환입액	×××
(차) 자 산	×××	(대) 현금및현금성자산	×××
(차) 감가상각비	×××	(대) 감가상각누계액	×××

(출처 : 알기 쉬운 공익법인 회계기준 매뉴얼(2018년, 한국공인회계사회, 삼일회계법인))

3) 고유목적사업준비금의 환입 및 익금산입

다음과 같은 사유가 발생하는 경우 비영리법인은 고유목적사업준비금을 익금에 산입해야 한다.

① 해산한 경우(고유목적사업준비금을 손금에 산입한 법인이 사업에 관한 모든 권리와 의무를 다른 비영리내국법인에게 포괄적으로 양도하고 해산하는 경우 그 다른 비영리내국법인이 승계한 고유목적사업준비금은 제외)

② 고유목적사업을 전부 폐지한 경우

③ 법인으로 보는 단체가 「국세기본법」 제13조 제3항에 따라 승인취소되거나 거주자로 변경된 경우

④ 고유목적사업준비금을 손금으로 계상한 사업연도의 종료일 이후 5년이 되는 날까지 고유목적사업 등에 사용하지 아니한 경우(5년 내에 사용하지 아니한 잔액으로 한정)

⑤ 고유목적사업준비금을 손금으로 계상한 사업연도의 종료일 이후 5년 이내에 고유목적사업준비금의 잔액 중 일부를 환입하여 익금으로 계상한 경우(익금으로 계상한 잔액으로 한정하며, 여러 사업연도에 손금으로 계상한 고유목적사업준비금의 잔액이 있는 경우에는 먼저 계상한 사업연도의 잔액부터 차례로 환입하여 익금으로 계상한 것으로 본다)

고유목적사업준비금을 익금에 산입한다는 것은 해당 고유목적사업

준비금을 수익사업의 익금으로 하여 해당 익금에 대해 법인세를 부담한다는 것을 의미한다. 즉, 특히 ④와 ⑤에 해당하여 익금에 산입하는 경우에는 법인세를 부담하는 것뿐만 아니라 익금에 산입한 고유목적사업준비금이 애초에 손금에 산입됨에 따라 발생했던 법인세 차액에 대해 이자상당액까지도 함께 납부를 해야 한다. 이자상당액은 하루당 22/100,000을 적용하여 계산하는데, 이를 1년으로 환산하면 8.03% 정도의 이자율에 해당한다.

예를 들어 어떤 비영리법인이 2022년에 설정한 고유목적사업준비금을 5년 후인 2027년 사업연도까지도 모두 사용하지 못하여 2027년 사업연도말에 1천만원의 고유목적사업준비금이 남아 있다면, 해당 비영리법인은 남은 잔액인 1천만원을 2027년 사업연도에 익금에 산입하여 법인세를 부담할 뿐만 아니라 1천만원이 2022년에 손금에 산입됨으로써 2022년에 발생한 법인세 차액에 대해 하루당 22/100,000의 율로 이자상당액까지도 납부를 해야 한다. 만일 1천만원이 2022년에 손금에 산입됨으로써 발생한 법인세 차액이 2백만원이라면 2백만원×22/100,000×(365+365+366+365+365)=803,440이 납부해야 할 이자상당액이 된다.

고유목적사업준비금 사용과 미사용의 사례

고유목적사업준비금의 사용	고유목적사업준비금의 미사용
• 비영리내국법인이 정관상 고유목적사업을 수행하는 직원의 주거용으로 취득하는 사택의 취득비용 • 사내복지근로기금이 고유목적사업준비금을 우리사주조합에 우리사주 구입자금지원 목적으로 지출하는 금액(단, 수익사업에 해당하는 경우 제외) • 비영리내국법인이 고유목적사업에 직접 사용하기 위해 사무실을 임차하고 지급한 임차보증금 및 임대료	• 의료법인이 노인의료복지시설 중 노인요양시설 공사를 위하여 지출한 금액 • 의료법인이 취득한 병원건물 내 진료실을 건강검진센터 및 영안실로 용도변경을 위해 지출한 공사비 • 의료법인이 의료기기 등의 고정자산 취득을 위해 차입한 금액을 상환하는 경우 해당 금액 • 사내근로복지기금이 손금으로 계상한 고유목적사업준비금을 기본재산으로 편입한 경우 • 장학법인, 사회복지법인 등 공익법인의 임원 및 종업원이 받는 급여 중 8천만원을 초과하는 금액. 다만 법인세 신고 전에 인건비 지급기준에 대하여 주무관청으로부터 승인받은 경우에는 고유목적 지출로 인정

8 비영리법인의 구분경리

비영리법인이 법인세법상 수익사업을 하는 경우에는 자산·부채 및 손익을 그 수익사업에 속하는 것과 수익사업이 아닌 그 밖의 사업(이하 '비수익사업'이라 함)에 속하는 것을 각각 다른 회계로 구분하여 기록하여야 한다. 법인세법이 이러한 구분경리를 요구하는 것은 과세대상이 되는 수익사업회계와 그렇지 않은 비수익사업회계를 구분함으로써 법인세 과세대상이 되는 사업에서 발생하는 소득을 용이하게 파악하기 위함이다. 구분경리를 할 때 자산이나 부채 혹은 손익이 어느 한 사업, 즉 수익사업이나 비수익사업에만 속하면 구분경리가 그다지 어렵지 않다. 그러나 비영리법인이 수익사업과 비수익사업을 모두 영위하면 두 사업에 공통으로 해당하는 자산이나 부채, 손익이 많이 발생하게 된다. 따라서 법인세법은 비영리법인의 구분경리와 관련하여 다음과 같은 기준을 제시하고 있다.

(1) 자산, 부채의 구분경리

① 공통자산과 부채는 수익사업에 속하는 것으로 한다.

② 수익사업의 자본금은 수익사업의 자산의 합계액에서 부채(충당금을 포함)의 합계액을 공제한 금액으로 한다.

③ 비영리법인이 비수익사업에 속하는 자산을 수익사업에 지출 또는 전입한 경우 그 자산가액은 자본의 원입으로 경리하고 자산가액은 시가에 의한다.

④ 비영리법인이 수익사업에 속하는 자산을 비수익사업에 지출한 경우 그 자산가액 중 수익사업의 소득금액(잉여금 포함)을 초과하는 금액은 자본원입액의 반환으로 한다. 구체적으로는 다음의 순서에 따라 순차적으로 상계처리한다.

i) 고유목적사업준비금 중 손금산입된 금액

ii) 고유목적사업준비금 중 손금부인된 금액

iii) 법인세 과세 후의 수익사업소득금액(잉여금 포함)

iv) 자본의 원입액

(2) 손익의 구분경리

비영리법인이 수익사업과 비수익사업의 손익을 구분경리하는 경우 공통되는 익금과 손금은 다음에 같이 구분계산하여야 한다. 다만, 공통익금 또는 손금의 구분계산에 있어서 개별손금(공통손금 외의 손금의 합계액을 말한다)이 없는 경우나 기타의 사유로 다음의 방법을 적용할 수 없거나 적용하는 것이 불합리한 경우에는 공통익금의 수입항목 또는 공통손금의 비용항목에 따라 국세청장이 정하는 작업시간·사용시간·사용면적 등의 기준에 의하여 안분계산한다.

① 수익사업과 비수익사업의 공통익금은 수익사업과 비수익사업의 수입금액 또는 매출액에 비례하여 안분계산
② 수익사업과 비수익사업의 업종이 동일한 경우의 공통손금은 수익사업과 비수익사업의 수입금액 또는 매출액에 비례하여 안분계산
③ 수익사업과 비수익사업의 업종이 다른 경우의 공통손금은 수익사업과 비수익사업의 개별 손금액에 비례하여 안분계산
④ 수익사업과 비수익사업을 겸영하는 경우 종업원에 대한 급여상당액(복리후생비, 퇴직금 및 퇴직급여충당금전입액 포함)은 근로의 제공내용을 기준으로 구분. 이 경우 근로의 제공이 주로 수익사업에 관련된 것인 때에는 이를 수익사업의 비용으로 하고 근로의 제공이 주로 비수익사업에 관련된 것인 때에는 이를 비수익사업에 속한 비용으로 한다.

(3) 공익법인회계기준에 따른 구분회계와의 차이

이에 관하여는 제6장 6.(286쪽)을 참고하기 바란다.

9 법인세의 신고와 납부

(1) 과세표준의 신고 · 납부

수익사업소득이 있는 비영리법인은 영리법인과 동일하게 각 사업연도의 종료일이 속하는 달의 말일부터 3개월 이내에 그 사업연도의 소득에 대한 법인세의 과세표준과 세액을 납세지 관할세무서장에게 신고하여야 하는데, 신고할 때에는 신고서에 다음 서류를 첨부하여야 한다.

① 기업회계기준을 준용하여 작성한 개별 내국법인의 재무상태표 · 포괄손익계산서 및 이익잉여금처분계산서(또는 결손금처리계산서)
② 법인세 과세표준 및 세액조정계산서(세무조정계산서)
③ 세무조정계산서 부속서류

법인세에 대한 신고는 각 사업연도의 소득금액이 없거나 결손금이 있는 법인의 경우에도 해야 하고, 신고를 할 때 그 신고서에 재무상태표 · 포괄손익계산서 및 이익잉여금처분계산서(또는 결손금처리계산서), 법인세 과세표준 및 세액조정계산서(세무조정계산서)를 첨부하지 아니하면 적법한 신고로 보지 아니한다. 다만, 사업소득 및 채권의 매매차익을 발생시키는 수익사업을 하지 아니하는 비영리내국법인은 그러하지 아니하다.

한편, 이자소득만 있는 비영리법인의 경우에는 이자소득만 있는 비영리법인 신고용인 법인세 · 농어촌특별세 과세표준(조정계산) 및 세액신고서(별지 제56호 서식)와 고유목적사업준비금(갑)(을)(별지 제27호 서식), 원천납부세액명세서(갑)(을)(별지 제10호 서식)만을 제출함으로써 간편하게 법인세 신고를 할 수도 있다.

(2) 이자소득에 대한 비영리내국법인의 과세표준신고 특례

비영리내국법인은 이자 · 할인액 및 이익(「소득세법」에 따른 비영업대금의 이익은 제외하고, 투자신탁의 이익을 포함. 이하 '이자소득'이라 함)으로서 법인세법에 따라 원천징수된 이자소득에 대하여는 과세표준신고를 하지 않을 수 있는데, 이는 원천징수된 이자소득 중 일부에 대해서만 적용하는 것도 가능하다. 이 경우 과세표준신고를 하지 아니한 이자소득은 각 사업연도의 소득금액을 계산할 때 포함하지 아니한다.

또한, 과세표준신고를 하지 아니한 이자소득에 대하여는 이후에 수정신고, 기한 후 신고 또는 경정 등에 의하여 이를 과세표준에 포함시킬 수도 없다.

(3) 비영리내국법인의 자산양도소득에 대한 과세특례

비영리내국법인(사업소득이 있는 수익사업을 하는 비영리내국법인은 제외)이 다음의 어느 하나에 해당하는 자산의 양도로 인하여 발생하는 소득(이하 "자산양도소득"이라 함)이 있는 경우에는 과세표준신고를 하지 아니할 수 있다. 이 경우 과세표준신고를 하지 아니한 소득은 제14조에 따른 각 사업연도의 소득금액을 계산할 때 포함하지 아니한다.

1. 「소득세법」 제94조 제1항 제3호에 해당하는 주식 등과 「소득세법」 제94조 제1항 제4호 나목(주식 등에 한한다) 및 동법 시행령 제158조 제1항 제1호 · 제5호에 규정된 주식
2. 토지 또는 건물(건물에 부속된 시설물과 구축물을 포함)
3. 「소득세법」 제94조 제1항 제2호 및 제4호의 자산

과세표준의 신고를 하지 않은 자산양도소득에 대하여는 「소득세법」 제92조를 준용하여 계산한 과세표준에 소득세법 제104조 제1항 각 호의 세율을 적용하여 계산한 금액을 법인세로 납부하여야 한다. 이때 소득세법 제104조 제4항에 따라 가중된 세율을 적용하는 경우에는 법인세법에 따른 제55조의2(토지 등 양도소득에 대한 과세특례)를 적용하지 아니한다.

소득세법을 준용하여 계산한 법인세는 「소득세법」 제105조부터 제107조까지의 규정을 준용하여 양도소득과세표준 예정신고 및 자진납부를 하여야 한다. 이 경우 납부할 세액이 각각 1천만원을 초과하는 경우에는 납부할 세액이 2천만원 이하인 때에는 1천만원을 초과하는 금액을, 납부할 세액이 2천만원을 초과하는 때에는 그 세액의 100분의 50 이하의 금액을 납부기한이 지난 후 2개월 이내에 분할납부할 수 있다.

비영리내국법인이 양도소득과세표준 예정신고를 한 경우에는 법인

세 과세표준에 대한 신고를 한 것으로 본다. 다만, 다음의 사유가 발생하는 경우에는 법인세 과세표준신고를 해야 한다.

① 당해 연도에 누진세율의 적용대상 자산에 대한 예정신고를 2회 이상 한 자가 법 제107조 제2항의 규정에 따라 이미 신고한 양도소득금액과 합산하여 신고하지 아니한 경우
② 소득세법 제94조 제1항 제1호·제2호 및 제4호의 규정에 의한 토지, 건물, 부동산에 관한 권리 및 기타자산을 2회 이상 양도한 경우로서 소득세법 제103조 제2항의 규정을 적용할 경우 당초 신고한 양도소득산출세액이 달라지는 경우
③ 소득세법 제94조 제1항 제3호의 규정에 의한 주식 등을 2회 이상 양도한 경우로서 법 제103조 제2항의 규정을 적용할 경우 당초 신고한 양도소득산출세액이 달라지는 경우

또한, 비영리내국법인이 양도소득과세표준 예정신고 및 자진납부를 한 경우에도 법인세법에 따라 각 사업연도소득금액에 대한 과세표준의 신고를 할 수 있다. 이 경우 예정신고납부세액은 기납부세액으로 납부할 세액에서 공제해 준다.

(4) 중간예납

1) 중간예납 대상법인

내국법인으로서 각 사업연도의 기간이 6개월을 초과하는 법인은 당해 사업연도 개시일부터 6개월간을 중간예납기간으로 하여 중간예납세액을 납부해야 한다. 다만, 이자소득만 있는 비영리법인 등은 중간예납의무가 없다.

2) 중간예납세액

중간예납세액은 ① 직전 연도 납부액 기준과 ② 중간예납기간의 자기계산 두 가지 중 선택해서 납부할 수 있다. 그러나 중간예납세액의 납부의무가 있는 내국법인으로서 직전 사업연도의 법인세로서 확정된 산출세액이 없는 법인이거나 그 중간예납기간 만료일까지 직전 사업연도

의 법인세액이 확정되지 아니한 법인인 경우와 분할신설법인 및 분할합병의 상대방 법인의 분할 후 최초의 사업연도의 경우에는 중간예납기간 자기계산에 의해 중간예납세액을 납부해야 한다.

(가) 직전 연도 납부액 기준

그 사업연도 직전 사업연도의 법인세로서 확정된 산출세액에서 다음의 금액을 공제한 금액을 직전 사업연도의 월수로 나눈 금액에 6을 곱하여 계산한 금액을 중간예납세액으로 하여 중간예납기간이 지난 날부터 2개월 이내에 납세지 관할세무서 등에 납부하여야 한다. 이때, 직전 사업연도의 법인세로서 확정된 산출세액이란 가산세를 포함하고, 토지 등 양도소득에 대한 법인세 및 「조세특례제한법」에 따른 투자·상생협력 촉진을 위한 과세특례를 적용하여 계산한 법인세는 제외한다.

1. 해당 사업연도의 직전 사업연도에 감면된 법인세액(소득에서 공제되는 금액은 제외)
2. 해당 사업연도의 직전 사업연도에 법인세로서 납부한 원천징수세액
3. 해당 사업연도의 직전 사업연도에 법인세로서 납부한 수시부과세액

(나) 중간예납기간 자기계산

그 중간예납기간을 1사업연도로 보고 계산한 과세표준에 법인세율을 적용하여 산출한 법인세액에서 다음의 금액을 공제한 금액을 중간예납세액으로 하여 납세지 관할세무서 등에 납부할 수 있다. 단, 중간예납의 납부기한이 지난 경우에는 자기계산을 의무적으로 해야 하는 경우(직전 사업연도에 법인세가 없는 경우, 중간예납기간 만료일까지 직전 사업연도 법인세가 확정되지 아니한 경우, 분할신설법인 등의 최초 사업연도)가 아니면 자기계산으로 신고할 수 없다.

① 해당 중간예납기간에 해당하는 감면세액(소득에서 공제되는 금액은 제외)
② 해당 중간예납기간에 법인세로서 납부한 원천징수세액
③ 해당 중간예납기간에 법인세로서 부과한 수시부과세액

10 보론 : 비영리법인이 법인세신고서에 제출할 재무제표는? - 수익사업 구분손익계산서와 합산손익계산서

이 내용은 실제 법인세 신고를 위한 세므조정 작업을 하는 회계사나 세무사 등 전문가들이 생각해 보아야 할 주제이고, 관련하여 세법이나 양식도 개정되어야 한다.

법인세법상의 수익사업이 있는 비영리법인의 법인세신고서를 작성하기 위한 세무조정을 하는 방법은 크게 두 가지가 있다. 첫째, 비영리법인의 수익사업 재무제표(구분손익계산서)상의 당기순이익을 기초로 하는 방법이고, 둘째, 수익사업과 비수익사업을 합산한 재무제표상의 당기순이익을 기초로 하는 방법이다. 후자를 선택한 경우 비수익사업의 수익과 비용을 익금불산입-기타, 손금불산입-기타 처분의 세무조정을 하게 된다.

법인세법이나 세무당국에서 두 방법 중 어느 방법으로 해야 한다는 규정이나 해석은 없으나, 아래의 국세청 상담센터 회신에서는 수익사업 손익계산서를 기초로 세무조정을 하도록 해석하고 있다.

질문 : 비영리법인의 고유목적사업용 재무제표 신고 여부(2017-02-10)

안녕하세요. 국세행정수행에 노고가 많으십니다. 다름이 아니오라 당 법인은 2016년 11월초에 울산광역시가 1억원을 출연하여 설립한 울산정보산업진흥원입니다. 당 비영리법인은 울산광역시로부터 위탁받은 고유목적사업과 수익사업인 부동산 임대업을 함께 영위하고 있습니다.

1) 당 비영리법인이 법인세 신고시 수익사업분 재무제표와 수익사업분 재무제표를 근거로 작성한 법인세 과세표준 신고를 하면 되나요. 아니면 수익사업과 고유목적사업분 모두의 재무제표를 법인세 신고시에 제출해야 하나요.
2) 고유목적사업에서 발생한 이자수입도 모두 수익사업이서 발생한 이자수입으로 보아 익금을 산정해야 하나요. 아니면 수익사업에서 발생한 이자수입만 익금으로 처리하나요.

답변 : 비영리법인의 고유목적사업용 재무제표 신고 여부(2017-02-13)

안녕하십니까? 국세행정에 대한 관심과 협조에 감사드리며, 답변내용이 도움이 되시길 바랍니다.

1) 비영리법인의 경우 수익사업에 대해서 법인세 납세의무가 있는 것이므로 법인세법 제60조【과세표준 등의 신고】제2항 각 호에 해당되는 서류를 법인세 신고시 제출하여야 하는 것이므로귀 사례의 경우 수익사업에 해당되는 재무제표 등을 제출하시면 되는 것으로 판단됩니다.
2) 「소득세법」 제16조 제1항에 따른 이자소득은 수익사업에 해당되는 것이므로 귀 사례의 경

우 고유목적사업에서 발생한 이자소득도 법인세 신고납부를 하여야 하는 것으로 판단됩니다. 감사합니다.

(출처 : 국세상담센터)

※ 국세상담센터의 답변내용은 법적 효력이 있는 유권해석이 아니므로, 세금신고 및 조세불복 등의 증거자료로서의 효력은 없습니다.

그런데 비영리법인의 수익사업과 비수익사업을 구분한 구분손익계산서의 수익사업 손익계산서를 기초로 세무조정을 하게 되면, 수익사업에서 고유목적사업준비금을 설정한 경우, 그 준비금의 목적사업에의 사용은 수익사업회계가 아니라 비수익사업(목적사업)회계에 나타나는 관계로, 수익사업 손익계산서만을 법인세신고서에 제출하면, 세무당국이 고유목적사업준비금 사용의 적정여부를 판단할 수 없는 문제가 있다.

또한, 수익사업 손익계산서만 세무당국에 제출하면 세무당국은 수익사업과 비수익사업의 구분계산이 제대로 되어 있는지를 실지 세무조사를 하기 전까지는 파악할 수 없다.

그 이외에도, 비영리법인의 이사회에서의 결산서 승인은 합산재무제표를 기준으로 하고 있다는 점, 상증세법상의 공익법인은 공익사업과 기사업의 합산재무제표를 공시하도록 하고 있는 점도 고려해서, 비영리법인의 법인세 신고에서 수익사업만의 재무제표만을 세무당국에 제출하는 것은 바람직하지 않다. 또 하나의 개선사항이 있는데, 현재는 법인세 신고용 표준재무제표가 일반용과 금융회사용 두 가지만 있는데, 비영리법인에 맞는 표준재무제표도 별도로 만들 필요가 있다는 점을 강조한다.

Chapter

12

기부금세제 - 법인세법 및 소득세법

1 개 요

(1) 기부란?

기부란 반대급부 없이 금전이나 물품을 제공하는 행위를 말하며, 법령에 따라 서로 다른 용어를 사용하고 있다. 민법에서는 증여라고 하고 있고, 기부금품법에서는 기부금품, 법인세법 및 소득세법에서는 기부금, 상증세법에서는 출연재산, 사회복지법인 재무·회계규칙에서는 후원금이라는 용어를 사용하고 있으며, 기부금 성격의 회비도 기부금으로 보게 된다.

참고로, 영리법인의 회계처리에서 기부금과 접대비는 그 지출내용 및 목적이 법인의 업무와 관련이 있는지 여부에 따라 구분된다. 기부금은 법인의 업무와 관련이 없고, 즉 수익(익금)에 대응되는 비용(손금)이 아니기 때문에 이론상 영리법인의 비용(손금)이 되지 않는 것이 원칙인데, 사회공헌차원의 비용(손금)이라고 하여, 일정한도 내의 기부금은 비용(손금)처리가 허용된다. 이 점은 개인사업자에게도 동일하게 적용된다. 한편, 사업을 영위하지 않는 개인의 소득세 계산에서 기부금 세액공제가 허용된다.

(2) 우리나라의 기부세제 체계

우리나라의 기부세제는 법인세법, 소득세법 및 상증세법과 조세특례제한법에서 정하고 있다. 법인세법 및 소득세법에서는 기부금을 내는 법인이나 개인의 측면에서 그 기부금이 법인세나 소득세 계산에서 조세혜택을 받을 수 있는지 여부에 관하여, 법정기부금(특례기부금), 지정기부금(일반기부금) 등에 관하여 규정하고 있고,[1] 조세특례제한법에서는 개인의 정치자금기부금 및 우리사주조합기부금에 관하여 정하고 있다.

한편, 상증세법에서는 기부받은 비영리공익법인의 측면에서, 수령한 기부금에 대하여 증여세가 비과세(정확하게는 과세가액불산입)되는 것과 관련하여 여러 가지 준수의무를 정하고 있다.

1) 기부자가 법인이면 법인세법을 적용하고, 거주자(개인)이면 소득세법을 적용한다.

(3) 비영리법인 및 공익법인과 기부금단체의 관계

아래 그림은 국세청의 2022 공익법인 서무안내에 나와 있는 그림이다. 2021년 국세통계연보의 통계를 보면, 우리나라의 비영리법인은 모두 41,544개이고, 상증세법상의 결산서류 공시 공익법인은 10,953개이며, 기부금대상 공익법인(법정기부금단체 및 지정기부금단체)의 수는 공개되어 있지 않다.

비영리법인과 공익법인의 관계

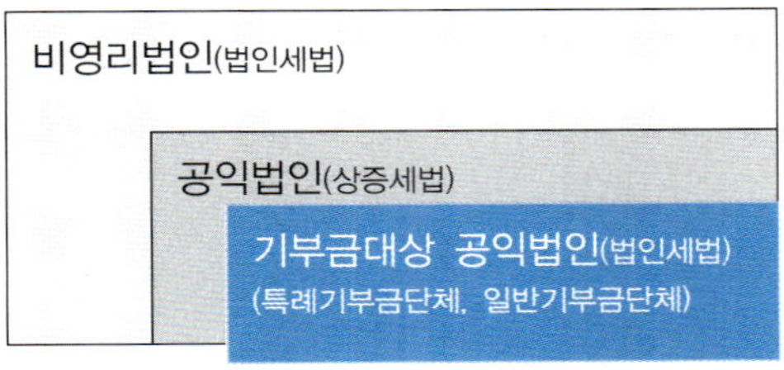

2 세법상 기부금의 종류와 기부금영수증 등

(1) 세법상 기부금의 종류

법인세법상 기부금은 법정기부금(2023년부터는 특례기부금), 지정기부금(2023년부터는 일반기부금), 비지정기부금[2]으로 구분되며, 소득세법상 기부금은 정치자금기부금, 법정기부금, 우리사주조합기부금, 지정기부금, 비지정기부금으로 구분된다.

비지정기부금은 세제혜택을 받을 수 없으며, 비지정기부금을 제외한 기부금에 대해서는 기부자가 손금산입(필요경비산입)이나 세액공제와 같은 세제혜택을 받을 수 있다.

법정기부금은 주로 국가나 지방자치단체에 무상으로 기증하는 금품의 가액, 국방헌금과 국군장병 위문금품의 가액, 천재지변으로 생기

2) '비지정기부금'이란 세법에서 기부금 공제대상으로 정하고 있지 않은 기부금을 말하며, 전액 손금불산입 기부금이라고도 한다. 비영리 실무에서, 기부자가 용도를 특정하지 않고 아무 용도에도 사용할 수 있는 용도 비지정 기부금과 용어는 같으나 내용은 다르다.

는 이재민을 위한 구호금품의 가액, 특정 학교나 병원에 시설비·교육비·장학금 또는 연구비로 지출하는 기부금 등을 말한다.

지정기부금은 주로 사회복지·문화·예술·교육·종교·자선·학술 등 공익성을 고려하여 세법이 지정기부금단체 등에 기증하는 금품을 말한다. 또한, 법인으로 보는 단체 중 고유목적사업준비금 설정대상에서 제외되는 단체의 수익사업에서 발생한 소득을 고유목적사업비로 지출하는 금액은 이를 지정기부금으로 본다.

한편, 세제혜택을 주는 기부금이라도 기부금 전액에 대해 손금산입(필요경비산입)이나 세액공제 혜택을 주는 것은 아니다. 기준소득금액을 계산하고 그 기준소득금액의 일정비율을 한도로 하여 손금산입(필요경비산입)이나 세액공제 혜택을 주는데, 법정기부금의 한도가 지정기부금의 한도보다 크다.

(2) 기부금 한도 계산

1) 요 약

기부금 한도 계산은 비영리법인에게 직접 영향을 미치지는 아니하나, 후원자의 입장에서 후원자들이 어떠한 방식으로 기부금 한도 계산이 되고, 세액공제를 받는지 아는 것이 필요하다. 우리나라 기부세제는 다음과 같이 요약된다.

종 류	기부대상	법 인 (손금산입)	개인사업자 (필요경비산입)	개 인 (세액공제*)
법정 (특례)	국가·지자체 기부, 국방헌금, 이재민 구호금품 등	소득금액의 50% 한도 내에서 전액	소득금액의 100%	
지정 (일반)	사회복지·학술·장학·문화예술·환경·종교단체 등	소득금액의 10% 한도 내에서 전액	소득금액의 30% * 종교단체 10%	소득금액의 30% * 종교단체 10%

* 세액공제(1천만원 이하분 15% / 초과분 30%)

이익이 나지 않는 영리법인이나 개인사업자는 기부금 한도가 없어, 기부금 공제를 받지 못한다. 또한 개인사업자 이외의 일반 개인도 소득이 있어야 소득세 계산에서 기부금 세액공제를 받을 수 있다.

한편, 한도초과로 인해 손금(필요경비)에 산입하지 못하거나 세액공제받지 못한 기부금은 다음 사업연도(과세연도)부터 10년간 이월하여 손금(필요경비)에 산입하거나 세액공제를 받을 수 있고, 거주자(개인)의 법정기부금이나 지정기부금은 10년간 이월공제를 허용한다.

2) 법 인

법인의 기부금 한도는 다음과 같은 산식으로 계산된다.

① 50%한도 기부금(법정기부금) 한도액
=(해당 사업연도의 소득금액+법정기부금 지출액*
+지정기부금 지출액*−이월결손금)×50%

* 기부금 한도액을 계산함에 있어서, 해당 사업연도의 소득금액에 법정기부금 지출액과 지정기부금 지출액을 가산하는 이유는, 해당 사업연도의 소득금액에 법정기부금 및 지정기부금이 차감되어 있기 때문에, 이 기부금을 차감하기 전의 숫자를 도출하기 위한 것이다.

② 10%한도 기부금(지정기부금) 한도액
=(해당 사업연도의 소득금액−이월결손금−50%한도 기부금 손금산입액(이월액 포함))×10%(20%[3])

아래는 국세청이 발간한 2022년 법인세 신고안내에 나와 있는 기부금 한도 계산 사례이다.

◈ 사례

① (주)가나의 기부금계정 금액은 104,500,000원이며 그 내역은 다음과 같다.

㉮ 50%한도 기부금 :	2021.4.1	지출한 이재민구호금품	5,000,000원
	2021.8.1	지출한 사립대학 시설비	10,000,000원
	2021.9.1	지출한 국립대학병원 연구비	40,000,000원
		소 계	55,000,000원

㉯ 10%한도 기부금 : 48,000,000원 [2022.1.31 만기 지급어음 5,000,000원 포함]

3) 사업연도 종료일 현재 「사회적기업 육성법」 제2조 제1호에 따른 사회적 기업의 지정기부금 한도는 20%이다.

㉰ 전액 손금불산입 기부금 : 1,500,000원
② 결산서상 당기순이익 : 178,500,000원
③ 세무조정
㉮ 익금산입, 손금불산입 : 41,500,000원; 전액 손금불산입 기부금 및 어음으로 지급한 기부금 포함됨
㉯ 손금산입 · 익금불산입 : 39,000,000원
④ 법인세법 제13조 제1호 규정의 이월결손금 : 135,000,000원
⑤ 사업연도는 2021.1.1~2021.12.31이며 일반 영리법인임

위 사례의 기부금 손금산입 한도는 다음과 같이 계산된다.

① 50%한도 기부금(법정기부금) 손금산입 한도

㉮ 당해 사업연도 소득금액 :

결산서상 당기순이익	178,500,000
익금산입, 손금불산입	41,500,000
손금산입, 익금불산입	−39,000,000
법정기부금 지출액	55,000,000
지정기부금 지출액	48,000,000
어음지급지정기부금*	−5,000,000
소 계	279,000,000

* 어음으로 지급한 5,000,000원은 2022년 기부금이므로 손금부인

㉯ 손금산입 한도액 : 72,000,000＝(279,000,000－135,000,000)×50%

소득금액 이월결손금

㉰ 한도초과액 : △17,000,000(한도미달)＝55,000,000－72,000,000

기부금 지출액 한도

② 10%한도 기부금 손금산입 한도

㉮ 손금산입 한도액 :

8,900,000＝(279,000,000－135,000,000－55,000,000)×10%

소득금액 이월결손금 법정기부금 지출액

㉯ 한도초과액[4] : 34,100,000(한도초과)＝43,000,000－8,900,000

4) 기부금의 이월공제 : 손금불산입한 기부금 한도초과액은 그 다음 사업연도 개시일부터 10

3) 개 인

개인이 기부한 기부금에 대한 세무취급은, 그 개인이 사업자이면 법인과 유사하게 기부금을 사업소득을 계산함에 있어서 일정한도 내에서 필요경비로 산입할 수 있는 반면, 그 이외의 일반 개인은 특별세액공제의 하나로서 기부금 세액공제를 받을 수 있다(2013년까지는 소득공제방식이 적용되었는데, 2014년부터 세액공제방식으로 변경되었다). 개인사업자로서 필요경비로서 공제받는 것보다, 개인사업자 이외의 개인으로서 기부금 세액공제를 받는 사람들이 많아, 아래에서는 기부금 세액공제를 소개한다. 개인사업자의 기부금손금한도액 계산은 앞 장의 법인의 기부금손금한도액 계산방식과 유사하다.

아래 표는 개인사업자 이외의 개인의 기부금 세액공제를 요약한 것이다. 두 번의 계산이 필요한데, 먼저 세액공제 대상금액 한도를 계산한 뒤, 세액공제 대상금액에 공제율을 곱하여 기부금 세액공제를 계산하게 된다. 세액공제 대상금액 한도는 정치자금기부금, 법정기부금, 우리사주조합기부금, 지정기부금의 순서로 계산한다.

한편, 기부금 세액공제는 소득자 본인의 기부금뿐만 아니라, 기본공제 대상자(소득요건을 만족시키는 기본공제 대상자)로 등록된 부양가족(배우자, 자녀, 부모, 형제자매)의 기부금도 합산하여 공제가 가능하다. 다만, 정치자금기부금 및 우리사주조합기부금은 본인 기부금만 대상이다.

<table>
<tr><th>기부금 종류</th><th>기부금 공제대상 한도</th><th>세액공제율</th></tr>
<tr><td>정치자금기부금</td><td>기준소득금액[5] × 100%</td><td>10만원 이하 10%
10만원 초과 15%
(3천만원 초과분 25%)</td></tr>
<tr><td>법정기부금</td><td>(기준소득금액 − 정치자금기부금) × 100%</td><td rowspan="3">15%
(1천만원 초과분 30%)
(2021년 및 2022년 한시적으로 20%, 35% 적용)</td></tr>
<tr><td>우리사주조합기부금</td><td>(기준소득금액 − 정치자금기부금 − 법정기부금) × 30%</td></tr>
<tr><td>지정기부금</td><td>가. 종교단체기부금이 없는 경우의 한도
(기준소득금액 − 정치자금기부금 − 법정기부금 − 우리사주조합기부금 공제액) × 30%</td></tr>
</table>

년 이내에 끝나는 각 사업연도로 이월하여 그 이월된 사업연도의 소득금액을 계산할 때 50%한도 기부금 및 10%한도 기부금이 각각의 손금산입 한도액에 미달하는 금액의 범위에서 손금에 산입한다.

	나. 종교단체기부금이 있는 경우의 한도 =1+2 1. (기준소득금액 – 정치자금기부금 – 법정기부금 – 우리사주조합기부금 공제액)× 10% 2. 아래 A, B 중 작은 것 A=(기준소득금액 – 정치자금기부금 – 법정기부금 – 우리사주조합기부금 공제액)×20% B=종교단체 외에 지급한 지정기부금	

아래는 아름다운 재단 기부연구소 블로그에 올려져 있는 사례를 일부 수정한 것으로서, 기준소득금액이 1억원, 정치자금기부금 500만원, 법정기부금 500만원, 우리사주조합기부금 500만원, 비종교지정기부금 2,000만원, 종교지정기부금 1,000만원일 때의 계산 사례이다.

세액공제 대상 한도금액의 계산

아름 씨의 기부금		세액공제 대상금액(한도)	기부금 세액공제 인정 여부
1	정치자금기부금 500만원	근로소득금액 1억원×100%=1억원	(정치 500만원+법정 500만원)은 1억원 이내로 전액인정
	법정기부금 500만원		
2	우리사주조합기부금 500만원	(근로소득금액 1억원 – 정치 500만원 – 법정 500만원)×30%=2,700만원	우리사주 500만원은 2,700만원 이내로 전액인정
3	지정기부금 3,000만원	{(1억원 – 정치 500만원 – 법정 500만원 – 우리사주 500만원)×10%}+[{(1억원 – 정치 500만원 – 법정 500만원 – 우리사주 500만원)×20%}와 비종교지정기부금 2,000만원 중 적은 금액] =850만원+1,700만원=2,550만원	지정기부금 3,000만원은 2,550만원까지 인정

5) 기준소득금액이란 소득총액에서 근로소득 공제 등 필요경비를 차감한 금액을 말한다.

기부금 세액공제

<table>
<tr><th colspan="2">아름 씨의 기부금</th><th>세액공제율</th><th>계산식</th><th>예상액</th></tr>
<tr><td rowspan="3">1</td><td rowspan="3">정치자금기부금
500만원</td><td>10만원 이하 :
100/110</td><td>10만원까지 전액공제
→ 10만원</td><td rowspan="3">83만5천원</td></tr>
<tr><td>10만원 초과 :
15%</td><td>(500만원 − 10만원) × 15%
= 73만5천원</td></tr>
<tr><td>3천만원 초과분
25%</td><td></td></tr>
<tr><td rowspan="4">2</td><td>법정기부금
500만원</td><td rowspan="4">법정기부금 +
지정기부금 +
우리사주조합
기부금 : 15%
(1천만원 초과분
30%)</td><td rowspan="2">법정/지정/우리사주 총
4,000만원(한도 : 3,550만원*) 중 1,000만원까지
15% 세액공제
1,000만원 × 15% = 150만원</td><td rowspan="4">915만원</td></tr>
<tr><td>우리사주조합기부금
500만원</td></tr>
<tr><td>지정기부금-비종교
2,000만원</td><td rowspan="2">(법정/지정/우리사주
총 3,550만원* − 1,000만원)
× 30% = 765만원</td></tr>
<tr><td>지정기부금-종교
1,000만원</td></tr>
<tr><td>총기부금</td><td>4,500만원</td><td colspan="2">세액공제 합계</td><td>998만5천원</td></tr>
</table>

* 3,550만원 = 법정 500만원 + 우리사주 500만원 + 지정 3천만원 중 2,550만원

(3) 기부금영수증

기부금을 받은 단체는 기부자에게 기부금을 수령했다는 증빙으로 기부금영수증을 발급하며 기부금영수증은 기부자가 세제혜택을 받기 위한 중요한 증빙이다.

2021년 7월 1일부터는 전자기부금영수증 제도가 도입되어, 국세청의 홈택스를 통해 기부금영수증을 전자로 발급받을 수 있도록 바뀌었다. 이에 따라, 기부자는 ① 전자기부금영수증 발급내역을 연말정산간소화 서비스에 자동적으로 반영하게 되고, ② 소득세(법인세) 등 신고증빙자료로 활용이 가능하며, ③ 주요 인적사항 비공개 등 개인정보를 보호하고, ④ 부당공제로 인한 가산세 부담도 없어졌다. 그리고 기부금단체는 ① 영수증 발급 및 관리비용이 절감되고, ② 전자기부금영수증 발급분에 대하여는 기부자별 발급명세 등 법정서식 작성·보관·제출 의무가 면제되는 효과를 가져왔다.

전자기부금영수증은 국세청 홈택스에서 발급할 수 있는데, 기부금 대상 공익법인에게만 전자기부금영수증 발급 권한이 있으며, 일괄발급(기부금단체가 기부금관리 프로그램 자료(엑셀파일)를 변환하거나, 홈택스에서 제공하는 엑셀 서식에 기부금 수령내역을 작성·업로드하여 다수의 건을 한 번에 발급하는 방식)과 개별발급(건별로 기부자, 기부일자 등 기부내역을 입력하여 발급하는 방식)의 하나를 선택하여 발급한다.

한편, 기부금단체가 전자기부금영수증을 발급하지 않았을 때, 기부자가 홈택스에서 발급을 요청하고 기부금단체가 기부내역을 확인해 발급하는 방식도 있다.

그리고 기부금을 받은 자가 기부금영수증을 사실과 다르게 적어 발급하는 경우 혹은 기부금액 또는 기부자의 인적사항 등 주요 사항을 적지 아니하고 발급하면 다음과 같은 가산세를 부과한다.

① 기부금액을 사실과 다르게 적어 발급하는 경우 : 사실과 다르게 발급된 금액의 5%에 해당하는 금액. 이때 사실과 다르게 발급된 금액이란 영수증에 실제 적힌 금액과 건별로 발급하여야 할 금액의 차이를 말하고, 영수증에 금액이 적혀 있지 아니한 경우에는 기부금영수증을 발급받은 자가 기부금을 손금 또는 필요경비에 산입하거나 기부금 세액공제를 신청한 금액과 건별로 발급하여야 하는 금액의 차이를 말한다.

② 기부자의 인적사항 등을 사실과 다르게 적어 발급하는 등으로 ① 이외의 경우 : 영수증에 적힌 금액의 5%

3 기부금단체

(1) 기부금단체의 종류

기부금영수증 발급을 할 수 있는 단체가 되기 위해서는 사전에 세제적격단체의 지위를 부여받아야 하며, 이러한 단체들을 '세법상 기부금단체'라고 한다. 세법상 기부금단체는 다시 아래와 같이 나누어지고, 각각의 요건과 범위를 규정하고 있다. 또한, 기부금단체는 법인세법에서 일단 규정된 후, 소득세법에서 추가로 규정하는 형식으로 되어 있다.

① 법정기부금단체(특례기부금단체)
② 당연지정기부금단체(일반기부금단체)
③ 법인세법-기획재정부장관이 지정고시하는 법정기부금단체 · 지정기부금단체(특례기부금단체 · 일반기부금단체)
④ 소득세법-기획재정부장관이 지정하는 기부금대상민간단체(소득세법상의 일반기부금단체)

(2) 용어의 변천

종전의 법인세법에서는 법정기부금단체, 지정기부금단체라는 용어를 사용하고 있었으나, 2020년 12월 법인세법의 개정으로「소득세법」제34조 제2항 제1호 및「법인세법」제24조 제2항 제1호에 따른 기부금단체(50%공제 기부금단체),「소득세법」제34조 제3항 제1호 및「법인세법」제24조 제3항 제1호에 따른 기부금단체(10%공제 기부금단체)로 변경되었다가, 2023년에 다시 특례기부금단체, 일반기부금단체로 변경될 예정이다.

(3) 법정기부금단체(특례기부금단체)

법정기부금단체는 아래와 같다. 사회복지사업, 그 밖의 사회복지활동의 지원에 필요한 재원을 모집 · 배분하는 것을 주된 목적으로 하는 비영리법인으로서 대통령령으로 정하는 요건을 갖춘 법인으로는 공동모금회 및 바보의 나눔이 있다.

법인세법	소득세법
• 국가나 지방자치단체에 무상으로 기증하는 금품의 가액 • 국방헌금과 국군장병 위문금품의 가액 • 천재지변으로 생기는 이재민을 위한 구호금품의 가액 • 사립학교 등에 지출하는 시설비 · 교육비 · 장학금 또는 연구비로 지출하는 기부금	법인세법에 열거된 법정기부금+특별재난지역에서 자원봉사를 한 경우 1일 5만원(하루 8시간 봉사활동 기준)과 이에 소요된 유류비, 재료비 등

• 국립대학병원 등에 지출하는 시설비 · 교육비 또는 연구비로 지출하는 기부금 • 사회복지사업, 그 밖의 사회복지활동의 지원에 필요한 재원을 모집 · 배분하는 것을 주된 목적으로 하는 비영리법인으로서 대통령령으로 정하는 요건을 갖춘 법인에 지출하는 기부금	

(4) 지정기부금단체(일반기부금단체)

1) 법인세법과 소득세법상의 지정기부금단체 비교

법인세법과 소득세법상의 지정기부금단체의 비교는 아래와 같다. 즉, 개인들은 법인세법상의 지정기부금단체 이외에, 노동단체, 교원단체의 회비, 기부금대상민간단체에 대한 기부금을 지정기부금으로 인정받는다. 다른 말로 설명하면, 기부금대상민간단체에 대한 법인의 기부금은 세법상 적격기부금이 되지 못해, 민간단체는 개인으로부터의 기부금(후원금)에 의존해야 한다.

법인세법	소득세법
• 법인세법 시행령 제39조 제1항 제1호 규정 : 지정기부금단체 등의 고유목적사업비로 지출하는 기부금 • 법인세법 시행령 제39조 제1항 제2호 규정 : 학교장이 추천하는 개인에게 교육비 · 연구비 또는 장학금으로 지출하는 기부금/공익신탁으로 신탁하는 기부금/사회복지 · 문화 · 예술 · 교육 · 종교 · 자선 · 학술 등 공익목적으로 지출하는 기부금으로서 기획재정부장관이 지정하여 고시하는 기부금 • 법인세법 시행령 제39조 제1항 제4호 규정 : 아동복지시설 · 노인복지시설 장애인복지시설 등 사회복지시설 또는 기관 중 무료 또는 실비로 이용할 수 있는 시설 또는 기관에 기부하는 금품의 가액 • 법인세법 시행령 제39조 제1항 제6호 규정 : 일정요건을 갖춘 국제기구로서 기획재정부장관이 지정하여 고시하는 국제기구에 지출하는 기부금	법인세법상의 지정기부금 • 노동조합, 교원단체 등에 지출하는 회비[6] • 공익신탁에 지출하는 기부금 • 기부금대상민간단체에 지출하는 기부금

6) 비영리와는 관련이 없는 내용인데, 노동조합비나 교원단체비를 기부금으로 인정해 주는

세법 규정을 그대로 인용한 위 표는 이해하기 어려운데, 이 지정기부금단체는 크게 다음과 같이 구분할 수 있다.

① 정관상의 사업목적 자체로 지정기부금단체가 되는 단체(당연지정기부금단체)[7]
② 사회복지, 예술, 교육, 종교, 자선, 학술 등의 단체 중 기획재정부장관이 지정고시하는 단체[8]
③ 국세청이나 행정안전부장관 추천으로 기획재정부의 지정절차를 통해 지정기부금단체가 되는 단체[9]
④ 일정요건을 갖춘 국제기구로서 기획재정부장관이 지정하여 고시하는 국제기구

2) 참고 : 2018년 2월 13일 법인세법 시행령 개정에 따른 기부금단체의 변경 등

법정기부금단체 및 지정기부금단체 제도는 2018년 이후 몇 차례 개정되었는데, 2018년에 큰 개정이 있었다. 2018년 2월 13일 법인세법 시행령이 개정되면서 법정기부금단체, 지정기부금단체를 다음과 같이 조정하였다.

법인(단체)	조정 전	조정 후	상증세법상 공익법인 여부
공공기관 또는 법률에 따라 직접 설립된 기관	법정기부금 단체	기획재정부지정기부금단체	지정받는 경우 공익법인
한국학교, 전문모금기관	시행규칙 법정 기부금단체	기획재정부지정법정기부금 단체	지정받는 경우 공익법인
정부로부터 인·허가를 받은 학술연구·장학·기술진흥단체	당연지정 기부금단체	기획재정부지정기부금단체 (2020년 12월 31일까지는 지정기부금단체로 인정)	지정받는 경우 공익법인

제도는 다른 나라에서 찾아볼 수 없는 제도이다.

7) 종교보급사업단체, 사회복지사업법에 따른 사회복지법인, 영유아보육법에 따른 어린이집, 각급학교(유치원~대학교), 기능대학, 평생교육시설 및 원격대학 형태의 평생교육시설, 의료법에 따른 의료법인

8) 2020년 지정기부금단체 지정 고시(기획재정부고시 제2020-40호)상의 734개 단체

9) 법인세법 시행령 제39조 제1항 제1호 바목에 따른 단체

정부로부터 인·허가를 받은 문화·예술·환경보호운동단체	당연지정 기부금단체	기획재정부지정기부금단체	지정받는 경우 공익법인
시행규칙 별표 6의2 지정기부금단체	시행규칙 지정 기부금단체	기획재정부지정기부금단체 (2020년 12월 31일까지는 지정기부금단체로 인정)	지정받는 경우 공익법인

4 기획재정부장관이 지정하는 기부금단체

(1) 유 형

기획재정부장관이 지정하는 기부금단체의 유형은 아래 표와 같이 2가지로 구분되는데, 이하에서는 해외 한국학교나 전문모금기관 이외의 기부금단체 지정에 관하여 살펴본다.

구 분	추천기관	유효기간	유 형
해외 한국학교, 전문모금기관	주무관청	6년	(구) 법정기부금단체
민법상 비영리법인, 비영리외국법인, 사회적 협동조합, 공공기관 또는 법률에 따라 직접 설립 또는 등록된 기관 중 일정요건을 충족한 단체	국세청 (관할세무서)	신규지정 3년 (재지정 6년)	(구) 지정기부금단체

(2) 지정기부금단체의 지정요건

기획재정부지정기부금단체는 「민법」 제32조에 따라 주무관청의 허가를 받아 설립된 비영리법인, 비영리외국법인, 「협동조합 기본법」 제85조에 따라 설립된 사회적 협동조합, 공공기관 또는 법률에 따라 직접 설립된 기관 중 다음의 요건을 모두 충족한 것으로서 국세청장이 추천하여 기획재정부장관이 지정기부금단체로 지정하여 고시한다.

① 목적사업의 공익성[10)]
② 정관에 해산시 잔여재산을 국가, 지방자치단체 또는 유사한 목적을 가진 다른 비영리법인에게 귀속하도록 한다는 내용이 기재될 것
③ 인터넷 홈페이지가 개설되어 있고, 인터넷 홈페이지를 통해 연간 기부금 모금액 및 활용실적을 공개한다는 내용이 정관에 포함되어 있으며, 법인의 공익위반사항을 국민권익위원회, 국세청 또는 주무관청 등 공익위반사항을 관리·감독할 수 있는 기관 중 1개 이상의 곳에 제보가 가능하도록 공익위반사항 관리·감독기관이 개설한 인터넷 홈페이지와 해당 법인이 개설한 홈페이지가 연결되어 있을 것
④ 지정일이 속하는 연도와 그 직전 연도에 해당 비영리법인의 명의 또는 그 대표자의 명의로 특정정당 또는 특정인에 대한 「공직선거법」 제58조 제1항에 따른 선거운동을 한 사실이 없을 것
⑤ 지정이 취소되거나 지정이 제한된 경우에는 지정취소를 받은 날 또는 지정기간 종료일부터 3년이 경과할 것

(3) 지정기부금단체 지정절차

① **추천신청**: 비영리법인 등은 지정추천 구비서류와 지정요건을 모두 갖추어 국세청(관할세무서 포함)에게 지정받고자 하는 분기 마지막 달의 전전달 10일까지 신청서류를 접수하여야 한다.
② **지정추천**: 국세청(관할세무서 포함)은 서류구비 및 지정요건 충족 여부를 검토하여 해당 분기 마지막 달의 직전 달 10일까지 기획재정부로 지정추천하며, 기획재정부에서 최종심사하여 매 분기말에 지정·고시한다.

---

10) ㉮ 민법상의 비영리법인: 정관의 내용상 수입을 회원의 이익이 아닌 공익을 위하여 사용하고 사업의 직접 수혜자가 불특정 다수일 것
㉯ 사회적 협동조합: 정관의 내용상 「협동조합 기본법」 제93조 제1항 제1호부터 제3호까지의 사업 중 어느 하나의 사업을 수행하는 것일 것
㉰ 공공기관 또는 법률에 따라 직접 설립된 기관: 설립목적이 사회복지·자선·문화·예술·교육·학술·장학 등 공익목적 활동을 수행하는 것일 것

비영리법인 등	신청 ⇒	관할세무서 (법인세과)	추천 ⇒	기획재정부 (지정 · 고시)

분기별 신청기간

구 분	신청기간	추천기한	지정 · 고시
1분기	전년도 10/11～당해 연도 1/10	2/10	3/31
2분기	당해 연도 1/11～4/10	5/10	6/30
3분기	당해 연도 4/11～7/10	8/10	9/30
4분기	당해 연도 7/11～10/10	11/10	12/31

지정기부금단체 지정절차 등은 2020년에 개정되어 2021년부터 시행되고 있는데, 개정 전후를 비교하면 다음과 같다. 가장 큰 변화는 지정기부금단체 지정신청 및 추천기관이 '국세청'으로 변경되었다는 것이고, 공익위반사항에 대해 누구나 해당 단체에 대한 공익제보가 가능하도록 단체 홈페이지에 제보할 수 있는 링크를 의무적으로 달아야 하는 점과, 지정기부금단체 지정기간은 그동안 신규, 재지정 상관없이 모두 6년이었으나 신규지정기간을 3년으로 축소하였다는 점이다.

구 분	2020년까지	2021년 이후
지정신청 및 추천절차 변경	• 지정신청 : 비영리법인 등 → 주무관청 • 지정추천 : 주무관청 → 기획재정부	• 지정신청 : 비영리법인 등 → 국세청(관할세무서) • 지정추천 : 국세청 → 기획재정부 * 국세청장은 추천신청서류 검토 후 지정요건을 충족하는 단체에 대하여 매 분기 종료일부터 2개월 전까지 추천서 등을 기획재정부장관에게 제출
지정요건 강화	• 상기 지정요건	• (좌동) • (추가) 홈페이지 개설요건 강화 : 공익위반사항에 대한 공익제보가 가능하도록 주무관청 · 국민신문고 · 국세청 등 1개 이상 홈페이지 연결 요건 추가
지정기부금단체 지정기간 변경	• 6년	• 지정기간 이원화 (신규지정 3년, 재지정 6년)

(4) 지정취소 요건 및 절차

기획재정부 지정기부금단체가 다음의 어느 하나에 해당하는 사유가 발생한 경우 국세청장은 그 지정의 취소를 기획재정부장관에게 요청하여야 한다.

① 법인이 「상증세법」 제48조 제2항 및 제3항, 제8항부터 제11항까지에 따라 사업연도별 1천만원 이상의 상속세(그 가산세 포함) 또는 증여세(그 가산세 포함)를 추징당한 경우
② 지정기부금단체 등이 목적 외 사업을 하거나 설립허가의 조건에 위반하는 등 공익목적을 위반한 사실, 지정기부금단체 의무사항을 위반한 사실 또는 주무관청의 요구에도 불구하고 의무이행 여부를 보고하지 아니한 사실이 있는 경우
③ 「국세기본법」에 따라 불성실기부금수령단체로 명단이 공개된 경우
④ 지정기부금단체 등의 대표자, 대리인, 사용인 또는 그 밖의 종업원이 「기부금품의 모집 및 사용에 관한 법률」을 위반하여 지정기부금단체 등 또는 개인에게 징역 또는 벌금형이 확정된 경우
⑤ 지정기부금단체 등이 해산한 경우

2021년 1월 1일 이후 개시하는 사업연도부터는 지정기부금단체 지정취소 절차가 종전에는 국세청이 주무관청에 통지한 후 주무관청이 단체에 통보하도록 하였던 것이, 국세청이 단체에 직접 통지하는 것으로 변경되었다.

구 분	2020년까지	2021년 이후
지정취소 절차 변경	• 예고통지 : 국세청 → 주무관청 → 단체 • 의견제출 : 단체 → 주무관청 → 국세청	• 예고통지 : 국세청 → 단체 • 의견제출 : 단체 → 국세청 • 주무관청 · 과세관청 간 통지 내용 추가 * (지정 · 취소시 통보) : 국세청 → 주무관청 * (설립허가 취소, 공익목적 위법사항 적발시 통보) : 주무관청 → 국세청

5 법인세법상 공익법인의 의무사항

(1) 기획재정부장관이 지정하는 해외 한국학교, 전문모금기관

기획재정부장관이 지정하는 해외 한국학교, 전문모금기관은 지정기간 동안 다음의 의무를 이행하여야 한다.

① 연간 기부금 모금액 및 그 활용 실적을 사업연도 종료일부터 4개월 이내에 '기부금 모금액 및 활용실적 명세서'에 따라 해당 학교 등 및 국세청의 인터넷 홈페이지에 각각 공개할 것[11)]

② 해당 사업연도의 수익사업의 지출을 제외한 지출액의 80% 이상을 직접 고유목적사업에 지출할 것

(2) 법인세법 시행령 제39조 제1항 제1호 각 목에 열거된 지정기부금단체(종교단체 제외)

법인세법 시행령 제39조 제1항 제1호 각 목에 열거된 지정기부금단체(종교단체 제외)는 지정기간 동안 다음의 의무를 이행하여야 한다. 이 의무사항은 뒤에서 설명하는 상증세법상 공익법인이 지켜야 할 의무와 거의 유사하다.

① 법인세법 시행령 제39조 제1항 제1호 바목에 따라 기획재정부장관이 지정하는 지정기부금단체는 관련 지정요건을 충족할 것

② 목적사업의 공익성을 지킬 것

③ 매년 기부금 모금액 및 활용실적을 사업연도 종료일부터 4개월 이내에 해당 지정기부금단체 등과 국세청의 인터넷 홈페이지에 각각 공개할 것. 이 경우 국세청 홈택스(공익법인공시 > 기부금 모금액 및 활용실적 공개)에 '연간 기부금 모금액 및 활용실적 명세서'에 따라 공개할 것[12)]

---

11) 다만, 「상증세법」 제50조의3 제1항 제2호에 따른 사항을 같은 법 시행령 제43조의5 제4항에 따른 표준서식에 따라 공시하는 경우에는 기부금 모금액 및 활용실적을 공개한 것으로 봄.

④ 해당 공익법인 등의 명의 또는 그 대표자의 명의로 특정정당 또는 특정인에 대한 「공직선거법」 제58조 제1항에 따른 선거운동을 한 것으로 권한 있는 기관이 확인한 사실이 없을 것
⑤ 각 사업연도의 수익사업의 지출을 제외한 지출액의 80% 이상을 직접 고유목적사업에 지출할 것. 또한, 사업연도 종료일을 기준으로 최근 2년 동안 고유목적사업의 지출 내역이 있을 것
⑥ 상증세법 제50조의2에 따른 전용계좌를 개설하여 사용할 것
⑦ 상증세법 제50조의3 제1항 제1호~제4호의 결산서류 등을 사업연도 종료일로부터 4개월 이내에 해당 공익법인과 국세청 홈택스를 통하여 공시할 것
⑧ 직전 사업연도의 총자산가액이 100억원 이상, 또는 직전 사업연도의 수입금액과 출연재산가액의 합계액이 50억원 이상이거나 출연재산가액이 20억원 이상인 경우, 상증세법 제50조의4에 따른 공익법인 등에 적용되는 회계기준에 따라 주식회사 등의 외부감사에 관한 법률 제2조 제7호에 따른 감사인에게 회계감사를 받을 것

(3) 기부금영수증 발급합계표의 작성과 제출

기부금영수증을 발급한 단체는 기부금영수증 발급과 관련하여 기부금영수증 발급합계표와 기부자별 발급명세를 작성하여 제출 혹은 보관해야 한다.

1) 기부금영수증 발급합계표의 제출의무

기부금영수증을 발급하는 자는 해당 사업연도의 기부금영수증 총발급건수 및 금액 등이 적힌 기부금영수증 발급합계표를 해당 사업연도의 종료일이 속하는 달의 말일부터 6개월 이내에 관할세무서장에게 제출하여야 한다. 따라서 사업연도가 12월 31일에 끝나는 단체는 6월 30일까지 기부금영수증 발급합계표를 관할세무서장에게 제출해야 한다. 다만, 전자기부금영수증을 발급한 경우에는 제출하지 않아도 된다.

12) 「상증세법」 제50조의3 제1항 제2호에 따른 사항을 같은 법 시행령 제43조의5 제4항에 따른 표준서식에 따라 공시하는 경우에는 기부금 모금액 및 활용실적을 공개한 것으로 봄.

2) 기부자별 발급명세의 작성 및 제출의무

기부금영수증을 발급하는 자는 기부자별 발급명세를 작성하여 발급한 날로부터 5년간 보관하여야 한다. 또한, 기부금영수증을 발급하는 자는 보관하고 있는 기부자별 발급명세[13]를 국세청장, 지방국세청장, 또는 납세지 관할세무서장이 요청하는 경우 이를 제출하여야 하며, 다만, 전자기부금영수증을 발급한 경우에는 그러하지 아니하다.

기부자별 발급명세의 작성과 보관에 대해서는 그 의무를 이행하지 않는 경우에는 작성 · 보관하지 아니한 금액의 0.2%에 해당하는 가산세가 부과된다.

6 법인세법상 공익법인(지정기부금단체)의 사후관리

(1) 사후관리기관의 변경

2021년부터 기부금단체의 사후관리 기관이 아래와 같이 변경되었다.

구 분	2020년까지	2021년 이후
사후관리 절차 변경	• 기부금단체(의무이행 여부 보고) → 주무관청(점검 및 결과 통보) → 국세청	• 기부금단체(의무이행 여부 보고) → 국세청(소재지 관할세무서)
사후관리 의무 강화	• 기부금 모금 및 활용실적 기부금단체 및 국세청 홈페이지 게시	• (좌동) • (추가) 공시내용 등에 오류 등이 있어 국세청장이 기부금 지출내역 요구시 제출

(2) 공익법인 등의 의무이행 보고

종교법인을 제외한 법정기부금단체 및 지정기부금단체는 매 사업연도

13) 기부자별 발급명세는 다음의 내용이 포함된 명세를 말한다.
① 기부자의 성명, 주민등록번호 및 주소(기부자가 법인인 경우에는 상호, 사업자등록번호와 본점 등의 소재지), ② 기부금액, ③ 기부금 기부일자, ④ 기부금영수증 발급일자, ⑤ 그 밖의 사항

종료일부터 4개월 이내에 국세청 또는 주무관청에게 의무이행 여부 등의 내용을 보고하여야 한다.

- 지정기부금단체는 의무이행 여부를 국세청장에게 보고
- 법정기부금단체는 의무이행 여부를 주무관청에게 보고

보고서식은 법정기부금단체, 전문모금기관, 한국학교 등 별로 각각 제정되어 있고, 국세청장 또는 주무관청은 의무이행 여부 등을 보고하지 않은 공익법인 등에 대하여 보고기한으로부터 2개월 이내에 의무이행 여부 등을 보고하도록 지체 없이 요구하여야 한다. 2022년 1월 1일 이후 개시하는 사업연도분부터 국세청장은 지정기부금단체의 의무이행 여부를 점검하며, '기부금 모금액 및 활용실적'을 공개하지 아니하거나 그 공개내용에 오류가 있는 경우에는 기부금 지출내역에 대한 세부내용을 제출할 것을 해당 법인에 요구할 수 있고, 지정기부금단체는 관련 자료를 요구받은 날부터 1개월 이내에 제출하여야 하도록 되었다.

7 기부금대상민간단체(공익단체) – 소득세법

(1) 비영리민간단체지원법에 의한 비영리민간단체란?

제1장에서도 소개했지만, 비영리민간단체지원법에 의한 비영리민간단체란 아래 요건을 갖추어 행정안전부 또는 시·도지사에게 등록한 단체를 말한다.

- 사업의 직접 수혜자가 불특정 다수일 것
- 구성원 상호간에 이익분배를 하지 않을 것
- 사실상 특정정당 또는 선출직 후보를 지지·지원 또는 반대할 것을 주된 목적으로 하거나, 특정종교의 교리전파를 주된 목적으로 설립·운영되지 않을 것
- 상시 구성원수가 100인 이상일 것
- 최근 1년 이상 공익활동실적이 있을 것

• 법인이 아닌 단체일 경우에는 대표자 또는 관리인이 있을 것

(2) 기부금대상민간단체(공익단체)의 요건

비영리민간단체 중에서 소득세법상의 기부금대상민간단체(공익단체)가 되기 위하여는 다음과 같은 요건을 충족시켜야 한다.

- 해산시 잔여재산을 국가 · 지방자치단체 또는 유사한 목적을 가진 비영리단체에 귀속하도록 한다는 내용이 정관에 포함되어 있을 것
- 수입(국가 또는 지방자치단체로부터 받는 보조금수입은 제외한다) 중 개인의 회비 · 후원금이 차지하는 비율이 기획재정부령으로 정하는 비율(50%)을 초과할 것
- 정관의 내용상 수입을 친목 등 회원의 이익이 아닌 공익을 위하여 사용하고 사업의 직접 수혜자가 불특정 다수일 것. 다만, 「상증세법령」 제38조 제8항 제2호 단서에 해당하는 경우에는 해당 요건을 갖춘 것으로 봄
- 지정을 받으려는 과세기간의 직전 과세기간 종료일부터 소급하여 1년 이상 비영리민간단체 명의의 통장으로 회비 및 후원금 등의 수입을 관리할 것
- 기부금 모금액 및 활용실적 공개 등과 관련하여 다음의 요건을 모두 갖추고 있을 것
  ① 행정안전부장관의 추천일 현재 인터넷 홈페이지가 개설되어 있을 것
  ② ①에 따라 개설된 인터넷 홈페이지와 국세청의 인터넷 홈페이지를 통하여 연간 기부금 모금액 및 활용실적을 매년 4월 30일까지 공개한다는 내용이 정관에 포함되어 있을 것
- 지정을 받으려는 과세기간 또는 그 직전 과세기간에 공익단체 또는 그 대표자의 명의로 특정정당 또는 특정인에 대한 「공직선거법」 제58조 제1항에 따른 선거운동을 한 사실이 없을 것

(3) 기부금대상민간단체(공익단체) 추천절차

신청대상단체는 비영리민간단체지원법에 따라 주무관청(중앙부처 또는 시 · 도)에 등록된 비영리민간단체로서 위와 같은 지정요건을 갖춘 단체이어야 하며, 세무서에 신고하여 고유번호증 또는 사업자등록증만 교부받은 미등록단체는 기부금대상민간단체(공익단체) 신청을 할 수 없다. 한편, 법인격을 가지고 있는 단체는 기부금대상민간단체(공익단체)의 신청이 아니라, 국세청에 지정기부금단체로 신청해야 한다. 요건을 갖춘 단체는 행정안전부에 추천서를 제출하고, 행정안전부는 이를 기획재정부에 송부하여 기획재정부가 지정하게 된다.

법인세법상의 지정기부금단체 추천절차와 다른 점은 분기별이 아니라 6개월 간격으로 추천 및 고시를 한다는 점, 국세청(세무서)이 아니라 행정안전부에 제출해야 한다는 점이 다르다.

- 상반기 : 접수(3.1 ~ 3.31), 검토 및 추천(4 ~ 5월), 지정발표(6.30)
- 하반기 : 접수(9.1 ~ 9.30), 검토 및 추천(10 ~ 11월), 지정발표(12.31)

지정발표는 기획재정부 관보 및 행정안전부 홈페이지에 공고된다.

8 기부장려금제도

(1) 제도 개요

기부장려금제도란 2016년부터 시행된 제도로서, 기부금 세액공제를 신청할 수 있는 기부자가 본인이 세액공제를 받는 대신 그 기부금에 대한 세액공제 상당액을 당초 기부한 기부금단체가 지급받을 수 있도록 하는 제도이다.

(2) 기부장려금단체 신청

기부장려금단체란 기부금영수증을 발급하는 자로서 기부금영수증 발급명세서의 작성 · 보관 의무 등 납세협력의무 이행과 회계투명성 등 세법에서 정한 요건을 갖춘 것으로 인정되어 국세청장 추천으로 기획재정부장관이 지정한 단체를 말한다.

기부장려금 신청을 받을 수 있는 단체는 회계투명성 · 사후관리 · 납세협력의무 이행 등 아래와 같은 요건을 감안하여 국세청장의 추천을 받아 기획재정부장관이 '기부장려금단체'로 지정한다.

1. 기부금영수증을 사실과 다르게 발급하지 아니할 것
2. 기부자별 기부금영수증 발급명세를 작성 · 보관 · 제출
3. 기부금 세액공제 증명서류를 연말정산간소화서비스에 제공
4. 연간 기부금 모금액 · 활용실적 공개(단체 및 국세청 홈페이지)
5. 외부회계감사를 받을 것
6. 전용계좌를 개설하여 사용할 것
7. 결산서류 등을 공시할 것(단체 및 국세청 홈페이지)
8. 기부장려금단체 지정이 취소된 경우 취소된 날부터 5년이 지났을 것

기부금단체는 매년 5월 또는 11월에 국세청(관할세무서)에 지정신청을 하고, 국세청장은 7월말 또는 다음해 1월말까지 기획재정부장관에게 추천하며, 기획재정부장관은 9월말, 또는 다음해 3월말까지 지정 여부를 결정한다.

기부장려금단체의 지정기간은 지정일이 속하는 연도의 1월 1일부터 6년간이며, 기부장려금단체로 지정된 단체는 지정기간 동안 요건 충족 여부에 대해 2년마다 국세청에 보고하여야 한다.

(3) 기부장려금 신청 및 지급절차

기부자가 기부장려금을 지정된 기부장려금단체에 기부하고자 하는 경우 기부장려금신청서를 기부장려금단체에 제출하고, 기부장려금단체는 기부자에게 기부금영수증을 발급할 때 기부장려금 신청여부를 확인하고 기부장려금 신청명세를 기부받은 해의 다음 해 6월말까지 국세청에 제출한다.

국세청은 기부장려금 신청명세를 검토하여 기부장려금 신청명세 제출기한이 지난 후 4개월 이내에 기부장려금을 결정하여 기부장려금 단체에 지급한다.

기부장려금단체 신청 및 기부장려금 지급 흐름도

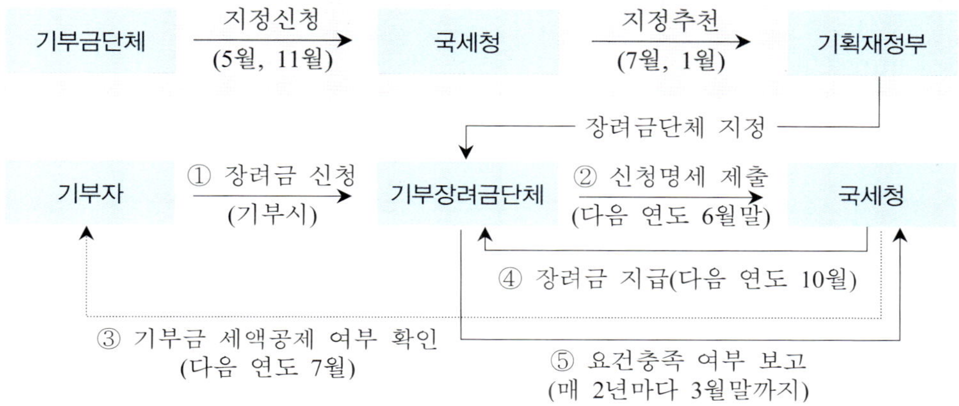

Chapter

13

기부금세제 - 공익법인과 증여세

1 기본적인 몇 가지 질문

공익법인에 관한 상증세법상의 규정을 살펴보기 전에, 기본적인 몇 가지 사항에 관하여 살펴본다.

(1) 하나의 증여재산(소득)에 대하여 법인세나 소득세와 증여세가 중복으로 과세될까?

이에 대하여는 아래와 같은 상증세법 제4조의2 제3항 규정에 따라 중복으로 과세되지 않는다.

> **상증세법 제4조의2(증여세 납세의무)** ③ 제1항의 증여재산에 대하여 수증자에게 「소득세법」에 따른 소득세 또는 「법인세법」에 따른 법인세가 부과되는 경우에는 증여세를 부과하지 아니한다. 소득세 또는 법인세가 「소득세법」, 「법인세법」 또는 다른 법률에 따라 비과세되거나 감면되는 경우에도 또한 같다.

(2) 법인은 증여세를 납세할 의무가 있을까?

이는 영리법인과 비영리법인이 서로 다르다. 영리법인이 증여(통상 무상수증이익이라고 함)를 받았을 때 법인세 과세소득에 포함되며, 무상수증이익에 대하여 별도로 과세되는 것이 아니라 법인의 다른 익금(수익)과 손금(비용)을 합산하여 과세소득이 있으면 법인세가 과세된다.

이에 비하여, 비영리법인은 아래 상증세법 제4조의2 제1항 규정[1)]에 따라 증여세 납세의무가 있다.

---

1) 이 규정은 1971년 12월 28일에 신설된 아래와 같은 상속세법 제29조의2에 연유한다.
제29조의2 ① 다음 각호의 1에 해당하는 자는 이 법에 의하여 증여세를 납부할 의무가 있다.
1. 타인의 증여(贈與者의 死亡으로 인하여 效力이 발생하는 贈與를 제외한다. 이하 같다)에 의하여 재산을 취득한 자(營利法人을 제외한다)로서 증여받을 당시 국내에 주소를 둔 자
2. 타인의 증여에 의하여 국내에 있는 재산을 취득한 자(營利法人을 제외한다)로서 증여받을 당시 국내에 주소를 두지 아니한 자

상증세법 제4조의2(증여세 납세의무) ① 수증자는 다음 각 호의 구분에 따른 증여재산에 대하여 증여세를 납부할 의무가 있다.

1. 수증자가 거주자(본점이나 주된 사무소의 소재지가 국내에 있는 비영리법인을 포함한다. 이하 이 항에서 같다)인 경우 : 제4조에 따라 증여세 과세대상이 되는 모든 증여재산
2. 수증자가 비거주자(본점이나 주된 사무소의 소재지가 외국에 있는 비영리법인을 포함한다. 이하 제6항과 제6조 제2항 및 제3항에서 같다)인 경우 : 제4조에 따라 증여세 과세대상이 되는 국내에 있는 모든 증여재산

(3) 증여세 과세대상에서 제외되는 비영리법인은? – 상증세법상의 공익법인 등

위와 같이, 현행 상증세법은 **비영리법인**이 받은 증여재산은 증여세 과세대상이라고 규정한 후, 종교 · 자선 · 학술 관련 사업 등 공익성을 고려하여 대통령령으로 정하는 사업을 하는 자(상증세법상의 공익법인 등)가 출연받은 재산의 가액은 증여세 과세가액에 산입하지 아니하도록 하고 있다(상증세법 제48조[2]).

참고 | 비영리법인의 수증자산에 대하여 증여세 과세를 정하고 있는 현행 규정의 문제점

위와 같이, 현행 상증세법은 비영리법인의 수증자산에 대하여 증여세 납세의무가 있다고 한 후, 공익법인 등에 대하여만 증여세 과세대상에서 제외하고 있다. 아래에서는 현행 규정의 문제점 몇 가지를 지적해 본다.

가. 비영리법인의 수익사업에서 증여를 받은 경우와 고유목적사업에서 증여를 받은 경우의 과세취급이 다른 모순이 있음

비영리법인이 수익사업 부문에서 증여를 받으면, 영리법인과 동일하게 무상수증이익으로 법인세가 과세된다. 그런데 무상수증이익에 대하여 별도로 과세되는 것이 아니라, 법인의 다른 익금(수익)과 손금(비용)을 합산하여 과세소득이 있으면 법인세가 과세된다. 즉, 무상수증이익 그 자체에 대하여 법인세가 별도로 부과되는 것이 아니라, 수익사업의 손금을 차감한 순소득에 대하여 법인세를 납부할 의무가 있고, 결손이나 이월결손금이

2) 상증세법상의 공익법인이 출연받은 증여재산에 대하여 증여세 과세가액에 산입하지 않도록 하는 현행 상증세법 제48조는 1997년부터 시행되는 상증세법이 1996년말 전면 개정할 때 처음으로 도입되었다. 한편, 이와 유사한 규정인 피상속인 또는 상속인이 상증세법상의 공익법인에게 출연할 때, 상속세 과세대상 재산에서 제외하도록 하는 규정은 1981년 12월 31일에 신설되었다.

있으면 법인세 납부세액이 없다.

반면, 비영리법인이 공익사업(고유목적사업) 부문에서 증여를 받으면, 그 증여재산은 증여재산 총액에 대하여 증여세가 과세된다. 이렇게, 하나의 비영리법인에서 수익사업 부문에서 받은 증여와 공익사업(고유목적사업) 부문에서 받은 증여의 과세취득을 달리 할 필요가 있을까? 개인의 증여세는 증여건별로 총액으로 과세되나, 법인(비영리법인 포함)은 과세연도별로 순소득(무상수증이익－비용)으로 증여세가 아니라 법인세로 과세하는 것이 바람직하지 않을까 생각된다.

나. 비영리법인의 증여자산(무상수증이익)건별로 증여세가 과세되는 것이 현실적으로 어려움

현행 상증세법상 개인이 수령한 증여재산(무상수증이익)은 해당 증여재산별로 증여세 납세의무가 발생하고, 증여재산건별로 증여세가 납부되거나 추징되거나 가산세가 부과된다.

이와 같은 논리로, 비영리법인의 수증재산에 대하여도 수증거래건별로 증여세 과세가액을 불산입하고, 수증거래건별로 구분하여 그 흐름에 따라 사후관리하여야 하나, 현실적으로 한계가 있다. 현행 규정을 그대로 유지하더라도, 필요하다면 예금과 주식 및 부동산을 구분하여 관리하도록 하여야 하지 않을까 생각된다.

다. 상증세법의 공익법인 등 해당하지 않는 비영리법인이 증여세를 자진신고할 수 있는 방법이 없음

현행 법령상, 증여세 자진신고서식은 개인에 대하여만 정해져 있을 뿐, 상증세법상의 공익법인 등에 해당되지 않는 비영리법인이 증여세를 자진신고납부하고자 하더라도, 신고양식도 없는 실정이다.

상증세법상의 공익법인 등에 해당하지 않는 비영리법인은 법령상 증여세 납세의무가 있음에도 불구하고, 증여세 자진신고를 할 수 없어, 과세당국의 사후 과세를 기다리나 실제 증여세가 추징된 사례가 거의 없는 현실을 보면, 상증세법상의 공익법인 등에 해당되지 않는 비영리법인에 대한 관리가 오히려 사각지대가 되어 있다고 볼 수 있다.[3)]

라. 해결방안

위와 같은 문제점을 해결하는 방안은 비영리법인 및 공익법인 등에 관한 현행 상증세법상의 규정을 법인세법으로 일원화하는 것이 바람직하다. 개인에 대한 증여는 수시로 일어나는 것이 아니라, 간헐적으로 발생하여 증여건별로 납세의무를 이행하도록 하는 것이 맞으나, 비영리법인에 대한 증여(기부)는 영리법인의 일상 상거래와 같이 수시로 있는 관계로 개별 증여(기부)건별이 아니라 연도별로 관리하는 것이 바람직하다. 참고로, 미국은 우리나라와 달리 증여세 납부의무자가 수증자가 아니라 기증자인 관계로, 비영리법인의 증여세 납세이슈가 없다. 우리나라와 유사하게 수증자가 증여세 납세의무가 있는 일본의 증여세법 규정을 살펴보면, 비영리법인은 원칙적으로 증여세 납세의무가 없도록 하고 있고, 다만 '증여자의 친척 등 상속세 또는 증여세의 부담을 부당하게 감소하는 결과를 가져온다고 인정되는 경우'에 한하여 비영리법인에게도 증여세를 과세하도록 하고 있는데, 우리도 이 규정을 참고할 만하다.

---

3) 이에 관한 문제점을 노동조합의 예로 설명한다. 노동조합은 세법상 소득세법을 적용받는 개인이 아니라 법인(비영리법인)이며, 법인세법상의 지정기부금단체는 아니나 소득세법상의 지정기부금단체로 되어 있다. 반면, 노동조합은 상증세법상의 공익법인이 아니다. 따라서 노동조합은 상증세법상의 결산서류 공시의무는 없지만, 노동조합이 기부(출연 또는 후

2 상증세법상 공익법인

현행 법령상 비영리법인의 증여재산 중에서 증여세 과세대상에서 제외되는 것(증여세 과세가액에 산입하지 않는 것)은 종교·자선·학술 관련 사업 등 공익성을 고려하여 대통령령으로 정하는 사업을 하는 자(상증세법상의 공익법인 등)가 출연받은 재산이며, 이 공익법인 등은 다음과 같다. 특히, 2018년에 대폭적인 개정이 있어서, 개정 전후를 비교하는 형식으로 나타냈다.

공익법인 등의 범위

2018.12.31 이전	2018.1.1 이후
1. 종교의 보급 기타 교화에 현저히 기여하는 사업	1. 종교의 보급 기타 교화에 현저히 기여하는 사업
2. 「초·중등교육법」 및 「고등교육법」에 의한 학교, 「유아교육법」에 따른 유치원을 설립·경영하는 사업	2. 「초·중등교육법」 및 「고등교육법」에 의한 학교, 「유아교육법」에 따른 유치원을 설립·경영하는 사업
3. 「사회복지사업법」의 규정에 의한 사회복지법인이 운영하는 사업	3. 「사회복지사업법」의 규정에 의한 사회복지법인이 운영하는 사업
4. 「의료법」에 따른 의료법인이 운영하는 사업	4. 「의료법」에 따른 의료법인이 운영하는 사업
5. 「공익법인법」의 적용을 받는 공익법인이 운영하는 사업	5. 〈삭 제〉
6. 예술 및 문화에 현저히 기여하는 사업 중 영리를 목적으로 하지 아니하는 사업으로서 관계행정기관의 장의 추천을 받아 기획재정부장관이 지정하는 사업으로 (재)청암언론문화재단이 운영하는 사업, (재)박건희문화재단이 운영하는 사업, 운우판화미술관이 운영하는 사업	6. 〈삭 제〉
7. 공중위생 및 환경보호에 현저히 기여하는 사업으로서 영리를 목적으로 하지 아니하는 사업	7. 〈삭 제〉
8. 공원 기타 공중이 무료로 이용하는 시설을	8. 「법인세법」 제24조 제2항에 해당하는 기부

원)를 받으면 증여세 납세의무가 있는데, 실제 노동조합에 대하여 증여세가 부과된 적은 없는 것 같다. 한편, 노동조합의 회비가 소득세법에서는 기부금으로 취급되는데, 상증세법상 사후관리대상이 아닌 회비로 보아야 하는지 또는 상증세법상 사후관리대상인 기부금(출연금)으로 보아야 하는지의 논란이 있을 수 있다.

운영하는 사업	금을 받는 자가 해당 기부금으로 운영하는 사업
9. 「법인세법 시행령」 제36조 제1항 제1호 각 목의 규정에 의한 지정기부금단체 등 및 「소득세법 시행령」 제80조 제1항 제5호에 따른 기부금대상민간단체가 운영하는 고유목적사업. 다만, 회원의 친목 또는 이익을 증진시키거나 영리를 목적으로 대가를 수수하는 등 공익성이 있다고 보기 어려운 고유목적사업은 제외한다.	9. 「법인세법 시행령」 제39조 제1항 제1호 각 목에 따른 공익법인 등 및 「소득세법 시행령」 제80조 제1항 제5호에 따른 공익단체가 운영하는 고유목적사업. 다만, 회원의 친목 또는 이익을 증진시키거나 영리를 목적으로 대가를 수수하는 등 공익성이 있다고 보기 어려운 고유목적사업은 제외한다.
10. 「법인세법 시행령」 제36조 제1항 제2호 다목에 해당하는 기부금을 받는 자가 해당 기부금으로 운영하는 사업. 다만, 회원의 친목 또는 이익을 증진시키거나 영리를 목적으로 대가를 수수하는 등 공익성이 있다고 보기 어려운 고유목적사업은 제외한다.	10. 「법인세법 시행령」 제39조 제1항 제2호 다목에 해당하는 기부금을 받는 자가 해당 기부금으로 운영하는 사업. 다만, 회원의 친목 또는 이익을 증진시키거나 영리를 목적으로 대가를 수수하는 등 공익성이 있다고 보기 어려운 고유목적사업은 제외한다.
11. 「산업기술혁신촉진법」 제42조에 따라 허가받은 한국전자파연구원이 동법 제42조 제3항에 따라 운영하는 사업	11. 〈삭 제〉
12. 「중소기업진흥 및 제품구매촉진에 관한 법률」에 의한 중소기업진흥공단이 운영하는 사업으로서 같은 법 제74조 제1항 제20호에 따른 사업	12. 〈삭 제〉
13. 「한국과학기술원법」 기타 특별법에 의하여 설립되었거나 육성되는 법인이 운영하는 사업으로서 「공익법인의 설립 · 운영에 관한 법률 시행령」 제2조에 해당하는 사업	13. 〈삭 제〉
14. 「법인세법」 제24조 제2항 제4호 나목 · 마목, 같은 항 제5호부터 제7호까지 및 같은 법 시행규칙 별표 6의3 제32호에 따른 기부금을 받은 자가 해당 기부금으로 운영하는 사업	14. 〈삭 제〉
15. 「여신전문금융업법」 제62조에 따른 여신전문금융업협회가 금융사고를 예방하기 위하여 같은 법 시행령 제6조의13 제1항에 따른 영세한 중소신용카드가맹점의 신용카드 단말기 교체를 지원하는 사업	15. 〈삭 제〉
16. 「정보통신기반 보호법」 제16조에 따른 정	16. 〈삭 제〉

보공유・분석센터로서 「민법」 제32조 및 「금융위원회 소관 비영리법인의 설립 및 감독에 관한 규칙」에 따라 설립된 비영리법인이 금융 분야의 주요 정보통신기반시설에 대한 침해사고 예방, 취약점의 분석・평가 등 금융 분야 정보통신기반시설을 보호하기 위하여 운영하는 사업	
17. 「민법」 제32조에 따라 여성가족부장관의 허가를 받아 설립된 비영리법인이 외국정부가 조성한 자금으로 일본군으로부터 직접적인 피해를 입은 자를 지원하기 위하여 운영하는 사업	17. 〈삭 제〉
18. 「상공회의소법」에 의한 대한상공회의소가 「근로자직업능력개발법」에 따라 운영하는 직업능력개발사업 및 「유통산업발전법」 제2조 제1호에 따른 유통산업을 지원하는 사업	18. 〈삭 제〉
19. 「중소기업협동조합법」에 따른 중소기업중앙회가 운영하는 중소기업연수사업, 중소기업상품전시사업(국외의 전시장 설립 및 박람회 참가사업을 포함한다) 및 중소기업글로벌지원센터(중소기업이 공동으로 이용하는 중소기업 지원시설만 해당한다)의 건립・운영사업	19. 〈삭 제〉
20. 「산업집적활성화 및 공장설립에 관한 법률」에 의한 산업단지관리공단 및 한국산업단지공단이 「사회복지사업법」에 의하여 운영하는 사회복지사업	20. 〈삭 제〉
21. 「지역균형개발 및 지방중소기업 육성에 관한 법률」에 의한 지역중소기업종합지원센터가 운영하는 지방중소기업지원사업	21. 〈삭 제〉
22. 「근로복지기본법」에 따른 근로복지진흥기금이 출연하여 설립한 비영리법인으로서 「민법」 제32조에 따라 주무부장관의 허가를 받아 설립된 영유아보육시설이 운영하는 사업	22. 〈삭 제〉
23. 「보험업법」 제175조에 따른 보험협회가 생명보험 사회공헌사업 추진을 위한 협약에 따라 사회공헌기금 등을 통하여 수행	23. 〈삭 제〉

하는 사회공헌사업	
24. 「노동조합 및 노동관계조정법」 제10조 제2항에 따른 총연합단체인 노동조합이 시행하는 노사상생협력증진에 관한 교육·상담 사업, 그 밖에 선진 노사문화 정착과 노사 공동의 이익증진을 위한 사업으로서 고용노동부장관이 정하는 사업	24. 〈삭 제〉

3 상증세법상 공익법인에 주어지는 세제상 혜택

(1) 상속세 과세가액불산입

상증세법상 공익법인에 주어지는 지원은 크게 두 가지가 있다. 첫 번째는 공익법인에 출연한 재산에 대한 상속세 과세가액불산입이고, 두 번째는 증여세 과세가액불산입이다. 여기에서는 상속세 과세가액불산입에 대해 알아보기로 한다.

1) 공익법인 등에 출연한 재산에 대한 상속세 과세가액불산입 개요

상속재산 중 피상속인이나 상속인이 상속세 신고기한(법령상 또는 행정상의 사유로 공익법인 등의 설립이 지연되는 등 대통령령으로 정하는 부득이한 사유가 있는 경우에는 그 사유가 없어진 날이 속하는 달의 말일부터 6개월)까지 공익법인 등에 출연한 재산의 가액은 상속세 과세가액에 산입하지 아니한다. 상속세 과세가액에 산입하지 않는다는 것은 상속세 과세대상이 되는 재산가액에서 제외하여 준다는 것으로 공익법인에 출연한 재산은 상속세를 계산하는 재산가액에서 제외되므로 결국 상속세가 비과세(면제)되는 효과가 있다.

물론, 이러한 혜택은 직접적으로는 상속인들에게 주어지는 세제혜택이긴 하지만 이러한 혜택을 받기 위해 상속인이나 피상속인이 공익법인에 출연하는 경우에 공익법인은 공익목적사업에 사용할 재원을 얻는 효과가 있으므로 상증세법은 이러한 방법을 통해 공익법인을 지원하고 있다.

상속세 과세가액불산입 혜택을 받기 위해서는 피상속인이나 상속인이 공익법인에 출연을 해야 하는데, 이때 피상속인이 출연을 할 때는 피상속인과 공익법인의 이사장이나 이사와의 특수관계 여부에 불구하고 세제혜택을 받을 수 있지만 상속인이 출연을 하는 경우에는 세제혜택을 위해서 다음의 요건을 만족시켜야 한다.

가. 상속인의 의사(상속인이 2명 이상인 경우에는 상속인들의 합의에 의한 의사)에 따라 상속받은 재산을 상속세 신고기한까지 출연할 것
나. 상속인이 출연된 공익법인 등의 이사 현원(5명에 미달하는 경우에는 5명)의 5분의 1을 초과하여 이사가 되지 아니하여야 하며, 이사의 선임 등 공익법인 등의 사업운영에 관한 중요사항을 결정할 권한을 가지지 아니할 것

2) 주식 출연에 대한 제한

공익법인에 출연하는 재산이 주식인 경우에는 상속세 과세가액불산입을 적용받을 수 있는 주식에 제약이 있는데, 이에 대하여는 별도로 살펴보기로 한다.

3) 상속세 과세가액에 산입하는 경우

공익법인 등에 출연하여 상속세 과세가액에 산입하지 아니한 재산에 대해 다음의 사유가 발생하면 그 가액은 다시 상속세 과세가액에 산입한다.

① 상속세 과세가액에 산입하지 아니한 재산과 그 재산에서 생기는 이익의 전부 또는 일부가 상속인(상속인의 특수관계인을 포함한다)에게 귀속되는 경우
② 상호출자제한기업집단과 특수관계에 있지 아니한 10% 주식보유요건을 충족하는 공익법인 등(공익법인 등이 설립된 날부터 3개월 이내에 주식 등을 출연받고, 설립된 사업연도가 끝난 날부터 2년 이내에 성실공익법인 등이 되는 경우를 포함)에 발행주식총수 등의 5%, 10%, 20%를 초과하여 출연하는 경우로서 해당 성실공익법인 등이 초과보유일부터 3년 이내에 초과하여 출연받은 주식 등을 매각(주식 등의 출연자 또는 그의 특수관계인에게 매각하는 경우는 제외)하지 아니하는 경우

(2) 증여세 과세가액불산입

1) 증여세 과세가액불산입 개요

상증세법이 공익법인을 지원하는 정책의 두 번째로는 증여세 과세가액불산입이 있다. 상속세 과세가액불산입은 공익법인에 출연한 상속재산에 대해 상속인에게 상속세를 면제해 주는 것으로 공익법인이 부담해야 할 세금을 직접적으로 면제해 주는 것은 아니다. 반면에 증여세 과세가액불산입 혜택은 출연(증여)을 받은 공익법인에게 발생하는 증여세 납세의무를 증여세 과세가액불산입이라는 혜택을 통해 면제해 주는 것이다. 즉, 공익법인이 증여를 받은 경우 그 증여재산가액을 증여세 과세대상이 되는 재산가액에서 제외함으로써 결과적으로 증여받은 재산에 대해 증여세가 과세되지 않도록 지원을 해주는 혜택이다.

2) 주식 출연에 대한 제한과 예외

공익법인이 주식을 출연받는 경우 증여세 과세가액불산입을 적용받을 수 있는 주식에는 제약이 있는데, 이에 대하여도 별도로 살펴본다.

4 증여세 비과세 vs 증여세 과세가액불산입

상증세법이 공익법인에게 지원하는 정책인 상속세 과세가액불산입과 증여세 과세가액불산입에 대해 앞에서 살펴보았다. 그런데 상증세법은 증여세를 비과세하는 경우에 대해서도 규정을 하고 있는데, 이러한 비과세와 공익법인에게 적용되는 과세가액불산입의 차이는 무엇일까?

먼저, 증여세 과세가액불산입은 공익법인 등에게만 적용되는 반면 증여세 비과세는 세법에서 정하고 있는 비과세 요건에 해당되는 모든 수증자(증여세 납부의무자)에게 적용되는 것에 차이가 있다. 비과세는 국가의 입장에서 비과세 요건이 만족되는 경우 아예 과세권을 행사하지 않겠다는 것인데 비하여, 과세가액불산입제도는 공익법인 등이 출연(기부)을 받을 경우 이에 대한 증여세를 과세하면 공익법인의 목적사업 수행에 차질이 있을 수 있으므로 이에 대해 상증세법이 혜택을 주는 것으로 이해할 수 있다.

다음으로 증여세 과세가액불산입은 혜택을 부여하는 것에 대한 사후관리가 있지만 비과세는 애초부터 국가가 해당하는 모든 수증자에게 과세권을 포기하는 것이므로 별도의 사후관리를 하지 않는 것이 특징이다.

상증세법상 증여세를 비과세하는 경우는 국가나 지방자치단체로부터 증여받은 재산의 가액, 사회통념상 인정되는 이재구호금품, 치료비, 피부양자의 생활비, 교육비, 학자금 또는 장학금 기타 이와 유사한 금품, 기념품・축하금・부의금 기타 이와 유사한 금품으로서 통상 필요하다고 인정되는 금품, 혼수용품으로서 통상 필요하다고 인정되는 금품, 국가・지방자치단체 또는 공공단체가 증여받은 재산의 가액, 비영리법인의 설립근거가 되는 법령의 변경으로 비영리법인이 해산되거나 업무가 변경됨에 따라 해당 비영리법인의 재산과 권리・의무를 다른 비영리법인이 승계받은 경우 승계받은 해당 재산의 가액 등이 있다.

5 공익법인의 의무사항(1) - 출연재산에 대한 사후관리

(1) 출연재산에 대한 사후관리 요약

상증세법이 공익법인 등에게 증여세 과세가액불산입이라는 세제혜택을 주는 이유는 이미 설명했듯이 공익법인 등의 공익목적사업을 지원하기 위해서이다. 따라서 국가의 입장에서는 이러한 세제혜택을 받은 출연재산이 혜택의 취지대로 사용되었는지에 대해 점검할 필요가 있다. 이에 따라 상증세법은 증여세 과세가액불산입을 적용받은 공익법인 등에 대해 사후관리 규정을 두고 과세당국이 사후관리를 하도록 하고 있다. 공인법인의 재원별 사후관리는 다음과 같이 요약된다.

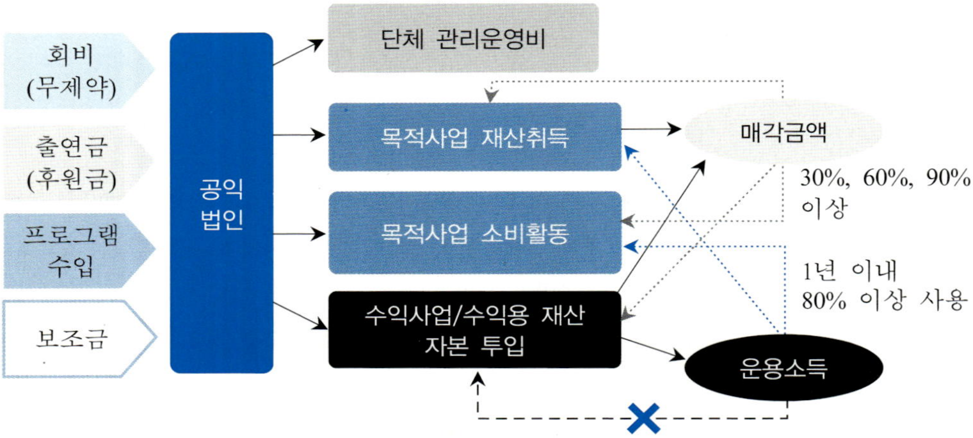

(출처 : 최호윤 회계사, "공익법인 세무보고 일반사항" 강의 자료, 2022.4.6)

- **회비** : 회원들로부터 받는 회비에 대하여 세법이나 기타 다른 법령에서 제한하고 있는 것은 없고, 회비는 회칙이나 정관에 정한 바에 따라 사용하면 된다. 즉, 회비는 회원들의 의사에 따라 사용하면 되고, 법에서 규제하고 있는 것은 없다. 따라서 회칙이나 정관에 다른 제한이 없으면, 그 회비를 가지고 고유목적사업에 지출하거나 부동산을 취득하거나 또는 수익사업을 영위할 수 있다.
- **프로그램 수입** : 의료법인이나 학교법인을 제외한 공익법인이 목적사업 프로그램을 진행하면서, 수혜자로부터 요금을 받아 사용하는 것에 대하여도 특별한 제한이 없다.
- **보조금** : 공익법인이 정부나 지방자체단체로부터 보조금을 받아 사업을 수행할 때에는 해당 보조금 교부와 관련된 요건이나 제약사항을 준수하면 되고, 세법에서 별도로 요구하고 있는 것은 없다. 한편, 공동모금회 등 다른 비영리법인으로부터 사업보조금을 받는 것은, 공익법인회계기준상 기부금으로 분류하도록 하고 있어, 공동모금회 등 사업보조금을 교부하는 곳에서 정한 기준을 이행하여야 할 뿐만 아니라, 상증세법상의 출연금(후원금) 관련 의무도 이행하여야 한다.

세법, 특히 상증세법에서 규정하고 있는 것은 출연재산(후원금, 기부금)에 대한 사후관리이다. 이 출연재산(후원금, 기부금)에 대한 사후관리는 법인세법에서 기부금단체의 사후관리의 항목으로 정하고 있으나(제12장), 상증세법상의 규정이 가장 세밀하고 자세하게 되어 있다.

첫째, 출연받은 재산은 출연받은 날로부터 3년 이내에 공익목적사업 등(수익사업용으로 운용도 가능)에 사용하여야 하며, 직접 공익목적사업 등 외에 사용한 가액이나 3년 이내에 미(未)사용한 가액에 증여세가 부과된다. 이를 부연하여 설명하면, 공익법인의 목적사업을 위한 비용으로 지출할 수 있고, 목적사업을 위한 고정자산을 취득할 수도 있으며, 수익사업에 사용할 수도 있고, 수익사업용 재산의 취득에도 사용할 수 있다.

둘째, 출연받은 재산의 매각대금은 1년 이내에 30%, 2년 이내에 60%, 3년 이내에 90%를 사용하여야 하며, 1년, 2년 이내 연도별 매각대금 사용기준 미달금액에는 10% 가산세가, 3년 이내 사용기준 미달금액에는 증여세가 부과된다.

셋째, 출연재산을 수익용 재산으로 운용하거나 수익사업에 사용하여 생긴 운용소득은 소득이 발생한 사업연도 종료일부터 1년 이내에 80% 이상(2021년까지는 70%)을 직접 공익목적사업에 사용하여야 하며, 사용기준 미달금액에는 10%의 가산세가 부과된다. 출연재산의 운용소득을 수익사업용 재산의 원본에 추가하는 것은 허용되지 않는다.

넷째, 2021년에 신설된 규정인데, 총자산가액 5억원 이상이거나 해당 사업연도의 수입금액과 출연재산가액 합계액이 3억원 이상인 공익법인 및 동일한 내국법인의 의결권 있는 주식 등을 그 내국법인 발행주식총수 등의 5%를 초과하여 보유하고 있는 공익법인 등은 매년 출연재산가액[4]의 1%(또는 3%[5])에 상당하는 금액을 직접 공익목적사업에 사용하여야 하며, 미달하게 사용한 경우 가산세가 부과된다. 즉, 수익용 또는 수익사업용으로 운용하는 재산의 순자산의 1% 또는 3%를 공익목적사업에 사용하여야 한다.

직접 공익목적에 사용한 금액이 어떤 재원을 사용한 것인지에 대해 논란이 있을 수 있다. 즉, 출연재산을 사용한 것인지, 출연재산의 매

4) 직접 공익목적사업에 사용하여야 할 사업연도의 직전 사업연도 종료일 현재 재무상태표 및 운영성과표를 기준으로 다음 계산식에 따라 계산한 가액
수익용 또는 수익사업용으로 운용하는 재산의 〔총자산가액 – (부채가액 + 당기순이익)〕
5) 동일주식을 10% 초과 보유하고 있는 법인은 출연재산가액 3% 이상

각대금을 사용한 것인지, 아니면 운용소득을 사용한 것인지 논란이 있을 수 있는데 직접 공익목적에 사용한 금액을 재원별로 구분할 수 있는 경우에는 실제 구분에 의하고, 구분할 수 없는 경우에는 ① 출연재산의 운용소득, ② 출연재산의 매각금액, ③ 출연받은 재산, ④ 기타 재산의 순서대로 사용한 것으로 본다.

이하에서는 항을 바꾸어 설명한다.

(2) 출연재산, 출연재산의 매각대금에 대한 사후관리

출연받은 재산은 출연받은 날부터 3년 이내에 공익목적사업 등(수익사업용으로의 운용도 가능)에 사용하여야 하며 출연재산의 매각대금은 매각한 날부터 3년 이내에 공익목적사업에 90% 이상을 사용해야 한다.

출연재산의 매각대금(수익용·수익사업용 재산의 매각대금, 운용소득으로 취득한 재산의 매각대금, 매각대금으로 취득한 다른 재산의 매각대금을 포함)은 1년 이내에 30%, 2년 이내에 60%, 3년 내에 90% 이상을 직접 공익목적사업에 사용해야 한다. 만일 3년 내에 사용하지 않거나 공익목적 외에 사용하는 경우에는 그 사용하지 않은 재산 혹은 공익목적 외에 사용한 재산에 대해서는 다음과 같은 증여세나 가산세가 부과된다.

① **출연받은 재산**: 3년 이내에 공익목적사업에 사용하지 않거나, 공익목적 외에 사용한 재산에 대해 증여세 부과
② **출연재산의 매각대금**: 1년 이내에 30%, 2년 이내에 60% 비율에 미달하게 사용할 경우에는 미달 사용분에 대해 가산세를 부과하고, 3년 내에 90% 비율에 미달하게 사용할 경우에는 미달 사용분에 대해 증여세를 부과한다.

직접 공익목적에 사용한다는 것은 공익법인 등의 정관상 고유목적사업에 사용하는 것을 의미하는데, 출연받은 재산을 해당 직접 공익목적사업에 효율적으로 사용하기 위하여 주무관청의 허가를 받아 다른 공익법인 등에게 출연하는 것을 포함하며, 직접 공익목적사업에 충당하기 위하여 수익용 또는 수익사업용으로 운용하는 경우도 포함한다.

그러나 법인세법에 따라 고유목적사업준비금의 사용으로 보지 않

는 8천만원을 초과하는 인건비(「공익법인법」에 따라 설립된 법인으로서 고유목적사업 등에 대한 지출액 중 100분의 50(80) 이상의 금액을 장학금으로 지출하는 법인과 「사회복지사업법」에 따른 사회복지법인에게만 적용)나 해당 공익법인 등의 정관상 고유목적사업에 직접 사용하는 시설에 소요되는 수선비, 전기료 및 전화사용료 등의 관리비를 제외한 관리비는 직접 공익목적사업에 사용한 것으로 보지 않는다. 다만, 인건비의 경우에는 주무관청의 승인을 얻은 경우 8천만원을 초과하여도 직접 공익목적사업에 사용한 것으로 본다.

또한, 출연받은 재산을 직접 공익목적사업에 사용함에 있어서 법령상 또는 행정상의 부득이한 사유 등으로 인하여 3년 이내에 전부 사용하는 것이 곤란한 경우로서 주무부장관(권한을 위임받은 자를 포함)이 인정한 경우에는 출연재산 보고서를 제출할 때 납세지 관할세무서장에게 그 사실을 보고하고, 그 사유가 없어진 날부터 1년 이내에 해당 재산을 직접 공익목적사업 등에 사용하는 경우에는 증여세를 과세하지 않는다.

(3) 운용소득에 대한 사후관리

출연받은 재산이나 출연재산의 매각대금을 수익용으로 운용하는 경우에는 이를 직접 공익목적사업에 사용한 것으로 본다. 따라서 수익용으로 운용된 재산에서 발생한 운용소득을 직접 공익목적사업에 사용하지 않게 되면 결국 출연재산이나 출연재산의 매각대금이 직접 공익목적사업에 사용되지 않는 효과와 같아지게 된다. 이러한 이유로 상증세법은 출연재산이나 출연재산의 매각대금을 수익용으로 운용하거나 수익사업용으로 사용한 경우 그 수익용 재산이나 수익사업에서 발생한 운용소득을 그 소득이 발생한 과세기간 또는 사업연도 종료일부터 1년 이내에 80%(2021년까지는 70%) 이상 직접 공익목적사업에 사용하도록 하고 있다.

공익법인이 운용소득의 80%(사용기준금액)에 미달하게 사용한 경우에는 가산세가 부과되는데, 사용기준금액은 아래의 ①에서 ②를 차감한 금액의 80%이다.

① 해당 과세기간 또는 사업연도의 수익사업에서 발생한 소득금액 (출연재산과 관련이 없는 수익사업에서 발생한 소득금액 및 출연재산

매각대금을 제외하고 법인세법에 따른 고유목적사업준비금과 해당 과세기간 또는 사업연도 중 고유목적사업비로 지출된 금액으로 손금에 산입된 금액 포함)과 출연재산을 수익의 원천에 사용함으로써 생긴 소득금액의 합계액

② 해당 소득에 대한 법인세 또는 소득세·농어촌특별세·주민세 및 이월금

한편, 직전 과세기간 또는 사업연도에서 발생한 운용소득을 사용기준금액에 미달하게 사용한 경우에는 그 미달사용한 금액에서 미달사용에 대한 가산세를 차감한 금액을 운용소득에 가산한다.

이 경우 그 실적 및 기준금액은 각각 해당 과세기간 또는 사업연도와 직전 4과세기간 또는 사업연도와의 5년간의 평균금액을 기준으로도 계산할 수 있다. 즉, 1년의 사용비율로 기준비율 이상 사용여부를 판단할 수도 있고, 5년 평균 사용비율로도 판단할 수 있다. 만일, 사업개시 후 5년이 경과되지 아니한 경우에는 사업개시 후 5년이 경과한 때부터 이를 계산한다.

운용소득을 직접 공익목적에 사용하는 경우 주의해야 할 점은 출연재산이나 출연재산매각대금은 수익용으로 운용하는 것을 직접 공익목적사업에 사용한 것으로 인정하나 운용소득을 다시 수익용으로 운용하는 경우 그 수익용으로 운용한 소득은 직접 공익목적사업에 사용한 금액에서 제외한다는 것이다. 다만, 수익용으로 운용한 소득을 직접 공익목적 외로 사용한 금액으로는 보지 않는다.

6 공익법인의 의무사항(2) – 공익법인이 지켜야 할 사항

상증세법상의 공익법인이 지켜야 할 사항으로는 다음과 같은 것이 있다.

의무사항	미준수시의 제재
(1) 출연자 등의 이사 취임시 지켜야 할 일 출연자 또는 그의 특수관계인이 공익법인 등(의료법인 제외)의 현재 이사 수의 1/5을 초	기준을 초과한 이사 등과 관련하여 지출된 직·간접경비 상당액 전액에 대하여 가산세 부과

과하여 이사가 되거나, 그 공익법인 등의 임직원으로 취임 제한	
(2) 특정기업의 광고 등 행위 금지 특수관계에 있는 내국법인의 이익을 증가시키기 위하여 정당한 대가를 받지 아니하고 광고·홍보 금지	신문, 잡지 등 광고, 홍보매체 비용, 팜플렛·입장권 등 관련 행사비용 전액에 대하여 가산세 부과
(3) 자기내부거래시 지켜야 할 일 출연받은 재산을 출연자 및 그의 특수관계자가 정당한 대가를 지급하지 않고 사용·수익 금지	무상사용시 출연재산가액에, 낮은 가액으로 사용시 시가와의 차액에 대하여 증여세 과세
(4) 특정계층에만 공익사업의 혜택 제공 금지 출생지·직업·학연 등 특정계층에만 혜택이 제공되는 경우 출연받은 재산을 공익목적에 사용하지 않은 것으로 봄	특정계층에 제공된 재산 가액·이익에 대하여 증여세 과세
(5) 공익법인 해산시 지켜야 할 일 공익사업을 종료하고 해산시 그 잔여재산을 국가·지방자치단체 또는 유사한 공익사업을 영위하는 공익법인에 귀속시켜야 함	국가 등에 귀속하지 않은 재산가액에 대하여는 증여세 또는 법인세 부과

(1) 출연자 등의 이사 취임시 지켜야 할 일

출연자 또는 그의 특수관계인이 다음의 공익법인 등의 현재 이사 수(현재 이사 수가 5명 미만인 경우에는 5명으로 본다)의 5분의 1을 초과하여 이사가 되거나, 그 공익법인 등의 임직원(이사는 제외)이 되는 경우에는 5분의 1을 초과하는 이사나 임직원에 대한 직·간접 경비를 가산세로 부과한다.

① 출연자와 상증세법령 제2조의2 제1항 제3호의 관계에 있는 자가 이사의 과반수를 차지하거나 재산을 출연하여 설립한 비영리법인

② 출연자와 상증세법령 제2조의2 제1항 제4호의 관계에 있는 자가 재산을 출연하여 설립한 비영리법인

③ 출연자와 상증세법령 제2조의2 제1항 제5호 또는 제8호의 관계에 있는 비영리법인

위에서 언급된 상증세법령 제2조의2 제1항은 다음과 같다. 제3호, 제4호, 제5호, 제8호는 파란색 글씨로 표시한다.

제2조의2(특수관계인의 범위) ① 법 제2조 제10호에서 "본인과 친족관계, 경제적 연관관계 또는 경영지배관계 등 대통령령으로 정하는 관계에 있는 자"란 본인과 다음 각 호의 어느 하나에 해당하는 관계에 있는 자를 말한다.

1. 「국세기본법 시행령」 제1조의2 제1항 제1호부터 제4호까지의 어느 하나에 해당하는 자(이하 "친족"이라 한다) 및 직계비속의 배우자의 2촌 이내의 혈족과 그 배우자
2. 사용인(출자에 의하여 지배하고 있는 법인의 사용인을 포함한다. 이하 같다)이나 사용인 외의 자로서 본인의 재산으로 생계를 유지하는 자
3. 다음 각 목의 어느 하나에 해당하는 자
   가. 본인이 개인인 경우 : 본인이 직접 또는 본인과 제1호에 해당하는 관계에 있는 자가 임원에 대한 임면권의 행사 및 사업방침의 결정 등을 통하여 그 경영에 관하여 사실상의 영향력을 행사하고 있는 기획재정부령으로 정하는 기업집단의 소속 기업[해당 기업의 임원(「법인세법 시행령」 제20조 제1항 제4호에 따른 임원과 퇴직 후 5년이 지나지 아니한 그 임원이었던 사람으로서 사외이사가 아니었던 사람을 말한다. 이하 같다)을 포함한다]
   나. 본인이 법인인 경우 : 본인이 속한 기획재정부령으로 정하는 기업집단의 소속 기업(해당 기업의 임원을 포함한다)과 해당 기업의 임원에 대한 임면권의 행사 및 사업방침의 결정 등을 통하여 그 경영에 관하여 사실상의 영향력을 행사하고 있는 자 및 그와 제1호에 해당하는 관계에 있는 자
4. 본인, 제1호부터 제3호까지의 자 또는 본인과 제1호부터 제3호까지의 자가 공동으로 재산을 출연하여 설립하거나 이사의 과반수를 차지하는 비영리법인
5. 제3호에 해당하는 기업의 임원이 이사장인 비영리법인
6. 본인, 제1호부터 제5호까지의 자 또는 본인과 제1호부터 제5호까지의 자가 공동으로 발행주식총수 또는 출자총액(이하 "발행주식총수 등"이라 한다)의 100분의 30 이상을 출자하고 있는 법인
7. 본인, 제1호부터 제6호까지의 자 또는 본인과 제1호부터 제6호까지의 자가 공동으로 발행주식총수 등의 100분의 50 이상을 출자하고 있는 법인
8. 본인, 제1호부터 제7호까지의 자 또는 본인과 제1호부터 제7호까지의 자가 공동으로 재산을 출연하여 설립하거나 이사의 과반수를 차지하는 비영리법인

다만, 이사의 사망 또는 사임, 특수관계인에 해당하지 않던 이사가 특수관계인에 해당하는 경우와 같은 부득이한 사유가 발생하여 출연자 또는 그의 특수관계인이 공익법인 등의 현재 이사 수의 5분의 1을 초과하여 이사가 된 경우에는 해당 사유가 발생한 날부터 2개월 이내에 이사를 보충하거나 개임(改任)하는 경우 가산세를 부과하지 아니한다.

(2) 특정기업의 광고 등 행위 금지

2000년 1월 1일부터 공익법인이 특수관계에 있는 내국법인의 이익을 증가시키기 위하여 정당한 대가를 받지 아니하고 다음과 같은 광고·홍보를 하는 경우 가산세가 부과된다.

① 신문·잡지·텔레비전·라디오·인터넷 또는 전자광고판 등을 이용하여 내국법인을 위하여 홍보하거나 내국법인의 특정상품에 관한 정보를 제공하는 행위(다만, 내국법인의 명칭만을 사용하는 홍보는 제외)

② 팜플렛·입장권 등에 내국법인의 특정상품에 관한 정보를 제공하는 행위(다만, 내국법인의 명칭만을 사용하는 홍보는 제외)

(3) 자기내부거래시 지켜야 할 일

자기내부거래라 함은 특수관계인간에 내부거래를 통하여 이익을 무상으로 이전하는 것을 말하며, 공익법인이 출연받은 재산, 출연받은 재산을 원본으로 취득한 재산, 출연받은 재산의 매각대금 등을 출연자 및 특수관계에 있는 자에게 정당한 대가를 지급하지 않고 사용·수익하게 하는 경우(예 임대차, 금전소비대차, 사용대차 등)에는 공익법인이 증여받은 것으로 보아 증여세가 과세된다.

다만, 공익법인 등이 직접 공익목적사업과 관련하여 용역을 제공받고 정상적인 대가를 지급하는 등 다음의 경우에는 과세대상에서 제외된다.

① 출연받은 날부터 3개월 이내에 출연자 및 그의 특수관계인 등

이 사용하는 경우

② 공익법인 등이 출연받은 부동산을 출연자 및 그의 특수관계인 등이 정상적인 대가[6]를 지급하고 사용하는 경우

③ 교육기관이 특정 연구시험용 시설 및 건물 등[7] 출연받아 출연자와 공동으로 사용하는 경우

④ 해당 공익법인 등이 의뢰한 연구용역 등의 대가 또는 직접 공익목적사업의 수행과 관련한 경비 등을 지급하는 경우

(4) 특정계층에만 공익사업의 혜택 제공 금지

직접 공익목적사업에 사용하는 것이 사회적 지위・직업・근무처 및 출생지 등에 의하여 일부에게만 혜택을 제공하는 것인 때에는 특정계층에 제공된 재산가액이나 이익에 대해서 증여세를 과세한다. 다만, 주무부장관이 기획재정부장관과 협의(「행정권한의 위임 및 위탁에 관한 규정」 제3조 제1항에 따라 공익법인 등의 설립허가 등에 관한 권한이 위임된 경우에는 해당 권한을 위임받은 기관과 해당 공익법인 등의 관할세무서장의 협의를 말함)하여 따로 수혜자의 범위를 정하여 다음의 어느 하나에 해당하는 조건으로 한 경우에는 증여세를 과세하지 않는다.

① 해당 공익법인 등의 설립허가의 조건으로 붙인 경우

② 정관상의 목적사업을 효율적으로 수행하기 위하여 또는 정관상의 목적사업에 새로운 사업을 추가하기 위하여 재산을 추가출연함에 따라 정관의 변경허가를 받는 경우로서 그 변경허가조건으로 붙인 경우

---

6) 다음의 어느 하나에 해당하는 금액
 i) 상증세법상 시가(상증세법령 제32조 제3항)
  a. 부동산임대용역 : 부동산가액×기획재정부령으로 정하는 율(2%)
  b. 그 외의 경우 : 법인세법 시행령 제89조 제4항 제2호에 따라 계산한 금액
 ii) 법인세법상 시가(법인세법 제52조 제2항, 법인세법 시행령 제89조)(부당행위계산부인이 적용되지 아니하는 범위 내 금액)

7) 출연받은 기부금에 의하여 설립한 건물, 법인세법 시행규칙(별표2) 시험연구용 자산의 내용연수표에 규정된 시설 및 설비

대부분의 장학회가 여기에 해당된다. 공익법인이 특정지역 자녀의 장학금 지원사업을 정관에 명시하고 출연자도 같은 목적으로 출연한 경우 증여세 과세대상이 아니다(국세심판소 결정, 국심2003서1779, 2003. 10.15).

(5) 공익법인 해산시 지켜야 할 일

공익법인이 사업을 종료한 때의 잔여재산을 국가·지방자치단체 또는 동일하거나 주무부장관이 유사한 것으로 인정하는 공익법인에 귀속시키지 아니한 경우 해당 재산가액을 공익법인이 증여받은 것으로 보아 증여세가 과세된다. 공익법인의 잔여재산이 국가·지방자치단체 또는 동일하거나 주무부장관이 유사한 것으로 인정하는 공익법인 이외의 자에게 귀속되는 경우 그 귀속자에게 증여세(영리법인의 경우 법인세)가 과세된다. 다만, 다음 각 호 어느 하나에 해당하는 사유로 잔여재산을 귀속시킬 수 없는 경우에는 해당 금액을 차감한다.

① 공익법인의 이사 또는 사용인의 불법행위로 잔여재산이 감소된 경우, 다만, 출연자 및 그 출연자와 상증세법령 제2조의2 제1항 제1호의 관계(친족 및 직계비속의 배우자의 2촌 이내의 혈족과 그 배우자)에 있는 자의 불법행위로 인한 경우 제외
② 출연받은 재산 등을 분실하거나 도난당한 경우

7 공익법인의 의무사항(3) – 공익법인의 납세협력의무

(1) 요 약

공익법인 등에 대한 출연재산에 대한 사후관리 및 공익법인이 지켜야 할 사항 이외에 공익법인 등이 과세관청에 협력해야 할 상증세법상 의무들이 있는데, 이러한 의무를 요약하면 다음과 같다.[8]

8) 2022년 공익법인 세무안내

의무사항	대상공익법인	내 용	미준수시의 제재
1. 장부의 작성·비치 의무	출연받은 모든 공익법인	사업연도별로 출연받은 재산 및 공익사업 운용내용 등에 대한 장부를 작성하고 관계 증명서류와 함께 10년간 보존	(수입금액+출연재산)×0.07%
2. 전용계좌 개설·사용의무	직접 공익목적사업과 관련하여 수입과 지출이 있는 경우	최초 공익법인에 해당하게 된 날부터 3개월 이내 개설신고	• 미사용금액의 0.5% • 미신고시 MAX(①, ②) ① 공익수입금액(A)×$\frac{C}{B}$×0.5% B : 전용계좌 개설·신고 안 한 기간 C : 해당 사업연도 일수 ② 대상거래금액×0.5%
3. 공익법인 등의 회계기준 적용 의무	외부회계감사의무, 결산서류 공시대상 법인(의료법인, 학교법인 제외)	외부회계감사의무, 결산서류 공시의무 이행시 기획재정부「공익법인 회계기준심의위원회」에서 정한 회계기준 적용	
4. 외부회계감사를 받아야 할 의무	직전 사업연도 총자산가액 100억원 이상 또는 수입금액과 출연재산가액 합계액이 50억원 이상 또는 출연재산가액이 20억원 이상인 법인, 특정법인 주식 5%를 초과하여 출연·취득한 공익법인 등(종교·학교법인 제외)	「주식회사 등의 외부감사에 관한 법률」 제2조 제7호에 따른 감사인에게 회계감사를 받아, 사업연도 종료일부터 4개월 이내에 감사보고서 제출	(수입금액+출연재산)×0.07%
5. 출연재산 보고	출연재산이 있는 공익법인	결산에 관한 서류, 공익법인 출연재산 등 보고서를 사업연도 종료일부터 4개월 이내 제출	미제출·불분명금액 관련 증여세액×1%(1억원 한도)
6. 결산서류 공시 등	모든 공익법인(종교법인 제외)	사업연도 종료일부터 4개월 이내에 국세청 홈페이지 게재. 다만, 자산총	시정 요구(1개월 이내 공시, 오류 시정)를 이행하지 않은 경우 • 자산총액×0.5%

		액 5억원 미만이면서 수입금액과 그 사업연도에 출연받은 재산가액 합계액이 3억원 미만인 경우 간편서식 가능	
7. 외부전문가 세무확인서 보고	자산총액 5억원 이상 또는 수입금액과 그 사업연도에 출연받은 재산가액 합계액이 3억원 이상인 경우	출연재산의 운용과 공익사업 운영내역 등을 2명 이상의 외부전문가로부터 세무확인을 받아 사업연도 종료일부터 4개월 이내 제출	MAX(①, ②) ① (수입금액＋출연재산) ×0.07% ② 100만원 (1억원 한도)

위의 의무 중에서 출연재산 보고, 결산서류 공시 및 외부전문가 세무확인서 보고에 대해서는 절을 바꾸어 구체적으로 보기로 하고 여기에서는 장부의 작성 · 비치 의무와 전용계좌에 대해 구체적으로 살펴본다. 공익법인 등의 회계기준 적용의무와 외부회계감사를 받아야 할 의무는 각각 페이지를 참고하기 바란다.

(2) 장부의 작성 · 비치 의무

상증세법 제51조(장부의 작성 · 비치 의무) 제1항에서 '공익법인 등은 소득세 과세기간 또는 법인세 사업연도별로 출연받은 재산 및 공익사업 운용 내용 등에 대한 장부를 작성하여야 하며 장부와 관계있는 중요한 증명서류를 갖춰 두어야 한다'라고 하고 있고, 제2항에서는 '제1항에 따른 장부와 중요한 증명서류는 해당 공익법인 등의 소득세 과세기간 또는 법인세 사업연도의 종료일부터 10년간 보존하여야 한다'라고 규정하고 있으며, 또한 제3항에서 수익사업에 관한 장부와 증명서류에 관하여 규정하고 있다.

법에서는 장부가 복식부기 장부만을 허용하는지 또는 단식부기도 허용하는지에 관한 명문이 없지만, 시행령 제44조에서 '법 제51조 제1항의 규정에 의한 장부는 출연받은 재산의 보유 및 운용상태와 수익사업의 수입 및 지출내용의 변동을 빠짐없이 이중으로 기록하여 계산하는 부기 형식의 장부이어야 하며, 동항의 규정에 의한 중요한 증빙서류에는 수혜자에 대한 지급명세가 포함되어야 한다'라고 규정하고 있어, 복식부기에 의한 장부를 비치하도록 하고 있다고 할 수 있다.

한편 시행령 제44조 제1항에서 '다음 각호의 1에 해당하는 경우에는 제1항의 규정에 의한 장부를 작성·비치한 것으로 본다'라고 규정하고 있는데, 제2호는 단식부기도 허용하는 문구로 되어 있다(다만, 공익법인회계기준에서 복식부기에 의한 장부를 작성하고 있어, 보수적으로는 복식부기에 의한 장부를 작성하고 비치하여야 한다고 해석된다).

1. 이중으로 대차평균하게 기표된 전표와 이에 대한 증빙서류가 완비되어 제1항의 재산의 보유 및 운용상태와 수입 및 지출내용의 변동을 빠짐없이 기록한 경우
2. 당해 수입과 지출에 대한 계산서 및 세금계산서와 영수증 등에 의하여 제1항의 재산의 보유 및 운용상태와 수입 및 지출내용의 변동을 빠짐없이 보관하고 있는 경우

(3) 전용계좌

이 규정은 2008년에 신설되었는데, 종교법인[9]을 제외한 공익법인은 직접 공익목적사업과 관련하여 받거나 지급하는 수입과 지출이 있는 경우에는 직접 공익목적사업용 전용계좌를 사용하여야 하며, 최초로 공익법인에 해당하게 된 날부터 3개월 이내에 전용계좌 개설(변경·추가)신고서를 납세지(본점이나 주사무소) 관할세무서장에게 신고하여야 한다.

전용계좌란 ① 공익법인의 공익목적사업의 용도로만 사용되는 것으로서, ② 금융회사에 개설한 계좌를 의미하며, 공익법인별로 둘 이상 개설할 수 있다.

그리고 전용계좌 사용의무 거래를 아래와 같이 규정하고 있다.

① 직접 공익목적사업과 관련된 수입과 지출을 금융기관을 통하여 결제하거나 결제받는 경우로서 다음의 경우를 포함
  • 송금 및 계좌간 자금이체

---

9) 다만, 주식을 보유하고 있는 관계로 주식보유 관련 의무이행 신고대상인 종교법인은 2021년 1월 1일 이후 개시하는 사업연도분부터 전용계좌 사용대상이다.

- 수표 · 어음으로 이루어진 거래대금의 지급 및 수취
- 신용카드, 선불카드, 직불카드를 통하여 이루어진 거래대금의 지급 및 수취

② 기부금 · 출연금 또는 회비를 받는 경우. 다만, 현금으로 직접 받은 경우로서 기부금 · 출연금 또는 회비를 지급받는 날로부터 5일까지 전용계좌에 입금하는 경우는 제외함. 이 경우 기부금 · 출연금 또는 회비의 현금수입 명세를 작성하여 보관하여야 함

③ 인건비 · 임차료를 지급하는 경우

④ 공익목적사업과 관련된 기부금 · 장학금 · 연구비 · 생활비 등을 지급하는 경우. 다만, 100만원을 초과하는 경우에 한함

⑤ 수익용 또는 수익사업용 자산의 처분대금, 그 밖의 운용소득을 고유목적사업회계에 전입(현금 등 자금의 이전이 수반되는 경우에 한함)하는 경우

한편, 전용계좌 사용대상거래가 아닌 경우 그 거래일자, 거래상대방(확인이 가능한 경우에 한함) 및 거래금액 등을 기재한 '전용계좌 외 거래명세서'를 작성 · 보관하여야 하며, '전용계좌 외 거래명세서'의 작성 · 보관 제외대상으로서는 다음과 같은 항목이 있다.

① 「여신전문금융업법」에 따른 신용카드매출전표(직불카드, 선불카드, 외국에서 발행된 신용카드, 기명식선불카드, 직불전자지급수단, 기명식선불전자지급수단, 기명식전자화폐 포함) 및 현금영수증을 갖춘 경우

② 거래건당 금액(VAT 포함)이 1만원 이하인 수입과 지출 등

③ 증거서류를 받기 곤란한 거래 등으로서 거래상대방이 읍 · 면지역에 소재하는 간이과세자로서 신용카드가맹점이 아닌 경우, 국내사업장이 없는 비거주자 또는 외국법인과 거래한 경우, 법인이 아닌 농어민으로부터 재화 또는 용역을 직접 공급받은 경우, 국가 · 지방자치단체 또는 지방자치단체조합으로부터 재화 또는 용역을 공급받은 경우 등의 수입과 지출[10]

10) 소득세법 시행령 제208조의2 제1항 제2호부터 제8호 및 소득세법 시행규칙 제95조의3 제2호부터 제4호, 제7호, 제8호의2부터 제8호의6

8 공익법인의 출연재산 보고서, 외부전문가 세무확인서 및 결산서류 공시

(1) 요 약

공익법인이 매년 4월 30일(사업연도가 1월 1일부터 12월 31일인 경우)까지 제출해야 할 출연재산 보고서와 외부전문가 세무확인서 및 결산서류 공시는 다음과 같이 요약된다.

구 분	출연재산 보고서	외부전문가 세무확인서	결산서류 공시
대상법인	출연받은 재산이 있는 모든 공익법인(종교법인 포함)	총자산가액이 5억원 이상이거나 해당 사업연도 수입금액 및 출연받은 재산의 가액이 3억원 이상인 공익법인	종교법인을 제외한 모든 공익법인
제출서류	1. 공익법인 출연재산 등에 대한 보고서 (별지 제23호서식)	1. 공익법인 등의 세무확인서 (별지 제32호서식)	1. 공익법인 결산서류 등의 공시_표준서식 (별지 제31호서식)
	2. 출연재산·운용소득·매각대금의 사용계획 및 진도 내역서 (별지 제24호서식)	2. 공익법인 등의 세무확인 결과 집계표 (별지 제32호서식 부표 1)	2. 기부금품의 수입 및 지출 명세서 (별지 제31호서식 부표 1)
	3. 출연받은 재산의 사용명세서 (별지 제25호의2서식)	3. 출연자 등 특수관계인 사용수익명세서 (별지 제32호서식 부표 2)	3. 주식 등의 출연·취득·보유 및 처분명세서 (별지 제31호서식 부표 2)
	4. 출연재산 매각대금 사용명세서 (별지 제25호의3서식)	4. 수혜자 선정 부적정명세서 (별지 제32호서식 부표 3)	4. 출연자 및 이사 등 주요 구성원 현황명세서 (별지 제31호서식 부표 3)
	5. 운용소득의 사용명세서 (별지 제25호의4서식)	5. 재산의 운용 및 수익사업 내역 부적정명세서 (별지 제32호서식 부표 4)	5. 외부감사를 받는 공익법인 등의 경우 출연받은 재산의 공익목적사용 현황 (별지 제31호서식 부표 4)
	6. 주식(출자지분) 보유명세서 (별지 제26호서식)	6. 장부의 작성·비치 의무 불이행 등 명세서 (별지 제32호서식 부표 5)	6. 운용소득 사용명세서 (별지 제31호서식 부표 5)
	7. 이사 등 선임명세서 (별지 제26호의2서식)	7. 보유부동산 명세서 (별지 제32호서식 부표 6)	7. 재무제표
	8. 특정기업광고 등 명세서 (별지 제26호의3서식)	8. 공익법인 등의 결산서 (대차대조표, 손익계산서 또는 수지계산서)	8. 외부회계감사 대상 공익법인의 경우 감사보고서

	주무관청에 제출한 결산서류가 있는 경우 함께 제출(수동제출)		

공익법인의 출연재산 보고제도는 상증세법상의 공익법인이 출연받은 증여재산에 대하여 증여세 과세가액에 산입하지 않도록 하는 현행 상증세법 제48조가 1996년말 전면 개정되면서 1997년에 처음으로 도입되었다.

공익법인의 결산서류 공시제도는 재단법인 한국 가이드스타의 노력으로 미국 비영리법인의 결산서류 공시제도를 벤치마킹하여 2007년 12월 상증세법의 개정으로 도입되었는데, 제도 도입 첫해인 2008년의 결산공시대상은 자산이 10억원 이상인 공익법인이었고, 그 뒤 결산공시 대상이 점차 확대되었다.

(2) 출연재산 보고제도와 결산서류 공시제도의 차이

아래 표는 2가지 제도의 차이를 요약한 것이다.

출연재산 보고제도	결산서류 공시제도
1997년 도입	2008년 도입
공익목적사업 출연재산에 대한 증여세 과세제외 후 사후관리 목적	출연재산관리를 포함한 재무정보의 외부이해관계자 공유 및 외부이해관계자의 감시
증여세 과세제외된 출연재산만 관리대상	공익법인의 결산서류 공시 촉진
비공개(국세청 내부에서만 관리)	공개(국세청 홈택스의 공익법인 결산공시 사이트에서 누구나 열람 또는 다운받을 수 있음)
현금주의관리	현금주의관리 및 발생주의관리 혼재
종교단체 포함	종교단체 제외

출연재산 보고제도는 공익목적사업 출연재산에 대해 증여세 과세가액불산입 후 사후관리 목적으로 도입되었고, 결산서류 공시제도는 출연재산관리를 포함한 재무정보의 외부이해관계자 공유 및 외부이해관

계자의 감시 목적으로 도입되었다.

한편, 전자는 증여세 과세제외된 출연재산만 관리대상으로 하고 있는 반면, 후자는 출연재산 이외에 공익법인 전체의 통합적인 결산서 관리를 목적으로 하고, 전자는 현금주의를 채택하고 있는 것으로 보이는데, 후자는 현금주의와 발생주의에 따라 작성하는 양식이 혼재되어 있다. 이로 인해 2가지 보고서가 서로 맞지 않은 경우가 생기는데, 점차 이런 혼선은 정비될 것으로 예상한다.

(3) 출연재산 보고서류와 결산서류 공시데이터 작성방법 동영상

앞에서 잠시 언급한 바와 같이, 공익법인 결산서류공시제도는 2008년에 미국세법상의 비영리법인 결산공시제도를 벤치마킹한 제도인데, 미국은 결산서류 작성방법이 매우 자세하게 되어 있는 반면, 우리나라 작성방법은 그러하지 못하다는 아쉬움이 있다. 다만, 비영리법인 실무자의 고충 등을 반영하여 매년 개선되고 있는 것은 바람직한 현상이다. 비영리회계 세무 실무자가 가장 어려워하는 부분이 이 결산서류 공시인데, 이 공시 서식은 매년 조금씩 개정되고 있어, 이 책에서 작성방법을 자세하게 설명하지 않고, 동영상을 소개하는 데 그치는 점에 대하여 양해를 구한다.

작성방법 해설 동영상은 국세청 홈택스-공익법인 결산서류 공시사이트에 관련해설 동영상이 올려져 있는데, 그 이외에 비영리회계전문가인 최호윤 회계사가 매년 4월 개최하는 교육강좌 내용이 매우 자세하다.

참고로, 2022년 교육 동영상은 아래 사이트에서 볼 수 있다.

- 출연재산 보고 : https://youtu.be/IZkACzCPMhg
- 결산서류 공시 : https://youtu.be/6rAFsnzPz8s
- 연간기부금 모금액 및 활용실적명세서 : https://youtu.be/n25rFUQu898
- 공익법인 의무이행점검결과 보고 : https://youtu.be/d72jyQntkMI
- 주식보유 관련 의무이행 여부 신고 : https://youtu.be/O_xzjand2t4

상기 동영상 이외에 필자의 한 명인 박재형 회계사의 해설 동영상은 한국공인회계사회의 회계교육원 사이트에 올려져 있는데 이 동영상은 회계사들만 볼 수 있고, 유료라는 것을 첨언한다.

■ 상속세 및 증여세법 시행규칙 [별지 제23호서식] <개정 2022. 3. 18.>

공익법인 출연재산 등에 대한 보고서

※ 뒤쪽의 작성방법을 읽고 작성하여 주시기 바랍니다. (앞쪽)

접수번호 :	접수일자 :

1. 인적사항

<table>
<tr><td>①공익법인명</td><td></td><td>②사업자등록번호
(고유번호)</td><td></td></tr>
<tr><td>③대표자</td><td></td><td>④사업연도</td><td></td></tr>
<tr><td rowspan="2">⑤소재지</td><td rowspan="2"></td><td>⑥전자우편주소</td><td></td></tr>
<tr><td>⑦전화번호</td><td></td></tr>
<tr><td>⑧공익사업 유형</td><td colspan="3">1.교육 2.학술·장학 3.사회복지 4.의료 5.종교 6.문화 7.기타</td></tr>
<tr><td>⑨외부세무확인대상</td><td>1.여 2.부</td><td>⑩수익사업 운영</td><td>1.여 2.부</td></tr>
<tr><td>⑪회계감사이행여부</td><td>1.여 2.부</td><td></td><td></td></tr>
</table>

2. 자산보유현황

⑫총자산가액 (⑬+⑭+⑮+⑯+⑰)	⑬토지	⑭건물	⑮주식·출자 지분 등	⑯예금·적금 등 금융자산	⑰기타

3. 수입원천별 수입금액현황

<table>
<tr><td rowspan="3">구분</td><td rowspan="3">⑱
합계
(⑲+㉓+㉖+㉗)</td><td colspan="8">수익사업</td><td rowspan="3">㉗
고유
목적
사업</td></tr>
<tr><td colspan="4">금융</td><td colspan="3">부동산</td><td rowspan="2">㉖
기타
수익
사업</td></tr>
<tr><td>⑲
소계</td><td>⑳
이자</td><td>㉑
배당</td><td>㉒
기타</td><td>㉓
소계</td><td>㉔
임대</td><td>㉕
매각</td></tr>
<tr><td>수입금액</td><td></td><td></td><td></td><td></td><td></td><td></td><td></td><td></td><td></td><td></td></tr>
<tr><td>필요경비</td><td></td><td></td><td>/</td><td>/</td><td></td><td></td><td></td><td></td><td></td><td></td></tr>
<tr><td>소득금액</td><td></td><td></td><td></td><td></td><td></td><td></td><td></td><td></td><td></td><td></td></tr>
</table>

「상속세 및 증여세법」 제48조제5항 및 같은 법 시행령 제41조제1항에 따라 공익법인 출연재산 등에 대한 보고서를 제출합니다.

년 월 일

제출인 (서명 또는 인)

세무서장 귀하

<table>
<tr><td>제출서류</td><td>1. 「상속세법 시행규칙」 별지 제24호서식에 따른 출연재산·운용소득·매각대금의 사용계획 및 진도내역서
2. 「상속세법 시행규칙」 별지 제25호의2서식에 따른 출연받은 재산의 사용명세서
3. 「상속세법 시행규칙」 별지 제25호의3서식에 따른 출연재산 매각대금 사용명세서
4. 「상속세법 시행규칙」 별지 제25호의4서식에 따른 운용소득 사용명세서
5. 「상속세법 시행규칙」 별지 제26호서식에 따른 주식(출자지분) 보유명세서
6. 「상속세법 시행규칙」 별지 제26호의2서식에 따른 이사 등 선임명세서
7. 「상속세법 시행규칙」 별지 제26호의3서식에 따른 특정기업광고 등 명세서
8. 공익법인등의 세무확인서, 공익법인등의 세무확인 결과 집계표, 출연자 등 특수관계인 사용수익명세서, 수혜자 선정 부적정명세서, 재산의 운영 및 수익사업내역 부적정명세서, 장부의 작성·비치의무 불이행명세서, 보유부동산명세서(「상속세 및 증여세법」 제50조제1항에 따라 외부전문가의 세무확인을 받아야 하는 경우로 한정합니다)</td><td>수수료
없음</td></tr>
</table>

210mm×297mm[백상지 80g/㎡ 또는 중질지 80g/㎡]

■ 상속세 및 증여세법 시행규칙 [별지 제31호서식] <개정 2022. 3. 18.>

공익법인 결산서류 등의 공시_표준서식

※ 뒤쪽의 작성방법을 읽고 작성해 주시기 바랍니다.
※ [ ]에는 해당하는 곳에 √표를 합니다. (7쪽 중 제1쪽)

1. 기본사항

사업연도(과세기간): 년 월 일 ~ 년 월 일 [ ] 정기공시 [ ] 해산공시

①공익법인등 명칭		②사업자등록번호(고유번호)	
③대표자		④설립연월일	
⑤소재지		⑥전화번호/팩스	/
⑦홈페이지 주소		⑧전자우편주소	
⑨주무관청		⑩기부금 유형	[ ]㉠ [ ]㉡ [ ]기타
⑪설립근거법			
⑫설립유형	[ ]재단법인 [ ]사단법인 [ ]법인으로 보는 단체 [ ]공공기관 [ ]기타		
⑬공익사업유형			
⑭설립주체	[ ]개인 [ ]기업 [ ]개인·기업 [ ]국가 [ ]지방자치단체 [ ]기타		
⑮이사 수	명	⑯ 자원봉사자 연인원 수	명
⑰고용직원 수	명		

2. 재무현황

(단위: 원)

구분	⑱총자산가액	⑲부채	⑳순자산			
			㉑소계	㉒기본순자산	㉓보통순자산	㉔순자산조정
ⓐ 총계 (ⓐ=ⓑ+ⓒ)						
ⓑ 공익목적사업						
ⓒ 기타사업						

3. 자산현황

(단위: 원)

구분	㉕총자산가액	㉖토지	㉗건물	㉘주식 및 출자지분	㉙금융자산	㉚기타자산
ⓐ 총계 (ⓐ=ⓑ+ⓒ)						
ⓑ 공익목적사업						
ⓒ 기타사업						

4. 수익현황

(단위: 원)

구분	㉛총계	㉜사업수익					㊳사업외수익	㊴고유목적사업준비금 환입액
		㉝소계	㉞기부금	㉟보조금	㊱회비수익	㊲기타		
ⓐ 총계 (ⓐ=ⓑ+ⓒ)								
ⓑ 공익목적사업								
ⓒ 기타사업								

5. 비용현황

(단위: 원)

구분	㊵총계	㊶사업비용					㊼사업외비용 등 기타	㊽고유목적사업준비금 전입액
		㊷소계	㊸사업수행비용	㊹일반관리비용	㊺모금비용	㊻기타		
ⓐ 총계(ⓐ=ⓑ+ⓒ)								
ⓑ 공익목적사업								
ⓒ 기타사업								

6. 세무확인과 회계감사

㊾복식부기 여부	[ ]여 [ ]부	㊿적용회계기준	
51세무확인 여부	[ ]여 [ ]부	52외부 회계감사 여부	[ ]여 [ ]부
53외부 회계감사인		54외부 회계감사 의견	

210㎜×297㎜[백상지 80g/㎡ 또는 중질지 80g/㎡]

■ 상속세 및 증여세법 시행규칙 [별지 제31호의2서식] <개정 2022. 3. 18.>

공익법인 결산서류 등의 공시 간편서식

※ 뒤쪽의 작성방법을 읽고 작성해 주시기 바랍니다.
※ [ ]에는 해당되는 곳에 √표를 합니다.

(4쪽 중 제1쪽)

1. 기본사항

사업연도(과세기간): 년 월 일 ~ 년 월 일 [ ] 정기공시 [ ] 해산공시

① 공익법인등 명칭		② 사업자등록번호 (고유번호)	
③ 대표자		④ 설립연월일	
⑤ 소재지		⑥ 전화번호/팩스	/
⑦ 홈페이지 주소		⑧ 전자우편주소	
⑨ 주무관청		⑩ 기부금 유형	[ ]㉠ [ ]㉡ [ ]기타
⑪ 설립근거법			
⑫ 설립유형	[ ]재단법인 [ ]사단법인 [ ]법인으로 보는 단체 [ ]공공기관 [ ]기타		
⑬ 공익사업유형			
⑭ 설립주체	[ ]개인 [ ]기업 [ ]개인·기업 [ ]국가 [ ]지방자치단체 [ ]기타		
⑮ 이사 수	명	⑯ 자원봉사자 연인원 수	명
⑰ 고용직원 수	명		

2. 자산 및 부채현황

(단위: 원)

구분	⑱자산소계	⑲토지	⑳건물	㉑주식 및 출자·지분	㉒금융자산	㉓기타자산	㉔부채
ⓐ 총계 (ⓐ=ⓑ+ⓒ)							
ⓑ 공익목적사업							
ⓒ 기타사업							

3. 수익현황

(단위: 원)

구분	㉕총계	㉖사업수익					㉜사업외수익	㉝고유목적사업 준비금 환입액
		㉗소계	㉘기부금	㉙보조금	㉚회비 수익	㉛기타		
ⓐ 총계 (ⓐ=ⓑ+ⓒ)								
ⓑ 공익목적사업								
ⓒ 기타사업								

4. 비용현황

(단위: 원)

구분	㉞총계	㉟사업비용					㊶사업외 비용 등 기타	㊷고유목적사업준비금전입액
		㊱소계	㊲사업 수행비용	㊳일반 관리비용	㊴모금 비용	㊵기타		
ⓐ 총계(ⓐ=ⓑ+ⓒ)								
ⓑ 공익목적사업								
ⓒ 기타사업								

5. 확인란

본인은 본 결산서와 결산서에 첨부된 명세 및 보고서들을 검토하였으며, 해당정보를 진실하고 성실하게 작성하였음을 확인합니다.

대표자 : 확인일자 :

「상속세 및 증여세법」 제50조의3제1항·제4항 및 같은 법 시행령 제43조의5에 따라 공익법인등의 결산서류 등을 공시합니다.

년 월 일

법인명

210㎜×297㎜[백상지 80g/㎡]

(4) 참고 : 출연재산 보고제도와 결산서류 공시제도 간의 서류의 중복

아래는 출연재산 보고서류와 결산서류 공시서류를 비교한 것이다. 양자가 서로 목적이 다르지만, 비슷한 서류는 조만간 통합되어 비영리공익법인 실무자들의 업무를 경감시키는 방향으로 개선되길 기대해 본다.

뿐만 아니라, 법인세법상의 지정기부금단체의 의무이행 관련 서식과 상증세법의 서식도 중복되지 않도록 개선되어야 한다는 점도 부연한다.

출연재산 보고	결산서류 공시
주무관청에 제출한 결산서류가 있는 경우 결산보고서(대차대조표 및 손익계산서)	7. 재무제표
1. 공익법인 출연재산 등에 대한 보고서	1. 공익법인 결산서류 등의 공시_표준서식
	2. 기부금품의 수입 및 지출 명세서
2. 출연재산 · 운용소득 · 매각대금의 사용계획 및 진도 내역서	
3. 출연받은 재산의 사용명세서	5. 외부감사를 받는 공익법인 등의 경우 출연받은 재산의 공익목적사용 현황
4. 출연재산 매각대금 사용명세서	
5. 운용소득의 사용명세서	6. 운용소득 사용명세서
6. 주식(출자지분) 보유명세서	3. 주식 등의 출연 · 취득 · 보유 및 처분 명세서
7. 이사 등 선임명세서	4. 출연자 및 이사 등 주요 구성원 현황 명세서
8. 특정기업광고 등 명세서	
	8. 외부회계감사 대상 공익법인의 경우 감사보고서

(5) 외부전문가 세무확인서 보고

1) 제출대상 공익법인

이 제도는 2012년에 신설되었는데, 사업연도 종료일 현재 재무상태표상 총자산가액이 5억원 이상이거나 해당 과세기간 또는 사업연도 수입금액과 그 과세기간 또는 사업연도에 출연받은 재산가액의 합계액이 3억 원 이상인 공익법인 등[11]은 과세기간별 또는 사업연도별로 출연재산의 운용과 공익사업 운영내역 등을 2명 이상의 외부전문가로부터 세무확인을 받아 납세지 관할세무서장에게 보고하여야 한다. 다만, 불특정 다수인으로부터 재산을 출연받은 공익법인(출연자 1명과 그 특수관계인이 출연한 출연재산가액의 합계액이 공익법인이 출연받은 총재산가액의 5%에 미달하는 경우에 한함)과 국가 또는 지방자치단체가 출연하여 설립한 공익법인으로서 감사원의 회계검사를 받는 공익법인(회계검사를 받는 연도분에 한함)은 제외된다.

2) 외부전문가 확인대상항목과 세무확인서

아래 사항에 대한 외부전문가의 세무확인은 과세기간 또는 사업연도 종료일부터 2개월 이내에 실시하여야 하며, 공익법인은 그 결과를 공익법인 등의 세무확인서에 의하여 해당 과세기간 또는 사업연도 종료일부터 4개월 이내에 관할세무서장에게 보고하여야 한다.

① 출연재산 및 그 운용에 관한 사항

- 출연재산의 3년 내 공익목적 사용 및 사용내역의 적정 여부
- 주식을 출연받거나 취득하는 경우 주식보유기준 초과 여부
- 수익용 또는 수익사업용으로 운용하는 출연재산의 운용소득 중 기준금액 이상을 직접 공익목적사업에 사용하였는지 여부
- 출연재산 매각대금을 기준금액 이상 공익사업에 사용하였는지 여부
- 출연재산가액에 일정기준금액 이상을 직접 공익목적사업에 사용하였는지 여부
- 공익사업 수혜자의 적정 여부 등

---

11) 외부회계감사를 받은 공익법인은 세무확인대상에서 제외하였으나, 2017년 1월 1일 이후 개시하는 사업연도분부터는 세무확인대상으로 되었으며, 외부전문가 세무확인 공익법인은 계속 확대되고 있다. 2010년 이전에는 자산총액 10억원 이상이었다가, 2011년부터는 자산총액 10억원 이상 또는 수입금액과 출연재산의 합이 5억원 이상, 2014년부터는 자산총액 5억원 이상 또는 수입금액과 출연재산의 합이 3억원 이상으로 대상이 확대되었다.

② 자기내부거래에 관한 사항

- 출연재산을 출연자 및 그와 특수관계에 있는 자에게 무상 또는 낮은 가액으로 사용·수익하게 하였는지 여부 등

③ 기타 공익법인 등의 운영에 관한 사항

- 이사 중 특수관계인의 기준 초과 여부 및 특수관계인의 임직원 채용 여부
- 특정법인에 대한 광고·홍보 여부
- 장부의 작성·비치의무 준수 여부
- 각종 보고서의 제출 여부
- 기타 공익법인의 운영 등과 관련하여 공익목적에 부합되지 않는 사업 또는 행위에 대한 조치사항 등

외부전문가는 위 세무확인사항을 확인하여 공익법인 등이 작성한 공익법인 출연재산 등에 대한 보고서(상증세법 시행규칙 제25조 제1항 각 호 서식)의 적정여부를 검증하고, 공익법인 등의 세무확인서(상증세법 시행규칙 별지 제32호서식) 등을 작성하여야 한다.[12] 외부전문가 세무확인서 등은 공익법인 등이 비치하고 있는 장부, 결산보고서 및 그 부속서류, 기타 증빙서류 등에 의하여 정확하게 작성하여야 하며, 장부 등이 사실과 다른 경우에는 외부전문가가 확인한 사실에 따라 작성하여야 한다.

3) 외부전문가란?

외부전문가란 변호사·공인회계사·세무사를 말하며, 세무확인을 받는 공익법인으로부터 업무수행상 독립되어야 하므로 다음에 해당하는 자는 외부전문가로 선임할 수 없다.

12) 확인서에 아래와 같은 서류를 첨부하여 제출하여야 한다.
1. 공익법인 등의 세무확인 결과집계표(별지 제32호서식 부표 1)
2. 출연자 등 특수관계인 사용수익명세서(별지 제32호서식 부표 2)
3. 수혜자 선정 부적정 명세서(별지 제32호서식 부표 3)
4. 재산의 운용 및 수익사업 부적정명세서(별지 제32호서식 부표 4)
5. 장부의 작성·비치 의무불이행 등 명세서(별지 제32호서식 부표 5)
6. 보유부동산 명세서(별지 제32호서식 부표 6)
7. 공익법인 등의 결산서(대차대조표, 손익계산서 또는 수지계산서)

1. 해당 공익법인 등의 출연자[13] · 설립자(이하 "출연자 등") 또는 임직원[14]
2. 출연자 등과 상증세법령 제2조의2 제1항 제1호(친족 등), 제2호(사용인 등)의 관계에 있는 사람
3. 출연자 등 또는 그가 경영하는 회사(해당 회사가 법인인 경우에는 출연자 등이 상증세법령 제19조 제2항에서 규정하는 "최대주주 또는 최대출자자"인 회사를 말함)와 소송대리, 회계감사, 세무대리, 고문 등의 거래가 있는 사람
4. 해당 공익법인 등과 채권 · 채무 관계에 있는 사람
5. 제1호부터 제4호까지의 사유 외에 해당 공익법인과 이해관계가 있는 등의 사유로 그 직무의 공정한 수행을 기대하기 어렵다고 인정되는 사람[15]
6. 제1호(임직원은 제외) 및 제3호부터 제5호까지의 규정에 따른 관계에 있는 법인에 소속된 사람

---

13) 재산출연일 현재 해당 공익법인 등의 총출연재산가액의 100분의 1에 해당하는 금액과 2천만원 중 적은 금액 이하의 금액을 출연한 사람 제외

14) 퇴직 후 5년이 지나지 아니한 사람 포함

15) 국세청은 2020년 12월 30일자로 다음과 같이 해석하고 있는데, 논란이 있는 해석이다.
공익법인의 세무대리를 수행하는 세무법인에 소속된 다른 세무사 및 공익법인의 출연자가 경영하는 개인사업의 세무대리를 수행하는 세무법인(지점 포함) 소속의 다른 세무사는 세무확인 배제대상 외부전문가의 범위에 포함되는 것임(법령해석과-4337, 2020.12.30)

■ 상속세 및 증여세법 시행규칙 [별지 제32호서식] <신설 2012.2.28>

공익법인 등의 세무확인서

※ 뒤쪽의 작성방법을 읽고 작성하여 주시기 바랍니다. (앞 쪽)

① 사업자등록번호		② 법 인 명	
③ 대 표 자 성 명		④ 전 화 번 호	
⑤ 소 재 지		⑥ 사 업 목 적	
⑦ 사 업 연 도		⑧ 설 립 근 거 법	

1. 자산보유현황

구 분		금 액
⑨총 자 산 가 액		
자 산 종류별	⑩ 토 지	
	⑪ 건 물	
	⑫ 예·적금등 금융자산	
	⑬ 주 식	
	⑭ 기 타	

2. 수입금액현황

구 분		금 액
⑮총 수 입 금 액		
수 입 원천별	⑯금 융	
	⑰ 부동산	
	⑱ 기타 수익사업	
	⑲ 고유목적사업	

3. 세무확인결과

⑳ 위 반 금 액	㉑외부전문가 종합의견

4. 외부전문가의 인적사항

㉒구 분	㉓성 명	㉔사업자등록번호

「상속세 및 증여세법」 제50조제2항 및 같은 법 시행령 제43조제6항에 따라 보고합니다.

년 월 일

공익법인 대표자 성명 (서명 또는 인)

세무확인자 성명 (서명 또는 인)

세무확인자 성명 (서명 또는 인)

세무서장 귀하

제출서류	1. 공익법인 등의 세무확인 결과집계표(별지 제32호서식 부표 1) 2. 출연자 등 특수관계인 사용수익명세서(별지 제32호서식 부표 2) 3. 수혜자 선정 부적정 명세서(별지 제32호서식 부표 3) 4. 재산의 운용 및 수익사업 부적정명세서(별지 제32호서식 부표 4) 5. 장부의 작성·비치 의무불이행 등 명세서(별지 제32호서식 부표 5) 6. 보유부동산 명세서(별지 제32호서식 부표 6) 7. 공익법인 등의 결산서(대차대조표, 손익계산서 또는 수지계산서)	수수료 없 음

210㎜×297㎜[백상지 80g/㎡(재활용품)]

Chapter

14

상증세법상 공익법인의 주식보유 제한 등

1 공익법인의 주식보유에 대한 제한

(1) 요 약

뜻있는 부자들이 가지고 있는 주식을 출연해서 장학재단 등 공익법인을 만드는 경우가 상당히 많은 반면, 일부에서는 세법규정을 악용하여 부의 편법승계라든지 또는 실질적인 지주회사의 역할을 한다는 비판 등이 많이 제기되어, 공익법인의 주식보유는 그동안 많은 변천이 있었다. 먼저, 현행 법령상의 공익법인의 주식보유에 대한 제한을 요약하면 다음과 같으며, 각각에 대하여 별도로 살펴본다.

<table>
<tr><th>구 분</th><th>판정기준</th><th colspan="2">적용대상</th><th>한 도</th><th>의무 위반시</th></tr>
<tr><td rowspan="6">출연 또는 취득시</td><td rowspan="6">출연받을 때 또는 출연재산으로 취득시 지분율</td><td colspan="2">상호출자제한기업집단과 특수관계 있는 경우 또는 상증세법 제48조 제11항 요건[1)]을 불충족한 경우</td><td>5%</td><td rowspan="6">초과분 증여세부과</td></tr>
<tr><td rowspan="4">상증세법 제48조 제11항 요건을 충족한 경우</td><td>일반적인 경우</td><td>10%</td></tr>
<tr><td>의결권 미행사를 정관에 규정한 자선・장학・사회복지 목적 법인</td><td>20%</td></tr>
<tr><td>출연자와 특수관계 없는 내국법인주식으로서 주무관청의 승인을 받은 경우</td><td>한도 없음</td></tr>
<tr><td>10% 초과출연분을 3년 이내 특수관계 없는 자에게 매각할 경우</td><td>한도 없음</td></tr>
<tr><td colspan="2">「공익법인법」 및 그 밖의 법령에 따라 취득하는 경우</td><td>한도 없음</td></tr>
<tr><td rowspan="3">보유</td><td rowspan="3">계열기업의 주식보유시 총재산가액 대비 비율</td><td rowspan="2">상증세법 제48조 제11항 요건을 불충족한 경우</td><td>일반적인 경우</td><td>30%</td><td rowspan="3">초과보유분 가산세부과</td></tr>
<tr><td>외부회계감사, 전용계좌 개설・사용, 결산서류 등의 공시 이행</td><td>50%</td></tr>
<tr><td colspan="2">상증세법 제48조 제11항 요건을 충족한 경우</td><td>한도 없음</td></tr>
</table>

1) 아래의 5가지 요건
 1. 운용소득의 80% 이상을 직접 공익목적사업에 사용할 것

(2) 내국법인 발행주식총수 등의 5%(10%, 20%)를 초과하여 출연받은 경우

1) 출연한도 초과부분에 대한 증여세 과세

공익법인 등이 내국법인의 의결권 있는 주식 또는 출자지분을 출연받은 경우로서 출연주식 등과 이미 보유하고 있는 동일 내국법인의 주식 등을 합한 것이 그 내국법인의 의결권 있는 발행주식총수 또는 출자총액(자기주식과 자기출자지분 제외)의 5%(상호출자제한기업집단과 특수관계에 있지 아니하고 상증세법 제48조 제11항의 요건 충족시 10%, 20%)를 초과하는 경우에는 그 초과부분을 증여세과세가액에 산입한다.

초과부분 계산 : Ⓐ－Ⓑ

Ⓐ [ⓐ+ⓑ+ⓒ+ⓓ] > Ⓑ 내국법인 발행주식총수 등[2]의 5%(10%[3], 20%[4])

ⓐ : 출연받은 내국법인의 주식 등

ⓑ : 출연받을 당시 보유하고 있는 동일한 내국법인의 주식 등

ⓒ : 출연자 및 그의 특수관계인이 해당 공익법인 외의 다른 공익법인 등에 출연한 동일한 내국법인의 주식 등

ⓓ : 출연자 및 그의 특수관계인으로부터 재산을 출연받은 다른 공익법인 등이 보유하고 있는 동일한 내국법인의 주식 등

2) 증여세 과세에서 제외되는 경우

아래와 같이 3가지 예외가 있다.

---

2. 출연재산가액의 1% 이상을 직접 공익목적사업에 사용할 것
3. 이사 구성에서 특수관계자의 비율이 20% 미만일 것
4. 자기내부거래를 하지 말 것
5. 정당한 대가 없이 특수관계법인 광고·홍보를 하지 않을 것

2) 2017년 1월 1일 이후 출연받는 분부터는 자기주식과 자기출자지분 제외

3) 2008년 1월 1일 이후 출연받는 성실공익법인 등에 대하여 적용하며, 2017년 7월 1일 이후 출연받는 분부터는 상호출자제한기업집단과 특수관계에 있지 아니한 성실공익법인에 대하여 적용

4) 2018년 1월 1일 이후 출연받은 주식 등의 의결권을 행사하지 않는 조건으로 주식 등을 출연받은 상호출자제한기업집단과 특수관계가 없는 자선·장학·사회복지 목적의 성실공익법인에 적용

① 지분율 20%까지 과세제외되는 경우 : 2018년 1월 1일 이후 출연받거나 취득하는 분부터 적용하며, 아래 요건을 모두 충족할 때 적용한다.

- 상호출자제한기업집단과 특수관계에 있지 않고 상증세법 제48조 제11항의 요건을 충족하는 공익법인 등
- 정관에 출연받은 주식의 의결권을 행사하지 않을 것을 규정한 공익법인
- 자선 · 장학 또는 사회복지를 목적[5)]으로 하는 공익법인

② 지분율 한도 없이 과세제외되는 경우 : 아래 중 하나에 해당할 때 적용된다.

- 상호출자제한기업집단과 특수관계에 있지 않은 공익법인 등(상증세법 제48조 제11항의 요건 충족 공익법인 또는 국가 · 지방자치단체가 출연하여 설립한 공익법인)이 그 공익법인의 출연자와 특수관계에 있지 아니한 내국법인의 주식 등을 출연받고 주무관청이 공익법인의 목적사업을 효율적으로 수행하기 위하여 필요하다고 인정하는 경우(2001년 1월 1일 이후 최초로 상속세 또는 증여세를 결정하는 분부터 적용)
- 상호출자제한기업집단과 특수관계에 있지 않은 상증세법 제48조 제11항의 요건 충족 공익법인 등(공익법인 등이 설립일부터 3개월 이내에 주식 등을 출연받고, 설립된 사업연도가 끝난 날부터 2년 이내에 해당 요건을 충족하는 경우 포함)이 발행주식총수 등의 10%를 초과하여 출연받은 경우로서 초과보유일로부터 3년 이내에 초과하여 출연받은 부분을 주식 등의 출연자 또는 그의 특수관계인 이외의 자에게 매각하는 경우(2011년 1월 1일 이후 최초로 공익법인 등에 주식 등을 출연하는 분부터 적용)

③ 「공익법인법」 및 그 밖의 법령에 따라 내국법인의 주식 등을 출연하는 경우 : 2017년 1월 1일 이후 출연하는 분부터 적용된다.

---

5) 직전 3개 사업연도 평균 직접 공익목적사업 지출액의 80% 이상을 자선 · 장학 또는 사회복지활동에 지출하거나, 사회복지사업법상의 사회복지법인

(3) 출연재산으로 주식 등을 취득하는 경우

1) 취득한도 초과부분에 대한 증여세 과세

공익법인 등이 출연받은 재산(그 재산을 수익용 또는 수익사업용으로 운용하는 경우와 그 운용소득이 있는 경우를 포함)과 출연받은 재산의 매각대금(매각대금에 의하여 증가한 재산을 포함하며 재산 매각에 따라 부담하는 국세와 지방세 제외)을 내국법인의 의결권 있는 주식 등을 취득하는 데 사용하는 경우로서, 그 취득하는 주식 등과 이미 보유하고 있는 동일 내국법인의 주식 등을 합한 것이 그 내국법인의 발행주식총수 등의 5%(상호출자제한기업집단과 특수관계에 있지 아니한 상증세법 제48조 제11항 요건 충족 공익법인 등은 10%, 20%)를 초과하게 되는 경우 그 초과하는 가액에 대하여 증여세가 과세된다.

초과부분 계산 : Ⓐ－Ⓑ

Ⓐ ［ⓐ+ⓑ+ⓒ+ⓓ］ > Ⓑ 내국법인 발행주식총수 등의 5%(10%, 20%[6])

ⓐ : 취득하는 내국법인의 주식 등

ⓑ : 취득 당시 보유하고 있는 동일한 내국법인의 주식 등

ⓒ : 해당 내국법인과 특수관계에 있는 출연자가 다른 공익법인 등에 출연한 동일한 내국법인의 주식 등

ⓓ : 해당 내국법인과 특수관계에 있는 출연자로부터 재산을 출연받은 다른 공익법인 등이 보유하고 있는 동일한 내국법인의 주식 등

2) 과세제외되는 경우

아래와 같은 3가지 경우가 있다.

① 다음 요건을 모두 충족하는 공익법인이 주식 등을 취득하는 경우
- 상호출자제한기업집단과 특수관계에 있지 않은
- 공익법인 등(상증세법 제48조 제11항의 요건 충족 공익법인 또는

6) 10%, 20%의 적용은 상기 (2)의 출연의 경우와 동일함.

국가 · 지방자치단체가 출연하여 설립한 공익법인)이

- 그 공익법인의 출연자와 특수관계에 있지 아니한 내국법인의 주식 등을 취득하는 경우로서
- 주무관청이 공익법인의 목적사업을 효율적으로 수행하기 위하여 필요하다고 인정하는 경우

② 「공익법인법」 및 그 밖의 법령에 따라 내국법인의 주식 등을 취득하는 경우

③ 「산업교육진흥 및 산학연협력촉진에 관한 법률」에 따른 산학협력단이 주식 등을 취득하는 경우로서 다음 요건을 모두 갖춘 경우

- 산학협력단이 보유한 기술을 출자하여 같은 법에 따른 기술지주회사 또는 「벤처기업 육성특별조치법」에 따른 신기술창업전문회사를 설립할 것
- 출자하여 취득한 주식 등이 기술지주회사인 경우 발행주식총수의 50% 이상(산학협력단 등이 공동으로 기술지주회사를 설립하는 경우는 각 산학협력단 등이 보유한 주식의 합계가 50% 이상을 말함), 신기술창업전문회사는 30% 이상일 것
- 기술지주회사 또는 신기술창업전문회사는 자회사 외의 주식 등을 보유하지 않을 것

참고 | 공익법인의 주식 출연 및 취득 제한규정 연혁

- 1990. 12. 31 이전 : 주식에 대한 규제 없었음
- 1991. 1. 1～1993. 12. 31 : 내국법인 발행주식총액 또는 출자총액의 20%(1990. 12. 31 이전에 20%를 초과하여 출연 또는 취득한 분에 대하여는 적용하지 않음)
- 1994. 1. 1 이후 : 내국법인 발행주식총액 또는 출자총액의 5%(1993. 12. 31 이전에 5%를 초과하여 출연하거나 취득한 분에 대하여는 적용하지 않음)
- 2008. 1. 1 이후 : 내국법인 발행주식총액 또는 출자총액의 5%(다만, 성실공익법인에 한해 주식출연 · 취득제한을 10%로 완화)
- 2011. 1. 1 이후 : 성실공익법인이 10% 초과하여 출연받은 경우 과세제외 요건 신설(초과보유일부터 3년 이내 출연자 또는 특수관계인 이외의 자에게 매각하는 경우)
- 2017. 7. 1 이후 : 상호출자제한기업집단과 특수관계에 있지 아니한 성실공익법인 등에 대하여 주식 등 보유비율 10% 적용
- 2018. 1. 1 이후 : 의결권을 행사하지 않고 상호출자제한기업집단과 특수관계에 있지 아니한 자선 · 장학 · 사회복지 목적의 성실공익법인 등에 대하여 주식 등 보유비율 20% 적용

(4) 5% 초과보유주식에 대한 매각의무

1996년 12월 31일 현재 공익법인이 특정법인(내국법인)의 주식을 20% 초과하여 보유하고 있는 경우에는 5년(2001년 12월 31일까지) 내에, 5% 초과 20% 이하 보유하고 있는 경우에는 3년(1999년 12월 31일까지) 내에 그 초과분을 다른 주식으로 대체하여 보유하거나 처분하도록 하는 「5% 초과보유주식 매각의무 기준」을 1996년 12월 31일 상증세법 개정시 신설하였다.

1) 주식 처분유예기간

① 5% 초과 20% 이하 보유 : 3년 이내 → 1999년 12월 31일까지 처분
② 20% 초과보유 : 5년 이내 → 2001년 12월 31일까지 처분

2) 주식매각의무 미이행에 대한 가산세

공익법인 등이 주식처분 유예기간 경과 후에도 그 보유기준(5%)을 초과하여 보유하는 경우, 초과하는 주식에 대하여 매 사업연도말 현재 시가의 5%에 상당하는 금액을 가산세로 과세하도록 했는데, 다만, 이 경우 가산세의 부과기간은 10년을 초과하지 않는다.

가산세＝5% 초과보유주식의 매 사업연도말 현재의 시가×5%

(5) 계열기업의 주식보유 한도

1) 요 약

1999년 12월 28일에 신설된 제도로서, 동일한 내국법인 주식 5% 또는 10%, 20% 초과보유 금지규정 이외에, 공익법인 등의 총재산가액 중 특수관계에 있는 내국법인의 주식 등의 가액이 30%(회계감사, 전용계좌 개설·사용, 결산서류 등 공시를 이행하는 경우 50%)를 초과할 경우에는 그 초과하는 가액에 대하여 가산세가 부과된다. 다만, 이 제도는 국가나 지방자치단체가 설립한 공익법인 등 및 이에 준하는 것으로서 대통령령으로 정하는 공익법인 등[7]과 상증세법 제48조 제11항의 각 호의 요건을 충족하는 공익법인 등은 제외된다

2) 특수관계에 있는 내국법인의 범위

아래 ①~③ 어느 하나에 해당하는 자가 ①에 해당하는 기업의 주식 등을 출연하거나 보유한 경우의 해당 기업(해당 기업과 함께 ①에 해당하는 자에 속하는 다른 기업을 포함)을 말한다.

① 기획재정부령이 정하는 기업집단의 소속기업(해당 기업의 임원 및 퇴직임원을 포함한다)과 아래 어느 하나에 해당하는 관계에 있는 자 또는 해당 기업의 임원에 대한 임면권의 행사·사업방침의 결정 등을 통하여 그 경영에 대하여 사실상의 영향력을 행사하고 있다고 인정되는 자
  가) 기업집단 소속의 다른 기업
  나) 기업집단을 사실상 지배하는 자
  다) 나)의 자와 친족 및 직계비속의 배우자의 2촌 이내의 혈족과 그 배우자

② 상기 ①의 본문 또는 가)에 따른 기업의 임원 또는 퇴직임원이 이사장인 비영리법인

③ ① 및 ②에 해당하는 자가 이사의 과반수이거나 재산을 출연하여 설립한 비영리법인

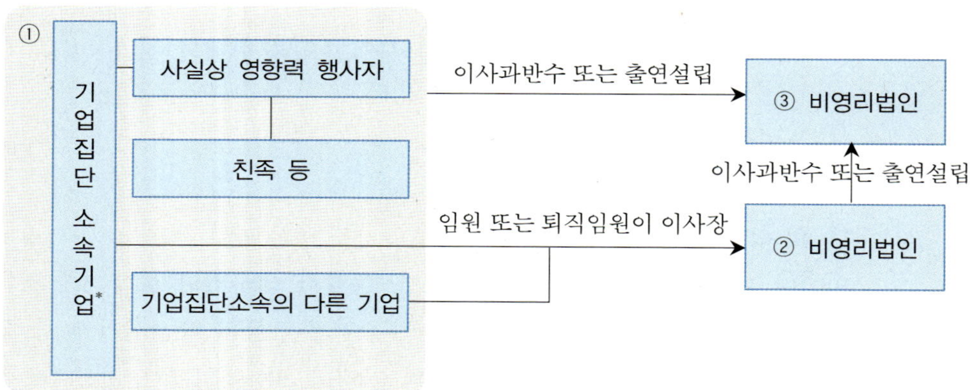

* 독점규제 및 공정거래에 관한 법률 시행령 제3조 각 호의 어느 하나에 해당하는 기업집단에 속하는 계열회사(상증세법 시행규칙 제2조)

---

7) ㉠ 국가·지방자치단체가 재산을 출연하여 설립한 공익법인
㉡ ㉠의 공익법인이 재산을 출연하여 설립한 공익법인
㉢ 공공기관의 운영에 관한 법률상 공공기관이 재산을 출연하여 설립한 공익법인
㉣ ㉢의 공익법인이 재산을 출연하여 설립한 공익법인

3) 초과보유분에 대한 주식 등 처분유예기간

① 초과분 중 50% 이상은 2000년 12월 31일까지

② 나머지는 2001년 12월 31일까지 처분하는 경우에는 가산세를 적용하지 아니한다.

4) 초과보유에 대한 가산세 부과

공익법인이 주식처분 유예기간 경과 후에도 특수관계에 있는 내국법인의 주식을 총자산가액의 30%(회계감사, 전용계좌의 개설·사용, 결산서류 등의 공시를 이행하는 공익법인 등에 해당하는 경우에는 50%[8]) 이상 보유하고 있는 경우에는, 초과하는 주식에 대하여 매 사업연도말 현재 시가의 5%에 상당하는 금액을 가산세로 부과한다.

가산세＝30%(또는 50%) 초과보유주식의 매 사업연도말
현재의 시가×5%

5) 30%(또는 50%)를 초과하는 내국법인의 주식 등의 가액

30%(또는 50%)를 초과하는 내국법인의 주식 등의 가액은 다음의 산식에 따라 계산한다.

각 사업연도 종료일 현재 초과하는 주식 등의 가액
＝Ⓐ－(Ⓑ×30% 또는 50%)

Ⓐ : 이동평균법에 의한 당해 내국법인의 주식 등의 취득가액과 재무상태표상의 가액 중 적은 금액

Ⓑ : 공익법인 등의 총재산(당해 내국법인의 주식 등을 제외함)에 대한 재무상태표상의 가액에 Ⓐ가액을 가산한 가액

---

8) 50% 완화규정은 2009년 1월 1일 이후 개시하는 사업연도분부터 적용한다.

2 출연재산 일정비율 의무사용

2020년까지는 내국법인의 의결권 있는 주식 5%를 초과소유한 성실공익법인이 출연재산가액의 1% 상당액을 직접 공익목적사업에 사용하고 있었으나, 2021년부터는 모든 공익법인으로 확대되었으며, 주식보유비율이 10%를 초과하는 법인에게는 3%가 적용된다.

출연재산가액이라는 말은 수익(사업)용 운용자산을 말하며, 수익용 또는 수익사업용 운용자산에서 1% 이상의 수익을 내서 공익목적사업에 사용하여야 한다는 취지의 규정이라는 견해도 있으나, 수익용(수익사업용) 재산의 일정비율(1% 또는 3%) 상당액을 공익목적사업에 의무적으로 사용하게 함으로써, 수익용(수익사업용) 재산이 많을수록 많은 금액을 공익목적사업에 지출하도록 하는 취지로 봄이 합리적이다.

다만, ① 총자산이 5억원 미만 및 해당 사업연도의 수입금액과 출연재산가액 합계액이 3억원 미만의 공익법인, ② 동일한 내국법인의 의결권 있는 주식 등을 그 내국법인 발행주식총수 등의 5%를 초과하여 보유하고 있지 않은 종교법인, ③ 공공기관은 적용대상에서 제외된다.

참고 | 출연재산 일정비율 의무사용 개정 연혁

<table>
<tr><th>적용 사업연도</th><th>의무사용 대상</th><th>사용 기준금액</th><th>제재규정</th></tr>
<tr><td>2018.1.1 이후~</td><td>성실공익법인</td><td>출연재산가액의 1%(3%)</td><td>기준미달사용액의 10% 가산세 부과</td></tr>
<tr><td>2021.1.1 이후~</td><td>자산 5억원, 수입금액 등 3억원 이상 법인</td><td>출연재산가액의 1%</td><td rowspan="2">• 가산세 부과 동일
• 주식 5% 초과분에 대해 증여세 부과</td></tr>
<tr><td>2022.1.1 이후~</td><td>주식 5% 등 초과보유 법인</td><td>출연재산가액의 1%</td></tr>
</table>

(1) 출연재산가액

직접 공익목적사업에 사용하여야 할 사업연도의 직전 사업연도 종료일 현재 재무상태표 및 운영성과표를 기준으로, 다음 계산식에 따라 계산한 가액을 말한다.

'수익용 또는 수익사업용으로 운용하는 재산(직접 공익목적사업용 재산은 제외)'의 [총자산가액－(부채가액＋당기순이익)]

한편, 총자산가액 중 해당 공익법인이 3년 이상 보유한 유가증권시장 또는 코스닥시장에 상장된 주권상장법인의 주식의 가액은 직전 3개 과세기간 또는 사업연도 종료일 현재 각 재무상태표 및 운영성과표를 기준으로 한 가액의 평균액으로 한다.

(2) 사용 기준금액

출연재산가액의 1%(3%[9])

(3) 의무사용 제외대상 공익법인

의무사용 제외대상 공익법인은 다음과 같다.

① 「상증세법령」 제12조 제1호의 사업을 영위하는 공익법인(종교법인)
② 과세기간 또는 사업연도의 종료일 현재 재무상태표상 총자산가액[10]의 합계액이 5억원 미만이면서 해당 과세기간 또는 사업연도의 수입금액과 그 과세기간 또는 사업연도에 출연받은 재산의 합계액이 3억원 미만인 공익법인
③ 「법인세법 시행령」 제39조 제1항 제1호 바목에 따른 공익법인 중 「공공기관의 운영에 관한 법률」 제4조에 따른 공공기관 또는 법률에 따라 직접 설립된 기관

(4) 의무 미이행시 가산세

아래 산식과 같이 기준금액에서 직접 공익목적사업에 사용한 금액을 차감한 금액의 10%에 상당하는 금액을 그 공익법인 등이 납부할 세액에 가산하여 부과한다.

(사용 기준금액 − 직접 공익목적에 사용한 금액) × 10%

9) 동일 내국법인 주식 등을 발행주식총수 등의 10%를 초과보유하는 경우에는 출연재산가액의 3%
10) 부동산은 상증세법에 의하여 평가한 금액과 장부가액 중 큰 금액

3 주식보유 관련 의무이행 신고의무

(1) 개 요

2021년 1월 1일 이후 개시하는 사업연도분부터는 종전의 '성실공익법인[11] 확인제'가 '주식보유 관련 의무이행 신고제'로 전환되었다. 즉, 종전 주식기준 초과보유 공익법인은 주무관청을 통해 5년마다 관할지방국세청장으로부터 성실공익법인 요건 충족여부를 확인받았으나, 2021년 1월 1일 이후 개시하는 사업연도분부터는 매년 사업연도 종료일로부터 4개월 이내 의무이행 여부를 관할지방국세청장에게 신고하도록 개정되었다. 이 신고를 받은 관할지방국세청장은 의무이행 요건 충족여부를 확인하여 국세청장에게 보고하고, 국세청장은 그 결과를 해당 공익법인의 사업연도 종료일부터 9개월 이내에 해당 공익법인과 주무관청에 통보해야 한다.

2013년부터 2020년까지	2021년 이후
5년마다 성실공익법인 요건 충족여부를 지방국세청장으로부터 확인받아야 함	• 5%를 초과하는 주식을 출연받은 공익법인은 매년 사후관리의무 이행 보고를 지방국세청에 신고하여야 함 • 이행의무 - 운용소득 1년 내 80% 이상 사용 - 출연재산가액의 1% 이상 사용 - 출연자 및 특수관계자의 출연재산 사용 금지 - 이사 구성에서 출연자 및 특수관계자의 비율 20% 이상 금지 - 특수관계법인 광고 홍보 금지 • 이행여부 신고(결산 후 4개월 이내) • 가산세 : 자산총액의 0.5%

11) 성실공익법인이란 2008년에 신설된 제도인데, 동일주식의 5% 보유한도가 10%까지 허용되는 법인으로서, 다음의 다섯 가지를 모두 충족시키는 공익법인을 말한다.
① 운용소득의 80% 이상을 직접 공익목적사업에 사용할 것
② 출연자 및 그 특수관계자가 이사 현원의 5분의 1을 초과하지 않을 것
③ 외부회계감사를 받아야 함
④ 전용계좌를 개설 · 사용하여야 함
⑤ 결산서류 등 공시이행의무를 이행하여야 함

(2) 신고대상 공익법인

공익법인 등의 주식보유 관련 의무이행 신고서를 제출하여야 하는 공익법인은 다음과 같다.

① 동일 내국법인 발행주식총수의 5%를 초과하여 출연받거나 취득한 공익법인
② 특수관계 있는 내국법인 주식을 총재산가액의 30%(50%[12])를 초과하여 보유하는 공익법인
③ 1996년 12월 31일 당시 특정주식 5%를 초과하여 보유한 공익법인으로서 현재까지 해당 주식을 5% 초과하여 보유한 공익법인

(3) 의무이행 요건

신고대상 공익법인이 다음 각 호의 어느 하나에 해당하는 요건을 충족하지 못하면, 주식 초과보유분에 대하여 증여세 또는 가산세가 부과된다.

① 출연재산 운용소득의 80% 이상을 직접 공익목적사업에 사용할 것
② 출연재산가액의 1% 이상을 직접 공익목적사업에 사용할 것 (2022년 1월 1일 이후 개시하는 사업연도분부터 적용)
③ 출연자 또는 그의 특수관계인이 이사의 5분의 1을 초과하지 아니할 것
④ 자기내부거래를 하지 아니할 것
⑤ 상증세법 제48조 제10항에 따른 광고·홍보를 하지 아니할 것

(4) 의무이행 여부 신고방법

신고대상 공익법인은 매년 사업연도 종료일부터 4개월 이내에 아래 서류를 납세지 관할지방국세청장에게 제출하여야 한다.

12) 회계감사, 전용계좌 개설·사용, 결산서류 등 공시의무를 이행한 공익법인

■ 상속세 및 증여세법 시행규칙 [별지 제22호서식] <개정 2022. 3. 18.>

공익법인등의 주식 보유 관련 의무이행 신고서

※ 뒤쪽의 작성방법을 읽고 작성해 주시기 바라며, [ ]에는 해당되는 곳에 √표를 합니다. (앞쪽)

1. 기본사항

사업연도(과세기간): 년 월 일 ~ 년 월 일			
① 공익법인등 명칭		② 사업자등록번호(고유번호)	
③ 대표자		④ 설립연월일	
⑤ 소재지		⑥ 전화번호/팩스	/
⑦ 홈페이지 주소		⑧ 전자우편주소	
⑨ 주무관청명	( )	⑩ 주무관청 부서명	
⑪ 설립근거법		⑫ 공익사업 유형	

2. 계열기업 등에 관한 사항

⑬ 상호출자제한기업집단 여부	여[ ] 부[ ]	⑭ 계열그룹명	

3. 의무이행 여부

의 무	이행여부	
	여	부
가. 출연받은 재산을 수익용 또는 수익사업용으로 운용하는 경우 운용소득의 100분의 80 이상을 직접 공익목적사업에 사용할 것		
나. 출연재산가액에 100분의 1을 곱하여 계산한 금액 이상을 직접 공익목적사업에 사용할 것 (2022.1.1. 이후 개시하는 과세기간 또는 사업연도부터 적용합니다)		
다. 출연자 또는 그의 특수관계인이 이사 현원의 5분의 1을 초과하지 않을 것		
라. 「상속세 및 증여세법」 제48조제3항에 따른 자기내부거래를 하지 않을 것		
마. 「상속세 및 증여세법」 제48조제10항 전단에 따른 광고·홍보를 하지 않을 것		

4. 주식의 의결권 미행사 등 요건충족 여부

가. 출연받은 주식등의 의결권을 행사하지 아니할 것	여[ ] 부[ ]
나. 자선·장학 또는 사회복지를 목적으로 할 것	여[ ] 부[ ]

「상속세 및 증여세법」 제48조제13항 및 같은 법 시행령 제41조의2제7항에 따라 의무이행 신고서를 제출합니다.

년 월 일

신고인 (서명 또는 인)

지방국세청장 귀하

제출서류	1. 해당 공익법인등의 설립허가서 및 정관(최초 신고 시 제출하고, 이후 변경사항이 있는 경우에만 제출합니다.) 2. 「상속세 및 증여세법 시행규칙」 별지 제25호의4서식에 따른 운용소득 사용명세서 3. 「상속세 및 증여세법 시행규칙」 별지 제26호의2서식에 따른 이사등 선임명세서 4. 「상속세 및 증여세법 시행규칙」 별지 제26호의3서식에 따른 특정기업광고 등 명세서 5. 「상속세 및 증여세법 시행규칙」 별지 제31호서식 부표 4에 따른 출연받은 재산의 공익목적사용 현황 6. 「상속세 및 증여세법 시행규칙」 별지 제32호서식 부표 2에 따른 출연자 등 특수관계인 사용수익명세서 ※ 2.~ 6. 서류는 「상속세 및 증여세법」 제48조제5항, 제50조제2항 및 제50조의3제1항에 따라 이미 제출하거나 공시한 경우에는 제출하지 않을 수 있습니다.	수수료 없음
담당공무원 확인사항	법인 등기사항증명서	

210mm×297mm[백상지 80g/㎡ 또는 중질지 80g/㎡]

① 주식 보유 관련 의무이행 신고서
② 해당 공익법인 등의 설립허가서 및 정관
③ 별지 제25호의4서식에 따른 운용소득 사용명세서
④ 별지 제26호의2서식에 따른 이사 등 선임명세서
⑤ 별지 제26호의3서식에 따른 특정기업광고 등 명세서
⑥ 별지 제31호서식 부표 4에 따른 출연자 등 출연받은 재산의 공익목적사용 현황
⑦ 별지 제32호서식 부표 2에 따른 출연자 등 특수관계인 사용수익 명세서

(5) 의무 미이행시 가산세

신고대상 공익법인이 신고하지 아니한 경우에는 신고해야 할 과세기간 또는 사업연도 종료일 현재 그 공익법인 등의 자산총액 0.5%에 상당하는 금액[13]을 가산세로 부과한다.

4 공정거래법상의 공익법인의 의결권 제한

(1) 개 요

2021년 12월 30일부터 상호출자제한기업집단[14] 소속 상증세법상의 공

13) 1억원(중소기업기본법 제2조 제1항에 따른 중소기업인 경우 5천만원)을 한도로 한다. 다만, 고의적으로 위반한 경우는 한도가 없다.

14) 공정거래법상의 용어로서, 대규모기업집단이란 동일 기업집단 소속 국내회사(계열회사)들의 직전 사업연도 재무상태표상의 자산총액(금융·보험회사는 자본금 또는 자본총액 중 큰 금액) 합계액이 5조원 이상인 기업집단을 말하며, 대규모기업집단은 다시 공시대상기업집단과 상호출자제한기업집단으로 나뉜다.

공시대상기업집단은 자산규모 5조원 이상으로서 공시의무(기업집단 현황 공시, 비상장사 주요 사항 공시, 대규모내부거래 공시)와 특수관계인에 대한 부당한 이익 제공 금지 등이 적용된다.

상호출자제한기업집단은 자산규모 10조원 이상의 집단으로서 공시대상기업집단의 적용사항 이외에 추가적으로 상호순환출자 금지, 채무보증 금지, 금융 보험사 의결권 제한 등을 적용받는다.

여기서 기업집단이란 '동일인이 사실상 사업내용을 지배하는 회사의 집단'으로 최소 2

익법인이 취득 또는 소유하고 있는 국내 계열회사 주식에 대한 의결권 행사가 원칙적으로 금지되며, 다만, 예외적으로 공익법인이 100% 지분을 보유한 경우이거나, 임원임면, 정관변경, 합병 및 영업양도(계열사간 합병 및 영업양도 제외) 등 상장 계열사의 중요 안건에 대해서는 적대적 인수합병에 대응할 수 있도록 특수관계인과 합산하여 15% 한도 내[15]에서 의결권을 행사할 수 있도록 허용된다.

(2) 공정거래법 개정 연혁

공익법인의 의결권을 제한하자는 입법안은 2013년 18대 국회부터 제출되었고 19대 국회, 20대 국회에서도 여러 국회의원에 의해 제출되었다. 그러던 중 2020년 정부가 제출한 공정거래법 전면 개정안에 포함되어 국회에서 통과됨으로써 2021년 12월 30일부터 시행되며, 이 개정이 국회를 통과할 수 있게 된 것은 문재인 정부의 공약사항이라는 점이 크게 작용한 것이라고 평가되고 있다. 당시 정부 제출의안의 입법취지는 “공시대상기업집단 소속 공익법인은 별도 규제를 받지 않아 공익법인으로서 조세상 혜택을 받으면서 동일인 등의 기업집단에 대한 지배력 확대 및 사익편취 수단으로 이용될 우려가 있다”는 것이 입법의 배경으로 기술되어 있다.

이와 같은 추진 배경은 대기업집단 소속 공익법인이 세금혜택을 받으면서 총수일가의 지배력 확대 수단으로 이용된다는 우려가 지속적으로 제기되어 공익법인 의결권 제한이 도입되었다고 하나, 상증세법상의 규제와 중복규제라는 비판도 있다.

5 참고 1 : 공익법인의 주식보유에 관한 외국의 규제사례

각 국가마다 처한 사정이 다르고 문제에 대한 대응방식도 차이가 있을

개 이상의 회사로 구성되며, 동일인이란 기업집단을 사실상 지배하는 자로서 자연인 혹은 법인을 지칭한다. 공정거래위원회는 매 사업연도말을 기준으로 대규모기업집단에 소속된 계열사들의 지분율과 재무제표를 제출받아 매년 발표한다.

15) 한도는 2023년에 30%이고 순차적으로 축소하여 2026년에 15%로 한다.

수밖에 없기 때문에, 다른 국가의 입법례에 존재하지 않는다는 것만으로 우리나라에서의 입법에 문제가 있다고 단정할 수는 없으나, 참고로 다른 나라의 규정을 소개한다. 다른 나라에는 우리나라와 같은 의결권 제한 규정은 없다.

미국은 민간재단(private foundation)과 특수관계자가 의결권 있는 주식의 20% 이상을 보유하고 있는 경우 그 초과분에 대하여 연방세(federal excise tax)를 부과하며, 제3자가 회사를 지배하고 있는 경우에는 민간재단의 주식보유 한도가 35%이다. 주식보유 한도를 초과하는 경우에는 민간재단이 주식을 초과보유하는 사유가 발생한 과세연도에 20% 또는 35%를 초과하는 주식 가치의 10%를 과세하고, 일정기간 내에 처분되지 않으면 초과보유주식 가치의 200%를 추가 과세한다. 생전증여나 유증에 의해서 취득한 주식의 처분에 대하여는 5년의 유예기간이 허용되고, 이 기간 동안에는 연방세가 과세되지 않는다(미국의 이런 규제는 1960년대 일부 Private Foundation의 출연자 및 임원들의 문제로 인해, 1969년 세법 개정으로 도입되었으며, 우리나라 상증세법상의 공익법인의 출연자산 사후관리는 미국세법의 내용이나 취지와 거의 유사하다. 다만, 우리나라가 2021년에 도입한 의결권 제한제도는 없다).

캐나다는 미국과 유사하게 민간재단이 20%(특수관계자의 지분 포함)를 초과하여 보유하는 경우 초과분을 일정한 기한 내에 처분할 의무를 규정하고 있으며, 20% 초과분을 기한 내에 처분하지 아니하는 경우 초과보유분 가액의 5%를 가산세로 부과하고, 5년 이내에 다시 20%를 초과보유하는 경우에는 가산세율이 2배로 된다.

일본은 '다른 단체의 의사결정에 관여할 수 있는 주식 기타 내각부령으로 정하는 재산을 보유하고 있지 않을 것'이라는 공익법인 요건이 있으나, 공익법인이 주식보유에 의하여 다른 기업을 실질적으로 지배할 우려가 없는 경우로서 주식취득이 ① 재산의 관리운용인 경우(공개시장을 통하는 등 포트폴리오 운용이 명확한 경우에 한함)와 ② 재단법인의 기본재산으로서 기부된 경우 의결권 있는 주식의 50%까지 주식을 보유할 수 있도록 하고 있다.

독일은 공익법인의 주식 취득 및 보유에 대한 제한을 별도로 하고 있지 않고, 오히려 기업재단을 통한 기업의 영속화를 권장하고 있다(이와 같은 독일의 제도는 독일 기업가들이 기업재단을 만들어 기업의 영속을 도모하면서 사회공헌사업을 수행함에 있어서, 국민들로부터 존경을 받았기 때문이 아닌가 추측된다. 다만, 독일에서도 기업재단을 비판하는 목소리는 있다).

영국, 스웨덴 등 대부분의 유럽 국가는 독일과 마찬가지로 공익단체의 주식보유에 대한 제한이 없다. 북유럽 국가에서는 이른바 기업재단이 몇몇 국가의 최대기업의 지배주주로서의 중요한 역할을 한다. 특히, 덴마크에서는 재단이 지배하는 기업이 주식시장 자본금의 약 70%를 차지하고 있다고 한다.

6 참고 2 : 독일의 공익재단과 사익재단[16)]

독일에서는 많은 기업이 공익재단을 설립하며, 소유권의 사회적 책임이 기업을 공익재단 설립으로 이끌었다고 볼 수 있다.

2007년 9월 세법이 개정되면서 대폭적인 세액공제가 도입되어, 기업재단의 설립이 증가하기도 했다. 공익재단은 법인세, 상속·증여세 대부분이 면제된다. 2007년에 개정된 세법의 내용은 다음과 같다.

- 개인의 연간 과세대상소득의 최고 20%까지 기부금 공제
- 기부금이 연간 과세대상소득의 20%를 초과하는 경우에는 10년간 이월공제
- 신설 및 기존 공익재단의 기본 재산에 대한 기부금은 본인 또는 배우자별로 10년마다 최고 100만 유로까지 기부금 공제
- 기업이 공익재단의 기본 재산에 기부한 금액에 대해 과세대상 수익 금액의 최고 20% 또는 매출액과 임금 합계의 0.4%까지 기부금 공제

공익재단 중에서도 가족기업 출연재단이 차지하는 비율이 높아 공익활동 지출액에서 상위 15위에 들어가는 공익재단으로서 대규모 가족기업이 설립한 재단이 6개에 달하며, 재단의 재산규모로 보면 상위 15개 중 10개 재단이 기업이 설립한 공익재단이다.

---

16) 이 글은 필자가 번역한 독일 100년 기업이야기(한국경제신문사, 2022)의 내용을 일부 수정한 것이다.

(1) 공익재단의 설립 동기

독일의 가족기업이 공익재단을 설립하는 동기는 일반적으로 다음과 같은 목적을 실현하고 문제를 해결하는 데 있다.

- 가족지배와 기업 독립성의 영속화
- 창업자의 경영이념 및 기업문화의 존속
- 후계 경영자의 재산상속 문제 해결
- 회사의 신뢰성 제고
- 상속분할에 따른 가족기업 재산의 분산 방지
- 사회적 공헌
- 종업원의 자부심 고취 및 회사와의 일체화
- 가족지배와 기업지배구조의 통합
- 기업지배구조, 특히 기업윤리의 침투와 준수
- 창업자의 위업을 영구적으로 기념함
- 가족 생활 기반의 유지 및 확보
- 적대적 기업인수 방어
- 상속세, 기타 세금의 절감

상장을 기피하는 가족기업에는 다음과 같은 동기가 추가된다.

- 주주의 단기적 성과 요구 압력이 없는 상태에서 장기적 경영전략 추구
- 상장비용, 공시비용, 주주총회, 기타 기업지배구조 관련 제도나 보고에 관한 비용 불필요
- 적대적 M&A 방어
- 설비투자 등 자금 수요는 유보이익, 사채 등으로 조달가능

압도적 다수인 71%가 재단 설립의 가장 큰 동기가 장기적으로 설립자의 의사가 확실히 실현된다는 점이라고 밝혔다. 그 뒤를 이어 43%가 창업자 사후에 창업자 자신 또는 그 자손이 창업자의 생애 발자취를 사회공헌의 형태로 남길 수 있다는 점을 꼽았고, 41%가 국세기본법에

따른 세금우대 조치를 가장 매력적인 장점이라고 응답했다.

또한 베텔스만공익재단의 조사에 따르면, 가족기업이 공익재단을 설립하는 동기는 대학 또는 기타 교육기관에 대한 연구비 지원 또는 자금 제공 등의 교육지원 때문이라는 응답이 가장 많았고(92%), 두 번째는 종업원 복리후생제도(87%), 세 번째는 환경문제(81%)였다. 또한 독일재단연방협회에 따르면 공익재단 중 가장 많은 재단의 사업 목적은 노동 및 사회 문제(28.8%)였으며 그 밖에 교육·훈련(15.4%), 예술 및 문화(15.4%), 과학 연구(12.4%), 환경문제(42%), 기타(18.6%)로 나타났다.

(2) 재단의 분류

독일의 공익재단 분류는 복잡한데, 다음은 독일의 공익재단을 특성별로 분류한 것이다.

- 공익재단, 사익재단, 공익재단과 사익재단의 혼합 형태인 이중재단
- 민법공익재단과 대체공익재단

1) 공익재단

공익재단이란 국세기본법 제52조와 2007년부터 시행된 개정 국세기본법에 따른 공익성 적격 기준을 충족하는 것으로 인정되어 상속세, 법인세, 소득세 등 여러 세금의 면제·경감 조치 등의 세제우대 조치가 적용되는 재단을 말한다. 적격성 기준인 공익목적은 국세기본법 조항에 과학, 연구, 예술, 교육, 의료 등 25개 항목에 걸쳐 구체적이고 상세하게 예시되어 있다. 이에 비해 사익재단은 개별 가족, 개별 가족기업 등의 사적 목적을 추구하기 때문에 조세우대 조치의 대상이 되지 않는다.

이와 같은 조세우대 조치가 있기에 기업이 설립하는 재단 중 약 95%가 공익재단이다. 공익재단을 설립하고자 하는 자는 재단 설립 신청 전에 재무 및 세무 당국으로부터 공익성을 인정받아야 한다. 구체적으로, 신청자의 정관에 기재된 공익재단의 목적이 국세기본법 규정의 적격성을 가지고 있는지를 심사한다. 공익성이 인정되면 증명서가 교부되며, 신청자가 이를 당해 연방주의 감독기관에 제출함으로써 공익재단의

설립인증 절차가 시작된다. 재단법은 주(州)별로 규정되며, 민법에 따른 재단 설립은 각 주의 감독기관의 인가를 받고 그 감독하에 있게 된다.

공익재단은 공익, 자선, 종교 지원 중 하나 이상의 목적을 가진 단체여야 한다. 공익목적은 '자기의 이익을 도모하지 않고 불특정 다수의 이익 증진을 도모하는 것'이라고 정의된다.

공익재단의 장점은 앞에서 언급한 것과 같으며, 단점으로는 재단의 인가 및 감독을 담당하는 주정부 감독청의 인가 절차, 외부회계감사 등이 있다. 그러나 장점이 이런 단점보다 크기 때문에 대부분의 대규모 가족기업이 공익재단을 선택하고 있다.

영리기업의 재산으로 공익재단이 설립될 때 이를 기업연관형 공익재단이라고 하는데, 이 형태의 공익재단은 다음과 같이 세 가지로 분류된다.

① **주식보유형 공익재단** : 주식보유형 공익재단이란 기업들이 가장 많이 이용하는 형태이며 공익재단 설립회사의 주식, 지분의 일부 또는 전부를 기본 재산으로 보유한다. 공익재단은 배당수입을 재원으로 공익활동을 영위한다. 의결권은 없으며, 있다고 하더라도 5% 정도에 불과하다. 재단이 설립회사의 지배나 경영에는 개입하지 않으며, 반대로 설립회사도 공익재단의 운영이나 활동에 관여하지 않는다. 따라서 상호 독립성이 보장되며, 로베르트보쉬공익재단유한회사(Robert Bosch Stiftung GmbH)[17]를 전형적인 사례로 들 수 있다.

② **기업지배형 공익재단** : 기업지배형 공익재단 형태에서는 기업이나 기업가의 주식 또는 지분의 양출연에 의해 설립된 공익재단이 공익활동을 영위하는 동시에 그 보유 주식 또는 지분에 부여된 의결권으로 설립회사를 지배하거나 경영한다. 이 지배는 설립회사의 감독이사회나 경영이사회의 최고책임자 선임 및 회사의 전략적 결정에 큰 영향력을 행사하는 것을 의미하며, 전형적인 사례로 크루프공익재단을 들 수 있다.

---

17) 보쉬는 유한회사 형태로 공익재단을 설립 · 유지하고 있다. 유한회사 형태를 채택한 것은 민법상의 재단 형태는 정부의 간섭 및 감독이 많아 이를 피하기 위함이었다고 한다.

③ **공익재단회사**: 공익재단 형태로 운영되는 기업을 공익재단회사라고 한다. 즉, '공익재단=사업부문' 또는 '공익재단=설립회사'의 형태를 말한다. 공익재단이 직접 영리기업 부문을 경영하는 형태이다.

이 형태는 영리기업 부문에 대한 지배력이 법적으로도 실제적으로도 최종적인 수준까지 도달한 공익재단이다. 기업의 영리활동보다 사회공헌이 우선한다는 윤리적 이상주의 이념이라고도 할 수 있다. 이런 사례로는 현미경·광학기기 기업인 카를자이스공익재단이 유명하다. 이 공익재단은 자이스와 쇼트라는 두 사업부문을 직접 경영하고 있었는데, 2004년 7월 주식회사로 전환됐다. 주식회사로 전환한 가장 큰 이유는 100여 년 전에 만들어진 공익재단회사와 재단 정관이 오늘날의 경영 환경과 괴리가 커졌기 때문이다. 즉 자본시장에서 공익재단으로 자본을 조달하기가 어렵다는 점, 거래처에 설명을 해야 한다는 점, 경영자 및 종업원의 희박한 영리 관념, 기업이익의 경시 등이 원인이 됐다. 또한 공익재단으로서 사회공헌 목적과 영리기업으로서의 목적이 본질적으로 다르기 때문에 이해상충 관계가 생겼다는 기본적인 요인도 있었다. 요즘 이런 종류의 재단은 합자회사와 혼합되는 형태로 적어도 세 회사가 알려져 있다. 그러나 이점은 거의 없고, 공익재단이 영리사업을 직접 경영함에 따라 공익과 사익이 충돌해 법적으로도 곤란한 상황에 처하기 쉽다.

2) 사익재단

가족재단(Familienstiftung)도 앞에서 설명한 공익 조건을 충족하면 공익재단이 될 수 있으나, 사익재단의 대표적인 예로 거론되는 경우가 많다. 이 재단 형태는 다음과 같은 장점 및 한계를 가지고 있다.

(가) 장 점

① **가족 재산의 유지**: 가장 큰 장점 및 목적은 가족 재산을 일괄 이전함으로써 상속 분할을 방지하고 재산을 유지할 수 있다는 것이다. 가족재단의 재산이 가족의 상속권에서 분리되고 재산분할에서 완전히 보호된다. 가족재단의 구성원에게는 양도권(재단

의 해산권, 주식, 지분을 포함하여 재단 재산을 제3자에게 양도할 권리), 의결권, 감독권, 정보권이 부여되지 않는다.

② **가족에 따른 지배와 경영의 지속성** : 가족이 경영자로서 기업을 영구적으로 지배, 경영할 수 있다. 가족에게 적절한 후계자가 없는 경우에도 경영을 비가족 경영자에게 위임함으로써 기업은 재단 형태로 영구적으로 존속할 수 있다.

③ **가족 재산의 사적 이용** : 재단 재산의 운용수익 및 신규 기부금을 가족이 사적으로 사용할 수 있다. 그 용도는 정관에 명기되는데, 예를 들어 자녀의 교육, 결혼·출산, 경제적 어려움, 친족 묘지의 유지 등의 사유가 생길 때 경제적 지원 등이 있다.

(나) 한 계

이상과 같이 가족재단이 사적 목적으로만 설립되면 당연히 공익재단에 인정되는 세금혜택을 얻을 수 없다. 결과적으로 법인세와 재단 수혜자의 소득에 대해 38%의 세금 부담이 매년 발생한다. 또한 무기한 존속하는 자연인으로 간주되어, 자연인과 마찬가지로 30년을 세대교체 시기로 하여 30년마다 재단의 모든 재산에 대해 상속세 대신 대체상속세(Erbersatzsteuer) 납부 의무가 생긴다. 다만, 이는 일시납부가 아닌 30년간 분할납부가 가능하기 때문에 기업의 자금수지에 미치는 영향은 적다. 그러나 연 이자율 5.5%의 이자가 발생한다.

한편 가족재단이 공익재단으로 활동하는 것이 인정되며, 이 경우 국세기본법에 따른 우대 조치의 대상이 된다.

3) 이중재단

공익재단과 사익재단으로서의 가족재단 등 2개의 재단이 병설되기에 이중재단이라고 부른다. 이중재단은 그 합리성에 비추어 앞으로 크게 발전할 것으로 예상된다.[18] 이중재단으로서 가장 유명한 기업은 보쉬이

18) 이런 이중재단의 형태는 최근 미국의 아웃도어 브랜드 '파타고니아'에서도 도입되었다. 파타고니아의 창업자 이본 쉬나드(83)가 부인과 자녀들이 보유한 약 30억 달러(28일 환율로 약 4조 3,200억원) 규모의 회사 지분을 기후위기 관련 비영리재단(98%)과 신탁회사(2%)에 기부한다고 밝히면서, "파타고니아의 주주는 지구뿐"이라는 메시지를 공개했다. 매스컴 보도에서는 비영리재단(98%)과 신탁회사(2%)에의 기부라고 나와 있으나, 동사의 홈페이지에 올려진 내용을 보면 회사의 의결권주(voting stock) 전부(100%)는 파타고니아

다. 아래에서는 트리포스(TriPos)유한회사의 사례를 들어 설명한다. 트리포스는 독일에서 저가 가구 체인점을 경영하는 가족기업으로 연간 매출이 10억 유로(약 1조 3,000억원)이고, 독일 전국에 지점 85개, 종업원 5,700명을 둔 기업이다. 이 회사 공익재단의 목적은 상업교육을 지원하는 것이며, 쾰른대학교 산학연구소 등에서 산학연구를 하는 청소년들에게 장학금을 지급하고 있다.

트리포스 이중재단의 장점과 한계는 다음과 같이 정리할 수 있다.

(가) 장 점

① **가족기업의 지속성** : 공익재단은 사업회사의 95% 지분을 보유하며, 이에 따른 배당소득으로 공익활동 재원을 확보한다. 그러나 이 지분의 의결권은 5%밖에 안 되므로, 사업회사인 트리포스유한회사에 대한 영향력은 제한적이다. 이와 대조적으로 가족 사익재단은 사업회사에 대해 보유하는 지분은 5%에 불과하나, 의결권이 95%에 달하므로 사업회사를 거의 완벽하게 지배할 수 있다.

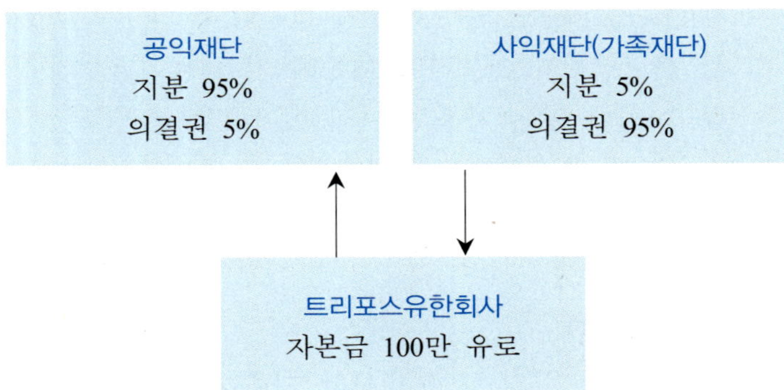

이 형태의 장점은 공익재단 설립을 통해 사업회사의 경영자 자리가 가족에게 승계되지 않더라도 창업자 또는 가족의 이름과 공익사업이 영속성을 가진다는 것이다. 소유자의 후계자가 없거

의 가치를 보호하기 위해 설립한 비영리 트러스트(신탁회사)가 소유하고, 무의결권주(non-voting stock) 전부(100%)는 자연을 보호하고 환경위기를 해결하기 위해 싸우는 비영리단체들을 위해 쓰인다고 되어 있는데, 이도 독일에서 이용되는 이중재단 형태이다.

나 후계자 후보가 후계자로서의 의사가 없는 경우에 유리하다.

② **공익재단과 가족재단의 독립성** : 이중재단의 특성은 목적이 다른 공익재단과 가족재단이 조직적으로 거의 완전히 분리되어 있어, 각각의 독립성과 자유성이 높고, 이해상충의 가능성은 작다는 것이다.

③ **사업회사의 지배와 경영권 유지** : 가족재단을 통해 가족이 사업회사를 지배, 경영할 수 있다. 가족 내에 경영자로서의 후계자가 없는 경우 외부로부터 경영자를 초빙할 수도 있으며, 이 경우 가족은 경영자를 감독할 수 있다. 따라서 폐업 또는 매각 등을 하지 않고 기업을 영속화할 수 있다. 또한 후손들에게 사업승계를 강제하지 않고 인생 설계에서 자유로운 선택을 하게 해 줄 수 있다.

④ **절세** : 가족기업의 자산 대부분을 공익재단에 양도하면, 가족재단만 설립한 경우보다 상속세, 증여세, 기타 절세 효과가 커진다.

⑤ **가족의 생활 기반** : 가족재단에 의해 가족과 그 자손의 생계가 보장되거나, 국세기본법에 따라 공익재단 수익의 3분의 1은 가족이 합리적인 생활 수준을 유지하는 데 이용할 수 있다.

⑥ **종업원의 동기부여와 자부심 고취** : 종업원에게 동기가 부여된다. 사주 가족의 이익을 위해 일하는 것이 아니라 간접적이기는 하지만 공익재단을 통해 사회적 복지를 위해 기여한다는 의식이 생기기 때문이다. 이는 자부심의 원천이 될 수 있다.

(나) 단 점

2개의 조직이 필요하므로 설립 및 관리가 복잡하고 비용이 든다.

4) 민법공익재단

독일의 재단은 법인격의 유무에 따라 두 가지로 나뉜다. 민법과 각 연방주 고유의 재단법에 따른 재단은 민법에 의해 법인으로서의 권리와 의무를 가지므로, '민법공익재단'이라고 불린다.

'대체공익재단'은 재단으로서의 법인격을 가지지 않아 법인격이 없는 재단 또는 비독립재단이라고 불린다. 기업이 공익재단을 설립할 때 민법재단, 민법에 의하지 않는 대체재단의 형태 중에서 선택할 수 있다. 그러나 민법재단이 압도적으로 많은데, 그 이유는 다음과 같다.

(가) 장 점

① **가족 재산의 지속성 :** 가족 재산이 무기한 존속하고 그 재산 가치가 유지된다. 설립자의 가족 또는 다른 이해관계자에 의한 재단 재산의 감소가 생기지 않는다.

② **설립자 의지의 확실한 실현 :** 설립자의 의지와 목적이 정관에 명시되는데, 이를 변경하려면 공적 감독기관의 동의를 구해야 하므로 원칙적으로 극히 어렵다. 또한 재단의 해산도 자금 부족으로 인한 파산 등 중대한 사유를 제외하고는 허용되지 않는다. 따라서 창립자의 의지와 목적이 생전과 사후에도 확실하게 실현될 수 있다.

③ **공적 감독기관에 따른 공정한 감독 :** 공적 감독기관이 정관 규정의 준수 및 재단 조직에 대한 감독을 지속적으로 실시한다. 즉, 설립자의 의사에 따른 공익재단의 존속과 운영이 공적 감독기관에 의해 보장된다.

④ **설립자 친척의 재단 수익 이용 :** 가족기업을 대상으로 하는 흥미로운 규정인데, 공익재단의 설립자 및 친인척은 국세기본법 제58조 제5항에 따라 재단 소득에서 기본 재산의 관리비용을 차감한 잔액의 3분의 1을 한도로 설립자 가족의 적절한 생활 수준 유지, 묘지의 보전 및 추모에 사용할 수 있다.

(나) 한 계

민법재단은 인가를 위한 절차와 인가 후 감독관청의 감독, 공익재단의 정관 변경이 어렵다는 것이 단점이다(민법재단의 한계는 뒤에서 설명하는 대체재단의 장점이 된다). 그러나 공익재단 설립자가 사망한 후에도 제3자 또는 국가에 의해 그의 설립 의사가 영원히 유지된다는 점이 민법재단의 가장 큰 장점이며, 이에 따라 대부분의 공익재단이 민법재단으로 설립되고 있다.

5) 대체공익재단

대체공익재단은 설립하는 모체 기업 조직의 일부로, 그 법적 형태에 상응하는 상호가 사용되며, 그 정관에 따라 운영된다. 로베르트보쉬공익재단유한회사가 전형적인 예다. 왜 유한회사가 공익법인이 될 수 있는지에 대해 독일재단연방협회 담당자에게 질문한 결과, '금지되어 있지 않기 때문'이라는 답변을 받았다. 비슷하게 로베르트보쉬공업신탁합자회사도 신탁회사가 실질적으로 재단인 대체재단이다.

독일 재단의 법적 형태는 매우 유연해서 민법공익재단의 세 가지 요건인 재단 목적, 재단 재산, 재단에 유사한 내부기관을 갖추면 회사법 또는 신탁법에 따라서도 공익재단을 설립할 수 있다. 대체재단은 민법을 '대체(Ersatz)'하는 법률, 예컨대 주식법, 신탁법 등의 법률에 따라 설립된 공익재단이다. 따라서 민법상 공적 감독기관에 의한 인가, 감독의 대상이 되지 않는다.

유한회사(GmbH)의 경우 GmbHg, gGmbH, GmbHG 등으로 공익목적(gemeinnützlich)을 나타내는 g 또는 G가 어두 또는 어미에 표시된다. 다만, 보쉬공익재단은 워낙 유명해서 이런 표시가 없다. 독일에는 유한회사 형태의 재단이 100개 정도 있다고 한다. 유사하게 공익재단주식회사, 공익재단을 무한책임출자자로 하는 공익재단합자회사도 있지만 그 수는 많지 않다. 또한 공익재단 유럽주식회사도 가능하며, 그 밖에 기타 등기사단 공익재단 등도 공익(gemeinnützig)이라는 형용사를 항상 표기하면 공익재단이 될 수 있다.

한편 신탁계약에 따른 공익신탁재단도 있다. 독일에서는 소액 자금으로 설립된 공익재단의 형태로 이용되며, 3만 5,000개에서 4만 개 정도 있는 것으로 추정된다.

대체재단은 다음과 같이 민법재단이 가지지 않은 다양한 장점이 있어 널리 이용되고 있다. 장점과 한계를 정리하면 다음과 같다.

(가) 장 점

① **신속하고 간단한 설립 :** 민법재단이 아니기 때문에 공적 감독기관의 인증절차가 필요 없으며 신속한 설립이 가능하다.

② **공적 감독기관 감독의 비적용 :** 민법재단이 아니기 때문에 공적 감독기관의 감독이 없다.

③ **정관 변경이 쉬움** : 정관 변경은 설립기업의 법적 형태에 따라 출자자총회에서 할 수 있으며, 공적 감독기관의 승인은 필요 없다. 이런 장점은 장기간 존속하는 공익재단이 시대에 따른 환경변화에 대응하는 데 특히 중요하다.

④ **자본금의 변경 및 해산 용이** : 재단 재산으로서의 자본의 증감도 자유로우며, 재단을 해산하는 것도 쉽다.

⑤ **세제혜택 이용가능** : 공익재단으로서 민법공익재단과 동일한 세제혜택을 얻을 수 있다.

(나) 한 계

한계는 위 장점을 반대로 생각하면 된다. 정관의 변경이 용이하기 때문에 설립자의 의사가 사후에 영원히 완전하고 확실하게 실현되지 못할 가능성이 있다. 또한 공적 감독기관을 대신하여 대체재단의 활동을 집행하고 감독할 기관이 설치될 필요가 있다.

Chapter

15

비영리법인의 원천징수 - 소득세 및 4대 보험

1 소득세 개요

우리나라의 소득세(income tax)는 개인소득세와 법인소득세로 법이 나누어져 있다. 개인의 소득에 대하여는 (개인)소득세 납세의무가 있고, 법인의 소득에 대한 법인(소득)세 납세의무가 있다.

소득세는 비영리법인이 내는 세금이 아니라, 비영리법인에서 근무하는 임직원들에게 지급하는 급여나 상여 또는 퇴직금과 비상근 이사들에게 지급하는 이사회 참석 사례비에 대하여 비영리법인이 원천징수하여야 하는 것과 관련된 세금이다. 즉, 비영리법인에서 근무하는 임직원들이 받는 급여, 상여, 퇴직금 등 소득에 대하여 납부하여야 하는 세금이다.

(1) 납세의무자 – 거주자 vs. 비거주자

소득세 납세의무자는 소득이 있는 개인이며, 거주자인지 또는 비거주자인지의 구분에 따라 과세대상소득의 범위가 다르다. 국내에 주소 또는 183일 이상 거소를 둔 개인은 거주자로서, 국내 및 국외에서 발생한 모든 소득에 대해 납세의무를 가지며, 비거주자는 국내에서 발생한 소득에 대해서만 납세의무를 가진다. 즉, 소득세, 상속세 및 증여세는 거주자 및 비거주자의 구분에 따라 과세대상소득의 범위가 다르며, 국적에 의하여 구분되지는 않는다. 거주자 및 비거주자의 구분이 매우 중요한데, 비영리법인에서 종사하는 임직원들은 대부분 거주자이기 때문에 거주자 및 비거주자 구분에 관한 상세는 생략한다.

(2) 과세대상소득

법인세는 이른바 '순자산증가설'에 따라 기초순자산과 기말순자산을 비교하여 증가한 순자산이 법인세 과세소득이 되어 법인이 획득한 모든 소득에 대하여 법인세가 과세되는 반면, 소득세는 '소득원천설'이라는 것을 채택하여 소득세법에서 열거하고 있는 소득에 대하여만 소득세가 과세된다. 다만, 대부분의 소득은 소득세 과세소득으로 규정되어 있다. 소득세가 과세되지 않는 소득의 예로는 소액주주들의 상장주식 매매차익을 들 수 있다.

(3) 소득세 과세연도

법인세는 법인이 선택한 사업연도(Fiscal Year)에 따라 과세연도가 달라진다. 예를 들어 사업연도를 12월말로 종료하는 법인은 1월 1일부터 12월 31일까지의 기간에 대하여, 3월말에 종료하는 법인은 4월 1일부터 그 다음해 3월 31일까지의 기간에 대하여 법인세를 신고납부하여야 한다. 그러나 개인은 모두 1월 1일부터 12월 31일까지 1년간 소득에 대해 소득세를 신고하고 납부할 의무가 있다.

(4) 소득세 과세대상소득의 구분

소득세 과세대상소득은 크게 종합소득, 퇴직소득, 양도소득의 3가지로 구분되고, 종합소득은 다시 이자소득, 배당소득, 사업소득, 근로소득, 연금소득, 기타소득의 6개로 구분된다.

퇴직소득, 양도소득을 종합소득에 합산하지 않고 별도로 구분한 것을 '분류과세'라고 하는데, 퇴직소득과 양도소득을 종합소득에 합산하

과세대상소득과 과세방법

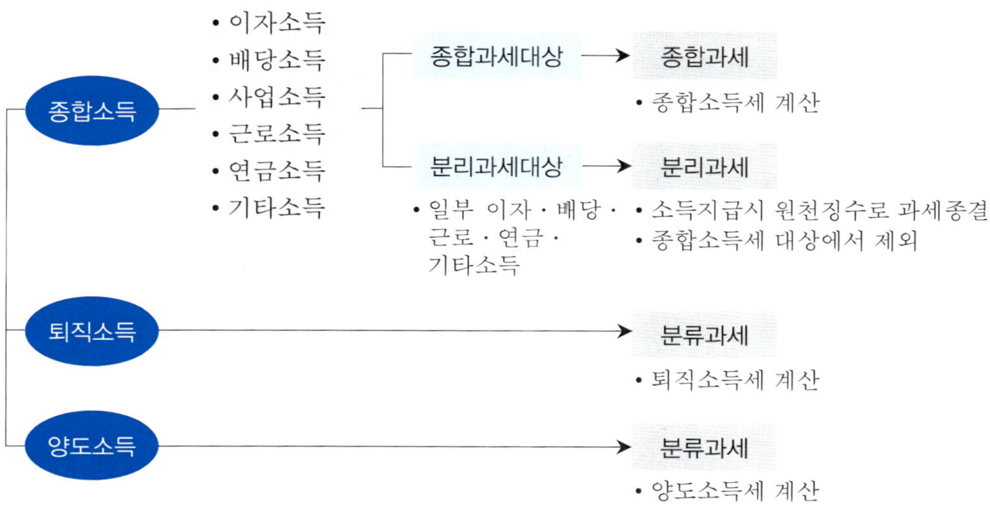

지 않고 별도로 소득세를 계산하도록 하는 이유는 퇴직소득이나 양도소득이 매년 통상적으로 발생하지 않는 소득이기 때문이다.

한편, 종합소득에 해당하는 소득 중 일용근로자의 근로소득, 연간 2천만원 이하의 이자 및 배당소득, 연간 300만원 이하의 기타소득금액은 소득지급시점에서의 원천징수로 과세가 종결되고(분리과세), 종합소득세 과세대상에 합산되지 않는다.

소득세 과세구조

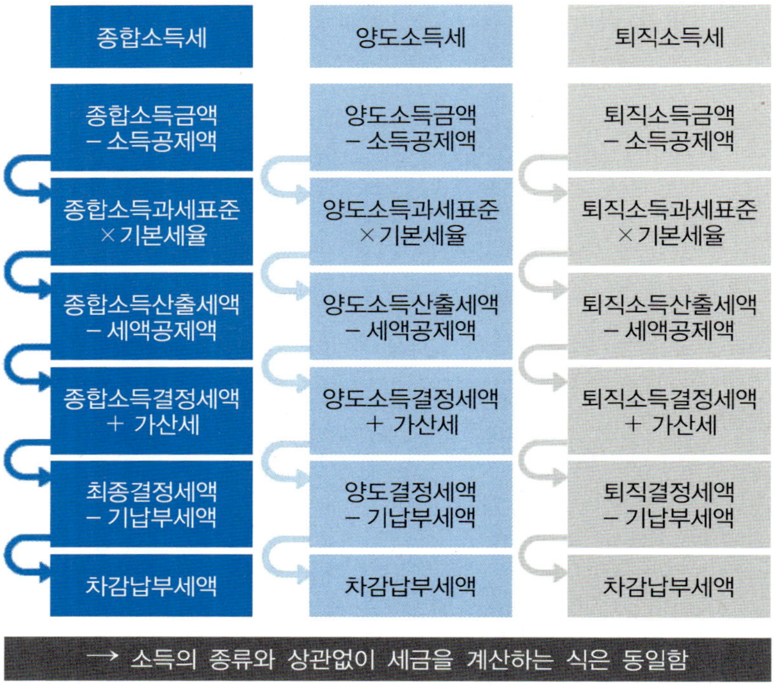

종합소득, 양도소득, 퇴직소득은 각각 위 그림과 같은 구조로 소득세가 계산되는데, 이하에는 주로 종합소득에 관하여 살펴본다.

(5) 종합소득금액

1) 총수입, 비과세소득, 분리과세소득

이자소득, 배당소득, 사업소득, 근로소득, 연금소득, 기타소득 6개의 종합소득별로 소득세가 비과세되는 소득과 분리과세되는 소득은 종합소득금액에 합산되지 않는다.

근로소득 중 비과세소득으로는 일직료, 숙직료, 여비(실비변상 정도의 금액), 연구보조비 또는 연구활동비 중 월 20만원 이내의 금액, 국가·지방자치단체가 지급하는 보육교사 처우개선비 등, 취재수당·벽지근무수당·지방이전지원금 중 월 20만원 이내의 금액, 종업원의 소유차량을 종업원이 직접 운전하여 업무수행에 이용하고 출장여비 등을 받는 대신에 정해진 지급기준에 따라 받는 월 20만원 이내의 자기차량운전보조금 등이 있다.

2) 소득과 소득금액의 차이, 필요경비

먼저 우리나라 소득세법상 소득과 소득금액의 용어차이를 소개한다. 소득금액은 총수입금액에서 그 수입금액을 벌어들이기 위하여 지출된 필요경비를 차감하여 계산한다. 즉, 6개의 소득별로 과세대상 총수입금액에서 필요경비를 차감한 금액을 '**소득금액**'이라고 한다. 환언하면, 소득이라는 용어는 필요경비를 차감하지 않은 소득을 말하고, 소득금액이란 필요경비를 차감한 금액을 말한다.

각 소득에서 차감하는 필요경비란 그 소득을 얻기 위해 소요된 경비를 말하는데, 사업소득이나 기타소득에서는 필요경비라는 용어를 사용하는 반면, 근로소득이나 연금소득에서는 **근로소득공제, 연금소득공제**라고 하면서, 각 개인이 근로소득이나 연금소득을 얻기 위해 실제로 소요된 경비를 차감하는 것이 아니라 세법에서 모든 개인에게 일률적으로 적용하는 **표준공제금액**을 적용한다. 사업소득의 필요경비는 원칙적으로 사업자가 장부를 작성하여 사업수행에 소요된 실제 경비를 말하는데, 소규모 사업자에게는 **기준경비율** 등의 특례가 적용된다.

그리고 우리나라 소득세법상 이자나 배당은 그 소득을 획득하기 위한 필요경비를 인정하지 않으며, 이자·배당소득을 우리나라 소득세법에서는 금융소득이라고 하고, 외국에서는 수동적 소득(Passive Income)이라고 한다. 배당소득은 필요경비가 인정되지 않으나, **배당가산액**이라는 것이 배당액에 가산되어 배당소득금액이 산출되는데, 이는 법인단계에서 부담한 법인세 상당액을 배당소득에서 차감하기 위하여, 즉 **이중과세**를 해소하기 위한 것이다.

(비과세 · 분리과세 소득 제외)
이자소득 : 총수입금액 － 0 ＝ 이자소득금액
배당소득 : 총수입금액 ＋ 배 당 가 산 액 ＝ 배당소득금액
사업소득 : 총수입금액 － 필 요 경 비 ＝ 사업소득금액
근로소득 : 총 급 여 액 － 근로소득공제 ＝ 근로소득금액
연금소득 : 총 연 금 액 － 연금소득공제 ＝ 연금소득금액
기타소득 : 총수입금액 － 필 요 경 비 ＝ 기타소득금액
── 종합소득금액

3) 근로소득공제금액

근로소득은 실제 소요된 필요경비를 확인하는 것이 어렵기 때문에, 실액공제를 허용하지 않고 당해 근로소득을 얻기 위하여 통상 소요되리라고 예상되는 표준적인 금액을 공제하는 필요경비의 표준공제만을 허용하는데, 이것을 근로소득공제라 한다. 2022년 소득에 적용되는 근로소득공제금액은 다음과 같이 총급여액 구간에 따라 공제비율이 차등적으로 적용되며, 공제한도는 2,000만원이다.

총급여액 구간	근로소득공제금액
500만원 이하	총급여액의 70%
500만원 초과 1,500만원 이하	350만원＋(총급여액－500만원) ×40%
1,500만원 초과 4,500만원 이하	750만원＋(총급여액－1,500만원)×15%
4,500만원 초과 1억원 이하	1,200만원＋(총급여액－4,500만원)× 5%
1억원 초과	1,475만원＋(총급여액－1억원) × 2%

예를 들어, 총급여가 3,380만원인 경우 근로소득공제금액과 근로소득금액은 다음과 같으며, 이 근로소득금액은 부녀자추가공제 요건, 기부금공제한도, 중소기업창업투자조합출자, 소기업/소상공인 공제부금소득공제한도 등의 계산에 사용된다.

근로소득공제금액 : 750만원＋(3,380만원－1,500만원)×15%＝1,032만원
근로소득금액 : 3,380만원－1,032만원＝2,348만원

(6) 소득공제와 과세표준

종합소득금액이 산출되면 기본공제, 추가공제, 연금보험료공제 등 소득공제를 차감하여 과세표준이 계산되고, 이 과세표준에 소득세율을 곱하여 소득세가 산출된다. 그 뒤, 세액공제나 세액감면이 차감되고, 가산세가 추가되어 실제 납부할 소득세가 계산된다.

종합소득금액	
− 소득공제	인적공제 연금보험료공제 특별소득공제 기타공제
종합소득과세표준	세율(6~45%)
산출세액	
− 세액공제 · 세액감면	특별세액공제 기장세액공제 외국납부세액공제 자녀세액공제 재해손실세액공제 배당세액공제 근로소득세액공제 기부금세액공제 전자신고세액공제 성실신고확인비용 세액공제 중소기업특별세액감면 등
+ 가산세	무신고가산세 과소(초과환급)신고가산세 납부(환급)불성실가산세 증빙불비가산세 무기장가산세 등
− 기납부세액	중간예납세액 수시부과세액 원천징수세액 등
납부(환급)할 세액	

1) 소득공제

소득공제는 크게 인적공제(기본공제, 추가공제), 연금보험료공제, 특별소득공제(보험료공제, 주택자금공제), 기타공제(신용카드 등 사용공제, 개인연금저축공제, 소상공인 공제부금공제, 우리사주조합출연금공제, 중소기업창업투자조합출자 등 소득공제, 고용유지 중소기업 근로자, 장기집합투자증권저축 소득공제)의 4가지로 구성되며, 아래에서는 인적공제만 살펴본다.

2) 인적공제

인적공제란 다양한 소득공제항목 중 가장 기본적인 공제항목으로, 크게 기본공제와 추가공제로 나뉘며, 조건에 해당하는 부양가족이 있는 경우, 해당하는 사람 수만큼 공제하기 때문에 인적공제라고 한다. 이 기본공제는 근로자의 한 해 동안의 근로소득 수입 중 본인과 배우자, 자녀 등 생계를 같이하는 부양가족을 위해 지출한 '최저생계비'에 대해서만큼은 소득세가 부과되지 않도록 공제한다는 취지에서 생긴 것이라 할 수 있다. 그리고 기본공제를 받는 대상에 한하여 경로우대자공제, 장애인공제, 부녀자공제, 한부모공제 등의 추가공제 여부를 판단하여 추가공제가 적용된다.

기본공제

소득공제		검토사항	적용대상	공제금액
기본공제	본인공제		모든 거주자	150만원
	배우자공제	• 근로자가 국내 거주자인가? • 호적상 배우자인가? • 배우자 연간소득금액이 100만원 이하(근로소득만 있는 경우 총급여액 500만원 이하)인가?	• 거주자인 근로자 • 호적상 배우자 • 배우자의 연간소득금액이 100만원 이하(근로소득만 있는 경우에는 총급여액 500만원 이하)	150만원
	부양가족공제	• 근로자가 국내 거주자인가? • 직계존비속 등 일정한 관계에 있는 사람인가? • 생계를 같이하는가?(질병, 취학, 근무상 형편으로 일시퇴거한 경우 포함) • 연간소득금액이 100만원(근로소득만 있는 경우 총급여액 500만원 이하)인가? • 60세 이상 또는 20세 이하인가?(장애인, 기초생활수급자는 적용 제외)	• 거주자인 근로자 • 직계존비속, 형제자매, 입양자, 위탁아동 • 생계를 같이하는 자(질병, 취학, 근무상 형편으로 일시퇴거한 경우 포함) • 연간소득금액이 100만원(근로소득만 있는 경우 총급여액이 500만원 이하) • 나이제한(장애인은 미적용) 60세 이상 혹은 20세 이하	1명당 150만원

추가공제

<table>
<tr><th colspan="2">소득공제</th><th>검토사항</th><th>적용대상</th><th>공제금액</th></tr>
<tr><td rowspan="4">추가공제</td><td>경로우대자 공제</td><td>• 근로자가 국내 거주자인가?(비거주자의 경우 본인에 대한 공제만 가능)
• 기본공제대상 배우자 또는 부양가족에 해당하는가?
• 70세 이상인가?</td><td>기본공제대상자 중 70세 이상인 대상자가 있는 경우</td><td>1명당 100만원</td></tr>
<tr><td>장애인공제</td><td>• 근로자가 국내 거주자인가?(비거주자의 경우 본인에 대한 공제만 가능)
• 기본공제대상 배우자 또는 부양가족에 해당하는가?
• 장애인, 상이자 또는 중증환자에 해당하는가?</td><td>기본공제대상자 중 장애인이 있는 경우</td><td>1명당 200만원</td></tr>
<tr><td>부녀자공제</td><td>• 근로자 본인이 종합소득금액이 3천만원 이하인 거주자인가?
• 배우자가 있는 여성근로자인가?
• 배우자가 없는 여성근로자로서 기본공제대상 부양가족이 있는 세대주인가?</td><td>• 근로자 본인이 종합소득금액이 3천만원 이하
• 배우자 있는 여성근로자이거나 배우자 없는 여성근로자로서 기본공제대상 부양가족이 있는 세대주</td><td>50만원</td></tr>
<tr><td>한부모소득 공제</td><td>• 배우자가 없는 거주자인가?
• 기본공제대상자인 직계비속 또는 입양자가 있는가?(위탁아동은 미포함)</td><td>• 배우자가 없는 거주자로서 기본공제대상자인 직계비속/입양자가 있는 경우</td><td>100만원</td></tr>
</table>

* 부녀자공제와 한부모공제가 중복되는 경우는 한부모공제 적용

(7) 소득세율

2022년에 적용되는 소득세율은 다음과 같으며, 소득세 과세표준이 3천만원일 때 소득세는 30,000,000원(과세표준)×15%(세율)－1,080,000원(누진공제액)＝3,420,000원으로 계산된다.

과세표준	세 율	누진공제
12,000,000원 이하	6%	−
12,000,000원 초과 46,000,000원 이하	15%	1,080,000원
46,000,000원 초과 88,000,000원 이하	24%	5,220,000원
88,000,000원 초과 150,000,000원 이하	35%	14,900,000원
150,000,000원 초과 300,000,000원 이하	38%	19,400,000원
300,000,000원 초과 500,000,000원 이하	40%	25,400,000원
500,000,000원 초과 1,000,000,000원 이하	42%	35,400,000원
1,000,000,000원 초과	45%	65,400,000원

세액공제나 감면세는 내용이 많고, 각 개인별로 적용되는 것에 차이가 있어 설명을 생략한다.

(8) 종합소득세 신고

이자소득, 배당소득, 사업소득, 근로소득, 연금소득 및 기타소득 등의 소득이 있는 개인은 이를 합산하여 다음 해 5월중에 종합소득세를 신고하고 납부할 의무가 있다. 다만, 근로소득만 있고 다른 종합소득이 없으며, 근로소득 연말정산을 했으면 종합소득세 신고의무가 없다.

2 원천징수

(1) 원천징수란?

원천징수란 소득자가 자신의 세금을 직접 납부하지 아니하고, 원천징수대상소득을 지급하는 원천징수의무자(국가, 법인, 개인사업자, 비사업자 포함)가 소득자로부터 세금을 미리 징수하여 세무당국(국세청)에 납부하는 제도를 말하며, 지방세법에서는 특별징수라는 용어를 사용하고 있다. 즉, 실무적으로는 급여 등을 지급하는 비영리법인이 소득세, 지방소득세 및 4대 보험을 차감하여 세무서 등에 납부하는 것을 말한다.

(2) 원천징수대상소득

원천징수대상소득은 그 소득의 귀속자가 개인인지 법인인지에 따라 다르다. 개인이 받는 종합소득(이자소득, 배당소득, 사업소득, 근로소득, 연금소득, 기타소득)과 퇴직소득이 원천징수대상소득이며, 법인이 받는 소득은 이자와 배당소득 중 집합투자기구로부터의 이익 중 투자신탁의 이익만 원천징수대상소득이다. 한편 비거주자나 외국법인에 대하여는 소득세법 및 법인세법에서 원천징수대상소득이 정하여져 있고, 그 소득귀속자의 국가와 체결한 조세조약의 내용에 따라 원천징수 여부 및 원천징수세율을 판단하여야 한다.

<table>
<tr><th colspan="2">적용대상</th><th>대상소득</th><th>납부 세목</th><th>법 령</th></tr>
<tr><td rowspan="2">개인</td><td>거주자</td><td>이자소득, 배당소득, 사업소득, 근로소득, 연금소득, 기타소득(종교인소득 포함), 퇴직소득</td><td rowspan="2">소득종류에 따라 달라짐 (근로소득세, 퇴직소득세 등)</td><td rowspan="2">소득세법</td></tr>
<tr><td>비거주자</td><td>국내원천소득 중 원천징수대상소득(이자소득, 배당소득, 부동산소득, 선박 등의 임대소득, 사업소득, 인적용역소득, 근로소득, 퇴직소득, 연금소득, 토지건물의 양도소득, 사용료소득, 유가증권양도소득, 기타소득)</td></tr>
<tr><td rowspan="2">법인</td><td>내국법인</td><td>이자소득, 배당소득(집합투자기구로부터의 이익 중 투자신탁의 이익에 한정)</td><td rowspan="2">법인세</td><td rowspan="2">법인세법</td></tr>
<tr><td>외국법인</td><td>국내원천소득 중 원천징수대상소득(이자소득, 배당소득, 부동산소득, 선박 등의 임대소득, 사업소득, 인적용역소득, 토지건물의 양도소득, 사용료소득, 유가증권양도소득, 기타소득)</td></tr>
</table>

(3) 원천징수 제외 및 배제

아래와 같은 원천징수 제외, 배제 또는 소액부징수에 해당하면 소득세 등의 원천징수를 하지 아니한다.

1) 원천징수 제외

- 소득세(법인세)가 과세되지 아니하거나 면제되는 소득
- 과세최저한(건별 기타소득금액 5만원 이하 등) 적용 기타소득

2) 원천징수 배제

원천징수대상소득을 지급하면서 원천징수를 하지 않았으나 해당 소득자가 그 소득금액을 이미 종합소득 또는 법인세 과세표준에 합산하여 신고하였거나 과세관청에서 소득세 등을 부과 · 징수한 경우 원천징수세액을 납부할 필요는 없다. 그러나 원천징수 등 납부지연가산세 부과대상이며, 또한 원천징수대상소득에 대해 원천징수 여부와 관계없이 지급명세서 제출대상이기 때문에, 지급명세서 미제출가산세 적용대상이다.

3) 소액부징수

소득세 또는 법인세를 원천징수함에 있어서 당해 세액이 1,000원 미만인 때는 원천징수를 하지 아니하나, 거주자에게 지급되는 이자소득의 경우 당해 소득에 대한 원천징수세액이 1,000원 미만이더라도 원천징수를 하여야 하며, 일용근로자에게 일당을 한꺼번에 지급하는 경우 소득자별 지급액에 대한 원천징수세액 합계액을 기준으로 소액부징수 대상 여부를 판단한다.

(4) 원천징수시기와 납부시기

원천징수시기는 원칙적으로 원천징수의무자가 원천징수대상소득금액 또는 수입금액을 지급하는 때 징수하고, 다음 달 10일까지 납부하여야 한다. 다만, 일정시점까지 지급하지 아니한 경우 '원천징수시기 특례'가 적용되어 특례 적용시기에 지급한 것으로 보아 원천징수한다. 이 원천징수시기 특례는 근로소득, 이자소득, 배당소득, 사업소득, 기타소득, 퇴직소득별로 정하여져 있는데, 근로소득과 퇴직소득의 원천징수시기 특례는 다음과 같다. 즉, 근로소득이나 퇴직소득을 지급하지 않았다고 하더라도, 12월말 또는 다음 해 2월말에 지급한 것으로 보아 원천징수세액을 납부하여야 한다.[19]

근로소득	퇴직소득
• 1월부터 11월까지 근로소득을 12월 31일까지 지급하지 않은 경우 → 12월 31일 • 12월분 근로소득을 다음연도 2월 말일까지 지급하지 않은 경우 → 2월 말일	• 1월 ~ 11월 퇴직자의 퇴직소득을 12월 31일까지 미지급 → 12월 31일 • 12월 퇴직자의 퇴직소득을 다음연도 2월 말일까지 미지급 → 2월 말일

(5) 원천세 반기 납부제도

이 제도는 원천세를 매월 신고하고 납부하는 대신, 상반기, 하반기에 각각 한 번씩만 신고 · 납부하면 되는 제도를 말하며, 적용받기 전에 홈택스에서 온라인으로 신청하거나 사업장 관할세무서에서 서면으로 신청하여야 한다. 이 제도의 적용대상은 신청일이 속하는 반기의 매월 말일을 기준으로 상시 고용 평균 인원이 20명 이하인 사업장이며, 상반기에 신청하면 하반기부터, 하반기에 신청하면 다음해 상반기부터 반기별 납부가 적용된다.

이 제도를 신청한 20명 이하의 소규모 사업장은 매월 급여 등을 지급할 때, 직원들의 급여에 대하여 소득세 등을 원천징수하나, 세무서에의 신고 및 납부는 6개월에 한 번 함으로써 관련 업무를 간소화할 수 있다.

(6) 지방소득세 특별징수

원천징수의무자가 소득세 · 법인세를 원천징수한 경우 지방소득세도 같이 특별징수하여, 지방세 당국에 신고납부하여야 한다. 종전에는 소득세 원천징수와 지방소득세 원천징수를 관할세무서에 일괄하여 신고납부할 수 있었으나, 현재는 각각 별도로 신고납부하여야 한다.

19) 여담이지만, 우리나라 소득세법에서 소득의 실현시기를 현금주의로 하고 있는지, 발생주의로 하고 있는지의 명문규정이 없는데, 근로소득이나 퇴직소득은, 이와 같은 원천징수시기 특례규정에 비추어 볼 때 발생주의를 택하고 있다고 할 수 있다. 이에 비하여, 이자소득 등은 지급시점에 따라 귀속연도를 판단하고 있어, 현금주의를 택하고 있다고 할 수 있다.

3 지급명세서 제출

(1) 지급명세서 제출기한

원천징수의무자는 1년간 원천징수대상소득의 원천징수한 내역을 이자소득, 사업소득, 근로소득, 기타소득,[20] 퇴직소득 등 소득별로 아래의 제출기한까지 국세청에 지급명세서를 제출하여야 한다. 이 지급명세서는 전자제출이 원칙이며, 국세청 홈택스에서 제출하여야 한다.

지급명세서를 기한 내에 제출하지 아니하였거나, 제출된 지급명세서가 불분명[21]하거나 기재된 지급금액이 사실과 다른 경우, 제출하지 아니한 지급금액 또는 불분명한 지급금액의 1%(일용근로소득 · 간이지급명세서 0.25%)를 결정세액에 가산하여 납부하여야 한다.

구 분	소득지급시기	제출기한	가산세 50% 경감 기한
근로 · 퇴직 · 사업 · 기타(종교인소득)	1월 ~ 12월	다음연도 3월 10일	다음연도 6월 10일
일용근로소득	1월 ~ 12월	지급일이 속하는 달의 다음달 말일	제출기한이 지난 후 1개월 이내

20) 소득금액 건별 5만원 이하 등 과세최저한이 적용되는 기타소득은 지급명세서 제출대상에서 제외되나, 다음의 경우 과세최저한이 적용되더라도 지급명세서를 제출하여야 한다.
- 문예 · 학술 · 미술 · 음악 또는 사진에 속하는 창작품 등의 원작자로서 받는 원고료, 저작권사용료인 인세(印稅) 및 미술 · 음악 또는 사진에 속하는 창작품에 대하여 받는 대가
- 고용관계 없이 다수인에게 강연을 하고 강연료 등 대가를 받는 용역
- 라디오 · 텔레비전 방송 등을 통하여 해설 · 계몽 또는 연기의 심사 등을 하고 보수 또는 이와 유사한 성질의 대가를 받는 용역
- 변호사 · 공인회계사 · 세무사 · 건축사 · 측량사 · 변리사 그 밖에 전문적 지식 또는 특별한 기능을 가진 자가 그 지식 또는 기능을 활용하여 보수 또는 그 밖의 대가를 받고 제공하는 용역
- 그 밖에 용역으로서 고용관계 없이 수당 또는 이와 유사한 성질의 대가를 받고 제공하는 용역
- 종교활동비

21)
- 제출된 지급명세서에 지급자 또는 소득자의 주소 · 성명 · 납세번호나 사업자등록번호 · 소득의 종류 · 소득의 귀속연도 또는 지급액을 기재하지 아니하였거나 잘못 기재하여 지급사실을 확인할 수 없는 경우
- 제출된 지급명세서 및 이자 · 배당소득지급명세서에 유가증권표준코드를 적지 아니하였거나 잘못 적어 유가증권의 발행자를 확인할 수 없는 경우
- 제출된 지급명세서에 이연 퇴직소득세를 적지 아니하였거나 잘못 적은 경우

이자 · 배당 · 기타소득 등 그 밖의 소득	1월~12월	다음연도 2월말	다음연도 5월말

(2) 원천징수영수증과 지급명세서의 차이

원천징수영수증과 지급명세서는 같은 서식인데, 세무서에 제출하는 것은 지급명세서라 부르고, 직원에게 교부하는 것과 회사에서 보관하는 것은 원천징수영수증이라고 한다.

4 간이지급명세서 제출제도

(1) 제도 개요

이 제도는 정부가 근로장려금을 연 2회 지급하기 위한 기초자료를 수집하고자 2019년에 신설된 것으로, 근로소득이나 사업소득을 지급하는 원천징수의무자는 6개월에 한 번씩 간이지급명세서를 제출하여야 하며, 이를 이행하지 않았을 때에는 간이지급명세서 미제출금액, 또는 제출된 간이지급명세서 불분명 또는 허위제출금액의 0.25%가 가산세로 부과된다.

구 분	소득지급시기	제출기한	가산세 50% 경감 기한
근로소득 (일용근로소득 제외)	1월~6월	7월 말일	10월 말일
	7월~12월	다음연도 1월 말일	다음연도 4월 말일
거주자의 원천징수대상 사업소득	1월~12월	지급일이 속하는 달의 다음달 말일	제출기한이 지난 후 1개월 이내

간이지급명세서 제출의무자는 근로소득(일용근로소득 제외) 또는 원천징수대상 사업소득을 지급하는 원천징수의무자이며, 제출기한은 아래와 같다.

- 상용근로자에게 지급하는 근로소득

제출기한 : 지급일이 속하는 반기 마지막 달의 다음달 말일까지 제출

예 1~6월 지급분 : 7월 31일까지 제출

• 원천징수대상 사업소득

2021년 상반기까지는 반기별 제출이었으나 2021년 하반기부터 매월 제출로 변경되었다.

제출기한 : 지급일이 속하는 달의 다음달 말일까지 제출

예 1월 지급분 : 2월 28일까지 제출

간이지급명세서 양식은 세법에서 정하고 있는데, 내용은 소득자의 인적사항과 근무기간, 지급금액이 제출되며, 원천징수세액은 기재하지 않는다.

간이지급명세서의 제출방법은 ① 국세청 홈택스를 이용하여 전자로 제출하는 방법, ② USB 등 저장매체에 저장하여 세무서에 제출하는 방법, ③ 문서로 세무서에 제출하는 방법이 있는데, ③의 방법은 개인사업자로서 직전연도 제출한 지급명세서가 20매 미만이거나 상시 근로자수가 5인 이하인 경우만 해당한다.

(2) 간이명세서와 지급명세서는 별도로 제출

간이지급명세서는 지급명세서와 별도로 제출하는 것이기 때문에, 간이지급명세서를 제출하였다고 해서 지급명세서를 제출하지 않아도 되는 것은 아니며, (연말정산) 지급명세서도 별도로 제출하여야 한다.

5 비영리법인에서 일상적으로 일어나는 원천징수

(1) 요 약

비영리법인에서 일상적으로 일어나는 원천징수로서는 직원의 퇴직시의 퇴직소득세 원천징수 이외에, 아래와 같은 정규직원 급여에 대한 원천징수, 일용소득자에 대한 원천징수, 사업소득 및 기타소득에 대한 원천

징수가 있다.

소득종류	분 류	필요경비	원천징수세율	총지급액%	면세점
근로소득	간이세액표에 따라	근로소득 공제 등	간이세액표에 따라		
일용근로소득	일당초과시 초과액의 2.97%	일당 15만원	6.60%	15만원 초과액의 2.97%	
사업소득	지급액의 3.3% (지방소득세 포함)	없음	3.30%	3.30%	
기타소득	강연료, 자문료, 원고료 등	60%[22]	22%	8.80%	125,000
	상금 및 부상 등	80%	22%	4.40%	250,000

(2) 근로소득

1) 일반근로자

근로소득이란 고용관계나 기타 이와 유사한 계약에 의하여 근로를 제공하고 지급받는 대가를 말하는데, 정규직이나 계약직 모두 포함되며 시용(試用) 근로자도 일반근로자에 프함된다. 순수 '교육' 목적으로 진행되는 경우 인턴은 사업소득자로 처리할 수 있으나, 사실상 '근무'와 동일한 인턴은 일반근로자로 취급한다.

(가) 매월 급여 지급시의 원천징수

일반근로자의 근로소득세는 간이세액표에 따른 세액을 원천징수하고, 다음 해 2월에 연말징수한다. 간이세액표는 국세청 홈택스 조회발급-기타조회의 메뉴에서 다운받을 수 있다.

22) 강연료, 자문료, 원고료 등의 기타소득에 대한 필요경비는 다음과 같이 인하되었다.
- 2018년 4월 이전 : 80%
- 2018년 4월~12월 : 70%
- 2019년 이후 : 60%

간이세액표의 일부

근로소득 간이세액표(제189조 제1항 관련)

(단위 : 원)

월급여액(천원) [비과세 및 학자금 제외]		공제대상가족의 수			
		1	2	3	4
이상	미만				
1,055	1,060	－	－	－	－
1,060	1,065	1,040	－	－	－
1,065	1,070	1,110	－	－	－
1,070	1,075	1,180	－	－	－

위 간이세액표와 같이, 비과세소득 차감 후 월급여(과세금액)가 106만원 미만이라면 산출소득세가 없다.

(나) 맞춤형 원천징수제도

근로자는 간이세액표에 따른 세액의 비율(80%, 100%, 120%)을 선택할 수 있는데, 원천징수의무자에게 '소득세 원천징수세액 조정신청서'를 제출하거나, 소득·세액공제신고서에 해당 비율을 기재하여 제출하여야 하며, 근로자가 선택하지 아니한 경우 간이세액표의 100%가 적용된다.

(다) 연말정산

통상 1월부터 12월까지의 급여 또는 상여 지급 때, 근로소득 간이세액표에 따라 원천징수를 하고, 그 다음해 2월에 연간 근로소득에 근로자가 제출한 소득·세액공제신고서 등에 따라 인적공제, 소득공제, 세액공제 등을 반영하여 부담하여야 할 소득세를 확정한다. 연말정산에 따라 확정된 소득세에서 매월 원천징수에 의해 납부한 소득세를 차감하여 추가징수하거나 환급하는 것을 연말정산이라고 한다.

연말정산 때, 원천징수의무자는 지급명세서(원천징수영수증), 소득자별근로소득원천징수부, 원천징수이행상황신고서를 작성하여 지급명세서와 원천징수이행상황신고서는 세무서에 제출하고, 소득자별근로소득원천징수부는 지급자가 보관하며, 직원들에게는 원천징수영수증을 교부한다.

연말정산에 의해 부담할 세액계산의 구조는 다음과 같다.

단 계	결 과	계산방법
1단계	총급여액	연간 근로소득－비과세소득
2단계	근로소득금액	총급여액－근로소득공제
3단계	차감소득금액	근로소득금액－(①＋②＋③) ① 인적공제(기본공제, 추가공제) ② 연금보험료공제(공적연금의 근로자 부담금) ③ 특별소득공제
4단계	과세표준	차감소득금액－그 밖의 소득공제 ＋소득공제 종합한도초과액
5단계	산출세액	과세표준에 기본세율을 적용하여 계산
6단계	결정세액	산출세액－세액감면－세액공제
7단계	차감납부·환급세액결정세액－기납부세액－납부특례세액	

(라) 연말정산 간소화 서비스

근로소득자들은 연말정산을 위해 "소득공제신고서" 및 "소득공제증빙서류"를 근로소득원천징수의무자(급여지급자)에게 제출하여야 하는데, 연말정산 간소화 서비스란 은행, 학교, 병원 등 영수증 발급기관에서 전산파일로 제출한 소득, 세액공제 증명서류를 국세청에서 홈택스를 통해 근로자에게 제공하는 서비스를 말한다. 통상 다음해 1월 중순에 개통된다. 근로소득자가 근로소득원천징수의무자(급여지급자)에게 제출이 필요한 대부분의 연말정산 관련 서류를 이 서비스로 간편하게 확인할 수 있고, 연말정산 간소화 서비스에서 제공받은 내역이 실제와 다르거나, 자료제공이 되지 않은 공제 증명서류는 해당 영수증 발급기관에서 발급받아 반드시 제출해야 한다.

2) 일용근로자

일용근로자란 3개월 미만의 기간 동안 근로(건설공사에 종사하는 경우 1년 미만)를 제공하면서 근로를 제공한 날 또는 시간의 근로성과에 따라 급여를 계산하여 받는 근로자를 말하며, 당초 근로계약을 체결할 때 3개월 이상 근무할 조건으로 취업하였으나 3개월 미만에 퇴직한 경우에도 세무상으로는 일반근로자로 취급하여 근로소득 간이세액표를 적용하여 원천징수세액을 계산한다.

일반근로소득과 일용근로소득의 구분은 다음과 같다.

<table>
<tr><th>구 분</th><th>일반근로소득</th><th colspan="2">일용근로소득</th></tr>
<tr><td>개념</td><td>특정 고용주에게 계속하여 고용되어 지급받는 급여</td><td colspan="2">특정 고용주에게 계속하여 고용되어 있지 아니하고 일급 또는 시간급 등으로 받는 급여</td></tr>
<tr><td>특징</td><td>근로계약상 근로제공에 대한 시간 또는 일수나 그 성과에 의하지 아니하고 월정액에 의해 급여를 지급받는 경우(고용기간 관계없이 일반근로소득)</td><td colspan="2">근로를 제공한 날이나 시간에 따라 근로대가를 계산하거나 근로를 제공한 날 또는 시간의 근로성과에 따라 급여를 계산하여 지급받음</td></tr>
<tr><td>원천징수 세액 계산</td><td>근로소득 간이세액표의 세액(근로자가 비율 선택 가능)</td><td colspan="2">[일급(비과세소득 제외)−15만원]×6%×[1−55%(근로소득세액공제)]</td></tr>
<tr><td>연말정산</td><td>연말정산 대상</td><td colspan="2">연말정산 대상에 해당되지 아니함(지급시 원천징수로서 납세의무 종료)</td></tr>
<tr><td rowspan="2">지급명세서 제출시기</td><td rowspan="2">다음해 3월 10일까지</td><td>2021.6.30 이전 지급분</td><td>지급일이 속하는 분기의 마지막 달의 다음 달 말일</td></tr>
<tr><td>2021.7.1 이후 지급분</td><td>지급일이 속하는 달의 다음 달 말일</td></tr>
</table>

(출처 : 국세청 홈페이지)

일용근로자에게 일당 20만원을 지급할 때의 소득세 원천징수세액은 다음과 같은 구조로 계산된다.

계산구조	금 액
총지급액(비과세 제외)	200,000
(−) 근로소득공제(일 15만원)	150,000
(=) 일용근로 소득금액	50,000
(×) 세율(6%)	
(=) 산출세액	3,000
(−) 근로소득세액공제(산출세액의 55%)	1,650
(=) 결정세액	1,350
(+) 지방소득세	130
(=) 원천징수세 합계	1,480

한편, 원천징수세액이 1,000원 미만인 경우 소득세를 징수하지 아니하고, 지급금액을 기준으로 소액부징수 여부를 판단하며, 1일 총지급액이 187천원(소득세결정세액 999원) 이하인 때는 원천징수세액이 없다. 이 소액부징수는 1일 기준으로 계산하여, 예를 들어 5일간 일당을 한 번에 지급하면서 5일 일당에 대한 원천징수세액 합계가 1,000원 이상인 경우 소액부징수를 적용하지 아니하며, 1일 2개 이상 사업장에서 일용근로를 제공할 때의 세액계산은 사업장별로 계산하여 소액부징수 여부를 판단한다.

(3) 사업소득과 기타소득

1) 개 요

원천징수대상 사업소득을 지급할 때는 지급액의 3.3%를, 60% 필요경비가 적용되는 기타소득을 지급할 때는 지급액의 8.8%를 원천징수하여야 한다. 비영리단체가 지급하는 금액 중 사업소득과 기타소득으로서 원천징수하여야 할 때가 많은데, 사업소득과 기타소득을 구분하기가 어렵다. 이 구분기준은 계속적, 반복적으로 제공되는지 여부인데, 실무에서는 판단이 어려울 때가 많다.

한편, 사업소득으로 원천징수당한 사람은 그 다음해 종합소득신고를 하여야 하는 반면, 기타소득으로 원천징수된 사람은 기타소득금액이 연간 3백만원을 초과할 때만 종합소득신고시 합산신고하여야 하며, 사업소득은 건강보험료 부과대상이 된다.

다음은 사업소득과 기타소득의 구분 사례이다.

구 분	사업소득	기타소득
강사료	독립된 자격으로 계속적, 반복적으로 강의하고 받은 강사료	일시적으로 강의하고 받은 강사료
자문료	전문직 또는 컨설팅을 전문적으로 하는 사업자가 독립적인 지위에서 사업상 또는 부수적인 경영자문용역을 제공하고 받는 소득	고용관계 없이 일시적으로 경영자문용역을 제공하고 받는 사례비
원고료, 인세 등	독립된 자격으로 계속적이고 직업적으로 창작활동을 하고 받는 소득	일시적인 창작활동 대가

2) 과세최저한 기타소득의 필요경비와 기타소득금액

강연료 등 일시적인 인적용역의 제공 대가로 125,000원을 지급하였을 때의 기타소득금액은 아래와 같이 50,000원으로 계산되고, 건별 기타소득금액이 50,000원 이하인 관계로 과세최저한에 해당되어 원천징수세액이 없으며, 기타소득이 125,000원을 초과하는 때 "기타소득 지급액 ×8.8%(지방소득세 포함)"를 원천징수하여야 한다.

> 기타소득금액 50,000원
> =125,000(기타소득 지급액)−75,000원(필요경비 60%)

기타소득금액이란 해당 과세기간의 총수입금액에서 이에 소요된 필요경비를 공제한 금액을 말하고, 필요경비란 해당 과세기간의 총수입금액에 대응하는 비용으로서 일반적으로 용인되는 통상적인 것의 합계금액을 말하는데, 해당 과세기간의 필요경비에 산입할 금액은 다음과 같으며, 비영리법인이 지급하는 기타소득은 대부분 아래의 (라)에 해당되어, "기타소득 지급액×8.8%(지방소득세 포함)"를 원천징수하게 된다.

기타소득	필요경비
(가) 승마투표권·승자투표권 등의 구매자에게 지급하는 환급금	그 구매자가 구입한 적중된 투표권의 단위투표금액
(나) 슬롯머신 등을 이용하는 행위에 참가하고 받는 당첨금품 등	그 당첨금품 등의 당첨 당시에 슬롯머신 등에 투입한 금액
(다) 다음의 어느 하나에 해당하는 경우 • 공익법인법의 적용을 받는 공익법인이 주무관청의 승인을 받아 시상하는 상금 및 부상과 다수가 순위 경쟁하는 대회에서 입상자가 받는 상금 및 부상 • 계약의 위약 또는 해약으로 인하여 받는 위약금과 배상금 중 주택입주 지체상금	거주자가 받은 금액의 80%에 상당하는 금액. 다만, 실제 소요된 경비가 80%를 초과하면 초과금액도 필요경비에 산입
(라) 다음의 어느 하나에 해당하는 경우 • 광업권·어업권·산업재산권·산업정보, 산업상 비밀, 상표권·영업권(소득세법 시행령 제41조 제4항의 점포임차권 포함), 이와 유사한 자산이나	거주자가 받은 금액의 60%에 상당하는 금액. 다만, 실제 소요된 경비가 60%를 초과하면 초과금액도 필요경비에 산입

권리를 양도하거나 대여하고 그 대가로 받는 금품 • 통신판매중개업자를 통해 물품 또는 장소를 대여하고 연간 수입금액 500만원 이하의 사용료로 받는 금품 • 공익사업과 관련된 지역권·지상권(지하 또는 공중에 설정된 권리 포함)을 설정하거나 대여하고 받는 금품 • 문예·학술·미술·음악 또는 사진에 속하는 창작품 등에 대한 원작자로서 받는 원고료, 인세 등의 소득 • 인적용역을 일시적으로 제공하고 지급받는 대가	
기타소득으로 보는 서화·골동품의 양도로 발생하는 소득의 경우	거주자가 받은 금액의 80%(90%*)에 상당하는 금액과 실제 소요된 경비 중 큰 금액을 필요경비로 함 * 서화·골동품의 양도가액이 1억원 이하이거나 보유기간이 10년 이상인 경우
종교인 관련 기타소득	[생략]

3) 회의비 또는 거마비에 대한 원천징수 여부

현행 소득세법에서는 고용관계에 있는 임직원에 대한 지급액 중 소득세법에서 정하고 있는 실비변상적 급여를 제외한 모든 지급액은 급여로 보아 과세소득으로 취급하고 있다.

이와 관련하여, 회의비 또는 거마비가 사회통념상 실비변상적 급여에 해당하는 금액인 경우에는 소득세가 과세되지 않으나, 원천징수대상 소득인지 여부는 개별사안별로 전문가와 상담하는 것이 안전하다.

4) 참고 : 기타소득이 있는 자의 종합소득 신고대상 여부

기타소득이 있는 자의 종합소득신고 때의 합산여부는 다음과 같이 3가지로 구분된다.

첫 번째, 비영리법인 분야에서 생기는 사례는 거의 없는데, '뇌물, 알선수재 및 배임수재에 의하여 받는 금품'에 해당하는 기타소득은 지급자의 원천징수대상이 아니고, 해당 소득자의 종합소득 과세대상소득이다.

두 번째, 비영리법인 분야에서 생기는 사례가 거의 없는데, 다음의 기타소득은 원천징수에 의해 납세의무가 종결되어 종합소득신고 때 합산하지 않아도 된다. - 무조건 분리과세(완납적 원천징수)

- 서화 · 골동품의 양도로 발생하는 기타소득
- 복권 및 복권기금법 제2조에 규정된 복권의 당첨금
- 승마투표권, 승자투표권, 체육진흥투표권 등의 구매자가 받는 환급금
- 슬롯머신 등을 이용하는 행위에 참가하여 받는 당첨금품 등
- 연금외수령한 기타소득

세 번째, 무조건 분리과세 · 종합과세 대상 기타소득을 제외한 기타소득금액의 합계액이 300만원 이하이면서 원천징수된 경우는 종합소득과세표준에 합산할 것인지 분리과세로 납세의무를 종결할 것인지 납세자 본인이 선택할 수 있으며, 비영리법인이 지급하는 기타소득은 대부분 이에 해당한다. 기타소득금액이 연간 300만원(기타소득이 연간 750만원)을 초과하면 종합소득세 신고대상이 된다.

(4) 퇴직소득

1) 퇴직소득의 범위

퇴직소득의 범위는 ① 국민연금법, 공무원연금법, 군인연금법, 사립학교교직원연금법, 별정우체국법 또는 국민연금과 직역연금의 연계에 관한 법률 등 공적연금 관련법에 따라 받는 일시금(지연지급 이자 포함), ② 사용자 부담금을 기초로 하여 현실적인 퇴직을 원인으로 지급받는 소득, ③ 소기업 · 소상공인공제금, ④ 건설근로자의 고용개선 등에 관한 법률에 따라 지급받는 퇴직공제금, ⑤ 과학기술인공제회법에 따라 지급받는 과학기술발전장려금, ⑥ 종교관련 종사자가 현실적인 퇴직을 원인으로 종교단체로부터 지급받는 소득으로 구분되는데, 비영리단체의 퇴직금은 대부분 ②에 해당한다.

2) 퇴직소득의 원천징수의무자 등

국내에서 퇴직소득을 지급하는 원천징수의무자는 퇴직소득세를 원천징

수하여 그 징수일이 속하는 달의 다음 달 10일까지 납부하여야 하는데, 확정급여형 퇴직연금제도(DB형)와 확정기여형 퇴직연금제도(DC형)에 따라 원천징수의무자가 다르다.

- **확정급여형 퇴직연금제도**(DB형) : 적립금과 운용수익 귀속자가 사용자(회사)이고 퇴직연금사업자는 회사를 대신하여 퇴직급여를 지급할 뿐이므로 확정급여형 퇴직연금제도(DB형)에서 퇴직금을 지급할 경우 회사가 원천징수의무자임
- **확정기여형 퇴직연금제도**(DC형) : 회사의 퇴직금 적립과 동시에 퇴직금 지급의무가 퇴직연금사업자에게 위임되고, 퇴직연금사업자는 근로자의 지시에 따라 적립금을 운용하다가 근로자 퇴직시 퇴직금을 지급하면서 원천징수함

3) 이연퇴직소득과 퇴직소득세의 이연

거주자의 퇴직소득이 ① 퇴직일 현재 연금계좌에 있거나 연금계좌로 지급되는 경우, 또는 ② 퇴직하여 지급받은 날부터 60일 이내에 연금계좌에 입금되는 경우, 즉 퇴직금을 일시에 지급하지 않고, 연금형태로 지급할 때에는 해당 퇴직소득에 대한 소득세는 연금을 수령할 때 원천징수하게 된다. 이때, 이연퇴직소득에 대한 소득세가 이미 원천징수된 경우 해당 거주자는 원천징수세액에 대한 환급을 신청할 수 있다.

이연퇴직소득세는 다음의 계산식에 따라 계산한다. 즉, 퇴직소득금액 중 연금으로 전환된 금액 상당액이 이연퇴직소득세이다.

이연퇴직소득세＝퇴직소득 산출세액×연금계좌로 지급·이체된 금액 / 퇴직소득금액

한편, 연금계좌취급자가 퇴직연금을 지급할 때의 이연퇴직소득세는 다음과 같이 계산된다.

원천징수할 이연퇴직소득세
＝연금외수령 당시 이연퇴직소득세×연금외수령한 이연퇴직소득 / 연금외수령 당시 이연퇴직소득

이연퇴직소득세＝퇴직소득 산출세액×연금계좌로 지급·이체된 금액 / 퇴직소득금액

4) 세법상 퇴직판정

사용자 부담금을 기초로 하여 현실적인 퇴직을 원인으로 지급받는 소득은 퇴직소득에 해당하는데, 다만, 현실적인 퇴직 사유가 발생하였으나 퇴직급여를 실제로 지급받지 않는 경우23)는 퇴직으로 보지 않고, 현실적인 퇴직 사유에는 해당하지 않지만 퇴직금중간정산 사유에 해당하여 지급받는 퇴직금24)은 퇴직소득으로 본다.

5) 퇴직소득세 계산 사례

퇴직소득세 계산방식은 2014년에 큰 개정이 있었다. 현행 법령상의 퇴직소득세 계산 사례로서, 홍길동 씨는 (주)국세에 2001년 1월 1일에 입사하였고 2020년 3월 28일에 퇴사하였으며, 근속연수는 20년이다. 최종 퇴사시 지급받은 퇴직급여가 1억원일 때의 퇴직소득세는 아래와 같이 계산된다.

---

23) • 종업원이 임원이 된 경우
- 합병·분할 등 조직변경, 사업양도 또는 직간접으로 출자관계에 있는 법인으로의 전출 동일한 사업자가 경영하는 다른 사업장으로의 전출(2015년 2월 3일 이후 전출하는 경우부터 적용)
- 법인의 상근임원이 비상근임원이 된 경우
- 비정규직 근로자(기간제근로자 또는 단시간근로자)가 정규직 근로자로 전환된 경우

24) 가. 근로자퇴직급여보장법에 따른 퇴직금중간정산 사유에 해당하는 경우
- 무주택자인 근로자가 본인 명의로 주택을 구입하는 경우
- 무주택자인 근로자가 주거를 목적으로 전세금 또는 보증금을 부담하는 경우
- 근로자, 근로자의 배우자, 근로자 또는 근로자의 배우자와 생계를 같이하는 부양가족이 질병 또는 부상으로 6개월 이상 요양하는 경우
- 근로자가 중간정산 신청일부터 역산하여 5년 이내에 파산선고를 받거나, 개인회생절차개시 결정을 받은 경우
- 임금피크제를 실시하여 임금이 줄어드는 경우

나. 천재지변 등 고용노동부장관이 정하는 사유(태풍, 홍수, 호우, 강풍, 지진, 지진해일, 그 밖에 이에 준하는 자연현상으로 인하여 발생하는 재해)에 해당하는 경우

다. 법인의 임원이 향후 퇴직급여를 지급받지 않는 조건으로 연봉제로 전환하는 경우 (2015년까지만 적용)

라. 근로자퇴직급여보장법에 따라 퇴직연금제도가 폐지되는 경우

퇴직소득세 계산 구조	계산 사례 (근속연수 20년, 퇴직급여 1억원)
① 퇴직급여	① 퇴직급여 100,000천원
비과세소득(장해보상금 등)	
② 퇴직소득금액	② 퇴직소득금액 100,000천원
③ 퇴직소득공제	③ 퇴직소득공제 12,000천원 =4,000천원+(20년−10)×800천원

근속연수	퇴직소득공제
5년 이하	근속연수×30만원
10년 이하	150만원+(근속연수−5)×50만원
20년 이하	400만원+(근속연수−10)×80만원

퇴직소득세 계산 구조	계산 사례
④ 환산급여 (퇴직소득금액−퇴직소득공제)×12÷근속연수	④ 환산급여 52,800천원 =(100,000천원−12,000천원)×12÷20년
⑤ 환산급여공제	⑤ 환산급여공제 34,880천원 =8,000천원+(52,800천원−8,000천원)×60%

환산급여	환산급여공제
800만원 이하	전액 공제
7,000만원 이하	800만원+(환산급여−800만원)×60%
10,000만원 이하	4,520만원+(환산급여−7,000만원)×55%

퇴직소득세 계산 구조	계산 사례
⑥ 과세표준	⑥ 과세표준 17,920천원 =52,800천원−34,880천원
기본세율	

과세표준	세 율	누진공제액
1,200만원 이하	6%	−
4,600만원 이하	15%	1,080,000원
8,800만원 이하	24%	5,220,000원
15,000만원 이하	35%	14,900,000원
30,000만원 이하	38%	19,400,000원
50,000만원 이하	40%	25,400,000원
50,000만원 초과	42%	35,400,000원

퇴직소득세 계산 구조	계산 사례
⑦ 환산산출세액 (과세표준×기본세율)−누진공제액	⑦ 환산산출세액 1,608천원 =(17,920천원×15%)−1,080천원
⑧ 산출소득세액 환산산출세액÷12×근속연수	⑧ 산출세액 2,680천원* =1,608천원÷12×20년

* 산출소득세의 10%가 지방소득세로 추가된다.

(출처 : 국세청 홈페이지)

6 4대 보험

(1) 4대 사회보험의 개요

4대 사회보험이란 국민연금, 국민건강보험, 산업재해보상보험, 고용보험을 말하며, 노인장기요양보험을 포함하여 5대 사회보험이라고 하기도 하고 근로자를 사용하는 모든 사업장은 반드시 가입해야 하는 보험이다. 그 요약은 다음과 같다.

5대 사회보험 제도 개요(4대 보험+노인장기요양보험)

<table>
<tr><th></th><th>국민건강보험</th><th>노인장기요양보험</th><th>국민연금</th><th>고용보험</th><th>산재보험</th></tr>
<tr><td rowspan="2">근거 법령</td><td rowspan="2">국민건강 보험법</td><td rowspan="2">노인장기요양 보험법</td><td rowspan="2">국민연금법</td><td>고용보험법</td><td>산업재해보상 보험법</td></tr>
<tr><td colspan="2">고용보험 및 산업재해보상보험의 보험료징수 등에 관한 법률</td></tr>
<tr><td>도입 시기</td><td>1977년</td><td>2008년</td><td>1988년</td><td>1995년</td><td>1964년</td></tr>
<tr><td>목적</td><td>질병, 부상에 대한 예방, 진단, 치료, 재활과 출산, 사망 및 건강증진</td><td>장기요양급여를 통한 노후의 건강증진 및 생활안정</td><td>연금급여를 통한 생활안정 (소득보장)</td><td>실업의 예방, 고용의 촉진, 근로자의 직업능력 개발과 향상, 실업급여를 통한 근로자 생활안정</td><td>근로자의 업무상의 재해보상, 재활 및 사회복귀 촉진</td></tr>
<tr><td>가입 대상자</td><td>전국민</td><td>전국민</td><td>만 18~60세 미만</td><td>사업주, 근로자, 자영업자</td><td>모든 사업장의 사업주</td></tr>
<tr><td>수급 권자</td><td>전국민</td><td>65세 이상 노인 또는 65세 미만의 노인성질환자</td><td>60세 이상</td><td>비자발적 실직자, 육아 휴직자 등</td><td>업무상 부상, 질병, 사망자</td></tr>
<tr><td>소관 부처</td><td colspan="3">보건복지부</td><td colspan="2">고용노동부</td></tr>
<tr><td>운영 주체</td><td colspan="2">국민건강보험공단</td><td>국민연금공단</td><td>근로복지공단 고용노동부 고용센터</td><td>근로복지공단</td></tr>
<tr><td>징수 주체</td><td colspan="5">국민건강보험공단</td></tr>
</table>

한편, 2022년 10월 현재 보험료율은 아래와 같다.

국민연금	• 보수월액[25]의 9% • 사업주와 근로자가 각각 50%씩 부담
건강보험(장기요양보험)	• 보수월액의 6.99%(장기요양보험은 건강보험료의 12.27%) • 사업주와 근로자가 각각 50%씩 부담
고용보험	• 월 급여의 0.8%(2022년 7월부터 0.9%)씩 근로자와 사업주가 각각 부담
산재보험	• 사업주가 보험료 전액 부담

이하 항을 달리하여, 의무가입자 등을 알아본다.

(2) 국민연금

국민연금이란 소득활동을 할 때 일정액의 보험료를 납부해서 모아 두었다가 노령, 장애 또는 사망 등으로 소득활동이 중단된 경우 본인이나 유족에게 연금을 지급함으로써 장기적인 소득보장이 가능하도록 정부가 보험의 원리에 따라 만든 사회보험의 하나이며, 우리나라는 1988년에 도입되었다.

1) 가입대상

국내에 거주하는 국민으로서 18세 이상 60세 미만인 자는 국민연금 가입대상이 되고, 국민연금가입자는 ① 사업장가입자, ② 지역가입자, ③ 임의가입자 및 ④ 임의계속가입자로 분류된다.

"사업장"이란 근로자를 사용하는 사업소 및 사무소를 말하는데, 사업소·영업소·사무소·점포·공장 등 근로자를 사용하고 있는 곳은 모두 사업장에 해당되며, 사업장 상호간에 본점과 지점, 대리점 또는 출장소 등의 관계에 있고 그 사업경영이 일체로 되어 있는 경우에는 이를 하나의 사업장으로 본다.

25) 연간 총보수÷근무월수=평균 보수월액

2) 신고의무자 및 신고

국민연금의 신고의무자, 신고기한 등은 다음과 같다.

(가) 신고대상 사용자 및 근로자

당연적용사업장의 사용자와 근로자는 성별, 국적과 관계없이 모두 국민연금에 가입해야 하며, 외국인 근로자도 가입요건에 해당될 경우 가입신고를 해야 한다. 다만, 다음의 어느 하나의 경우에는 가입대상에서 제외된다.

- 18세 미만이거나 60세 이상인 사용자 및 근로자. 다만, 18세 미만의 근로자로서 본인이 희망하는 경우 사용자의 동의를 얻어 가입할 수 있음
- 「공무원연금법」, 「공무원 재해보상법」, 「사립학교교직원 연금법」 또는 「별정우체국법」에 따른 퇴직연금·장해연금 또는 퇴직연금일시금의 수급권을 취득하거나 「군인연금법」에 의한 퇴역연금, 「군인 재해보상법」에 따른 상이연금 또는 퇴역연금일시금의 수급권을 취득한 자. 다만, 「국민기초생활 보장법」 제7조 제1항 제1호에 따른 생계급여 수급자 또는 같은 항 제3호에 따른 의료급여 수급자는 본인의 희망에 따라 사업장가입자가 되지 않을 수 있음
- 일용근로자 또는 1월 미만의 기한부로 사용되는 근로자
- 소재지가 일정하지 않은 사업장에 종사하는 근로자
- 비상임이사 또는 1개월간의 근로시간이 80시간 미만인 시간제근로자 등 사업장에서 상시 근로에 종사할 목적으로 사용되는 자가 아닌 자
- 외국인으로서 다음의 어느 하나에 해당하는 자
  - 「출입국관리법」 제25조에 따라 체류기간연장허가를 받지 않고 체류하는 자
  - 「출입국관리법」 제31조에 따른 외국인등록을 하지 않거나 「출입국관리법」 제59조 제2항에 따라 강제퇴거명령서가 발급된 자
  - 문화예술(D-1), 유학(D-2), 기술연수(D-3), 일반연수(D-4), 종교(D-6), 방문동거(F-1), 동반(F-3) 및 기타(G-1)에 해당하는 외국인의 체류자격을 가진 자

(나) 신고의무자

사업장 사용인 또는 지역가입자가 신고의무자이다.

(다) 신고기한

당연적용사업장이 된 날이 속하는 달의 다음 달 15일까지 당연적용사업장해당신고서 및 통장 사본 1부(자동이체를 신청하는 경우만 해당)를 첨부하여 국민연금공단에 신고해야 하며, 지역가입자의 자격을 취득하는 경우에는 그 사유가 발생한 날이 속하는 달의 다음 달 15일까지 지역가입자자격취득신고서를 국민연금공단에 제출해야 한다.

3) 기준소득월액

(가) 기준소득월액

기준소득월액이란 연금보험료(기준소득월액의 9%)를 산정하고 연금액을 계산하는 기초가 되는 것으로, 가입자가 신고한 소득월액에서 천원 미만을 절사한 금액을 말한다.

기준소득월액＝소득총액 / 총근무일수×30일
국민연금 보험료＝기준소득월액×보험료율(9%)

기준소득월액을 신고하는 기준은 사용주가 근로자에게 지급하기로 한 금액으로서, 입사(복직) 당시 지급하기로 한 예측가능한 모든 근로소득을 포함해야 한다.

구 분	포함해야 하는 소득	포함하지 않는 소득
판단기준	근로계약서 등에서 지급하기로 한 모든 과세소득	• 소득세법상 비과세소득 • 입사 당시 지급여부 및 지급금액이 확정되지 않은 소득
예시	기본급, 직책수당, 직급보조비, 정기(명절)상여금, 기본 성과급, 휴가비, 교통비, 고정시간 외 수당, 복지연금, 기타 각종 수당 등	비과세소득(10만원 이하 식사대, 출산이나 6세 이하 보육수당 월 10만원 이내 등), 실적에 따라 지급여부 및 지급금액이 결정되는 않는 실적금 등

(나) 국민연금 소득총액신고

올해 7월부터 내년 6월까지 적용할 기준소득월액을 결정하기 위해, 전년도 소득총액을 아래와 같은 절차에 따라 매년 5월 31일까지 국민연금관리공단에 신고하여야 한다.

- 5월 : 국민연금공단에서 소득총액 신고안내 및 소득총액신고서 발송
- 5월 31일까지 : 각 사업장 소득총액 신고
- 6월 : 국민연금공단에서 기준소득월액 결정 통지
- 7월 1일 : 새로운 기준소득월액에 따른 보험료 적용

소득총액이란 전년도에 1개월 이상 근로한 사업장가입자의 전년도 1월 1일부터 12월 31일까지의 기간 중 해당 사업장에서 받은 소득의 합을 말하며, 연도 중간에 입사한 자는 현 사업장에서 근무기간 동안 받은 소득총액을 말한다.

(다) 기준소득월액의 상한액과 하한액

국민연금 기준소득월액의 상한액과 하한액은 전체 가입자 평균소득을 3년간 평균한 값에 연동하여 매년 7월에 변동되며, 2022년 7월부터 적용되는 기준소득월액의 상한액과 하한액은 다음과 같다.

기준소득월액의 상·하한액 결정사항 및 적용기간

적용기간	2021.7.1～2022.6.30	2022.7.1～2023.6.30
하한액	330,000원	350,000원
상한액	5,240,000원	5,530,000원

예를 들어, 월 600만원의 소득이 있는 사람은 월 소득이 기준소득월액의 상한액을 초과하므로, 600만원을 기준으로 국민연금 보험료가 산정되는 것이 아니라, 기준소득월액의 상한액(553만원)을 기준으로 국민연금 보험료가 산정된다.

4) 보험료 및 납부

- **보험료**: 사업장 가입자 연금보험료는 국민연금보험료 조견표상의 표준소득월액의 9%(근로자 4.5%, 사용자 4.5%), 지역가입자 연금보험료는 표준소득월액의 9%임
- **납부**: 연금보험료 납부기한은 해당 월의 다음달 10일. 납부기한 내 연금보험료를 납부하지 아니한 때에는 연체금이 최저 5%에서 최고 15%까지 가산됨

(3) 건강보험

1) 가입자의 종류와 범위

건강보험의 가입자는 직장가입자와 지역가입자로 나뉜다.

(가) 직장가입자

아래에 해당하는 경우를 제외한 1명 이상의 근로자를 사용하는 모든 사업장의 근로자 및 사용자와 공무원 및 교직원이다.

- 고용기간이 1개월 미만인 일용근로자
- 「병역법」에 따른 현역병(지원에 의하지 않고 임용된 하사를 포함), 전환복무된 사람 및 군간부후보생
- 선거에 당선되어 취임하는 공무원으로서 매월 보수 또는 보수에 준하는 급료를 받지 않는 사람
- 비상근 근로자 또는 1개월간의 소정근로시간이 60시간 미만인 단시간근로자
- 비상근 교직원 또는 1개월간의 소정근로시간이 60시간 미만인 시간제공무원 및 교직원
- 소재지가 일정하지 않은 사업자의 근로자 및 사용자
- 근로자가 없거나 단시간 근로자만을 고용하고 있는 사업장의 사업주

(나) 지역가입자

직장가입자와 그 피부양자를 제외한 자이다. 피부양자란 다음의 어

느 하나에 해당하는 자 중 직장가입자에 의해 주로 생계를 유지하는 사람으로서 소득 및 재산이 「국민건강보험법 시행규칙」 제2조로 정하는 기준 이하에 해당하는 사람을 말한다.

- 직장가입자의 배우자
- 직장가입자의 직계존속(배우자의 직계존속 포함)
- 직장가입자의 직계비속(배우자의 직계비속 포함) 및 그 배우자
- 직장가입자의 형제 · 자매

2) 사업장 최초가입신고

사업장의 사용자는 건강보험료 적용사업장이 된 때로부터 14일 이내에 국민건강보험공단에 직장가입자격취득신고를 해야 한다.

3) 월별 보험료 산정과 보수월액

직장가입자의 월별 보험료액은 "보수월액×보험료율"에 의하여 산정한다.

(가) 보수월액

직장가입자가 지급받는 보수를 기준으로 하여 산정하며, 휴직이나 그 밖의 사유로 보수의 전부 또는 일부가 지급되지 않는 직장가입자의 보수월액보험료는 해당 사유가 생기기 전 달의 보수월액을 기준으로 산정한다.

보수란 근로자 등이 근로를 제공하고 사용자 · 국가 또는 지방자치단체로부터 지급받는 금품(실비변상적인 성격을 갖는 금품은 제외)으로서 근로의 대가로 받은 봉급, 급료, 보수, 세비, 임금, 상여, 수당이나 그 밖에 이와 유사한 성질의 금품으로서 다음의 것을 제외한 것을 말한다.

- 퇴직금
- 현상금, 번역료 및 원고료
- 「소득세법」에 따른 비과세근로소득(다만, 「소득세법」 제12조 제3호 차목 · 파목 및 거목에 따라 비과세되는 소득은 제외)

보수 관련 자료가 없거나 불명확한 경우 또는 최저임금액 등을 고려할 때 보수 관련 자료의 신뢰성이 없다고 국민건강보험공단이 인정하는 경우에는 「보수 관련 자료가 없는 근로자에 대한 보험료부과기준」에 따른 금액을 보수로 본다.

(나) 소득월액보험료

소득월액보험료란 보수월액의 산정에 포함된 보수를 제외한 직장가입자의 소득(이하 "보수외소득"이라 함)이 연간 3,400만원(2022년 7월부터는 연간 2천만원)을 초과하는 경우, 직장건강보험료 이외에 지역건강보험료를 추가로 납부하는데, 직장에서의 원천징수와 관련이 없어 상세는 생략한다.

(다) 월별 보험료액의 상한과 하한

월별 보험료액의 상한 및 하한은 다음과 같다.

	보수월액보험료	소득월액보험료
상한	7,307,100원	3,653,550원
하한		19,500원

4) 보험료 및 납부

- **보험료 :** 보험료=보수월액×보험료율(5.08%)(근로자와 사용자가 50%씩 부담)

  ※ 보수월액 : 연간 총보수÷근무월수=평균 보수월액
- **납부 :** 공단에서 발부된 고지서에 의거 익월 10일까지 금융기관에 납부. 단, 직장가입자의 건강보험료는 당해 연도 소득에 의해 부과되어야 하나, 연도중에는 소득이 확정되지 않으므로 전년도 소득을 기준으로 우선 부과한 후, 다음해 2월(개인대표자 5월) 사업장에서 확정된 소득에 의해 전년도 보험료를 다시 산정하여 기 납부한 보험료와 정산하여 4월분(개인대표자 6월) 보험료에 부과(추가징수, 반환)하는 연말정산절차 있음

(4) 산업재해보상보험

1) 개 요

산업재해보상보험은 근로자의 업무상의 재해를 신속하고 공정하게 보상하고, 재해근로자의 재활 및 사회 복귀를 촉진하며, 재해 예방과 그 밖에 근로자의 복지 증진을 위한 사회보험을 말한다. 산업재해보상보험 급여는 요양급여, 휴업급여, 장해급여, 간병급여, 유족급여, 상병보상연금, 장례비, 직업재활급여의 8종류가 있다.

2) 사업장 최초가입신고

산업재해보상보험에 가입할 의무가 있는 사업주는 사업 개시일로부터 14일 이내에 근로복지공단의 관할지사에 보험관계 성립신고를 해야 한다.

3) 보험료 및 납부

- **보험료** : 보험료=당해 보험연도의 임금총액×동종사업 보험요율(사용자가 전액부담)
- **납부** : 매년 당해 보험연도의 3월 31일까지(보험관계가 보험연도중에 소멸한 경우는 소멸한 날부터 30일 이내) 전년도 확정보험료와 당해 연도 개산보험료를 근로복지공단에 보고 및 납부

(5) 고용보험

고용보험제도는 실업근로자가 구직활동을 실시하는 기간에 생계지원을 위한 실업급여를 지불할 뿐만 아니라, 근로자의 직업능력개발을 위한 훈련과 교육을 지원하여 실업예방과 고용촉진을 위한 각종 사업주의 지원사업을 복합적으로 지원하기 위하여 마련된 제도로서, 1인 이상 근로자를 고용하고 있는 모든 사업장이 의무가입대상이며, 근로복지공단에서 담당하고 있는 제도이다.

- **보험료** : 보험료는 규모별로 차이가 있으나, 급여총액의 1.15%~1.75% 사이임(근로자 0.45%, 사용자 0.7%~1.3%)

(6) 사회보험통합징수포털

2011년 1월 1일부터 시행되는 제도로서, 국민건강보험공단이 건강보험, 국민연금, 고용·산재보험의 4대 보험료의 고지 및 수납 업무를 통합하여 취급하고 있다.

다만, 보험료 징수 외의 업무(자격, 부과 등) 및 국민건강보험공단에서 통합징수하지 않는 보험료(국민연금 반납금·추납보험료, 고용/산재보험료 연납·분기납 등)는 해당 공단에서 취급하고 있다.

(7) 두루누리 사회보험료 지원사업

두루누리 사회보험료 지원사업이란 소규모 사업을 운영하는 사업주와 소속 근로자의 사회보험료(고용보험·국민연금)의 일부를 국가에서 지원함으로써 사회보험 가입에 따른 부담을 덜어주고, 사회보험 사각지대를 해소하기 위한 사업을 말하며, 보다 상세한 내용은 두루누리 홈페이지(http://insurancesupport.or.kr)에서 입수할 수 있다.

1) 지원대상

근로자 수가 10명 미만인 사업에 고용된 근로자 중 월평균보수가 230만원 미만인 신규가입 근로자와 그 사업주를 대상으로 하는데, 2021년부터는 신규가입자에 대해서만 지원한다. 신규가입자란 지원신청일 직전 1년간(소득세법에 따른 일용근로자는 직전 6개월간) 고용보험과 국민연금 자격취득 이력이 없는 근로자를 말한다.

2) 지원수준 및 지원기간

신규가입 근로자 및 사업주가 부담하는 고용보험과 국민연금 보험료의 80%를 지원하며, 2018년 1월 1일부터 신규가입자 및 기가입자 지원을 합산하여 36개월까지만 지원한다.

3) 지원 제외대상

지원대상에 해당하는 근로자가 아래의 어느 하나라도 해당되는 경우에는 지원대상에서 제외된다.

- 지원신청일이 속한 보험연도의 전년도 재산의 과세표준액 합계가 6억원 이상인 자
- 지원신청일이 속한 보험연도의 전년도(소득자료 입수시기에 따라 보험연도의 전년도 또는 전전년도) 종합소득이 3,800만원 이상인 자

4) 보험료 지원방법

두루누리 사회보험료 지원을 신청하면 사업주가 월별 보험료를 법정기한 내에 납부하였는지를 확인하여 완납한 경우 그 다음 달 보험료에서 해당 월의 보험료 지원금을 뺀 나머지 금액을 고지하는 방법으로 지원된다.

Chapter

16

비영리법인의 지방세

1 지방세의 개요

지방세는 지방자치단체가 자신들의 재원에 충당할 목적으로 부과하는 세금을 말한다. 즉, 국세와는 달리 부과주체가 지방자치단체이다. 따라서 국세는 국세청에서 관할하지만 지방세는 지방자치단체가 관할한다.

지방자치단체는 특별시, 광역시, 특별자치시, 도, 특별자치도, 시, 군, 구를 말하고, 지방세는 특별시세, 광역시세, 특별자치시세, 도세, 특별자치도세, 시·군세, 구세로 구분할 수 있다.

(1) 지방세 세목

지방세는 11개의 세목이 있는데, 그 내용은 다음과 같다.

세 목	내 용
취득세	부동산, 차량, 기계장비, 항공기, 선박, 입목, 광업권, 어업권, 골프회원권, 승마회원권, 콘도미니엄 회원권, 종합체육시설 이용회원권 또는 요트회원권을 취득한 자에게 부과되는 지방세
등록면허세	등록을 하는 자나 면허를 받는 자(변경면허를 받는 자를 포함)에게 부과되는 지방세
레저세	「경륜·경정법」에 따른 경륜 및 경정, 「한국마사회법」에 따른 경마, 그 밖의 법률에 따라 승자투표권, 승마투표권 등을 팔고 투표적중자에게 환급금 등을 지급하는 행위로서 대통령령으로 정하는 사업을 하는 자에게 부과되는 지방세
담배소비세	과세대상이 되는 담배를 제조하거나 수입하는 자에게 부과되는 지방세
지방소비세	부가가치세 과세대상 재화와 용역을 소비하는 자의 주소지 또는 소재지를 관할하는 도에서 「부가가치세법」 제3조에 따라 부가가치세를 납부할 의무가 있는 자에게 부과되는 지방세
주민세	지방자치단체에 주소를 둔 개인이나 일정한 요건을 만족하는 사업자에게 부과되는 지방세
지방소득세	「소득세법」에 따른 소득세 또는 「법인세법」에 따른 법인세의 납세의무가 있는 자에게 부과되는 지방세
재산세	토지, 건축물, 주택, 항공기 및 선박을 소유한 자에게 부과되는 지방세

자동차세	지방자치단체 관할구역에 등록되어 있거나 신고되어 있는 자동차를 소유하는 자에게 부과되는 지방세
지역자원 시설세	지방에 있는 자원이나 시설을 이용하거나 소유하고 있는 자에게 부과되는 지방세
지방교육세	지방교육의 질적 향상에 필요한 지방교육재정의 확충에 드는 재원을 확보하기 위하여 부과되는 지방세

모든 비영리법인에게 적용되는 지방세는 주민세가 있고, 부동산을 취득 보유하는 비영리법인에게는 등록세, 취득세, 재산세가 부과되며, 자동차를 취득하여 보유하고 있는 비영리법인은 취득세 및 자동차세를 납부하게 된다. 그 외에, 수익사업에 대하여 법인세를 납부하는 비영리법인은 지방소득세도 납부하게 된다. 사업에 따라서 등록세나 면허세를 납부하는 비영리법인도 많다.

법인세는 자진신고납부를 하는 세금이 대부분이나, 지방세는 취득세를 제외하고 지방자치단체가 부과하는 세금이 대부분이다.

한편, 지방세는 특정한 징수목적 유무에 따라 목적세와 보통세로 구분할 수 있는데, 이를 구분해 보면 다음과 같다.

보통세	목적세
취득세, 등록면허세, 레저세, 담배소비세, 지방소비세, 주민세, 지방소득세, 재산세, 자동차세	지역자원시설세, 지방교육세

(2) 지방세법 체제

우리나라의 지방세 관련법은 3개의 법률로 구성되어 있다.

첫째, 지방세기본법에서 지방세에 관한 기본적이고 공통적인 사항과 납세자의 권리·의무 및 권리구제에 관한 사항 등을 규정하고 있으며, 둘째, 지방세법에서 구체적인 세목에 관한 규정을 하고 있다. 국세와 다른 점으로서, 국세는 해당 세목별로 별도의 법률이 제정되어 있는 반면, 지방세는 지방세법 1개의 법률안에 11개 세목 모두에 대하여 규정하고 있다는 점을 들 수 있다.

셋째, 지방세 정책을 효율적으로 수행하고 건전한 지방재정 운영 및 공평과세 실현에 이바지하기 위해 지방세특례제한법에 지방세 감면 및 특례에 관한 사항과 이에 대한 제한에 관한 사항을 규정하고 있는데, 국세에서의 조세특례제한법과 유사한 성격을 가진 법률이라 할 수 있다.

2 지방세 비과세와 감면

(1) 비과세와 감면의 차이

국세에도 비과세와 감면이라는 제도가 있는데, 비과세는 당해 세법에서 세금부과대상에서 제외함으로써 신고의무 등 납세협력의무가 없는 것을 말하고, 감면이란 과세대상이나 정책적 목적에서 세금의 전부 또는 일부를 경감시키는 것으로서 과세관청은 관련 과세자료로 관리하고 있으며 납세의무자는 각종 신고의무와 납세협력의무가 있다.

감면과 면제를 구분하기 어려울 때도 있으나, 일반적으로 면제는 세액 감면율이 100분의 100인 경우와 세율 경감률이 「지방세법」에 따른 해당 과세대상에 대한 세율 전부를 감면하는 것을 말하고, 감면은 일부만 감면해 주는 것으로 구분된다.

(2) 지방세법상 비영리법인 관련 비과세

지방세법상 비영리법인에 대한 비과세제도는 없고, 제사, 종교, 자선, 학술, 기예, 기타 공익을 목적으로 하는 아래의 비영리사업자[1]가 고유업무에 직접 사용하는 부동산 취득에 대하여는 일반 취득세율보다 낮은 취득세율이 적용되는 것이 있으며, 이를 넓은 의미의 비과세라고 할 수 있다.

- 종교 및 제사를 목적으로 하는 단체

1) 지방세법에서는 비영리법인이라는 용어를 사용하지 않고, 비영리사업자라는 용어를 사용하고 있다.

- 「초 · 중등교육법」 및 「고등교육법」에 따른 학교, 「경제자유구역 및 제주국제자유도시의 외국교육기관 설립 · 운영에 관한 특별법」 또는 「기업도시개발 특별법」에 따른 외국교육기관을 경영하는 자 및 「평생교육법」에 따른 교육시설을 운영하는 평생교육단체
- 「사회복지사업법」에 따라 설립된 사회복지법인
- 「지방세특례제한법」 제22조 제1항에 따른 사회복지법인 등
- 「정당법」에 따라 설립된 정당

(3) 비영리법인에 대한 지방세 감면

비영리법인의 고유목적사업을 지원하기 위하여 지방세법에서는 여러 가지 감면혜택을 부여하고 있는데, 비영리분야가 다양하여 이를 모두 설명하는 것은 1권의 책의 분량을 넘어가는 관계로 여기서는 제목만 나열한다. 각 비영리법인에게 적용되는 지방세 감면 등에 관하여는 관여하는 회계사, 법무사 등의 도움을 받을 필요가 있다. 이 감면의 구체적인 내용은 대부분 지방세특례제한법에 규정되어 있다.

- 학교 및 외국교육기관에 대한 면제
- 의료법인 등에 대한 감면
- 사회복지법인 등에 대한 감면
- 종교단체 또는 향교에 대한 면제
- 문화 · 예술 지원을 위한 과세특례
- 사회단체 등에 대한 감면
- 학술단체 및 장학법인에 대한 감면
- 평생교육단체 등에 대한 면제
- 평생교육시설에 대한 면제
- 박물관 등에 대한 감면
- 노인복지시설에 대한 감면
- 어린이집 및 유치원에 대한 감면
- 아동복지시설에 대한 감면
- 청소년단체 등에 대한 감면
- 사회적 기업에 대한 감면

- 민영교도소에 대한 감면
- 정당에 대한 면제

예를 들어 장학단체에게 주어지는 주요 지방세 감면 혜택은 지방세특례제한법 제45조에서 찾아볼 수 있는데, 그 내용은 다음과 같다.

지방세특례제한법 제45조(학술연구단체 및 장학단체에 대한 감면) ① 대통령령으로 정하는 학술단체가 학술연구사업에 직접 사용하기 위하여 취득하는 부동산에 대해서는 취득세를, 과세기준일 현재 학술연구사업에 직접 사용하는 부동산에 대해서는 재산세를 각각 2024년 12월 31일까지 면제한다. 다만, 제45조의2에 따른 단체는 제외한다.

② 「공익법인의 설립·운영에 관한 법률」에 따라 설립된 장학법인(이하 이 조에서 "장학법인"이라 한다)에 대해서는 다음 각 호에서 정하는 바에 따라 지방세를 2024년 12월 31일까지 감면한다.

1. 장학법인이 장학사업에 직접 사용하기 위하여 취득하는 부동산에 대해서는 취득세를, 과세기준일 현재 장학사업에 직접 사용하는 부동산에 대해서는 재산세를 각각 면제한다.
2. 장학법인이 장학금을 지급할 목적으로 취득하는 임대용 부동산에 대해서는 취득세의 100분의 80을, 과세기준일 현재 해당 임대용으로 사용하는 부동산에 대해서는 재산세의 100분의 80을 각각 경감한다.

③ 제1항 및 제2항에 따라 취득세를 면제 또는 경감받은 후 다음 각 호의 어느 하나에 해당하는 경우 그 해당 부분에 대해서는 면제 또는 경감된 취득세를 추징한다.

1. 정당한 사유 없이 그 취득일부터 1년이 경과할 때까지 해당 용도로 직접 사용하지 아니하는 경우
2. 해당 용도로 직접 사용한 기간이 2년 미만인 상태에서 매각·증여하거나 다른 용도로 사용하는 경우
3. 취득일부터 3년 이내에 관계 법령에 따라 설립허가가 취소되는 등 대통령령으로 정하는 사유에 해당하는 경우

지방세특례제한법 제45조에 따르면 학술연구단체나 장학단체에게 주어지는 지방세 감면 혜택은 취득세, 재산세, 지역자원시설세가 있다. 한편, 지방세특례제한법에서는 "고유업무", "직접 사용"이라는 용어를 자주 볼 수 있는데, 두 용어는 지방세 감면과 관련하여 자주 등장하는

용어이므로 그 의미를 잘 이해할 필요가 있다.

"고유업무"란 법령에서 개별적으로 규정한 업무와 법인등기부에 목적사업으로 정하여진 업무를 말하고, "직접 사용"이란 부동산·차량·건설기계·선박·항공기 등의 소유자가 해당 부동산·차량·건설기계·선박·항공기 등을 사업 또는 업무의 목적이나 용도에 맞게 사용하는 것을 말한다.

3 지방세 감면 후의 사후관리

지방세를 감면받은 경우에도 사후관리가 적용된다. 다만, 지방세특례제한법상의 사후관리에 대해서는 유의할 사항이 있는데 다음 두 감면규정을 살펴보자.

第18条(한국장애인고용공단에 대한 감면) 「장애인고용촉진 및 직업재활법」에 따른 한국장애인고용공단이 같은 법 제43조 제2항 제1호부터 제11호까지의 사업에 직접 사용하기 위하여 취득하는 부동산(수익사업용 부동산은 제외한다)에 대해서는 취득세의 100분의 25를, 과세기준일 현재 그 사업에 직접 사용하는 부동산에 대해서는 재산세의 100분의 25를 각각 2022년 12월 31일까지 경감한다.

第36条(무주택자 주택공급사업 지원을 위한 감면) 「공익법인의 설립·운영에 관한 법률」에 따라 설립된 공익법인으로서 대통령령으로 정하는 법인이 무주택자에게 분양할 목적으로 취득하는 주택건축용 부동산에 대해서는 취득세를, 과세기준일 현재 그 업무에 직접 사용하는 부동산에 대해서는 재산세(「지방세법」 제112조에 따른 부과액을 포함한다)를 각각 2024년 12월 31일까지 면제한다. 다만, 그 취득일부터 2년 이내에 정당한 사유 없이 주택건축을 착공하지 아니하거나 다른 용도에 사용하는 경우 그 해당 부분에 대해서는 면제된 취득세를 추징한다.

第36条(무주택자 주택공급사업 지원을 위한 감면)의 경우에는 감면 혜택과 함께 다만, 그 취득일부터 2년 이내에 정당한 사유 없이 주택건축을 착공하지 아니하거나 다른 용도에 사용하는 경우 그 해당 부분에 대해서는 면제된 취득세를 추징한다는 단서규정을 통해 사후관리에 대한

내용을 규정하고 있다. 반면에 제18조(한국장애인고용공단에 대한 감면)에서는 아무런 단서 조항이나 사후관리 내용을 찾을 수 없다. 환언하면, 무주택자의 주택공급사업에 대한 지원에는 해당 조항에 사후관리가 있고 한국장애인고용공단에 대한 감면에는 해당 조항에 사후관리가 없다. 그러나 지방세특례제한법 제178조에는 다음과 같은 사후관리 규정이 있다.

> **제178조(감면된 취득세의 추징)** 부동산에 대한 감면을 적용할 때 이 법에서 특별히 규정한 경우를 제외하고는 다음 각 호의 어느 하나에 해당하는 경우 그 해당 부분에 대해서는 감면된 취득세를 추징한다.
> 1. 정당한 사유 없이 그 취득일부터 1년이 경과할 때까지 해당 용도로 직접 사용하지 아니하는 경우
> 2. 해당 용도로 직접 사용한 기간이 2년 미만인 상태에서 매각·증여하거나 다른 용도로 사용하는 경우

따라서 부동산에 대한 감면을 적용할 때 지방세특례제한법에서 특별히 규정한 경우를 제외하고는 제178조의 규정에 따라 감면된 취득세가 추징된다는 점에 유의해야 한다.

부록

공익법인회계기준 주석사례

공익법인회계기준 주석사례

주석이란 재무제표 본문의 전반적인 이해를 돕는 정보, 재무제표 본문에 표시된 항목을 구체적으로 설명하거나 세분화하는 정보, 재무제표 본문에 표시할 수 없는 회계사건 및 그 밖의 사항으로 재무제표에 중요한 영향을 미치거나 재무제표의 이해를 위하여 필요하다고 판단되는 정보를 기재하는 것을 말한다.

2019년 12월 31일 「상증세법」이 개정되어 공익법인 결산서류 의무공시 대상서류 중 '재무상태표'와 '운영성과표'가 '재무제표'로 변경되어 재무상태표, 운영성과표와 함께 주석사항도 의무공시 대상서류에 포함되었다. 즉, 2020회계연도 결산서류 공시(2021년 4월)부터 재무제표 주석이 의무공시사항으로 포함되었다. 외부회계감사를 받아본 공익법인들은 재무상태표, 운영성과표와 함께 주석도 작성해 본 경험이 있지만 외부회계감사 경험이 없는 다수의 공익법인은 주석을 처음 작성하게 되어 어려움이 있을 수 있다.

공익법인회계기준의 원활한 적용을 위해, 기획재정부가 2018년에 배포한 공익법인회계기준 실무지침서에 주석의 해설과 사례가 첨부되어 있으나, 필수적 주석기재사항 전부 사례가 있지 않아, 이를 보완하여 공익법인이 참고할 수 있는 사례를 마련하고자 2021년 조세재정연구원이 제시한 주석사례가 있어 이를 소개한다.

이 주석사례 이외에 국세청 홈택스 공익법인 결산서류 공시 사이트에 올려져 있는 다른 공익법인의 감사보고서에 있는 주석사례를 참고하는 방법도 있다.

공익법인회계기준은 의무적으로 작성해야 하는 15가지의 필수적 주석기재사항을 명시하고 있으며, 그 이외에 작성자의 판단에 따라 필요한 정보가 있는 경우 추가로 주석을 기재(선택적 주석기재사항)할 수 있도록 규정하고 있으며 아래는 주석사례의 목차이다.

1. 필수적 주석기재사항
   가. 공익법인의 개황 및 주요 사업내용
   나. 공익법인이 채택한 회계정책
   다. 사용이 제한된 현금및현금성자산
   라. 차입금 등 현금 등으로 상환하여야 하는 부채의 주요 내용
   마. 현물기부의 내용
   바. 제공한 담보·보증의 주요 내용
   사. 특수관계인과의 중요한 거래의 내용
   아. 총자산 또는 사업수익금액의 10% 이상에 해당하는 거래의 거래내역
   자. 회계연도말 현재 진행중인 소송내역
   차. 회계정책, 회계추정의 변경 및 오류수정에 관한 사항
   카. 기본순자산의 취득원가와 공정가치
   타. 순자산의 변동에 관한 사항
   파. 유형자산 재평가차액의 누적금액
   하. 유가증권의 취득원가와 공정가치의 비교
2. 선택적 주석기재사항과 공익법인회계기준에서 추가로 요구하고 있는 주석사례
   가. 사업비용의 성격별 구분
   나. 퇴직연금운용자산의 구성내역
   다. 유형자산
   라. 무형자산
   마. 사업 수익·비용의 세분화
   바. 잉여금처분계산서

1. 필수적 주석기재사항

공익법인회계기준은 제41조에서 15개의 필수적 주석기재사항을 명시하고 있으며, 일부 개별조항에서도 주석기재를 요구하고 있다.

아래의 사례는 주석을 작성함에 있어 참고할 사례이며 각 사례의 양식은 반드시 준수해야 하는 고정된 서식은 아니다. 각 공익법인의 상황에 따라 주석의 내용을 추가하거나 관련 사항이 없는 경우 생략할 수 있다.

가. 공익법인의 개황 및 주요 사업내용

공익법인의 전반적인 이해를 돕기 위해 공익법인의 설립목적 및 주요 사업에 대해 주석으로 기재해야 한다. 기부자 등 정보이용자가 공익법인이 수행하는 사업을 쉽게 파악할 수 있도록 주요 사업내용을 기재한다. 또한, 공익법인의 주요 사업이 공익목적사업부문과 기타사업부문으로 구분이 되는 경우 구분내역을 알 수 있도록 주석에 기재한다.

[사례 1]
A공익법인은 사회적 약자를 지원하고 저소득가정의 아동의 복지를 증진시키기 위해 민법 제32조에 의거 20×1년 4월 설립되었습니다. 공익법인은 설립목적을 달성하기 위하여 사회복지관사업, 아동지원센터, 아동장학사업, 임대사업 등을 수행하고 있으며, 아동지원센터, 아동장학사업을 위해 기부금품 모집 등록을 하고 기부금을 모금하고 있습니다. 사회복지관사업, 아동지원센터, 아동장학사업은 공익법인의 정관상 공익목적사업부문에 해당하며, 임대사업은 사업재원 마련을 위해 여유공간을 임대하여 수행하며 이는 기타사업부문에 해당합니다.

나. 공익법인이 채택한 회계정책

공익법인이 재무제표를 작성하기 위해 어떤 회계기준을 적용하였는지 명시하여야 한다. 그리고 재무제표 작성과 관련된 주요 사항에 대해 회계정책을 어떻게 적용하였는지 기재한다. 공익법인이 채택한 회계정책은 계정별로 기재하는데, 공익법인별로 주요 계정의 유무에 따라 관련된 내용을 기재한다.

[사례 2]

아래 사례는 예시이며 공익법인의 상황에 맞게 수정 · 추가하여 작성해야 한다.

당 공익법인은 상속세 및 증여세법 제50조의4 및 동법 시행령 제43조의4에 따라 공익법인회계기준을 적용하여 재무제표를 작성하였습니다. 공익법인회계기준에서 정하지 아니한 사항은 일반기업회계기준을 적용하여 재무제표를 작성하였습니다.

공익법인이 채택하고 있는 중요한 회계정책은 다음과 같습니다.

(1) 구분회계

공익법인은 공익목적사업부문과 기타사업부문으로 구분하여 재무제표를 작성하고 있습니다. 사회복지관사업, 아동지원센터, 아동장학사업은 공익목적사업부문으로 구분하며 임대사업은 기타사업부문으로 구분하고 있습니다.

재무제표의 통합부문 작성시 공익목적사업부문과 기타사업부문 간의 내부거래는 모두 제거 후 산출된 금액으로 표시하고 있습니다.

(2) 현금및현금성자산

공익법인은 통화 및 타인발행수표 등 통화대용증권과 당좌예금, 보통예금 및 큰 거래비용 없이 현금으로 전환이 용이하고 이자율 변동에 따른 가치변동의 위험이 경미한 금융상품으로서 취득 당시 만기일(또는 상환일)이 3개월 이내인 것을 현금및현금성자산으로 처리하고 있습니다.

(3) 유형자산

공익법인은 유형자산의 취득원가 산정시 자산의 구입원가 또는 제작원가 및 경영진이 의도하는 방식으로 자산을 가동하는 데 필요한 장소와 상태에 이르게 하는 데 직접 관련되는 원가를 가산하고 있습니다. 출자, 증여 등 기타 무상으로 취득한 자산의 가액은 공정가치로 측정하고 있습니다.

유형자산의 취득 또는 완성 후의 지출이 내용연수 증가나 유형자산의 가치를 실질적으로 증가시키는 지출인 경우 자본적 지출로 인식하고, 그렇지 않은 경우 발생한 기간의 비용으로 인식하고 있습니다.

유형자산 중 토지는 감가상각을 하지 않으며, 그 외 유형자산은 취득원가에서 아래의 추정내용연수와 감가상각방법에 따라 산정된 감가상각누계액과 손상차손누계액을 차감한 금액으로 표시하고 있습니다.

계정과목	추정내용연수	상각방법
건물	40년	정액법
차량운반구	5년	정액법

(4) 무형자산

공익법인은 무형자산의 취득원가를 구입원가와 자산을 사용할 수 있도록 준비하는 데 직접 관련된 지출로 산정하고 있습니다. 무형자산의 취득원가에서 아래의 추정내용연수와 상각방법에 따라 산정된 상각누계액과 손상차손누계액을 직접 차감한 금액으로 표시하고 있습니다.

계정과목	추정내용연수	상각방법
산업재산권	5년	정액법
소프트웨어	5년	정액법

(5) 순자산

공익법인은 사용이나 처분에 영구적 제약이 있는 순자산을 기본순자산으로 표시하고 있습니다. 공익법인의 기본재산은 처분시 주무부처의 허가를 필요로 하므로 해당 기본재산의 취득원가를 기본순자산으로 표시하고 있습니다.

공익법인의 기본순자산이나 순자산조정이 아닌 순자산을 보통순자산으로 표시하고 있습니다. 보통순자산은 잉여금과 적립금으로 구분하고 있습니다.

공익법인의 순자산 가감성격의 항목으로 매도가능증권평가손익 등을 순자산조정으로 표시하고 있습니다.

(6) 퇴직급여충당부채

공익법인은 퇴직금 지급규정에 따라 당기말 현재 1년 이상 근속한 직원이 일시에 퇴직할 경우 지급하여야 할 퇴직금 총추계액을 퇴직급여충당부채로 설정하고 있습니다.

공익법인은 확정급여형 퇴직연금제도를 운영하며 종업원의 퇴직금 수급권을 보장하는 퇴직연금에 가입하고 있으며 납입한 적립금은 퇴직연금운용자산의 과목으로 퇴직급여충당부채에서 차감하는 형식으로 표시하고 있습니다. 퇴직연금운용자산이 퇴직급여충당부채를 초과하는 경우에는 투자자산으로 표시하고 있습니다.

(7) 수익인식

공익법인의 수익은 기부금, 용역의 제공 등으로 구성되어 있습니다.

공익법인이 기부를 받는 경우 실제 기부를 받는 시점에 수익으로 인식하고 기부 당시의 공정가치로 측정하여 인식하고 있습니다.

공익법인은 임대용역을 제공하고 수익을 인식하고 있습니다. 용역의 제공으로 인한 수익은 거래 전체의 수익금액과 진행률 및 이미 발생한 원가 및 거래의 완료를 위하여 투입하여야 할 원가를 신뢰성 있게 측정할 수 있고, 경제적 효익의 유입가능성이 매우 높은 경우 진행기준에 따라 인식하고 있습니다.

(8) 고유목적사업준비금

공익법인은 법인세법 제29조에 따라 공익법인의 수익사업에서 발생한 이익을 고유목적사업에 지출하기 위하여 고유목적사업준비금을 설정하고 있습니다. 공익법인은 고유목적사업준비금전입액(비용)과 고유목적사업준비금(부채)을 인식하고 있으며 고유목적사업준비금은 유동부채, 비유동부채로 구분하지 않고 별도로 표시하고 있습니다.

(9) 법인세비용

공익법인은 일반기업회계기준 제31장 '중소기업 회계처리 특례'의 법인세 회계처리를 따라 실제 납부할 법인세 금액을 법인세비용으로 인식하고 있습니다.

다. 사용이 제한된 현금및현금성자산

현금및현금성자산은 공익법인의 유동성을 판단하는 중요한 정보이다. 현금및현금성자산 중 사용이 제한되어 있는 부분은 유동성에 제한이 있는 것이므로 주석을 통해 해당 정보를 표시해야 하는 것이다. 당좌예금, 보통예금, 취득 당시 만기가 3개월 이내인 금융상품 등 원칙적으로 현금및현금성자산에 해당하는 항목이나 사용에 제한이 있는 경우 사용제한기간에 따라 단기금융상품, 장기금융상품으로 구분해야 하며 이에 대한 세부내역을 주석으로 기재해야 한다.

차입금이나 임대보증금의 담보로 설정되어 있거나 당좌개설보증금으로 설정된 경우뿐 아니라 기본재산 등으로 주무관청의 허가 없이 공익법인 임의로 사용이나 처분이 불가능한 경우도 사용이 제한된 자산으로 기재해야 한다.

주의사항 사용이 제한된 현금및현금성자산의 작성범위

현금및현금성자산이 아니더라도 사용의 제한이 있는 모든 금융상품을 포함하여 작성한다. 현금및현금성자산 이외 사용이 제한된 금융상품 등을 포함하여 주석을 작성하는 경우 사용이 제한된 금융상품으로 주석명칭을 변경해서 작성이 가능하다.

[사례 3]

A공익법인은 다음과 같은 금융자산을 보유하고 있다.

종 류	금융기관명	금액(원)	비 고		
보통예금	XX은행	1,000,000	기본재산	…	①
	YY은행	5,000,000		…	②
	ZZ은행	2,000,000	지급보증 담보제공	…	③
정기예금	XX은행	3,000,000		…	④
	ZZ은행	2,000,000	차입금 담보	…	⑤
ELS	OO증권	5,000,000	기본재산	…	⑥
yy주식	(주)yy	3,000,000		…	⑦

[주석작성방법]

A공익법인이 보유하고 있는 금융자산 중 ①, ③, ⑤, ⑥은 기본재산, 담보 등으로 인해 사용이 제한되어 있으므로 해당 자산의 상세내역에 대하여 주석으로 기술해야 한다.

[주석예시]

당기말 및 전기말 현재 사용이 제한된 금융상품 등의 내역은 다음과 같습니다.

(단위 : 원)

계정과목	종 류	금융기관명	금 액		사용 제한 내용
			당기말	전기말	
단기투자자산	보통예금	XX은행			기본재산
	보통예금	ZZ은행			지급보증 담보제공
	ELS	OO증권			기본재산
	소계				
장기투자자산	정기예금	ZZ은행			차입금 담보
	소계				
합계					

라. 차입금 등 현금 등으로 상환하여야 하는 부채의 주요 내용

공익법인의 부채 중 차입금과 같이 현금으로 상환하여야 하는 부채는 그 금액과 상환시기가 중요한 정보이다. 현금으로 상환하여야 하는 부채보다 현금및현금성자산이 적은 경우에는 금융자산이나 다른 자산을 처분해야 하는 상황이 생길 수 있으므로 공익법인의 유동성을 파악하기에 중요한 정보이므로 이러한 부채의 내용을 주석으로 기재해야 한다.

[사례 4]

당기말 및 전기말 현재 현금 등으로 상환하여야 하는 부채는 다음과 같습니다.

(당기말)

(단위 : 원)

계정과목	장부금액	계약상 현금흐름	상환예정금액		
			3개월 이내	3개월~1년	1년 초과
미지급금	20,000,000	20,000,000	20,000,000	–	–
차입금	50,000,000	50,000,000	5,000,000	15,000,000	30,000,000

(전기말)

(단위 : 원)

계정과목	장부금액	계약상 현금흐름	상환예정금액		
			3개월 이내	3개월~1년	1년 초과
미지급금	15,000,000	15,000,000	15,000,000	–	–
차입금	30,000,000	30,000,000	5,000,000	5,000,000	20,000,000

당기말 및 전기말 현재 단기차입금 내역은 다음과 같습니다.

(단위 : 원)

구 분	차입처	만기일	이자율	금 액	
				당기말	전기말
일반대출	DD은행	20×2. 3. 20	2.51	5,000,000	–
일반대출	EE은행	20×1. 9. 10	2.76	–	7,000,000

당기말 및 전기말 현재 장기차입금 내역은 다음과 같습니다.

(단위 : 원)

구 분	차입처	만기일	이자율	금 액	
				당기말	전기말
일반자금대출	DD은행	20×4. 3. 20	2.45	45,000,000	23,000,000
소계				45,000,000	23,000,000
차감 : 유동성장기차입금				(15,000,000)	(3,000,000)
차감 계				30,000,000	20,000,000

마. 현물기부의 내용

공익법인이 기부받는 자산은 현금 이외에도 다양한 물품이 있을 수 있다. 현물로 기부받는 경우에는 현물을 직접 공익사업에 활용하거나, 현금화하여 공익사업에 사용하는 경우가 있다. 이러한 현물의 가치를 파악하기 위해 현물을 기부 받는 경우에는 현물을 공정가치로 측정하여 기부금수익을 인식하고 주석에 기재해야 한다.

해당 주석은 계정과목별로 기부받은 현물자산을 합산하여 작성하고 상대계정을 기부금수익으로 인식하였는지, 기본순자산으로 인식하였는지 구분한 정보를 기재한다. 또한, 대표 기부자를 추가정보로 기재하며 특정 개인기부자 실명의 경우 공익법인의 판단에 따라 대표 기부자 실명은 생략할 수 있다. 기부 받은 현물자산과 관련하여 중요한 정보가 있는 경우(처분제한, 특정목적 사용 등) 해당 정보도 추가적으로 기재할 수 있다.

[사례 5]

당기중 현물로 기부받은 자산의 내역은 다음과 같습니다.

(단위 : 원)

내 역	금 액	기부금수익	기본순자산	기부자
토지	200,000,000	–	200,000,000	(주)AA
건물	100,000,000	–	100,000,000	(주)AA
주식	150,000,000	20,000,000	130,000,000	
차량운반구	30,000,000	30,000,000	–	(주)XX자동차

(주)AA로부터 기부받은 토지와 건물은 아동지원센터 사업을 위해서만 사용하도록 제한되어 있습니다.

바. 제공한 담보 · 보증의 주요 내용

공익법인이 보유하고 있는 자산이 차입금 등 부채의 담보로 제공되는 경우가 있다. 담보로 제공된 자산은 공익법인이 임의로 처분할 수 없으며, 해당 부채를 상환하지 못하는 경우 담보로 제공된 자산의 소유권을 이전해야 할 수 있으므로 해당 정보를 주석에 기재해야 한다. 또한 지급보증 등 보증을 제공한 경우 해당금액이 명시적으로 공익법인의 부채는 아니지만 상황에 따라 공익법인이 부담해야 할 수 있으므로 이러한 정보를 정보이용자에게 제공하기 위해 주석에 기재해야 한다.

[사례 6]

당기말 현재 재단이 담보로 제공하고 있는 자산의 내역은 다음과 같습니다.

(단위 : 원)

담보제공자산	장부금액	담보설정금액	담보권자	관련 채무의 내용	
				계 정	금 액
토지	300,000,000	44,000,000	DD	차입금	40,000,000
건물	200,000,000	55,000,000	BB	임대보증금	50,000,000

당기말 현재 B사업과 관련하여 CC회사에 대해 ××금액의 지급보증을 제공하고 있습니다.

사. 특수관계인과의 중요한 거래의 내용

공익법인회계기준은 「상증세법」 제2조 제10호에서 규정하고 있는 자를 특수관계인으로 본다. 특수관계인은 공익법인에 영향력을 끼칠 수 있으므로 특수관계인과의 거래를 공시하여 공익법인의 투명한 운영을 보여줄 수 있다. 특수관계인과의 거래의 예는 다음과 같다.

특수관계인과의 거래의 예
재화의 매입이나 매출
부동산과 그 밖의 자산의 구입이나 매각
용역의 제공이나 수령
보증이나 담보의 제공
기부금(현금, 현물) 지급

위의 거래의 예 이외에도 특수관계인과의 거래가 있는 경우 주석에 기재할 수 있으며, 아래 사례의 특수관계인과의 거래내역에 해당 유형을 추가하여 작성할 수

있다.

공익법인의 특수관계인에는 공익법인의 주요 경영진(이사장, 이사, 임원 등)도 포함되므로 주요 경영진에 지급된 급여, 퇴직급여 등드 주석으로 기재해야 한다.

또한 공익법인회계기준에서 지정한 특수관계인 외의 공익법인의 판단에 따라 특수관계인으로 판단되는 경우 자율적으로 추가하여 공시할 수 있다.

[사례 7]

(1) 공익법인과 관계된 주요 특수관계인은 다음과 같습니다.

(단위 : 원)

특수관계인 구분	특수관계인명
출연법인	EE법인
이사의 과반수 차지	FF법인
기타	GG법인, HH법인

(2) 당기 및 전기 중 특수관계인와의 거래내역은 다음과 같습니다.

(당기) (단위 : 원)

특수관계인명	수 익	비 용	재화매입	유 · 무형자산 취득(처분)
EE법인	–	5,000,000	–	–

(전기) (단위 : 원)

특수관계인명	수 익	비 용	재화매입	유 · 무형자산 취득(처분)
EE법인	–	10,000,000	–	100,000,000

(3) 당기말 및 전기말 현재 특수관계인에 대한 채권 · 채무 내역은 다음과 같습니다.

(단위 : 원)

특수관계인 구분	특수관계인명	채 권		채 무	
		당기말	전기말	당기말	전기말
출연법인	EE법인	–	–	20,000,000	–

(4) 당기 및 전기 주요경영진에 대한 보상내역은 다음과 같습니다.

(단위 : 원)

구 분	당 기	전 기
단기종업원급여	200,000,000	300,000,000
퇴직급여	40,000,000	30,000,000
합계	240,000,000	330,000,000

(5) 당기말 현재 특수관계인으로부터 제공받고 있는 담보 및 보증의 내역은 다음과 같습니다.

(단위 : 원)

특수관계인 구분	특수관계인명	담보제공자산	담보설정금액
기타	GG법인	토지 및 건물	200,000,000

아. 총자산 또는 사업수익금액의 10% 이상에 해당하는 거래의 거래내역

해당 주석은 정보이용자들에게 공시대상 회계기간중에 발생한 중요한 거래에 대하여 정보를 제공하는 것을 목적으로 한다. 공시대상 회계연도의 총자산 또는 사업수익금액의 10% 이상에 해당하는 거래에 대한 거래처명, 거래금액, 계정과목 등을 작성한다. 수익과 비용으로 인식되는 거래뿐 아니라 유형자산의 취득·처분 및 재화의 매입 등 공익법인의 주요 거래내역을 모두 포함하여 작성해야 한다. 다만 일상적인 여유자금운용 목적 등으로 금융자산을 취득하고 처분하는 등의 거래는 제외할 수 있다.

주의사항 총자산 또는 사업수입금액의 10% 이상인 특수관계인과의 거래의 공시

특수관계인과의 거래가 총자산 또는 사업수익금액의 10% 이상에 해당하더라도 '특수관계인과의 중요한 거래의 내용'에 기재한 경우 해당 거래는 이 주석에서 제외한다.

(사례 8)

B공익법인의 2×18년 재무제표상 총자산 규모는 50억원이고, 사업수익금액은 10억원이다. 다음은 B공익법인의 거래내역 일부이다.

(단위 : 원)

날 짜	거래처명	적 요	금 액
2×18. 2. 15	(주)AA	공연장대관료	20,000,000
2×18. 2. 15	(주)AA	입장권판매대행수수료	2,000,000
2×18. 3. 20	(주)BB	공연장대관료	10,000,000
2×18. 3. 20	(주)BB	부대설비대여료	3,000,000
2×18. 3. 20	(주)BB	입장권판매대행수수료	1,000,000
2×18. 4. 06	CC재단	배분사업비	(50,000,000)
2×18. 5. 31	(주)AA	공연장대관료	25,000,000
2×18. 5. 31	(주)AA	부대설비대여료	10,000,000
2×18. 5. 31	(주)AA	입장권판매대행수수료	3,000,000

2×18. 7. 08	(주)DD	연습실대관료	1,000,000
2×18. 7. 14	(주)DD	공연장대관료	2,000,000
2×18. 9. 22	CC재단	배분사업비	(60,000,000)
2×18. 10. 2	(주)AA	공연장대관료	25,000,000
2×18. 10. 2	(주)AA	부대설비대여료	15,000,000
2×18. 10. 2	(주)AA	입장권판매대행수수료	3,000,000

[주석작성방법]

1) 거래처별 거래금액을 살펴보면 다음 표와 같다.

(단위 : 원)

거래처명	금 액
(주)AA	103,000,000
(주)BB	14,000,000
CC재단	(110,000,000)
(주)DD	3,000,000

2) 중요 거래처의 판단

총거래금액이 ① 또는 ②의 금액을 초과하는 거래처는 공시대상이 된다. 중요성 판단의 기준은 당기 자산 또는 사업수익금액이다.

① 총자산규모의 10%＝50억원×10%＝5억원

② 사업수익금액의 10%＝10억원×10%＝1억원

위의 사례에서 (주)AA와 CC재단은 거래금액 총합이 사업수익금액의 10%(1억원)를 초과하므로 주석에 공시해야 한다.

[주석예시]

단일 거래처로부터 발생한 거래규모가 총자산 또는 사업수익금액의 10% 이상인 주요 거래처는 다음과 같습니다.

(1) 당기

(단위 : 원)

거래처명	계정과목	거래금액	거래내용
(주)AA	매출액	103,000,000	대관료수익 등
CC재단	사업수행비용	110,000,000	배분사업비

(2) 전기

(단위 : 원)

거래처명	계정과목	거래금액	거래내용
(주)AA	매출액	92,000,000	대관료수익 등
XXX	기부금수익	100,000,000	기부자 현물기부

자. 회계연도말 현재 진행중인 소송내역

공익법인의 사업활동 과정에서 다양한 법적 분쟁이나 소송사건이 발생할 수 있다. 공익법인은 현재 진행중인 소송내역을 주석으로 공시해야 한다.

소송사건이 재무제표에 반영되는 경우는 크게 두 가지로 나눌 수 있는데, 해당 주석에서는 아래 두 가지 상황을 모두 공시해야 한다.

① 재무제표에 계상되는 경우 : 소송사건이 손실을 입게 될 가능성이 매우 높고, 금액을 합리적으로 추정할 수 있는 상황
② 주석에만 공시 : 현재 소송이 진행중이지만, 소송의 결과에 따라 손실 여부가 결정되는 불확실한 상황

[사례 9]

[주석예시]

당기말 현재 계류중인 소송사건은 다음과 같습니다.

계류법원	원 고	피 고	사건내용	소송가액	진행상황
원고인 사건					
AA지방법원	XX재단	과세관청	부과처분 취소	100,000,000	1심 진행중
⋮					
피고인 사건					
BB지방법원	(주)CC	XX재단	손해배상	80,000,000	1심 진행중
⋮					

당기말 현재 상기 소송사건과 관련하여 충당부채로 계상한 금액은 없습니다. 상기 소송사건 결과는 재무제표에 중대한 영향을 미치지 않을 것으로 예측되고 있으나, 향후 소송의 결과에 따라 추가적인 손실이 발생할 수도 있습니다.

[사례 10]

[주석예시]

당기말 현재 계류중인 소송사건은 다음과 같습니다.

계류법원	원 고	피 고	사건내용	소송가액	진행상황
원고인 사건					
AA지방법원	XX재단	과세관청	부과처분 취소	100,000,000	1심 진행중
⋮					
피고인 사건					
BB지방법원	(주)CC	XX재단	손해배상	80,000,000	1심 진행중
DD지방법원	(주)ZZ	XX재단	손해배상	50,000,000[*1]	1심 패소 2심 진행중
⋮					

*1 진행중인 손해배상청구소송에서 1심 패소하여 해당 소송가액 50백만원을 소송충당부채로 인식하였습니다.

차. 회계정책, 회계추정의 변경 및 오류수정에 관한 사항

공익법인이 기존에 적용해 오던 회계처리방법이 변경되거나, 전기 또는 그 이전 회계연도에 오류가 발생하여 당기에 수정하는 경우 해당 내용을 주석으로 공시해야 한다.

① 회계정책의 변경

회계정책의 변경이란 재무제표의 작성에 적용하던 회계정책을 다른 회계정책으로 변경하는 것을 말한다. 회계정책이 변경되면 소급하여 적용하여 비교재무제표를 재작성해야 하는데, 변경 내용과 이유, 재무제표에 미친 영향, 비교재무제표가 재작성되었다는 사실 등을 주석으로 공시해야 한다.

[사례 11] 회계정책의 변경

[주석예시]

재단은 재고자산 평가방법으로 총평균법을 사용하였습니다. 그러나 선입선출법이 총평균법보다 목적적합하고 신뢰성 있는 정보를 제공할 수 있다고 판단하여 평가방법을 변경하였습니다. 당 재단은 회계정책의 변경을 소급적용하여 비교표시된 전기 재무제표를 재작성하였습니다.

(1) 상기 변경으로 재무상태표에 미친 영향은 다음과 같습니다.

계정과목	당기말		전기말		전기초	
	수정 전	수정 후	수정 전	수정 후	수정 전	수정 후

(2) 상기 변경으로 운영성과표에 미친 영향은 다음과 같습니다.

계정과목	당 기		전 기	
	수정 전	수정 후	수정 전	수정 후

② 회계추정의 변경

회계추정의 변경이란 회계처리의 추정치의 근거와 방법을 바꾸는 것을 말한다. 회계추정을 변경한 경우에는 변경내용, 그 정당성 및 그 변경이 당기 재무제표에 미치는 영향을 주석으로 기재한다.

[사례 12]

[주석예시]
당 재단은 건물의 사용 및 잔여사용가능 기간을 재검토하였습니다. 건물은 취득일로부터 ××년간 사용될 것으로 예상하였으나, 평가 결과 취득일로부터 ××년간 사용할 수 있을 것으로 판단됩니다. 이로 인하여 당기의 감가상각비는 종전의 방법에 의한 경우보다 ××만원이 감소하였습니다.

③ 전기오류수정

전기오류수정이란 전기 또는 그 이전의 재무제표에 포함된 회계오류를 당기에 발견하여 수정하는 것을 말한다. 오류수정의 내용은 주석으로 공시해야 하며, 특히 중대한 오류를 수정한 경우에는 오류의 내용, 수정금액, 비교재무제표가 재작성되었다는 사실 등을 기재해야 한다.

[사례 13]

[주석예시]
재단은 전전기 건물을 취득하여 취득시점에 모두 비용처리한 오류 사실을 당기에 발견하였습니다. 비교표시된 전년도 재무제표는 이러한 수정사항을 반영하여 소급하여 재작성되었습니다. 이로 인한 수정내역은 다음과 같습니다.

(1) 재무상태표 수정내용은 다음과 같습니다.

계정과목	전기말			전기초		
	수정 전	변경금액	수정 후	수정 전	변경금액	수정 후
건물						
감가상각누계액						
보통순자산_잉여금						

(2) 운영성과표 수정내용은 다음과 같습니다.

계정과목	전 기	
	수정 전	수정 후
감가상각비		

카. 기본순자산의 취득원가와 공정가치

기본순자산은 공익법인 설립과 운영의 기초가 된다. 즉, 공익법인의 재무건전성과 지속가능성을 판단하기 위한 핵심자원으로 볼 수 있다. 그러나 재무제표상 특정자산이 기본순자산에 해당하는지 그리고 해당 자산의 장부금액이 공정가치로 평가된 금액인지 여부를 한눈에 파악하기는 쉽지 않다. 해당 주석에서 기본순자산에 해당하는 자산의 취득원가, 공정가치 정보를 제공함으로써 정보이용자에게 공익법인의 기본순자산에 대한 정보를 일목요연하게 보여줄 수 있다.

기본순자산은 사용이나 처분에 영구적인 제약이 있어 주무관청 등의 허가가 필요한 자산으로 「공익법인법」에 따른 기본재산과 일치하지 않을 수 있다는 점을 유의해야 한다. 기본재산은 공익법인의 사후관리를 위해 구분하는 기준으로서 회계상 개념은 아니기 때문이다.

주석을 작성하기 위하여 기본순자산에 해당하는 자산의 공정가치 평가를 별도로 수행할 필요는 없다. 재무제표에 공정가치로 평가한 자산은 공정가치 정보를 제공하고 취득원가로 평가한 자산은 취득원가 부분만 작성하면 된다.

[사례 14]

A공익법인의 2×18회계연도 말 현재 기본순자산은 다음과 같다.

(단위 : 원)

구 분	취득원가	기말평가금액
정기예금	10,000,000	10,000,000
주식A	30,000,000	35,000,000
토지	200,000,000	평가하지 않음
건물	100,000,000	평가하지 않음

[주석예시]

A공익법인의 당기말 현재 기본순자산의 취득원가와 공정가치는 다음과 같습니다. 유형자산은 취득 이후 재평가하지 않고 취득원가로 인식하고 있습니다.

(단위 : 원)

구 분	취득원가	공정가치
정기예금	10,000,000	10,000,000
주식A	30,000,000	35,000,000
토지	200,000,000	평가하지 않음
건물	100,000,000	평가하지 않음

타. 순자산의 변동에 관한 사항

해당 주석은 회계연도 말 공익법인의 순자산 크기와 일정기간 동안의 변동 내용을 포괄적이고 체계적으로 보여줄 수 있다. 순자산 변동에 관한 사항을 작성할 때에는 재무상태표 및 운영성과표와 연계하여 작성해야 한다.

재무제표와 순자산의 변동에 관한 사항의 관계

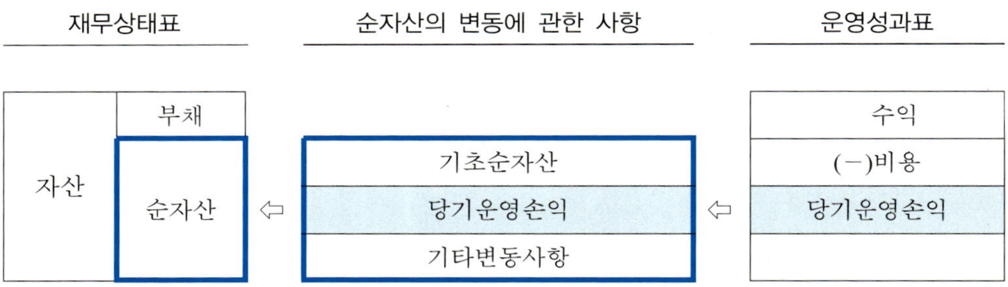

[사례 15]

[주석작성방법]

〈주의사항〉

해당 주석은 하단에 첨부한 참고자료 형식으로 작성해야 하나, 설명의 편의를 위하여 본 예시에서는 통합부문의 순자산 변동내역만 작성함

(1) 당기초 : 전년도 재무제표 '순자산 변동에 관한 사항' 주석에 작성한 '당기말' 금액으로 작성한다.

(예시) A공익법인의 2×17년 '순자산 변동에 관한 사항' 주석 내용

〈2×17년말 재무제표의 주석〉

과 목	통 합			
	기본순자산	보통순자산		순자산조정
		적립금	잉여금	
⋮				
당기말	1,000,000	200,000	200,000	100,000

(2) 기본순자산 증감 : 보통순자산에서 기본순자산으로 편입되는 경우, 기본순자산 증가와 보통순자산 감소를 동시에 기재한다. 당기에 지급받은 기부금이나 보조금 등이 기본순자산으로 분류되는 경우 기본순자산의 증감에 인식한다.

(예시)

a) 2×18년 B법인으로부터 건물을 기부받았으며, 기본순자산으로 분류되는 자산이다. 기부받은 시점의 공정가치는 500,000원이다.

b) 수익사업의 수익이 감소하여 목적사업수행을 위해 기본순자산 중 50,000원을 보통순

자산으로 편입하였다(이사회의 의결을 거쳐 주무관청의 허가를 받음).

(3) 당기운영이익(손실) : 보통순자산의 잉여금에 반영한다. 해당 금액은 운영성과표의 당기 운영이익과 일치해야 한다.

(예시)

〈2×18년 운영성과표〉

계정과목	당 기
사업수익	100,000
사업비용	60,000
⋮	
당기운영이익(손실)	30,000

(4) 매도가능증권평가이익 등 : 순자산조정 항목에 반영한다.

(예시) 당기 매도가능증권평가이익이 10,000원 발생하였다.

(5) 당기말 : 위의 거래들의 합계 금액이다. 당기말 부분에 작성한 기본순자산, 보통순자산, 순자산조정 금액은 재무상태표상 기말금액과 일치해야 한다.

[주석예시]

A공익법인의 2×18회계연도 당기와 전기의 순자산 변동내역은 다음과 같습니다.

(단위 : 원)

과 목	통 합			
	기본순자산	보통순자산		순자산조정
		적립금	잉여금	
당기초 (1)	1,000,000	200,000	200,000	100,000
기본순자산증감 (2)	500,000			
	(50,000)		50,000	
당기운영이익 (3)			30,000	
매도가능증권평가이익 (4)				10,000
당기말 (5)	1,450,000	200,000	280,000	110,000

파. 유형자산 재평가차액의 누적금액

유형자산 재평가차액은 유형자산 재평가 수행으로 발생한 총누적손익을 말한다. 또한 자산별로 재평가액 추정방법을 함께 기재한다.

[사례 16]

[주석예시]

A공익법인의 2×18회계연도 말 현재 보유하고 있는 유형자산의 재평가차액은 다음과 같습니다.

(단위 : 원)

자산종류	재평가추정방법	재평가 전 장부금액 (A)(*)	재평가금액 (B)	평가 증감 (B-A)
토지	개별공시지가	200,000,000	350,000,000	150,000,000
건물	감정평가	100,000,000	180,000,000	80,000,000
유형자산 합계		300,000,000	530,000,000	230,000,000

(*) 재평가 전 장부금액은 재평가한 시점의 평가 전 장부금액을 의미한다.

하. 유가증권의 취득원가와 공정가치의 비교

공익법인회계기준은 단기매매증권, 매도가능증권을 공정가치로 평가하여 재무제표에 계상하도록 규정하고 있다. 따라서 특별한 사유가 있지 않는 한 공정가치 금액과 장부금액은 동일하며, 만약 금액이 다를 경우 그 사유도 주석에 함께 공시해야 한다.

단기매매증권의 평가손익은 운영성과표에 당기비용으로 반영되며, 매도가능증권의 평가손익은 재무상태표의 순자산조정에 반영한다. 다만, 공익법인에서 이연법인세회계를 적용하고 있는 경우 매도가능증권의 평가손익은 법인세효과로 인해 재무상태표상의 금액과 평가손익 금액(예시의 B－A)이 다를 수 있다.

[사례 17]

[주석예시]

A공익법인의 2×18회계연도 말 보유하고 있는 유가증권의 내역은 다음과 같습니다.

(1) 지분증권

(단위 : 원)

계정명	회사명	주식수	취득원가 (A)	공정가치	장부금액 (B)	평가손익 (B-A)
단기매매증권	(주)AA(*1)	20주	1,500,000	1,200,000	1,200,000	(300,000)
매도가능증권	(주)BB(*1)	10주	1,500,000	1,750,000	1,750,000	250,000
	(주)CC(*2)	30주	5,000,000		5,000,000	－

(*1) 지분증권의 공정가치는 회계연도 말 현재의 종가로 측정하였습니다.

(*2) 해당 주식은 비상장주식으로 합리적인 공정가액을 산정할 수 없어 취득원가로 평가하고 있습니다.

(2) 채무증권

(단위 : 원)

계정명	만기일	종목명	취득원가 (A)	공정가치	장부금액 (B)	평가손익 (B-A)
매도가능증권	2×19.02.25	ELB	2,000,000	2,016,000	2,016,000	16,000

2. 선택적 주석기재사항과 공익법인회계기준에서 추가로 요구하고 있는 주석사례

가. 사업비용의 성격별 구분

공익법인회계기준은 제27조 제5항에 따라 사업수행비용, 일반관리비용, 모금비용에 대하여 분배비용, 인력비용, 시설비용, 기타비용으로 구분하여 표시하도록 규정하고 있다. 이 정보는 공익법인의 선택에 따라 주석으로 기재하거나 운영성과표 본문에 표시할 수 있다. 또한 공익법인이 더 필요하다고 판단하는 경우 더 세분화된 정보를 구분하여 기재할 수 있다.

[사례 1]

A공익법인은 국내복지사업부, 국제구호사업부, 모금사업부, 행정지원실의 부서로 구성되어 있다.

2×21년 국내복지사업의 일환으로 청소년교육복지센터에 30,000,000원을 지급하였고, 국제구호사업팀은 빈민아동을 대상으로 구호물품 20,000,000원을 지원하였다.

각 부서의 인원은 국내복지사업부 10명, 국제구호사업부 5명, 모금사업부 4명, 행정지원실 3명이고, 각 인원은 모두 연봉 30,000,000원의 동일한 임금을 받고 있다.

A공익법인은 건물의 한 개 층을 임차하여 사용하고 있으며 4개 부서는 각각 동일한 면적을 사용하고 있다(임차료는 연간 12,000,000원).

국내복지사업부에서는 복지사업과 관련한 출장으로 인해 여비교통비가 4,000,000원 발생하였고, 모금사업부에서는 모금활동을 위한 홍보포스터 제작으로 3,000,000원을 사용하였다.

[주석예시]

A공익법인의 운영성과표에는 사업비용이 기능별로 구분되어 표시되어 있습니다. 이를 다시 성격별로 구분한 내용은 다음과 같습니다.

(단위 : 원)

	분배비용	인력비용	시설비용	기타비용	합 계
공익목적사업비용	50,000,000	660,000,000	12,000,000	7,000,000	729,000,000
사업수행비용	50,000,000[1]	450,000,000[2]	6,000,000[3]	4,000,000[4]	510,000,000
일반관리비용	–	90,000,000[2]	3,000,000[3]		93,000,000
모금비용	–	120,000,000[2]	3,000,000[3]	3,000,000[4]	126,000,000
기타사업비용	–	–	–	–	–
합계	50,000,000	660,000,000	12,000,000	7,000,000	729,000,000

1) 30,000,000(청소년교육복지센터 지급)+20,000,000(빈민아동 구호물품 지원)
2) 사업수행비용 : 30,000,000×15명(국내복지사업부 10명+국제구호사업부 5명)
일반관리비용 : 30,000,000×3명(행정지원실 3명)
모금비용 : 30,000,000×4명(모금사업부 4명)
3) 사업수행비용 : 12,000,000×2/4
일반관리비용, 모금비용 : 12,000,000×1/4
4) 사업과 관련된 여비교통비 : 사업수행비용(기능별), 기타비용(성격별)
모금과 관련된 홍보포스터제작비 : 모금비용(기능별), 기타비용(성격별)

나. 퇴직연금운용자산의 구성내역

공익법인회계기준 제38조 제3항에 따라 확정급여형 퇴직연금제도와 관련하여 별도로 운용되는 자산에 대하여 그 구성내역을 주석으로 공시해야 한다. 일반적으로 아래 사례와 같이 퇴직연금운용자산의 구성내역과 함께 퇴직급여충당부채 및 퇴직연금운용자산의 변동내역을 주석으로 함께 공시한다.

[사례 2]

[주석예시]

(1) A공익법인의 퇴직급여충당부채 변동내역은 다음과 같습니다.

(단위 : 원)

구 분	당 기	전 기
기초	200,000,000	160,000,000
설정	70,000,000	90,000,000
지급	(20,000,000)	(50,000,000)
기말	250,000,000	200,000,000

당기말 현재 전 임직원의 퇴직금 소요액은 250백만원(전기 : 200백만원)이며, 해당 금액을 퇴직급여충당부채로 설정하고 있습니다. 또한 퇴직금추계액의 84%에 해당하는 금액에 대하여

XX보험 등에 확정급여형 퇴직연금을 가입하고 있습니다.

(2) A공익법인의 퇴직연금운용자산의 구성내역은 다음과 같습니다.

(단위 : 원)

구 분	당기말	전기말
정기예금	30,000,000	40,000,000
매도가능증권	90,000,000	76,000,000
기타	90,000,000	60,000,000
합계	210,000,000	176,000,000

(3) 당기중 퇴직연금운용자산의 변동내역은 다음과 같습니다.

(단위 : 원)

구 분	당 기	전 기
기초	176,000,000	156,000,000
증가	54,000,000	70,000,000
감소	(20,000,000)	(50,000,000)
기말	210,000,000	176,000,000

다. 유형자산

유형자산은 대부분 공익법인이 보유하고 있는 대표적인 자산 유형이다. 유형자산의 경우 계정과목별 장부금액의 변동내용(취득, 처분, 감가상각 등) 등의 기본적인 정보는 주석으로 제공하는 것이 바람직하다. 일반적으로 회계기간중 변동내용, 토지의 공시지가 정보 등을 주석으로 공시한다.

[사례 3]

[주석예시]

(1) 당기말 현재 유형자산의 장부금액 변동내역은 다음과 같습니다.

(단위 : 원)

과 목	기 초	취 득	처 분	감가상각	기 타	기 말
토지	100,000,000	–	–	–	–	100,000,000
건물	80,000,000	–	–	5,000,000	–	75,000,000
비품	6,500,000	1,000,000	–	300,000	–	7,200,000
건설중인자산	20,000,000	–	–	–	–	20,000,000
합계	206,500,000	1,000,000	–	5,300,000	–	202,200,000

(2) 당기말 현재 보유토지의 공시지가는 다음과 같습니다.

소재지	면 적	장부금액	공시지가
서울시 ㅁㅁ구 ㅇㅇ동 12	××m^2	×××	×××

(3) 당기말 현재 유형자산에 대한 보험가입의 내역은 다음과 같습니다.

보험종류	자 산	장부금액	부보금액	보험회사명
화재보험	건물	×××	×××	ㅇㅇ손해보험

라. 무형자산

무형자산은 유형자산과 동일하게 계정과목별 장부금액의 변동내용(취득, 처분, 감가상각 등) 등의 기본적인 정보를 주석으로 제공한다.

[사례 4]

[주석예시]

(1) 당기말 현재 무형자산의 장부금액 변동내역은 다음과 같습니다.

(단위 : 원)

과 목	기 초	취 득	처 분	감가상각	기말
소프트웨어	7,000,000	–	–	500,000	6,500,000

마. 사업 수익·비용의 세분화

공익법인회계기준은 사업수익이나 사업비용에 대한 세부 계정과목을 기관이 필요에 따라 자율적으로 세분화한 정보를 재무제표나 주석에 표기할 수 있도록 규정하고 있다. 주요 계정과목에 대한 세부내역은 재무제표 정보이용자가 의사결정을 내리는 데 보다 유용한 정보가 될 수 있다. 사업 수익·비용의 세부 계정과목에 대한 주석 정보는 다음과 같이 공시할 수 있다.

[사례 5]

A공익법인은 2×21년 기부자로부터 받은 기부금수익 10,000,000원, 이자수익 9,000,000원, 배당수익 6,000,000원, 임대수익 5,000,000원, 매표수익 2,000,000원, 기념품 판매수익 1,000,000원이 발생하였다. 운영성과표는 다음과 같이 공시하였다.

운영성과표

(단위 : 원)

계정과목	통 합	공익목적사업	기타사업
1. 사업수익	33,000,000	10,000,000	23,000,000
(1) 기부금수익	10,000,000	10,000,000	–
(2) 투자자산수익	15,000,000	–	15,000,000
(3) 매출액	8,000,000	–	8,000,000
2. 사업비용	26,000,000	21,000,000	5,000,000
(1) 사업수행비용	15,000,000	15,000,000	–
장학사업	4,000,000	4,000,000	–
문화지원	3,500,000	3,500,000	–
미술관운영	7,500,000	7,500,000	–
(2) 일반관리비용	4,000,000	4,000,000	–
(3) 모금비용	2,000,000	2,000,000	–
(4) 기타사업비용	5,000,000	–	5,000,000
⋮	⋮	⋮	⋮

[주석예시]

1. 사업수익

(1) 재단의 투자자산수익 구성내역은 다음과 같습니다.

(단위 : 원)

구 분	금 액
이자수익	9,000,000
배당수익	6,000,000
합계	15,000,000

(2) 재단의 매출액 구성내역은 다음과 같습니다.

(단위 : 원)

구 분	금 액
임대수익	5,000,000
매표수익	2,000,000
기념품판매수익	1,000,000
합계	8,000,000

바. 잉여금처분계산서

고유목적사업준비금을 신고조정으로 처리하고 있는 공익법인의 경우 잉여금처분계산서를 주석으로 제공해야 한다.

[사례 6] 고유목적사업준비금(신고조정)

〈2×21. 12. 31 회계연도 말〉
-분개 없음-
〈2×22. 3. 30 잉여금 처분일〉
(차) 잉 여 금 1,000,000 (대) 적립금(고유목적사업준비금) 1,000,000

잉여금처분계산서
2×20년 1월 1일부터 2×20년 12월 31일까지
2×21년 1월 1일부터 2×21년 12월 31일까지
XX재단 처분예정일 2×22년 3월 30일 처분확정일 2×21년 3월 30일 (단위 : 원)

과 목	당 기		전 기	
미처분잉여금				
전기이월미처분잉여금				
당기운영이익				
임의적립금 등 이입액				
고유목적사업준비금환입				
잉여금처분액				
고유목적사업준비금전입	1,000,000			
차기이월미처분잉여금				

찾아보기

배 원 기 공인회계사, 성균관대학교 경영학과 학사, 석사, 박사
현재 홍익대학교 대학원 겸임교수, 신한회계법인 고문
1978년부터 2010년까지 32년간 삼일회계법인, Kim&Chang 법률사무소, KPMG 삼정회계법인 등에서 회계사로 활동했고, 2010년부터 홍대 경영대학원 세무학과 교수로서, 2020년에 정년퇴직한 후에는 다시 겸임교수로 후학을 가르치고 있다. 약 20여년 전부터 사회공헌활동의 하나로 4~5개의 비영리단체의 비상근 감사직을 맡으면서 비영리단체에 관한 관심을 가지게 되었고, 주된 관심사는 우리나라 비영리관련 제도의 개선과 비영리단체의 투명성 제고를 위한 민간 중심의 비영리조직건전성 평가제도의 도입과 확산이며, 한국비영리조직평가원 설립 및 운영을 주도하고 있다. 공익법인회계기준 민간심의위원, 한국조세연구원 공익법인회계기준 실무지침서 자문위원, 국가회계기준 자문위원 등을 역임했으며, 저서 및 역서로서는 다음과 같은 것이 있다.
비영리단체의 바람직한 운영원칙(동아일보사, 2020), 독일 100년 기업 이야기 – 소규모 가족기업에서 세계 최고가 되기까지(한국경제신문사, 2022)
wkpae@hongik.ac.kr 또는 wkpae@daum.net

박 재 형 공인회계사, 서울대학교 농경제학과
현재 한서회계법인 근무
삼일회계법인에서 회계사 생활을 시작했고, 회계사가 되기 전부터 관심이 많았던 비영리법인 관련 업무를 삼일회계법인에서 시작했다. 2014년 상증세법에 따른 결산서류 공시 서식이 개정되었을 때 매뉴얼 작업에 참여하였고, 삼일회계법인 재직 당시 삼일인포마인에서 출간하는 비영리법인의 회계와 세무 실무 집필에도 참여하였다. 비영리법인의 회계와 세무에 대한 실무는 물론 비영리법인 실무자들의 회계와 세무에 대한 지식 함양을 위해 삼일아카데미, 한국사회복지협의회 및 기타 단체에서 비영리법인의 회계와 세무에 대해 강의를 하는 등 활발한 활동을 하고 있다.
707wifi@gmail.com

제4판 **비영리법인(NPO)의 회계와 세무 입문**
–신뢰성 제고와 세무대책을 중심으로–

2011년 1월 10일 제 1 판 1쇄 발행
2023년 1월 10일 제 4 판 1쇄 인쇄
2023년 1월 20일 제 4 판 1쇄 발행

저 자 배원기 · 박재형
발 행 인 권 영 섭
발 행 처 (주) 신 영 사
경기도 파주시 심학산로 12(출판문화단지)
등 록 : 1988. 5. 2 / 제406-1988-000020호
전 화 : 031-946-2894(代)
F A X : 031-946-0799
e - mail : sys28945@naver.com
홈페이지 : http://www.shinyoungsa.co.kr

(주)신영사

정가 37,000원 ISBN 978-89-5501-809-7